中华人民共和国海船船员培训大纲熟悉训练资源

航海学

（二/三副）

大连海事大学交通运输教材研究所 组织编写

驾驶专业

大连海事大学出版社

ⓒ 中国海事服务中心　2020

图书在版编目(CIP)数据

航海学：二／三副／中国海事服务中心编．— 大连：
大连海事大学出版社，2020.12
中华人民共和国海船船员培训大纲熟悉训练资源
ISBN 978-7-5632-4088-3

Ⅰ．①航…　Ⅱ．①中…　Ⅲ．①航海学—技术培训—教材　Ⅳ．①U675

中国版本图书馆 CIP 数据核字(2020)第 245441 号

大连海事大学出版社出版

地址：大连市凌海路1号　邮编：116026　电话：0411-84728394　传真：0411-84727996
http://press.dlmu.edu.cn　E-mail:dmupress@dlmu.edu.cn

大连永盛印业有限公司印装	大连海事大学出版社发行
2020 年 12 月第 1 版	2020 年 12 月第 1 次印刷
幅面尺寸：184 mm×260 mm	印张：32
字数：791 千	印数：1~3000 册

出版人：余锡荣

责任编辑：张　华	责任校对：李继凯
封面设计：解瑶瑶	版式设计：解瑶瑶

ISBN 978-7-5632-4088-3　审图号：GS(2020)7321 号　定价：96.00 元

前　言

为有效履行《1978年海员培训、发证和值班标准国际公约》，进一步规范海船船员的培训、发证工作，提高培训质量，提升海员业务素质，交通运输部颁布了《中华人民共和国海船船员适任考试和发证规则》（"20规则"）并发布《中华人民共和国海事局关于印发〈中华人民共和国海船船员适任考试和发证规则实施办法〉的通知》。通知指出"'20规则'第二十九条规定的适任考试按照《海船船员培训大纲》确定的适任标准和内容实施"。

为更加有效地配合海船船员（操作级）适任考试培训，帮助考生顺利通过海船船员适任考试，在深入解读《海船船员培训大纲》的基础上，研究部海事局公布的大纲训练资源，针对操作级适任考试特点，编写了本套操作级"中华人民共和国海船船员培训大纲熟悉训练资源"（以下简称"训练资源"）。

本套操作级"训练资源"分为"驾驶专业""轮机专业""电子电气专业"三个专业。其中，驾驶专业包括：《航海学》（二/三副）、《船舶操纵与避碰》（二/三副）、《船舶结构与货运》（二/三副）、《航海英语》（二/三副）、《船舶管理》（二/三副）；轮机专业包括：《主推进动力装置》（二/三管轮）、《船舶辅机》（二/三管轮）、《船舶电气与自动化》（二/三管轮）、《船舶管理》（二/三管轮）、《轮机英语》（二/三管轮）；电子电气专业包括：《船舶电气》（电子电气员）、《船舶机舱自动化》（电子电气员）、《船舶管理》（电子电气员）、《信息技术与通信导航系统》（电子电气员）、《电子电气员英语》（电子电气员）。

本套操作级"训练资源"具有针对性强、实用性强的特点，是海船船员参加适任考试、培训必不可少的资源。

本套操作级"训练资源"的出版，得到了中国海事服务中心的大力支持。同时，感谢各海事管理机构、航海院校、海员培训机构、航运企业等单位的关心和帮助，特致谢意。

大连海事大学交通运输教材研究所
2020年11月

目 录

第一章 天文航海 ... 1
第一节 天体坐标系 ... 1
第二节 天体视运动 ... 4
第三节 航海上的时间系统 ... 6
第四节 天文定位方法及步骤 ... 11
第五节 天体高度的观测及改正 ... 14
第六节 求测天时刻的天体位置 ... 22
第七节 求天文船位线 ... 22
第八节 太阳中天高度求纬度 ... 23
第九节 天文船位精度分析与误差控制 ... 24
参考答案 ... 28
答案解析 ... 29

第二章 地文航海 ... 35
第一节 球面三角形 ... 35
第二节 地理坐标 ... 35
第三节 航向、方位和舷角 ... 42
第四节 航速与航程 ... 47
第五节 海上距离和灯标射程 ... 49
第六节 位置线和船位线以及观测船位的概念 ... 55
第七节 陆标识别 ... 55
第八节 航标的种类与作用 ... 58
第九节 国际海区水上助航标志制度 ... 59
第十节 方位、距离的测定方法 ... 72
第十一节 陆标定位 ... 73
第十二节 陆标定位精度分析 ... 76
第十三节 风、流对航向和航速的影响 ... 79
第十四节 不同风流条件下海图作业方法 ... 81
第十五节 航迹计算 ... 86
第十六节 潮汐的成因和潮汐现象 ... 90
第十七节 潮汐表及查阅方法 ... 97
第十八节 潮汐和潮流计算 ... 99
第十九节 航海日志记录 ... 119
参考答案 ... 122

答案解析 ··· 125
第三章　海图和航海图书资料 ··· 134
　　第一节　海图投影 ··· 134
　　第二节　海图比例尺与海图极限精度 ··· 138
　　第三节　海图的识读及使用注意事项 ··· 139
　　第四节　主要航海出版物 ·· 165
　　第五节　航海通告 ··· 167
　　第六节　无线电航行警告 ·· 169
　　第七节　航线设计 ··· 170
　　参考答案 ··· 174
　　答案解析 ··· 175

第四章　船舶定线制 ·· 178
　　第一节　气象航线与气候航线 ·· 178
　　第二节　船舶定线制 ··· 179
　　参考答案 ··· 183
　　答案解析 ··· 184

第五章　船舶报告制 ·· 186
　　第一节　船舶报告系统 ·· 186
　　第二节　船舶交通管理系统 ·· 187
　　参考答案 ··· 190
　　答案解析 ··· 190

第六章　电子定位和导航 ·· 193
　　第一节　国际公约对船舶电子定位设备的配备要求 ··· 193
　　第二节　陆基导航系统 ·· 193
　　第三节　卫星导航系统 ·· 193
　　第四节　GPS 卫星导航系统 ··· 194
　　第五节　DGPS 卫星导航系统 ·· 197
　　第六节　GPS 接收机的操作和使用注意事项 ·· 198
　　第七节　北斗卫星导航系统 ·· 200
　　参考答案 ··· 200

第七章　回声测深仪 ·· 202
　　第一节　国际公约对船舶回声测深仪的配备要求 ··· 202
　　第二节　声波在水中传播的基本特性 ··· 202
　　第三节　回声测深仪的工作原理 ··· 203
　　第四节　回声测深仪的组成和工作时序 ··· 204
　　第五节　换能器 ··· 204
　　第六节　回声测深仪的主要性能指标 ··· 205
　　第七节　回声测深仪误差分析和控制 ··· 205

参考答案 206
　　答案解析 207

第八章　雷达 210
　　第一节　雷达工作原理 210
　　第二节　雷达操作 218
　　第三节　雷达图像识别和应用 221
　　第四节　雷达定位与导航 224
　　第五节　雷达手动标绘 228
　　第六节　雷达自动目标跟踪与 AIS 目标报告 231
　　第七节　使用雷达时国际海上避碰规则的运用 243
　　第八节　雷达局限性 244
　　参考答案 245
　　答案解析 246

第九章　计程仪、AIS、VDR 250
　　第一节　AIS 250
　　第二节　船用计程仪 256
　　第三节　VDR 259
　　第四节　LRIT 261
　　参考答案 263
　　答案解析 264

第十章　磁罗经和陀螺罗经 270
　　第一节　国际公约对船舶配备磁罗经的要求 270
　　第二节　磁罗经结构与维护 270
　　第三节　磁和地磁场 272
　　第四节　磁罗经自差 272
　　第五节　校正磁罗经自差 273
　　第六节　国际公约对船舶配备陀螺罗经的要求 274
　　第七节　陀螺罗经的工作原理 274
　　第八节　陀螺罗经的误差 275
　　第九节　陀螺罗经结构 276
　　第十节　光纤罗经 277
　　参考答案 278
　　答案解析 279

第十一章　罗经差测定 280
　　第一节　罗经差测定原理 280
　　第二节　观测陆标测定罗经差 281
　　第三节　使用 GPS 测定罗经差 283
　　第四节　利用天体测定罗经差的基础知识 284

第五节	观测太阳低高度方位测定罗经差	285
第六节	观测太阳真出没测定罗经差	286
第七节	《太阳方位表》及太阳方位的查取	288
第八节	观测北极星方位求罗经差	289
参考答案		289
答案解析		290

第十二章 ECDIS ... 292

第一节	电子海图系统	292
第二节	矢量海图与光栅海图	292
第三节	ECDIS 数据主要特性	294
第四节	定位参考系统	295
第五节	ECDIS 显示特征	295
第六节	海图数据显示	298
第七节	ECDIS 安全参数	299
第八节	ECDIS 自动与手动功能	300
第九节	各种传感器	301
第十节	ECDIS 更新	303
第十一节	航线设计	303
第十二节	航路监控	304
第十三节	ECDIS 导航中的特定功能	305
第十四节	状态指示、指示器与报警	305
第十五节	航次记录、操作与回放航迹	306
第十六节	过度依赖 ECDIS 的风险	307
参考答案		311
答案解析		313

第十三章 航海气象基础知识 ... 315

第一节	大气概况	315
第二节	气温	317
第三节	湿度	321
第四节	气压	324
第五节	空气水平运动——风	332
第六节	大气垂直运动和稳定度	340
第七节	云和降水	342
第八节	雾和海面能见度	353
第九节	大气环流和局地环流	358
第十节	海浪	368
第十一节	船舶水文气象观测	371
参考答案		375

答案解析……………………………………………………………………… 377
第十四章　海上天气系统及其特征 ……………………………………………… 396
　　第一节　气团和锋 …………………………………………………………… 396
　　第二节　锋面气旋 …………………………………………………………… 403
　　第三节　冷高压 ……………………………………………………………… 411
　　第四节　副热带高压 ………………………………………………………… 415
　　第五节　热带气旋 …………………………………………………………… 417
　　第六节　强对流性天气系统 ………………………………………………… 421
　　参考答案 ……………………………………………………………………… 425
　　答案解析 ……………………………………………………………………… 426
第十五章　航海气象信息的获取与应用 ………………………………………… 434
　　第一节　天气图的基础知识 ………………………………………………… 434
　　第二节　气象信息的获取途径 ……………………………………………… 445
　　第三节　传真气象图的识读 ………………………………………………… 446
　　参考答案 ……………………………………………………………………… 496
　　答案解析 ……………………………………………………………………… 497

第一章 天文航海

第一节 天体坐标系

1. 下列行星中,离地球最远且可供航海定位的是_____。
   A. 金星　　　　　　　　　　　　B. 木星
   C. 火星　　　　　　　　　　　　D. 土星

2. _____将天球分成了南北天半球。
   A. 测者真地平圈　　　　　　　　B. 测者子午圈
   C. 天赤道　　　　　　　　　　　D. 天体时圈

3. 第二赤道坐标系的辅助圈是_____。
   A. 天体高度圈和方位圈　　　　　B. 天体时圈和天体赤纬圈
   C. 天体赤经圈和赤纬圈　　　　　D. 测者子午圈和卯酉圈

4. 测者午圈与天体时圈在仰极处所夹的小于180°的球面角称为_____。
   A. 半圆方位角　　　　　　　　　B. 圆周方位角
   C. 半圆地方时角　　　　　　　　D. 圆周地方时角

5. 测者午圈与天体时圈在天赤道上所夹的小于180°的弧距称为_____。
   A. 半圆方位角　　　　　　　　　B. 圆周方位角
   C. 半圆地方时角　　　　　　　　D. 圆周地方时角

6. 当天体时圈与测者午圈重合时,天体地方时角为_____。
   A. 0°　　　　　　　　　　　　　B. 90°
   C. 180°　　　　　　　　　　　　D. 270°

7. 由测者午圈起,_____度量到_____的弧距,称为天体圆周地方时角。
   A. 沿真地平圈向西;天体垂直圈　　B. 沿天赤道向西;天体时圈
   C. 沿天赤道向东;天体时圈　　　　D. 沿真地平圈向东;天体垂直圈

8. 已知天体地方时角 $LHA=120°E$ 说明该时角是_____。
   A. 半圆西时角　　　　　　　　　B. 圆周时角
   C. 半圆东时角　　　　　　　　　D. 圆周东时角

9. 已知测者经度 $\lambda=160°W$,天体地方时角 $LHA=200°$,天体格林时角 $GHA=$_____。
   A. 160°　　　　　　　　　　　　B. 0°

C. 60° D. 200°

10. 已知测者经度 λ = 100°E,天体格林时角 GHA = 260°,天体地方时角 LHA = _____。
    A. 0° B. 100°
    C. 60° D. 260°

11. 由_____起,沿_____度量到_____的弧距,称为春分点格林时角。
    A. 格林午圈;天赤道向西;春分点时圈
    B. 格林午圈;天赤道向东;春分点时圈
    C. 测者午圈;天赤道向东;春分点时圈
    D. 测者午圈;天赤道向西;春分点时圈

12. 已知测者经度 λ = 60°W,春分点格林时角 GHA ϒ = 40°,天体赤经 RA = 300°,天体半圆地方时角 LHA = _____。
    A. 40°E B. 40°W
    C. 60°E D. 60°W

13. 当天体格林时角 GHA>180°时,360°−GHA = _____。
    A. 天体地理位置的东经 B. 天体地理位置的南纬
    C. 天体地理位置的西经 D. 天体地理位置的北纬

14. 当天体格林时角 GHA>180°时,其地理位置的经度等于_____。
    A. GHA(西经) B. 360°+GHA(西经)
    C. 360°−GHA(东经) D. GHA(东经)

15. 已知某船推算船位 φ = 20°30′.0N,λ = 122°20′.0E,某一天体的格林时角 GHA = 205°40′.0,天体半圆地方时角为_____。
    A. 32°E B. 32°W
    C. 328°W D. 30°E

16. 天体地理位置坐标中的地理纬度对应的是天球坐标系中的_____。
    A. 赤纬 B. 地方时角
    C. 格林时角 D. 方位

17. 天体地理位置坐标中的地理经度取决于天球坐标系中的_____。
    A. 赤纬 B. 地方时角
    C. 格林时角 D. 方位

18. 某船推算船位是(30°N,140°E),经查得某恒星共轭赤经 20°,赤纬 15°S,春分点格林时角 10°,此刻该天体地理位置坐标是_____。
    A. 15°S,30°W B. 15°S,30°E
    C. 15°S,170°W D. 15°S,170°E

19. 天体地理位置坐标中的地理经度取决于第一赤道坐标系的格林时角 GHA,当格林时角 GHA 小于 180°时,天体地理位置的地理经度等于_____。
    A. GHA,为西经 B. GHA,为东经
    C. 360°−GHA,为西经 D. 360°−GHA,为东经

20. 天体地理位置坐标中的地理经度取决于第一赤道坐标系的格林时角 GHA,当格林时角 GHA

大于 180°时，天体地理位置的地理经度等于_____。
A. GHA，为西经
B. GHA，为东经
C. 360°−GHA，为西经
D. 360°−GHA，为东经

21. 天球上的南点或北点是_____的交点。
A. 测者子午圈和天赤道
B. 天赤道和测者真地平圈
C. 测者子午圈和测者真地平圈
D. 天体周日平行圈和测者真地平圈

22. 通过地心且垂直于测者铅垂线的平面与天球截得的大圆称为_____。
A. 测者子午圈
B. 天赤道
C. 东西圈
D. 测者真地平圈

23. 天球上的四个方位基点（E、S、W、N）是_____。
A. 测者子午圈分别与天赤道和真地平圈的交点
B. 测者子午圈分别与天体垂直圈和真地平圈的交点
C. 测者真地平圈分别与测者子午圈和天赤道的交点
D. 天赤道分别与真地平圈和测者子午圈的交点

24. 天球上，_____与真地平圈相交的两点称为 N、S 点。
A. 天赤道
B. 测者子午圈
C. 格林子午圈
D. 测者真地平圈

25. 测者真地平圈与测者子午圈的两交点分别称为_____。
A. E 点和 W 点
B. S 点和 N 点
C. E 点和 S 点
D. N 点和 W 点

26. 通过_____的半个大圆称为天体垂直圈。
A. 天顶、天体和天底
B. 天北极、天体和天南极
C. 天顶、测者地理位置和天底
D. 仰极、天体和俯极

27. 天球地平坐标系的原点是_____。
A. 格林午圈和天赤道的交点
B. 天体垂直圈和天赤道的交点
C. 测者子午圈和测者真地平圈的交点
D. 黄道和天赤道的交点

28. 天体高度和天体方位是_____的坐标值。
A. 第一赤道坐标系
B. 第二赤道坐标系
C. 地平坐标系
D. 黄道坐标系

29. 天顶与天体中心在天体垂直圈上所夹的一段弧距称为_____。
A. 极距
B. 高度
C. 余纬
D. 顶距

30. 在北半球航行，昏影时在西方测得某星体半圆方位为 95°，则其圆周方位等于_____。
A. 095°
B. 075°
C. 185°
D. 265°

31. 如果南纬某测者测得天体的圆周方位角为 060°，则用半圆周法表示时应为_____。

A. 120°NE B. 60°NW
C. 120°SE D. 60°SW

32. 5月10日某船位于赤道上,上午观测太阳,则太阳的半圆方位的名称为_____。
   A. NW B. NE
   C. SW D. SE

33. 10月20日位于赤道的测者下午观测太阳,则太阳半圆方位命名为_____。
   A. NE B. NW
   C. SE D. SW

34. 仰极的高度等于_____。
   A. 天体高度 B. 天体赤纬
   C. 测者纬度 D. 天体顶距

35. 当某颗恒星恰在测者头顶上时,其极距等于_____。
   A. 90°−测者纬度 B. 90°−天体赤经
   C. 90°−天体高度 D. 90°−测者经度

36. 天文三角形的三边分别是_____。
   A. 高度、赤纬和时角 B. 极距、顶距和余纬
   C. 高度、方位和位置角 D. 天赤道、垂直圈和时圈

第二节　天体视运动

1. 在周日视运动中,当天体赤纬等于0°时,天体将出于_____没于_____。
   A. 正东;正西 B. 东南;西南
   C. 东北;西北 D. 正南;正北

2. 有出没的天体,其出没象限的第一英文名称_____。
   A. 与天体赤纬同名 B. 与测者纬度同名
   C. 与仰极同名 D. 与俯极同名

3. 测者纬度30°N,天体赤纬10°S,该天体真出于_____象限;真没于_____象限。
   A. SE;SW B. SW;SE
   C. NE;NW D. NW;NE

4. 测者纬度30°S,天体赤纬10°N,该天体真出于_____象限;真没于_____象限。
   A. SE;SW B. SW;SE
   C. NE;NW D. NW;NE

5. 当某天体地方时角等于0°时,说明该天体位于_____。
   A. 真出 B. 真没
   C. 上中天 D. 下中天

6. 测者纬度20°N,天体赤纬25°S,该天体上中天的方位为_____。
   A. 000° B. 090°
   C. 180° D. 270°

7. 测者纬度20°N,天体赤纬25°N,该天体上中天的方位为_____。
   A. 000°   B. 090°
   C. 180°   D. 270°

8. 天体上中天时,位置角等于_____。
   ①000°;②180°;③090°;④270°
   A. ①或②   B. ③或④
   C. ①或③   D. ②或④

9. 测者纬度0°,天体赤纬30°N,向_____观测该天体的中天高度为_____。
   A. N;60°   B. N;30°
   C. S;60°   D. S;30°

10. 11月10日,位于赤道上的测者下午观测太阳,则太阳的半圆方位命名为_____。
    A. SE   B. SW
    C. NE   D. NW

11. 3月21日,位于赤道上的测者观测太阳,上午太阳的方位是_____。
    A. 0°   B. 90°
    C. 180°   D. 270°

12. 9月23日,位于赤道上的测者观测太阳,下午太阳的方位是_____。
    A. 0°   B. 90°
    C. 180°   D. 270°

13. 黄道与天赤道的两交点是_____。
    A. 春分点和秋分点   B. 夏至点和冬至点
    C. 南点和北点   D. 东点和西点

14. 春分点和秋分点是_____。
    A. 天赤道与真地平圈的两交点   B. 天赤道与测者子午圈的两交点
    C. 黄道与白道的两交点   D. 黄道与天赤道的两交点

15. 太阳周年视运动的成因是_____。
    A. 地球绕太阳公转   B. 太阳绕地球公转
    C. 地球自转   D. 月球绕地球公转

16. 地球一年四季周期性的变化原因是_____。
    A. 地球的公转   B. 地球的自转
    C. 日、月、地空间距离的变化   D. 日、月、地空间相对位置的变化

17. 太阳在周年视运动中,赤经等于90°时,太阳在黄道上的_____。
    A. 夏至点   B. 冬至点
    C. 春分点   D. 秋分点

18. 太阳在周年视运动中,赤经等于0°时,太阳在黄道上的_____。
    A. 夏至点   B. 冬至点
    C. 春分点   D. 秋分点

19. 每年12月22日—3月21日,太阳赤纬变化的特点是_____。

A. 北赤纬逐渐增大 B. 北赤纬逐渐减小
C. 南赤纬逐渐增大 D. 南赤纬逐渐减小

20. 北半球纬度一定的测者,全年所见太阳中天高度最低是在_____。
    A. 3月21日 B. 6月22日
    C. 9月23日 D. 12月22日

第三节 航海上的时间系统

1. 在周日视运动中,太阳中心连续两次经过某地_____所经历的时间间隔称为1视太阳日。
   A. 子圈 B. 午圈
   C. 子午圈 D. 东西圈

2. 以太阳的周日视运动的周期作为时间的计量单位得到_____。
   A. 恒星时 B. 视时
   C. 平时 D. 协调世界时

3. 已知太阳圆周地方时角等于120°,此时视时等于_____。
   A. 0800 B. 1000
   C. 2000 D. 0000

4. 以平太阳的周日视运动的周期作为时间的计量单位得到_____。
   A. 恒星时 B. 视时
   C. 平时 D. 协调世界时

5. 时差等于-6^m,太阳上中天时,视时等于_____;平时等于_____。
   A. 1206;1154 B. 1200;1200
   C. 1200;1154 D. 1200;1206

6. 视时等于$09^h30^m30^s$,时差等于$+4^m30^s$,则平时为_____。
   A. $09^h30^m30^s$ B. $09^h35^m00^s$
   C. $09^h34^m30^s$ D. $09^h26^m00^s$

7. 平时等于$11^h58^m15^s$,视时等于$11^h57^m15^s$,则时差为_____。
   A. $+1^m00^s$ B. -1^m15^s
   C. -1^m00^s D. $+1^m15^s$

8. 经度$\lambda=112°E$的地方平时$LMT=11^h28^m$,此刻该时区的区时$ZT=$_____。
   A. 11^h B. 11^h28^m
   C. 11^h56^m D. $12\ h$

9. 经度$\lambda=112°W$的地方平时$LMT=11^h28^m$,此刻该时区的区时$ZT=$_____。
   A. 11^h B. 11^h28^m
   C. 11^h56^m D. $12\ h$

10. 已知测者经度$\lambda=30°42'.0W$所在时区的区时$ZT=22^h50^m48^s$(2月11日),则该地的地方平时$LMT=$_____。
    A. $22^h48^m00^s$(11/2) B. $22^h50^m48^s$(11/2)

C. $22^h51^m00^s$(12/2)   D. $23^h50^m48^s$(11/2)

11. 某地经度 $\lambda = 122°23'E$ 的地方平时 $LMT = 21^h04^m36^s$（3月5日），该地的区时为_____。
    A. $20^h55^m04^s$（3月5日）   B. $21^h55^m04^s$（3月5日）
    C. $21^h04^m36^s$（3月5日）   D. $20^h50^m00^s$（3月5日）

12. 5月12日，区时2010，船舶位于经度 $\lambda = 68°20'.0W$ 处，此时世界时 GMT 为_____。
    A. 2010(12/5)   B. 1510(12/5)
    C. 0110(12/5)   D. 0110(13/5)

13. 8月8日，区时 $ZT = 0800(-8)$，此刻世界时 $GMT = $_____。
    A. 00^h(7/8)   B. 00^h(8/8)
    C. 08^h(7/8)   D. $12h$(8/8)

14. 我国某船航行在西七区，应在船时_____发传真才能使国内总公司在5月12日早0800收到该传真。
    A. 0800(12/5)   B. 0900(11/5)
    C. 2300(12/5)   D. 1700(11/5)

15. 某地经度为 $123°E$，区时 $ZT = 1200$ 时太阳上中天，则时差为_____。
    A. 0^m B. 8^m
    C. -8^m D. -12^m

16. 同一时刻两个不同时区的测者，他们所在时区的区时之差为_____。
    A. 两者的纬差   B. 两者的经差
    C. 测者的经度   D. 区号之差

17. 同一时刻两个不同时区的测者，他们所在时区的区时之差为_____。
    ①两者的纬差；②区号之差；③两者的经差；④两时区中央经度之差
    A. ①②   B. ②③
    C. ②④   D. ②③④

18. 测者1的经度 $\lambda_1 = 120°E$ 的地方平时 $LMT_1 = 08^h$(15/9)，此刻测者2的经度 $\lambda_2 = 120°W$ 的地方平时 $LMT_2 = $_____。
    A. 00^h(16/9)   B. 16^h(15/9)
    C. 08^h(14/9)   D. 16^h(14/9)

19. 已知测者1的经度 $\lambda_1 = 123°30'.0E$ 的地方平时 $LMT_1 = 08^h00^m30^s$，则测者2的经度 $\lambda_2 = 120°00'.0E$ 的地方平时 $LMT_2 = $_____。
    A. $07^h46^m30^s$ B. $08^h14^m30^s$
    C. $08^h00^m30^s$ D. $07^h57^m30^s$

20. 世界时是建立在_____基础上的时间系统。
    A. 原子能级跃迁频率   B. 地球公转运动
    C. 太阳周年视运动   D. 地球自转运动

21. 天文航海上所采用的对时信号是_____。
    A. UT0   B. UT1
    C. UT2   D. UTC

22. 校对天文钟所采用的对时信号是_____。
    A. UT0　　　　　　　　　　　　B. UT1
    C. UT2　　　　　　　　　　　　D. UTC

23. 《航海天文历》中给出的世界时是_____的时刻。
    A. UT0　　　　　　　　　　　　B. UT1
    C. UT2　　　　　　　　　　　　D. UTC

24. 从格林子圈起算的时间是_____。
    A. 地方平时　　　　　　　　　　B. 恒星时
    C. 世界时　　　　　　　　　　　D. 区时

25. 协调世界时是受_____制约的原子时系统。
    A. UT0　　　　　　　　　　　　B. UT1
    C. UT2　　　　　　　　　　　　D. 恒星时

26. 与地球自转无关的时间是_____。
    A. 世界时　　　　　　　　　　　B. 协调世界时
    C. 原子时　　　　　　　　　　　D. 区时

27. 船舶向西航行穿过日界线船钟应_____，日期应_____。
    A. 拨快1 h；减少1天　　　　　B. 拨慢1 h；增加1天
    C. 不拨；增加1天　　　　　　　D. 不拨；减少1天

28. 船舶向西航行进入相邻时区，船钟一般应_____。
    A. 拨快1 h　　　　　　　　　　B. 拨慢1 h
    C. 不拨　　　　　　　　　　　　D. 指示世界时

29. 船舶由东十二时区进入西十二时区船钟应_____。
    A. 拨快1 h　　　　　　　　　　B. 拨慢1 h
    C. 不拨　　　　　　　　　　　　D. 指示世界时

30. 日界线原则上是_____，考虑到行政区域而有若干曲折。
    A. 0°经线　　　　　　　　　　　B. 时区边界线
    C. 180°经线　　　　　　　　　　D. 时区中线

31. 船舶由西向东过日界线，船钟应_____。
    A. 不拨　　　　　　　　　　　　B. 拨快1 h
    C. 拨慢1 h　　　　　　　　　　D. 拨快12 h

32. 船舶由东向西过日界线，船钟应_____。
    A. 不拨　　　　　　　　　　　　B. 拨快1 h
    C. 拨慢1 h　　　　　　　　　　D. 拨慢12 h

33. 船舶向东航行穿过日界线船钟应_____，日期应_____。
    A. 拨快1 h；减少1天　　　　　B. 拨慢1 h；增加1天
    C. 不拨；增加1天　　　　　　　D. 不拨；减少1天

34. 船舶航行过时区时，驾驶员应_____。
    A. 立即拨钟　　　　　　　　　　B. 拨钟后通知船长

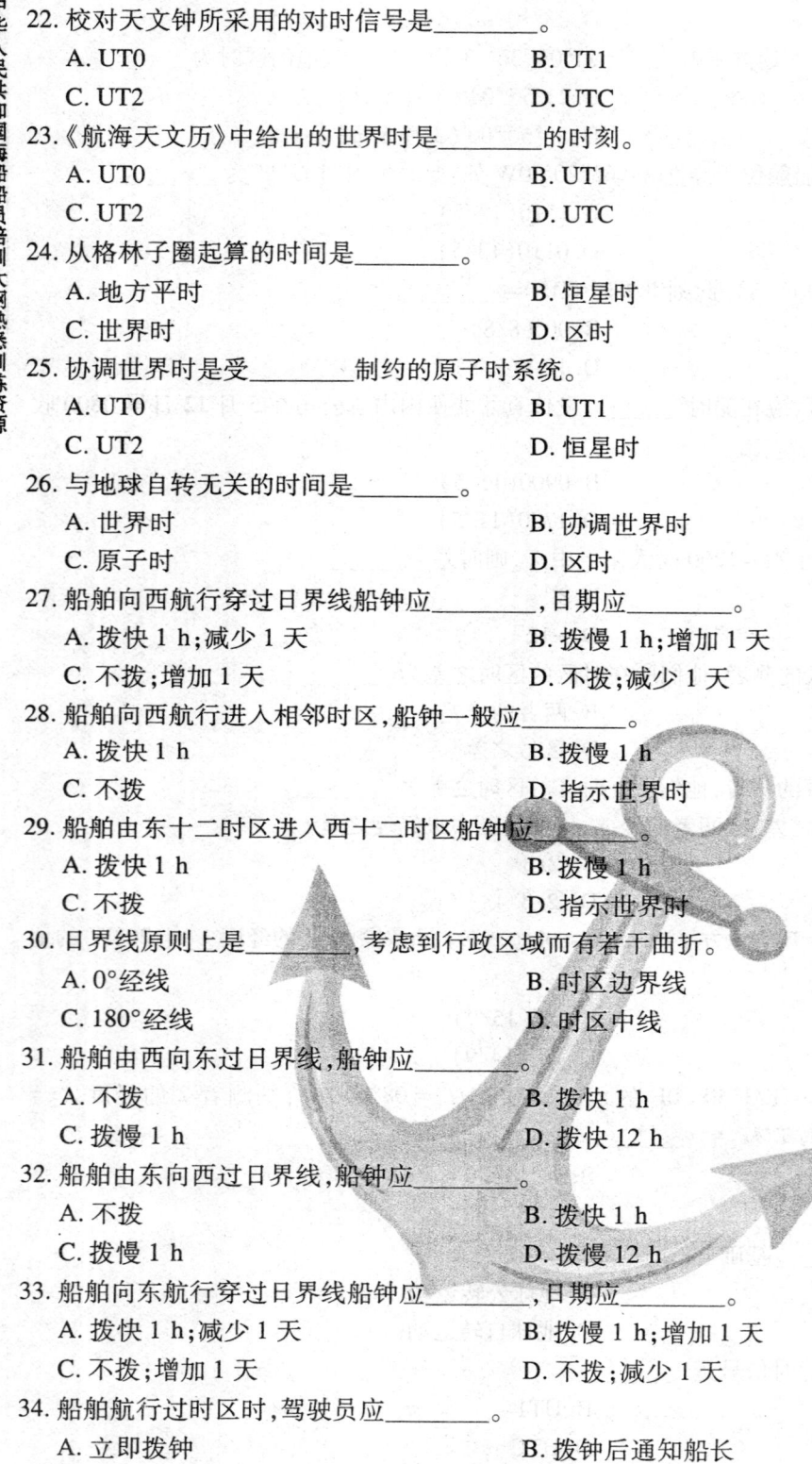

C. 根据船长的命令拨钟　　　　　　D. 根据驾驶员间协商拨钟

35. 某船跨时区(东、西12时区除外)航行,船长指示晚上10:00一次性拨快1 h,三位驾驶员各少值班20 min并在航海日志中记录。则三副与二副交接班的时间是_____。
    A. 当天24:00　　　　　　　　　　B. 当天23:40
    C. 次日00:20　　　　　　　　　　D. 次日00:40

36. 某船跨时区(东、西12时区除外)航行,船长指示晚上10:00一次性拨慢1 h,三位驾驶员各多值班20 min并在航海日志中记录。则三副与二副交接班的时间是_____。
    A. 当天24:00　　　　　　　　　　B. 当天23:40
    C. 当天23:20　　　　　　　　　　D. 次日00:20

37. 某船4月26日0950在东11时区东行,10 min后进入相邻时区(船长决定拨钟1 h),此刻该船应该值守的船时是_____。
    A. 1000(26/4)　　　　　　　　　 B. 1100(26/4)
    C. 0900(26/4)　　　　　　　　　 D. 1000(25/4)

38. 某船4月26日0950在东11时区西行,10 min后进入相邻时区(船长决定拨钟1 h),此刻该船应该值守的船时是_____。
    A. 1000(26/4)　　　　　　　　　 B. 1100(26/4)
    C. 0900(26/4)　　　　　　　　　 D. 1000(25/4)

39. 船舶在海上航行时由东9时区进入东8时区,一次性拨船钟应_____。
    A. 拨慢20 min　　　　　　　　　 B. 拨快20 min
    C. 拨快1 h　　　　　　　　　　　D. 拨慢1 h

40. 船舶在海上向东航行经过零度经度线,船钟应_____。
    A. 拨快20 min　　　　　　　　　 B. 不拨
    C. 拨快1 h　　　　　　　　　　　D. 拨慢1 h

41. 世界各国以法律形式所确定的具体执行的时间,称为_____。
    A. 区时　　　　　　　　　　　　　B. 夏令时
    C. 地方平时　　　　　　　　　　　D. 法定时

42. 世界各国标准时可由_____查得。
    A. 中版《航海天文历》　　　　　　B. 天体高度方位表
    C. 英版《无线电信号表》第二卷　　D. 英版《无线电信号表》第一卷

43. 能查取世界各国授时台所播发无线电对时信号的详细资料的是_____。
    ①英版《航路指南》;②英版《无线电信号表》第二卷;③我国《航海天文历》附表
    A. ②③　　　　　　　　　　　　　B. ①②③
    C. ①②　　　　　　　　　　　　　D. ①③

44. 某船2018年5月1日世界时0600测定的钟差为$+1^m10^s$,2018年5月3日世界时0600测定的钟差为$+1^m16^s$,该天文钟的日差为_____。
    A. +6 s　　　　　　　　　　　　　B. -6 s
    C. +3 s　　　　　　　　　　　　　D. -3 s

45. 某船2018年3月10日船时1300(ZD+10),对时测定的钟差为-1^m26^s,天文钟日差为-4^s。

2018年3月10日船时1900(ZD+10)测天。则测天时的天文钟的钟差为_____。
A. -1^m26^s B. -1^m27^s
C. -1^m25^s D. -2^m26^s

46. 测天世界时=天文钟钟时+测天时的钟差+秒表读数,其中关于秒表读数说法正确的是_____。
A. 秒表读数为+
B. 秒表读数为-
C. 停秒表读数为+,启动秒表读数为-
D. 停秒表读数为-,启动秒表读数为+

47. 某船2017年9月20日船时1940(ZD+10)测天,天文钟测天时的钟差为-2^m20^s,按停秒表时的天文钟读数为$05^h38^m30^s$,秒表读数为00^m50^s。则测天世界时为_____。
A. 9月20日 $05^h35^m20^s$
B. 9月21日 $05^h35^m20^s$
C. 9月20日 $05^h37^m00^s$
D. 9月21日 $05^h37^m00^s$

48. 天文钟指示的时间是_____。
A. UT0 B. UT1
C. UT2 D. UTC

49. 确定取天文船位线要素时,首先求取近似世界时的目的是_____。
A. 用近似世界时确定准确世界时的日期以及是上午还是下午
B. 用近似世界时确定查航海天文历的左页还是右页
C. 用近似世界时校核天文钟钟差以及日差
D. 用近似世界时查算天体位置

50. 如果测天世界时 GMT=天文钟时间 CT−秒表读数 WT−天文钟钟差 CE,说明_____。
A. 先启动秒表再去测天,天文钟快
B. 先启动秒表再去测天,天文钟慢
C. 先观测天体,当天体的反射影像与水天线相切时再启动秒表,天文钟快
D. 先观测天体,当天体的反射影像与水天线相切时再启动秒表,天文钟慢

51. 如果测天世界时 GMT=天文钟时间 CT−秒表读数 WT+天文钟钟差 CE,说明_____。
A. 先启动秒表再去测天,天文钟快
B. 先启动秒表再去测天,天文钟慢
C. 先观测天体,当天体的反射影像与水天线相切时再启动秒表,天文钟快
D. 先观测天体,当天体的反射影像与水天线相切时再启动秒表,天文钟慢

52. 2017年5月17日,船时1556,推算船位35°00′.0N,123°01′.0W,测天,停秒表天文钟时间$00^h00^m38^s$,秒表读数01^m05^s,天文钟钟差01^s15^s(快),准确测天世界时 GMT 是_____。
A. 23-58-18 17/5 B. 23-00-18 17/5
C. 23-02-58 17/5 D. 23-58-58 17/5

第四节　天文定位方法及步骤

1. 太阳移线定位如图所示，若求 ZT_2 时刻的太阳移线船位，应将船位线Ⅰ_____得到转移船位线。转移船位线与船位线Ⅱ的交点即为 ZT_2 时刻的太阳移线船位。

   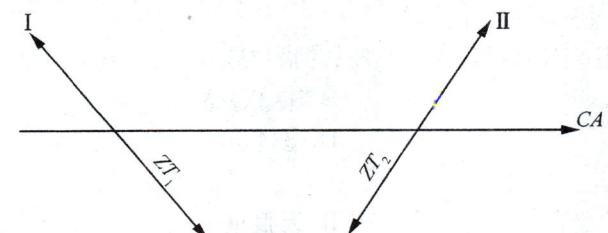

   A. 沿着 CA 向前平移两次观测之间的推算航程
   B. 沿着 CA 向前平移两次观测之间的计程仪航程
   C. 沿着实际航迹线向前平移两次观测之间的推算航程
   D. 沿着实际航迹线向前平移两次观测之间的计程仪航程

2. 太阳移线定位，当船位线与航向线无交点时，可采用_____获得转移船位线。
   ①直接转向法；②转移作图点法；③计算转移法
   A. ①③　　　　　　　　　　　　B. ①②
   C. ②③　　　　　　　　　　　　D. ①②③

3. 太阳移线定位的有利时机为_____。
   A. 晨光　　　　　　　　　　　　B. 昏影
   C. 中午前后　　　　　　　　　　D. 上午

4. 太阳移线定位的有利时机为_____。
   A. 太阳上中天前后　　　　　　　B. 太阳位于东西大圆上时
   C. 太阳真出/没时　　　　　　　D. 太阳视出/没时

5. 太阳移线定位，两次观测的时间间隔一般为_____。
   A. 1 h 以内　　　　　　　　　　B. 1~2 h
   C. 3~4 h　　　　　　　　　　　D. 4~5 h

6. 观测太阳进行移线定位的有利时机是在_____。
   A. 中午前后　　　　　　　　　　B. 晨光昏影
   C. 上午　　　　　　　　　　　　D. 下午

7. 上午和下午不宜进行太阳移线定位的海区是_____。
   A. 低纬海区，太阳中天高度很高　B. 中纬海区，太阳中天高度较高
   C. 低纬海区　　　　　　　　　　D. 中纬海区

8. 低纬海区，当太阳中天高度很高时，上、下午不宜进行太阳移线定位的原因是_____。
   A. 太阳方位变化慢　　　　　　　B. 航迹推算误差大
   C. 太阳方位变化快　　　　　　　D. 航迹推算误差小

9. 方位移线定位，两位置线的交角最好为_____。

A. 90° B. 30°~150°
C. 30°~60° D. 30°~120°

10. 下面哪种情况必须使用移线定位？
   A. 只有一个定位物标 B. 一个时刻只能获得一条船位线
   C. 测星定位 D. 为提高定位精度

11. 航海上，常用_____来寻找北极星。
   ①大熊座；②小熊座；③仙后座；④飞马座；⑤猎户座
   A. ①②③④⑤ B. ①③④⑤
   C. ①③④ D. ③④⑤

12. 全天最亮的恒星是_____。
   A. 北极星 B. 天狼星
   C. 老人星 D. 轩辕十四

13. 测星定位需考虑观测顺序，一般应先测东方天空的星体，其原因是_____。
   A. 同时兼顾必须有可观测星体和可见水天线
   B. 必须有可观测星体
   C. 必须可见水天线
   D. 防止太阳光太强，影响观测

14. 民用晨昏蒙影是指太阳_____高度在_____到太阳_____这一段时间。
   A. 上边缘；-12°；真出没 B. 上边缘；-12°；视出没
   C. 中心；-6°；视出没 D. 中心；-6°；真出没

15. 航海晨昏蒙影是指太阳_____高度在_____到太阳_____这一段时间。
   A. 上边缘；-18°；真出没 B. 下边缘；-18°；视出没
   C. 中心；-12°；视出没 D. 中心；-12°；真出没

16. 航海上观测北极星高度求纬度是利用_____的特点。
   A. 北极星高度等于测者纬度 B. 北极星赤纬等于测者纬度
   C. 仰极高度等于测者高度 D. 仰极高度等于测者纬度

17. "北极星高度求纬度改正量表"中的改正值是_____和_____之间的差值。
   A. 北极星观测高度；北极星真高度 B. 北极星真高度；测者纬度
   C. 测者纬度；仰极高度 D. 北极星方位；真北

18. "北极星高度求纬度改正量表"中的第一改正值的查表引数是_____。
   ①春分点格林时角；②春分点地方时角；③北极星高度；④日期；⑤纬度
   A. ① B. ②
   C. ②③ D. ④⑤

19. "北极星高度求纬度改正量表"中的第二改正值的查表引数是_____。
   ①春分点格林时角；②春分点地方时角；③北极星高度；④日期；⑤纬度
   A. ① B. ②
   C. ②③ D. ④⑤

20. "北极星高度求纬度改正量表"中的第三改正值的查表引数是_____。

①春分点格林时角;②春分点地方时角;③北极星高度;④日期;⑤纬度
A. ①③ B. ②④
C. ②③ D. ④⑤

21. 测星定位,在天体亮度不相等的情况下,晨光时先测_____的天体,昏影时先测_____的天体。
    A. 较暗;较暗 B. 较暗;较亮
    C. 较亮;较暗 D. 较亮;较亮

22. 测星定位时应考虑观测先后顺序,晨光时一般应先测_____的天体,昏影时一般应先测_____的天体。
    A. 东天;东天 B. 东天;西天
    C. 西天;西天 D. 西天;东天

23. 晨光昏影时间的长短与_____有关,其越低,时间越_____。
    A. 测者纬度;短 B. 天体赤纬;短
    C. 测者纬度;长 D. 天体赤纬;长

24. 测星定位最有利的时机是在_____前后一段时间内。
    A. 民用晨光始或民用昏影终 B. 航海晨光始或航海昏影终
    C. 天文晨光始或民用昏影终 D. 日出没前后

25. 三天体定位,相邻两天体的方位差角趋近_____最好。
    A. 0° B. 90°
    C. 120° D. 180

26. 北极星高度求纬度的三个改正量改正的是_____。
    A. 北极星真高度与测者纬度的差值
    B. 北极星观测高度与其真高度的差值
    C. 北极星真高度与其赤纬的差值
    D. 北极星观测高度与天北极高度的差值

27. 不是用高度差求得的船位线有_____。
    ①太阳中天船位线;②太阳特大高度船位线;③北极星船位线;④恒星船位线
    A. ①②③ B. ①③④
    C. ①②④ D. ②③④

28. 北半球中低纬海区测者,夜间所见北极星周日视运动是_____。
    A. 逆时针方向 B. 顺时针方向
    C. 固定在北极点不动 D. 与测者经度是东还是西有关

29. 北极星高度求纬度第三改正量表的查表引数是_____。
    A. 春分点地方时角
    B. 春分点地方时角和北极星高度
    C. 春分点地方时角和观测日期
    D. 春分点地方时角和推算纬度

30. 中版航海天文历中,北极星高度求纬度的三个改正量_____。

A. 都是正值
B. 都是负值
C. 第一和第三改正量有正负,第二改正量恒为正值
D. 第一和第三改正量有正负,第二改正量恒为负值

31. 北极星高度求纬度的三个改正量表,相同的查表引数是_____。
A. 春分点圆周地方时角　　　　B. 春分点半圆地方时角
C. 观测日期　　　　　　　　　D. 北极星高度

32. 测星定位,晨光时一般应先测较暗的天体,其原因是_____。
A. 太阳高度增大,较暗星体很快被阳光淹没
B. 太阳高度减小,较暗星体很快被阳光淹没
C. 太阳高度增大,较暗星体很快显露出来
D. 太阳高度减小,较暗星体很快显露出来

第五节　天体高度的观测及改正

1. 航海六分仪由_____组成。
①架体;②测角读数装置;③光学系统;④显示器
A. ①②③　　　　　　　　　　B. ②③④
C. ①②④　　　　　　　　　　D. ①③④

2. 航海六分仪的刻度弧 0°左侧为_____,0°右侧为_____。
A. 主弧、正角读数;余弧、负角读数
B. 主弧、负角读数;余弧、正角读数
C. 余弧、负角读数;主弧、正角读数
D. 余弧、正角读数;主弧、负角读数

3. 某航海六分仪的测角读数如图所示,则正确的测角读数为_____。

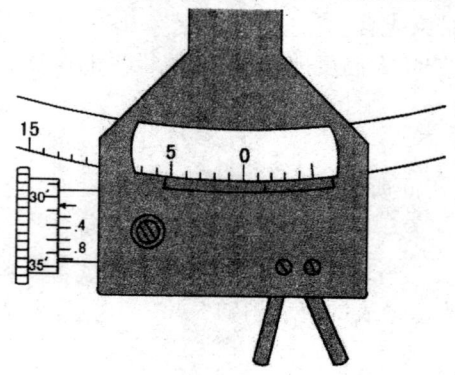

A. -1°33′.0　　　　　　　　　B. -1°30′.6
C. -1°27′.0　　　　　　　　　D. -1°29′.4

4. 航海六分仪的动镜和定镜镜面之间的夹角等于20°时,所测天体的高度应是_____。
   A. 10°   B. 20°
   C. 40°   D. 80°

5. 下列哪些属于六分仪测角误差中的永久性误差?
   ①偏心差;②动镜差;③定镜差;④棱性差;⑤刻度差;⑥指标差
   A. ①②③   B. ②③⑤
   C. ①④⑤   D. ②③⑥

6. 下列哪些属于六分仪测角误差中的可校正误差?
   ①偏心差;②动镜差;③定镜差;④棱性差;⑤刻度差;⑥指标差
   A. ①②③   B. ②③⑤
   C. ①④⑤   D. ②③⑥

7. 航海六分仪动镜平面与刻度弧平面不垂直而产生的测角误差称为_____。
   A. 垂直差   B. 边差
   C. 指标差   D. 器差

8. 平放六分仪,刻度弧朝外,将指标杆移至_____左右,眼睛置于动镜后检查六分仪的动镜差。
   A. 0°   B. 10°
   C. 35°   D. 60°

9. 检查六分仪的动镜差时,看到的情形如图所示,表明六分仪_____,_____。

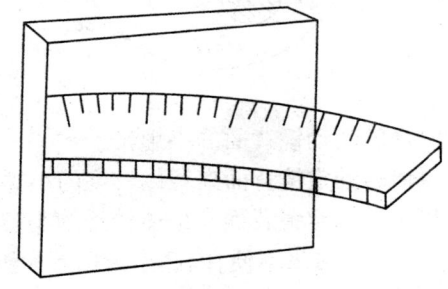

   A. 不存在动镜差;不需要校正
   B. 存在动镜差;用专用扳手慢慢转动动镜背面的小螺帽
   C. 存在动镜差;用专用扳手慢慢转动定镜背面离架体较远的小螺帽
   D. 存在动镜差;用专用扳手慢慢转动定镜背面离架体较近的小螺帽

10. 正握六分仪,将指标杆放在刻度弧的_____附近,观测某天体检查六分仪的定镜差。
    A. 0°
    B. 10°
    C. 35°
    D. 60°

11. 观测某天体检查六分仪的定镜差时,看到的情形如图所示,表明六分仪_____,_____。

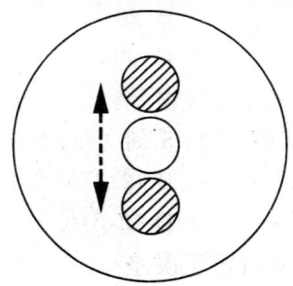

A. 不存在定镜差;不需要校正
B. 存在定镜差;用专用扳手慢慢转动动镜背面的小螺帽
C. 存在定镜差;用专用扳手慢慢转动定镜背面离架体较远的小螺帽
D. 存在定镜差;用专用扳手慢慢转动定镜背面离架体较近的小螺帽

2. 观测某天体检查六分仪的定镜差时,看到的情形如图所示,表明六分仪_____,_____。

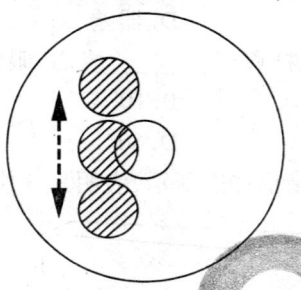

A. 不存在定镜差;不需要校正
B. 存在定镜差;用专用扳手慢慢转动动镜背面的小螺帽
C. 存在定镜差;用专用扳手慢慢转动定镜背面离架体较远的小螺帽
D. 存在定镜差;用专用扳手慢慢转动定镜背面离架体较近的小螺帽

13. 航海六分仪的指标差太大会给观测带来不便,因此当指标差大于_____时,就应该缩小它。
    A. 3′   B. 5′
    C. 6′   D. 1°

14. 航海六分仪误差的校正顺序正确的是_____。
    A. 动镜差→定镜差→指标差
    B. 动镜差→定镜差→指标差→定镜差→指标差
    C. 定镜差→动镜差→指标差
    D. 定镜差→动镜差→指标差→动镜差→指标差

15. 使用航海六分仪测天时,不能用近物标测定的指标差作为观测天体时的六分仪指标差,是因为_____。
    A. 利用近物标测定的指标差中含有六分仪视差,而观测天体时六分仪视差为零
    B. 观测天体时存在六分仪视差,而利用近物标测定的指标差中不含六分仪视差
    C. 观测的物标的距离越远指标差越大
    D. 观测的物标的距离越远指标差越小

16. 测者可自行校正的六分仪误差有：①定镜差；②指标差；③动镜差。三者正确的校正顺序是_____。
    A. ③①②　　　　　　　　　　B. ①②③
    C. ②③①　　　　　　　　　　D. ③②①

17. 航海上测定指标差时，可以利用_____。
    ①星体；②太阳；③水天线
    A. ①②③　　　　　　　　　　B. ①②
    C. ①③　　　　　　　　　　　D. ②③

18. 利用太阳测定指标差的优点是_____。
    A. 可以检测观测质量　　　　　B. 观测方法最简单
    C. 太阳影像较大，容易观测　　D. 太阳亮，容易观测

19. 缩小六分仪边差的方法是_____。
    A. 调整定镜背面靠近架体的调整螺钉
    B. 调整定镜背面远离架体的调整螺钉
    C. 调整动镜背面靠近架体的调整螺钉
    D. 调整动镜背面的校正螺钉

20. 六分仪指标杆置于0°，根据图片可以判断，该架六分仪存在的误差是_____。

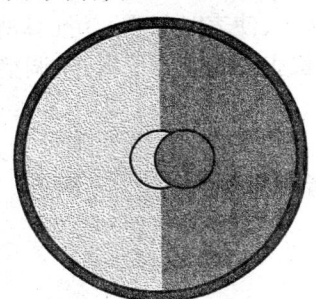

    A. 动镜差　　　　　　　　　　B. 定镜差
    C. 指标差　　　　　　　　　　D. 器差

21. 六分仪指标杆置于0°，对准水天线，根据图片可以判断，该架六分仪存在的误差是_____。

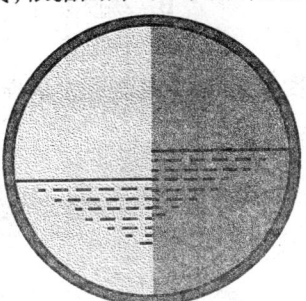

    A. 动镜差　　　　　　　　　　B. 定镜差
    C. 指标差　　　　　　　　　　D. 器差

22. 下列说法正确的是_____。
    A. 除了架体和手柄外,不应随意拿取六分仪其他部位
    B. 转动指标臂时,不能捏紧松紧夹
    C. 为了保护六分仪,应该在驾驶台内进行观测
    D. 平时应该经常用酒精和淡水冲洗六分仪

23. 下列说法正确的是_____。
    A. 不能将六分仪放在阳光下暴晒,避免各部件异常膨胀
    B. 转动指标臂时,不能捏紧松紧夹
    C. 为了保护六分仪,应该在驾驶台内进行观测
    D. 平时应该经常用酒精和淡水冲洗六分仪

24. 六分仪观测太阳高度时,应把太阳的反射影像拉倒水天线附近。若上午观测应使太阳影像位于水天线_____,若下午观测应使太阳影像位于水天线_____。
    A. 稍上一点;稍上一点
    B. 稍上一点;稍下一点
    C. 稍下一点;稍上一点
    D. 稍下一点;稍下一点

25. 观测天体高度前的准备工作包括_____。
    ①预求观测时间;②检查秒表状态,使表时归零;③推算测天时的天文钟钟差;④提前将六分仪拿到室外,适应环境温度;⑤检查校正六分仪误差,调整好望远镜焦距
    A. ①②③④⑤   B. ①②③④
    C. ②③④⑤   D. ①③④⑤

26. 观测天体高度时,首先应该把指标杆放在_____附近,_____拿六分仪,望远镜对准所测天体。
    A. 0°;垂直   B. 0°;水平
    C. 35°;垂直   D. 35°;水平

27. 六分仪观测天体高度的要领是,大摆_____,小摆_____,微摆_____。
    ①找切线;②找切点;③等相切
    A. ①②③   B. ②①③
    C. ②③①   D. ①③②

28. 以水天线为基准的天体观测高度与以地面真地平为基准的天体地面真高度之间的差值称为_____。
    A. 蒙气差   B. 眼高差
    C. 视差   D. 半径差

29. 下图为某天体 B 的观测高度与其真高度之间的订正值示意图,图中_____为蒙气差。

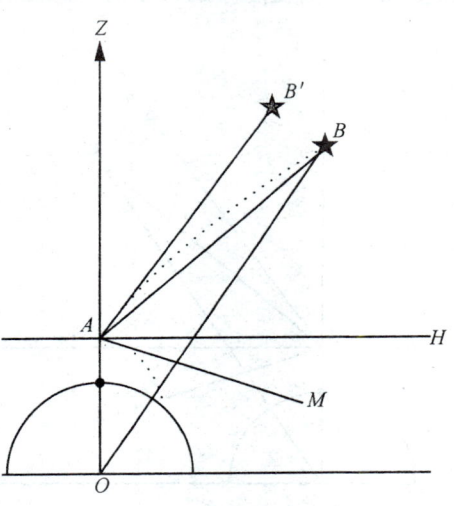

A. ∠ABO B. ∠BAB'
C. ∠HAM D. ∠AOB

30. 下图为某天体 B 的观测高度与其真高度之间的订正值示意图,图中_____为眼高差。

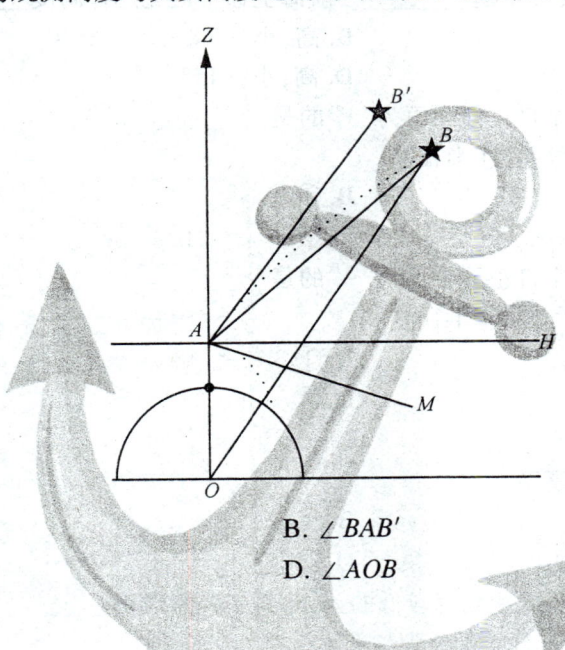

A. ∠ABO B. ∠BAB'
C. ∠HAM D. ∠AOB

31. 下图为某天体 B 的观测高度与其真高度之间的订正值示意图,图中_____为视差。

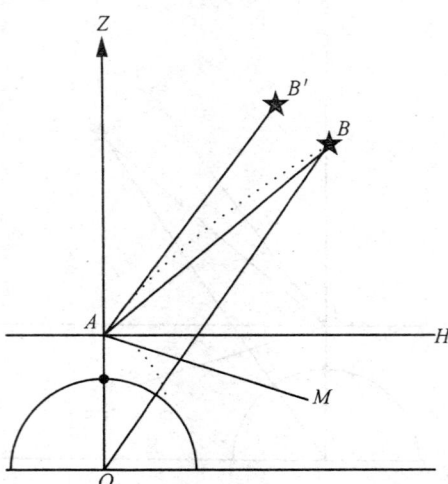

　　A. ∠ABO　　　　　　　　　　B. ∠BAB′
　　C. ∠HAM　　　　　　　　　　D. ∠AOB

32. 天体高度越_____,蒙气差越_____。航海上通常避免选择高度_____的天体。
　　A. 高;大;>30°　　　　　　　　B. 高;小;<30°
　　C. 高;大;>15°　　　　　　　　D. 高;小;<15°

33. 下列天体观测高度的几个订正值中恒为"+"的是_____。
　　①眼高差;②视差;③蒙气差;④半径差
　　A. ①②　　　　　　　　　　　B. ①③
　　C. ②　　　　　　　　　　　　D. ④

34. 下列天体观测高度的几个订正值中恒为"-"的是_____。
　　①眼高差;②视差;③蒙气差;④半径差
　　A. ①②　　　　　　　　　　　B. ①③
　　C. ②　　　　　　　　　　　　D. ④

35. 影响蒙气差的因素有_____。
　　①气温;②气压;③天体高度
　　A. ①②③　　　　　　　　　　B. ①②
　　C. ①③　　　　　　　　　　　D. ②③

36. 一般观测天体定位应避免观测高度较低的天体,其主要原因是_____。
　　A. 实际蒙气差与表列蒙气差的误差大
　　B. 实际眼高差与表列眼高差的误差大
　　C. 实际视差与表列视差的误差大
　　D. 高度低,天文船位的曲率误差大

37. 将观测高度修正为真高度时,只需修正眼高差、蒙气差和视差的天体是_____。
　　A. 金星　　　　　　　　　　　B. 太阳
　　C. 恒星　　　　　　　　　　　D. 月亮

第一章 天文航海

38. 将观测高度修正为真高度时,不必进行视差改正的天体是_____。
    A. 恒星　　　　　　　　　　　　B. 木星和火星
    C. 金星和火星　　　　　　　　　D. 太阳和月亮

39. 将观测高度修正为真高度时,需要进行半径差改正的天体是_____。
    A. 恒星　　　　　　　　　　　　B. 木星和土星
    C. 金星和火星　　　　　　　　　D. 太阳和月亮

40. 天体高度与视差的关系,下列说法正确的是_____。
    A. 高度越低,视差越大　　　　　B. 高度越高,视差越大
    C. 高度为90°时,视差最大　　　 D. 高度为0°时,视差最小

41. 在六分仪上直接读取太阳的下边缘观测高度,并利用中版《航海天文历》求太阳的真高度,则需要修正哪些误差?
    ①器差;②指标差;③眼高差;④综合改正;⑤附加改正
    A. ①②③④　　　　　　　　　　B. ①③④⑤
    C. ②③④⑤　　　　　　　　　　D. ①②③④⑤

42. 在六分仪上直接读取太阳的下边缘观测高度,并利用英版《航海天文历》求太阳的真高度,则需要修正哪些误差?
    ①器差;②指标差;③眼高差;④综合改正;⑤附加改正
    A. ①②③④　　　　　　　　　　B. ①③④⑤
    C. ②③④⑤　　　　　　　　　　D. ①②③④⑤

43. 在六分仪上直接读取金星的观测高度,并利用《航海天文历》求金星的真高度,则需要修正哪些误差?
    ①器差;②指标差;③眼高差;④综合改正;⑤附加改正
    A. ①②③④　　　　　　　　　　B. ①③④⑤
    C. ②③④⑤　　　　　　　　　　D. ①②③④⑤

44. 使用英版《航海天文历》高度修正表求取真高度时,所有天体必须修正的是_____。
    A. 眼高差　　　　　　　　　　　B. 视差
    C. 附加订正　　　　　　　　　　D. 气温气压补充订正

45. 使用英版《航海天文历》高度修正表求取行星真高度时,总改正的查表引数是_____。
    A. 六分仪高度读数经 $i+s$ 和眼高差修正后的视高度
    B. 六分仪高度读数
    C. 六分仪高度读数经 $i+s$ 修正后的观测高度
    D. 六分仪高度读数经 $i+s$ 和所有误差修正后的视高度

46. 关于英版《航海天文历》高度修正表中的眼高差表的说法正确的是_____。
    A. 查表引数是眼高,不需要内插　　B. 查表引数是眼高,需要内插
    C. 查表引数是视高度,需要内插　　D. 查表引数是视高度,不需要内插

47. 关于英版《航海天文历》高度修正表中的太阳高度总改正表的说法正确的是_____。
    A. 查表引数是眼高,不需要内插　　B. 查表引数是眼高,需要内插
    C. 查表引数是视高度,需要内插　　D. 查表引数是视高度,不需要内插

48. 英版《航海天文历》高度修正表中太阳高度总改正表的查表引数是_____。
   A. 视高度、月份、上/下边缘
   B. 视高度、日期、上/下边缘
   C. 六分仪高度、月份、上/下边缘
   D. 六分仪高度、日期、上/下边缘

第六节　求测天时刻的天体位置

1. 在中版《航海天文历》的"恒星视位置表"中可查取恒星的_____。
   ①地方时角；②格林时角；③共轭赤经；④赤纬
   A. ①②③④
   B. ①②
   C. ③④
   D. ②③④

2. 《航海天文历》中列出的太阳出没时刻是_____。
   A. 格林经线上太阳视出没的地方平时
   B. 格林经线上太阳真出没的地方平时
   C. 任意经度线上太阳真出没的地方平时
   D. 任意经度线上太阳视出没的区时

3. 根据《航海天文历》查取天体位置的查表引数是_____。
   A. 日期和世界时 UT1
   B. 日期和协调世界时 UTC
   C. 月份和世界时 UT1
   D. 月份和协调世界时 UTC

4. 以_____为引数查《航海天文历》获取太阳、行星的格林时角和赤纬。
   A. 测天世界时
   B. 测者纬度
   C. 测者经度
   D. 测者经纬度

第七节　求天文船位线

1. 天文船位圆的半径是_____。
   A. 余纬
   B. 极距
   C. 真顶距
   D. 真高度

2. 下列哪项不是高度差法求天文船位线的三要素？
   A. 天体地方时角
   B. 作图点
   C. 天体计算方位
   D. 高度差

3. _____是天文船位圆的圆心。
   A. 推算船位
   B. 选择船位
   C. 天体地理位置
   D. 天体位置

4. _____是天文船位圆的半径。
   A. 天体真高度
   B. 天体真顶距
   C. 天体计算高度
   D. 高度差

5. 当作图点偏离观测船位大于_____n mile 时，应将观测船位作为新的作图点重新画天文船位线。

A. 10 B. 20
C. 30 D. 60

6. 在航用海图上绘画天文船位线,若本船航向090°,高度差+2.0′,计算方位030°,正确的作图方法是_____。
   A. 过推算船位画090°方位线,沿着该方位线截取2.0′,过截点画垂线
   B. 过推算船位画270°方位线,沿着该方位线截取2.0′,过截点画垂线
   C. 过推算船位画030°方位线,沿着该方位线截取2.0′,过截点画垂线
   D. 过推算船位画210°方位线,沿着该方位线截取2.0′,过截点画垂线

7. 在航用海图上绘画天文船位线,若本船航向090°,高度差0.0′,计算方位030°,正确的作图方法是_____。
   A. 过推算船位画090°方位线,过推算船位画该方位线的垂线
   B. 过推算船位画270°方位线,过推算船位画该方位线的垂线
   C. 过推算船位画030°方位线,过推算船位画该方位线的垂线
   D. 过推算船位画120°方位线,过推算船位画该方位线的垂线

8. 在航用海图上绘画天文船位线,当天体真高度大于天体计算高度时,应_____截取高度差。
   A. 沿着计算方位线方向 B. 沿着计算方位线反方向
   C. 沿着航向线方向 D. 沿着航向线反方向

9. 在航用海图上绘画天文船位线,当天体真高度等于天体计算高度时,应_____。
   A. 过推算船位画计算方位线垂线 B. 过推算船位画航向线垂线
   C. 过观测船位画计算方位线垂线 D. 过观测船位画航向线垂线

第八节 太阳中天高度求纬度

1. 在观测太阳中天高度求纬度计算中,当其高度命名为N,顶距命名为S,说明太阳方位为正_____。
   A. 北 B. 南
   C. 东 D. 西

2. 观测太阳上中天高度求纬度,观测时刻应该是_____。
   A. 船时1200
   B. 世界时1200
   C. 天文历中所列的当日太阳上中天的时间
   D. 观测前所预先求出的太阳上中天区时

3. 太阳上中天,向南观测其中天高度为55°30′.0,太阳赤纬为5°20′.0S,则测者纬度为_____。
   A. 39°50′.0N B. 60°50′.0S
   C. 29°10′.0N D. 50°10′.0S

4. 6月22日,某测者向南观测太阳上中天高度为68°33′.0,则测者纬度为_____。
   A. 44°54′.0N B. 45°N
   C. 21°27′.0S D. 2°S

5. 3月21日,某测者向南观测太阳上中天高度为53°55′.0,则测者纬度为_____。
   A. 59°32′.0N			B. 36°05′.0N
   C. 36°05′.0S			D. 12°38′.0S

6. 太阳方位正南,观测太阳上中天高度求纬度,则_____。
   A. 高度命名为N,顶距命名为S		B. 高度命名为S,顶距命名为S
   C. 高度命名为S,顶距命名为N		D. 高度命名为N,顶距命名为N

7. 太阳中天时位于测者正北,测得上中天高度等于50°,赤纬10°N,则观测纬度为_____。
   A. 30°N			B. 30°S
   C. 40°N			D. 40°S

8. 太阳中天时位于测者正南,测得上中天高度等于60°,赤纬10°N,则观测纬度为_____。
   A. 30°N			B. 30°S
   C. 40°N			D. 40°S

9. 3月21日,向南测得太阳上中天高度为50°,则观测纬度是_____。
   A. 50°N			B. 50°S
   C. 40°N			D. 40°S

10. 3月21日,向北测得太阳上中天高度为50°,则观测纬度是_____。
    A. 50°N			B. 50°S
    C. 40°N			D. 40°S

11. 9月23日,向北测得太阳上中天高度为50°,则观测纬度是_____。
    A. 50°N			B. 50°S
    C. 40°N			D. 40°S

12. 6月22日,向南测得太阳上中天高度为60°,则观测纬度是_____。
    A. 53.5°N			B. 53.5°S
    C. 83.5°N			D. 83.5°S

13. 12月22日,向南测得太阳上中天高度为60°,则观测纬度是_____。
    A. 53.5°N			B. 53.5°S
    C. 6.5°N			D. 6.5°S

14. 太阳中天时,向南测得其上中天高度等于50°,赤纬等于10°S,则观测纬度为_____。
    A. 50°S			B. 50°N
    C. 30°S			D. 30°N

第九节 天文船位精度分析与误差控制

1. 通常情况下在求天文船位线的过程中所产生的误差属于_____。
   ①系统误差;②随机误差;③综合误差
   A. ①②③			B. ①③
   C. ②③			D. ①②

2. 船位差是同一时刻的_____。

A. 推算船位到观测船位的方向和距离
B. 观测船位到推算船位的方向和距离
C. 推算船位到观测船位的方向和时间
D. 观测船位到推算船位的时间和方向

3. 造成误差三角形的原因有_____。
①不能同时观测造成的误差;②观测误差;③修正观测值的改正量的误差;④海图勘绘中物标位置的误差;⑤海图作业的误差
A. ①②③④ B. ②③④
C. ①②③④⑤ D. ②③④⑤

4. 下列哪项误差不属于系统误差?
A. 船位线方向误差 B. 船位线曲率误差
C. 截点距离误差 D. 天体真高度的误差

5. 当天体高度大于30°时,蒙气差的残余误差_____。
A. 小于$0'.1$ B. 大于$0'.1$
C. 小于$0'.2$ D. 大于$0'.2$

6. 在等精度的条件下,过船位误差三角形的三个顶点所作的三条反中线的交点是处理了_____的观测船位。
A. 随机误差 B. 系统误差
C. 粗差 D. 凑整误差

7. 两天体定位,只考虑系统误差,两天体的方位差角趋近_____最好。
A. 180° B. 120°
C. 90° D. 0°

8. 两天体定位,只考虑随机误差,两天体的方位差角趋近_____最好。
A. 180° B. 120°
C. 90° D. 0°

9. 三条船位线定位,当不能确定船位误差三角形是由系统误差还是随机误差所致,这时观测船位应在_____。
A. 中标船位线的外侧
B. 内切圆的圆心
C. 反中线的交点
D. 消除了系统误差的船位与随机误差船位连线的中点

10. 由随机误差引起的天文船位误差三角形,其最概率船位在三角形的_____。
A. 三边垂线的交点上 B. 三条中线的交点上
C. 三条角平分线的交点上 D. 三条反中线的交点上

11. 对于等精度船位线引起的随机误差三角形,最概率船位应是_____。
A. 三角形角平分线交点 B. 三角形三边中垂线的交点
C. 三角形反中线交点 D. 三角形三条中线的交点

12. 在已判定误差三角形是由系统误差造成之后,采用每条方位变化相应角度重新作图。如果新三角形变小了,则说明所变角度_____。
A. 缩小了方位系统误差
B. 增加了方位系统误差
C. 正好消除了方位系统误差
D. 太大使系统误差变成了反向值

13. 在已判定误差三角形是由系统误差造成之后,采用每条方位变化相应角度重新作图。如果新三角形变大了,则说明所变角度_____。
A. 缩小了方位系统误差
B. 增加了方位系统误差
C. 正好消除了方位系统误差
D. 角度太大使系统误差变成了反向值

14. 三天体定位,若三天体的方位分别为010°、135°、245°,由于系统误差的影响,船位误差三角形较大,消除了系统误差的船位在误差三角形_____。
A. 之内,内切圆的圆心   B. 之外,旁切圆的圆心
C. 之外,反中线的交点   D. 之内,靠近短边大角

15. 三天体定位,如果构成的船位误差三角形的各边均在 2 n mile 以内,一般认为该误差三角形是由_____引起的,最概率船位一定在误差三角形_____,靠近_____。
A. 系统误差;之外;中标船位线的外侧
B. 随机误差;之内;短边大角
C. 随机误差;之外;外切圆的圆心
D. 系统误差;之内;内切圆的圆心

16. 测天定位要求测天时的天文钟时间准确到_____。
A. 0.1 s   B. 1 s
C. 0.1 min   D. 1 min

17. 关于高度差的系统误差,下列说法正确的是_____。
A. 可忽略不计
B. 不可忽略不计
C. 在大洋中可忽略不计,在沿海不可忽略
D. 在沿海可忽略不计,在大洋中不可忽略

18. 两天体定位,两条船位线的交角应在_____之间,以趋近_____为最好。
A. 30°~150°;90°   B. 30°~150°;120°
C. 30°~120°;60°   D. 30°~90°;90°

19. 三天体定位,构成误差三角形,若只考虑系统误差,则_____。
A. 过三角形三个顶点作三条平均方位线,三条平均方位线的交点为消除了系统误差的观测船位
B. 过三角形三个顶点作三条平均方位线,三条平均方位线的交点为最概率船位
C. 过三角形三个顶点作三条反中线,三条反中线的交点为消除了系统误差的观测船位
D. 过三角形三个顶点作三条反中线,三条反中线的交点为最概率船位

20. 三天体定位,构成误差三角形,若只考虑随机误差,则最概率船位位于_____。
   A. 三角形内
   B. 三角形外
   C. 与三天体的分布有关,在三角形内、外均可能
   D. 无法判断

21. 三天体定位,形成误差三角形(如图所示),若只存在系统误差,则消除了系统误差的观测船位位于_____区。

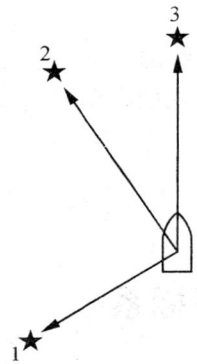
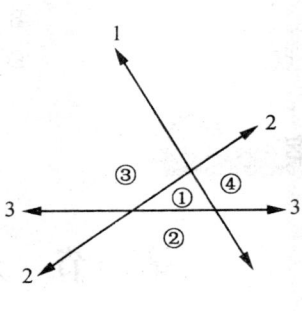

   A. ①
   B. ②
   C. ③
   D. ④

22. 三天体定位,形成误差三角形(如图所示),其中 a 点为三角形的内心,b、c、d 三点为三角形旁切圆的圆心,则将_____作为观测船位。

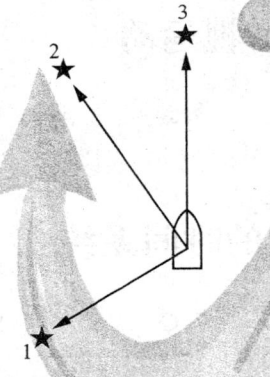
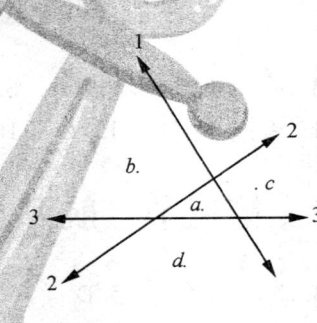

   A. a 点
   B. a、b 点连线的中点
   C. a、c 点连线的中点
   D. a、d 点连线的中点

23. 三天体定位,形成误差三角形(如图所示),其中 a 点为三角形的内心,b、c、d 三点为三角形旁切圆的圆心,则将_____作为观测船位。

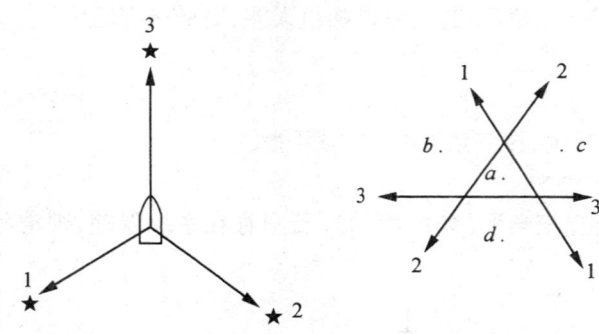

A. a 点　　　　　　　　　　　　　　B. a、b 点连线的中点
C. a、c 点连线的中点　　　　　　　D. a、d 点连线的中点

参考答案

第一节　天体坐标系

1. D	2. C	3. B	4. C	5. C	6. A	7. B	8. C	9. B	10. A
11. A	12. B	13. A	14. C	15. A	16. A	17. C	18. A	19. A	20. D
21. C	22. D	23. C	24. B	25. B	26. A	27. C	28. C	29. D	30. D
31. C	32. B	33. D	34. C	35. A	36. B				

第二节　天体视运动

| 1. A | 2. A | 3. A | 4. C | 5. C | 6. C | 7. A | 8. A | 9. A | 10. B |
| 11. B | 12. D | 13. A | 14. D | 15. A | 16. C | 17. A | 18. C | 19. D | 20. D |

第三节　航海上的时间系统

1. A	2. B	3. C	4. C	5. D	6. D	7. C	8. A	9. C	10. A
11. A	12. D	13. B	14. D	15. D	16. D	17. C	18. D	19. A	20. D
21. B	22. B	23. B	24. C	25. D	26. C	27. C	28. B	29. C	30. C
31. A	32. A	33. D	34. C	35. D	36. C	37. C	38. C	39. D	40. B
41. D	42. C	43. A	44. C	45. D	46. C	47. B	48. B	49. A	50. C
51. D	52. A								

第四节　天文定位方法及步骤

| 1. A | 2. C | 3. C | 4. A | 5. B | 6. A | 7. A | 8. A | 9. C | 10. B |

11. C	12. B	13. A	14. C	15. C	16. D	17. B	18. B	19. C	20. B
21. B	22. A	23. A	24. A	25. C	26. A	27. A	28. A	29. C	30. C
31. A	32. A								

第五节　天体高度的观测及改正

1. A	2. A	3. D	4. C	5. C	6. D	7. A	8. C	9. A	10. A
11. A	12. C	13. C	14. B	15. A	16. A	17. A	18. A	19. B	20. B
21. C	22. A	23. A	24. C	25. C	26. C	27. C	28. B	29. B	30. C
31. A	32. D	33. C	34. A	35. A	36. A	37. A	38. A	39. D	40. A
41. D	42. A	43. D	44. A	45. A	46. A	47. D	48. A		

第六节　求测天时刻的天体位置

| 1. C | 2. A | 3. A | 4. A |

第七节　求天文船位线

| 1. C | 2. A | 3. C | 4. B | 5. C | 6. C | 7. C | 8. A | 9. A |

第八节　太阳中天高度求纬度

| 1. A | 2. D | 3. C | 4. A | 5. B | 6. C | 7. B | 8. C | 9. C | 10. D |
| 11. D | 12. A | 13. C | 14. D | | | | | | |

第九节　天文船位精度分析与误差控制

1. D	2. A	3. C	4. D	5. A	6. A	7. C	8. C	9. A	10. D
11. C	12. A	13. B	14. A	15. B	16. B	17. C	18. D	19. A	20. A
21. C	22. B	23. A							

答案解析

第一节　天体坐标系

1. D。天王星和海王星肉眼看不到,土星是离地球最远且可供航海定位的行星。

2. C。天赤道将天球分为南天半球和北天半球。

3. B。第二赤道坐标系——基准圈:春分点时圈和天赤道;辅助圈:天体时圈和天体赤纬圈;原点:春分点;几何极:天北极;坐标:赤纬或极距、赤经或共轭赤经。

4. C。地方时角是测者午圈与天体时圈在天赤道上所夹的大圆弧距,也可定义为测者午圈与天体时圈在天极处所形成的球面角,半圆地方时角范围为000°~180°。

5. C。地方时角是测者午圈与天体时圈在天赤道上所夹的大圆弧距,也可定义为测者午圈与天体时圈在天极处所形成的球面角,半圆地方时角范围为000°~180°。

6. A。$LHA=0°$时,天体时圈与测者午圈相重合。

7. B。圆周地方时角:由测者午圈起,沿天赤道向西度量到天体时圈,从 $0°$~$360°$计算。

8. C。向东度量的半圆地方时角必须命名,即在地方时角度数后标注 E。

9. B。$GHA=LHA+\lambda_W=200°+160°=360°=0°$。

10. A。$LHA=GHA+\lambda_E=260°+100°=360°=0°$。

11. A。春分点格林时角:由格林午圈起沿天赤道向西度量到春分点时圈的弧距。

12. B。$LHA\Upsilon=GHA\Upsilon-RA-\lambda_W=40°-300°-60°=40°W$。

13. A。$GHA>180°$为东经。

14. C。$\lambda=(360°-GHA)E$,当 $GHA>180°$时。

15. A。$LHA=GHA+\lambda=205°40′.0+122°20′.0=328°$,半圆 $LHA=360°-328°=32°E$。

16. A。天体地理位置坐标中的地理纬度对应的是天球坐标系中的赤纬。

17. C。天体地理位置坐标中的地理经度取决于天球坐标系中的格林时角。

19. A。$GHA<180°$,为西经。

20. D。$GHA>180°$,$360°-GHA$,为东经。

21. C。地平坐标系中,测者子午圈与真地平圈有两个交点,分别为北点和南点。

22. D。测者真地平圈是通过地心的且垂直于测者铅垂线的平面与天球截得的大圆。

23. C。测者真地平圈与测者子午圈的交点为 N 和 S,与天赤道的交点为 E 和 W。

24. B。测者真地平圈与测者子午圈的交点为 N 和 S。

25. B。测者真地平圈与测者子午圈的交点为 N 和 S。

26. A。垂直圈是测者天顶与天底之间的半个大圆的统称,又称地平经圈。通过天体的垂直圈称为天体垂直圈。

27. C。测者真地平圈与测者子午圈的交点为 N 和 S。

28. C。天体在天球上的位置可用横坐标天体方位,纵坐标天体高度表示。

29. D。天体顶距是从测者天顶起,沿天体垂直圈度量到天体中心的大圆弧距,范围为 $0°$~$180°$。

30. D。半圆方位命名:第一名称与 φ 同名、第二名称与半圆 LHA 同名;北半球测者昏影测得天体半圆方位命名为 $95°NW$,则圆周方位 $=360°-95°=265°$。

31. C。$060°NE=120°SE$

32. B。$\varphi=0°$时:第一名称与纬度同名,第二名称上午为 E,下午为 W。3月21日—9月23日太阳赤纬为 N,9月23日—次年3月21日太阳赤纬为 S。则本题为命名为 NE。

33. D。$\varphi=0°$时:第一名称与纬度同名,第二名称上午为 E,下午为 W。3月21日—9月23日太阳赤纬为 N,9月23日—次年3月21日太阳赤纬为 S。则本题为命名为 SW。

34. C。仰极的高度等于测者纬度。
35. A。此时天体赤纬＝测者纬度,极距＝90°-测者纬度。
36. B。天文三角形的三边由天体时圈、天体垂直圈和测者午圈组成,三条边为极距(90°-Dec)、顶距(90°-h)和余纬(90°-φ)。

第二节 天体视运动

5. C。地方时角为0°说明此时为天体上中天。
8. A。当天体 $Dec<φ$($φ=0°$除外)或与$φ$异名时,$A=180°$,位置角$q=0°$;当$Dec>φ$且同名或者$φ=0°$时,$A=0°$,位置角$q=180°$。
12. D。9月23日太阳直射赤道,下午方位为270°。
13. A。黄道与天赤道交于两点,太阳由南天半球进入北天半球的交点称为春分点,另一交点称为秋分点。
14. D。黄道与天赤道交于两点,太阳由南天半球进入北天半球的交点称为春分点,另一交点称为秋分点。
17. A。北半球天文夏季开始。
18. C。北半球天文春季开始。
19. D。太阳由直射南回归线到赤道,南赤纬逐渐减小。

第三节 航海上的时间系统

1. A。太阳日:周日视运动中,太阳连续两次经过某地子圈所经历的时间间隔。
2. B。视时的定义。
3. C。视时＝太阳圆周地方时角±12 h(180°)。
5. D。太阳上中天 $LAT=1200$,$LMT=LAT-ET=1200-(-6^m)=1206$。
6. D。$LMT=LAT-ET$。
7. C。$ET=LAT-LMT$。
8. A。时区中线经度是105°E,105°E-112°E=7°W=-28^m,$ZT=LMT+(-28^m)=11^h$。
9. C。时区中线经度是105°W,105°W-112°W=7°E=28^m,$ZT=LMT+28^m=11^h56^m$。
14. D。我国为东八区,共15 h的时差,西七区1700(11/5)+15小时＝东八区0800(12/5)。
15. D。时区中线为120°E,123°E-120°E=3°W,$-3×4^m=-12^m$。
21. B。真正反映地球自转的统一时间,也是天文航海所使用的世界时。
22. B。真正反映地球自转的统一时间,也是天文航海所使用的世界时。
23. B。真正反映地球自转的统一时间,也是天文航海所使用的世界时。
24. C。零时区的区时是0°经度线上的地方时,也就是世界时。
25. B。协调世界时是以原子时秒作为计量时间的单位,而在时刻上则要求与世界时(UT1)之差保持在±0.9s之内。因此,UTC是受UT1制约的原子时。
26. C。原子时与铯原子有关。

31. A。船舶由西向东过日界线,船钟不拨,日期减去一天。
32. A。船舶由东向西过日界线,船钟不拨,日期增加一天。
34. C。船上的具体拨钟方法由船长决定。
37. B。东11区进入东12区,拨快1 h。
38. C。东11区进入东10区,拨慢1 h。
39. D。东9区进入东8区,拨慢1 h。
40. B。过零度经度线,不拨钟。
45. B。测天时钟差=最近测定的钟差+日差×对钟至测天时的天数。
46. D。测天前,先看准天文钟时间启动秒表,当测天完成时秒表读数为+;另一种方法是测天结束前,记下按停秒表时刻的天文钟时间和秒表时,此时秒表读数为-。
47. B。测天前,先看准天文钟时间启动秒表,当测天完成时秒表读数为+;另一种方法是测天结束前,记下按停秒表时刻的天文钟时间和秒表时,此时秒表读数为-。
48. B。真正反映地球自转的统一时间,也是天文航海所使用的世界时。
50. C。测天前,先看准天文钟时间启动秒表,当测天完成时秒表读数为+;另一种方法是测天结束前,记下按停秒表时刻的天文钟时间和秒表时,此时秒表读数为-。
51. D。测天前,先看准天文钟时间启动秒表,当测天完成时秒表读数为+;另一种方法是测天结束前,记下按停秒表时刻的天文钟时间和秒表时,此时秒表读数为-。

第四节　天文定位方法及步骤

1. A。将前一时刻的太阳船位线按推算航迹向和推算航程转移到后一时刻,与后一时刻的太阳船位线相交得到观测船位。
3. C。太阳移线定位的最佳时机在太阳中天前后,中天前后方位变化很快,且中天高度越高方位变化越快,间隔较短的时间,便可得到较合适的方位差角。
4. A。太阳移线定位的最佳时机在太阳中天前后,中天前后方位变化很快,且中天高度越高方位变化越快,间隔较短的时间,便可得到较合适的方位差角。
5. B。一般要求,若太阳方位在2 h内能有30°以上的变化,就是合适的移线定位时机。
6. A。太阳移线定位的最佳时机在太阳中天前后,中天前后方位变化很快,且中天高度越高方位变化越快,间隔较短的时间,便可得到较合适的方位差角。
7. A。太阳移线定位的最佳时机在太阳中天前后,中天前后方位变化很快,且中天高度越高方位变化越快,间隔较短的时间,便可得到较合适的方位差角。
8. A。太阳移线定位的最佳时机在太阳中天前后,中天前后方位变化很快,且中天高度越高方位变化越快,间隔较短的时间,便可得到较合适的方位差角。
10. B。一般情况下,在白天只能见到太阳,因此观测一次太阳高度,只能求得一条太阳船位线。
12. B。最亮的恒星天狼星的星等为-1.6,最亮的行星金星的平均星等为-3.8。
13. A。晨光时一般先测东方的星。昏影时东方星体先出现。
14. C。太阳视出没到太阳中心在真地平下6°的这段时间称为民用晨光昏影时间。

15. C。太阳中心处于真地平下 6°~12°这段时间称为航海晨光昏影时间。
16. D。仰极高度等于测者纬度,北极星的赤纬趋近 90°航海实践中,当仰极处恰有一天体时,可以测定其高度,从而求得观测者的纬度。
19. C。第二改正值查表引数是春分点地方时角和测者纬度(北极星高度)。
20. B。第三改正值查表引数是春分点地方时角和观测日期。
21. B。晨光时先测较暗的星(先消失),后测亮星(消失得晚);昏影时先测亮星(先出现)后测暗星(较晚才能看到)。
22. A。晨光时一般先测东方的星。昏影时东方星体先出现。
24. A。通常只能在民用晨光始,和民用昏影终前后的一段时间,即太阳真高度在 -3°~-9°之间的一段时间是观测星体定位的适宜时机。
32. A。晨光时先测较暗的星(先消失),后测亮星(消失的晚);昏影时先测亮星(先出现)后测暗星(较晚才能看到)。

第五节　天体高度的观测及改正

3. D。刻度弧 0°右侧的负角刻度,向右负值增加,而分和分的小数,用 60′减去从鼓轮和游标尺上按正角读法读出的读数才能得到。
4. C。天体高度等于定镜与动镜夹角的 2 倍。
7. A。动镜差又称垂直差。
9. A。若从动镜中看到的刻度弧影像与动镜外直接看到的刻度弧衔接成一整体,表明动镜是垂直于刻度弧平面的,无须校正。
19. B。定镜差又称边差。调整定镜背面远离假体的调整螺钉,直到两影像重合为止。
24. C。若天体在上升,把天体反射影像拉到水天线下面一点;若天体在下降,则把天体反射影像拉到水天线上面一点。
27. A。开始的摆幅要大些,找出包含最低点的那段弧线。横移六分仪,将最低点置于望远镜视野中央,最后微摆等待相切。
29. B。蒙气差使观测高度增大。天体的视方向与真方向之间的夹角称为蒙气差。
30. C。水天线的视方向与地面真地平的夹角称为眼高差。
31. A。天体光线射向地面测者和地心之间的夹角,称为天体视差。
32. D。蒙气差主要随天体的地面高度变化而变,高度越大,蒙气差小。
33. C。视差符号恒为"+"。
34. B。眼高差和蒙气差符号恒为"-"。
36. A。蒙气差主要随天体的地面高度变化而变,高度越大,蒙气差小。高度越低,蒙气差大。
37. A。金星观测的是中心的高度,高度改正中没有半径差改正。
38. A。除金星、火星以外的其他航用星体距地球都很遥远,视差极小,可忽略不计。
39. D。航海实际中,只有太阳和月亮有半径差改正。

第七节 求天文船位线

1. C。天文船位圆的圆心是地方时角和赤纬,半径是真顶距。
2. A。天文船位线的三要素:作图点;天体计算方位;高度差。
4. B。天文船位圆的圆心是地方时角和赤纬,半径是真顶距。

第八节 太阳中天高度求纬度

2. D。太阳中天高度只有在太阳经过测者午圈的一瞬间进行观测才能得到。
4. A。6月22日,太阳赤纬23°27′。
5. B。3月21日,太阳赤纬0°。

第九节 天文船位精度分析与误差控制

5. A。高度大于30°时,误差不超过±0′.1。
7. D。在观测高度的系统误差一定的情况下,当两天体的方位差接近000°时,船位系统误差最小,接近180°时为最大。
8. C。根据船位标准差公式,两天体的方位差越接近90°,船位标准差就越小,即观测的精度就越高。
21. C。当被测得三个物标的分布小于180°时,船位在误差三角形的旁心上。
23. A。当被测得三个物标的分布大于180°时,船位在误差三角形的内心上。

第二章 地文航海

第一节 球面三角形

1. 在地球圆球体中,下列形状属于大圆弧的是_____。
   ①纬度圈;②赤道;③经度圈;④球面上两点间的连线
   A. ①②③   B. ②③
   C. ②③④   D. ③④

2. 地球椭圆体中,下列形状属于大圆弧的是_____。
   ①纬度圈;②赤道;③经度圈;④球面上两点间的连线
   A. ①③   B. ②③
   C. ②   D. ③④

3. 关于大圆弧以下理解正确的是_____。
   ①过球心的平面与球面相截的一定是大圆弧;②墨卡托投影海图上的直线一定是大圆弧;③心射平面投影海图上的直线一定是大圆弧;④恒向线可能是大圆弧
   A. ①②③   B. ②③④
   C. ①③④   D. ①②③④

4. 关于大圆弧以下理解都不正确的是_____。
   ①过球心的平面与球面相截的一定是大圆弧;②墨卡托投影海图上的直线一定是大圆弧;③心射平面投影海图上的直线一定是大圆弧;④恒向线一定是大圆弧
   A. ①②   B. ②③
   C. ①③   D. ②④

5. 关于大圆弧以下理解正确的是_____。
   ①纬线是大圆弧;②经线是大圆弧;③赤道是大圆弧;④恒向线是大圆弧
   A. ①②   B. ②③
   C. ③④   D. ①②③④

第二节 地理坐标

1. 地理经度是以_____作为基准线的。

A. 赤道 B. 格林经线
C. 测者经线 D. 测者子午圈

2. 某地地理经度是格林子午线与该地子午线之间的_____。
①赤道短弧;②赤道短弧所对应的球心角;③赤道短弧所对应的极角
A. ②③ B. ①③
C. ①② D. ①②③

3. 地理坐标的基准线是_____。
A. 经线、纬线 B. 赤道、经线
C. 格林子午圈、纬圈 D. 赤道、格林经线

4. 所谓"地理纬度"是指_____。
A. 地球上某点的法线与赤道面的交角
B. 地球上某点和地心连线与赤道面的交角
C. 地球椭圆子午线上某点和地心连线与赤道面的交角
D. 某点在地球椭圆子午线上的法线与赤道面的交角

5. 地理经度和地理纬度是建立在_____基础上的。
A. 地球圆球体 B. 地球椭圆体
C. 地球椭球体 D. 球面直角坐标系

6. 纬度是以_____作为基准线计量的。
A. 赤道 B. 等纬圈
C. 格林经线 D. 测者经线

7. 格林子午线与某地子午线在赤道上所夹的弧距可能是_____。
A. 地理经度 B. 地理纬度
C. 地理坐标 D. 地心纬度

8. 视地球为圆球体,地球上某点到赤道在经线上的弧距等于_____。
A. 地理经度 B. 地理纬度
C. 地理坐标 D. 地心经度

9. 地球椭圆体某纬度圈上两点间劣弧弧距等于_____。
A. 地理经度 B. 地理纬度
C. 地理坐标 D. 两点间的东西距

10. 经度是以_____作为基准线计量的。
A. 赤道 B. 等纬圈
C. 格林经线 D. 测者经线

11. 地理坐标的基准原点位于_____。
A. 船舶所在经线、纬线的交点 B. 赤道、船舶所在经线的交点
C. 赤道、格林子午线的交点 D. 格林子午圈、纬圈的交点

12. 地理经度的度量方法是_____。
①由格林子午线向东度量到该点子午线,度量范围0°~180°;②由格林子午线向西度量到该点子午线,度量范围0°~180°;③由格林子午线向东度量到该点子午线,度量范围0°~360°

A. ②③
B. ①③
C. ①②③
D. ①②

13. 地理经度的度量方法是_____。
   A. 由该点子午线向东或向西度量到格林子午线,度量范围 0°~180°
   B. 由该点子午线向东或向西度量到格林子午线,度量范围 0°~360°
   C. 由格林子午线向东或向西度量到该点子午线,度量范围 0°~180°
   D. 由格林子午线向东或向西度量到该点子午线,度量范围 0°~360°

14. 某点地理纬度的度量方法是_____。
   A. 自赤道向南或向北度量到该点等纬圈,度量范围 0°~180°
   B. 自赤道向南或向北度量到该点等纬圈,度量范围 0°~90°
   C. 自该点等纬圈向南或向北度量到赤道,度量范围 0°~180°
   D. 自该点等纬圈向南或向北度量到赤道,度量范围 0°~90°

15. 地理经度和地理纬度的度量范围分别是_____。
   A. 0°~90°、0°~90°
   B. 0°~180°、0°~180°
   C. 0°~90°、0°~180°
   D. 0°~180°、0°~90°

16. 经差和纬差的度量范围分别是_____。
   A. 0°~90°、0°~90°
   B. 0°~180°、0°~180°
   C. 0°~90°、0°~180°
   D. 0°~180°、0°~90°

17. 已知起航点经度 $\lambda_1 = 006°12'.7W$,到达点经度 $\lambda_2 = 107°24'.9E$,则两地间的经差 $D\lambda$ 为_____。
   A. 113°37'.6W
   B. 113°37'.6E
   C. 101°12'.2E
   D. 101°12'.2W

18. 已知起航点经度 $\lambda_1 = 056°10'.2W$,两地间的经差 $D\lambda = 60°00'.0E$,则到达点经度 λ_2 为_____。
   A. 004°49'.8E
   B. 004°49'.8W
   C. 003°49'.8E
   D. 116°10'.2E

19. 已知起航点经度 $\lambda_1 = 058°48'.5E$,到达点经度 $\lambda_2 = 110°14'.0W$,则两地间的经差 $D\lambda$ 为_____。
   A. 169°02'.5E
   B. 051°36'.5E
   C. 169°02'.5W
   D. 051°36'.5W

20. 已知起航点经度 $\lambda_1 = 065°24'.6E$,两地间的经差 $D\lambda = 106°30'.0W$,则到达点经度 λ_2 为_____。
   A. 171°54'.6E
   B. 041°05'.4E
   C. 171°54'.6W
   D. 041°05'.4W

21. 已知起航点经度 $\lambda_1 = 104°24'.6W$,两地间的经差 $D\lambda = 28°46'.8E$,则到达点经度 λ_2 为_____。
   A. 075°37'.8W
   B. 133°11'.4E
   C. 075°37'.8E
   D. 133°11'.4W

22. 已知起航点经度 $\lambda_1 = 106°12'.4W$，两地间的经差 $D\lambda = 18°10'.2W$，则到达点经度 λ_2 为 _____。
   A. 124°22'.6E
   B. 124°22'.6W
   C. 088°02'.2E
   D. 088°02'.2W

23. 已知起航点经度 $\lambda_1 = 106°23'.2E$，到达点经度 $\lambda_2 = 168°21'.0W$，则两地间的经差 $D\lambda$ 为 _____。
   A. 274°44'.2W
   B. 085°15'.8E
   C. 094°44'.2E
   D. 061°57'.8E

24. 已知起航点经度 $\lambda_1 = 108°24'.6E$，到达点经度 $\lambda_2 = 118°04'.6E$，则两地间的经差 $D\lambda$ 为 _____。
   A. 009°40'.0E
   B. 010°20'.0E
   C. 109°40'.0E
   D. 009°20'.0E

25. 已知起航点经度 $\lambda_1 = 110°10'.2W$，到达点经度 $\lambda_2 = 118°08'.1W$，则两地间的经差 $D\lambda$ 为 _____。
   A. 007°57'.9W
   B. 008°02'.1W
   C. 007°57'.9E
   D. 008°57'.9E

26. 已知起航点经度 $\lambda_1 = 111°23'.5E$，两地间的经差 $D\lambda = 24°11'.0E$，则到达点经度 λ_2 为 _____。
   A. 135°34'.5E
   B. 087°12'.5E
   C. 135°34'.5W
   D. 087°12'.5W

27. 已知起航点经度 $\lambda_1 = 118°24'.3E$，到达点经度 $\lambda_2 = 108°25'.8E$，则两地间的经差 $D\lambda$ 为 _____。
   A. 010°01'.4W
   B. 010°58'.5E
   C. 009°58'.5E
   D. 009°58'.5W

28. 已知起航点经度 $\lambda_1 = 124°15'.7W$，到达点经度 $\lambda_2 = 115°36'.8W$，则两地间的经差 $D\lambda$ 为 _____。
   A. 008°38'.9W
   B. 009°21'.1E
   C. 008°38'.9E
   D. 009°21'.1W

29. 已知起航点经度 $\lambda_1 = 136°12'.7W$，到达点经度 $\lambda_2 = 114°21'.3E$，则两地间的经差 $D\lambda$ 为 _____。
   A. 070°34'.0E
   B. 250°34'.0E
   C. 070°34'.0W
   D. 109°26'.0W

30. 已知起航点经度 $\lambda_1 = 145°27'.8E$，两地间的经差 $D\lambda = 104°12'.6W$，则到达点经度 λ_2 为 _____。
   A. 041°15'.2E
   B. 041°15'.2W
   C. 110°20'.6E
   D. 110°20'.6W

31. 已知起航点经度 $\lambda_1 = 146°24'.5W$，两地间的经差 $D\lambda = 60°21'.3W$，则到达点经度 λ_2 为 _____。

A. 086°03′.2W B. 026°45′.8W
C. 026°45′.8E D. 153°14′.2E

32. 已知起航点经度 $\lambda_1 = 167°15′.0E$，两地间的经差 $D\lambda = 60°24′.0E$，则到达点经度 λ_2 为_____。
   A. 227°39′.0E B. 047°39′.0E
   C. 132°21′.0W D. 132°21′.0E

33. 已知起航点纬度 $\varphi_1 = 04°24′.8S$，到达点纬度 $\varphi_2 = 11°36′.4N$，则两地间纬差 $D\varphi$ 为_____。
   A. 07°11′.6N B. 16°01′.2N
   C. 07°11′.6S D. 15°01′.2N

34. 已知起航点纬度 $\varphi_1 = 06°28′.4N$，到达点纬度 $\varphi_2 = 12°39′.5S$，则两地间纬差 $D\varphi$ 为_____。
   A. 19°07′.9N B. 06°11′.1N
   C. 19°07′.9S D. 06°11′.1S

35. 已知起航点纬度 $\varphi_1 = 08°12′.4S$，到达点纬度 $\varphi_2 = 25°04′.6S$，则两地间纬差 $D\varphi$ 为_____。
   A. 16°52′.2S B. 17°52′.2S
   C. 33°17′.0S D. 17°07′.8S

36. 已知起航点纬度 $\varphi_1 = 08°36′.4N$，两地间纬差 $D\varphi = 15°24′.0S$，则到达点纬度 φ_2 为_____。
   A. 06°47′.6S B. 07°47′.6S
   C. 24°00′.4S D. 07°12′.4S

37. 已知起航点纬度 $\varphi_1 = 12°31′.4S$，两地间纬差 $D\varphi = 23°24′.6N$，则到达点纬度 φ_2 为_____。
   A. 11°06′.8N B. 35°56′.0N
   C. 11°53′.2N D. 10°53′.2N

38. 已知起航点纬度 $\varphi_1 = 18°14′.5S$，两地间纬差 $D\varphi = 13°02′.3S$，则到达点纬度 φ_2 为_____。
   A. 05°12′.2N B. 31°16′.8S
   C. 05°12′.2S D. 21°16′.8S

39. 已知起航点纬度 $\varphi_1 = 21°11′.3S$，两地间纬差 $D\varphi = 15°13′.4N$，则到达点纬度 φ_2 为_____。
   A. 36°44′.7S B. 06°57′.9N
   C. 05°57′.9S D. 06°02′.1S

40. 已知起航点纬度 $\varphi_1 = 22°48′.4S$，到达点纬度 $\varphi_2 = 11°36′.4S$，则两地间纬差 $D\varphi$ 为_____。
   A. 34°24′.8S B. 11°12′.0S
   C. 35°24′.8S D. 11°12′.0N

41. 已知起航点纬度 $\varphi_1 = 23°24′.2N$，到达点纬度 $\varphi_2 = 39°16′.4N$，则两地间纬差 $D\varphi$ 为_____。
   A. 15°52′.2N B. 16°07′.8N
   C. 14°52′.2N D. 62°40′.6N

42. 已知起航点纬度 $\varphi_1 = 25°10′.2N$，到达点纬度 $\varphi_2 = 13°08′.3N$，则两地间纬差 $D\varphi$ 为_____。
   A. 12°01′.9S B. 12°01′.9N
   C. 12°12′.9S D. 38°18′.5N

43. 已知起航点纬度 $\varphi_1 = 26°14′.6N$，两地间纬差 $D\varphi = 06°08′.4S$，则到达点纬度 φ_2 为_____。
   A. 32°23′.0S B. 20°06′.2S

C. 32°23′.0N D. 20°06′.2N

44. 已知起航点纬度 $\varphi_1 = 36°12′.6N$，两地间纬差 $D\varphi = 08°06′.2N$，则到达点纬度 φ_2 为_____。
    A. 34°18′.8N B. 28°06′.4N
    C. 44°18′.8N D. 28°06′.4S

45. 由起航点 10°02′N,006°05′E 至到达点 02°58′S,001°57′W 的纬差与经差为_____。
    A. 13°S,008°02′W B. 13°N,008°02′E
    C. 13°S,008°02′E D. 13°N,008°02′W

46. 由起航点 30°10′N,120°08′E 至到达点 10°30′N,145°05′E 的纬差与经差为_____。
    A. 44°40′N,024°57′E
    B. 19°40′S,024°57′E
    C. 19°40′N,024°57′W
    D. 40°40′S,024°57′W

47. 经差、纬差的方向是根据_____来确定的。
    A. 起航点相对于到达点的方向   B. 到达点相对于起航点的方向
    C. 起航点的地理坐标的名称   D. 到达点的地理坐标的名称

48. 下列关于经差、纬差的说法正确的是_____。
    A. 纬差不能大于 90°   B. 经差不能大于 180°
    C. 到达点在南半球,纬差方向为南   D. 经差不能大于 90°

49. 经差的方向是根据_____来确定的。
    A. 到达点的经度与起航点的经度之差的符号
    B. 到达点的经度与起航点的经度之差,绝对值小于 180°的符号
    C. 起航点相对于到达点的方向
    D. 到达点的经度与起航点的经度之差,绝对值小于 90°的符号

50. 下列关于纬差方向的说法中正确的是_____。
    A. 到达点在南半球,纬差方向为南
    B. 船舶在北半球航行,纬差方向为北
    C. 由北半球航行至南半球,纬差方向为南
    D. 由北半球航行至南半球,纬差方向为北

51. 下列关于经差、纬差的说法中,正确的是_____。
    A. 经差最大为 180°
    B. 纬差最大为 90°
    C. 由东半球航行至西半球,经差一定是东
    D. 经差最大为 90°

52. 甲船从 179°E 航行至 179°W,乙船从 1°E 航行至 1°W,下列说法正确的是_____。
    A. 经差大小、方向都相等   B. 经差大小、方向都不相等
    C. 经差大小相等,方向不同   D. 经差方向都相等,大小不等

53. 某船由 30°S,60°W 航行至 40°S,60°E,则该船经差和纬差的方向分别为_____。
    A. E 经差、N 纬差   B. W 经差、S 纬差

C. E 经差、S 纬差　　　　　　　　D. W 经差、N 纬差
54. 某船由 30°S,60°W 航行至 30°N,60°E,则该船经差和纬差的方向分别为_____。
　　A. E 经差、N 纬差　　　　　　　　B. W 经差、S 纬差
　　C. E 经差、S 纬差　　　　　　　　D. W 经差、N 纬差
55. 某船由 30°S,60°W 航行至 40°S,120°W,则该船经差和纬差的方向分别为_____。
　　A. E 经差、N 纬差　　　　　　　　B. W 经差、S 纬差
　　C. E 经差、S 纬差　　　　　　　　D. W 经差、N 纬差
56. 某船由 30°S,60°W 航行至 30°N,120°W,则该船经差和纬差的方向分别为_____。
　　A. E 经差、N 纬差　　　　　　　　B. W 经差、S 纬差
　　C. E 经差、S 纬差　　　　　　　　D. W 经差、N 纬差
57. 某船由 30°N,60°W 航行至 40°N,60°E,则该船经差和纬差的方向分别为_____。
　　A. E 经差、N 纬差　　　　　　　　B. W 经差、S 纬差
　　C. E 经差、S 纬差　　　　　　　　D. W 经差、N 纬差
58. 某船由 30°N,60°W 航行至 30°S,60°E,则该船经差和纬差的方向分别为_____。
　　A. E 经差、N 纬差　　　　　　　　B. W 经差、S 纬差
　　C. E 经差、S 纬差　　　　　　　　D. W 经差、N 纬差
59. 某船由 30°N,60°W 航行至 30°S,120°W,则该船经差和纬差的方向分别为_____。
　　A. E 经差、N 纬差　　　　　　　　B. W 经差、S 纬差
　　C. E 经差、S 纬差　　　　　　　　D. W 经差、N 纬差
60. 某船由 30°N,60°W 航行至 40°N,120°W,则该船经差和纬差的方向分别为_____。
　　A. E 经差、N 纬差　　　　　　　　B. W 经差、S 纬差
　　C. E 经差、S 纬差　　　　　　　　D. W 经差、N 纬差
61. 测者东西线是由什么面确定的?
　　A. 测者卯酉圈平面与测者子午圈平面
　　B. 测者东西圈平面与测者卯酉圈平面
　　C. 测者地面真地平平面与测者子午圈平面
　　D. 测者地面真地平平面与测者卯酉圈平面
62. 测者南北线是由什么面确定的?
　　A. 测者真地平平面与测者子午圈平面
　　B. 测者真地平平面与测者卯酉圈平面
　　C. 测者地面真地平平面与测者子午圈平面
　　D. 测者地面真地平平面与测者卯酉圈平面
63. 航海上是在_____上确定方向的。
　　A. 测者真地平平面　　　　　　　　B. 测者地面真地平平面
　　C. 测者子午圈平面　　　　　　　　D. 测者卯酉圈平面

第三节 航向、方位和舷角

1. 航海上划分方向的方法中最常用的是_____。
   A. 半圆周法   B. 圆周法
   C. 罗经点法   D. 四点方位法
2. 三字点是平分相邻基点和隅点的方向,它们的名称由_____构成。
   A. 最接近的基点名称+隅点名称   B. 最接近的隅点名称+基点名称
   C. 相邻的两个基点名称   D. 相邻的两个隅点名称
3. 根据方向划分定义,三字点是平分_____的方向。
   A. 相邻基点   B. 相邻隅点
   C. 相邻基点和隅点   D. 相邻偏点
4. 偏点名称由两部分构成,"/"前是_____;"/"后是_____。
   A. 最接近的基点或隅点名称;偏向(基点名称)
   B. 最接近的基点或隅点名称;偏向(隅点名称)
   C. 最接近的基点或隅点名称;偏向(三字点名称)
   D. 三字点名称;偏向(基点或隅点名称)
5. 半圆周法方向换算为圆周法方向的法则是_____。
   A. 在 SE 半圆,圆周度数等于180°减去半圆度数
   B. 在 NE 半圆,圆周度数等于360°减去半圆度数
   C. 在 SW 半圆,圆周度数等于180°减去半圆度数
   D. 在 NW 半圆,圆周度数等于270°加上半圆度数
6. 半圆周法方向换算为圆周法方向的法则是_____。
   A. 在 SE 半圆,圆周度数等于180°加上半圆度数
   B. 在 NE 半圆,圆周度数等于360°减去半圆度数
   C. 在 SW 半圆,圆周度数等于180°加上半圆度数
   D. 在 NW 半圆,圆周度数等于270°加上半圆度数
7. 半圆周法方向换算为圆周法方向的法则是_____。
   A. 在 SE 半圆,圆周度数等于180°加上半圆度数
   B. 在 NE 半圆,圆周度数等于360°减去半圆度数
   C. 在 SW 半圆,圆周度数等于180°减去半圆度数
   D. 在 NW 半圆,圆周度数等于360°减去半圆度数
8. 半圆方向 120°SE 换算成圆周方向为_____。
   A. 030°   B. 060°
   C. 120°   D. 150°
9. 半圆方位为 120°SW,则换算成圆周方位为_____。
   A. 210°   B. 240°
   C. 300°   D. 330°

10. 半圆方向 150°SE 换算成圆周方向为_____。
    A. 030°
    B. 060°
    C. 120°
    D. 150°

11. 半圆方向 150°SW 换算成圆周方向为_____。
    A. 210°
    B. 240°
    C. 300°
    D. 330°

12. 半圆方向 30°NE 换算成圆周方向为_____。
    A. 300°
    B. 150°
    C. 330°
    D. 030°

13. 半圆方向 30°NW 换算成圆周方向为_____。
    A. 210°
    B. 240°
    C. 300°
    D. 330°

14. 半圆方向 60°NE 换算成圆周方向为_____。
    A. 60°
    B. 120°
    C. 300°
    D. 060°

15. 半圆方向 60°NW 换算成圆周方向为_____。
    A. 210°
    B. 240°
    C. 300°
    D. 330°

16. 在 NE 半圆,半圆方向换算为圆周方向的法则是_____。
    A. 圆周方向 = 半圆方向
    B. 圆周方向 = 180°−半圆方向
    C. 圆周方向 = 180°+半圆方向
    D. 圆周方向 = 360°−半圆方向

17. 在 SE 半圆,半圆方向换算为圆周方向的法则是_____。
    A. 圆周方向 = 半圆方向
    B. 圆周方向 = 180°−半圆方向
    C. 圆周方向 = 180°+半圆方向
    D. 圆周方向 = 360°−半圆方向

18. 在 NW 半圆,半圆方向换算为圆周方向的法则是_____。
    A. 圆周方向 = 半圆方向
    B. 圆周方向 = 180°−半圆方向
    C. 圆周方向 = 180°+半圆方向
    D. 圆周方向 = 360°−半圆方向

19. 在 SW 半圆,半圆方向换算为圆周方向的法则是_____。
    A. 圆周方向 = 半圆方向
    B. 圆周方向 = 180°−半圆方向
    C. 圆周方向 = 180°+半圆方向
    D. 圆周方向 = 360°−半圆方向

20. 用罗经点划分方向,相邻两罗经点间的夹角为_____。
    A. 11°30′   B. 11°15′或 11.25°
    C. 11°25′或 11.15°   D. 45°

21. 用罗经点划分方向,相邻两罗经点间的夹角为_____。
    A. 11°30′   B. 22°30′
    C. 11°15′   D. 45°

22. 罗经点方向 E/N 换算成圆周方向为_____。
    A. 011°.25   B. 078°.25
    C. 078°.75   D. 101°.25

23. 罗经点方向 E/S 换算成圆周方向为_____。
    A. 045°   B. 101°.25
    C. 035°   D. 168°.75

24. 罗经点方向 ENE 换算成圆周方向为_____。
    A. 067°.5   B. 079°.75
    C. 056°.25   D. 033°.75

25. 罗经点方向 ESE 换算成圆周方向为_____。
    A. 101°.25   B. 112°.5
    C. 123°.75   D. 146°.25

26. 罗经点方向 N/E 换算成圆周方向为_____。
    A. 11°.25   B. 79°.25
    C. 011°.25   D. 348°.75

27. 罗经点方向 N/W 换算成圆周方向为_____。
    A. 348°.75   B. 281°.25
    C. 315°   D. 337°.5

28. 罗经点方向 NE/E 换算成圆周方向为_____。
    A. 033°.75   B. 056°.25
    C. 079°.75   D. 011°.25

29. 罗经点方向 NE/N 换算成圆周方向为_____。
    A. 33°.75   B. 56°.25
    C. 033°.25   D. 033°.75

30. 罗经点方向 NNE 换算成圆周方向为_____。
    A. 11°.25   B. 22°.5
    C. 011°.25   D. 022°.5

31. 罗经点方向 NNW 换算成圆周方向为_____。
    A. 292°.5   B. 303°.75
    C. 326°.25   D. 337°.5

32. 罗经点方向 NW/N 换算成圆周方向为_____。
    A. 303°.75   B. 315°

C. 326°.25   D. 337°.5
33. 罗经点方向 NW/W 换算成圆周方向为_____。
    A. 281°.25   B. 303°.75
    C. 326°.25   D. 348°.75
34. 罗经点方向 S/E 换算成圆周方向为_____。
    A. 101°.25   B. 123°.75
    C. 146°.25   D. 168°.75
35. 罗经点方向 S/W 换算成圆周方向为_____。
    A. 191°.25   B. 258°.75
    C. 213°.75   D. 236°.25
36. 罗经点方向 SE/E 换算成圆周方向为_____。
    A. 101°.25   B. 123°.75
    C. 146°.25   D. 068°.75
37. 罗经点方向 SE/S 换算成圆周方向为_____。
    A. 123°.75   B. 146°.25
    C. 157°.5   D. 168°.75
38. 罗经点方向 SSE 换算成圆周方向为_____。
    A. 168°.75   B. 146°.25
    C. 123°.75   D. 157°.5
39. 罗经点方向 SW 相当于_____。
    A. 135°   B. 45°SE
    C. 45°SW   D. 45°WS
40. 舷角是_____。
    A. 船首尾线船首方向至物标方位线的夹角
    B. 物标的方向
    C. 真航向减去真方位
    D. 真北至物标方位线的夹角
41. 真航向是_____。
    A. 船舶航行的方向
    B. 船首尾线的方向
    C. 船首向
    D. 船舶航行时真北至航向线之间的顺时针夹角
42. 真方位是_____。
    A. 船首尾线至物标方位线的夹角   B. 物标的方向
    C. 真航向减去真方位   D. 真北至物标方位线的夹角
43. 下列有关真航向度量的说法中,正确的是_____。
    A. 由真北逆时针度量到航向线,度量范围 000°~360°
    B. 由真北顺时针度量到航向线,度量范围 000°~360°

45

C. 由陀螺北逆时针度量到航向线,度量范围 000°～360°
D. 由陀螺北顺时针度量到航向线,度量范围 000°～360°

44. 下列有关真方位度量的说法中,正确的是_____。
    A. 由真北逆时针度量到物标方位线,度量范围 000°～360°
    B. 由真北顺时针度量到物标方位线,度量范围 000°～360°
    C. 由陀螺北逆时针度量到物标方位线,度量范围 000°～360°
    D. 由陀螺北顺时针度量到物标方位线,度量范围 000°～360°

45. 下列有关舷角度量的说法中,正确的是_____。
    A. 由航向线顺时针度量到物标方位线,度量范围 000°～180°
    B. 由航向线顺时针度量到物标方位线,度量范围 000°～360°
    C. 由航向线逆时针度量到物标方位线,度量范围 000°～180°
    D. 由航向线逆时针度量到物标方位线,度量范围 000°～360°

46. 某船在我船左前方成交叉态势,系统观察后断定该船能安全在我船首通过,则该船通过我船首线之前时,该船位于我船的舷角(半圆法度量)如何变化?
    A. 舷角变大   B. 舷角变小
    C. 舷角不变   D. 无法确定

47. 某船真航向 040°,测得某物标真方位 030°,则该物标的相对方位(舷角)为_____。
    A. 10°   B. 10°左
    C. 50°   D. 050°

48. 某船真航向 040°,测得某物标真方位 050°,则该物标的相对方位(舷角)为_____。
    A. 10°   B. 10°左
    C. 50°   D. 10°右

49. 我船航向 000°,某船位于我船左舷 10°,距离 5 n mile,若该船航向为 200°,两船保向保速,则 5 min 后,该船位于我船舷角(半圆法度量)_____。
    A. 增大   B. 减小
    C. 不变   D. 不确定

50. 我船航向 060°,某船位于我船右舷 10°,距离 8 n mile,若该船航向为 220°,两船保向保速,则 5 min 后,我船位于该船舷角(半圆法度量)_____。
    A. 增大   B. 减小
    C. 不变   D. 不确定

51. 某船真航向 060°,该船右正横某物标的真方位为_____。
    A. 150°   B. 330°
    C. 090°   D. 060°

52. 某船真航向 060°,该船左舷 30°某物标的真方位为_____。
    A. 30°   B. 90°
    C. 030°   D. 090°

53. 某船真航向 060°,该船左正横某物标的真方位为_____。
    A. 150°   B. 330°

C. 090°　　　　　　　　　　　　D. 060°

54. 某船真航向 120°，该船右舷 160°某物标的真方位为_____。
　　A. 40°　　　　　　　　　　　　B. 040°
　　C. 320°　　　　　　　　　　　 D. 280°

55. 某船真航向 120°，该船右舷 40°某物标的真方位为_____。
　　A. 120°　　　　　　　　　　　 B. 160°
　　C. 320°　　　　　　　　　　　 D. 040°

56. 我船航向 030°，某船位于我船右舷 10°，该船航向为 210°为避让船舶我船转向至 070°，则此时该船位于我船舷角_____。
　　A. 30°左　　　　　　　　　　　B. 30°右
　　C. 40°右　　　　　　　　　　　D. 40°左

第四节　航速与航程

1. 相对计程仪显示的航速是_____。
   A. 船舶在各种风流情况下的对水航速
   B. 船舶在各种风流情况下的对地航速
   C. 船舶在仅仅受到风的影响下的对水航速
   D. 船舶在仅仅受到流的影响下的对水航速

2. 绝对计程仪显示的航速是_____。
   A. 船舶在各种风流情况下的对水航速
   B. 船舶在各种风流情况下的对地航速
   C. 船舶在仅仅受到风的影响下的对水航速
   D. 船舶在仅仅受到流的影响下的对水航速

3. "计风不计流"的含义是_____。
   A. 绝对计程仪只能显示船舶相对于水的航速和航程
   B. 相对计程仪只能显示船舶相对于水的航速和航程
   C. 绝对计程仪只记录风影响后的航速和航程
   D. 相对计程仪只能显示船舶相对于地的航速和航程

4. 某船船速 10 kn，逆风顺流航行，流速 2 kn，风使船减速 1 kn，则 1 h 后船舶实际航程为 _____ n mile。
   A. 7　　　　　　　　　　　　　B. 9
   C. 11　　　　　　　　　　　　　D. 13

5. 下列关于船舶实际航速表述正确的是_____。
   A. 船舶在风流影响下单位时间内的对地实际航程
   B. 计程仪指示的船舶运动速度
   C. 计程仪航速与流速之和
   D. 对水航速与流速之和

6. 船舶在风流影响下相对海底的航行速度,叫作_____。
   A. 船速　　　　　　　　　　　B. 计程仪航速
   C. 实际航速　　　　　　　　　D. 对水航速

7. 船舶航行在有风有流的海域,该船的实际航速与船速的关系有可能是_____。
   ①顺风、顺流实际航速大于船速;②顺风、顺流实际航速小于船速;③顶风、顶流实际航速大于船速;④顶风、顶流实际航速小于船速
   A. ①③　　　　　　　　　　　B. ①④
   C. ②③　　　　　　　　　　　D. ②④

8. 某船电磁计程仪指示的航速为 12 kn,计程仪改正率 $\Delta L=0\%$,当时流速为 3 kn,试问顶流时该船对水速度是多少?
   A. 15 kn　　　　　　　　　　B. 12 kn
   C. 9 kn　　　　　　　　　　　D. 3 kn

9. 顺风顺流情况下航行,船舶对水航速 v_L,对地航速 v_G,船速 v_E,则_____。
   A. $v_G<v_L<v_E$　　　　　　B. $v_L>v_E$,且 $v_L>v_G$
   C. $v_G>v_L>v_E$　　　　　　D. $v_L<v_E$,且 $v_G>v_L$

10. 顺风顶流情况下航行,船舶对水航速 v_L,对地航速 v_G,船速 v_E,则_____。
    A. $v_G<v_L<v_E$　　　　　　B. $v_L>v_E$,且 $v_L>v_G$
    C. $v_G>v_L>v_E$　　　　　　D. $v_L<v_E$,且 $v_G>v_L$

11. 顶风顺流情况下航行,船舶对水航速 v_L,对地航速 v_G,船速 v_E,则_____。
    A. $v_G<v_L<v_E$　　　　　　B. $v_L>v_E$,且 $v_L>v_G$
    C. $v_G>v_L>v_E$　　　　　　D. $v_L<v_E$,且 $v_G>v_L$

12. 顶风顶流情况下航行,船舶对水航速 v_L,对地航速 v_G,船速 v_E,则_____。
    A. $v_G<v_L<v_E$　　　　　　B. $v_L>v_E$,且 $v_L>v_G$
    C. $v_G>v_L>v_E$　　　　　　D. $v_L<v_E$,且 $v_G>v_L$

13. 相对计程仪显示的航程是_____。
    A. 船舶在各种风流情况下的对水航程
    B. 船舶在无风流情况下的对水航程
    C. 船舶在仅仅受到风的影响下的对水航程
    D. 船舶在仅仅受到流的影响下的对水航程

14. 绝对计程仪显示的航程是_____。
    A. 船舶在各种风流情况下的对水航程
    B. 船舶在各种风流情况下的对地航程
    C. 船舶在仅仅受到风的影响下的对水航程
    D. 船舶在仅仅受到流的影响下的对地航程

15. 某船顺风顺流航行,船速 14 kn,流速 1 kn,2 h 后相对计程仪读数差为 31′.0,计程仪改正率 $\Delta L=+5\%$,则该船实际航程为_____ n mile。
    A. 32.6　　　　　　　　　　　B. 34.6
    C. 36.6　　　　　　　　　　　D. 35.0

16. 某船船速 12 kn，航行 2 h 后相对计程仪读数差为 24′.0，计程仪改正率 $\Delta L=0\%$，已知该船实际航程为 24 n mile，则该船航行在_____中。
   A. 无风流 B. 有风无流
   C. 有流无风 D. 有风流

17. 顺风顺流情况下航行，船舶对水航程 s_L，对地航程 s_G，船速 v_E，航时 t，则_____。
   A. $s_G<s_L<v_E\times t$
   B. $s_L>v_E\times t$，且 $s_L>s_G$
   C. $s_G>s_L>v_E\times t$
   D. $s_L<v_E\times t$，且 $s_G>s_L$

18. 顺风顶流情况下航行，船舶对水航程 s_L，对地航程 s_G，船速 v_E，航时 t，则_____。
   A. $s_G<s_L<v_E\times t$
   B. $s_L>v_E\times t$，且 $s_L>s_G$
   C. $s_G>s_L>v_E\times t$
   D. $s_L<v_E\times t$，且 $s_G>s_L$

19. 顶风顺流情况下航行，船舶对水航程 s_L，对地航程 s_G，船速 v_E，航时 t，则_____。
   A. $s_G<s_L<v_E\times t$
   B. $s_L>v_E\times t$，且 $s_L>s_G$
   C. $s_G>s_L>v_E\times t$
   D. $s_L<v_E\times t$，且 $s_G>s_L$

20. 顶风顶流情况下航行，船舶对水航程 s_L，对地航程 s_G，船速 v_E，航时 t，则_____。
   A. $s_G<s_L<v_E\times t$
   B. $s_L>v_E\times t$，且 $s_L>s_G$
   C. $s_G>s_L>v_E\times t$
   D. $s_L<v_E\times t$，且 $s_G>s_L$

第五节　海上距离和灯标射程

1. 关于"海里"的说法，下列哪个说法是错误的？
   A. 地球椭圆子午线上纬度 1′的弧长
   B. 1 n mile 的实际长度随纬度的变化而变化
   C. 我国和国际上都将 1 852 m 定为 1 n mile 的标准长度
   D. 将 1 852 m 定为 1 n mile 的标准长度后，在纬度 45°附近产生的误差最大

2. 航海上 1 n mile 的定义是_____。
   A. 1 852 m
   B. 地球圆球体上纬度 1′的子午弧长
   C. 地球椭圆体上球心角 1′所对应的子午弧长
   D. 地球椭圆子午线上纬度 1′所对应的弧长

3. 将 1 n mile 规定为 1 852 m 后，在航海实践中所产生的误差_____。
   A. 在赤道附近最小 B. 在两极附近最小
   C. 在纬度 45°附近最小 D. 在纬度 45°附近最大

4. 1 n mile，即地球椭圆子午线上纬度 1′所对应的弧长的表达式为_____。
   A. 1 n mile = 1 852.25−9.31cosφ
   B. 1 n mile = 1 852.25−9.31sinφ
   C. 1 n mile = 1 852.25−9.31cos2φ
   D. 1 n mile = 1 852.25−9.31sin2φ

5. 1 n mile 的实际长度_____。

A. 在赤道附近最短 B. 在纬度45°附近最短
C. 在两极附近最短 D. 固定不变

6. 1 n mile 的实际长度_____。
A. 在赤道附近最长 B. 在纬度45°附近最长
C. 在两极附近最长 D. 固定不变

7. 设物标高度为 H(单位:m),测者眼高为 e(单位:m),则理论上测者能见地平距离 D_e(单位:n mile)为_____。
A. $2.09\sqrt{e}$ B. $2.09\sqrt{H}$
C. $2.09\sqrt{e} + 2.09\sqrt{H}$ D. $2.20\sqrt{e}$

8. 设物标高度为 H(单位:m),测者眼高为 e(单位:m),则理论上物标能见地平距离 D_H(单位:n mile)为_____。
A. $2.09\sqrt{e}$ B. $2.09\sqrt{H}$
C. $2.09\sqrt{e} + 2.09\sqrt{H}$ D. $2.20\sqrt{e}$

9. 物标高度为 H(单位:m),测者眼高为 e(单位:m),则理论上物标地理能见距离 D_o(单位:n mile)为_____。
A. $2.09\sqrt{e}$ B. $2.09\sqrt{H}$
C. $2.09\sqrt{e} + 2.09\sqrt{H}$ D. $2.20\sqrt{e}$

10. 测者眼高为9 m,物标高程为16 m,则测者能见地平距离为_____n mile。
A. 6.27 B. 8.36
C. 14.63 D. 6.67

11. 测者眼高为9 m,物标高程为16 m,则物标能见地平距离为_____n mile。
A. 6.27 B. 8.36
C. 14.63 D. 6.67

12. 测者眼高为9 m,物标高程为16 m,则物标地理能见距离为_____n mile。
A. 6.27 B. 8.36
C. 14.63 D. 6.67

13. 测者眼高为9 m,物标高程为25 m,则物标能见地平距离为_____n mile。
A. 6.27 B. 10.45
C. 16.72 D. 17.67

14. 测者眼高为9 m,物标高程为25 m,则物标地理能见距离为_____n mile。
A. 6.27 B. 10.45
C. 16.72 D. 17.67

15. 测者眼高为9 m,物标高程为36 m,则测者能见地平距离为_____n mile。
A. 6.27 B. 12.54
C. 18.81 D. 19.84

16. 测者眼高为9 m,物标高程为36 m,则物标能见地平距离为_____n mile。
A. 6.27 B. 12.54

C. 18.81   D. 19.84

17. 测者眼高为 25 m,物标高程为 16 m,则物标地理能见距离为_____n mile。
    A. 8.36   B. 12.54
    C. 10.45   D. 18.81

18. 测者眼高为 25 m,物标高程为 36 m,则测者能见地平距离为_____n mile。
    A. 10.45   B. 12.54
    C. 20.9   D. 22.99

19. 航海上,公式 $D_o = 2.09\sqrt{e(m)} + 2.09\sqrt{H(m)}$,$D_o$ 的单位是_____。
    A. 米   B. 千米
    C. 英里   D. 海里

20. 通常英版海图和灯标表所标灯塔射程与下列哪项因素有关?
    A. 测者眼高   B. 灯高
    C. 灯光强度   D. 地面曲率

21. 通常英版海图和灯标表中灯塔灯光的最大可见距离可能与下列哪些因素有关?
    ①测者眼高;②灯高;③射程;④地面曲率;⑤地面蒙气差;⑥能见度
    A. ①②③   B. ④⑤⑥
    C. ③④⑤   D. ①②③④⑤⑥

22. 英版海图和灯标表中所标射程仅与_____有关。
    A. 测者眼高和灯塔灯高
    B. 灯塔灯高和灯光强度
    C. 灯光强度和气象能见度
    D. 灯塔灯高、灯光强度、地面曲率和地面蒙气差

23. 英版海图和灯标表中所标灯塔射程通常是_____。
    ①光力射程;②额定光力射程;③地理射程
    A. ①③   B. ②③
    C. ①②③   D. ①②

24. 英版海图和灯标表中标注的灯塔射程可能是_____。
    ①光力射程;②测者 5 m 眼高的灯塔地理能见距离;③测者能见地平距离;④灯塔能见地平距离;⑤额定光力射程
    A. ①⑤   B. ②③
    C. ①②   D. ②④

25. 通常英版海图和灯标表中灯塔灯光的射程可能与下列哪些因素有关?
    ①测者眼高;②灯高;③灯光强度;④地面曲率;⑤地面蒙气差;⑥能见度
    A. ①③   B. ④⑥
    C. ②⑤   D. ③⑥

26. 某船远航归来,能见度良好,见前方一灯塔塔顶部刚好露出水天线,在英版海图上查得该灯塔旁标注有 Fl(4)6s75m15M(额定光力射程),已知某船眼高 16 m,则船与灯塔相距大约为_____。

A. 26.5 n mile B. 15.0 n mile
C. 20.0 n mile D. 22.8 n mile

27. 某船见一灯塔灯芯刚好露出水天线,英版海图上查得该灯塔旁标注有 Fl(6)10s81m31M(额定光力射程),已知测者眼高 25 m,则船与灯塔相距大约为_____。

A. 28 n mile B. 29 n mile
C. 31 n mile D. 32 n mile

28. 正常天气情况下(能见度为 10 n mile),某船在海上看见一灯塔灯光刚好消失,英版海图上查得该灯塔旁标注有 Fl(4)6s81m15M(额定光力射程),已知测者眼高 25 m,则船与灯塔相距大约为_____。

A. 15 n mile B. 23 n mile
C. 29 n mile D. 无法确定

29. 正常天气情况下(能见度为 10 n mile),某船在海上看见一灯塔灯光刚好消失,英版海图上查得该灯塔旁标注有 Fl(4)6s81m35M(额定光力射程),已知测者眼高 25 m,则船与灯塔相距大约为_____。

A. 15 n mile B. 23 n mile
C. 29 n mile D. 35 n mile

30. 英版海图某灯塔标注的射程为 30 n mile,测者眼高为 25 m,则灯塔灯光的最大可见距离为_____。

A. 25 n mile B. 30 n mile
C. 35 n mile D. 无法确定

31. 英版海图某灯塔标注的灯高为 64 m,测者眼高为 25 m,则该灯塔灯光的最大可见距离不超过_____。

A. 25 n mile B. 26.4 n mile
C. 27.2 n mile D. 无法确定

32. 英版海图和灯标表中所标注的射程是_____。

A. 光力射程
B. 额定光力射程
C. 既是光力射程,也是额定光力射程
D. 光力射程或额定光力射程,可通过《灯标雾号表》查"Special Remarks"中注解来确定

33. 航海人员通过英版灯标雾号表查阅"Special Remarks"中注解来确定英版海图和灯标表中所标注的射程是光力射程还是额定光力射程。下列说法正确的是_____。

A. 光力射程是指在能见度良好情况下的光照距离
B. 额定光力射程是指在能见度 10 n mile 情况下的光照距离
C. 额定光力射程是指在能见度 20 n mile 情况下的光照距离
D. 光力射程、额定光力射程均与灯高、驾驶台的眼高有关

34. 英版海图上标注的灯标资料(额定光力射程)为:Fl(3)20s26m22M,能见度良好(Vis. 20M)的夜间某船在其附近航行,当眼高为 20 m 的驾驶员发现该灯标在海面上方闪光时,下列说法正确的是_____。

A. 额定光力射程是 22 m,当时的光力射程等于 22 m

B. 当时的光力射程是 22 m,额定光力射程小于 22 m

C. 当驾驶员发现它时的最远距离(理论上)等于 20 m

D. 当驾驶员发现它时的最远距离(理论上)等于 22 m

35. 航海上,公式 $D_0(\text{n mile}) = 2.09\sqrt{e} + 2.09\sqrt{H}$ 是用于计算_____。

A. 测者能见地平距离

B. 物标能见地平距离

C. 物标地理能见距离

D. 雷达地理能见距离

36. 中版海图和航标表所标灯塔射程与下列哪项因素无关?

A. 灯高 …… B. 灯光强度

C. 地面曲率

D. 测者实际眼高

37. 中版海图和航标表所标灯塔射程与下列哪些因素有关?

①实际眼高;②灯高;③地面蒙气差;④地面曲率;⑤灯光强度

A. ①②③④   B. ①②④

C. ②③④   D. ②③④⑤

38. 中版海图和航标表中灯标射程取值为_____。

A. 光力能见距离与地理能见距离两者当中较大者

B. 光力能见距离与地理能见距离两者当中较小者

C. 光力能见距离与测者 5 m 眼高的地理能见距离两者当中较大者

D. 光力能见距离与测者 5 m 眼高的地理能见距离两者当中较小者

39. 中版海图和航标表中灯标射程可能是_____。

A. $2.09\sqrt{5} + 2.09\sqrt{H}$

B. $2.09\sqrt{H}$

C. $2.09\sqrt{e} + 2.09\sqrt{H}$

D. $2.09\sqrt{e}$

40. 某船在沿海见一灯塔灯光刚好露出水天线,中版海图上查得该灯塔灯高 64 m,已知测者眼高 25 m,则船与灯塔相距大约为_____。

A. 21 n mile   B. 22 n mile

C. 27 n mile   D. 28 n mile

41. 中版海图和航标表中标注的灯塔射程可能是_____。

①灯塔能见地平距离;②测者 5 m 眼高的灯塔地理能见距离;③测者能见地平距离;④灯塔光力能见距离

A. ①③   B. ②③

C. ①④   D. ②④

42. 英版海图某灯塔灯高 64 m,额定光力射程 30 n mile,已知测者眼高为 25 m,则能见度良好

(10 n mile)时该灯塔灯光的最大可见距离是_____。
   A. 21.4 n mile   B. 27.2 n mile
   C. 28.6 n mile   D. 30.0 n mile

43. 英版海图某灯塔灯高 81 m,额定光力射程 24 n mile,已知测者眼高为 9 m,则能见度良好
    (10 n mile)时该灯塔灯光的最大可见距离是_____。
    A. 26.4 n mile   B. 25.0 n mile
    C. 24.0 n mile   D. 23.5 n mile

44. 英版海图某灯塔灯质为:FL(2)6s64m20M(额定),若测者眼高为 9 m,则在气象能见距离
    10 n mile 情况下,该灯塔灯光的最大可见距离为_____。
    A. 25 n mile   B. 23 n mile
    C. 24 n mile   D. 20 n mile

45. 对于英版海图和灯标表中灯标射程,以下说法正确的是_____。
    A. 光力射程只与气象能见度有关
    B. 额定光力射程只与气象能见度有关
    C. 光力射程只与光力强度有关
    D. 额定光力射程只与光力强度有关

46. 英版海图上图式"★FL(2)10s25m16M",查阅《英版灯标雾号表》可知该国水域灯标为额定
    光力射程;船舶眼高 16 m,当时能见度为 10 n mile,则船舶夜间可在_____n mile 处看见
    该灯标灯光。
    A. 10.0   B. 16.0
    C. 16.7   D. 18.8

47. 英版海图上图式"★FL(2)10s25m16M",查阅《英版灯标雾号表》可知该国水域灯标为光力
    射程;船舶眼高 16 m,当时能见度为 20 n mile,则船舶夜间可在_____n mile 处看见该灯
    标灯光。
    A. 16.0   B. 16.7
    C. 18.8   D. 20.0

48. 英版海图上图式"★FL(2)10s36m25M",查阅《英版灯标雾号表》可知该国水域灯标为额定
    光力射程;船舶眼高 16 m,当时能见度为 10 n mile,则船舶夜间可在_____n mile 处看见
    该灯标灯光。
    A. 10.0   B. 18.8
    C. 20.9   D. 25.0

49. 英版海图上图式"★FL(2)10s36m25M",查阅《英版灯标雾号表》可知该国水域灯标为光力
    射程;船舶眼高 16 m,当时能见度为 20 n mile,则船舶夜间可在_____n mile 处看见灯
    标灯光。
    A. 18.8   B. 20.0
    C. 20.9   D. 25.0

第六节　位置线和船位线以及观测船位的概念

1. 航海上常用的位置线有_____。
   ①方位位置线;②距离位置线;③椭圆位置线;④水平角位置线;⑤双曲线位置线
   A. ①②③④⑤　　　　　　　　　　B. ①②③④
   C. ①②④⑤　　　　　　　　　　　D. ①②③⑤

2. 关于方位位置线的说法正确的是_____。
   ①岸测船方位位置线是大圆弧;②船测岸方位位置线是恒位线;③方位位置线是直线
   A. ①②③　　　　　　　　　　　　B. ①③
   C. ①②　　　　　　　　　　　　　D. ③

3. 获得观测船位须具备的必要条件有_____。
   ①被观测物标准确的地理位置;②船与物标之间准确的相互位置关系;③同时观测获得两条及以上的船位线;④同时观测两条及以上相同类型的船位线
   A. ①②③　　　　　　　　　　　　B. ①②④
   C. ①②　　　　　　　　　　　　　D. ②③

4. 下列关于"获取观测船位"说法正确的是_____。
   A. 必须同时观测两条及以上相同类型的船位线
   B. 异时观测不能获得观测船位
   C. 必须尽量缩短两次及以上观测的时间间隔
   D. 船位线的交点即为观测船位

第七节　陆标识别

1. 在大比例海图上山形等高线_____。
   A. 越密表示山形越平坦　　　　　B. 越疏表示山形越陡峭
   C. 疏密与山形的陡峭平坦无关系　D. 越密表示山形越陡峭

2. 下列何项足以证明两标距离定位中物标的识别错误?
   A. 连续观测船位点沿直线分布　　B. 位置线不相交
   C. 所测物标的距离通过或然船位区　D. 位置线相交

3. 初到一陌生海岸,识别沿岸物标的基本方法是_____。
   ①利用对景图;②利用等高线;③利用已知船位识别
   A. ①②　　　　　　　　　　　　　B. ①③
   C. ②③　　　　　　　　　　　　　D. ①②③

4. 利用船位识别物标的方法可以_____。
   ①将海图上没有标绘但有导航价值的物标注在海图上;②将正在航行的他船的位置标注在海图上;③将新设置的钻井平台标注在海图上
   A. ①②　　　　　　　　　　　　　B. ①③

C. ②③ D. ①②③

5. 下列哪些是航海上常用的陆标识别的方法？
①利用对景图；②利用等高线；③利用实测船位；④利用已知物标
A. ①③④ B. ①②③
C. ②③④ D. ①②③④

6. 识别物标所用的对景图_____。
①具有方向性；②有些是实物照片；③有些是绘图
A. ①② B. ①③
C. ②③ D. ①②③

7. 下列何项足以证明两标距离定位中物标的识别错误？
①连续观测船位点沿直线分布；②连续观测船位点沿曲线分布；③所测物标的距离通过或然船位区
A. ① B. ②
C. ③ D. ①或③

8. 在两物标距离定位中，如果物标识别错误，可能会出现_____。
①船位沿曲线分布；②船位分布和观测时间间隔不成比例；③位置线不相交
A. ①② B. ①③
C. ②③ D. ①②③

9. 利用对景图辨认山形时_____。
①从所标的方位和距离上看去，实际山形与对景图很相似；②从不同距离上看去，实际山形与对景图基本不变，但山的大小有变化；③从不同方位上看去，实际山形与对景图可能变化很大
A. ①② B. ①③
C. ②③ D. ①②③

10. 在海图对景图下标有"方位180°，14 n mile"，表明对景图上的山形是_____。
A. 从该物标的南方 14 n mile 向南所看到的形状
B. 从该物标的北方 14 n mile 向南所看到的形状
C. 从该物标的南方 14 n mile 向北所看到的形状
D. 从该物标的北方 14 n mile 向北所看到的形状

11. 在海图对景图下标有"方位000°，14 n mile"，表明对景图上的山形是_____。
A. 从该物标的南方 14 n mile 向南所看到的形状
B. 从该物标的北方 14 n mile 向南所看到的形状
C. 从该物标的南方 14 n mile 向北所看到的形状
D. 从该物标的北方 14 n mile 向北所看到的形状

12. 在海图对景图下标有"方位270°，14 n mile"，表明对景图上的山形是_____。
A. 从该物标的正东 14 n mile 向东所看到的形状
B. 从该物标的正西 14 n mile 向东所看到的形状
C. 从该物标的正东 14 n mile 向西所看到的形状
D. 从该物标的正西 14 n mile 向西所看到的形状

13. 在海图对景图下标有"方位090°,14 n mile",表明对景图上的山形是_____。
    A. 从该物标的正东 14 n mile 向东所看到的形状
    B. 从该物标的正西 14 n mile 向东所看到的形状
    C. 从该物标的正东 14 n mile 向西所看到的形状
    D. 从该物标的正西 14 n mile 向西所看到的形状

14. 某海图上一对景图下方标注"225°-5Miles"。若需利用该对景图来识别物标,则对此理解正确的是_____。
    A. 对景图像是船上测者在该对景图所示中心位置的西南方 5 n mile 处所见
    B. 对景图像是船上测者在该对景图所示中心位置的东北方 5 n mile 处所见
    C. 对景图像是船上测者的西南方 5 n mile 处所见
    D. 对景图像是船上测者的东北方 5 n mile 处所见

15. 利用等高线来识别物标,表述正确的是_____。
    A. 等高线中心标注的数字是实际山高
    B. 等高线中心标注的数字是平均海面上山高
    C. 等高线越密集,山形就越平坦;等高线越稀疏,山形就越陡峭
    D. 等高线越密集,山形就越陡峭;等高线越稀疏,山形就越平坦

16. 利用等高线识别山形时需要驾驶员能够根据等高线把山的形状想象出来,根据某海图所显示的等高线和驾驶员所看到的实景判断该实景是在此山的哪个方向所看到的?

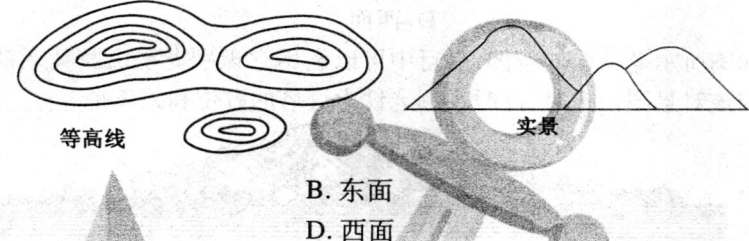

    A. 北面   B. 东面
    C. 南面   D. 西面

17. 利用等高线识别山形时需要驾驶员能够根据等高线把山的形状想象出来,根据某海图所显示的等高线和驾驶员所看到的实景判断该实景是在此山的哪个方向所看到的?

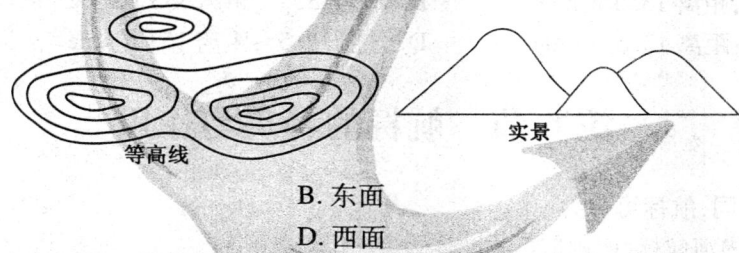

    A. 北面   B. 东面
    C. 南面   D. 西面

18. 利用等高线识别山形时需要驾驶员能够根据等高线把山的形状想象出来,根据某海图所显示的等高线和驾驶员所看到的实景判断该实景是在此山的哪个方向所看到的?

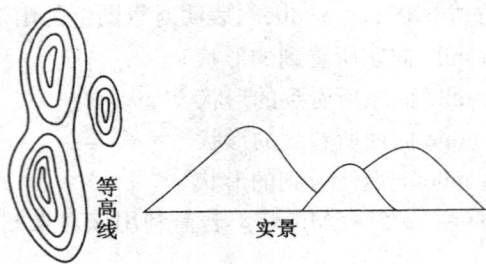

A. 北面 B. 东面
C. 南面 D. 西面

19. 利用等高线识别山形时需要驾驶员能够根据等高线把山的形状想象出来,根据某海图所显示的等高线和驾驶员所看到的实景判断该实景是在此山的哪个方向所看到的?

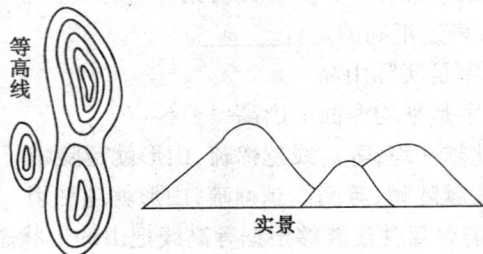

A. 北面 B. 东面
C. 南面 D. 西面

20. 某海图上有如图所示老铁山对景图,航行中可以利用它识别老铁山及其老铁山灯塔,当驾驶员所见实景与该对景图一致时,此时观测老铁山灯塔的方位和距离是_____。

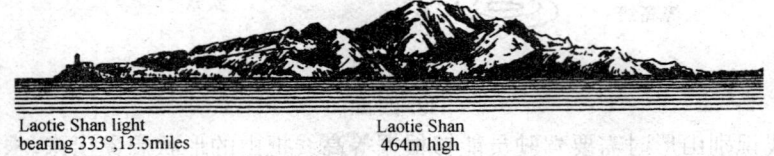

A. 方位 333°；距离 13.5 n mile B. 方位 13.5°；距离 333 n mile
C. 方位 153°；距离 13.5 n mile D. 方位 13.5°；距离 153 n mile

第八节　航标的种类与作用

1. 按技术装置不同,航标可分为_____。
   A. 沿海航标、内河航标、船闸航标
   B. 灯塔、灯桩、立标
   C. 灯船、灯浮、浮标
   D. 发光航标、不发光航标、音响航标、无线电航标

2. 与灯桩和立标相比,灯塔所具有的特点是_____。
   ①高大坚固；②形状显著；③射程较远；④工作可靠；⑤位置准确

A. ①②③   B. ②③④
C. ③④⑤   D. ①②③④⑤

3. 按设置地点不同,航标可分为_____。
   A. 沿海航标、内河航标、船闸航标
   B. 灯塔、灯桩、立标
   C. 灯船、灯浮、浮标
   D. 发光航标、不发光航标、音响航标、无线电航标

4. 下列沿海航标中,哪些属于固定航标?
   ①灯塔;②灯船;③灯桩;④灯浮;⑤立标;⑥浮标
   A. ①②③   B. ④⑤⑥
   C. ①③⑤   D. ②④⑥

5. 航标的主要作用是_____。
   ①指示航道;②供船舶定位;③标示危险区;④供特殊需要
   A. ①②   B. ②③
   C. ③④   D. ①②③④

第九节 国际海区水上助航标志制度

1. 根据 IALA 浮标制度规则规定,下列哪些国家或地区属于 A 区域?
   ①日本;②韩国;③菲律宾;④南北美洲;⑤欧洲;⑥非洲
   A. ①②③   B. ①②③④
   C. ④⑤⑥   D. ⑤⑥

2. IALA 浮标制度规则 A 区域和 B 区域的差别在于_____。
   ①侧面标标身形状不同;②侧面标顶标形状不同;③侧面标标色和光色不同
   A. ①   B. ②
   C. ③   D. ②③

3. IALA 浮标制度规则 A 区域和 B 区域的差别在于_____。
   ①侧面标标身颜色不同;②侧面标顶标颜色不同;③侧面标光色不同
   A. ①②   B. ①③
   C. ②③   D. ①②③

4. IALA 国际海区水上助航标志制度规则中,A 区域和 B 区域标志的区别在于_____。
   ①专用标不同;②侧面标不同;③方位标不同
   A. ①   B. ②
   C. ③   D. ①②③

5. 下列哪个国家或地区适用 IALA 国际海区水上助航标志制度 B 区域的规定?
   A. 中国香港地区   B. 新加坡
   C. 日本   D. 澳大利亚

6. 根据 IALA 浮标制度的规定,下列哪些国家或地区属于 B 系统?

①中国;②日本;③南北美洲;④欧洲
A. ②③   B. ①②③④
C. ②③④   D. ②④

7. IALA 国际海区水上助航标志制度中,A 区域和 B 区域的区别在于_____。
A. 专用标的颜色   B. 侧面标志的形状
C. 侧面标志的颜色   D. 侧面标志的颜色和形状

8. 某船接近某入口航道,发现海图上有一灯标标志 G ,则可判断该灯标_____。
①属于 B 区域;②属于 A 区域;③为左侧标
A. ①②   B. ①③
C. ②③   D. ①②③

9. 某船接近某入口航道,发现海图上有一标志 R ,则可判断该标_____。
①属于 A 区域;②属于 B 区域;③为左侧标
A. ①   B. ②
C. ③   D. ②③

10. 某船接近某入口航道,发现海图上有一灯标标志 G ,则可判断该灯标_____。
A. 属于 B 区域   B. 属于 A 区域
C. 为左侧标   D. 应远离

11. 某船接近某入口航道,发现海图上有一灯标标志 G ,则可判断该灯标_____。
①为左侧标;②属于 A 区域;③属于 B 区域
A. ①②   B. ①③
C. ②③   D. ①②③

12. IALA 浮标制度 A 区域中,红色中间有一道绿色横纹的浮标可配备_____。
A. 单个红色罐形顶标   B. 单个红色锥形顶标
C. 单个绿色罐形顶标   D. 单个绿色锥形顶标

13. IALA 浮标制度规则规定,B 区域左侧标的顶标特征为_____。
A. 红色罐形   B. 红色锥形
C. 绿色罐形   D. 绿色锥形

14. IALA 浮标制度规则规定,B 区域右侧标的顶标特征为_____。
A. 红色罐形   B. 红色锥形
C. 绿色罐形   D. 绿色锥形

15. IALA 浮标制度 A 区域中,绿色中间有一道红色横纹的浮标可配备_____。
A. 单个红色罐形顶标   B. 单个红色锥形顶标

C. 单个绿色罐形顶标　　　　　　　　D. 单个绿色锥形顶标

16. IALA 浮标制度 B 区域中，红色中间有一道绿色横纹的浮标可配备_____。
    A. 单个红色罐形顶标　　　　　　　B. 单个红色锥形顶标
    C. 单个绿色罐形顶标　　　　　　　D. 单个绿色锥形顶标

17. IALA 浮标制度 B 区域中，绿色中间有一道红色横纹的浮标可配备_____。
    A. 单个红色罐形顶标　　　　　　　B. 单个红色锥形顶标
    C. 单个绿色罐形顶标　　　　　　　D. 单个绿色锥形顶标

18. 船舶驶离日本某海港，发现正前方有一绿色罐形浮标，应_____。
    A. 转向将该标置于左舷通过　　　　B. 转向将该标置于右舷通过
    C. 从该标的任意一侧通过　　　　　D. 远离该标航行

19. 菲律宾沿海右侧标的顶标特征为_____。
    A. 红色罐形　　　　　　　　　　　B. 红色锥形
    C. 绿色罐形　　　　　　　　　　　D. 绿色锥形

20. IALA 浮标制度规则中，标身颜色可能是绿色和_____相间的横纹。
    A. 黄色　　　　　　　　　　　　　B. 黑色
    C. 白色　　　　　　　　　　　　　D. 红色

21. IALA 浮标制度规则中，侧面标的代表形状是_____。
    A. 左侧标为罐形，右侧标为锥形　　B. 左侧标为锥形，右侧标为罐形
    C. 左侧标和右侧标均为罐形　　　　D. 左侧标和右侧标均为锥形

22. 日本沿海右侧标的特征为_____。
    A. 红色锥形　　　　　　　　　　　B. 绿色锥形
    C. 红色罐形　　　　　　　　　　　D. 绿色罐形

23. 日本沿海左侧标的顶标特征为_____。
    A. 红色罐形　　　　　　　　　　　B. 红色锥形
    C. 绿色罐形　　　　　　　　　　　D. 绿色锥形

24. 日本沿海左侧标的特征为_____。
    A. 红色锥形　　　　　　　　　　　B. 绿色锥形
    C. 红色罐形　　　　　　　　　　　D. 绿色罐形

25. IALA 海区浮标制度规则中，带罐形顶标的绿色柱形浮标表明_____。
    ①出港航行，置该标于左舷通过；②出港航行，置该标于右舷通过；③该标可能是推荐航道侧面标志
    A. ①　　　　　　　　　　　　　　B. ②
    C. ③　　　　　　　　　　　　　　D. ①③

26. 船舶由海上驶近非洲某海港，发现正前方有一红色罐形浮标，应_____。
    A. 转向将该标置于左舷通过　　　　B. 转向将该标置于右舷通过
    C. 从该标的任意一侧通过　　　　　D. 远离该标航行

27. 船舶由海上驶近非洲某海港，发现正前方有一绿色锥形浮标，应_____。
    A. 转向将该标置于左舷通过　　　　B. 转向将该标置于右舷通过

C. 从该标的任意一侧通过　　　　　D. 远离该标航行

28. 夜间，船舶由海上驶近美洲某海港，看见一红色闪光灯浮，则表明_____。
    A. 该标为左侧标，将其置于本船左舷
    B. 该标为左侧标，将其置于本船右舷
    C. 该标为右侧标，将其置于本船左舷
    D. 该标为右侧标，将其置于本船右舷

29. 夜间，船舶由海上驶近美洲某海港，看见一绿色闪光灯浮，则表明_____。
    A. 该标为左侧标，将其置于本船左舷
    B. 该标为左侧标，将其置于本船右舷
    C. 该标为右侧标，将其置于本船左舷
    D. 该标为右侧标，将其置于本船右舷

30. 夜间，某深吃水船舶由海上驶近日本沿海某港口，发现一光质为Fl(2+1)R，则表明_____。
    A. 该标为推荐航道左侧标，应将其置于本船左舷通过
    B. 该标为推荐航道左侧标，应将其置于本船右舷通过
    C. 该标为推荐航道右侧标，应将其置于本船左舷通过
    D. 该标为推荐航道右侧标，应将其置于本船右舷通过

31. 夜间某船驶离韩国某海港，看见一红色闪光灯浮，则表明_____。
    A. 该标为左侧标，将其置于本船左舷
    B. 该标为左侧标，将其置于本船右舷
    C. 该标为右侧标，将其置于本船左舷
    D. 该标为右侧标，将其置于本船右舷

32. 夜间某船驶离韩国某海港，看见一绿色闪光灯浮，则表明_____。
    A. 该标为左侧标，将其置于本船左舷
    B. 该标为左侧标，将其置于本船右舷
    C. 该标为右侧标，将其置于本船左舷
    D. 该标为右侧标，将其置于本船右舷

33. 某船在某水道航行中发现前方有海图标注 GRG，则前方最可能有_____。
    A. 危险物　　　　　　　　　　B. 锚地
    C. 分叉航道　　　　　　　　　D. 通航分道

34. 某船在进入某水道航行中发现前方有海图标注 RGR，则该标在推荐航道的_____。
    A. 左侧　　　　　　　　　　　B. 右侧
    C. 两侧　　　　　　　　　　　D. 转向侧

35. 某船接近某入口航道，发现海图上有一灯标标志 R，该船应将该灯标置于_____通过。
    A. 左舷　　　　　　　　　　　B. 右舷

C. 任意一舷 D. 南侧

36. 某船接近某入口航道,发现海图上有一标志 G,该船应将该标置于_____通过。
   A. 左舷 B. 右舷
   C. 任意一舷 D. 远离该标

37. 某船顺时针绕某岛屿航行,英版海图上有图式 G,则该船应_____。
   A. 在其外侧通过 B. 在其内侧通过
   C. 在其任意一侧通过 D. 无法判断

38. 某船逆时针绕某岛屿航行,英版海图上有图式 G,则该船应将其置于_____通过。
   A. 左舷 B. 岸侧
   C. 任意一侧 D. 右舷

39. 某船接近某入口航道,发现海图上有一标志 R,该船应将该标置于_____通过。
   A. 左舷 B. 右舷
   C. 任意一舷 D. 远离该标

40. 某船接近某入口航道,发现海图上有一灯标标志 G,该船应将该灯标置于_____通过。
   A. 左舷 B. 右舷
   C. 任意一舷 D. 南侧

41. 某船接近某入口航道,发现海图上有一灯标标志 G,该船应将该灯标置于_____通过。
   A. 左舷 B. 右舷
   C. 任意一舷 D. 西侧

42. 某船夜间在海上看到红色灯光,则可能是以下哪个航标?

   ① ② ③ ④

   A. ① B. ②
   C. ③ D. ④

43. 如某船在英吉利海峡发现一浮标,标身颜色为黑黄黑横纹,则危险物位于其_____。
   A. 北侧 B. 东侧
   C. 南侧 D. 西侧

44. 如某船在英吉利海峡发现一浮标,标身颜色为黄黑黄横纹,则船舶应从该浮标的_____通过。
   A. 北侧　　　　　　　　　　　B. 东侧
   C. 南侧　　　　　　　　　　　D. 西侧

45. 如某船在英吉利海峡发现一浮标,标身颜色为上黑下黄横纹,则危险物位于其_____。
   A. 北侧　　　　　　　　　　　B. 东侧
   C. 南侧　　　　　　　　　　　D. 西侧

46. 如某船在英吉利海峡发现一浮标,标身颜色为上黄下黑横纹,则船舶应从该浮标的_____通过。
   A. 北侧　　　　　　　　　　　B. 东侧
   C. 南侧　　　　　　　　　　　D. 西侧

47. 在 IALA 海上浮标制度规则规定的 A 区域航行,发现方位标时船舶应_____。
   ①从该标同名侧通过;②从该标异名侧通过;③将该标置于同名侧通过
   A. ①　　　　　　　　　　　　B. ②
   C. ③　　　　　　　　　　　　D. ②③

48. 在 IALA 海上浮标制度规则规定的 B 区域航行,发现方位标时船舶应_____。
   ①从该标同名侧通过;②从该标异名侧通过;③将该标置于异名侧通过
   A. ①　　　　　　　　　　　　B. ②
   C. ③　　　　　　　　　　　　D. ①③

49. 某船航行中发现前方有海图标注 BY（VQ）,该船应该在该灯标的_____通过是安全的。
   A. 南侧　　　　　　　　　　　B. 东侧
   C. 西侧　　　　　　　　　　　D. 北侧

50. 某船航行中发现前方有海图标注 BYB（Q(3)10s）,该船应该在该灯标的_____通过是安全的。
   A. 南侧　　　　　　　　　　　B. 东侧
   C. 西侧　　　　　　　　　　　D. 北侧

51. 某船航行中发现前方有海图标注 YB（VQ(6)+LFl.10s）,该船应该在该灯标的_____通过是安全的。
   A. 南侧　　　　　　　　　　　B. 东侧
   C. 西侧　　　　　　　　　　　D. 北侧

52. 某船航行中发现前方有海图标注 YBY（VQ(9)10s）,该船应该在该灯标的_____通过是安全的。
   A. 南侧　　　　　　　　　　　B. 东侧
   C. 西侧　　　　　　　　　　　D. 北侧

53. 某二副在英版海图上绘画某岛屿外的计划航线时,发现岛屿的东侧有图式 YBY（VQ(9)10s）,则航线应绘画在该标的_____。

A. 外侧 B. 内侧(向岛一侧)
C. 任意一侧 D. 无法判断

54. IALA 浮标制度规则中,标身颜色可能是红色和_____相间的竖纹。
   A. 绿色 B. 黑色
   C. 白色 D. 红色

55. 某船航行中发现前方有海图标注 RW ,该船应该在该灯标的_____通过是安全的。
   A. 左侧 B. 右侧
   C. 任意一侧 D. 远离该标

56. 某船航行中发现前方有海图标注 RW ,该船应该在该灯标的_____通过是安全的。
   A. 左侧 B. 右侧
   C. 任意一侧 D. 远离该标

57. 国际海区水上助航标志制度中安全水域标志顶标是_____。
   A. 红 B. 黑
   C. 黑 D. 红

58. 船舶在日本内海沿航道航行,当遇到连续数个以红白相间竖纹浮标标示的航段时,船舶应当_____。
   A. 将这些标志置于船舶左舷通过
   B. 将这些标志置于船舶右舷通过
   C. 保持船首向与标志的连线平行通过
   D. 保持船首向与标志的连线垂直通过

59. 可用于国际海区水上助航标志制度中安全水域标志的形状包括_____。
   ①罐形;②锥形;③球形;④柱形;⑤杆形
   A. ①②③ B. ②③④
   C. ③④⑤ D. ①④⑤

60. IALA 浮标制度规则中,标身颜色可能是黑色和_____相间的横纹。
   A. 绿色 B. 黑色
   C. 白色 D. 红色

61. 某船航行中发现前方有海图标注 BRB ,该船应该_____通过是安全的。
   A. 在其左侧 B. 在其右侧
   C. 在其任意一侧 D. 远离该标

62. 国际海区水上助航标志制度中孤立危险物标志顶标是_____。

 A. ●黑 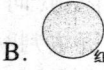 B. ○红

 C. ▲黑  D. △红

63. 若设立方位标志来标示新危险物,则灯光节奏应是_____,光色应是_____。
    A. 甚快闪或快闪;白色
    B. 任意节奏;白色
    C. 任意节奏;红色
    D. 甚快闪或快闪;光色应是黄色

64. 若设立侧面标志来标示新危险物,则灯光节奏应是_____,光色应是_____。
    A. 甚快闪或快闪;黄色
    B. 任意节奏;白色
    C. 任意节奏;红色或者绿色
    D. 甚快闪或快闪;光色应是红色或者绿色

65. 关于新危险物,下列说法哪个正确?
    A. 近期发现的天然障碍物
    B. 近期发现的人为障碍物
    C. 新发现的人为或天然障碍物
    D. 新发现的尚未在海图和航路指南中表明的障碍物

66. 关于新危险物的标示法,下列说法哪个正确?
    A. 新危险物仅限于用球型浮标标示
    B. 新危险物不可用侧面标志标示
    C. 新危险物可以用专用标志设双标标示
    D. 新危险物用一个或几个方位标志或侧面标志标示

67. 标识新危险物的灯光节奏_____。
    A. 仅限于闪莫尔斯信号 D
    B. 可以是甚快闪或闪莫尔斯信号 A
    C. 应是甚快闪或快闪
    D. 没有具体要求

68. 新危险物可以装设雷达应答器来标示,发莫尔斯信号_____。
    A. D 或 N   B. D
    C. W 或 D   D. X 或 W

69. 中国海区水上助航标志制度中关于安全水域灯质的规定与国际航标协会浮标制度的规定不同点在于_____。
    A. 不用明暗光   B. 增加了互光
    C. 增加了等明暗光   D. 不用莫尔斯信号"A"

70. 我国海区水上助航标志视觉上的特征有_____。
    ①标色;②标形;③顶标;④光色和光质;⑤音响;⑥无线电信号
    A. ①②③   B. ①②③④

C. ①②③④⑤　　　　　　　　　　D. ①②③④⑤⑥
71. 中国海区水上助航标志制度所包含的标志类型有_____。
①侧面标；②方位标；③安全水域标；④孤立危险标；⑤专用标；⑥新危险物标
A. ①②③④⑤　　　　　　　　　　B. ②③④⑤⑥
C. ①②③④⑤⑥　　　　　　　　　D. ③④⑤⑥
72. 我国沿海航行，发现一红色柱形浮标，其上有一红色罐形顶标，该标为_____。
A. 左侧标　　　　　　　　　　　　B. 右侧标
C. 推荐航道左侧标　　　　　　　　D. 推荐航道右侧标
73. 船舶夜间由海上驶近我国沿海某港口，发现一光质为"Fl(2+1)G"的灯标，表明_____。
A. 该标为左侧标　　　　　　　　　B. 该标为右侧标
C. 该标为推荐航道左侧标　　　　　D. 该标为推荐航道右侧标
74. 船舶夜间由海上驶近我国沿海某港口，发现一光质为"Fl(2+1)R"的灯标，表明_____。
A. 该标为推荐航道左侧标　　　　　B. 该标为推荐航道右侧标
C. 该标为左侧标　　　　　　　　　D. 该标为右侧标
75. 我国沿海航行，发现一红色柱形浮标，中间有一道绿色横纹，其上有一红色罐形顶标，该标为_____。
A. 左侧标　　　　　　　　　　　　B. 右侧标
C. 推荐航道左侧标　　　　　　　　D. 推荐航道右侧标
76. 我国沿海航行，发现一绿色杆形浮标，中间有一道红色横纹，其上有一绿色锥形顶标，该标为_____。
A. 左侧标　　　　　　　　　　　　B. 右侧标
C. 推荐航道左侧标　　　　　　　　D. 推荐航道右侧标
77. 我国沿海推荐航道右侧标的特征为_____。
A. 红色锥形，中间有一条或多条绿色横纹
B. 红色罐形，中间有一条或多条绿色横纹
C. 绿色锥形，中间有一条或多条红色横纹
D. 绿色罐形，中间有一条或多条红色横纹
78. 我国沿海推荐航道左侧标的特征为_____。
A. 红色锥形，中间有一条或多条绿色横纹
B. 红色罐形，中间有一条或多条绿色横纹
C. 绿色锥形，中间有一条或多条红色横纹
D. 绿色罐形，中间有一条或多条红色横纹
79. 我国沿海右侧标的顶标特征为_____。
A. 红色罐形　　　　　　　　　　　B. 红色锥形
C. 绿色罐形　　　　　　　　　　　D. 绿色锥形
80. 我国沿海左侧标的顶标特征为_____。
A. 红色罐形　　　　　　　　　　　B. 红色锥形
C. 绿色罐形　　　　　　　　　　　D. 绿色锥形

81. 夜间某船驶近我国某海港,看见一红色联闪光灯浮,表明_____。
    A. 该标为左侧标,应将其置于本船左舷
    B. 该标为左侧标,应将其置于本船右舷
    C. 该标为右侧标,应将其置于本船左舷
    D. 该标为右侧标,应将其置于本船右舷

82. 夜间某船驶离我国某海港,看见一红色联闪光灯浮,表明_____。
    A. 该标为左侧标,应将其置于本船左舷
    B. 该标为左侧标,应将其置于本船右舷
    C. 该标为右侧标,应将其置于本船左舷
    D. 该标为右侧标,应将其置于本船右舷

83. 夜间某船驶离我国某海港,看见一绿色联闪光灯浮,表明_____。
    A. 该标为左侧标,应将其置于本船左舷
    B. 该标为左侧标,应将其置于本船右舷
    C. 该标为右侧标,应将其置于本船左舷
    D. 该标为右侧标,应将其置于本船右舷

84. 夜间由海上驶近我国沿海某海港,看见一红色闪光灯浮,则船舶应_____。
    ①从其左侧通过;②将该标置于本船右舷;③从其右侧通过
    A. ①   B. ②
    C. ③   D. ①②

85. 夜间由海上驶近我国沿海某海港,看见一绿色联闪光灯浮,表明_____。
    A. 该标为左侧标,应将其置于本船左舷
    B. 该标为左侧标,应将其置于本船右舷
    C. 该标为右侧标,应将其置于本船左舷
    D. 该标为右侧标,应将其置于本船右舷

86. 如在我国沿海发现一浮标,标身颜色为上黄下黑横纹,则危险物位于其_____。
    A. 北侧   B. 东侧
    C. 南侧   D. 西侧

87. 如在我国沿海发现一浮标,标身颜色为黑黄黑横纹,则船舶应从其_____通过。
    A. 北侧   B. 东侧
    C. 南侧   D. 西侧

88. 如在我国沿海发现一浮标,标身颜色为黄黑黄横纹,则船舶应从其_____通过。
    A. 北侧   B. 东侧
    C. 南侧   D. 西侧

89. 如在我国沿海发现一浮标,标身颜色为黄黑黄横纹,则危险物位于其_____。
    A. 北侧   B. 东侧
    C. 南侧   D. 西侧

90. 如在我国沿海发现一浮标,标身颜色为上黑下黄横纹,则可航水域位于其_____。
    A. 北侧   B. 东侧

C. 南侧　　　　　　　　　　　　D. 西侧

91. 如在我国沿海发现一浮标,标身颜色为上黄下黑横纹,应将其置于_____通过。
    A. 北侧　　　　　　　　　　　　B. 东侧
    C. 南侧　　　　　　　　　　　　D. 西侧

92. 夜间船舶在我国沿海航行,发现某浮标灯质为:甚快(3)5 s,表明其_____存在危险物。
    A. 北侧　　　　　　　　　　　　B. 东侧
    C. 南侧　　　　　　　　　　　　D. 西侧

93. 夜间船舶在我国沿海航行,发现某浮标灯质为:快(6)+长闪 15 s,表明可航水域位于该标的_____。
    A. 北侧　　　　　　　　　　　　B. 东侧
    C. 南侧　　　　　　　　　　　　D. 西侧

94. 夜间船舶在我国沿海航行,发现某浮标灯质为:快(6)+长闪 15 s,则应将其置于_____通过。
    A. 北侧　　　　　　　　　　　　B. 东侧
    C. 南侧　　　　　　　　　　　　D. 西侧

95. 夜间船舶在我国沿海航行,发现某浮标灯质为:快(9)15 s,表明可航水域位于该标的_____。
    A. 北侧　　　　　　　　　　　　B. 东侧
    C. 南侧　　　　　　　　　　　　D. 西侧

96. 夜间船舶在我国沿海航行,发现某浮标灯质为:快闪或甚快闪,表明其_____存在危险物。
    A. 北侧　　　　　　　　　　　　B. 东侧
    C. 南侧　　　　　　　　　　　　D. 西侧

97. 属于中国海区水上助航标志制度中孤立危险物标志的是_____。

    A.　　　　　　　　　　　　　　B.

    C.　　　　　　　　　　　　　　D.

98. 安全水域标志只能显示_____。
    A. 红色闪光　　　　　　　　　　B. 绿色闪光
    C. 白色闪光　　　　　　　　　　D. 黄色闪光

99. 安全水域标标身的颜色特征为_____。
    A. 红黑红横纹　　　　　　　　　B. 黑红黑横纹
    C. 红白相间横纹　　　　　　　　D. 红白相间竖纹

100. 安全水域标志可用于_____。

①中线标志；②航道中央标志；③航道入口标志；④指名固定桥下最好的通过点
A. ①②③ B. ②③
C. ①②③④ D. ②③④

101. 对中国海区水上助航标志制度中关于安全水域标的规定说法不正确的是_____。
A. 不用明暗光 B. 顶标是有红白相间竖纹的单球
C. 光色是白光 D. 光质可以是莫尔斯信号"A"

102. 对中国海区水上助航标志制度中关于安全水域标的规定说法不正确的是_____。
A. 往往设立在航道中线附近
B. 往往设立在航道入口附近
C. 可以指明固定桥的下方最好的通过点
D. 光质是红光

103. 对中国海区水上助航标志制度中关于安全水域标的规定说法不正确的是_____。
A. 夜间可以看见安全水域标的标身有红白相间的荧光
B. 顶标是单个红球
C. 标志形状可以是球形
D. 标志形状可以是杆形

104. 对中国海区水上助航标志制度中关于安全水域标的规定说法不正确的是_____。
A. 夜间可以看见安全水域标的发光节奏都是在一个周期内亮一次
B. 标身是球形时，可以不设顶标
C. 标身的颜色是红白相间的竖纹
D. 标志形状可以是杆形或柱形加单个红球顶标

105. _____是中国海区水上助航标志制度中的_____。
A. 娱乐专用标志 B. 安全水域标
C. 水上飞机经过区域 D. 推荐航道左侧标

106. _____是中国海区水上助航标志制度中的_____。
A. 娱乐专用标志 B. 安全水域标
C. 孤立危险物标志 D. 推荐航道左侧标

107. _____是中国海区水上助航标志制度中的_____。
A. 右侧标 B. 安全水域标
C. 孤立危险物标志 D. 推荐航道左侧标

108. ![图] 是中国海区水上助航标志制度中的_____。
    A. 柱形加单个红球顶标,是安全水域标
    B. 球形浮标上有附着设备,是安全水域标
    C. 塔形立标,设置在固定岸边或水中的暗礁上,指示船舶避离的物标
    D. 球形标身上有叉型顶标,是专用标志

109. 关于我国水域安全水域标志设置,以下说法正确的是_____。
    ①可设置在航道中央,表明其四周水域可航;②可设置在航道的中线上,表明该中心两侧是航道;③可设置在航道入口处,表明其四周水域可航
    A. ①②③   B. ①②
    C. ①③   D. ②③

110. 关于我国安全水域标志夜间可能使用下列灯质之一,以下说法正确的是_____。
    ①等明暗 4 s；②明暗 6 s；③长闪 10 s；④莫尔斯码(A)6 s
    A. ①②③④   B. ①②③
    C. ②③④   D. ①③④

111. 某船在我国沿海某港口附近水域航行,驾驶员夜间发现灯质白光,有如下特征:
    ▲▬▬▲▬▬▬。其判断或是采取操作正确的是_____。
    A. 灯质为莫(A),应远离它航行
    B. 灯质为莫(A),该标志为孤立危险物标志
    C. 灯质为莫(A),该标志为安全水域标志,但只能在其北面航行
    D. 灯质为莫(A),该标志为安全水域标志,可在其四周附近航行

112. 中国海区安全水域标灯质有_____。
    ①明暗光;②等明暗;③长闪光;④莫尔斯信号"A";⑤莫尔斯信号"D"
    A. ①②③   B. ②③④
    C. ①②③④   D. ①②③④⑤

113. 中国海区水上助航标志制度中安全水域标志顶标是_____。

    A. ◯红   B. ⬤黑

    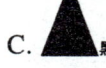   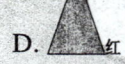
    C. ▲黑   D. ▲红

114. 船舶在长江南槽航行,当遇到连续数个以红白相间竖纹浮标标示的航段时,船舶应当_____。
    A. 将这些标志置于船舶左舷通过
    B. 将这些标志置于船舶右舷通过
    C. 保持船首向与标志的连线平行通过
    D. 保持船首向与标志的连线垂直通过

115. 中国海区水上助航标志制度中孤立危险物标志顶标是_____。
    A. ●黑   B. ○红
    C. ▲黑   D. ▲红

116. 以下专用标志中表示分道通航的是_____。
    A. ①   B. ②
    C. ③   D. ④

117. 关于应急沉船示位标说法不正确的是_____。
    A. 浮标表面是等分的蓝黄垂直条纹   B. 标身为柱形或杆形
    C. 顶标为蓝色十字   D. 灯质为黄蓝互闪 3 s

第十节 方位、距离的测定方法

1. 利用磁罗经进行方位测量时,罗经读数要经过下列哪项修正之后才能在海图上绘画定位?
    A. 罗经差   B. 舷角
    C. 自差   D. 磁差

2. 航海上用以测定物标方位常用的方法有_____。
    ①利用六分仪测定;②利用罗经测定;③利用雷达测定;④利用 ECDIS 测定
    A. ②③   B. ②③④
    C. ①②③   D. ①②③④

3. 航海上用以测定物标距离常用的方法有_____。
    ①利用六分仪测定;②利用罗经测定;③利用雷达测定;④利用 ECDIS 测定
    A. ②③   B. ②③④
    C. ①③   D. ①②③④

4. 下列哪些方法不利于提高物标方位的测定精度?
    A. 利用罗经测定物标方位时,应保持罗经面水平
    B. 尽量采用雷达测定物标方位
    C. 尽量观测海图上有准确位置的近物标
    D. 利用雷达观测点状物标方位时,电子方位线过物标中心

5. 一般情况下,在用六分仪测物标垂直角求距离时,如果高程采用英版海图资料(不考虑潮汐),所求距离值与实际值相比_____。
    A. 一样   B. 前者大
    C. 前者小   D. 大小视海区而定,但存在误差

6. 在用六分仪测物标垂直角求距离时,如果要得出较准确距离,物标高度应为英版海图上给出的物标高程加上_____。
   A.（平均大潮高潮高+当时潮高） B.（平均大潮高潮高-当时潮高）
   C.（平均海面高度-当时潮高）   D.（平均海面高度+当时潮高）

7. 一般情况下,在用六分仪测物标垂直角求距离时,如果高程采用中版海图资料(不考虑潮汐),所求距离值与实际值相比_____。
   A. 一样   B. 前者大
   C. 前者小   D. 大小视海区而定,但存在误差

8. 航海上用距离定位时,测距的手段常用雷达或六分仪。下列说法中不正确的是_____。
   A. 雷达测距存在测量点的误差,因此宜选择有明显特征的物标如装有 Remark 的固定灯标（塔）
   B. 雷达测距存在测量点的误差,因此宜选择有明显特征的物标如孤立的小岛
   C. 用六分仪测距也存在测量点（物标岸线）的误差,因此应选择陡峭、岸距小的物标,并且只能在白天能见度较好情况下观测
   D. 用六分仪测物标垂直角求距离时,物标高度应是海图上的高程值

第十一节　陆标定位

1. 陆标定位时,有远近不等的数个物标分布在船周围,我们在选取时_____。
   A. 应远近搭配选用
   B. 应选用离船远些的物标
   C. 应选用离船近些的物标,且夹角适当
   D. 应考虑夹角适当,不必考虑物标的远近

2. 航行中采用方位定位时,应先测_____。
   A. 接近首尾线的物标   B. 正横附近的物标
   C. 孤立、平坦的物标   D. 远处、显著的物标

3. 两方位定位时,两方位线的交角应_____。
   A. 不小于20°,不大于120°   B. 不小于30°,不大于150°
   C. 不小于60°,不大于120°   D. 不小于60°,不大于150°

4. 两陆标方位定位时,应先测方位变化慢的物标,后测方位变化快的物标,它是建立在_____的基础上的。
   A. 观测的难、易程度
   B. 定位时间是以第一次观测时刻为准
   C. 定位时间是以第二次观测时刻为准
   D. 与观测方位时刻无关

5. 某船夜间航行,航向 002°,海图上在航线左正横附近及左前方有标注灯塔的两个小岛,查灯标表得:左正横 A 岛的灯塔为:Fl(2)6s10M 备注栏:W060°~150°(090°);左前方 B 灯塔为:Fl(2)5s13M。则该船驾驶员用罗经_____。

A. 可先测 B 后测 A 灯塔定位　　　B. 可测 B 灯塔,无法测 A 灯塔
C. 可测 A 灯塔,无法测 B 灯塔　　　D. 可按任意顺序观测 A、B 灯塔定位

6. 某船夜间航行,航向 002°,海图上在航线右正横附近距本船约 7′.0 处有一灯塔标注,查灯标表得该灯塔的备注栏:W220°~320°(100°),该船驾驶员欲用右舷罗经观测该灯塔却未能找到该灯塔,是因为_____。
   A. 灯塔已不发光　　　　　　　　B. 灯塔距船太远
   C. 灯塔是弱光灯　　　　　　　　D. 本船不在该灯塔的光弧范围内

7. 某船在沿岸航行中,只有一舷有物标可供定位,这种情况下利用三方位定位,应选择物标的夹角约为_____最好。
   A. 30°　　　　　　　　　　　　B. 60°
   C. 90°　　　　　　　　　　　　D. 120°

8. 三方位定位时,位置线交角最佳值为_____。
   A. 30°　　　　　　　　　　　　B. 60°
   C. 90°　　　　　　　　　　　　D. 120°

9. 夜间用灯塔进行方位定位时,应先测_____。
   A. 灯光强的灯塔　　　　　　　　B. 距离近的灯塔
   C. 闪光周期短的灯塔　　　　　　D. 闪光周期长的灯塔

10. 锚泊中船舶偏荡时用两标方位定位,为提高锚位精度,应_____。
    A. 先测船首尾方向附近的物标　　B. 先测船正横方向附近的物标
    C. 先测任意物标均可　　　　　　D. 先测方位变化慢的物标

11. 两方位定位时,为了提高定位精度,两物标的观测顺序应为_____。
    A. 先测方位变化快的物标,后测方位变化慢的物标
    B. 先测方位变化慢的物标,后测方位变化快的物标
    C. 先测离船近的物标,后测离船远的物标
    D. 先测离船远的物标,后测离船近的物标

12. 夜间利用两方位进行定位时,应先测_____。
    A. 强光灯　　　　　　　　　　　B. 弱光灯
    C. 距离较近的灯　　　　　　　　D. 距离较远的灯

13. 夜间利用两方位进行定位时,应先测_____。
    A. 闪光灯　　　　　　　　　　　B. 定光灯
    C. 红光灯　　　　　　　　　　　D. 绿光灯

14. 方位定位时,下列哪项不是物标选择时应考虑的因素?
    A. 物标离船的远近　　　　　　　B. 物标是否孤立、显著
    C. 物标的位置是否准确　　　　　D. 物标附近有无危险物

15. 陆标定位时,在有多个物标可供选择的情况下,应尽量避免选择下列何种位置的物标进行定位?
    A. 正横前　　　　　　　　　　　B. 正横后
    C. 左正横　　　　　　　　　　　D. 右正横

16. 航行中距离定位时,应先测_____。
    A. 正横附近的物标   B. 接近首尾的物标
    C. 较远的物标   D. 任意一个物标

17. 下列雷达定位方法中,一般最准确的方法是_____。
    A. 两方位定位   B. 三距离定位
    C. 三方位定位   D. 两距离定位

18. 两物标距离定位时,应避免_____。
    ①两物标的方位交角很小;②在左、右正横附近各有一个物标;③在首、尾方向上各有一个物标
    A. ①②   B. ②③
    C. ①③   D. ①②③

19. 两物标距离定位时,两圆弧位置线交于两点,其中_____是观测船位。
    A. 离物标较近的一点   B. 离物标较远的一点
    C. 靠近推算船位的一点   D. 离危险物较近的一点

20. 航行中两物标距离定位时,观测顺序与两方位定位时相反,先测正横附近的物标,后测首尾方向的物标,是因为_____。
    A. 首尾附近方位变化快   B. 首尾附近方位变化慢
    C. 首尾附近距离变化快   D. 首尾附近距离变化慢

21. 两距离定位时,两圆弧位置线通常交于两点,其中只有一个是正确的观测船位,下列哪种判定观测船位的方法是错误的?
    A. 靠近推算船位的一个交点是正确的观测船位
    B. 根据所测物标与船位间的相对位置关系来确定哪个是观测船位
    C. 连续多次定位,根据船舶的航迹分布情况来确定观测船位
    D. 根据船舶的航向来确定观测船位

22. 航行中两物标距离定位时,观测顺序与两方位定位时相反,先测正横附近的物标,后测首尾方向的物标,是因为_____。
    A. 正横附近方位变化快   B. 正横附近方位变化慢
    C. 正横附近距离变化快   D. 正横附近距离变化慢

23. 用距离定位确定锚位时,应先测_____。
    A. 正横附近的物标   B. 接近首尾的物标
    C. 较远的物标   D. 任意一个物标

24. 某船通过某水道,利用左岸仅有的两个方位夹角较小的物标进行定位时,通常_____。
    A. 用两标方位定位   B. 用两标距离定位
    C. 用两标水平角定位   D. 用两标距离、方位定位精度相同

25. 单一物标方位距离定位中,航海上最为常用的方法是_____。
    A. 利用雷达测定距离和方位定位
    B. 利用初显距离和罗经方位定位
    C. 利用六分仪测距和罗经方位定位

D. 利用测深确定距物标距离和罗经方位定位

26. 当航行海区只有一个可用于定位的陆标,为了测定船位,最好采用_____。
    A. 单陆标两方位移线定位　　　　B. 单陆标方位、距离定位
    C. 两方位定位　　　　　　　　　D. 一个陆标一个天体定位

27. 船舶右正横附近有一陆标,利用该标方位、距离定位,关于观测顺序说法正确的是_____。
    A. 先测方位,后测距离　　　　　B. 先测距离,后测方位
    C. 由观测者的习惯决定先后顺序　D. 观测顺序不影响定位精度

第十二节　陆标定位精度分析

1. 三方位定位,短时间内重复观测三物标,第二次所画出的船位误差三角形的大小明显变小,说明第一次观测存在明显_____。
    A. 系统误差　　　　　　　　　　B. 随机误差
    C. 标准差　　　　　　　　　　　D. 粗差

2. 三方位定位,短时间内重复观测三物标,所画出的船位误差三角形的大小、形状无明显变化,则该三角形可按_____处理。
    A. 系统误差　　　　　　　　　　B. 随机误差
    C. 标准差　　　　　　　　　　　D. 粗差

3. 三方位定位时出现较大船位误差三角形,短时间内重复观测定位,三角形变化无规律,则船位误差三角形是由_____引起的。
    A. 粗差　　　　　　　　　　　　B. 系统误差
    C. 随机误差　　　　　　　　　　D. 观测不"同时"

4. 三标方位定位时出现较大的船位误差三角形时,利用改变罗经差求船位的方法是建立在_____的基础上。
    A. 存在系统误差　　　　　　　　B. 存在随机误差
    C. 观测中出现粗差　　　　　　　D. 粗差已纠正

5. 用罗经和方位仪进行三方位定位时,罗经差不准确产生的误差属于_____。
    A. 系统误差　　　　　　　　　　B. 随机误差
    C. 粗差　　　　　　　　　　　　D. 均方误差

6. 在三方位定位时出现大三角形,经重复观测定位后三角形明显减小,则说明初次定位时存在_____。
    A. 粗差　　　　　　　　　　　　B. 视差
    C. 随机误差　　　　　　　　　　D. 系统误差

7. 在三物标方位定位时,若存在较大随机误差,则应将观测船位确定在误差三角形内的_____。
    A. 中心点　　　　　　　　　　　B. 任意一点
    C. 短边附近处　　　　　　　　　D. 对航行安全最不利的一点

8. 由罗经差的误差形成的三标方位船位的误差三角形,当三标位于同一舷时,观测船位在

A. 三角形的中心 B. 三角形短边的中心
C. 三角形之外 D. 三角形的一个顶点

9. 在三方位定位中,船位误差三角形主要是由罗经差的误差引起的,消除了该误差后的观测船位位于误差三角形的_____。
①内心;②外心;③旁心
A. ① B. ②
C. ③ D. ①或③

10. 三物标方位定位,当三物标位于同一侧时,实际船位应在由罗经差的误差引起的船位误差三角形(等精度船位线)_____。
A. 之内,内切圆的圆心 B. 之外,旁切圆的圆心
C. 之内,中标方位线的外侧 D. 之内,反中线的交点

11. 若同时观测三物标,使用方位定位,且三物标与测者之间的距离均不等,则_____。
A. 三条船位线的系统误差相等,消除了系统误差后的船位点在三角形的内心上
B. 三条船位线的系统误差相等,消除了系统误差后的船位点在三角形的内心或旁心上
C. 三条船位线的系统误差不相等,消除了系统误差后的船位点在三角形内
D. 三条船位线的系统误差不相等,消除了系统误差后的船位点在三角形内或在三角形外

12. 若同时观测三物标,使用方位定位,且三物标与测者之间的距离均不等,若只考虑随机误差的影响,则_____。
A. 只要三个物标的分布超过180°,则最概率船位点就在三角形的内心上
B. 只要三个物标的分布超过180°,则最概率船位点就在三角形的旁心上
C. 只要三个物标的分布超过180°,则最概率船位点就在三角形的外心上
D. 无论三个物标的分布是否超过180°,最概率船位点都在三角形内

13. 两方位定位中,影响船位系统误差的因素有_____。
①观测方位的系统误差;②与两个物标的距离的远近;③两条方位船位线的交角
A. ①② B. ②③
C. ①②③ D. ①③

14. 两物标距离定位时,在其他条件相同的情况下,两圆弧位置线的夹角为_____时,定位精度最高。
A. 30° B. 60°
C. 90° D. 120°

15. 观测两物标进行距离定位,两物标的方位夹角应_____。
①小于30°;②大于30°;③小于150°
A. ①② B. ①③
C. ②③ D. ①②③

16. 若同时观测三物标,使用距离定位,且三物标与测者之间的距离均相等,则_____。
A. 三条船位线的系统误差相等,消除了系统误差后的船位点在三角形的内心上
B. 三条船位线的系统误差相等,消除了系统误差后的船位点在三角形的内心或旁心上

C. 三条船位线的系统误差不相等,消除了系统误差后的船位点在三角形内

D. 三条船位线的系统误差不相等,消除了系统误差后的船位点在三角形内或在三角形外

17. 三物标距离定位中,最好选择各相邻物标方位差角为120°的物标是由于_____。

A. 无论按系统误差还是随机误差处理,观测船位均在误差三角形的中心

B. 去除粗差

C. 消除系统误差

D. 减小随机误差

18. 在观测距离误差一定的前提下,为提高距离船位线的精度应_____。

①观测近物标;②观测远物标;③对物标的远近无要求

A. ①　　　　　　　　　　　　B. ②

C. ③　　　　　　　　　　　　D. ①或②

19. 某船通过某水道时,利用左岸仅有的两个方位夹角较小的物标,以两标距离定位,而不用两标方位定位,这是因为_____。

A. 测距离比方位快

B. 船位均方误差椭圆的短轴分布在水道轴线的垂直方向上

C. 船位均方误差椭圆的长轴分布在水道轴线的垂直方向上

D. 两船位线夹角较小,均方误差圆也较小

20. 为提高两条距离船位线定位精度应考虑_____。

①两船位线交角趋近90°;②先测首尾附近的物标;③观测海图上有准确位置的近物标;④尽量缩短两次观测的时间间隔;⑤尽量减小观测误差

A. ①②③④⑤　　　　　　　　B. ①③④⑤

C. ①②③④　　　　　　　　　D. ②③④⑤

21. 单物标方位距离定位,为了提高定位精度,在物标选取上应尽量_____。

A. 选取正横附近物标　　　　　B. 选取首尾线附近物标

C. 选取较近物标　　　　　　　D. 选取较远物标

22. 以下定位精度最差的是_____。

A. 三方位定位　　　　　　　　B. 距离定位

C. 雷达方位距离定位　　　　　D. 初隐(显)方位距离定位

23. 关于单标方位距离定位方法理解正确的是_____。

①单标方位距离定位不需要考虑位置线的交角;②单标方位距离定位不需要考虑物标的距离;③单标方位距离定位不需要考虑观测顺序;④雷达观测孤立小岛的方位时不需要修正水平半波束宽度

A. ①②　　　　　　　　　　　B. ②③

C. ③④　　　　　　　　　　　D. ①④

24. 适用雷达单标方位距离定位的物标是_____。

①水面灯船;②陆地烟囱;③孤立小岛;④突出岬角

A. ①②　　　　　　　　　　　B. ②③

C. ③④　　　　　　　　　　　D. ①④

第十三节 风、流对航向和航速的影响

1. 某船航向030°,海区西北风3级,西北流2 kn,则下列说法正确的是_____。
   ①风压差角为"+";②风压差角为"-";③流压差角为"+";④流压差角为"-"
   A. ①③   B. ②③
   C. ②④   D. ①④

2. 某船航向030°,海区西北风,西北流,则下列说法正确的是_____。
   A. 风压差角为"+"   B. 流压差角为"+"
   C. 风流合压差角为"-"   D. 风流合压差角为"+"

3. 风压差指的是_____。
   A. 航迹向偏开真航向的角度
   B. 风中航迹向偏开真航向的角度
   C. 流中航迹向偏开真航向的角度
   D. 计划航向偏开真航向的角度

4. 关于风压差,下列说法错误的是_____。
   A. 同等条件下平底船的风压差值要大于尖底船的风压差值
   B. 吃水越大风压差值越小
   C. 航速越快风压差值越大
   D. 风舷角为90°时风压差值最大

5. 流压差指的是_____。
   A. 船舶在有流无风水域航行,真航向与流向之间的夹角
   B. 船舶在有流无风水域航行,计划航向与流向之间的夹角
   C. 船舶在有流无风水域航行,航迹向与流向之间的夹角
   D. 船舶在有流无风水域航行,航迹向与真航向之间的夹角

6. 关于风流压差的正负,下列说法正确的是_____。
   A. 船偏在航向线的左边时为正   B. 左舷受风、右舷受流时为正
   C. 左舷受风、右舷受流时为负   D. 左舷受风、流时为正

7. 某船航向030°,海区西北风,西北流,则下列说法正确的是_____。
   A. 风压差角为"-"   B. 流压差角为"-"
   C. 风流合压差角为"-"   D. 风流合压差角为"+"

8. 连续实测船位法测定风流压差时,应在较短的时间内连续测定_____个或以上的船位。
   A. 2   B. 3
   C. 4   D. 5

9. 连续实测船位法测定风流压差时,应采用_____的方法,用_____连接各实测船位。
   A. 顺连;直线   B. 顺连;曲线
   C. 平差;直线   D. 平差;曲线

10. 关于单标三方位求航迹向法测定风流压差,说法正确的是_____。

A. 应确定物标的确切位置
B. 船舶应保向保速航行
C. 通过作图可画出船舶的航迹线
D. 物标应在航线的正前/后方

11. 雷达显示"SIFA"轮的数据如图所示,则该船所受的风流合压差角(陀罗差为0°)为_____。

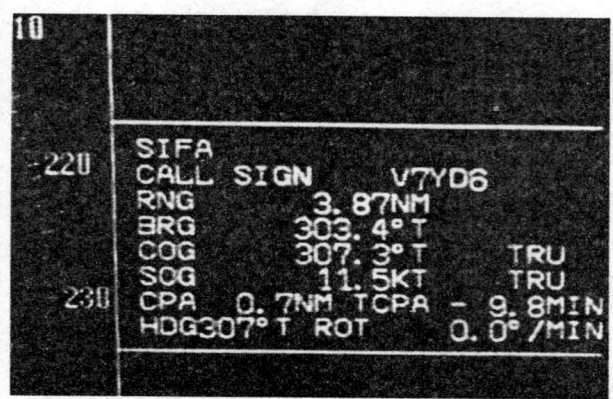

A. +3.6°
B. -3.6°
C. +0.3°
D. -0.3°

12. 某船在狭水道航行,计划航向030°,所驶陀罗航向029°,陀罗差1°E,发现前方右侧浮标方位不变,则下列说法正确的是_____。
A. 风压差角为"-"
B. 流压差角为"-"
C. 风流合压差角为"-"
D. 风流合压差角为"+"

13. 某船在狭水道航行,计划航向030°,所驶陀罗航向029°,陀罗差1°E,发现前方左侧浮标方位不变,则下列说法正确的是_____。
A. 风压差角为"+"
B. 流压差角为"+"
C. 风流合压差角为"-"
D. 风流合压差角为"+"

14. 某船船位刚好位于自海上看陆地方位为060°的叠标导航线上,以船首对准叠标航行,发现前标逐渐向右偏移,则下列说法正确的是_____。
A. 船舶受偏北风、偏北流影响,风流合压差角为"-"
B. 船舶受偏北风、偏南流影响,风流合压差角为"-"
C. 船舶受偏南风、偏北流影响,风流合压差角为"+"
D. 船舶受偏南风、偏南流影响,风流合压差角为"+"

15. 某船船位刚好位于自海上看陆地方位为060°的叠标导航线上,以船首对准叠标航行,发现前标逐渐向右偏移,则可能是哪种情况?
①船舶受偏北风、偏北流影响;②船舶受偏北风、偏南流影响;③船舶受偏南风、偏北流影响;④船舶受偏南风、偏南流影响
A. ①②③
B. ②③④
C. ①②④
D. ①③④

第十四节 不同风流条件下海图作业方法

1. 绝对计程仪航程一定可以在_____上截取。
   A. TC
   B. CA_α
   C. CA_β
   D. CG

2. 相对计程仪航程一定可以在_____上截取。
   A. TC
   B. CA_α
   C. CA_β
   D. CG

3. 无风流情况下的海图作业,推算船位处标注的内容说法正确的是_____。
   A. 分子是时间,分母是计程仪读数
   B. 分子是时间,分母是计程仪航程
   C. 分母是时间,分子是计程仪读数
   D. 分母是时间,分子是计程仪航程

4. 无风流情况下的海图作业,关于标注的内容说法错误的是_____。
   A. 时间精确到分
   B. 航向精确到个位数
   C. 计程仪读数精确到小数点后一位
   D. 计程仪航程精确到小数点后一位

5. 某船计划航向120°,船速15 kn,流向060°,流速3 kn,则流压差为_____。
   A. −10°
   B. 0°
   C. +5°
   D. +10°

6. 某船计划航迹向090°,船速7 kn,流向正北,流速3.5 kn,则流压差为_____。
   A. −10°
   B. −20°
   C. −30°
   D. +20°

7. 某船计划航迹向090°,船速7 kn,流向正北,流速3.5 kn,陀螺差+1°,则陀螺航向为_____。
   A. 069°
   B. 071°
   C. 121°
   D. 119°

8. 某船计划航向120°,船速15 kn,流向060°,流速3 kn,则真航向为_____。
   A. 130°
   B. 110°
   C. 115°
   D. 125°

9. 无风有流的情况下,相对计程仪程航程可在_____上截取。
   A. TC
   B. CG_α
   C. CG_β
   D. TC/CG_α

10. 船舶在有风无流海区航行,陀螺航向为050°,陀螺差为2°E,偏北风4级,风压差取3°,则船舶风中航迹向是_____。
    A. 055°
    B. 049°
    C. 051°
    D. 045°

11. 船舶在有风无流海区航行,计划航向为050°,陀螺差为2°E,偏北风4级,风压差取3°,则船舶应驶陀螺航向是_____。
    A. 055°
    B. 049°
    C. 051°
    D. 045°

12. 有风无流情况下的海图作业,计划航向为050°,陀罗差为2°E,偏北风4级,风压差取3°,则下述作图步骤正确的是_____。
    A. 在起点处画出计划航线,然后在上风处画出陀罗陀螺差航向线
    B. 在起点处画出计划航线,然后在下风处画出陀罗航向线
    C. 在起点处画出计划航线,然后在上风处画出真航向线
    D. 在起点处画出计划航线,然后在下风处画出真航向线

13. 有风无流情况下的海图作业,计划航向为050°,陀罗差为2°E,偏北风4级,风压差取3°,则下述作图步骤正确的是_____。
    A. 在起点处画出050°的线,然后在上风处画出045°的线
    B. 在起点处画出050°的线,然后在上风处画出047°的线
    C. 在起点处画出050°的线,然后在下风处画出053°的线
    D. 在起点处画出050°的线,然后在下风处画出055°的线

14. 有风无流情况下的海图作业,陀罗航向为050°,陀罗差为2°E,偏北风4级,风压差取3°,则下述作图步骤正确的是_____。
    A. 在起点处画出050°的线,然后在上风处画出045°的线
    B. 在起点处画出052°的线,然后在上风处画出059°的线
    C. 在起点处画出052°的线,然后在下风处画出055°的线
    D. 在起点处画出050°的线,然后在下风处画出055°的线

15. 有风无流的情况下,相对计程仪程航程可在_____上截取。
    A. TC
    B. CG_α
    C. CG_β
    D. $TC/CG_\alpha/CG_\beta$

16. 某船陀罗航向059°,航速10 kn,北风5级($\alpha=2°$),流向正南,流速2.0 kn,陀罗差+1°。下图为该题的航迹绘算示意图解,图中_____点为推算船位。

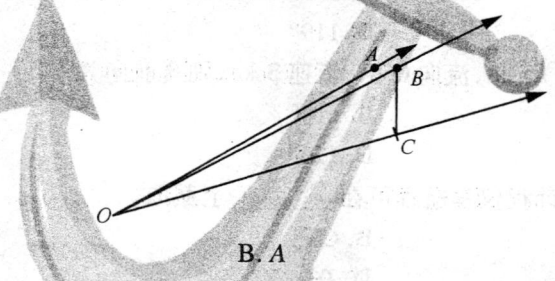

    A. O
    B. A
    C. B
    D. C

17. 某船陀罗航向059°,航速10 kn,北风5级($\alpha=2°$),流向正南,流速2.0 kn,陀罗差+1°。下图为该题的航迹绘算示意图解,图中_____线为真航向线。

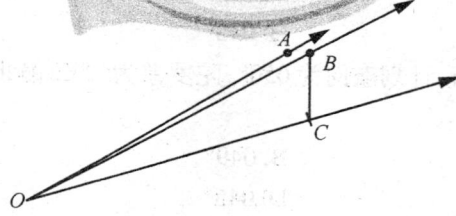

A. *OA*　　　　　　　　　　B. *OB*
C. *OC*　　　　　　　　　　D. *BC*

18. 某船陀罗航向059°,航速10 kn,北风5级(α=2°),流向正南,流速2.0 kn,陀罗差+1°。下图为该题的航迹绘算示意图解,图中_____线为风中航迹向线。

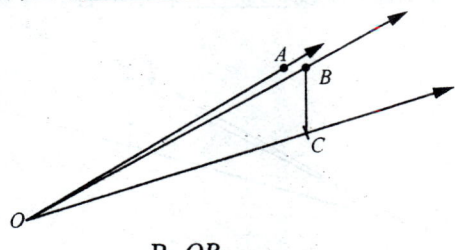

A. *OA*　　　　　　　　　　B. *OB*
C. *OC*　　　　　　　　　　D. *BC*

19. 某船陀罗航向059°,航速10 kn,北风5级(α=2°),流向正南,流速2.0 kn,陀罗差+1°。下图为该题的航迹绘算示意图解,图中_____线为推算航迹线。

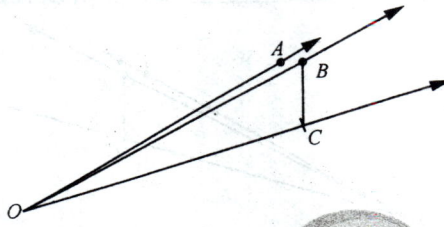

A. *OA*　　　　　　　　　　B. *OB*
C. *OC*　　　　　　　　　　D. *BC*

20. 某船陀罗航向059°,航速10 kn,北风5级(α=2°),流向正南,流速2.0 kn,陀罗差+1°。下图为该题的航迹绘算示意图解,图中_____线为水流矢量线。

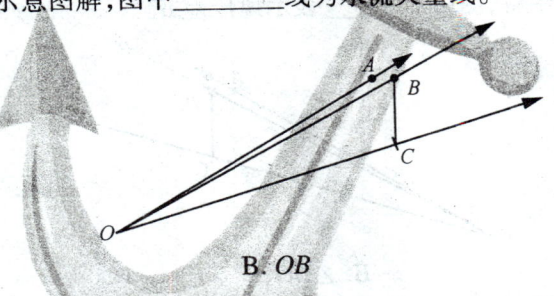

A. *OA*　　　　　　　　　　B. *OB*
C. *OC*　　　　　　　　　　D. *BC*

21. 某船陀罗航向059°,航速10 kn,北风5级(α=2°),流向正南,流速2.0 kn,陀罗差+1°。下图为该题的航迹绘算示意图解,图中线段_____表示相对计程仪航程。

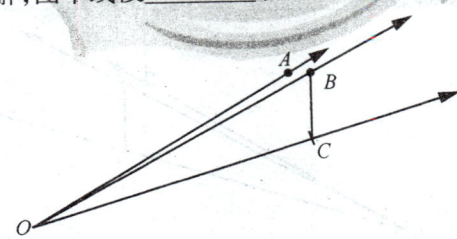

A. *OA* B. *OB*
C. *OC* D. *BC*

22. 某船陀螺航向059°,航速10 kn,北风5级(α=2°),流向正南,流速2.0 kn,陀螺差+1°。下图为该题的航迹绘算示意图解,图中线段_____表示流程。

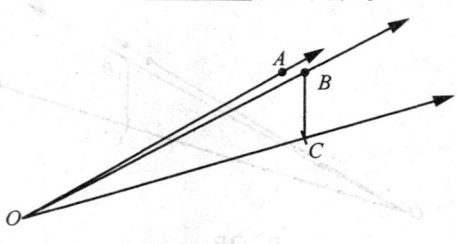

A. *OA* B. *OB*
C. *OC* D. *BC*

23. 某船陀螺航向059°,航速10 kn,北风5级(α=2°),流向正南,流速2.0 kn,陀螺差+1°。下图为该题的航迹绘算示意图解,图中线段_____表示推算航程。

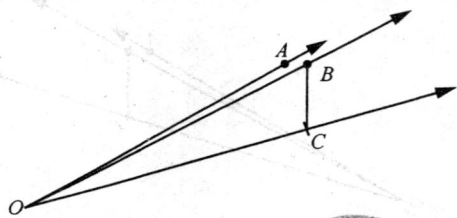

A. *OA* B. *OB*
C. *OC* D. *BC*

24. 某船陀螺航向059°,航速10 kn,北风5级(α=2°),流向正南,流速2.0 kn,陀螺差+1°。下图为该题的航迹绘算示意图解,图中_____表示风压差α。

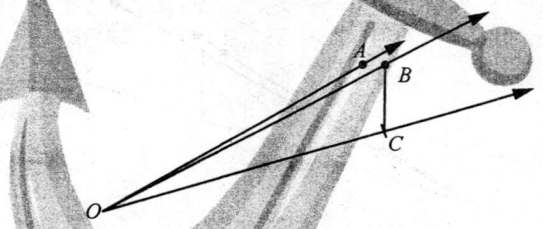

A. ∠*AOB* B. ∠*BOC*
C. ∠*AOC* D. ∠*OBC*

25. 某船陀螺航向059°,航速10 kn,北风5级(α=2°),流向正南,流速2.0 kn,陀螺差+1°。下图为该题的航迹绘算示意图解,图中_____表示流压差β。

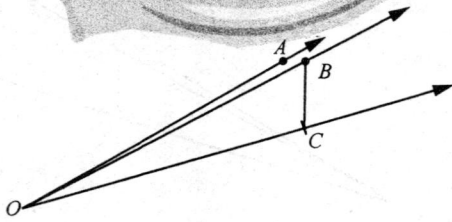

A. ∠AOB B. ∠BOC
C. ∠AOC D. ∠OBC

26. 某船陀罗航向 059°，航速 10 kn，北风 5 级（$\alpha=2°$），流向正南，流速 2.0 kn，陀罗差 +1°。下图为该题的航迹绘算示意图解，图中_____表示风流压差 γ。

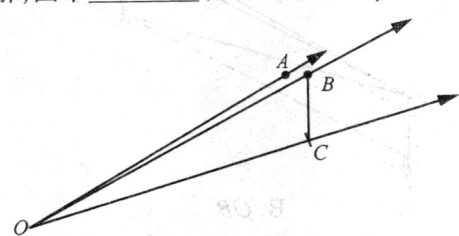

A. ∠AOB B. ∠BOC
C. ∠AOC D. ∠OBC

27. 某船陀罗航向 059°，航速 10 kn，北风 5 级（$\alpha=2°$），流向正南，流速 2.0 kn，陀罗差 +1°。下图为该题的航迹绘算示意图解，请回答正确的绘画顺序。

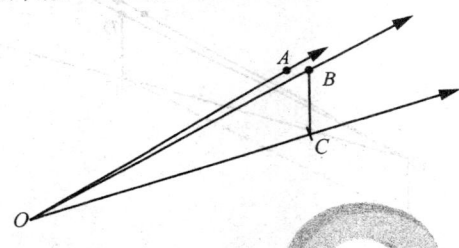

A. $OA \rightarrow OB \rightarrow OC \rightarrow BC$
B. $OA \rightarrow OB \rightarrow BC \rightarrow OC$
C. $OC \rightarrow OB \rightarrow OA \rightarrow BC$
D. $OC \rightarrow OB \rightarrow BC \rightarrow OA$

28. 某船计划航向 073°，航速 10 kn，北风 5 级（$\alpha=2°$），流向正南，流速 2.0 kn，陀罗差 +1°。下图为该题的航迹绘算示意图解，请回答正确的绘画顺序。

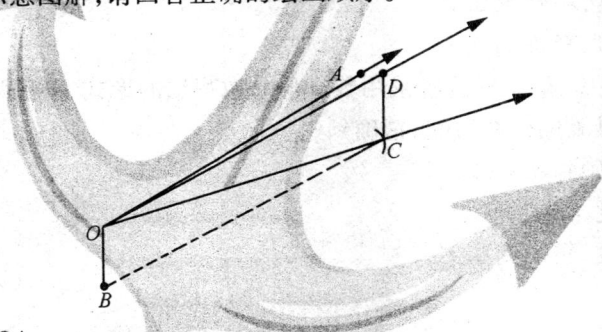

A. $OA \rightarrow OB \rightarrow CD \rightarrow OA$
B. $OA \rightarrow OB \rightarrow BC \rightarrow OD$
C. $OC \rightarrow OB \rightarrow BC \rightarrow OD \rightarrow OA$
D. $OC \rightarrow OD \rightarrow OB \rightarrow CD \rightarrow OA$

29. 某船计划航向 073°，航速 10 kn，北风 5 级（$\alpha=2°$），流向正南，流速 2.0 kn，陀罗差 +1°。下图

为该题的航迹绘算示意图解,图中线段_____长度等于流程。

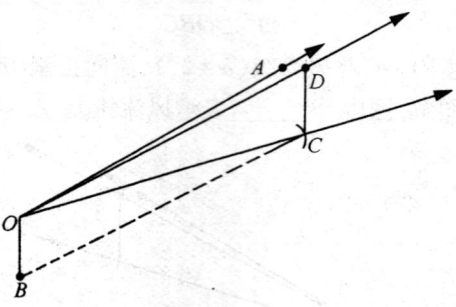

A. OA　　　　　　　　　　　B. OB
C. BC　　　　　　　　　　　D. OC

30. 某船计划航向073°,航速10 kn,北风5级($\alpha=2°$),流向正南,流速2.0 kn,陀罗差+1°。下图为该题的航迹绘算示意图解,图中线段_____长度等于相对计程仪航程。

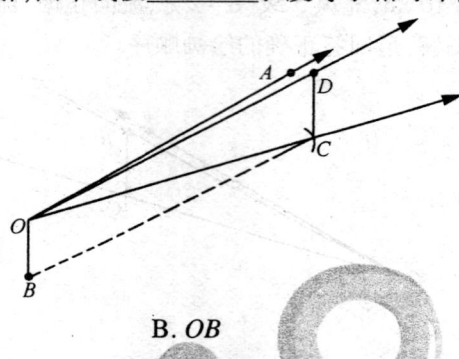

A. OA　　　　　　　　　　　B. OB
C. BC　　　　　　　　　　　D. OC

31. 在航迹绘算的标注中,船位标注应采用数学上分数写法的形式,分子为_____。
    A. 四位数表示的推算船位的时间,精确到1 min
    B. 计程仪读数,精确到0.1′
    C. 推算船位的经度,精确到0.1′
    D. 推算船位的纬度,精确到0.1′

32. 在航迹绘算的标注中,船位标注应采用数学上分数写法的形式,分母为_____。
    A. 四位数表示的推算船位的时间,精确到1 min
    B. 计程仪读数,精确到0.1′
    C. 推算船位的经度,精确到0.1′
    D. 推算船位的纬度,精确到0.1′

第十五节　航迹计算

1. 航迹计算法主要适用于_____。
①海区海图比例尺小,为了提高推算精度;②渔区航行需频繁转向的场合;③现代化导航仪中的航行计算

A. ①② B. ②③
C. ①③ D. ①②③

2. 航迹计算法主要指_____。
   A. 恒向线航行计算 B. 大圆航行计算
   C. 两点最近距离航行计算 D. 有限制纬度条件下的计算

3. 航迹计算法主要适用于_____。
   A. 船上配备有计算机,用计算法代替海图作业
   B. 沿岸航行时
   C. 大洋航行时
   D. 当起止点不在同一张海图上时,可用航迹计算法来帮助海图作业

4. 某船在沿岸航行,二副在设计航线选择转向点物标时发现相邻的两个转向点不在同一张海图上。因此,依航向画航线的正确且方便的做法是_____。
   A. 必须重新选择转向点,使得相邻的两个转向点在同一张海图上再画航线
   B. 只能重新抽取一张小比例尺海图来画线求航向,之后再转移到原海图上
   C. 用航迹计算法求出航向后再画航线
   D. 将相邻的两张海图拼接起来再画航线

5. 航迹计算法适用时机_____。
   ①为减小在小比例尺海图上航迹绘算的作图误差;②渔区机动航行,海图作业困难;③相邻两个转向点不在同一张海图;④设计自动导航仪器,建立计算模型;⑤为保持海图清洁,替代海图作业
   A. ①②③④⑤ B. ①②④
   C. ①②③④ D. ①②④⑤

6. 二副设计计划航线时,如果相邻两个相距较远的转向点不在同一张海图上,并且这两张海图的比例尺也不相同,为了获取该两点间的航向和航程,可以采用_____。
   A. 航迹计算
   B. 叠放海图用直尺量取
   C. 用两点间平均纬度处的纬度图尺分段量取
   D. 把两转向点画在总图上量取

7. 下列有关墨卡托航法航迹计算适用范围理解正确的是_____。
   A. 墨卡托航法不适用跨赤道航行 B. 墨卡托航法不适用赤道一侧航行
   C. 墨卡托航法不适用沿经线航行 D. 墨卡托航法不适用沿纬线航行

8. 中分纬度法适用于_____。
   ①航程较长时;②高纬海区;③赤道一侧;④航程较短时
   A. ①③ B. ②③
   C. ③④ D. ①④

9. 东西距是_____。
   A. 恒向线航程的南北分量 B. 恒向线航程的东西分量
   C. 航程中向东向西部分 D. 经差在东西方向的距离

10. 中分纬度是_____。
   A. 平均纬度
   B. 东西距与经差的比值
   C. 两点子午线之间等纬圈弧长等于东西距时该等纬圈的所在纬度
   D. 起航点与到达点的平均纬度

11. 关于中分纬度算法的适用范围,下列哪个说法是错误的?
   A. 中分纬度算法适用于船舶在赤道一侧的航行
   B. 中分纬度算法适用于船舶在中低纬度海区航行
   C. 中分纬度算法适用于船舶航程不太长时
   D. 中分纬度算法适用于船舶跨赤道航行

12. 关于中分纬度算法正确的是_____。
   A. 可以直接用于跨赤道计算
   B. 跨赤道时绝对不能使用中分纬度法
   C. 可将航线分成南北半球各一段,然后分段计算
   D. 可直接用于跨赤道计算,但还需要进行修正

13. 关于中分纬度算法正确的是_____。
   A. 在地球圆球体的基础上建立起来的
   B. 在地球椭圆体的基础上建立起来的
   C. 在地球椭球体的基础上建立起来的
   D. 在大地球体的基础上建立起来的

14. 某船 0800 位于 30°N,135°E,航向 060°,航速 15 kn,则航行 24 h 后到达点的船位为_____。
   A. 33°N,141°05′.7E
   B. 33°N,128°54′.3E
   C. 27°N,141°05′.7E
   D. 27°N,128°54′.3E

15. 航迹计算常用的几种方法中,_____的求取公式相同。
   A. 东西距   B. 纬差
   C. 经差   D. 航向

16. 墨卡托航法最可能出现较大误差是在_____。
   A. 低纬度海区   B. 中纬度海区
   C. 高纬度海区   D. 赤道附近

17. 某船跨越赤道航行,在航迹计算时求经差应采用_____。
   A. 查纬差与东西距表 B. 中分纬度法
   C. 墨卡托算法   D. 约定纬度算法

18. 某船沿 30°N 纬线向东航行,此时不能使用哪种航迹计算方法进行计算?
   A. 中分纬度算法
   B. 平均纬度算法

C. 墨卡托算法
D. 约定纬度算法

19. 在用计算法求取航向时,其方向的判断是_____。
   A. 起航点的纬度和经度
   B. 到达点的纬度和经度
   C. 两点间的纬差和经差,经差在前纬差在后
   D. 两点间的纬差和经差,纬差在前经差在后

20. 在航迹计算中,使用墨卡托和平均纬度两种算法,下列哪个说法是正确的?
   A. 根据墨卡托算法求出的纬差精度高
   B. 根据墨卡托算法求出的经差精度高
   C. 根据平均纬度算法求出的纬差精度高
   D. 根据平均纬度算法求出的经差精度高

21. 关于墨卡托算法正确的是_____。
   A. 在地球圆球体的基础上建立起来的
   B. 在地球椭圆体的基础上建立起来的
   C. 在地球椭球体的基础上建立起来的
   D. 在大地球体的基础上建立起来的

22. 墨卡托算法不适用于高纬度地区的主要原因是_____。
   A. 地球扁率的影响
   B. 无法查取高纬度地区的 DMP
   C. 高纬度地区航行条件复杂,无法进行航迹计算
   D. 高纬度地区纬度间 DMP 的变化剧烈,采用线性内插容易出现较大误差

23. 某船航速 12 kn,航向 060°,航行 10 h 后,其纬度变化为_____。
   A. 1°43′.9   B. 1°.0
   C. 2°.0   D. 1°15′.0

24. 某船真航向 000°,航程 255 n mile,则纬差为_____。
   A. 4°.25S   B. 5°.5S
   C. 4°.25N   D. 5°.5N

25. 下列有关墨卡托航迹计算法三角形中三条边描述正确的是_____。
   A. 经差 $D\lambda$ 与纬度渐长率 DMP 的单位一致
   B. 经差 $D\lambda$ 与航程 s 的单位一致
   C. 经差 $D\lambda$ 与纬差 $D\varphi$ 的单位一致
   D. 航程 S 与纬度渐长率 DMP 的单位一致

26. 下列有关墨卡托航迹计算法三角形中三条边分别是_____。
   ①$D\lambda$;②DMP;③Dep;④s
   A. ①②③   B. ②③④
   C. ①②④   D. ①③④

第十六节　潮汐的成因和潮汐现象

1. 产生潮汐的原动力是_____，其中主要是_____。
   A. 月球的引潮力；太阳的引潮力
   B. 天体引潮力；太阳的引潮力
   C. 天体引潮力；月球的引潮力
   D. 太阳的引潮力；月球的引潮力

2. 大潮与小潮主要是由于_____。
   ①月球、太阳赤纬较大引起的；②月球、太阳和地球相互位置关系不同引起的；③月引潮力与太阳引潮力的合力不同引起的
   A. ①②
   B. ①③
   C. ②③
   D. ①②③

3. 对潮汐的形成产生影响的有_____。
   ①地心引力；②地球自转运动离心力；③天体引力；④地球与天体相对运动的惯性离心力
   A. ①②
   B. ②④
   C. ①④
   D. ③④

4. 英版《潮汐表》中，潮高差是_____。
   A. 附港潮高与相应主港潮高之差
   B. 相邻高潮潮高与低潮潮高之差
   C. 平均大潮潮高与低潮潮高之差
   D. 平均高潮潮高与低潮潮高之差

5. 潮差是_____。
   A. 相邻高、低潮的潮高之差
   B. 主、附港潮高之差
   C. 大潮与小潮之差
   D. 回归潮与分点潮之差

6. 潮龄是_____。
   A. 由朔望日至实际大潮发生日的时间间隔
   B. 由朔望日至实际大潮高潮时的时间间隔
   C. 由每天月中天时刻至实际高潮时的时间间隔的长期平均值
   D. 由每天月中天时刻至实际大潮高潮时的时间间隔的长期平均值

7. "高潮间隙"是指_____。
   A. 从满月到大潮高潮时的时间间隔
   B. 从月中天到当天第一个高潮时的时间间隔
   C. 高潮与低潮的时间间隔
   D. 两次高潮的时间间隔

8. 朔望日和大潮日相隔的天数叫_____，从月中天到当地实际发生的第一个高潮时的时间间隔叫_____。
   A. 潮龄；高潮间隙
   B. 高潮间隙；潮龄
   C. 大潮升；小潮升
   D. 小潮升；大潮升

9. 潮差最小的潮汐称为_____。
   A. 分点潮
   B. 回归潮
   C. 大潮
   D. 小潮

10. 潮汐周日不等现象最显著的是_____。
    A. 分点潮 B. 大潮
    C. 回归潮 D. 小潮
11. 从潮高基准面至平均大潮高潮面的高度称为_____。
    A. 大潮差 B. 大潮升
    C. 小潮差 D. 小潮升
12. 从潮高基准面至平均小潮高潮面的高度称为_____。
    A. 大潮差 B. 大潮升
    C. 小潮差 D. 小潮升
13. 大潮差是指相邻的_____之差。
    A. 大潮高潮潮高与小潮低潮潮高 B. 低潮高潮潮高与大潮低潮潮高
    C. 大潮高潮潮高与大潮低潮潮高 D. 小潮高潮潮高与小潮低潮潮高
14. 大潮升是_____。
    A. 从潮高基准面到平均大潮高潮面的高度
    B. 从平均海面到平均大潮高潮面的高度
    C. 高低潮潮高差
    D. 相邻的高、低潮潮高之差
15. 大潮是指_____的潮汐。
    A. 高潮最高、低潮也最高 B. 高潮最低、低潮也最低
    C. 高潮最高、低潮最低 D. 高潮最低、低潮最高
16. 当低潮发生后,海面有一段时间停止升降的现象称为_____。
    A. 平潮 B. 停潮
    C. 转潮 D. 候潮
17. 当高潮发生后,海面有一段时间停止升降的现象称为_____。
    A. 平潮 B. 停潮
    C. 转潮 D. 候潮
18. 低潮间隙是指_____。
    A. 从月中天到当天的第一个低潮发生时的时间间隔
    B. 从新月到大潮低潮发生时的时间间隔
    C. 相邻两次低潮的时间间隔
    D. 从高潮到低潮的时间间隔
19. 低低潮是指_____。
    A. 一月中最低的低潮
    B. 大潮日的低潮
    C. 小潮日的低潮
    D. 一个太阴日内两次低潮中潮高较低者
20. 低高潮是指_____。
    A. 一个太阴日内两次高潮中潮高较低者

B. 一个太阴日内两次低潮中潮高较高者

C. 一月中最高的低潮

D. 一月中最低的高潮

21. 高低潮是指_____。
   A. 一个太阴日内两次高潮中潮高较低者
   B. 一个太阴日内两次低潮中潮高较高者
   C. 一月内高潮潮高最低者
   D. 一月内低潮潮高最高者

22. 高高潮是指_____。
   A. 一月内最高的高潮
   B. 大潮时的高潮
   C. 回归潮时的高潮
   D. 一个太阴日两次高潮中潮高较高者

23. 平潮是_____。
   A. 潮汐停止升降的时候
   B. 高潮发生后潮汐停止升降的现象
   C. 平流的时候
   D. 低潮发生后潮汐停止升降的现象

24. 平均海面是_____。
   A. 计算海图水深的起算面
   B. 根据长期观测算得的某一时期内的海面平均高度
   C. 海面的季节修正值
   D. 计算潮高的起算面

25. 停潮是_____。
   A. 潮汐停止升降的时候
   B. 高潮发生后潮汐停止升降的现象
   C. 平流的时候
   D. 低潮发生后潮汐停止升降的现象

26. 小潮差是指相邻的_____之差。
   A. 小潮高潮潮高与大潮低潮潮高
   B. 大潮高潮潮高与小潮低潮潮高
   C. 小潮高潮潮高与小潮低潮潮高
   D. 大潮高潮潮高与大潮低潮潮高

27. 小潮升是_____。
   A. 从潮高基准面到平均大潮低潮面的高度
   B. 从潮高基准面到平均小潮高潮面的高度
   C. 从潮高基准面到平均小潮低潮面的高度
   D. 从平均海面到平均小潮高潮面的高度

28. 小潮是指_____的潮汐。
   A. 高潮最高、低潮也最高
   B. 高潮最低、低潮也最低
   C. 高潮最高、低潮最低
   D. 高潮最低、低潮最高

29. 一般情况下潮高基准面是_____。
   A. 海图深度基准面
   B. 平潮潮面
   C. 平均海面
   D. 大潮高潮面

30. 月球赤纬最大的潮汐称为_____。
   A. 大潮　　　　　　　　　　B. 小潮
   C. 分点潮　　　　　　　　　D. 回归潮

31. 同一地点的大潮和小潮，_____。
   A. 大潮低潮潮高高于小潮低潮潮高
   B. 大潮低潮潮高低于小潮低潮潮高
   C. 大潮低潮潮高等于小潮低潮潮高
   D. 无法确定大潮低潮潮高与小潮低潮潮高谁大谁小

32. 从朔望日到实际大潮发生的时间间隔叫_____，从月中天到实际高潮发生时间间隔_____。
   A. 潮龄；高潮间隙　　　　　B. 高潮间隙；潮龄
   C. 大潮升；小潮升　　　　　D. 小潮升；大潮升

33. 如图所示，大潮升是_____。

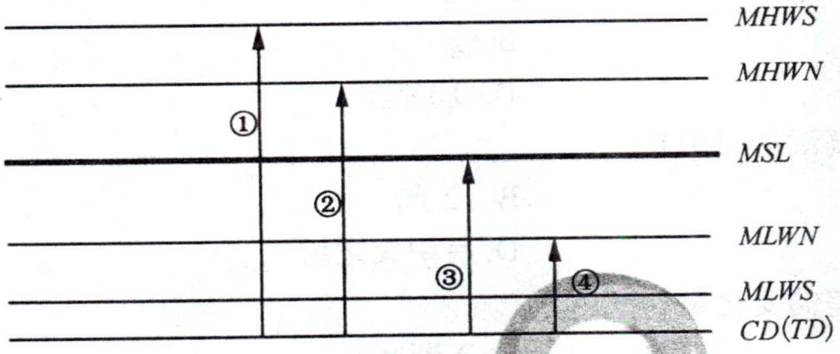

   A. ①　　　　　　　　　　　B. ②
   C. ③　　　　　　　　　　　D. ④

34. 潮汐半月不等主要是由_____引起的。
   A. 月亮赤纬较大　　　　　　B. 太阳赤纬较大
   C. 日、月与地球相互位置关系不同　　D. 日、月对地球的距离的变化

35. 潮汐的视差不等主要是由_____。
   A. 太阳、月球与地球相对位置的不同引起的
   B. 月球赤纬不同引起的
   C. 太阳、月球与地球的距离变化引起的
   D. 太阳赤纬的不同引起的

36. 潮汐半月不等的潮汐现象是_____。
   ①从新月到上弦潮差逐渐增大；②从新月到满月潮差逐渐增大；③潮差的变化是以半个朔望月为周期
   A. ①　　　　　　　　　　　B. ②
   C. ③　　　　　　　　　　　D. ②③

37. 潮汐视差不等主要是由_____引起的。
   A. 月球沿椭圆轨道绕地球转动　　B. 地球自转

C. 地球平动　　　　　　　　　D. 月球绕太阳运动

38. 潮汐周日不等主要是由_____。
   A. 月球、太阳赤纬较小引起的
   B. 月球赤纬不等于零引起的
   C. 太阳赤纬较大引起的
   D. 太阳和月球与地球相对位置不同引起的

39. 从理论上说，大潮出现在_____。
   A. 近日点　　　　　　　　　B. 上弦日
   C. 下弦日　　　　　　　　　D. 朔望日

40. 从理论上说，某地高潮发生在_____。
   A. 0点　　　　　　　　　　B. 12点
   C. 月中天时刻　　　　　　　D. 月中天前后

41. 大潮的变化周期约为_____。
   ①半个太阳月；②一个朔望月；③半个朔望月
   A. ①　　　　　　　　　　　B. ②
   C. ③　　　　　　　　　　　D. ①或③

42. 实际上，某地出现高潮的时间是_____。
   A. 0点　　　　　　　　　　B. 12点
   C. 月中天时刻　　　　　　　D. 月中天之后

43. 从新月到上弦，潮差的变化是_____。
   A. 逐渐增大　　　　　　　　B. 逐渐减小
   C. 没有　　　　　　　　　　D. 时大时小

44. 实际上，大潮发生在_____。
   A. 朔望日　　　　　　　　　B. 朔望日之后
   C. 月中天　　　　　　　　　D. 朔望日之前

45. 如图所示，箭头所指的A点能观测的潮汐现象是_____。

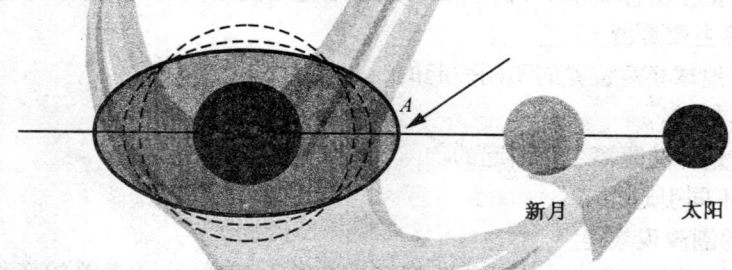

   A. 大潮、高潮最高　　　　　B. 小潮、高潮最低
   C. 大潮、低潮最高　　　　　D. 小潮、低潮最高

46. 如图所示,箭头所指 A 点处所能观测到的潮汐现象为_____。

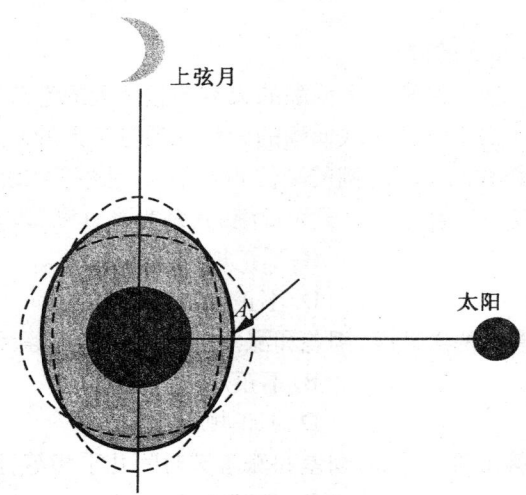

　　A. 大潮、高潮最高　　　　　　　　B. 小潮、低潮最高
　　C. 大潮、低潮最低　　　　　　　　D. 小潮、高潮最低

47. 如图所示,箭头所指 A 点处所能观测到的潮汐现象为_____。

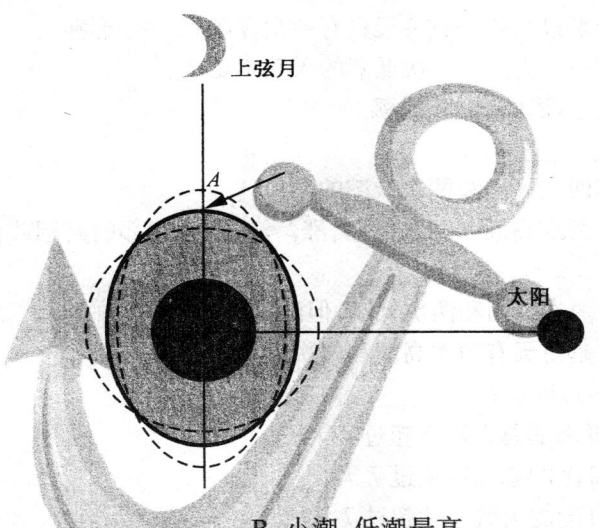

　　A. 大潮、高潮最高　　　　　　　　B. 小潮、低潮最高
　　C. 大潮、低潮最低　　　　　　　　D. 小潮、高潮最低

48. 不正规半日潮港是指_____。
　　A. 每天有两次高潮和两次低潮的港口
　　B. 每天有两次涨潮和两次落潮,涨落潮时间,潮差几乎相等的港口
　　C. 每天有两次涨潮和两次落潮,但涨落潮时间不等的港口
　　D. 一个月内有半个月是每天有两次高潮和两次低潮的港口

49. 半日潮周期为_____。
　　A. 12 h 50 min　　　　　　　　　B. 12 h

C. 24 h
D. 12 h 25 min

50. 不正规日潮港是指_____。
   A. 潮汐周期为 24 h 50 min 的港口
   B. 半个月中每天只有一次高潮和一次低潮的天数超过 7 天的港口
   C. 半个月中每天只有一次高潮和一次低潮的天数不超过 7 天的港口
   D. 在一个太阴日内相邻的高潮或低潮的潮位相差很大,涨潮时和落潮时也不等的港口

51. 某港口半个月中有连续一半以上的日子为日潮,其余为半日潮,该港口为_____。
   A. 正规半日潮港
   B. 不正规半日潮港
   C. 正规日潮港
   D. 不正规日潮港

52. 某港口每天有两次高潮和两次低潮,潮差和涨落潮时间均不相等,该港口为_____。
   A. 正规半日潮港
   B. 不正规半日潮港
   C. 正规日潮港
   D. 不正规日潮港

53. 某港口每天有两次高潮和两次低潮,潮差和涨落潮时间几乎相等,该港口为_____。
   A. 正规半日潮港
   B. 不正规半日潮港
   C. 正规日潮港
   D. 不正规日潮港

54. 正规日潮港_____。
   A. 每天只有一次高潮和一次低潮
   B. 半个月中有连续一半以上的天数一天只有一次高潮和一次低潮
   C. 半个月中一天只有一次高潮和一次低潮的天数不足 7 天
   D. 在一个太阴日内发生两次高潮和低潮

55. 正规半日潮港是指_____。
   A. 在一个太阴日中有两次高潮和两次低潮的港口
   B. 在一个太阴日中有两次高潮和两次低潮,涨落潮时间、相邻的高潮或低潮潮高几乎相等的港口
   C. 在一个太阴日中有两次高潮和两次低潮,但涨落潮时间不等的港口
   D. 一个月内有半个月是每天有两次高潮和两次低潮的港口

56. 北部湾属于正规日潮,其特点是_____。
   A. 在半个朔望月中,日潮的总天数不超过 7 天
   B. 在半个朔望月中,日潮的总天数超过 7 天
   C. 在半个朔望月中,日潮的天数连续超过 7 天
   D. 在半个朔望月中,半日潮的天数连续超过 7 天

57. 南海某港属于不正规日潮混合潮,其特点是_____。
   A. 在半个朔望月中,日潮的总天数不超过 7 天
   B. 在半个朔望月中,日潮的总天数超过 7 天
   C. 在半个朔望月中,日潮的天数连续超过 7 天
   D. 在半个朔望月中,半日潮的天数连续超过 7 天

第十七节 潮汐表及查阅方法

1. 以下哪项不是英版《潮汐表》的内容？
   A. 潮流预报表 B. 差比数与潮信表
   C. 调和常数表 D. 潮时差与潮高差表

2. 以下哪些是英版《潮汐表》的内容？
   ①主港潮汐预报表；②潮流预报表；③格林尼治月中天时刻表；④调和常数表
   A. ①②③ B. ①②④
   C. ②③④ D. ①③④

3. 英版《潮汐表》包括以下哪些表？
   ①主港潮汐预报表；②潮流预报表；③调和常数表；④差比数和潮信表
   A. ①②③④ B. ①②④
   C. ②③④ D. ①②③

4. 利用英版《潮汐表》求某附港潮汐，可首先从_____查该附港的编号，然后根据编号在潮时差与潮高差表中查得所需资料。
   A. 主港索引 B. 目录
   C. 地理索引 D. 辅助用表

5. 利用英版《潮汐表》求某主港潮汐，可从_____查取该主港资料所在页码或编号。
   ①主港索引；②目录；③地理索引
   A. ①② B. ①③
   C. ②③ D. ①②③

6. 在我国闽、浙沿海，由于台风的影响，常常使实际水位高于潮汐表的预报，这种现象称之为_____。
   A. 增水 B. 减水
   C. 涨潮 D. 落潮

7. 英版《潮汐表》中，根据主港索引查潮汐资料时，依据港名所查得的是_____。
   A. 主港在潮汐表中的编号
   B. 主港在调和常数表中的编号
   C. 主港潮汐预报资料在潮汐表中的页码
   D. 主港某日的高、低潮时和潮高

8. 英版潮汐表的潮时采用_____。
   A. 当地标准时 B. 地方时
   C. 世界时 D. 夏令时

9. 英版潮汐表中地理索引中的港名如用黑体字，表示该港是_____。
   A. 潮差大的港 B. 重要的港
   C. 各地区最大的港 D. 主港

10. 差比数是指主附港之间的_____。

A. 潮时差和潮高差
B. 潮时差与潮差
C. 潮时差、潮差比和改正值
D. 潮差比与平均海面季节改正

11. 潮差比是_____之比。
   A. 附港平均潮差与主港平均潮差
   B. 主港潮差与附港潮差
   C. 主港平均潮差与附港平均潮差
   D. 附港最大潮差与主港最大潮差

12. 以下哪种水文气象因素的急剧变化会引起潮汐变化的反常现象？
   ①寒潮；②台风；③海啸
   A. ①③
   B. ②③
   C. ①②
   D. ①②③

13. 我国《潮汐表》预报潮时误差量，在一般情况下为_____。
   A. 60 min
   B. 40 min
   C. 10 min
   D. 20～30 min

14. 以下哪些是中版《潮汐表》的内容？
   ①主港潮汐预报表；②潮流预报表；③格林尼治月中天时刻表；④差比数和潮信表；⑤潮时差与潮高差表
   A. ①②③④
   B. ①②④⑤
   C. ②③④⑤
   D. ①②③⑤

15. 中版《潮汐表》预报潮高的误差，在一般情况下为_____。
   A. 10 cm 以内
   B. 100 cm
   C. 20～30 cm
   D. 60 cm

16. 中版《潮汐表》中的潮时采用_____。
   A. 世界时
   B. 地方时
   C. 当地标准时
   D. 平太阳时

17. 中版《潮汐表》中，一些重要港口的每小时潮高在以下哪个表中查找？
   A. 主港潮汐预报表
   B. 附港潮汐预报表
   C. 潮汐预报表
   D. 潮信表

18. 主、附港的潮时差为"－"，说明_____。
   A. 附港位于主港的东面
   B. 附港位于主港的西面
   C. 附港高、低潮潮时早于主港
   D. 附港高、低潮潮时晚于主港

19. 主、附港的潮时差为"＋"，说明_____。
   A. 附港位于主港的东面
   B. 附港位于主港的西面
   C. 附港高、低潮潮时早于主港
   D. 附港高、低潮潮时晚于主港

20. 在山东高角以北及渤海，由于冬季寒潮的影响，常常使实际水位低于潮汐表的预报，这种现象称之为_____。
   A. 增水
   B. 减水
   C. 涨潮
   D. 落潮

第十八节 潮汐和潮流计算

1. 利用英版《潮汐表》求附港潮汐,主港某日潮汐为:0929 1.0 m,1838 4.0 m。主附港高潮潮高差为-30 cm,低潮潮高差为-50 cm,主、附港平均海面季节改正值均为零。则相应的附港低、高潮潮高分别为_____。
   A. 0.7 m、3.5 m B. 0.5 m、3.7 m
   C. 1.3 m、4.5 m D. 1.3 m、4.3 m

2. 利用英版《潮汐表》求附港潮汐,主港某日潮汐为:0929 1.0 m,1838 4.0 m。主附港高潮潮时差:-0157;低潮潮时差为0230。附港高、低潮时分别为_____。
   A. 0659、1641 B. 0732、1608
   C. 1126、2109 D. 1641、1159

3. 某主港经季节改正后的高潮潮高11.2 m,查得潮高差资料如下表,则与所给主港潮高对应的附港潮高差为_____。

Place	Height Differences (in meters)			
	MHWS	MHWN	MLWN	MLWS
Standard Port	12.9	9.6	3.2	0.6
Secondary Port	-0.4	-0.2	0.0	-0.2

   A. +0.3 m B. -0.3 m
   C. +0.1 m D. -0.1 m

4. 某主港经季节改正后的高潮潮高3.0 m,查得潮高差资料如下表,则与所给主港潮高对应的附港潮高差为_____。

Place	Height Difference (in meters)			
	MHWS	MHWN	MLWN	MLWS
Standard Port	3.5	2.5	1.4	1.0
Secondary Port	+0.6	+0.4	+0.4	-0.4

   A. +0.7 m B. +0.6 m
   C. +0.5 m D. +0.8 m

5. 某主港经季节改正后的高潮潮高3.4 m,查得潮高差资料如下表,则与所给主港潮高对应的附港潮高差为_____。

Place	Height Difference(in meters)			
	MHWS	MHWN	MLWN	MLWS
Standard Port	3.5	2.5	1.4	1.0
Secondary Port	+0.6	+0.4	+0.4	-0.4

A. +0.7 m
C. +0.5 m
B. +0.6 m
D. +0.8 m

6. 某主港经季节改正后的高潮潮高 4.0 m, 查得潮高差资料如下表, 则与所给主港潮高对应的附港潮高差为_____。

Place	Height Difference(in meters)			
	MHWS	MHWN	MLWN	MLWS
Standard Port	3.5	2.5	1.4	1.0
Secondary Port	+0.6	+0.4	+0.4	-0.4

A. +0.7 m
C. +0.5 m
B. +0.6 m
D. +0.8 m

7. 已知主港低潮时为 0258, 且主附港时差资料见下表, 则对应该主港低潮时的附港潮时差为_____。

Place	Time Difference			
	High Water		Low Water	
Standard Port	0000 And 1200	0600 And 1800	0000 And 1200	0600 And 1800
Secondary Port	-0030	-0050	-0020	-0015

A. -0018
C. -0039
B. 0018
D. 0039

8. 已知主港低潮时为 1039, 且主附港时差资料见下表, 则对应此主港低潮时的附港潮时差为_____。

Place	Time Difference			
	High Water		Low Water	
Standard Port	0200 And 1400	0800 And 2000	0300 And 1500	0800 And 2000
Secondary Port	-0010	-0015	-0035	-0020

A. -0027
B. 0025

C. -0012　　　　　　　　　　D. 0012

9. 已知主港低潮时为1518,且主附港时差资料见下表,则对应该主港低潮时的附港潮时差为_____。

Place	Time Difference			
	High Water		Low Water	
Standard Port	0000 And 1200	0600 And 1800	0000 And 1200	0600 And 1800
Secondary Port	-0030	-0050	-0020	-0015

A. -0017　　　　　　　　　　B. 0017
C. -0039　　　　　　　　　　D. 0039

10. 已知主港低潮时为2318,且主附港时差资料见下表,则对应该主港低潮时的附港潮时差为_____。

Place	Time Difference			
	High Water		Low Water	
Standard Port	0200 And 1400	0800 And 2000	0300 And 1500	0800 And 2000
Secondary Port	-0010	-0015	-0035	-0020

A. -0025　　　　　　　　　　B. 0025
C. -0012　　　　　　　　　　D. 0012

11. 已知主港高潮时为0355,且主附港时差资料见下表,则对应该主港高潮时的附港潮时差为_____。

Place	Time Difference			
	High Water		Low Water	
Standard Port	0200 And 1400	0800 And 2000	0300 And 1500	0800 And 2000
Secondary Port	-0010	-0015	-0035	-0020

A. -0025　　　　　　　　　　B. 0025
C. -0012　　　　　　　　　　D. 0012

12. 已知主港高潮时为0913,且主附港时差资料见下表,则对应该主港高潮时的附港潮时差为_____。

Place	Time Difference			
	High Water		Low Water	
Standard Port	0000 And 1200	0600 And 1800	0000 And 1200	0600 And 1800
Secondary Port	-0030	-0050	-0020	-0015

A. -0018　　　　　　　　　B. 0018
C. -0039　　　　　　　　　D. 0039

13. 已知主港高潮时为1633,且主附港时差资料见下表,则对应该主港高潮时的附港潮时差为_____。

Place	Time Difference			
	High Water		Low Water	
Standard Port	0200 And 1400	0800 And 2000	0300 And 1500	0800 And 2000
Secondary Port	-0010	-0015	-0035	-0020

A. -0025　　　　　　　　　B. 0025
C. -0012　　　　　　　　　D. 0012

14. 已知主港高潮时为2119,且主附港时差资料见下表,则对应该主港高潮时的附港潮时差为_____。

Place	Time Difference			
	High Water		Low Water	
Standard Port	0000 And 1200	0600 And 1800	0000 And 1200	0600 And 1800
Secondary Port	-0030	-0050	-0020	-0015

A. -0018　　　　　　　　　B. 0018
C. -0039　　　　　　　　　D. 0039

15. 主港经季节改正后的低潮潮高1.3 m,主附港对应的资料见下表,则与所给主港潮高对应的主附港潮高差为_____。

第二章 地文航海

Place	Height Differences (in meters)			
	MHWS	MHWN	MLWN	MLWS
Standard Port	3.8	2.8	1.6	1.1
Secondary Port	+0.5	+0.2	+0.4	-0.3

A. +0.2 B. 0
C. -0.2 D. -0.3

16. 主港经季节改正后的低潮潮高 1.8 m，主附港对应的资料见下表，则与所给主港潮高对应的主附港潮高差为_____。

Place	Height Differences (in meters)			
	MHWS	MHWN	MLWN	MLWS
Standard Port	3.9	2.8	1.6	1.1
Secondary Port	0.5	0.4	0.4	-0.3

A. +0.7 B. +0.4
C. +1.0 D. -0.1

17. 主港经季节改正后的高潮潮高 3.1 m，主附港对应的资料见下表，则与所给主港潮高对应的主附港潮高差为_____。

Place	Height Differences (in meters)			
	MHWS	MHWN	MLWN	MLWS
Standard Port	3.8	2.8	1.6	1.1
Secondary Port	+0.5	+0.2	+0.4	-0.3

A. +0.2 B. +0.3
C. +0.4 D. +0.5

18. 主港经季节改正后的高潮潮高 3.4 m，主附港对应的资料见下表，则与所给主港潮高对应的主附港潮高差为_____。

Place	Height Differences (in meters)			
	MHWS	MHWN	MLWN	MLWS
Standard Port	3.8	2.8	1.6	1.1
Secondary Port	+0.5	+0.2	+0.4	-0.3

A. +0.2
B. +0.3
C. +0.4
D. +0.5

19. 主港经季节改正后的高潮潮高3.7 m,主附港对应的资料见下表,则与所给主港潮高对应的主附港潮高差为_____。

Place	Height Differences (in meters)			
	MHWS	MHWN	MLWN	MLWS
Standard Port	3.8	2.8	1.6	1.1
Secondary Port	+0.5	+0.2	+0.4	-0.3

A. +0.2
B. +0.3
C. +0.4
D. +0.5

20. 某主港潮汐曲线如图,利用该图可以_____。

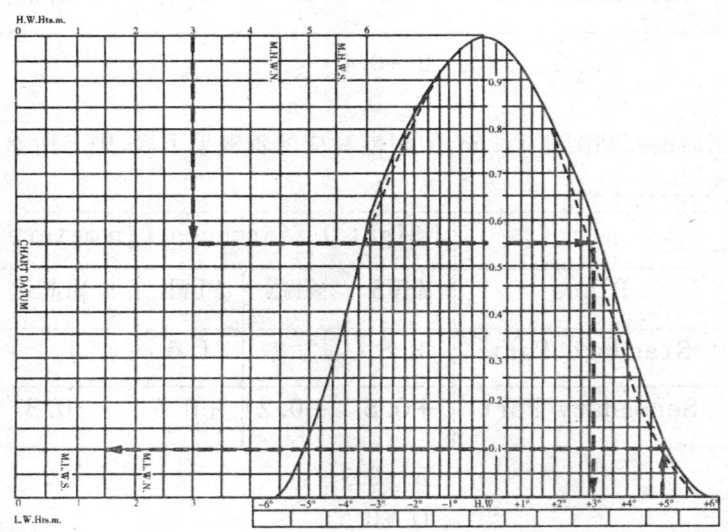

A. 求主港高潮潮时和潮高
B. 求主港低潮潮时和潮高
C. 求主港相邻高潮和低潮之间任意时潮高
D. 求主港相邻高潮和低潮之间任意时流速

21. 某主港潮汐曲线如图,利用该图可以_____。

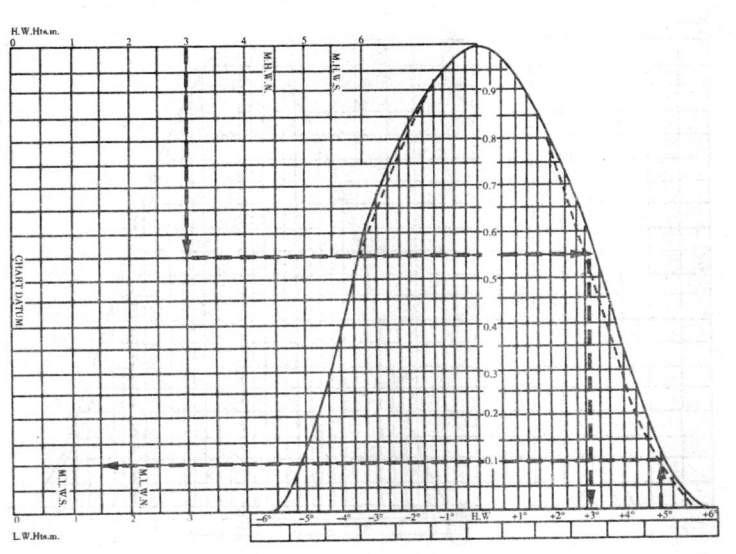

A. 求主港高潮潮时和潮高
B. 求主港低潮潮时和潮高
C. 求主港相邻高潮和低潮之间任意潮高发生的时间
D. 求主港相邻高潮和低潮之间任意时流速

22. 图中红色字母 A 所在的空格里应该填写主港_____。

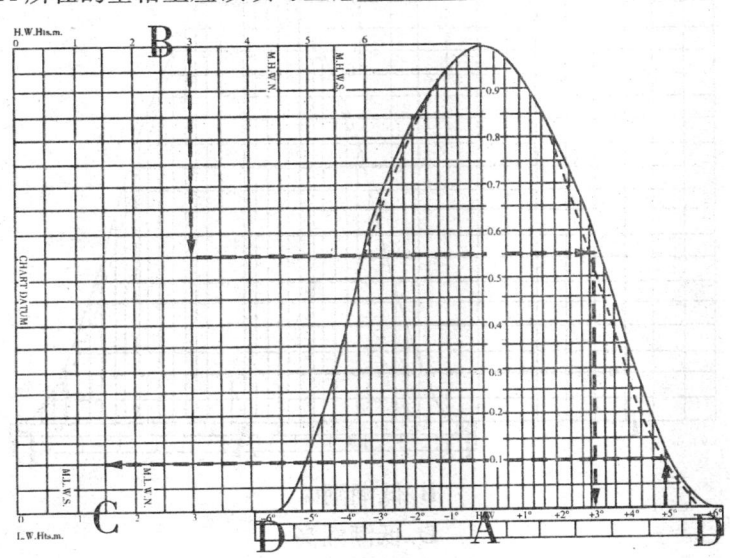

A. 高潮潮时　　　　　　　　B. 低潮潮时
C. 高潮潮高　　　　　　　　D. 低潮潮高

23. 图中红色字母 B 所在的空格里应该填写主港_____。

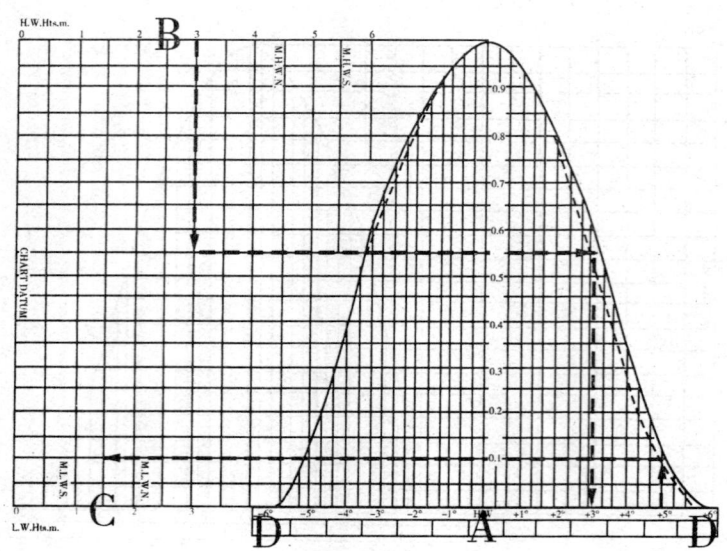

A. 高潮潮时 B. 低潮潮时
C. 高潮潮高 D. 低潮潮高

24. 图中红色字母 C 所在的空格里应该填写主港_____。

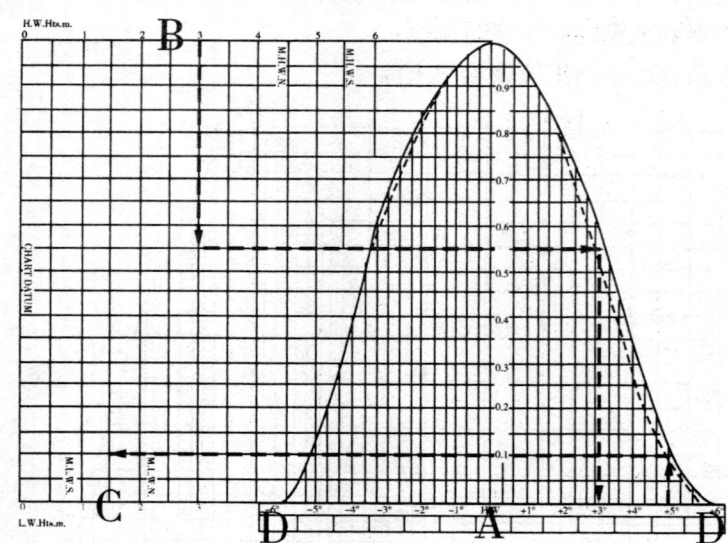

A. 高潮潮时 B. 低潮潮时
C. 高潮潮高 D. 低潮潮高

25. 我国某主港高潮潮时 1038,潮高 489 cm,其附港的潮差比为 0.76,潮时差 -0015,改正值 -30,则该附港的高潮潮时和潮高分别为_____。
  A. 1023；295 B. 1053；365
  C. 1053；335 D. 1023；342

26. 我国某主港某日高潮潮高为 3.6 m,某附港的潮差比为 1.20,主港平均海面 220 cm,附港平均海面 222 cm,主附港平均海面季节改正值均为 +18 cm,则该附港的高潮潮高为_____。

A. 3.64 m   B. 4.12 m
C. 4.02 m   D. 3.86 m

27. 我国某主港某日高潮潮高为 4.2 m,某附港潮差比为 1.30,改正值+14 cm,则该附港的高潮潮高为_____。
   A. 5.46 m   B. 5.32 m
   C. 5.60 m   D. 6.68 m

28. 我国某主港某日高潮潮时为 1138,其附港高潮时差为 0150,改正值为 15。该附港当日的高潮潮时为_____。
   A. 1328   B. 1342
   C. 0948   D. 1003

29. 在潮汐推算中,如主港 3 月 6 日低潮时为 2357,低潮时差为+0103,则相应的附港低潮潮时为_____。
   A. 3 月 6 日 2254   B. 3 月 7 日 0100
   C. 3 月 7 日 0003   D. 3 月 6 日 0100

30. 在潮汐推算中,若 4 月 19 日某主港的高潮潮时为 0018,高潮时差为-0148,则相应的附港高潮潮时为_____。
   A. 4 月 19 日 0206   B. 4 月 19 日 0130
   C. 4 月 18 日 2230   D. 4 月 18 日 0130

31. 某地当日潮汐资料为:0600 500 cm,1200 100 cm,则 0800 潮高为_____。
   A. 400 cm   B. 300 cm
   C. 200 cm   D. 100 cm

32. 从潮信表查得某海区的平均低潮间隙 MLWI 为 1147,则 8 月 28 日(农历二十六)的低潮潮时约为_____。
   A. 0747 和 2011   B. 0722 和 1947
   C. 0811 和 2025   D. 0659 和 1923

33. 从潮信表查得某海区的平均高潮间隙 MHWI 为 1125,则 5 月 20 日(农历十一)的高潮潮时约为_____。
   A. 1101 和 2325   B. 1125 和 2349
   C. 0725 和 1949   D. 0635 和 1900

34. 某海区大潮升 506 cm,小潮升 406 cm,平均海面 310 cm,则该海区平均大潮低潮潮高为_____。
   A. 96 cm   B. 114 cm
   C. 196 cm   D. 214 cm

35. 某海区大潮升 542 cm,小潮升 430 cm,平均海面 310 cm,则该海区平均小潮低潮潮高为_____。
   A. 78 cm   B. 120 cm
   C. 190 cm   D. 232 cm

36. 任意时潮高等于_____。t 为任意时刻与低潮时时差,T 为涨潮时间(高低潮时时差)。

A. 低潮潮高+潮差×[1+cos(t/T×180°)]/2
B. 高潮潮高+潮差×[1−cos(t/T×180°)]/2
C. 高潮潮高−潮差×[1+cos(t/T×180°)]/2
D. 低潮潮高+潮差×[1−cos(t/T×180°)]/2

37. 某地当日 T_{HW}0400,T_{LW}1000,H_{HW}5 m,H_{LW}1 m,则 0600 潮高应为_____。
    A. 1 m   B. 2 m
    C. 3 m   D. 4 m

38. 某港口资料为:0124 323 cm,0753 096 cm。该港该日 0600 潮高为_____。
    A. 1.4 m   B. 1.6 m
    C. 1.8 m   D. 2.0 m

39. 某港某日潮汐资料为:1100 1.0 m;2130 3.5 m。该港该日 1300 潮高为_____。
    A. 1.4 m   B. 1.2 m
    C. 1.0 m   D. 0.7 m

40. 某港某日潮汐资料为:1100 1.0 m;2130 3.5 m。该港该日 1600 潮高为_____。
    A. 2.2 m   B. 2.4 m
    C. 2.0 m   D. 1.7 m

41. 某地某时潮高为 2.9 m,该地海图水深为 5.3 m,海图深度基准面在平均海面下 284 cm,潮高基准面在平均海面下 296 cm,当时该地实际水深为_____。
    A. 8.08 m   B. 8.2 m
    C. 8.32 m   D. 11.04 m

42. 中版海图某地大潮升 3.5 m,小潮升 3.0 m,平均海面 2.0 m,某架空电缆净空高 36 m(MHWS 之上),当该地潮高为 2.5 m 时,该电缆最低处距当时海面的实际距离为_____。
    A. 39   B. 37
    C. 35   D. 33

43. 中版海图某地大潮升 3.5 m,小潮升 3.0 m,平均海面 2.0 m,某架空电缆净空高 36 m,当该地潮高为 0.5 m 时,该电缆最低处距当时海面的实际距离为_____。
    A. 39   B. 37
    C. 35   D. 33

44. 英版海图某地大潮升 3.5 m,小潮升 3.0 m,平均海面 2.0 m,某架空电缆净空高 36 m,当该地潮高为 2.5 m 时,该电缆最低处距当时海面的实际距离为_____。
    A. 39   B. 37
    C. 35   D. 33

45. 英版海图某地大潮升 3.5 m,小潮升 3.0 m,平均海面 2.0 m,某架空电缆净空高 36 m,当该地潮高为 0.5 m 时,该电缆最低处距当时海面的实际距离为_____。
    A. 39   B. 37
    C. 35   D. 33

46. 某地某时潮高为 3.0 m,该地海图水深为 10 m,海图深度基准面在平均海面下 2.5 m,潮高基准面在平均海面下 1.5 m,当时该地实际水深为_____。

A. 12 m				B. 13 m
C. 14 m				D. 15 m

47. 某港图水深基准面在平均海面下294 cm,潮高基准面在平均海面下306 cm,预计潮高300 cm,港图上码头水深5.4 m,则实际水深为_____。
   A. 8.28 m			B. 8.4 m
   C. 8.52 m			D. 9.0 m

48. 某航道上方大桥净空高度15 m(MHWS之上),该地大潮升3.2 m,小潮升1.0 m,平均海面280 cm,1200潮高为0.5 m,则1200大桥实际水面上高度为_____。
   A. 17.3 m			B. 18.7 m
   C. 18.3 m			D. 17.7 m

49. 某航道上有一桥梁,标注高度15 m(MHWS之上),已知该地大潮升3.2 m,小潮升1.0 m,平均海面280 cm,0800潮高0.5 m,则当时桥梁的实际高度为_____。
   A. 18.7 m			B. 17.3 m
   C. 17.7 m			D. 18.3 m

50. 某船吃水10 m,测深时潮高6 m,测深仪读数21 m,当时的实际水深为_____。
   A. 37 m			B. 31 m
   C. 25 m			D. 5 m

51. 某船吃水4 m,测深时潮高6 m,测深仪读数21 m,当时的实际水深为_____。
   A. 19 m			B. 31 m
   C. 25 m			D. 11 m

52. 某船吃水8 m,欲通过海图水深为7 m的水道,保留富余水深0.7 m,该水道上空有一高度34 m(MHWS之上)的桥梁,要求保留高度2 m,本船水面上最大高度33 m,该水道大潮升4.5 m,小潮升3.3 m。则通过水道的潮高范围为_____。
   A. 1.7 m<H<2.3 m		B. 1.7 m<H<3.5 m
   C. 1.0 m<H<3.5 m		D. 1.7 m<H<2.9 m

53. 某船吃水9.3 m,富余水深0.7 m,海图水深7 m,海图基准面在海图平均海面下2.2 m,潮高基准面在平均海面下2.0 m,通过该地所需潮高为_____。
   A. 3.0 m			B. 3.2 m
   C. 2.8 m			D. 2.6 m

54. 某船候潮过浅滩时,需计算所需潮高,若某船吃水7.5 m,要求富余水深0.5 m,浅滩的海图水深4.3 m,则通过浅滩所需的潮高为_____。
   A. 2.7 m			B. 11.3 m
   C. 3.7 m			D. 12.3 m

55. 某水道海图最小水深6.2 m,潮高基准面在平均海面下230 cm,海图基准面在平均海面下200 cm,某船拟于5月30日早通过该水道。该船吃水7.5 m,要求安全富余水深1 m,又该水道上空有一电缆高34 m(MHWS之上),大潮升330 cm,该船主桅高31 m(水线上高),要求安全余量2 m。则该船通过水道的潮高范围为_____。
   A. 2.6 m<H<4.3 m		B. 2.6 m<H<4.5 m

C. 2.8 m<H<4.3 m   D. 2.8 m<H<4.5 m

56. 某水道浅滩海图水深6.0 m,该地潮高基准面在平均海面下220 cm,海图基准面在平均海面下200 cm,某船吃水7.5 m,安全富余水深0.7 m,则安全通过浅滩所需潮高为_____。
    A. 3.2 m   B. 2.2 m
    C. 2.4 m   D. 2.0 m

57. 某水道上空有大桥,其净空高度为24 m(MHWS之上),某船吃水7.5 m,主甲板以上桅高22 m,型深9.8 m,与桥的安全余量1 m,该大潮升5.3 m,则可安全通过该水道的最大潮高为_____。
    A. 4.2 m   B. 3.8 m
    C. 4.0 m   D. 4.5 m

58. 已知某时佘山附近某处海图水深20 m,当时当地潮高441 cm,佘山潮高基准面在平均海面下229 cm,该海图基准面在平均海面下270 cm,则该时当地实际水深为_____。
    A. 24.0 m   B. 27.1 m
    C. 27.31 m   D. 24.82 m

59. 在候潮过浅滩时,设船舶吃水为8.7 m,富余水深为0.7 m,浅滩的海图水深为6.0 m,则通过浅滩所需潮高至少为_____ m。
    A. 2.0   B. 3.4
    C. 14   D. 15.4

60. 某地某时潮高为2.5 m,该地海图水深9.5 m,海图水深基准面在平均海面下2.5 m,潮高基准面在平均海面下1.5 m,则当时当地的实际水深为_____ m。
    A. 13   B. 10
    C. 11   D. 12

61. 某地某时潮高为2.5 m,该地海图水深9.5 m,海图水深基准面在潮高基准面下1.0 m,则当时当地的实际水深为_____ m。
    A. 10   B. 11
    C. 12   D. 13

62. 某船平吃水9.8 m,航线上某处海图水深28.6 m,查该年度中版《潮汐表》某日潮汐情况如下:0120 315 cm,0754 81 cm,则该船在当日0600时刻用回声测深仪测得船底以下水深(UKC)为_____。
    A. 18.8 m   B. 19.8 m
    C. 20.1 m   D. 23.8 m

63. 英版《潮汐表》中的潮流,其流速前的正、负号一般是指_____。
    A. 流速的增加或减少
    B. 涨潮流速和落潮流速
    C. 涨潮流的流向和落潮流的流向
    D. 流速加海流的速度和流速减海流的速度

64. 英版《潮汐表》中的潮流,关于流速前正、负号的说法中正确的是_____。
    A. 正号一般代表落潮流向

B. 负号一般代表涨潮流向
C. 正、负号代表的具体流向在表中有说明
D. 正、负号和流向无关

65. 英版《潮汐表》中的潮流，其流速前正、负号的说法中正确的是_____。
①正号一般代表涨潮流向；②负号一般代表落潮流向；③正、负号代表的具体流向在表中有说明
A. ②③　　　　　　　　　　　B. ①③
C. ①②　　　　　　　　　　　D. ①②③

66. 在中版《潮汐表》的往复流"潮流预报表"中，可查得_____。
①转流时间；②最大流速及其时间；③涨潮流流速；④落潮流流速；⑤涨落潮流流向
A. ①②③④⑤　　　　　　　　B. ①②③④
C. ①②⑤　　　　　　　　　　D. ①③⑤

67. 英版海图上半日潮性质的地点，一般往复流的推算可以运用_____的简谐运动规律来近似估算任意时潮流的流速。
A. 3、1、1、3
B. 3、2、1、1、2、3
C. 1、2、3、3、2、1
D. 1、3、3、1

68. 英版海图上回转流表列潮流在某个方向上有两个速度，表示_____。
A. 该方向上大潮日流速和小潮日流速
B. 该方向上高潮前流速和高潮后流速
C. 两个数值的平均值就是该方向上的流速
D. 两个数值分别表示该方向上的白天和黑夜的流速

69. 某地英版潮流表如图所示，7月16日1300流速约_____。

```
POSITIVE (+) DIRECTION 113
NEGATIVE (-) DIRECTION 293
            JULY
      SLACK    MAXIMUM(最大)
      Time     Time   Rate
   16 0300     0020    1.0
   SA 1140     0755   -2.0
      1850    1500    1.4
      2250    2030   -0.4
```

A. -0.8 kn　　　　　　　　　B. +0.8 kn
C. +1.1 kn　　　　　　　　　D. -1.1 kn

70. 某地英版潮流表如图所示，以下说法正确的是_____。

```
POSITIVE (+) DIRECTION 113
NEGATIVE (-) DIRECTION 293

          JULY

       SLACK    MAXIMUM(最大)
        Time    Time    Rate
                0020    1.0
     16 0300    0755   -2.0
     SA 1140    1500    1.4
        1850    2030   -0.4
        2250
```

A. 7月16日1200时的流向为293°

B. 7月16日1140时的流速1.4 kn

C. 7月16日1200时的流向为113°

D. 7月16日1850时的流速-0.4 kn

71. 某地英版潮流表如图所示，求0600的流速与流向是_____。

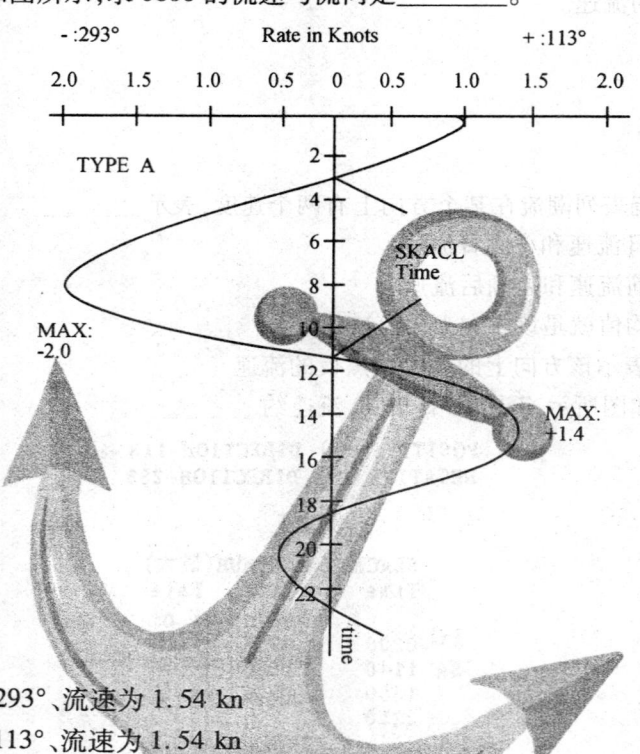

A. 0600的流向为293°、流速为1.54 kn

B. 0600的流向为113°、流速为1.54 kn

C. 0600的流向在293°~113°之间、流速为0 kn

D. 0600的流向不能确定、流速为0 kn

72. 某地海图上潮流资料如表所示：

Hours		⬥ 51°20'.3N 1°34'.3E			⑧ 51°15'.0N 2°14'.0E		
		Dir	Rate (kn) Sp.	Np.	Dir	Rate (kn) Sp.	Np.
Before HW Dover	6	199°	2.0	1.2	248°	0.9	0.5
	5	204	2.6	1.5	236	1.6	0.8
	4	208	3.1	1.7	231	1.9	0.9
	3	213	2.8	1.5	225	1.7	0.7
	2	222	1.5	0.8	214	1.2	0.4
	1	357	0.8	0.5	166	0.5	0.2
HW		015	2.5	1.4	075	0.7	0.5
After HW Dover	1	023	3.2	1.8	058	1.5	0.8
	2	029	2.9	1.6	052	1.8	0.9
	3	044	2.2	1.3	045	1.7	0.8
	4	059	1.2	0.7	039	1.3	0.5
	5		Slack		006	0.5	0.2
	6	197	1.4	0.8	260	0.7	0.4

Dover 港发生第一个高潮是 0300，0640 海图上 ⬥、⑧ 位置处的流向分别约为_____。
A. 210°、229° B. 054°、041°
C. 199°、248° D. 197°、260°

73. 如果海图上往复流箭矢标注两个数字，分别表示_____。
A. 小潮日与大潮日的最大流速
B. 大潮日与小潮日的最小流速
C. 小潮日的最大流速与平均流速
D. 大潮日最小流速与最大流速

74. 在中版海图上标注的潮流图式如图"1.5~2.8 kn"所示，以下说法正确的是_____。
A. 表示涨潮流的流向和流速，其中大潮日的最大流速 2.8 kn，小潮日的最大流速 1.5 kn
B. 表示涨潮流的流向和流速，其中流速最大为 2.8 kn，最小为 1.5 kn
C. 表示落潮流的流向和流速，其中流速最大为 2.8 kn，最小为 1.5 kn
D. 表示落潮流的流向和流速，其中大潮日的最大流速 2.8 kn，小潮日的最大流速 1.5 kn

75. 在中版海图上标注的潮流图式如图所示，以下说法正确的是_____。

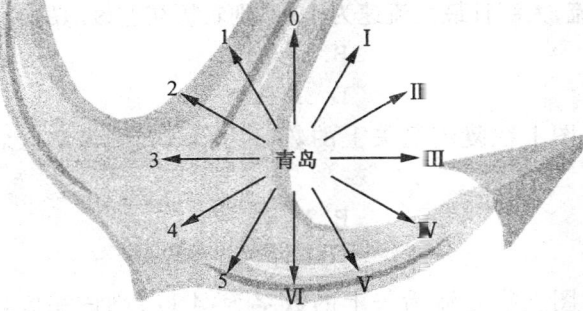

A. 该图式是青岛港回转流发生的各个方向
B. 青岛港发生高潮时该位置处的潮流方向指向图式中 0 位置方向
C. 青岛港发生高潮前第 2 h 时该位置处的潮流方向指向图式中 Ⅱ 位置方向
D. 青岛港发生高潮后第 2 h 时该位置处的潮流方向指向图式中 2 位置方向

76. 中版《潮汐表》第一册至第三册中的潮流预报表中,对于具有往复流性质的地点,逐日给出了_____。

①转流时间;②最大流速时刻;③最小流速;④相应时刻的最大流速

A. ①②④ B. ①②③
C. ②③④ D. ①③④

77. 中版《潮汐表》每册潮流预报表中,均在每一页预报资料的上方给出了_____。

①预报位置;②经纬度;③流速资料中的"+""−"号所代表的具体流向;④预报年度和该地的标准时

A. ①②③④ B. ①②③
C. ②③④ D. ①③④

78. 利用海图上的往复潮流资料计算流速,在转流时的流速应为_____。

A. 最大流速 B. 平均流速
C. 接近于零 D. 1/2 最大流速

79. 某往复流港口的潮流资料为:转流时间 0154 0807;最大流速和相应时间 0456 1.9 kn。则该港 0500 的流速为_____。

A. 1.7 kn B. 1.9 kn
C. 1.5 kn D. 1.4 kn

80. 某往复流港口的潮流资料为:转流时间 0154 0807;最大流速和相应时间 0456 1.9 kn。则该港 0600 的流速为_____。

A. 1.7 kn B. 1.9 kn
C. 1.5 kn D. 1.4 kn

81. 若海图上标注往复流大潮日流速时,则平均最大流速为_____。

A. 3/4 大潮日流速
B. 1/2 大潮日流速
C. 1/4 大潮日流速
D. 1/3 大潮日流速

82. 中国某海区为往复流,大潮日最大流速为 4 kn,则农历初七该地的最大流速为_____。

A. 3 kn B. 4 kn
C. 2 kn D. 3/2 kn

83. 中国沿海某海区海图上往复流箭矢上的数字为:4 kn,则该海区农历初六的最大流速为_____。

A. 2 kn B. 3 kn
C. 4 kn D. 5 kn

84. 中国沿海某海区海图上往复流箭矢上的数字为:4 kn,则该海区农历初三的最大流速为_____。

A. 2 kn B. 3 kn
C. 4 kn D. 1.5 kn

第二章 地文航海

85. 从2007年中国潮汐表的"潮流预报表"中查得成山角8月3日的潮流资料如下：
(+)表示流向343°,(-)表示163°,时区：-0800

8月 3	转流		最大流	
	时分		时分	流速
F			0239	-2.6
	0551		0847	2.6
	1152		1459	-2.3
	1801		2102	2.5

则：8月3日1000的流向为_____。
A. 343°　　　　　　　　　B. 163°
C. -343　　　　　　　　　D. -163°

86. 从2007年中国潮汐表的"潮流预报表"中查得成山角8月3日的潮流资料如下：
(+)表示流向343°,(-)表示163°,时区：-0800

8月 3	转流		最大流	
	时分		时分	流速
F			0239	-2.6
	0551		0847	2.6
	1152		1459	-2.3
	1801		2102	2.5

则：8月3日1000的流速为_____。
A. 2.0 kn　　　　　　　　B. 2.2 kn
C. 2.4 kn　　　　　　　　D. 2.6 kn

87. 中国某海区为往复流,小潮日最大流速为4 kn,则农历初六该地的最大流速为_____。
A. 3 kn　　　　　　　　　B. 3/2 kn
C. 3/4 kn　　　　　　　　D. 6 kn

88. 海图上,潮流图式上只给出一个数字表示_____,给出两个数字其中较小的表示_____,标注小潮日流速时,则平均流速为_____。
A. 大潮日最大流速；其他日平均流速；3/4小潮日流速
B. 大潮日最大流速；小潮日最大流速；3/2小潮日流速
C. 小潮日最大流速；大潮日最大流速；3/4小潮日流速
D. 小潮日最大流速；大潮日最大流速；1/3小潮日流速

89. 半日潮港,涨潮流箭矢上标注2 kn,则该处大潮日涨潮流第二小时内的平均流速为_____。
A. 2/3 kn　　　　　　　　B. 4/3 kn
C. 8/3 kn　　　　　　　　D. 2 kn

90. 半日潮港,涨潮流箭矢上标注2 kn,则该处大潮日涨潮流第六小时内的平均流速为_____。
A. 2/3 kn　　　　　　　　B. 4/3 kn
C. 8/3 kn　　　　　　　　D. 2 kn

91. 半日潮港,涨潮流箭矢上标注2 kn,则该处大潮日涨潮流第三小时内的平均流速为_____。

115

A. 2/3 kn B. 4/3 kn
C. 8/3 kn D. 2 kn

92. 半日潮港,涨潮流箭矢上标注2 kn,则该处大潮日涨潮流第四小时内的平均流速为_____。
    A. 2/3 kn B. 4/3 kn
    C. 8/3 kn D. 2 kn

93. 半日潮港,涨潮流箭矢上标注2 kn,则该处大潮日涨潮流第五小时内的平均流速为_____。
    A. 2/3 kn B. 4/3 kn
    C. 8/3 kn D. 2 kn

94. 半日潮港,涨潮流箭矢上标注4 kn,则该处小潮日涨潮流第二小时内的平均流速为_____。
    A. 2/3 kn B. 4/3 kn
    C. 8/3 kn D. 2 kn

95. 半日潮港,涨潮流箭矢上标注4 kn,则该处小潮日涨潮流第六小时内的平均流速为_____。
    A. 2/3 kn B. 4/3 kn
    C. 8/3 kn D. 2 kn

96. 半日潮港,涨潮流箭矢上标注4 kn,则该处小潮日涨潮流第三小时内的平均流速为_____。
    A. 2/3 kn B. 4/3 kn
    C. 8/3 kn D. 2 kn

97. 半日潮港,涨潮流箭矢上标注4 kn,则该处小潮日涨潮流第四小时内的平均流速为_____。
    A. 2/3 kn B. 4/3 kn
    C. 8/3 kn D. 2 kn

98. 半日潮港,涨潮流箭矢上标注4 kn,则该处小潮日涨潮流第五小时内的平均流速为_____。
    A. 2/3 kn B. 4/3 kn
    C. 8/3 kn D. 2 kn

99. 半日潮港,涨潮流箭矢上标注4 kn,则该处小潮日涨潮流第一小时内的平均流速为_____。
    A. 2/3 kn B. 4/3 kn
    C. 8/3 kn D. 2 kn

100. 对于半日潮的水域,往复流的最大流速一般出现在_____。
    A. 转流时间 B. 转流后3 h
    C. 转流前1 h D. 转流后1 h

101. 中国沿海某半日潮港,涨潮流箭矢上标注4 kn,则该处农历初六涨潮流第二小时内的平均流速为_____。
    A. 1 kn B. 2 kn
    C. 3 kn D. 4 kn

102. 中国沿海某半日潮港,涨潮流箭矢上标注4 kn,则该处农历初六涨潮流第六小时内的平均流速为_____。
    A. 1 kn B. 2 kn
    C. 3 kn D. 4 kn

103. 中国沿海某半日潮港,涨潮流箭矢上标注4 kn,则该处农历初六涨潮流第四小时内的平均流速为_____。
   A. 1 kn B. 2 kn
   C. 3 kn D. 4 kn

104. 回转流图中,顶端有数字"2"的箭矢表示_____。
   A. 主港高潮前 2 h 时的流向
   B. 主港高潮后 2 h 时的流向
   C. 主港转流流速为 2 kn
   D. 该方向流速为 2 kn

105. 在中版海图上回转流的图中,矢端注有数字"Ⅱ"的箭矢表示_____。
   A. 主港高潮前 2 h 的流向
   B. 主港高潮后 2 h 的流向
   C. 该处高潮前 2 h 的流向
   D. 该处高潮后 2 h 的流向

106. 回转流图式中心的地名是_____。
   A. 该处的地名 B. 附港
   C. 主港 D. 该海图的图名

107. 2010 年 5 月 31 日(农历四月十八)某船航行于中国某海区,海图上有如图所示潮流资料,经查青岛港当日潮汐为:0641 419;1319 141,则该海区在 0141 时的流向和流速是_____。

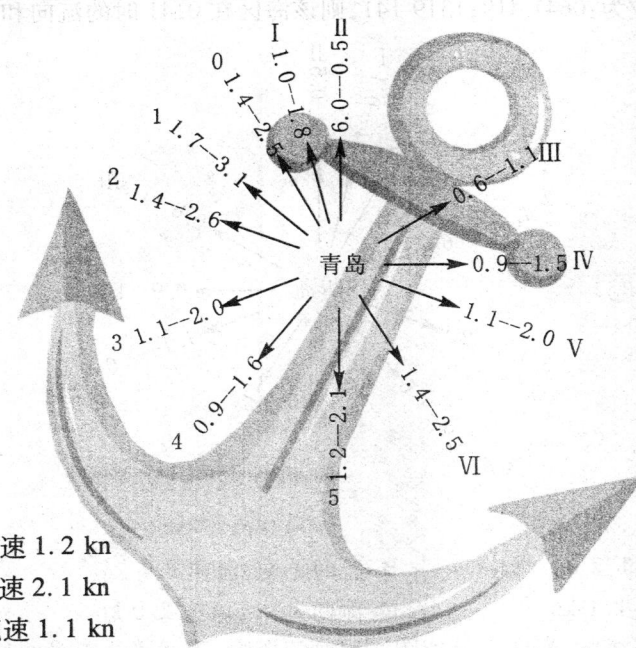

   A. 流向正南,流速 1.2 kn
   B. 流向正南,流速 2.1 kn
   C. 流向 120°,流速 1.1 kn
   D. 流向 120°,流速 2.0 kn

108. 2010年5月16日(农历四月初三)某船航行于中国某海区,海图上有如图所示潮流资料,经查青岛港当日潮汐为:0641 419;1319 141,则该海区在1041时的流向和流速是_____。

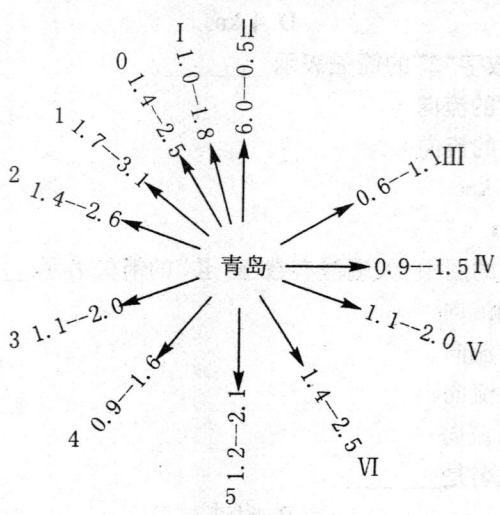

A. 流向正东,流速 0.9 kn　　　　B. 流向正东,流速 1.5 kn
C. 流向 225°,流速 0.9 kn　　　　D. 流向 225°,流速 1.6 kn

109. 5月31日(农历四月初十小潮日)某船航行于中国某海区,海图上有如图所示潮流资料,经查青岛港当日潮汐为:0641 419;1319 141,则该海区在0141时的流向和流速是_____。

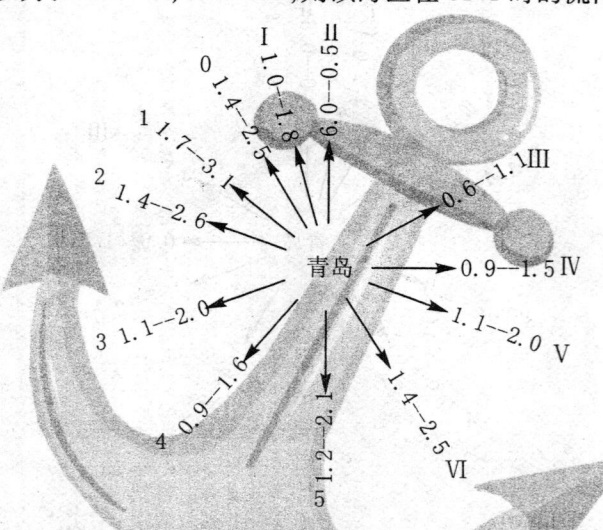

A. 流向正南,流速 1.2 kn　　　　B. 流向正南,流速 2.1 kn
C. 流向 120°,流速 1.1 kn　　　　D. 流向 120°,流速 2.0 kn

110. 某船航行于中国某海区,海图上有如图所示潮流资料,下述说法正确的是_____。
①可以用该图推算青岛港的潮流;②可以用该图推算该位置水域的潮流;③外围数字Ⅵ对应的箭矢方向表示的是高潮后第六小时的流向;④外围数字Ⅵ对应的箭矢方向表示的是高潮前第六小时的流向

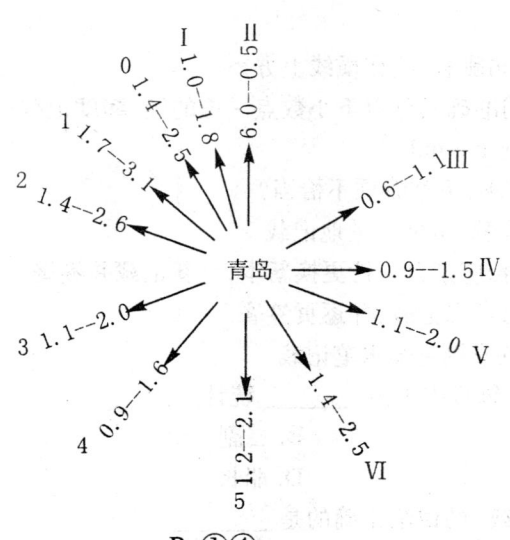

- A. ①③
- B. ①④
- C. ②③
- D. ②④

111. 在 A 海区海图上印有如图所示的图式,查潮汐表得 7 月 2 日青岛高潮时为 0800、1430,则 7 月 2 日 0600 时 A 地的潮流流向约为_____。

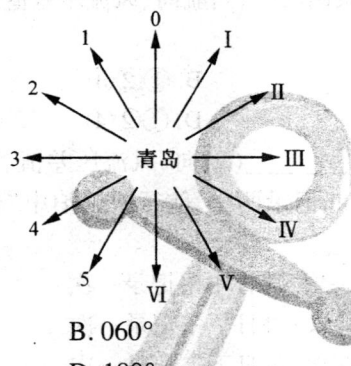

- A. 000°
- B. 060°
- C. 300°
- D. 180°

第十九节　航海日志记录

1. 定位后应在航海日志上填写_____。
   - A. 观测船位的经、纬度
   - B. 观测的原始数据及有关改正量
   - C. 改正误差后的观测数据
   - D. 位移差或船位差

2. 海图作业过程中,下列各项中_____应记入航海日志。
   - A. 重要船位的原始观测数据
   - B. 交接班时间
   - C. 船长上驾驶台的时间
   - D. 避让船舶的过程

3. 下列有关航海日志的记载要求哪项正确?

A. 可用任何笔记录
B. 如记错,应将错误字句删去,改在横线上方
C. 航行中交接班船位用准确到分以下小数点一位的经、纬度记载
D. 计程仪读数应精确到 1 n mile

4. 有关航海日志的记载要求,下列哪项不恰当?
   A. 发生海事后应周密斟酌,实事求是地记载
   B. 发生异常事件时,船长应亲自主持更换新本,重新记载并签署
   C. 船长应及时审阅航海日志记载,并逐页签署
   D. 应使用不褪色的蓝色或黑色墨水笔记载

5. 航海日志中午统计部分每日中午由_____统计。
   A. 三副　　　　　　　　　　　　B. 二副
   C. 大副　　　　　　　　　　　　D. 船长

6. 下列关于"航海日志记载"的说法正确的是_____。
   ①正常情况下,航行及锚泊中每 4 h 记录两次气象、海况情况,如遇恶劣天气或天气突变,增加观测和记录次数;②航行或锚泊时,应每日记录两次舱水情况,由木匠测量,二副记录;③航行时,每日中午由二副负责记载前一天中午至当天中午的统计,如实际航程、主机平均转速等;④航行记录部分,除每班记录两次外,当航向、风流压差值、罗经改正量有变动时也应记录到航行记录中
   A. ②③④　　　　　　　　　　　B. ①②③
   C. ①③④　　　　　　　　　　　D. ①②④

7. 通常情况下,"航行记录"应_____(航向、风流压差值、罗经改正量没有变动),航行及锚泊中"气象、海况记录"应每 4 h 记录两次,航行或锚泊中"舱水测量记录"应_____,航行中"中午测量记录"应_____。
   A. 每班记录一次;每日记录一次;每日中午记录一次
   B. 每班记录两次;每日记录一次;每日下午记录一次
   C. 每班记录两次;每日记录两次;每日下午记录一次
   D. 每班记录一次;每日记录两次;每日中午记录一次

8. 值班驾驶员在海航日志记事栏上应记载的内容包括_____。
   ①抵港前的准备情况;②靠、离码头(浮筒)泊位时的船舶操纵措施;③航行中,与航行安全及船舶定位有关的情况;④停泊时,与停泊安全及装卸作业有关的情况
   A. ①②③④　　　　　　　　　　B. ①②③
   C. ②③④　　　　　　　　　　　D. ①④

9. 停泊时航海日志的记载内容包括_____。
   ①气象、水文情况;②日视出没升降旗和号型、号灯开关时间;③伙食供应时间;④打、排压载水的时间和情况
   A. ①②④　　　　　　　　　　　B. ②③④
   C. ①②③　　　　　　　　　　　D. ①③④

10. 下列哪些内容应在航海日志中记载?

①每日的气象、海况;②淡水、压载水、污水舱测量记录;③救生和消防演习的日期;④船体日常保养

A. ①②③ B. ①②④
C. ②③④ D. ①③④

11. 船舶在港停泊时航海日志记载的内容包括_____。
①货物装卸及上下旅客的情况;②显示号灯、号型的时间;③安全巡视情况;④船舶缆绳调整时间

A. ②③④ B. ①②③
C. ①③④ D. ①②④

12. 靠离码头时三副应将哪些记入航海日志?
①靠妥码头的时间和泊位名称;②引航员登离本船的时间;③拖船名称和数量;④引航员软梯装妥或拆除的时间

A. ①②③ B. ②③④
C. ①②④ D. ①③④

13. 靠码头时三副应将哪些记入航海日志?
①抛起锚时间;②主机完车时间;③系第一根缆和缆绳全部带妥的时间;④舷梯安放时间

A. ①②③ B. ①②④
C. ②③④ D. ①③④

14. 下列哪种事项通常不在航海日志中填写?
A. 人身伤亡事故
B. 对救生消防设备检查的情况
C. 对航海日志严重错漏记载的更正
D. 二三副调动交接手续办理完毕的时间

15. 关于航海日志的记录,下列说法正确的有_____。
①记载船上非经常性及较重大事件,以及国际公约要求航海日志记载的内容,如弃船演习和消防演习的详细情况;②值班驾驶员应按时间顺序对航行、停泊或修理中船舶的动态、现象及动作逐行详细记载,如引航员上下船时间及地点;③当航海日志记载时出现的所有错误,均应由船长亲自更正填写;④在交接班时,值班驾驶员应在本班记事栏记载之后签字以示负责

A. ①②④ B. ②③④
C. ①③④ D. ①②③

16. 有关航海日志的记载与管理的要求正确的是_____。
①启用新本前大副应查核是否缺页;②航行记录部分应依时间顺序逐行记录,不得留有空行;③用经、纬度记载的船位应准确到度数

A. ①③ B. ①②
C. ②③ D. ①②③

17. 下列关于航海日志管理的说法,正确的是_____。
A. 二副负责用完的航海日志的保管,航海日志用完后应留船保存2年,然后送公司保存
B. 中国籍国际航行船舶和总吨位500以上的沿海船舶必须使用我国国家海事局监制的航海

日志,由国家海事局统一编号

C. 启用新航海日志前,二副应对其进行认真检查,保证漆封完好,没有漏页、重页和装订错误,并应与轮机日志核对页数,保持页数一致

D. 二副应每天查阅航海日志记录是否符合要求,并逐日签署,船长对航海日志的记载全面负责,应经常检查、指导航海日志的记载,并应及时逐页签署

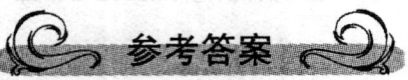

第一节　球面三角形

1. B　2. C　3. C　4. D　5. B

第二节　地理坐标

1. B	2. D	3. D	4. D	5. B	6. A	7. A	8. B	9. D	10. C
11. C	12. D	13. C	14. B	15. D	16. B	17. B	18. C	19. C	20. D
21. A	22. B	23. B	24. A	25. C	26. A	27. D	28. C	29. D	30. A
31. D	32. C	33. B	34. C	35. A	36. B	37. D	38. D	39. D	40. D
41. A	42. A	43. D	44. C	45. A	46. B	47. B	48. B	49. B	50. C
51. A	52. B	53. C	54. A	55. B	56. B	57. A	58. C	59. B	60. D
61. D	62. C	63. B							

第三节　航向、方位和舷角

1. B	2. A	3. C	4. A	5. A	6. C	7. D	8. B	9. C	10. A
11. D	12. D	13. D	14. D	15. C	16. A	17. D	18. D	19. C	20. B
21. C	22. C	23. B	24. D	25. B	26. C	27. D	28. C	29. D	30. D
31. D	32. D	33. D	34. C	35. A	36. B	37. D	38. D	39. C	40. A
41. D	42. D	43. D	44. D	45. D	46. D	47. D	48. D	49. A	50. D
51. A	52. C	53. B	54. D	55. B	56. A				

第四节　航速与航程

1. A	2. B	3. B	4. C	5. A	6. C	7. B	8. B	9. C	10. B
11. D	12. A	13. A	14. B	15. B	16. A	17. C	18. B	19. D	20. A

第五节 海上距离和灯标射程

1. D	2. D	3. C	4. C	5. A	6. C	7. A	8. B	9. C	10. A
11. B	12. C	13. B	14. C	15. A	16. B	17. D	18. A	19. D	20. C
21. D	22. C	23. D	24. A	25. D	26. A	27. B	28. A	29. C	30. D
31. C	32. D	33. B	34. C	35. C	36. D	37. D	38. D	39. A	40. C
41. D	42. B	43. C	44. D	45. D	46. B	47. A	48. C	49. C	

第六节 位置线和船位线以及观测船位的概念

1. C 2. C 3. A 4. C

第七节 陆标识别

| 1. D | 2. B | 3. D | 4. B | 5. D | 6. D | 7. B | 8. D | 9. C | 10. B |
| 11. C | 12. C | 13. B | 14. B | 15. D | 16. C | 17. A | 18. B | 19. D | 20. A |

第八节 航标的种类与作用

1. D 2. D 3. A 4. C 5. D

第九节 国际海区水上助航标志制度

1. D	2. C	3. D	4. B	5. C	6. A	7. C	8. B	9. B	10. B
11. B	12. A	13. C	14. B	15. D	16. B	17. C	18. D	19. B	20. D
21. A	22. A	23. C	24. D	25. B	26. A	27. B	28. D	29. C	30. D
31. C	32. B	33. C	34. A	35. A	36. D	37. D	38. D	39. B	40. B
41. A	42. A	43. D	44. D	45. C	46. C	47. A	48. D	49. D	50. B
51. A	52. C	53. C	54. C	55. C	56. C	57. C	58. C	59. C	60. D
61. D	62. A	63. A	64. D	65. D	66. D	67. C	68. B	69. A	70. C
71. A	72. A	73. D	74. A	75. C	76. D	77. C	78. B	79. D	80. A
81. A	82. B	83. C	84. C	85. D	86. A	87. D	88. D	89. D	90. A
91. A	92. D	93. C	94. A	95. D	96. C	97. A	98. C	99. D	100. C
101. B	102. D	103. A	104. A	105. B	106. B	107. D	108. A	109. B	110. D
111. D	112. B	113. A	114. C	115. A	116. C	117. C			

第十节　方位、距离的测定方法

1. A　　2. A　　3. C　　4. B　　5. C　　6. B　　7. D　　8. D

第十一节　陆标定位

1. C　　2. A　　3. B　　4. C　　5. B　　6. D　　7. B　　8. D　　9. D　　10. B
11. B　12. B　13. A　14. D　15. B　16. A　17. B　18. D　19. C　20. C
21. D　22. D　23. B　24. B　25. A　26. B　27. B

第十二节　陆标定位精度分析

1. D　　2. A　　3. C　　4. A　　5. A　　6. A　　7. D　　8. C　　9. D　　10. B
11. D　12. D　13. C　14. C　15. C　16. B　17. A　18. A　19. B　20. C
21. C　22. A　23. D　24. C

第十三节　风、流对航向和航速的影响

1. D　　2. A　　3. B　　4. C　　5. D　　6. D　　7. B　　8. B　　9. C　　10. B
11. C　12. D　13. C　14. A　15. D

第十四节　不同风流条件下海图作业方法

1. D　　2. B　　3. A　　4. D　　5. A　　6. C　　7. B　　8. A　　9. A　　10. A
11. D　12. C　13. B　14. C　15. B　16. B　17. A　18. B　19. C　20. D
21. A　22. B　23. C　24. A　25. B　26. C　27. B　28. C　29. B　30. C
31. A　32. B

第十五节　航迹计算

1. D　　2. A　　3. D　　4. C　　5. C　　6. A　　7. D　　8. C　　9. B　　10. C
11. D　12. C　13. A　14. A　15. B　16. D　17. C　18. C　19. C　20. B
21. B　22. D　23. B　24. C　25. A　26. C

第十六节　潮汐的成因和潮汐现象

1. C　　2. C　　3. D　　4. A　　5. A　　6. A　　7. B　　8. A　　9. D　　10. C

11. B	12. D	13. C	14. A	15. C	16. B	17. A	18. A	19. D	20. A
21. B	22. D	23. B	24. B	25. D	26. C	27. C	28. D	29. A	30. D
31. B	32. A	33. A	34. C	35. D	36. C	37. A	38. D	39. D	40. C
41. C	42. D	43. B	44. B	45. A	46. B	47. D	48. C	49. D	50. C
51. C	52. B	53. A	54. B	55. D	56. C	57. A			

第十七节　潮汐表及查阅方法

| 1. B | 2. B | 3. D | 4. C | 5. B | 6. A | 7. C | 8. A | 9. D | 10. C |
| 11. A | 12. D | 13. D | 14. A | 15. D | 16. C | 17. A | 18. C | 19. C | 20. B |

第十八节　潮汐和潮流计算

1. B	2. D	3. B	4. C	5. B	6. A	7. A	8. A	9. A	10. A
11. C	12. C	13. C	14. C	15. B	16. A	17. B	18. C	19. D	20. D
21. C	22. A	23. D	24. D	25. D	26. C	27. C	28. A	29. D	30. C
31. A	32. B	33. D	34. B	35. C	36. D	37. D	38. C	39. B	40. A
41. A	42. B	43. A	44. B	45. A	46. B	47. C	48. D	49. C	50. B
51. C	52. B	53. C	54. C	55. A	56. D	57. C	58. D	59. B	60. C
61. D	62. C	63. B	64. C	65. D	66. C	67. C	68. A	69. B	70. C
71. A	72. B	73. C	74. D	75. D	76. B	77. C	78. D	79. B	80. C
81. A	82. A	83. B	84. C	85. A	86. B	87. D	88. B	89. B	90. A
91. D	92. D	93. B	94. B	95. C	96. D	97. D	98. B	99. A	100. B
101. B	102. A	103. C	104. A	105. B	106. C	107. B	108. B	109. A	110. C
111. C									

第十九节　航海日志记录

| 1. B | 2. A | 3. C | 4. B | 5. B | 6. C | 7. C | 8. A | 9. A | 10. A |
| 11. B | 12. A | 13. A | 14. D | 15. A | 16. B | 17. B | | | |

答案解析

第一节　球面三角形

1. B。将地球作为圆球体时，地面上两点间的最短连线，并不是通过该两点的恒向线，而是连接这两点的大圆弧。但是一般大圆弧与所有子午线相交成不等的角度，这也就是说，如果要驾驶船舶沿着大圆弧航行,就必须不断地改变航向。

第二节　地理坐标

1. B。地理经度是格林子午线与某地子午线在赤道上所夹的劣弧长,或此短弧所对应的球心角或极角。
2. D。地理经度是格林子午线与某地子午线在赤道上所夹的劣弧长,或此短弧所对应的球心角或极角。
7. A。地理经度是格林子午线与某地子午线在赤道上所夹的劣弧长,或此短弧所对应的球心角或极角。
8. B。地理纬度是地球椭圆子午线上某点的法线与赤道面的夹角。
12. D。度量范围0°~180°。
16. B。经差和纬差的度量范围均为0°~180°。
47. B。经差、纬差的方向是根据到达点相对于起航点的方向来确定的。
48. B。经差和纬差的度量范围均为0°~180°。到达点在南半球,纬差方向可能为北或南。
49. B。经差、纬差的方向是根据到达点相对于起航点的方向来确定的。经差、纬差最大为180°。
51. A。经差、纬差最大为180°,由东半球航行至西半球,经差可能为东或西。
61. D。东西线是测者地面真地平平面与测者东西圈(卯酉圈)平面相交的直线。
62. C。南北线是测者地面真地平平面与测者子午圈平面相交的直线。
63. B。航海上是在测者地面真地平平面上确定方向的。

第三节　航向、方位和舷角

1. B。航海上划分方向的方法有圆周法、半圆周法和罗经点法,其中最常用的是圆周法。
3. C。三字点是平分相邻基点和隅点或隅点和基点的方向。
8. B。圆周方向整度必须用三位数。$120°SE = 180° - 120° = 060°$。
9. C。$120°SW = 180° + 120° = 300°$
22. C。$E/N = 090° - 11°.25 = 078°.75$
23. B。$E/S = 090° + 11°.25 = 101°.25$
39. C。$45°SW = 180° + 045° = 225°$。
40. A。舷角或相对方位是船首向至物标方位线的夹角。
43. B。真方向度量由真北顺时针度量到航向线,度量范围000°~360°。
44. B。真方位度量由真北顺时针度量到物标方位线,度量范围000°~360°。
45. B。舷角度量方法有两种,圆周法由航向线顺时针度量到物标方位线,度量范围000°~360°;半圆法由航向线向左或向右度量到物标方位线,度量范围000°~180°,并标以度量方向。
47. B。$TB - TC = 030° - 040° = -10° = 350°$(圆周)= 10°左(半圆)。

第二章 地文航海

第四节 航速与航程

1. A。相对计程仪所显示的是船舶相对于水的航程和航速,只能记录船舶受风影响后的对水航程和航速,但不能显示水流影响后的航程和航速,也称为计风不计流的计程仪。

2. B。绝对计程仪可以测量船舶相对于海底的,即船舶受风流影响后的实际航程和实际航速。

8. B。电磁计程仪指示的速度是指对水速度。

15. B。$(31+2) \times (1+5\%) = 34.6$ n mile。

第五节 海上距离和灯标射程

1. D。当 $\varphi = 44°14'$ 时,1 n mile = 1 852 m;$\varphi = 45°$N/S 时,1 n mile = 1 852.25 m。

2. D。1 n mile 的定义:地球椭圆子午线上纬度 1' 所对应的弧长。

3. C。当 $\varphi = 44°14'$ 时,1 n mile = 1 852 m;$\varphi = 45°$N/S 时,1 n mile = 1 852.25 m。

5. A。1 n mile 的实际长度随纬度的升高而增大,在赤道最短,两极最长。

6. C。1 n mile 的实际长度随纬度的升高而增大,在赤道最短,两极最长。

10. A。测者能见地平距离 = $2.09 \times 3 = 6.27$ n mile。

11. B。物标能见地平距离 $2.09 \times 4 = 8.36$ n mile。

12. C。物标地理能见距离 = $2.09 \times 3 + 2.09 \times 4 = 14.63$ n mile。

20. C。英版海图和灯标表中所标灯塔射程是光力射程或额定光力射程。与测者眼高、灯高、地面曲率及地面蒙气差等无关,仅与灯光强度和气象能见度等有关。

21. D。英版海图和灯标表中灯塔灯光的最大可见距离在能见度良好的情况下,取图注射程与灯塔地理能见距离两者之中的较小者。则与测者眼高、灯高、射程、地面曲率和地面蒙气差、能见度等都有关。

23. D。英版海图和灯标表中所标灯塔射程是光力射程或额定光力射程。

24. A。英版海图和灯标表中所标灯塔射程是光力射程或额定光力射程。

25. D。英版海图和灯标表中所标灯塔射程是光力射程或额定光力射程。与测者眼高、灯高、地面曲率及地面蒙气差等无关,仅与灯光强度和气象能见度等有关。

27. B。$2.09 \times (9+5) \approx 29$ n mile,29 小于 31 n mile,船与灯塔相距约 29 n mile。

28. A。当能见度良好(10 n mile)情况下,取图注射程与灯塔地理能见距离两者之中较小者。$D = 2.09 \times 5 + 2.09 \times 9 \approx 29$ n mile,D 大于图注射程 15 n mile,所以船与灯塔相距大约 15 n mile。

29. C。当能见度良好(10 n mile)情况下,取图注射程与灯塔地理能见距离两者之中较小者。$D = 2.09 \times 5 + 2.09 \times 9 \approx 29$ n mile,D 小于图注射程 35 n mile,所以船与灯塔相距大约 29 n mile。

30. D。缺少灯塔高度。

36. D。中版海图和《航标表》中射程的定义为:晴天黑夜,当测者眼高为 5 m 时,理论上能够看见灯标灯光的最大距离。与测者实际眼高无关。

37. D。中版海图和《航标表》中射程与测者实际眼高无关。
38. D。中版海图和《航标表》中,某灯标的射程等于该灯标的光力能见距离和 5 m 眼高地理能见距离中较小者。
42. B。英版海图和灯标表中灯塔灯光最大可见距离,等于该灯塔射程与该灯塔地理能见距离中较小者。
46. B。$D = 2.09(\sqrt{5}+\sqrt{4}) = 18.81$ n mile,该灯塔射程小于地理能见距离,实际能见度为 10 n mile 时,可在 16 n mile 处看到该灯标灯光。

第六节 位置线和船位线以及观测船位的概念

1. C。船舶位置线有方位位置线、距离位置线、水平角位置线和双曲线位置线。
2. C。近距离的方位位置线是恒向线,在墨卡托海图上表现为直线。

第七节 陆标识别

5. D。常用的路标识别方法包括利用对景图识别、利用等高线识别、利用准确的船位识别。(利用实测船位和利用已知物标)
10. B。对景图标注的方位和距离是表示该物标能从海上看到图示山形的方位和距离。
14. B。相对位置的转换。
15. D。等高线越密集,山形就越陡峭;等高线越稀疏,山形就越平坦。

第八节 航标的种类与作用

1. D。航标按技术装置分类:发光航标、不发光航标、音响航标和无线电航标。
3. A。航标按设置地点分类:沿海航标、内河航标和船闸航标。
4. C。固定航标是设置在岛屿、礁石、海岸等上面的航标,包括灯塔、灯桩、立标。
5. D。航标的主要作用是指示航道、供船舶定位、标示危险区和供特殊需要。

第九节 国际海区水上助航标志制度

1. D。适用于 B 区域浮标制度的国家或地区包括:韩国、日本、菲律宾和南北美洲国家,其他国家适用于 A 区域浮标制度。
2. C。B 区域使用的侧面标志除标志的颜色、顶标的颜色、灯光的光色和反光器的颜色与 A 区相反外,其余均与 A 区标志相同。
4. B。专用标和方位标都相同。
5. C。B 区域:韩国、日本、菲律宾和南北美洲国家。
6. A。B 区域:韩国、日本、菲律宾和南北美洲国家。

8. B。B 区域左侧标:绿色罐形。

10. B。A 区域右侧标。

11. B。判断为 B 区域左侧标。

12. A。推荐航道左侧标。

16. B。B 区域推荐航道右侧标。

18. B。属于航道左侧标,出口时应放置右舷通过。

19. B。菲律宾属于 B 区域。

20. D。推荐航道侧面标志。

21. A。不论 A 和 B 区,浮标侧面标,左侧标为罐形,右侧标为锥形。

25. B。日本:航道进口时,左绿右红,左罐右锥。

26. A。非洲属 A 区域。

28. D。美洲地区属 B 区域。

30. D。该标为推荐航道右侧标。

43. D。此为东方位标,危险物位于其西侧。

44. D。此为西方位标,危险物位于其东侧。

45. C。此为北方位标,危险物位于其南侧。

46. C。此为南方位标,危险物位于其北侧。

50. B。此为东方位标,该船在此标的东侧通过是安全的。

54. C。安全水域标志:红白相间的竖纹。

55. C。安全水域标志:红白相间的竖纹。

57. A。安全水域标志顶标为单个红球。

58. C。安全水域标志可用作中线标志。

60. D。孤立危险物标志颜色黑色,中间有一条或多条宽阔的红色横纹。

61. D。孤立危险物应远离。

62. A。顶标为上下两个黑球。

63. A。新危险物:任何用于这个目的的装灯标志的灯光节奏应是甚快闪或快闪,如果用的是方位标志则显示白光;如果是侧面标志则显示红光或绿光。

65. D。新危险物是新发现的,即没有在海图上和航路指南中表明,也没有利用航海通告充分发布的障碍物。

66. D。新危险物可用一个或几个方位标志或侧面标志来标示。

68. B。新危险物可以装设雷达应答器来标示,发莫尔斯信号 D,在雷达显示器上显示出 1 n mile 长度的信号。

69. A。我国安全水域标志中明暗光不用作灯质。

86. A。此为南方位标,危险物在其北侧。

92. D。此为东方位标。

94. A。此为南方位标。

98. C。安全水域标志光色:白色。安全水域标志光色:白色。

102. D。安全水域标志光质为白光。

109. A。安全水域标志设立在安全水域的中心,用于指明在该标的四周均有可航水域,这种标志可用作中线、航道中央、航道入口、河入海口或初见陆地标志。
112. B。我国海区灯质不用明暗光。
116. C。①为娱乐区;②为水中构筑物;③分道通航;④海上作业区。
117. C。应急沉船示位标:蓝黄竖纹、标身为柱形或杆形、顶标单个竖直黄色"+"字形、灯质为蓝黄互闪 3 s。

第十节　方位、距离的测定方法

5. C。实际山高比英版海图上所标的高程大,则高程采用英版海图资料(不考虑潮汐),所求距离值与实际值相比小。
6. B。实际高度=高程+平均大潮高潮高−当时潮高。
7. D。中版海图高程采用 1985 国家高程基准或当地平均海面,低潮时实际山高比海图上所标的高程大,高潮时实际山高比海图上所标的高程小,则所求距离值与实际值相比大小视潮汐而定。

第十一节　陆标定位

1. C。选取时应选用离船近些的物标,且夹角适当(30°<θ<150°)。
2. A。方位定位时,应先首尾、后正横。
3. B。所有定位方法中,相邻两条位置线的交角均应满足 30°<θ<150°。
4. C。先慢后快建立在定位时间是以第二次观测时刻为准。
5. B。备注栏所标注的是从海上视灯塔的真方位。
6. D。备注栏所标注的是从海上视灯塔的真方位。
7. B。当三标位于同一舷,三标分布范围小于 180°,位置线交角最佳值为 60°。
8. D。三方位定位时,三标分布范围大于 180°,位置线交角最佳值为 120°。
9. D。夜间灯标定位先闪后定、先长后短、先弱后强。
10. B。定位时第一次观测时间为准或抛锚时,观测顺序为先正横、后首尾。
11. B。定位时以第二次观测时间为准时,观测顺序为先测方位变化快慢、后测方位变化快的物标。
12. B。夜间灯标定位先闪后定、先长后短、先弱后强。
13. A。夜间灯标定位先闪后定、先长后短、先弱后强。
14. D。物标选择时无须考虑物标附近有无危险物。
15. B。尽量避免选择正横后物标。
19. C。解决双值性问题,在推算船位附近的交点是观测船位。
22. D。距离定位应先测距离变化慢的,即正横附近的物标;后测距离变化快的,即首尾附近的物标。

第十二节　陆标定位精度分析

5. A。罗经差不准确产生的误差属于系统误差。
7. D。存在随机误差,则应将观测船位确定在误差三角形内的对航行安全最不利的一点。
14. C。两条位置线的交角应大于30°,小于150°,最好90°。
19. B。船位均方误差椭圆的短轴分布在水道轴线的垂直方向上。
21. C。选择在海图上有准确位置的、显著的、容易识别的近标。
22. D。初隐方式距离定位精度误差。

第十三节　风、流对航向和航速的影响

1. D。船舶左舷受风,α 为"+";右舷受风,α 为"-";船舶左舷受流,β 为"+";右舷受流,β 为"-"。

第十四节　不同风流条件下海图作业方法

3. A。图上的标注方法是:在推算船位附近,用分数形式标明船位的时间和当时的计程仪读数。分子用四位数字表示船位的时间(小时和分钟),准确到分钟;分母是计程仪读数,而不是航程,应准确到 0.1 n mile;中间横线应大致与纬线平行。在计划航线上,标注计划航迹向、罗航向和罗经差(或陀罗航向和陀罗差)。
31. A。分子用四位数字表示船位的时间(小时和分钟),准确到分钟;分母是计程仪读数,而不是航程,应准确到 0.1 n mile。

第十五节　航迹计算

1. D。航迹计算法主要适用于(1)海区海图比例尺小,为了提高推算精度;(2)渔区航行需频繁转向的场合;(3)起航点与到达点不在同一张海图时,帮助海图作业;(4)现代化导航仪中的航行计算。
16. C。较大误差存在在高纬度海区。
18. C。当航向为 090°或 270°时,不能使用。

第十六节　潮汐的成因和潮汐现象

1. C。潮汐产生的原动力是天体的引潮力,即天体引力和地球—天体相对运动所需的惯性离心力的向量和。其中主要是月球的引潮力,其次是太阳的引潮力。
17. A。高潮后一段时间为平潮。
29. A。潮高基准面是计算潮高的起算面,一般即为海图深度基准面。如两者不一致,则应

进行订正,才能将潮高应用到海图上。
37. A。由于地球和月球距离变化而产生的潮汐不等,称为潮汐视差不等。
39. D。大潮出现在朔望日。
49. D。半日潮周期为 12 h 25 min。

第十七节　潮汐表及查阅方法

4. C。首先在"地理索引"中查取附港的编号,根据编号在"用以预报附港潮汐的潮时差和潮高差"表中查取该附港的主港、潮时差、潮高差和主、附港的平均海面的季节改正;然后根据得出的主港名称在"主港潮汐预报"表中查取主港相关的高、低潮时和潮高。

11. A。潮差比——对半日潮港来说,是指附港的平均潮差与主港的平均潮差之比;对日潮港来说,是指附港的回归潮大的潮差与主港的回归潮大的潮差之比。回归潮(tropic tide):当月球赤纬最大时(此时月球在北回归线或南回归线附近)的潮汐称为回归潮。此时,日潮不等现象最显著。

13. D。在正常情况下,中国沿岸三册《潮汐表》预报潮时的误差在 20~30 min 以内,潮高误差在 20~30 cm 以内。

第十八节　潮汐和潮流计算

1. B。附港潮高＝主港潮高－主港平均海面季节改正＋潮高差＋附港平均海面季节改正。
2. D。附港高(低)潮时＝主港高(低)潮时＋高(低)潮时差。
25. D。附港潮时的计算公式为:附港高(低)潮时＝主港高(低)潮时＋高(低)潮时差 附港高(低)潮高＝[主港高(低)潮高－(主港平均海面＋主港季节改正数)]×潮差比＋(附港平均海面＋附港季节改正数)
40. A。任意时潮高＝低潮潮高＋潮高改正数＝低潮潮高＋潮差 $\times \dfrac{1}{2}\left[1-\left(\dfrac{t}{T} \times 180°\right)\right]$

　　　　T——落潮或涨潮的时间间隔;t——任意时与低潮时的时间间隔。

51. C。测深仪的读数中,包含了潮汐变化数值。
87. D。近似计算公式为:

　　　　平均最大流速＝$\dfrac{1}{2}$(大潮最大流速＋小潮最大流速)

　　　　　　　　　　≈$\dfrac{3}{4}$大潮最大流速≈$\dfrac{3}{2}$小潮最大流速。

90. A。对于半日潮性质的地点,一天内流速的变化,可以认为是涨潮流和落潮流的持续时间都约为 6 h(小时)。一般可以运用 1、2、3、3、2、1 的简谐运动规律来近似估算任意时潮流流速。其方法是:转流到 1 h 内的平均流速是当日最大流速的 1/3;转流后 1~2 h 内的平均流速是当日最大流速的 2/3;转流后 2~3 h 内的平均流速等于当日最大流速;转流后 3~4 h 内的平均流速等于当日最大流速;转流后 4~5 h 内的平均流速是当日最大流速的 2/3;转流后 5~6 h 内的平均流速是当日最大流速的 1/3。
95. A。在仅知道大潮最大流速时,一般取小潮最大流速为大潮最大流速的一半。

第十九节　航海日志记录

10. A。航海日志的填写内容包括:在航行中凡与海图作业有关的内容及用以保证航行安全而进行的观测、计算结果和采取的措施等,诸如海难、救助、人员的死亡、出生、航线的变更、主要船员职务的变化及消防、救生等演习与设备检查;停泊时的生产和其他有关活动等。

第三章

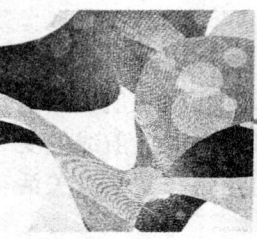

海图和航海图书资料

第一节 海图投影

1. 航用海图的基本要求是_____。
   A. 恒向线在图上是直线和等角投影
   B. 经线、纬线各自平行且相互垂直
   C. 图内各点局部比例尺相等
   D. 无投影变形

2. 恒向线在地面的形状可能是_____。
   ①子午线；②球面螺旋线；③等纬圈
   A. ①②
   B. ②③
   C. ①③
   D. ①②③

3. 下列哪条曲线可能不是恒向线？
   A. 任意大圆
   B. 赤道
   C. 子午圈
   D. 等纬圈

4. 下列哪项是恒向线的特性？
   ①在墨卡托海图上为直线，但并非最短航程航线；②与经线仅相交一次；③与纬线相交无数次
   A. ①
   B. ②
   C. ③
   D. ①②③

5. 航向为 000° 时，恒向线一定与_____重合。
   A. 格林子午圈
   B. 子午圈
   C. 赤道
   D. 等纬圈

6. 航向为 180° 时，恒向线一定与_____重合。
   A. 格林子午圈
   B. 子午圈
   C. 赤道
   D. 等纬圈

7. 航向为 270° 时，恒向线一定与_____重合。
   A. 格林子午圈
   B. 子午圈
   C. 赤道
   D. 等纬圈

8. 下列曲线可能不是恒向线的是_____。
   A. 任意大圆
   B. 赤道
   C. 子午圈
   D. 等纬圈

9. 下列曲线属于恒向线的是_____。
　　①子午线；②双曲线；③等纬圈；④任意大圆；⑤赤道
　　A. ①②④　　　　　　　　　　　B. ②③⑤
　　C. ①③⑤　　　　　　　　　　　D. ①②③

10. 恒向线在墨卡托海图上是一条_____。
　　A. 曲线　　　　　　　　　　　　B. 螺旋线
　　C. 大圆弧　　　　　　　　　　　D. 直线

11. 下列说法正确的是_____。
　　A. 船舶通常沿恒向线方向航行，因为这样航行航程最短
　　B. 船舶沿大圆弧航行，能保持航向稳定
　　C. 船舶沿等纬圈航行，航程最短
　　D. 船舶在等纬圈上航行，航向为270°或090°

12. 船舶通常沿恒向线方向航行，是因为_____。
　　A. 航程最短　　　　　　　　　　B. 能保持比例尺相等
　　C. 能保持航向稳定　　　　　　　D. 航线是直线

13. 恒向线不可能是_____。
　　①子午线；②任意大圆；③等纬圈；④双曲线；⑤赤道
　　A. ①②　　　　　　　　　　　　B. ②④
　　C. ①③　　　　　　　　　　　　D. ①④

14. 航用海图的必备条件是_____。
　　①图上恒向线为直线；②等角投影；③大圆弧为凸向赤道的曲线
　　A. ①②　　　　　　　　　　　　B. ①③
　　C. ②③　　　　　　　　　　　　D. ①②③

15. 航用海图应满足的条件是_____。
　　①各点局部比例尺相同；②等角投影；③大圆是直线；④恒向线是直线
　　A. ②④　　　　　　　　　　　　B. ②③
　　C. ①③　　　　　　　　　　　　D. ①④

16. 纬度渐长率是指墨卡托海图上_____。
　　A. 自赤道到某纬度线的距离
　　B. 自赤道到某纬度线的距离与图上1 n mile 的比
　　C. 自赤道到某纬度线的距离与图上1赤道里的比
　　D. 任意两纬度线之间的距离与图上1赤道里的比

17. 在同一张墨卡托海图上，1′经度的图长_____。
　　A. 随着纬度的升高而渐长　　　　B. 随着纬度的升高而变短
　　C. 处处相等　　　　　　　　　　D. 处处都不相等

18. 下列关于墨卡托海图特点的说法中错误的是_____。
　　A. 图上经度一分的长度相等　　　B. 图上纬度一分的长度相等
　　C. 所有恒向线在图上都是直线　　D. 图上同纬度纬线的比例尺相等

19. 墨卡托海图上各条纬线的纬度渐长率仅与_____有关，而与_____无关。
   A. 纬度；比例尺　　　　　　　　　　B. 经度；比例尺
   C. 比例尺；纬度　　　　　　　　　　D. 比例尺；经度

20. 在墨卡托航用海图上，_____一定是直线。
   ①赤道；②任意大圆；③任意子午线
   A. ①③　　　　　　　　　　　　　　B. ③
   C. ①　　　　　　　　　　　　　　　D. ①②③

21. 大比例尺港泊图可以采用下列哪种投影方式？
   ①高斯投影；②平面图；③心射投影
   A. ①②　　　　　　　　　　　　　　B. ①③
   C. ②③　　　　　　　　　　　　　　D. ①②③

22. 在用平面图制作的大比例尺港泊图中，图上任意两点的局部比例尺_____。
   A. 相等　　　　　　　　　　　　　　B. 随纬度升高变大
   C. 随纬度升高变小　　　　　　　　　D. 不能确定

23. 高斯投影主要用来制作_____。
   A. 大圆海图　　　　　　　　　　　　B. 平面图
   C. 小比例尺的大洋图　　　　　　　　D. 大比例尺的港泊图

24. 高斯-克吕格投影在航海上主要用于绘制_____。
   A. 大洋总图　　　　　　　　　　　　B. 远洋航行图
   C. 近海航行图　　　　　　　　　　　D. 大比例尺港泊图

25. 大圆海图的投影方法是_____。
   A. 心射平面投影　　　　　　　　　　B. 极射平面投影
   C. 外射平面投影　　　　　　　　　　D. 等角平面投影

26. 下列说法中，哪项是错误的？
   A. 大圆海图上，任意两点间的直线均为大圆弧
   B. 墨卡托海图上，任意两点间直线均为恒向线
   C. 墨卡托海图上，某两点间直线可能是大圆弧
   D. 在墨卡托海图和大圆海图上，两点间直线均为最短航程航线

27. 在大圆海图上，下列哪个不是直线？
   A. 赤道　　　　　　　　　　　　　　B. 任意大圆
   C. 任意子午线　　　　　　　　　　　D. 任意等纬圈

28. 大圆海图的用途有_____。
   A. 供设计大圆航线时求分点的经、纬度
   B. 航行定位使用
   C. 测定磁差时使用
   D. 进出港口时使用

29. 关于大圆海图的投影方法表述正确的是_____。
   A. 大圆海图是外射平面投影，投影平面与球面相割

B. 大圆海图是极射平面投影,投影平面与球面相切
C. 大圆海图是心射平面投影,投影平面与球面相切
D. 大圆海图是透视点在球心的等角投影,投影平面与球面相离

30. 在投影面与两极相切的大圆海图上,经、纬线图网的特征是_____。
   A. 经线是相互平行的直线,相同经差的经线间距表现为离切点越近越密集
   B. 经线呈辐射状的直线,相同经差的经线间距表现为离切点越近越密集
   C. 纬线是同心圆,相同纬差的纬线间距表现为均匀相等
   D. 纬线是圆锥曲线,凸向切点

31. 关于大圆海图作业的正确说法是_____。
   A. 可在图上量距离和方位,任意两点间的直线是恒向线
   B. 不可在图上量距离和方位,任意两点间的直线是恒向线
   C. 不可在图上量距离和方位,任意两点间的直线是大圆航线
   D. 除切点外,图上有变形,因此不可在图上读取经纬度

32. 在大圆海图上,可以_____。
   A. 量取某点的纬度和经度
   B. 量取两点间的航程
   C. 量取两点间的航向
   D. 既可以量取两点间的航程,又可以量取两点间的航向

33. 大圆海图的作用有_____。
   A. 量取两点间的航向
   B. 量取两点间的航程
   C. 在绘画大圆航线时,求取各分点的纬度和经度
   D. 可以查取海区的水深资料

34. 使用大圆海图(gnomonic chart)的注意事项_____。
   ①能直接在海图上量取方向;②不能直接在海图上量取方向;③能直接在海图上量取坐标点的经纬度;④不能直接在海图上量取坐标点的经纬度
   A. ①③   B. ①④
   C. ②③   D. ②④

35. 大圆海图在航海上的主要作用是_____。
   A. 在大圆海图上量取大圆弧的航程
   B. 在大圆海图上量取大圆航线的航向
   C. 在大圆海图上量取大圆航线的分点坐标
   D. 在大圆海图上量取某物标的大圆方位

36. 在大圆海图上,下列各项中_____一定是直线。
   ①赤道;②任意大圆;③任意子午线
   A. ①③   B. ③
   C. ①   D. ①②③

37. 下列说法正确的是_____。

A. 大圆海图上,图上曲线可能是大圆弧

B. 大圆海图上,图上直线一定是大圆弧

C. 在墨卡托航用海图上,直线一定是大圆弧

D. 在墨卡托航用海图上,直线一定不是大圆弧

第二节　海图比例尺与海图极限精度

1. 在同样图幅的海图上,下列说法正确的是_____。
   A. 基准比例尺越大,海图所表示的地理范围越大,精度越高
   B. 基准比例尺越大,海图所表示的地理范围越小,精度越高
   C. 基准比例尺越小,海图所表示的地理范围越大,精度越高
   D. 基准比例尺越大,海图所表示的地理范围越小,精度越低

2. 在同样图幅的海图上,下列说法正确的是_____。
   A. 基准比例尺越小,海图所表示的地理范围越大,精度越高
   B. 基准比例尺越小,海图所表示的地理范围越小,精度越高
   C. 基准比例尺越小,海图所表示的地理范围越大,精度越低
   D. 基准比例尺越小,海图所表示的地理范围越小,精度越低

3. 关于数字比例尺说法正确的是_____。
   A. 比例尺 1∶100 000 小于 1∶300 000,前者相同图幅尺寸的海图包括范围大
   B. 比例尺 1∶100 000 小于 1∶300 000,前者相同图幅尺寸的海图包括范围小
   C. 比例尺 1∶100 000 大于 1∶300 000,前者相同图幅尺寸的海图包括范围小
   D. 比例尺 1∶100 000 大于 1∶300 000,前者相同图幅尺寸的海图包括范围大

4. 海图作业精度以及图上资料详尽程度与比例尺有关,下列说法正确的是_____。
   A. 某船海图作业用的铅笔在图上画一小点的最小直径为 0.2 mm,则在 1∶350 000 的海图上海图作业的最大精度是 70 m
   B. 某船海图作业用的铅笔在图上画一小点的最小直径为 0.2 mm,则在 1∶350 000 的海图的基准纬线上海图作业的最大精度是 70 m
   C. 在基准比例尺为 1∶100 000 和 1∶300 000 的海图上,前者作业精度低
   D. 在基准比例尺为 1∶100 000 和 1∶300 000 的海图上,后者资料更详尽

5. 如果用削尖的铅笔在海图上画一小点,其直径最小也有 0.2 mm,若某海图比例尺为 1∶300 000,则在该图上进行海图作业的最高精度为_____。
   A. 6 m
   B. 60 m
   C. 300 m
   D. 600 m

6. 海图比例尺越大,海图作业精度_____。
   A. 越高
   B. 越低
   C. 不变
   D. 不一定

7. 海图比例尺越小,海图作业精度_____。
   A. 越高
   B. 越低

C. 不变 　　　　　　　　　　　　　D. 不一定

8. 海图绘制工作中绘画误差不超过 0.1 mm,海图作业的最高精度为 0.2 mm,则比例尺为 1∶200 000 的海图的极限精度为_____。
   A. 20 m 　　　　　　　　　　　　B. 10 m
   C. 30 m 　　　　　　　　　　　　D. 40 m

9. 海图作业的最高精度为 0.2 mm,在比例尺为 1∶3 000 000 的海图基准纬度线上的作图精度为_____。
   A. 300 m 　　　　　　　　　　　　B. 600 m
   C. 900 m 　　　　　　　　　　　　D. 1 200 m

10. 在海图的制图过程中,划线的绘画误差一般不超过 0.1 mm,这个误差描绘到海图上相当于海图上 0.1 mm 的实际水平长度,称为_____。
    A. 海图作业最高精度 　　　　　　　B. 海图的极限精度
    C. 海图的折中精度 　　　　　　　　D. 海图的一般精度

11. 海图绘制工作中绘画误差不超过 0.1 mm,比例尺为 1∶500 000 的海图的极限精度为_____。
    A. 50 m 　　　　　　　　　　　　B. 100 m
    C. 150 m 　　　　　　　　　　　　D. 200 m

第三节　海图的识读及使用注意事项

1. 英版海图通常采用_____为深度基准面。
   A. 理论最低潮面 　　　　　　　　　B. 天文最低潮面
   C. 平均大潮低潮面 　　　　　　　　D. 平均低低潮面

2. 在以半日潮为主的海区,英版海图上物标的高程通常比该物标的实际水上高度_____。
   A. 大 　　　　　　　　　　　　　　B. 不能确定
   C. 小 　　　　　　　　　　　　　　D. 相等

3. 某张英版海图的海图标题栏内有如下注记:"All heights are above Mean Heigh Water Springs."则表明该图_____。
   A. 高程基准面为平均高高潮面 　　　B. 水深基准面为平均大潮高潮面
   C. 高程基准面为平均天文潮面 　　　D. 高程基准面为平均大潮高潮面

4. 某张英版海图的海图标题栏内有如下注记:"Depth are reduced to Chart Datum, which is approximately the level of Lowest Astronomical Tide."则表明该英版海图_____。
   A. 深度基准面与潮高基准面相同 　　B. 深度基准面为天文最低低潮面
   C. 水深随天文潮汐减少 　　　　　　D. 水深随天文潮变化

5. 英版海图深度基准面通常为_____。
   A. 理论最低潮面 　　　　　　　　　B. 设计水位
   C. 天文最低低潮面 　　　　　　　　D. 平均低低潮面

6. 关于理解并获取英版海图中高程基准面基本信息的正确表述是_____。

A. 采用平均大潮高潮面(MHWS)
B. 采用平均高高潮面(MHHW)
C. 采用平均海面(MSL)
D. 一般采用 MHWS，也有可能是 MHHW 或 MSL；因此应先查看海图标题栏中的说明

7. 在英版海图上标注的明礁高度的起算面可参考标题栏，一般情况是_____。
   A. 平均大潮高潮面   B. 1985 年国家高程基准面
   C. 理论最低潮面   D. 平均低低潮面

8. 英版海图，图注水深的起算面是_____。
   A. 平均海面   B. 平均大潮高潮面
   C. 理论最低潮面   D. 天文最低潮面

9. 通常情况下，英版海图资料上给出的水深比实际的水深_____。
   A. 大   B. 小
   C. 一样   D. 不确定

10. 英版海图高程基准面是_____等高程的起算面。
    ①山头；②岛屿；③明礁；④干出礁；⑤比高；⑥暗礁
    A. ①②③   B. ②③④
    C. ③④⑤   D. ④⑤⑥

11. 英版海图深度基准面是_____的起算面。
    ①水深；②干出礁；③山头；④岛屿；⑤比高
    A. ①②   B. ②③
    C. ①④   D. ②⑤

12. 关于高程基准面，以下说法正确的是_____。
    A. 英版海图采用的高程基准面的位置通常比中版海图采用的高程基准面的位置低
    B. 英版海图采用的高程基准面的位置通常比中版海图采用的高程基准面的位置高
    C. 英版海图采用的高程基准面的位置和中版海图采用的高程基准面的位置通常相同
    D. 高程基准面是灯高的起算面

13. 英版海图图号是按_____编排的。
    A. 地区顺序，先本国，后国外   B. 地区顺序，先国外，后本国
    C. 出版的先后顺序   D. 改版的先后顺序

14. 某张英版海图的右下角标注有如下内容"(980.0 mm×635.0 mm)"，表明该图_____。
    A. 属于航行图或港泊图
    B. 图纸尺寸：长 980.0 mm，宽 635.0 mm
    C. 图号为 980×935
    D. 图幅尺寸：长 980.0 mm，宽 635.0 mm

15. 某英版海图的右上角有如下标注："Adjoining Chart 1408"，这是该图的_____，属于_____的内容。
    A. 邻接海图图号；海图标题栏   B. 邻接海图图号；图廓注记
    C. 海图图号；图廓注记   D. 海图图号；海图标题

16. 某张英版海图上有如下标注内容:"Projection:Mercator",该标注内容通常在_____可以找到。
   A. 图廓注记中   B. 海图标题栏为
   C. 重要航道内   D. 航行危险物附近

17. 英版海图的左下角区域和右下角区域分别刊印的是该图的_____。
   A. 小改正和图幅尺寸   B. 小改正和图幅地理位置
   C. 对数图尺和图幅尺寸   D. 对数图尺和比例尺

18. 某船在美国沿岸航行,驾驶员欲了解该海区所采用的航标系统,此时他应该查阅_____。
   A. 海图小改正   B. 该图的出版和发行情况
   C. 海图标题栏   D. 无线电信号表

19. 英版海图小改正栏的位置在该图的_____,作用是_____。
   A. 左下角区域;查考该图是否已及时改正到最新
   B. 右下角区域;查考该图是否已及时改正到最新
   C. 左下角区域;记录该图的新版发行情况
   D. 右下角区域;记录该图的新版发行情况

20. 要确定某英版海图和本船 GPS 所采用的坐标系是否一致,驾驶员应查阅_____。
   A. 海图的出版和发行情况   B.《无线电信号表》第一卷
   C.《无线电信号表》第二卷   D. 海图标题栏

21. 下图为英版海图的一部分,则该图显示的两数字的起算面为_____。

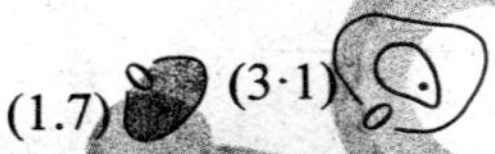

   (1.7)   (3·1)

   A. 平均大潮高潮面(MHWS)   B. 海图深度基准面(CD)
   C. 平均海面(MSL)   D. 1985 国家高程基准面

22. 下图为中版海图的一部分,则该图显示的两数字的起算面为_____。

   (1.7)   (3·1)

   A. 平均大潮高潮面(MHWS)   B. 海图深度基准面(CD)
   C. 平均高高潮潮面(MHHW)   D. 1985 国家高程基准面

23. 英版海图中中国海区的高程基准面是_____。
   ①1985 国家高程基准面;②当地平均海平面;③平均大潮高潮面;④平均高高潮潮面
   A. ①②   B. ③④
   C. ②③   D. ①④

24. 英版海图上标示的此图式表示_____。

   ◇D

   A. 回转流表列潮流发生的位置,编号是 D

B. 引航站,引航员登离船处
C. 无线电报告点,编号是 D
D. 航标,表示危险区域

25. 在英版海图上标注的潮流图式如图"1.5~2.8 kn →"所示,以下说法正确的是_____。
    A. 表示涨潮流的流向和流速,其中 2.8 kn 为大潮日的最大流速
    B. 表示涨潮流的流向和流速,其中 2.8 kn 为发生高潮时的最大流速
    C. 表示落潮流的流向和流速,其中 1.5 kn 为发生低潮时的最大流速
    D. 表示落潮流的流向和流速,其中 1.5 kn 为发生小潮日的最大流速

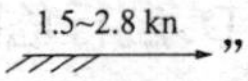

26. 英版海图图式中回转流的图式是_____。
    A.  ◇D   B. a
    C.  ℘℘   D.  ～～→

27. 英版海图图式中往复流的图式是_____。
    A.  ～→   B. 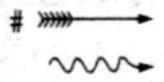 #～→
    C. 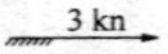 —3 kn→ D.  (see Note)

28. 英版海图图式中往复流的图式是_____。
    A.  ～   B. 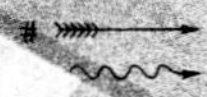 #→→→
    C. 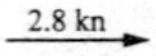 —2.8 kn→ D.  (see Note)

29. 英版海图图式中往复流涨潮流的图式是_____。
    A. 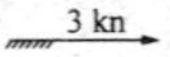 —3 kn→ B. 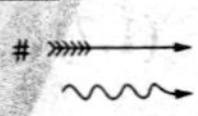 #→→→
    C. 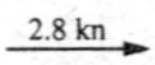 —2.8 kn→ D.  (see Note)

30. 英版海图图式中往复流落潮流的图式是_____。
    A. 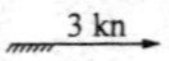 —3 kn→ B. 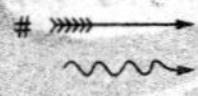 #→→→
    C. 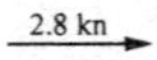 —2.8 kn→ D. 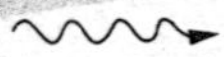 (see Note)

31. 同一物标在中版海图上标注的高程比在英版海图上标注的高程_____。
    A. 大   B. 小
    C. 一样大   D. 无法确定

32. 通常情况下,物标的实际高度比英版海图所标注的高程_____。
    A. 大   B. 小
    C. 不一定   D. 无法确定

33. 英版海图上某灯塔旁标注为:Fl(2)10s49m29M。则该灯塔的灯高为_____。(单位:m)
    A. 29   B. 10
    C. 49   D. 49或29

34. 英版海图等高线中心的黑色圆点的意义是_____。
    A. 山高高程点   B. 山体的中心
    C. 该点高程未知   D. 海图作业点

35. 英版海图上描述高程最准确的是_____。
    A. 带数字的闭合虚线   B. 带数字的闭合实线
    C. 山形线   D. 无法确定

36. 在英版海图上,标注的明礁的高度可能是_____。
    A. 露出水面以上礁石的高度   B. 潮高基准面以上礁石的高度
    C. 平均大潮高潮面以上礁石的高度   D. 海图深度基准面以上礁石的高度

37. 英版海图上灯塔的灯高是指_____。
    A. 平均大潮高潮面至灯塔灯芯的高度
    B. 平均海面至灯塔灯芯的高度
    C. 平均大潮高潮面至灯塔顶部的高度
    D. 平均海面至灯塔顶部的高度

38. 关于下图说法正确的是_____。

    A. 可以在图上直接读取山顶高程
    B. 该图为草绘等高线
    C. 该图表示地貌测绘精度不符合规范要求
    D. 该图仅仅表示山体的形态

39. 英版海图通常采用_____为海图水深的单位。
    A. 米制海图用m,拓制海图用ft
    B. 米制海图用m,拓制海图用fm
    C. 米制海图用fm,拓制海图用fm和ft
    D. 米制海图用m,拓制海图用fm和ft

40. 英版海图上,如果发现狭水道的岸边有带括号的数字"(14)",则该数字表示_____。
    A. 该狭水道的最小宽度   B. 该狭水道的最浅水深
    C. 过该狭水道船舶的最大吃水   D. 过该狭水道船舶的最小吃水

41. 英版海图上,某水深旁边标注 Rep(1973),其中 1973 表示_____。
　　A. 据报的年份　　　　　　　　　　B. 观测的年份
　　C. 该水深引用的海图号　　　　　　D. 据报的水深

42. 英版海图图式"9_6"表示_____。
　　A. 未精确测量的水深　　　　　　　B. 未测到底的水深
　　C. 特殊水深　　　　　　　　　　　D. 扫海水深

43. 在拓制海图上,水深"8_4",表示水深为_____。
　　A. 8.4 m　　　　　　　　　　　　B. 8.4 fm
　　C. 8.4 ft　　　　　　　　　　　　D. 8 fm 4 ft

44. 英版海图水深点图式"8_4",则测深点的位置在_____。
　　A. "8"字的中心　　　　　　　　　B. "4"字的中心
　　C. "8_4"的中心　　　　　　　　　D. 测深点在"8_4"的旁边

45. 英版海图图示中,缩写"Rep"是指_____。
　　A. 未测量,据报的航行障碍物　　　B. 对危险物的位置有怀疑
　　C. 危险物的位置未经精确测量　　　D. 礁石、浅滩等的存在有疑问

46. 在英版海图上有一图式"(40) SD",该图式表示_____。
　　A. 障碍物上水深 40 m　　　　　　B. 特殊水深
　　C. 精测的水深　　　　　　　　　　D. 水深可能小于 40 m

47. 下图为海图的一部分,则潮高为 3 m 时图中碍航物处的水深_____。
　　A. <3 m　　　　　　　　　　　　B. =3 m
　　C. >3 m　　　　　　　　　　　　D. 无法确定

48. 下列中版海图水深的表示方法中,不正确的是_____。
　　A. 25　　　　　　　　　　　　　　B. 25.5
　　C. 35　　　　　　　　　　　　　　D. 35.5

49. 下列中版海图水深的表示方法中,不正确的是_____。
　　A. 15　　　　　　　　　　　　　　B. 15.3
　　C. 30.5　　　　　　　　　　　　　D. 31

50. 英版海图图式"Co"表示_____。
　　A. 贝壳　　　　　　　　　　　　　B. 黏土
　　C. 珊瑚　　　　　　　　　　　　　D. 泥

51. 英版海图图式"Cy"表示_____。
　　A. 贝壳　　　　　　　　　　　　　B. 黏土
　　C. 珊瑚　　　　　　　　　　　　　D. 泥

52. 英版海图底质注记中,缩写"S"表示_____。

A. 石 B. 沙
C. 泥 D. 砾

53. 英版海图底质注记中，缩写"M"表示_____。
   A. 泥 B. 沙
   C. 石 D. 岩

54. 英版海图底质注记中，缩写"R"表示_____。
   A. 硅 B. 沙
   C. 淤泥 D. 岩石

55. 英版海图底质注记中，缩写"soM"表示_____。
   A. 黏土 B. 淤泥
   C. 软泥 D. 贝壳

56. 英版海图底质注记中，缩写"St"表示_____。
   A. 黏土 B. 贝
   C. 淤泥 D. 石

57. 英版海图底质注记中，缩写"fS"表示_____。
   A. 细沙 B. 粗沙
   C. 软泥 D. 贝

58. 英版海图底质注记中，缩写"fS. M. Sh"表示_____。
   A. 细沙、泥、贝的混合底质，其中主要成分为细沙
   B. 细沙、泥、贝的混合底质，最上层为细沙
   C. 细沙、泥、贝的混合底质，其中主要成分为贝
   D. 细沙、泥、贝的混合底质，最上层为贝

59. 英版海图图式"fS"表示该区底质为_____。
   A. 细沙 B. 粗沙
   C. 淤泥 D. 岩石

60. 海图底质注记中，缩写"M/S"表示_____。
   A. 分层底质，上层为沙，下层为泥
   B. 分层底质，上层为泥，下层为沙
   C. 沙的成分多于泥的成分的混合底质
   D. 泥的成分多于沙的成分的混合底质

61. 海图底质注记中，缩写"M. S"表示_____。
   A. 分层底质，上层为沙，下层为泥
   B. 分层底质，上层为泥，下层为沙
   C. 沙的成分多于泥的成分的混合底质
   D. 泥的成分多于沙的成分的混合底质

62. 海图底质注记中，缩写"S. M"表示_____。
   A. 分层底质，上层为沙，下层为泥
   B. 分层底质，上层为泥，下层为沙

C. 沙的成分多于泥的成分的混合底质

D. 泥的成分多于沙的成分的混合底质

63. 海图底质注记中,缩写"S/M"表示_____。

A. 分层底质,上层为沙,下层为泥

B. 分层底质,上层为泥,下层为沙

C. 沙的成分多于泥的成分的混合底质

D. 泥的成分多于沙的成分的混合底质

64. 海图图式"Si"表示该区底质为_____。

A. 沙 B. 泥

C. 淤泥 D. 岩石

65. 海图图式"cS"表示该区底质为_____。

A. 软泥 B. 粗沙

C. 淤泥 D. 岩石

66. 英版海图图式"✳"表示_____。

A. 干出礁 B. 适淹礁

C. 危险暗礁 D. 非危险暗礁

67. 英版海图上,明礁上所标的数字是由哪一海平面起算的?

A. 平均海面

B. 理论最低潮面

C. 天文最低潮面

D. 平均大潮高潮面或平均高高潮或当地平均海面

68. 英版海图图式"(4.8)"表示何种礁石?

A. 暗礁 B. 干出礁

C. 适淹礁 D. 明礁

69. 英版海图图式"⌒⌒"表示_____。

A. 防波堤 B. 桥

C. 多礁石地区上的浪花 D. 大浪区

70. 英版海图图式"5_8 Br"表示_____。

A. 防波堤 B. 桥

C. 多礁石地区上方的浪花 D. 大浪区

71. 英版海图图式"+ Co +"表示_____。

A. 珊瑚礁 B. 明礁

C. 干出礁 D. 暗礁

72. 英版海图图式"5_2 Wk"表示_____。

A. 深度基准面下已知深度的沉船

B. 干出沉船,数字为干出高度
C. 船体露出平均大潮高潮面以上的沉船,数字为高程
D. 部分船体露出深度基准面的沉船,数字为深度基准面以上的高度

73. 干出高度的起算面为_____。
   A. 高程基准面   B. 深度基准面
   C. 平均海面   D. 平均大潮高潮面

74. 水下珊瑚礁是指_____。
   A. 平均大潮高潮面以下的珊瑚礁
   B. 深度基准面以下的珊瑚礁
   C. 深度基准面适淹的珊瑚礁
   D. 平均大潮高潮面以下,深度基准面以上的珊瑚礁

75. 英版图式"R"表示_____。
   A. 适淹礁   B. 深度不明的危险暗礁
   C. 已知深度的危险暗礁   D. 非危险暗礁

76. 英版海图图式中,缩写"ED"是指_____。
   A. 礁石、浅滩等的存在有疑问   B. 深度可能小于已注明的水深注记
   C. 对危险物的位置有怀疑   D. 危险物的位置未经精确测量

77. 英版海图图式中,缩写"PA"是指_____。
   A. 礁石、浅滩等的存在有疑问   B. 深度可能小于已注明的水深注记
   C. 对危险物的位置有怀疑   D. 危险物的位置未经精确测量

78. 英版海图图式中,缩写"PD"是指_____。
   A. 对礁石、浅滩等的存在有疑问   B. 深度可能小于已注明的水深注记
   C. 对危险物的位置有怀疑   D. 危险物的位置未经精确测量

79. 英版海图图式"Obstn"表示_____。
   A. 沉船残骸及其他有碍抛锚和拖网的地区
   B. 深度不明的障碍物
   C. 鱼栅
   D. 贝类养殖场

80. 英版海图图式"10 Obstn"表示_____。
   A. 已知最浅深度的障碍物   B. 已知高度的障碍物
   C. 高出平均大潮高潮面的障碍物 D. 经扫海或潜水员探测的障碍物

81. 英版海图图式"10 Obstn"表示_____。
   A. 已知最浅深度的障碍物   B. 已知高度的障碍物
   C. 高出平均大潮高潮面的障碍物 D. 经扫海或潜水员探测的障碍物

82. 英版海图图式"Foul"表示_____。

A. 深度不明的障碍物 B. 锚地
C. 碍锚地 D. 贝类养殖场

83. 英版海图上标注"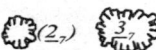"的图式,对其解释正确的是_____。

A. 涨潮流 B. 落潮流
C. 风生流 D. 洋流

84. 下图为英版海图的一部分,则潮高 5.0 m 时两处碍航物的水深分别为_____。

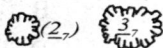

A. 2.3 m 和 1.3 m B. 7.7 m 和 8.7 m
C. 2.7 m 和 3.7 m D. 无法判断

85. 下图为英版海图的一部分,当潮高 3.2 m 时,关于图中两处碍航物说法正确的是_____。

A. 左侧碍航物处水深 0.5 m,右侧碍航物露出水面
B. 左侧碍航物处水深 5.9 m,右侧碍航物处水深 6.9 m
C. 左侧碍航物露出水面,右侧碍航物处水深 0.5 m
D. 两侧碍航物均露出水面

86. 下图为海图的一部分,当潮高 3.0 m 时,关于图中两处碍航物的水深_____。

A. <3 m B. =3 m
C. >3 m D. >5 m

87. 下图为海图的一部分,当潮高 5.0 m 时图中碍航物处的水深为_____。

A. 0.5 m B. 4.5 m
C. 9.5 m D. 无法确定

88. 下图为英版海图的一部分,则图中碍航物处显示的数字的起算面为_____。

A. 平均大潮高潮面（MHWS） B. 理论最低潮面
C. 天文最低潮面 D. 1985 国家高程基准面

89. 同一水域范围内,下列根据礁石的高度依此排序,正确的是_____。
A. 暗礁、干出礁、适淹礁、明礁 B. 暗礁、干出礁、明礁、适淹礁
C. 干出礁、暗礁、适淹礁、明礁 D. 适淹礁、暗礁、干出礁、明礁

90. 英版灯标表中某一灯标资料的备注栏中标有"W040°～175°(135°),R175°～220°(45°)",说明该灯是_____。
A. 互光灯,在不同的区域看到不同颜色的灯光
B. 互光灯,在所标的区域内可看到红、白交替的灯光
C. 光弧灯,在不同的区域看到不同颜色的灯光
D. 光弧灯,在所标的区域内可看到红、白交替的灯光

91. 英版海图和灯标表中,灯质旁括注"by day"的是指_____。
A. 仅在白天显示的灯质 B. 仅在雾天显示的灯质
C. 临时灯灯质 D. 航空灯标

92. 英版海图图式中,灯质缩写"Iso"表示_____。
A. 明暗光 B. 等明暗光
C. 联闪光 D. 混合联闪光

93. 英版海图图式中,灯质缩写"Oc"表示_____。
A. 明暗光 B. 等明暗光
C. 联闪光 D. 混合联闪光

94. 根据下图所示灯光的发光节奏(白色表示"亮",黑色表示"灭"),判断表示"明暗光"的图示为_____。
A. B.
C. D.

95. 英版海图上某灯标标注的灯质为"FFl",表示_____。
A. 同一位置上两个分开的灯标,灯质分别为定光与闪光
B. 定闪光,颜色不变,每隔一定时间加发一次更亮闪光的定光灯
C. 单个灯标,在一定时间内先定光,后闪光
D. 单个灯标,一段时间显示定光,另一段时间显示闪光

96. 灯质"Al WR"表示_____。
A. 互光灯,一个周期内红、白交替发光,常明不灭
B. 闪光灯有红光弧和白光弧
C. 一个周期内交替闪一次红光和一次白光
D. 闪白光和闪红光

97. 英版灯标表中某一灯标的灯质为"Al WR",在备注栏中标有"040°～275°(235°)",说明在该灯的_____。
A. 正南方可看到红、白交替的灯光 B. 正北方可看到红、白交替的灯光

C. 正南方看到白光、北方看到红光　　　　D. 正南方看到红光、北方看到白光

98. 英版海图和灯标表中,灯质旁括注"extingd"的是指_____。
    A. 仅在白天显示的灯质　　　　　　　　B. 仅在雾天显示的灯质
    C. 临时灯灯质　　　　　　　　　　　　D. 灯光已熄灭的灯质

99. 英版海图和灯标表中,灯质旁括注"in fog"的是指_____。
    A. 仅在白天显示的灯质　　　　　　　　B. 仅在雾天显示的灯质
    C. 临时灯灯质　　　　　　　　　　　　D. 航空灯标

100. 英版海图图式中,灯质缩写"Fl(3)"表示_____。
    A. 明暗光　　　　　　　　　　　　　　B. 等明暗光
    C. 联闪光　　　　　　　　　　　　　　D. 混合联闪光

101. 英版海图图式中,灯质缩写"Fl(3+1)"表示_____。
    A. 明暗光　　　　　　　　　　　　　　B. 等明暗光
    C. 联闪光　　　　　　　　　　　　　　D. 混合联闪光

102. 灯质"AlFlRW"表示_____。
    A. 互光灯,一个周期内红、白交替发光,常明不灭
    B. 闪光灯有红光弧和白光弧
    C. 一个周期内交替闪一次红光和一次白光
    D. 闪白光和闪红光

103. 英版海图上有图式"★Fl(2) 5s10m11M",表明该灯_____。
    A. 每隔 5 s 闪光 2 次,射程为 10 n mile
    B. 每隔 5 s 闪光 1 次,2 次 10 s
    C. 灯高 11 m,射程为 10 n mile
    D. 灯高 10 m,射程为 11 n mile

104. 英版海图上有图式"★LFl 10s10m11M",表明该灯_____。
    A. 闪光,周期 10 s,眼高 10 m,射程为 11 n mile
    B. 闪光,周期 10 s,灯高 11 m,射程为 10 n mile
    C. 长闪光,周期 10 s,灯高 10 m,射程为 11 n mile
    D. 长闪光,周期 10 s,灯高 11 m,射程为 10 n mile

105. 在英版海图上,某灯塔图式旁标注"Fl. 10s31m21M",则该灯塔灯高是_____。
    A. 31 m　　　　　　　　　　　　　　　B. 21 m
    C. 31 n mile　　　　　　　　　　　　　D. 21 n mile

106. 在英版海图上,某灯塔图式旁标注"Fl. 10s31m21M",则该灯塔射程是_____。
    A. 31 m　　　　　　　　　　　　　　　B. 21 m
    C. 31 n mile　　　　　　　　　　　　　D. 21 n mile

107. 在英版海图上,某灯塔图式旁标注"Fl. 10s31m21M",则该灯塔光色是_____。
    A. 白色　　　　　　　　　　　　　　　B. 红色
    C. 绿色　　　　　　　　　　　　　　　D. 不能确定

108. 在英版海图上,某灯塔图式旁标注"Fl(3)20s32m20M",则该灯塔光色是_____。

A. 白色　　　　　　　　　　　　B. 红色
C. 绿色　　　　　　　　　　　　D. 不能确定

109. 在英版海图上,某灯塔图式旁标注"Fl(3)20s32m20M",其中"Fl(3)"表示_____。
    A. 定光,周期 3 s　　　　　　　B. 单闪光,周期 3 s
    C. 联闪光,在 20 s 内闪 3 次　　D. 长闪光,每个周期发光持续 3 s

110. 在英版海图上,某灯塔图式旁标注"Fl(3)20s32m20M",其中"32m"表示_____。
    A. 灯高　　　　　　　　　　　　B. 射程
    C. 比高　　　　　　　　　　　　D. 顶高

111. 在英版海图上,某灯塔图式旁标注"Fl(3)20s32m20M",其中"20M"表示_____。
    A. 灯高　　　　　　　　　　　　B. 射程
    C. 比高　　　　　　　　　　　　D. 顶高

112. 英版海图上某灯标标志如下图所示,该灯标白天射程为_____。

    Fl.10s40m27M
    (F.37m11M by Day)

    A. 27 n mile　　　　　　　　　B. 40 n mile
    C. 11 n mile　　　　　　　　　D. 37 n mile

113. 英版灯标表中某一灯标的灯质为"AlWR",在备注栏中标有"095°~260°(165°)",说明在该灯的_____。
    A. 正南方可看到红、白交替的灯光　B. 正东方可看到红、白交替的灯光
    C. 正西方可看到红、白交替的灯光　D. 正北方可看到红、白交替的灯光

114. 英版灯标表中某一灯标的灯质为"AlWR",在备注栏中标有"195°~330°(135°)",说明在该灯的_____。
    A. 正南方可看到红、白交替的灯光　B. 正东方可看到红、白交替的灯光
    C. 正西方可看到红、白交替的灯光　D. 正北方可看到红、白交替的灯光

115. 海图图式"Entry Prohibited"表示_____。
    A. 禁止船舶通航区域　　　　　　B. 禁止抛锚的区域
    C. 禁止捕捞的区域　　　　　　　D. 禁止抛锚及捕捞的区域

116. 对海图上某灯塔标注的灯质"Oc(3)WR12s",查资料核对该灯塔的光弧为"W040°~170°(130°),R170°~220°(50°)"。若以该灯塔为参考中心(如下图所示),则下列对该光弧解释正确的是_____。

    A. 白光弧在 a 区,红光弧在 d 区　B. 白光弧在 b 区,红光弧在 d 区

C. 白光弧在 b 区,红光弧在 c 区　　　　D. 白光弧在 a 区,红光弧在 c 区

117. 海图图式 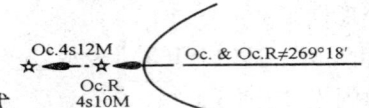 表示_____。

   A. 无线电航标　　　　　　　　　　　B. 导灯
   C. 测速线　　　　　　　　　　　　　D. 光弧

118. (图中所标红色字母非海图内容)红色字母 A 所覆盖的区域是_____。

   A. 通航分道　　　　　　　　　　　　B. 分隔带
   C. 沿岸通航带　　　　　　　　　　　D. 推荐航路

119. (图中所标红色字母非海图内容)红色字母 C 所覆盖的区域是_____。

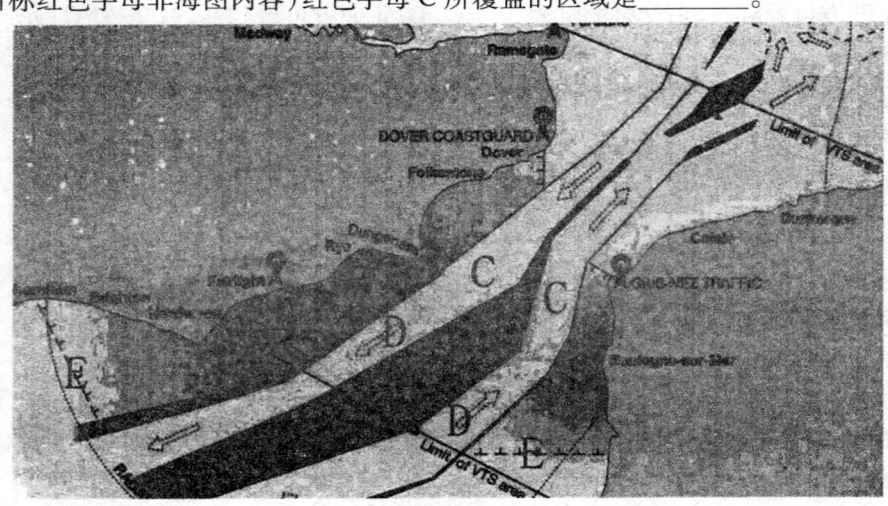

   A. 沿岸通航带　　　　　　　　　　　B. 分隔带
   C. 通航分道　　　　　　　　　　　　D. 推荐航路

120. (图中所标红色字母非海图内容)红色字母 D 所覆盖的虚线箭矢表示_____。

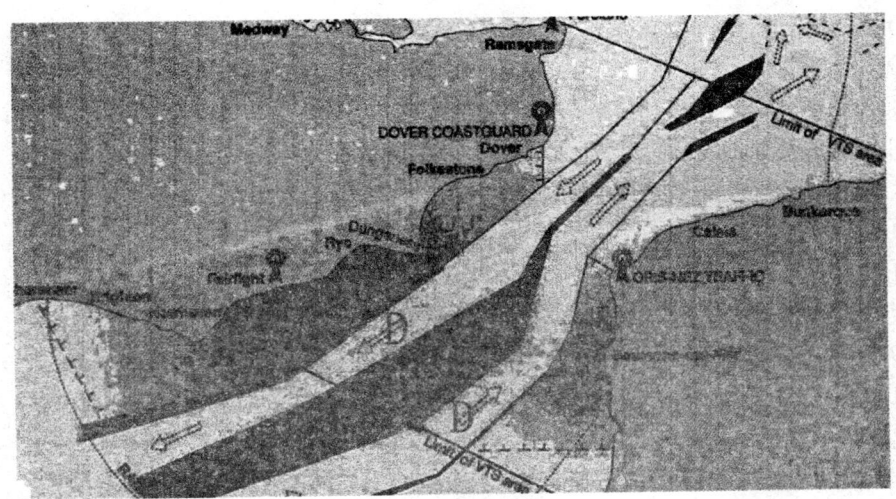

A. 推荐航线 B. 分隔线
C. 船舶报告线 D. 推荐交通流

121. (图中所标红色字母非海图内容)红色字母 E 所覆盖的"⊥ ⊥"线表示_____。

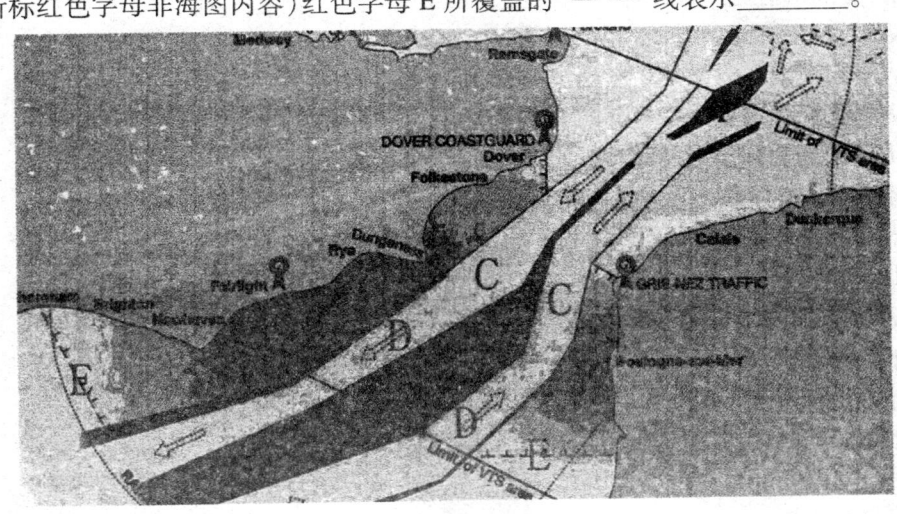

A. 船舶报告线 B. 分隔带
C. 限制区域界限 D. 推荐航路

122. 英版图式" 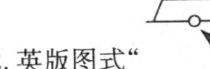 "表示_____。

 A. 大型助航浮标 B. 灯船
 C. 左侧标 D. 右侧标

123. 中版海图,我国沿海系统测量区域采用_____为深度基准。

 A. 理论最低潮面 B. 天文最低潮面
 C. 平均大潮低潮面 D. 平均低低潮面

124. 海图高程基准面通常作为海图上所标_____等高程的起算面。

①山头;②岛屿;③明礁
A. ②③
B. ①③
C. ①②
D. ①②③

125. 海图深度基准面通常是海图所标_____的起算面。
①水深;②干出高度;③净空高度
A. ①③
B. ②③
C. ①②③
D. ①②

126. 中版海图通常采用_____作为高程基准面。
①1985 国家高程基准面;②当地平均海面;③平均大潮高潮面
A. ①②③
B. ①③
C. ②③
D. ①或②

127. 通常情况下,中版海图的高程基准面为_____。
A. 理论最低潮面
B. 平均大潮高潮面
C. 1985 国家高程基准面
D. 平均高高潮面

128. 通常中版海图上物标的高程是指_____。
A. 从深度基准面到物标顶端的高度
B. 从平均大潮高潮面到物标顶端的高度
C. 从高程起算面到物标顶端的高度
D. 从海面到物标顶端的高度

129. 海图深度基准面是_____的起算面。
A. 水深和岛屿高度
B. 水深和干出礁
C. 山头和明礁
D. 干出礁和明礁

130. 中版海图,图注水深的起算面是_____。
A. 平均海面
B. 平均大潮高潮面
C. 理论最低潮面
D. 天文最低潮面

131. 通常情况下,中版海图资料上给出的水深比实际的水深_____。
A. 大
B. 小
C. 一样
D. 不确定

132. 中版海图深度基准面是_____的起算面。
①水深;②干出礁;③山头;④岛屿;⑤比高
A. ①②
B. ①③
C. ②④
D. ②⑤

133. 在航海图书资料中以_____为基准给出深度基准面所在位置的大小。
A. 平均海面
B. 潮高基准面
C. 平均大潮高潮面
D. 平均大潮低潮面

134. 关于我国深度基准面,以下说法正确的是_____。
A. 深度基准面是通过天文计算求得的
B. 深度基准面是平均大潮低潮面

C. 深度基准面是平均低低潮面

D. 深度基准面是根据长期验潮的数据所求得的理论上可能最低的潮面

135. 某张海图的深度和高程基准面可在下列哪种资料中查取?

A.《航海图书总目录》 B. 海图图廓注记中

C. 海图标题栏内 D.《航路指南》中

136. 下列哪项不是海图标题栏的主要内容?

A. 图名 B. 地理范围

C. 比例尺与基准纬度 D. 本图的改版日期

137. 当海图坐标系和 GPS 的坐标系不同时,GPS 定位修正值可在_____查得。

A. GPS 接收机的使用说明书 B. GPS 接收机的操作面板上

C. 海图标题栏附近 D. 海图图框外的右下角度

138. 有关卫星船位经纬度的修正资料,通常刊印在海图何处?

A. 图名上方

B. 图廓外上方

C. 图廓外下方

D. 海图标题栏的"注意(Note)"栏中

139. 当船位在不同坐标系的海图之间进行转换定位时,应进行经纬度的修正,该修正值通常刊印在海图何处?

A. 图名上方

B. 海图标题栏的"注意(Note)"栏中

C. 图廓外下方

D. 图廓外上方

140. 中版海图图号是按_____顺序编排的。

A. 地区 B. 新版日期

C. 出版日期 D. 改版日期

141. 由于各国采用的大地坐标系不同而产生的地理坐标修正量通常刊印在海图的_____。

A. 图廓注记内 B. 海图左下角

C. 海图右下角 D. 海图标题栏内

142. 中版海图标题栏通常包含下列哪项内容?

A. 图幅的地理位置和图幅尺寸 B. 比例尺和对数图尺

C. 海图基准面及计量单位 D. 图名和图号

143. 关于海图标题栏中用红色印刷部分,下列说法正确的是_____。

A. 是制图美观的需要

B. 是海图出版后的补充小改正

C. 与航行安全有关,应重点关注

D. 是为了将不同内容分隔开,方便阅读

144. 某船当班驾驶员航行中发现使用的海图比较破旧,为检验该海图是否伸缩变形,他应该_____。

A. 量取该图外廓尺寸并与该图图幅尺寸进行比较
B. 量取该图内廓尺寸并与该图海图标题栏进行比较
C. 量取该图内廓尺寸并通过该图对数图尺进行检验
D. 量取该图内廓尺寸并与该图图幅尺寸进行比较

145. 判定中版海图是否可用的最重要因素是_____。
    A. 海图图号和小改正
    B. 出版、发行情况和小改正
    C. 海图图号和出版发行情况
    D. 图幅地理位置和图幅尺寸

146. 海图图廓注记通常包括以下内容_____。
    A. 小改正和参阅相邻海图
    B. 海图图号和图名
    C. 发行和出版情况以及计量单位
    D. 对数图尺和图式版别

147. 以下属于海图图廓注记的内容是_____。
    A. 海图所在水域内的禁航区
    B. 海图所在水域的地磁资料
    C. 海图的新版和改版日期
    D. 海图投影方式

148. 海图标题栏有哪些内容？
    A. 图号、出版日期
    B. 小改正、比例尺
    C. 图名、比例尺、基准面、计量单位、投影原理
    D. 图名、比例尺、基准面、投影原理、图幅尺寸

149. 海图图廓有哪些内容？
    A. 图号、出版日期、图幅尺寸、小改正、出版年月
    B. 图号、出版日期、图幅尺寸、比例尺、出版年月
    C. 图名、比例尺、基准面、计量单位、投影原理
    D. 图名、比例尺、基准面、投影原理、图幅尺寸

150. 当值驾驶员必须要清楚地知道所使用海图水深、高程的单位和比例尺,欲查阅相关内容,可以查阅_____。
    A. 海图标题栏
    B. 海图图廓注记
    C. 海图图式
    D. 海图卡片（或海图改正记录簿）

151. 海图改正后,应该把该通告的号码和年份登记在_____。
    A. 海图标题栏
    B. 海图图廓注记左下角区域
    C. 海图图廓注记右下角区域
    D. 海图的空白处

152. 海图标题栏通常包括下列哪些内容？
    ①图名；②图号；③图幅；④比例尺；⑤计量单位；⑥资料来源
    A. ①②③④
    B. ①②③④⑤
    C. ①④⑤⑥
    D. ②③⑥

153. 海图标题栏通常包括下列哪些内容？
    ①图名；②图号；③图幅；④比例尺；⑤计量单位；⑥出版和发行情况
    A. ①②③④
    B. ①②③④⑤
    C. ①④⑤
    D. ②③⑥

154. 海图图幅是指_____。
    A. 海图图纸的尺寸   B. 海图内廓界限尺寸
    C. 海图外廓界限尺寸   D. 印刷海图的图版尺寸
155. 中版海图标题栏通常包含下列哪项内容?
    A. 图幅的地理位置和图幅尺寸   B. 比例尺和对数图尺
    C. 海图基准面及计量单位   D. 图名和图号
156. 中版海图中中国海区的高程基准面是_____。
    ①1985国家高程基准面;②当地平均海平面;③平均大潮高潮面;④平均高高潮潮面
    A. ①②   B. ③④
    C. ②③   D. ①④
157. 中版海图图式中往复流涨潮流的图式是_____。
    A. ―→ 3 kn   B. ＃〜〜〜→
    C. ―→ 2.8 kn   D. 〜〜〜→ (see Note)
158. 建筑物(如塔形建筑物)符号旁所标带括号的数字通常是指建筑物的_____,即自高程基准面至建筑物_____的高度。
    A. 地面高程;基部地面   B. 顶高;顶端
    C. 顶高;基部地面   D. 比高;顶端
159. 中版海图所标净空高度是指从_____至桥下净空宽度中下梁_____的垂直距离。
    A. 平均大潮高潮面或江河高水位;最高点
    B. 平均高高潮面或当地平均海面;最高点
    C. 平均高高潮面或当地平均海面;最低点
    D. 平均大潮高潮面或江河高水位;最低点
160. 海图高程单位通常在_____中加以说明。
    A. 海图出版和发行情况栏   B. 图幅尺寸栏
    C. 海图标题栏   D. 小改正栏
161. 中版海图上灯塔的灯高是指_____。
    A. 平均海面至灯塔灯芯的高度
    B. 平均大潮高潮面至灯塔灯芯的高度
    C. 平均大潮高潮面至灯塔顶部的高度
    D. 平均海面至灯塔顶部的高度
162. 海图水面处直体数字注记的水深数字表示_____。
    A. 干出高度
    B. 深度不准或采自旧水深资料或小比例尺图的水深
    C. 测到一定深度尚未着底的深度
    D. 实测水深或小比例尺海图上所标水深
163. 海图图式"15_4"(直体字)表示_____。

①实测水深;②深度不准;③采自小比例尺海图的水深

  A. ①   B. ①或②

  C. ①或③   D. ②或③

164. 中版海图上的注记"疑存"的意义为_____。

  A. 对礁石、浅滩等的深度存在疑问 B. 对礁石、浅滩等的存在有疑问

  C. 对危险物的位置存在疑问   D. 对危险物的位置未经精确测量

165. 海图图式 $\underline{198}$ 的准确含义为_____。

  A. 实际水深   B. 可疑水深

  C. 未测到底的水深   D. 比高

166. 关于中版海图上的等深线,下列说法正确的是_____。

  A. 虚线描绘的等深线较为准确

  B. 实线描绘的等深线较为准确

  C. 采用哪种形式的描绘方法由海图出版商决定

  D. 等深线的中心点为最浅点

167. 中版海图底质注记中,缩写"泥.沙.贝"表示_____。

  A. 泥、沙、贝的混合底质,其中主要成分为泥

  B. 泥、沙、贝的混合底质,最上层为泥

  C. 泥、沙、贝的混合底质,其中主要成分为贝

  D. 泥、沙、贝的混合底质,最上层为贝

168. 中版海图图式"细沙泥贝"表示该区底质为_____。

  A. 上层为细沙,中层为泥,下层为贝

  B. 细沙、泥和贝的混合底质

  C. 细沙多于泥和贝的混合底质

  D. 细沙、细泥和细贝的混合底质

169. 在中版海图上,底质注记"粗沙/软泥"表示_____。

  A. 底质为粗沙多,软泥少   B. 底质为软泥多,粗沙少

  C. 底质上层为粗沙,下层为软泥 D. 底质上层为软泥,下层为粗沙

170. 在中版海图上,"粗沙软泥黏土"表示_____。

  A. 底质以黏土为主,上层是粗沙,下层是软泥

  B. 底质以粗沙为主,软泥和黏土的量较少

  C. 底质为粗沙、软泥和黏土等量混合在一起

  D. 底质从上到下依次均匀分布顺序为粗沙、软泥和黏土

171. 暗礁是指_____。

  A. 平均大潮高潮时露出的孤立岩石

  B. 平均大潮高潮面下,深度基准面以上的孤立岩石

  C. 深度基准面适淹的礁石

  D. 深度基准面以下的孤立岩石

172. 干出礁是指_____。
　　A. 平均大潮高潮时露出的孤立岩石
　　B. 平均大潮高潮面下,深度基准面以上的孤立岩石
　　C. 深度基准面适淹的礁石
　　D. 深度基准面以下的孤立岩石

173. 明礁是指_____。
　　A. 平均大潮高潮时露出的孤立岩石
　　B. 平均大潮高潮面下,深度基准面以上的孤立岩石
　　C. 深度基准面适淹的礁石
　　D. 深度基准面以下的孤立岩石

174. 适淹礁是指_____。
　　A. 平均大潮高潮时露出的孤立岩石
　　B. 平均大潮高潮面下,深度基准面以上的孤立岩石
　　C. 深度基准面适淹的礁石
　　D. 深度基准面以下的孤立岩石

175. 暗礁旁边所标的数字表示_____。
　　A. 干出高度　　　　　　　　　B. 高程
　　C. 平均海面下的水深　　　　　D. 深度基准面以下的水深

176. 中版海图沉船图式"　"表示_____。
　　A. 深度不明的水下沉船
　　B. 干出沉船
　　C. 船体露出平均大潮高潮面以上的沉船
　　D. 部分船体露出深度基准面的沉船

177. 中版海图沉船图式"　船"表示_____。
　　A. 深度不明的水下沉船
　　B. 干出沉船
　　C. 船体露出平均大潮高潮面以上的沉船
　　D. 部分船体露出深度基准面的沉船

178. 中版海图图式"　"表示_____。
　　A. 防波堤　　　　　　　　　　B. 桥
　　C. 大浪区　　　　　　　　　　D. 多礁石地区,上方有浪花

179. 中版海图图式"　珊　"表示_____。
　　A. 珊瑚礁　　　　　　　　　　B. 明礁
　　C. 干出礁　　　　　　　　　　D. 暗礁

180. 中版海图图式中,缩写"概位"是指_____。

A. 对礁石、浅滩等的存在有疑问　　B. 深度可能小于已注明的水深注记

C. 对危险物的位置有怀疑　　D. 危险物的位置未经精确测量

181. 中版图式"▬▬▬▬▬"表示_____。

A. 沉船残骸及其他有碍抛锚和拖网的地区

B. 深度不明的障碍物

C. 鱼栅

D. 贝类养殖场

182. 中版海图图式中,缩写"疑位"是指_____。

A. 对礁石、浅滩等的存在有疑问　　B. 深度可能小于已注明的水深注记

C. 对危险物的位置有怀疑　　D. 危险物的位置未经精确测量

183. 中版海图图式中,缩写"疑存"是指_____。

A. 对礁石、浅滩等的存在有疑问　　B. 深度可能小于已注明的水深注记

C. 对危险物的位置有怀疑　　D. 危险物的位置未经精确测量

184. 中版海图图式"⌗"表示_____。

A. 深度不明的井　　B. 锚地

C. 碍锚地　　D. 渔栅

185. 中版海图图式"⊗"表示_____。

A. 禁止捕鱼　　B. 渔网

C. 渔礁　　D. 渔栅

186. 中版海图图式"⊗ 2₇"表示_____。

A. 已知最浅深度的渔礁　　B. 已知高度的渔礁

C. 带有编号的渔礁　　D. 已知深度的渔网

187. 中版海图图式"⊗ 2₇"表示_____。

A. 已知最浅深度的渔礁　　B. 已知高度的渔礁

C. 带有编号的渔礁　　D. 已知深度的渔网

188. 中版海图图式"碍⑤"表示_____。

A. 已知最浅深度的障碍物　　B. 已知高度的障碍物

C. 高出平均大潮高潮面的障碍物　　D. 经扫海或潜水员探测的障碍物

189. 中版海图图式"⑤碍"表示_____。

A. 已知最浅深度的障碍物

B. 已知高度的障碍物

C. 高出平均大潮高潮面的障碍物

D. 经扫海或潜水探测的最浅深度障碍物

190. 中版图式"⊸─"表示沉船,该沉船位置在_____。

A. 图式符号的几何中心　　B. 图式符号底线中心空心圆处

C. 图式符号最高点处　　　　　　　　D. 图式符号最低点处

191. 持续时间不少于 2 s 的闪光为_____。
    A. 明暗光　　　　　　　　　　　　B. 联闪光
    C. 混合联闪光　　　　　　　　　　D. 长闪光

192. 颜色不变,明暗交替且时间相等的灯质为_____。
    A. 明暗光　　　　　　　　　　　　B. 等明暗光
    C. 联明暗光　　　　　　　　　　　D. 互光

193. 在一个周期内相继出现几个不同闪光次数的联闪光为_____。
    A. 明暗光　　　　　　　　　　　　B. 联闪光
    C. 混合联闪光　　　　　　　　　　D. 长闪光

194. 颜色不变,在一个周期内明的时间长于暗的时间的灯光灯质为_____。
    A. 明暗光　　　　　　　　　　　　B. 联闪光
    C. 混合联闪光　　　　　　　　　　D. 长闪光

195. 有节奏地交替显示不同颜色的灯光,其灯质为_____。
    A. 明暗光　　　　　　　　　　　　B. 等明暗光
    C. 联明暗光　　　　　　　　　　　D. 互光

196. 在一个周期内连续熄灭两次或两次以上,明长于暗的灯质为_____。
    A. 明暗光　　　　　　　　　　　　B. 等明暗光
    C. 联明暗光　　　　　　　　　　　D. 互光

197. 在一个周期内以两次或两次以上的闪光组成一个组的灯光灯质为_____。
    A. 明暗光　　　　　　　　　　　　B. 联闪光
    C. 混合联闪光　　　　　　　　　　D. 长闪光

198. 某船夜间航行,海图上在航线附近距本船约 7′.0 处有一灯塔标注,查灯标表得该灯塔的备注栏:W000°~090°(90°),关于该灯塔灯光下列说法正确的是_____。
    A. 位于该灯塔 000°~090°之间的船舶能见到白光,可见光范围 90°
    B. 位于该灯塔 000°~090°之间的船舶能见到白光,可见光范围 270°
    C. 位于该灯塔 180°~270°之间的船舶能见到白光,可见光范围 90°
    D. 位于该灯塔 180°~270°之间的船舶能见到白光,可见光范围 270°

199. 在中版海图上,某灯塔的图式标注"闪 4 秒 60 米 21 海里(环向,笛)",则该灯塔灯高是_____。
    A. 4 s　　　　　　　　　　　　　　B. 60 m
    C. 21 n mile　　　　　　　　　　　D. 不能确定

200. 在中版海图上,某灯塔的图式标注"闪 4 秒 60 米 21 海里(环向,笛)",则该灯塔射程是_____。
    A. 4 s　　　　　　　　　　　　　　B. 60 m
    C. 21 n mile　　　　　　　　　　　D. 不能确定

201. 在中版海图上,某灯塔的图式标注"闪 4 秒 60 米 21 海里(环向,笛)",则该灯塔光色是_____。

A. 白色 　　　　　　　　　　　　B. 红色
C. 绿色 　　　　　　　　　　　　D. 不能确定

202. 在中版海图上,某灯塔的图式标注"闪 5 秒 129 米 14 海里",其中"5 秒"表示_____。
A. 灯光周期 　　　　　　　　　　B. 灯质
C. 光色 　　　　　　　　　　　　D. 一个周期中光的持续时间

203. 在中版海图上,某灯塔的图式标注"闪 5 秒 129 米 14 海里",其中"14 海里"表示_____。
A. 灯高 　　　　　　　　　　　　B. 射程
C. 比高 　　　　　　　　　　　　D. 高程

204. 在中版海图上标注的图式为" ",以下说法正确的是_____。
A. 装有灯标的海上平台 　　　　　B. 装有灯标的海上大型建筑物
C. 装有灯标的海上工程基地 　　　D. 装有灯标的海上观测站

205. 在中版海图上标注的图式为," "以下说法正确的是_____。
A. 装有灯标的导灯,其导航线从灯标看的真方位为 269°17′
B. 装有灯标的叠标,其导航线从海上看的真方位为 269°17′
C. 装有灯标的海上叠标,虚、实线部分均可用于导航
D. 装有灯标的叠标,海上仅能从 269°17′方向上可见

206. 海图图式" "表示_____。
A. 引航站 　　　　　　　　　　　B. 限制区界限
C. 无线电报告点 　　　　　　　　D. 生产平台、井架

207. 海图图式" "表示_____。
A. 禁止船舶通航区域 　　　　　　B. 禁止抛锚的区域
C. 禁止捕捞的区域 　　　　　　　D. 禁止抛锚及捕捞的区域

208. 中版海图图式" "表示_____。
A. 部分露出深度基准面的沉船
B. 已知最浅深度的沉船
C. 经扫海(或潜水探测)的最浅深度沉船
D. 未经精确测量,最浅水深不明的沉船

209. 海图图式" "表示_____。

A. 定向无线电航标 B. 定光灯
C. 互光灯 D. 光弧

210. 中版图式 "" 表示无线电报告点,以下说法正确的是_____。
①其中数字是指报告时可用的 VHF 频道;②其中数字是指该报告点的编号;③船舶顺箭头方向航行时需要报告,逆箭头方向航行时不需要报告
A. ①②③ B. ①②
C. ①③ D. ②③

211. 表示无线电报告点的海图图式是_____。

A. B.

C. D.

212. 在中版海图上标注的图式如下图所示,有关对图中品红色图式的理解,以下说法正确的是_____。

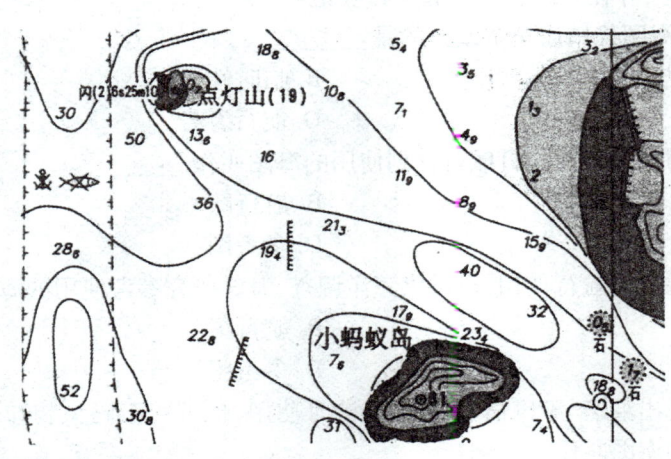

A. 图中品红色限制界限水域为航道,但禁止捕鱼
B. 图中品红色限制界限水域为航道,但禁止锚泊
C. 图中品红色限制界限水域为航道,但禁止锚泊和捕鱼的区域
D. 图中品红色限制界限水域为禁止锚泊和捕鱼的区域

213. 在中版海图上标注的图式如图 "" 所示,以下说法正确的是_____。
A. 危险水域,禁止航行或抛锚
B. 爆炸物倾倒区域,海上避航区

C. 警戒区,在区域内船舶交通流方向复杂,需特别谨慎

D. 警戒区,需绕航

214. 中版海图图式"$\frac{15}{岩}$"表示_____。

   A. 适淹礁   B. 深度不明危险暗礁

   C. 水深 15 m 下方岩石   D. 非危险暗礁

215. 某船由(20°S,100°E)出发,分别按航向北、东、南、西各航行 600 n mile,将到达原出发点的_____。

   A. 同一位置   B. 东面

   C. 西面   D. 南面或北面

216. 某船自 30°N,120°E 出发,依次在真航向 090°、000°、270°、180°上各航行 100 n mile 后,其到达点_____。

   A. 经度不变,纬度改变   B. 回到原点

   C. 纬度不变,经度改变   D. 纬度、经度都变

217. 海图改正时,对临时性通告和预告性通告应_____。

   A. 用红墨水笔改正,并在小改正处做好登记

   B. 用铅笔改正,并在小改正处做好登记

   C. 用红墨水笔改正,并在小改正处另起一行登记

   D. 用铅笔改正,并在小改正处另起一行登记

218. 下列通告中,海图代销店负责改正的是_____。

   A. 永久性通告   B. 临时性通告

   C. 预告   D. 航行警告

219. 主要供研究海区形势及拟订航行计划使用的海图叫作_____。

   A. 海区总图   B. 航行图

   C. 港湾图   D. 参考图

220. 主要供船舶在海上航行使用,也可供海洋调查、海洋研究参考使用的海图叫作_____。

   A. 海区总图   B. 航行图

   C. 港湾图   D. 参考图

221. 主要供船舶进出港湾、避风锚地、停靠驻泊时使用,也可用于码头装卸作业和港湾施工建设等方面工作的海图叫作_____。

   A. 海区总图   B. 航行图

   C. 港湾图   D. 参考图

222. 海图按作用可以分为_____。

   ①纸海图;②电子海图;③航用海图;④参考图

   A. ①②   B. ③④

   C. ①③   D. ②④

223. 海图按比例尺可以分为_____。

   ①总图;②航行图;③港湾图;④极区图

A. ①②③ B. ②③④
C. ①③④ D. ①②④

224. 海图按所用载体的不同可以分为_____。
①纸海图；②电子海图；③航用海图；④参考图
A. ①② B. ③④
C. ①③ D. ②④

225. 使用资料陈旧、水深点稀少的海图，且航行在船舶活动较少的海区时，应_____。
A. 尽可能将航线设计在水面空白处
B. 尽可能将航线设计在水深点上
C. 尽可能将航线设计在水深点稀少处
D. 尽可能使航线与等深线垂直

226. 船上海图一旦受潮，应_____。
A. 尽量平放阴干 B. 尽快烘烤干
C. 尽可能晒干 D. 立即晒干或烤干

227. 拟定航线时，应尽可能选择_____的航用海图。
A. 新版大比例尺 B. 新版小比例尺
C. 现行版大比例尺 D. 现行版小比例尺

228. 使用海图时，应尽可能选择_____。
A. 已改正至最新的新图 B. 已改正至最新的新购置海图
C. 已改正至最新的新版图 D. 已改正至最新的现行版海图

229. 下列有关海图使用注意事项的说法不正确的是_____。
A. 尽可能使用现行版大比例尺海图
B. 各地海图代销商会对永久性通告进行改正，所以新购置图，其图上资料是最新的
C. 海图上的作业痕迹，应保留痕迹至航次结束或海事处理结束为止
D. 海图一旦受潮应放平阴干

第四节　主要航海出版物

1. 关于 Admiralty ocean passages for the world 说法正确的是_____。
A. 使用本书时必须参阅最新版补篇和周版《航海通告》
B. 给出的推荐航线为气象航线
C. 可从航路索引中查得航线资料所在的页数
D. 该书只适用于机动船

2. Admiralty ocean passages for the world 更新频率为_____。
A. 每一年更新一次 B. 每两年更新一次
C. 每三年更新一次 D. 不定期更新

3. 关于 Admiralty ocean passages for the world 的主要用途，说法正确的是_____。
A. 可以查取航次所需航海图 B. 可以查取 VHF 服务

C. 可以查取港口作业方面的服务　　　　D. 可以查取大洋航路推荐航线

4. 关于英版《航路设计图》给出的推荐航线，说法正确的是_____。
   A. 均为恒向线航线
   B. 均为大圆航线
   C. 直线为恒向线航线，曲线为大圆航线
   D. 直线为大圆航线，曲线为恒向线航线

5. 下列信息中，可在英版《航路设计图》中查询的是_____。
   ①推荐航线；②洋流；③风花；④冰区界限；⑤国际载重线区域界限
   A. ①②③④　　　　　　　　　　　　　B. ①②④⑤
   C. ①④⑤　　　　　　　　　　　　　　D. ①②③④⑤

6. 关于英版《航路指南》，下列说法错误的是_____。
   A. 可以查阅所覆盖海区的航海资料
   B. 可以查阅全球的气象观测站资料
   C. 可以查阅所覆盖海区总的自然条件
   D. 可以查阅对景图

7. 英版《灯标与雾号表》的主要内容包含_____。
   ①灯标细节；②光达距离图；③地理能见距离表；④雷达航标
   A. ①②③④　　　　　　　　　　　　　B. ①②④
   C. ①②③　　　　　　　　　　　　　　D. ①③④

8. 下列哪项不属于英版《无线电信号表》第二卷？
   A. 海岸无线电台　　　　　　　　　　　B. 无线电助航标志
   C. 法定时　　　　　　　　　　　　　　D. 无线电时号

9. 下列哪项内容不属于英版《无线电信号表》第六卷？
   A. 引航服务　　　　　　　　　　　　　B. 船舶交通服务
   C. 港口作业　　　　　　　　　　　　　D. 海岸电台服务

10. 下列哪项不属于英版《海图及航海出版物目录》的主要用途？
    A. 可以查取英版海图及出版物全球特约代销商的联系方式
    B. 可以查取全球的分区图夹号
    C. 可以查取各个国家所用的法定时
    D. 可以查取辅助用图

11. 下列哪项不属于英版《海图及航海出版物目录》的主要用途？
    A. 可以查取电子海图设备及软件供应商的联系方式
    B. 可以查取不同的冰区界限
    C. 可以检验船存海图的适用性
    D. 可以检验船存航海图书的适用性

12. 英版《海图及航海出版物目录》_____更新一次。
    A. 每一年　　　　　　　　　　　　　　B. 每两年
    C. 每三年　　　　　　　　　　　　　　D. 不定期

13. 关于《中国航路指南》,下列说法错误的是_____。
    A. 可以查阅所覆盖海区的气象水文资料
    B. 可以查阅所覆盖海区的航路资料
    C. 可以查阅所覆盖海区的所有航用海图
    D. 可以查阅所覆盖海区的船舶定线制有关规定

14. 中版《航标表》_____更新一次。
    A. 每一年   B. 每两年
    C. 每三年   D. 不定期

15. 下列哪项不属于中版《航海图书目录》的主要用途?
    A. 可以查找购买中版航海图书的机构及联系方式
    B. 可以抽选航次所用中版航用海图
    C. 可以检验船存海图的适用性
    D. 可以查取航次推荐航线

16. 中版《航海图书目录》_____更新一次。
    A. 每一年   B. 每两年
    C. 每三年   D. 不定期

第五节　航海通告

1. 在下列哪些资料中可查得"Current Hydrographic Publications"?
   ①任一英版《航海通告》;②每月月末版英版《航海通告》;③季末版英版《航海通告》;④年英版《航海通告年度摘要》
   A. ①②③   B. ①②③④
   C. ②③④   D. ③④

2. 英版《航海通告》一共由8部分组成,月末版增加的仍有效的临时性通告和预告一览表在_____。
   A. 第一部分   B. 第二部分
   C. 第七部分   D. 第八部分

3. 英版《航海通告》一共由8部分组成,季末版增加的现行版水道出版物一览表在_____。
   A. 第一部分   B. 第二部分
   C. 第七部分   D. 第八部分

4. 利用英版《航海通告》可以_____。
   ①改正英版航海图书资料;②改正英版海图;③获取英版海图和图书的出版信息;④获取全球的无线电航海警告信息
   A. ①②③   B. ①②③④
   C. ①②④   D. ①②

5. 利用英版《航海通告》改正海图时,应_____。
   A. 按航次使用的先后顺序由近至远进行改正

B. 按图号的大小顺序进行改正
C. 先改正小比例尺的海图
D. 先改正大比例尺的海图

6. 从英版《航海通告》海图改正通告正文中的"[previous update]"部分可直接获取_____。
   A. 海图的之前版本号
   B. 海图的之前版本日期
   C. 海图上一次改正的航海通告的年份和项目编号
   D. 海图上一次改正的航海通告的期数

7. 英版《航海通告》一共由8部分组成,《世界大洋航路》改正信息在_____。
   A. 第一部分   B. 第二部分
   C. 第七部分   D. 第八部分

8. 英版《航海通告》一共由8部分组成,《海员手册》改正信息在_____。
   A. 第一部分   B. 第二部分
   C. 第七部分   D. 第八部分

9. 利用英版《航海通告年度摘要》第一册[NP 247(1)]可以查取_____。
   ①年度通告;②临时性通告和预告汇编;③现行版英版《航路指南》一览表;④英版《航路指南》改正汇编
   A. ①②③④   B. ①②
   C. ③④   D. ①②④

10. 利用英版《航海通告年度摘要》第二册[NP 247(2)]可以查取_____。
    ①年度通告;②临时性通告和预告汇编;③现行版英版《航路指南》一览表;④英版《航路指南》改正汇编
    A. ①②③④   B. ①②
    C. ③④   D. ①②④

11. 利用英版《航海通告年度摘要》可以_____。
    A. 抽选航次所需海图   B. 抽选航次所需图书
    C. 查询某海图的永久性通告   D. 判断船存英版航海图书的适用性

12. 英版《航海通告累积表》的出版周期为_____。
    A. 年初和年中各出版一次   B. 每年一次
    C. 每两年一次   D. 不定期出版

13. 英版《航海通告累积表》包括_____。
    ①近两年来仍有效的临时性通告和预告汇编;②英版海图近两年来的永久性通告汇编;③部分现行的航海出版物一览表;④英版航海图书资料改正汇编
    A. ①②   B. ②③
    C. ②③④   D. ①②③④

14. 关于英版《航海通告累积表》的用途,下列说法错误的是_____。
    A. 核查英版海图小改正是否存在漏登、漏改
    B. 判断船存英版海图的适用性

C. 判断船存英版航海图书的适用性
D. 核查仍有效的临时性或预告性通告

15. 下列资料中不能获取现行英版航海图书资料的版本及出版日期的是_____。
    A. 每月月末版英版《航海通告》　　　B. 季末版英版《航海通告》
    C. 英版《航海通告累积表》　　　　　D. 英版《航海通告年度摘要》

16. 目前中版《航海通告》转载由IMO划分的NAVAREA第_____海区的无线电航行警告。
    A. Ⅰ　　　　　　　　　　　　　　　B. Ⅴ
    C. Ⅺ　　　　　　　　　　　　　　　D. 全部

17. 利用中版《航海通告》可以_____。
    ①改正中版海图；②改正中版《潮汐表》；③改正中版《航标表》；④改正中版《无线电信号表》；⑤获取中版海图和图书的出版信息
    A. ①②③④　　　　　　　　　　　　B. ①②③⑤
    C. ①③④⑤　　　　　　　　　　　　D. ①②③④⑤

18. 中版《航海通告》海图改正正文中的海图号后面的中括号里面的数字表示_____。
    A. 上一次改正的通告年份和项号
    B. 该海图仅改正该项通告中的第几项内容
    C. 海图的出版年份
    D. 海图的版本号

19. 中版《航海通告》海图改正正文中的海图号后面的小括号里面的数字表示_____。
    A. 上一次改正的通告年份和项号
    B. 该海图仅改正该项通告中的第几项内容
    C. 海图的出版年份
    D. 海图的版本号

20. 若中版《航海通告》海图改正正文中的海图号后面无小括号，则表示_____。
    A. 该海图无须改正
    B. 该海图改正该项通告的所有内容
    C. 该通告依据原始资料编发
    D. 该海图为新图

第六节　无线电航行警告

1. 在船上，沿岸性航海警告一般通过_____接收。
   A. NAVTEX　　　　　　　　　　　　B. E-mail
   C. GPS　　　　　　　　　　　　　　D. AIS

2. 利用无线电航海警告改正海图，下列说法正确的是_____。
   A. 无须改正、登记
   B. 无须改正，只登记即可
   C. 根据需要改正，用红色墨水笔改正并登记
   D. 根据需要改正，用铅笔改正并另起一行登记

第七节　航线设计

1. 船舶在近海、沿岸航行时通常都采用恒向线航法,这是因为_____。
   A. 恒向线在墨卡托海图上是直线,即两点间最短航程航线
   B. 船舶按恒向线航行,操纵方便,且航程增加不多
   C. 恒向线能满足海图的纬度渐长特性
   D. 墨卡托海图是等角投影海图,只能使用等角航线

2. 拟定大洋航线应遵循的主要原则是_____。
   A. 尽量选择大圆航线　　　　　　　B. 尽量选择恒向线航线
   C. 尽量选择混合航线　　　　　　　D. 安全、经济

3. 在安全的前提下,拟定大洋航线的原则是_____。
   A. 航程最短　　　　　　　　　　　B. 水文气象最有利
   C. 一路顺风顺流　　　　　　　　　D. 航时最省

4. 提供大洋航线的主要参考资料有_____。
   A.《世界大洋航路》、航路设计图　　B. 大圆海图、进港指南
   C. 冰情资料、《灯标雾号表》　　　　D.《航海图书总目录》、里程表

5. 拟定沿岸航线时,一般不用考虑下列哪项因素?
   A. 风流情况　　　　　　　　　　　B. 交通密度
   C. 渔船渔栅　　　　　　　　　　　D. 安全航速

6. 拟定航线的依据是_____。
   ①现行版航海图书资料;②水文气象条件;③本船技术状态
   A. ①②　　　　　　　　　　　　　B. ①③
   C. ②③　　　　　　　　　　　　　D. ①②③

7. 沿岸航行具体选定航线时应进行的工作是_____。
   ①分析航次任务情况;②研究有关资料;③预画航线
   A. ①②③　　　　　　　　　　　　B. ①②
   C. ②③　　　　　　　　　　　　　D. ①③

8. 拟定沿岸航线,应尽量选择_____的显著物标作为转向物标。
   A. 转向一侧附近　　　　　　　　　B. 转向另一侧附近
   C. 转向一侧正横附近　　　　　　　D. 转向另一侧正横附近

9. 在拟定沿岸航线选择转向物标时,应尽量避免选择下列哪种物标?
   ①立标;②平坦的岬角;③浮标
   A. ①②③　　　　　　　　　　　　B. ①②
   C. ①③　　　　　　　　　　　　　D. ②③

10. 拟定沿岸航线,确定航线离岸距离时应考虑下列哪些因素?
    ①风流影响的大小;②船员技术水平;③航程的长短;④海图测量精度;⑤船舶吃水的大小
    A. ①②④⑤　　　　　　　　　　　B. ①②③

C. ①②③④⑤   D. ①②③⑤

11. 拟定沿岸航线,确定航线离岸距离时应考虑下列哪些因素?
①经济航速;②船员技术水平;③船舶操纵性能;④测定船位的难易;⑤能见度的好坏
A. ②③④⑤   B. ①②③
C. ①②④⑤   D. ①②③⑤

12. 拟定沿岸航线,确定航线离岸距离时应考虑下列哪些因素?
①通航密度;②转向和避让的旋回余地;③船舶操纵性能;④测定船位的难易
A. ②③④   B. ①②③④
C. ①③④   D. ①②③

13. 沿岸航线确定离岸距离时,下列哪个因素可不必考虑?
A. 吃水的大小   B. 海图测绘精度的高低
C. 交通密集程度   D. 当地潮差大小

14. 沿岸航线确定离岸距离时,下列哪个因素可不必考虑?
A. 能见度的好坏   B. 计程仪的误差大小
C. 本船驾驶员应急能力   D. 风流影响的大小

15. 预画沿岸航线时,应充分考虑到_____。
①尽可能采用推荐航线;②确定适当的离岸距离;③确定避离危险物的安全距离;④选择适当的转向点
A. ①②③   B. ①②④
C. ②③④   D. ①②③④

16. 关于沿岸航行,以下说法错误的是_____。
A. 能见度良好的情况下,距陡峭无危险的海岸,在 2 n mile 以上通过
B. 夜间航行,如定位条件不好或能见度不良,应在离岸 10 n mile 以外航行
C. 沿较平坦倾斜的海岸航行,大船应以 10 m 等深线为警戒线
D. 为了避让转向安全,应该留有足够的余地

17. 拟定沿岸航线,确定航线离危险物的安全距离时可不考虑下列哪项因素?
A. 海图测量精度
B. 附近有无可供定位的物标
C. 白天还是晚上通过
D. 危险物的离岸距离

18. 拟定沿岸航线,确定航线离危险物的安全距离时,应考虑下列哪些因素?
①风流对航行的影响;②船员技术水平;③有无避险物标;④危险物的测量精度
A. ①②   B. ①②③
C. ①②③④   D. ①②④

19. 大圆航线通常适用于_____。
A. 航程较短时
B. 接近南北向航行时
C. 在低纬近赤道地区航行时

D. 航行纬度较高,航线跨越经差较大时

20. 混合航线适用于_____。

   A. 由于某种限制不能完全使用大圆航线时

   B. 起航点与到达点纬度相同时

   C. 航程较短时

   D. 气象条件较好时

21. 确定大圆航线的方法有_____。

   ①大圆海图法;②大圆改正量法;③公式计算法或查表法

   A. ①②   B. ①③

   C. ②③   D. ①②③

22. 下列航线中,哪条航线宜选择大圆航线?

   A. 我国至北美洲的航线

   B. 我国至日本的航线

   C. 我国经印度洋至欧洲的航线

   D. 我国至澳大利亚航线

23. 下列何种情况下,宜选用大圆航线?

   ①航程较短或航向接近南北向时;②高纬度,航向接近东西向时;③高纬度,航向接近南北向时

   A. ①   B. ②

   C. ③   D. ①②

24. 在高纬海区航行,当航向接近东西向且航线跨越的经差较大时,采用何种航线较有利?

   ①大圆航线;②等纬圈航线;③混合航线

   A. ①②   B. ①③

   C. ②③   D. ①②③

25. 混合航线是为了避开恶劣水文气象条件而采用的在有限制纬度情况下的最短航程航线,通常由下列哪几种航线组成?

   ①大圆航线;②最优航线;③等纬圈航线;④气象航线;⑤气候航线

   A. ①②④   B. ①③

   C. ①②③④⑤   D. ②③④⑤

26. 关于大圆航线说法正确的是_____。

   A. 航程最短   B. 航时最省

   C. 最经济   D. 最佳航线

27. 拟定大圆航线时,确定各分点之间间隔的一般原则为_____。

   ①每隔经差5°/10°取一分点;②每隔经差10°/20°取一分点;③每隔约一昼夜航程取一分点

   A. ①②   B. ①③

   C. ②③   D. ①②③

28. 利用大圆海图设计大圆航线时,_____。

   A. 将起始点和到达点用直线连接,两点间的该线段就是大圆航线

B. 大圆航线在大圆海图上是凸向北极的圆弧
C. 大圆航线在大圆海图上是直径很大的圆弧
D. 大圆航线在大圆海图上沿直径的切线方向就是该点的航向

29. 利用大圆海图设计大圆航线时，_____。
    A. 大圆航线是最佳航线
    B. 大圆航线在大圆海图上是凸向近极的圆弧
    C. 大圆航线在大圆海图上是直径很大的圆弧
    D. 大圆航线在大圆海图上不可以量取航向

30. 关于大圆航线分点，以下说法正确的是_____。
    A. 分点应方便航海实践，一般以一天航程为基数。因此中等速度船可取经差 5°～10°，即低纬度航区可取经差 5°，高纬度航区可取经差 10°
    B. 分点应方便航海实践，一般以一天航程为基数。因此中等速度船可取经差 5°～10°，即低纬度航区可取经差 10°，高纬度航区可取经差 5°
    C. 分点越少越好，因为不但方便航海实践又能使航程最短
    D. 分点越多越好，因为不但方便航海实践又能使航程最短

31. 利用大圆海图来实现墨卡托海图上的大圆航线，以下说法正确的是_____。
    A. 对大圆弧航线分点一般可取经差 5°～10°，即低纬度航区可取经差 10°，高纬度航区可取经差 5°
    B. 分点越少越好，因为不但方便航海实践又能使航程最短
    C. 操作中可以直接在大圆海图上量取航程
    D. 大圆海图可以用来求取各分点坐标，即经纬度值

32. 利用大圆海图来实现墨卡托海图上的混合航线，大圆海图作图如下。以下说法正确的是_____。

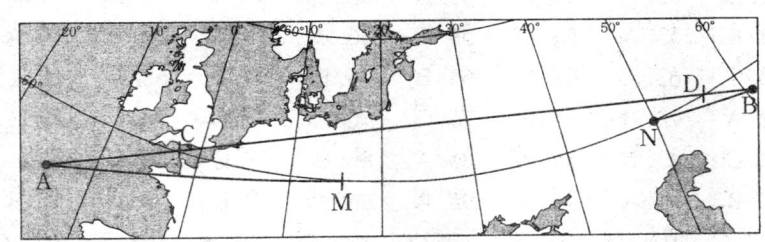

A. 图中直线 AB 为混合航线
B. 图中直线 AC、等纬圈 CD 和直线 DB 为混合航线
C. 图中直线 AM、等纬圈 MN 和直线 NB 为混合航线
D. 图中直线 AM、等纬圈 MD 和直线 DB 为混合航线

参考答案

第一节　海图投影

1. A	2. D	3. A	4. A	5. B	6. B	7. D	8. A	9. C	10. D
11. D	12. C	13. B	14. A	15. A	16. C	17. C	18. B	19. A	20. A
21. D	22. A	23. D	24. D	25. A	26. D	27. D	28. A	29. C	30. B
31. C	32. A	33. C	34. C	35. C	36. D	37. B			

第二节　海图比例尺与海图极限精度

1. B	2. C	3. C	4. B	5. B	6. A	7. B	8. A	9. B	10. B
11. A									

第三节　海图的识读及使用注意事项

1. B	2. C	3. D	4. B	5. C	6. B	7. A	8. D	9. B	10. A
11. A	12. B	13. C	14. D	15. B	16. B	17. A	18. C	19. A	20. D
21. A	22. D	23. B	24. A	25. A	26. B	27. C	28. C	29. A	30. C
31. A	32. A	33. C	34. A	35. B	36. C	37. A	38. A	39. D	40. B
41. A	42. D	43. D	44. B	45. A	46. D	47. B	48. D	49. C	50. C
51. B	52. B	53. A	54. D	55. C	56. D	57. A	58. A	59. A	60. B
61. D	62. C	63. B	64. C	65. D	66. B	67. D	68. D	69. C	70. C
71. A	72. A	73. B	74. B	75. C	76. A	77. D	78. C	79. B	80. A
81. D	82. C	83. B	84. A	85. B	86. D	87. C	88. C	89. D	90. C
91. A	92. B	93. A	94. A	95. B	96. A	97. B	98. D	99. B	100. C
101. D	102. C	103. D	104. C	105. A	106. D	107. A	108. A	109. C	110. A
111. B	112. C	113. C	114. B	115. A	116. C	117. B	118. C	119. C	120. D
121. C	122. A	123. A	124. D	125. D	126. B	127. C	128. C	129. B	130. C
131. B	132. B	133. A	134. D	135. C	136. D	137. D	138. C	139. D	140. C
141. D	142. C	143. C	144. B	145. B	146. A	147. C	148. C	149. A	150. A
151. B	152. B	153. C	154. B	155. D	156. A	157. D	158. B	159. D	160. C
161. B	162. B	163. D	164. B	165. C	166. B	167. D	168. C	169. C	170. B
171. B	172. B	173. B	174. C	175. D	176. C	177. B	178. B	179. B	180. C
181. D	182. C	183. A	184. C	185. C	186. A	187. B	188. A	189. D	190. B
191. D	192. B	193. C	194. A	195. D	196. C	197. B	198. C	199. B	200. C

201. A	202. A	203. B	204. A	205. B	206. B	207. A	208. A	209. D	210. D
211. C	212. D	213. C	214. C	215. C	216. C	217. D	218. A	219. A	220. B
221. C	222. B	223. A	224. A	225. B	226. A	227. C	228. D	229. B	

第四节　主要航海出版物

| 1. A | 2. D | 3. D | 4. C | 5. D | 6. B | 7. C | 8. A | 9. D | 10. C |
| 11. B | 12. A | 13. C | 14. A | 15. D | 16. A | | | | |

第五节　航海通告

| 1. D | 2. A | 3. A | 4. A | 5. A | 6. C | 7. C | 8. C | 9. D | 10. C |
| 11. D | 12. A | 13. B | 14. D | 15. A | 16. C | 17. C | 18. A | 19. B | 20. B |

第六节　无线电航行警告

1. A　　2. D

第七节　航线设计

1. B	2. D	3. D	4. A	5. D	6. D	7. A	8. C	9. D	10. C
11. A	12. B	13. B	14. B	15. D	16. C	17. D	18. C	19. D	20. A
21. D	22. A	23. B	24. A	25. B	26. A	27. B	28. A	29. A	30. A
31. D	32. C								

第一节　海图投影

1. A。航用海图应满足以下两个条件：(1)图上的恒向线是直线；(2)投影性质是等角的。这样，驾驶员就可以根据测得的航向和方位，用直尺在海图上画出恒向线航线和方位线来。

21. D。航海上采用高斯投影、平面图和心射投影来绘制大比例尺的港泊图。

25. A。大圆海图是根据心射投影原理绘制的，图上直线均代表地球表面的大圆弧，专供设计大圆航线时，求大洋航线各分点的经纬度用。心射投影是透视点在球心的平面透视投影。如下图所示，由于任何大圆平面都通过地心，即通过视点，投影该大圆的所有射线都与图面截成直线。

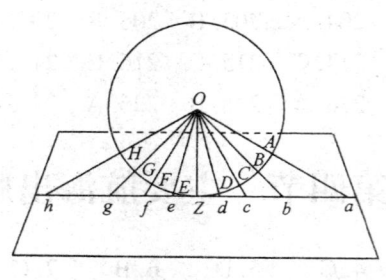

大圆弧心射投影

第二节　海图比例尺与海图极限精度

1. B。海图比例尺决定海图的精度,人眼只能够分辨清楚图上大于 0.1 mm 间距的两个点,因此当比例尺很小时,能够分辨出的图上最小距离所代表的实际距离也就越大,海图的精度也就越差。这种相当于海图上 0.1 mm 所代表的实地水平长度叫作比例尺的精度,或叫作海图的极限精度,比例尺小于 1∶3 000 000 的海图,其极限精度数值将大于 300 m(该值越大,精度越差)。

第三节　海图的识读及使用注意事项

1. B。英版海图水深通常采用天文最低低潮面作为起算面。
2. C。英版海图采用平均大潮高潮面(以半日潮为主的海区)、平均高高潮面(以日潮为主的海区)或当地平均海面(在无潮海区)为高程基准面。我国沿海海图高程基准面一般采用"1985 国家高程基准面"或当地平均海面。
5. C。英版海图水深通常采用天文最低低潮面作为起算面。
48. D。中版海图水深单位为米。水深浅于 21 m 的注至 0.1 m;21~31 m 的注至 0.5 m,小数 0.9、0.1、0.2、0.3 化至相近的整米数,小数 0.4~0.8 化至 0.5 m;深于 31 m 的注至整米。
84. A。英版海图水深通常采用天文最低低潮面作为起算面。
154. B。图幅——印在图廓外右下角,在括号内给出海图内廓界限图幅尺寸,用以检查海图图纸是否有伸缩变形。中版海图以毫米为单位,英版米制海图以毫米为单位,拓制海图以英寸为单位。
216. C。纬度渐长率的影响。

第四节　主要航海出版物

1. A。《世界大洋航路》出版周期较长,出版后的资料变更通过不定期补篇和周版《航海通告》的 Section Ⅳ 进行改正。
4. C。图上绘有主要港口间的推荐航线,绿色直线是恒向线航线,曲线是大圆弧航线,并用箭头标示航线的适用方向。航线上标有起、讫港港名及其间的里程,或大圆弧航线的起、终点间的里程。

第七节　航线设计

19. D。大圆航线(great circle route):基本沿着两点间大圆弧航行的航线。这是两点间地理航程最短的航线,特别是在高纬度海区航向接近东西、横跨经差较大时,大圆航程比恒向线航程要短达数百海里。

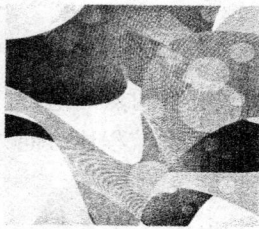

第四章

船舶定线制

第一节 气象航线与气候航线

1. 《世界大洋航路》、每月航路设计图等中所提供的推荐航线是_____。
   ①气候航线；②气象航线；③最佳航线
   A. ①   B. ②
   C. ③   D. ①③

2. 下列哪种航线属于气象航线？
   ①气导公司的推荐航线；②《航路指南》中的推荐航线；③《世界大洋航路》中的推荐航线
   A. ①   B. ②
   C. ③   D. ①②③

3. 《世界大洋航路》和航路设计图提供的推荐航线是_____。
   A. 气象航线   B. 气候航线
   C. 最安全航线   D. 最近距离航线

4. 关于气象导航，下列哪种说法正确？
   A. 是否采取气象导航由气象公司决定
   B. 采取气象定线的船舶不可自行改变航线
   C. 气象定线的主要目的是航行安全和缩短航行时间
   D. 由于气象定线服务要付一定费用，采取自导更有利

5. 关于气象导航公司所给出的航线，下列正确的说法是_____。
   A. 气导航线就是航路设计图中的推荐航线
   B. 气导公司给出的是最短航程线
   C. 气导公司给出的是结合气象、海况和船舶条件的优选航线
   D. 气导公司给出的航线仅适合于巨大型船舶

6. 下列有关气象导航的说法中，哪些是错误的？
   ①是否采用气导公司所推荐的航线由船长决定；②气导公司的推荐航线一经采用，中途不得更改；③是否需要气导公司提供气象导航服务，由船舶或有关方面决定
   A. ①   B. ②
   C. ③   D. ①②

第二节　船舶定线制

1. 船舶定线制的主要目的之一是_____。
   A. 分隔反向或接近反向的交通流　　B. 分隔同向或接近同向的交通流
   C. 分隔小角度交叉相遇的交通流　　D. 分隔各转向点附近的交通流
2. 船舶定线制的主要目标之一是_____。
   A. 梳理同向或接近同向的交通流　　B. 梳理汇聚区域的交通流
   C. 分隔沿岸交通流　　D. 分隔各转向点附近的交通流
3. 船舶定线制的目的是_____。
   ①分隔方向相反的交通流以减少对遇情况；②杜绝在设定航道内行驶船舶与穿越船之间的碰撞发生；③简化船舶汇聚区域内的交通流形式；④指导船舶避开渔场或整顿通过渔场的船舶交通
   A. ①②③　　B. ①②③④
   C. ①③④　　D. ②③④
4. 根据 IMO 船舶定线制的一般规定,船舶定线制的目的是增进船舶在_____的航行安全。
   ①汇聚区域；②通航密度大的区域；③受限水域；④存在航行障碍的水域；⑤水深受限水域；⑥气象条件使船舶操纵受限的区域
   A. ①②③④⑤⑥　　B. ①②③④⑤
   C. ②③④⑤　　D. ②③④⑤⑥
5. 下列有关船舶定线制的作用,说法错误的是_____。
   A. 简化船舶汇集区域内交通流的形式
   B. 分隔相反的交通流,以减少对遇局面/态势的发生
   C. 能完全避免航行在通航分道内的船舶发生碰撞事故
   D. 增进船舶交通安全,规范船舶交通秩序
6. 下列有关船舶定线制的作用,说法错误的是_____。
   A. 减少穿越船与航行在已建立的通航分道内的船舶间的碰撞危险
   B. 分隔相反的交通流,避免船舶间对遇局面/态势的发生
   C. 在水深受限的区域对船舶提供特殊指导,减少搁浅危险
   D. 简化船舶汇集区域内交通流的形式
7. 采用船舶定线制对船舶航行安全起到非常重要的作用,其主要体现在_____。
   ①分隔相反的交通流,以减少对遇局面/态势的发生；②简化船舶汇集区域内交通流的形式；③可指导船舶避开渔场或组织船舶通过渔场；④在沿海开发或勘探集中的区域内组织安全的交通流
   A. ①②　　B. ①②③
   C. ①②④　　D. ①②③④
8. 下列哪些区域可以通过采用船舶定线制以增进船舶航行的安全性?
   ①船舶汇集或交通流密集区域；②受限水域(水域有限或水深受限)；③渔场；④沿海开发或勘

探集中的区域;⑤常年气象条件较差而影响船舶行动自由的水域
   A. ①②⑤   B. ①②④
   C. ①②③④   D. ①②③④⑤
9. 下列选项内容不属于船舶定线制种类的是_____。
   A. 分道通航制   B. 沿岸通航带
   C. 双向航路   D. 船舶报告线
10. 以下属于船舶定线制种类的有_____。
    ①禁锚区;②船舶交通管理区域;③深水航路;④避航区;⑤警戒区
    A. ①②③④   B. ②③④⑤
    C. ①②③⑤   D. ①③④⑤
11. 以下属于船舶定线制种类的有_____。
    ①环形道;②禁锚区;③禁渔区;④推荐航线;⑤推荐航路
    A. ①②③④   B. ①②④⑤
    C. ①②③⑤   D. ②③④⑤
12. 使用分道通航制的船舶拟定航线时,下列说法中错误的是_____。
    A. 所选航线尽可能与分道内船舶总流向一致
    B. 尽可能使用深水航路
    C. 将航线设计在相应的通航分道内
    D. 选择双向推荐航线时,应将航线设计在推荐航线右侧适当的地方
13. 使用分道通航制的船舶拟定航线时,下列说法中错误的是_____。
    A. 所选航线尽可能与分道内船舶总流向一致
    B. 谨慎使用深水航路
    C. 将航线设计在相应的通航分道内
    D. 进入或者离开通航分道制区域时,宜与分道内总交通流向成大角度
14. 使用分道通航制的船舶拟定航线时,下列说法中错误的是_____。
    A. 所选航线尽可能与分道内船舶总流向一致
    B. 避免从分道通航制水域端部进入或者离开通航分道
    C. 将航线设计在相应的通航分道内
    D. 选择双向推荐航线时,应将航线设计在推荐航线右侧适当的地方
15. 使用分道通航制的船舶拟定航线时,下列说法中错误的是_____。
    A. 双向航路内的航线设计,应将航线尽量设计在水域中线上
    B. 船舶尽可能从通航分道的端部与该分道内交通流总流向成尽可能小的角度进入或者离开
    C. 将航线设计在相应的通航分道内
    D. 所选航线尽量与分道内的船舶总流向相一致
16. 使用分道通航制的船舶拟定航线时,下列哪种说法是正确的?
    A. 选择双向推荐航线时,应将航线设计在推荐航线右侧适当的地方
    B. 尽可能使用深水航路
    C. 可以将航线设计在相应的分割带内

D. 通航分道的端部水域船舶密度大,船舶尽量不要从端部进入相应的通航分道内

17. 当船舶航行在环行航道区域时,应_____。
   A. 在环行航道内,船舶按逆时针方向绕分隔点或圆形分隔带航行
   B. 在环行航道内,船舶按顺时针方向绕分隔点或圆形分隔带航行
   C. 在环行航道内,船舶应将分隔点或圆形分隔带置于右舷航行
   D. 进出环行航道时,船舶出口时向左、进口时向右转向绕分隔点或圆形分隔带航行

18. 当船舶航行在环行航道区域时,应_____。
   A. 在环行航道内,船舶应将分隔点或圆形分隔带置于右舷航行
   B. 在环行航道内,船舶按顺时针方向绕分隔点或圆形分隔带航行
   C. 在环行航道内,船舶应将分隔点或圆形分隔带置于左舷航行
   D. 进出环行航道时,船舶出口时向左、进口时向右转向绕分隔点或圆形分隔带航行

19. 船舶定线制中的警戒区是_____。
   A. 航行特别危险,船舶必须避离的区域
   B. 航行有危险,但不必避离的区域
   C. 有军事活动而需避离的区域
   D. 必须谨慎驾驶但不必避离的区域

20. 船舶航行于双向航路,_____。
   A. 应尽可能地靠右行驶   B. 大船可按中线航行
   C. 小船可按中线航行   D. 应尽可能地靠左行驶

21. 在船舶定线规定的航路体系中,有关避航区的叙述正确的是_____。
   A. 避航区是一个有规定界限的区域,在该区域航行必须十分谨慎
   B. 避航区是一个有规定界限的区域,作用相当于警戒区,该区域内还可能有推荐的交通流向
   C. 避航区是一个有规定界限的区域,在该区域内航行特别危险,因此所有船舶或某些船舶必须避离这一区域
   D. 避航区是一个没有规定界限的区域,其作用仅限于军事用途

22. 在船舶定线制规定的航路体系中,有关警戒区的叙述正确的是_____。
   A. 警戒区是一个有规定界限的区域,在该区域航行会发生海难事故,船舶必须避离这一区域
   B. 警戒区是一个有规定界限的区域,作用相当于避航区,该区域内还有推荐的交通流向
   C. 警戒区是一个有规定界限的区域,在该区域内航行特别危险,因此所有船舶或某些船舶必须避离这一区域
   D. 警戒区是一个有规定界限的区域,在该区域内船舶必须谨慎航行,该区域内还可能有推荐的交通流方向

23. 某船在定线制区域内航行,驾驶员应谨慎驾驶。下列有关对定线制的使用和判定正确的是_____。
   A. 只要船舶沿着某一直通航路行驶,本船就拥有直航船的特权
   B. 船舶在定线制区域内航行时,因需要可以穿越航路或转向另一航路,因此,驾驶员必须谨慎驾驶
   C. 因实行了定线制,区域内各方向上的交通流得到了很好的组织,真正的通航分隔已经实现

D. 本船因吃水所限在深水航道中航行,因此,在该航道内的所有船舶均为吃水受限船舶,航行中需要谨慎对待

24. 在定线制区域内对深水航路使用的理解正确的是_____。
   A. 深水航路(DW)主要是供船舶吃水与该航路有效水深相关联(安全通过)的船舶使用,不符合上述条件的船舶应尽可能避免使用
   B. 除非有明文规定,一般吃水船舶不可驶入深水航路行驶
   C. 一般吃水船在选择航路时可不采用深水航路,如要使用须经批准后方可驶入
   D. 本船因吃水所限在深水航道中航行,因此,在该航道内的所有船舶均为吃水受限船舶,航行中需要谨慎对待

25. 在船舶定线制规定的航路体系中,有关禁锚区的叙述正确的是_____。
   A. 禁锚区是一个有规定界限的区域,在该区域锚泊是危险的,禁止任何船舶在该区域内锚泊
   B. 除紧迫危险情况外,所有船舶或特定类型的船舶应避免在该区域内锚泊
   C. 禁锚区是一个有规定界限的区域,在该区域锚泊或是危险,或是可能对海洋环境造成无法接受的损害,任何时候船舶均应避免在该区域内锚泊
   D. 禁锚区是一个没有明确规定界限的区域,在该区域禁止商船锚泊

26. 根据船舶定线制的一般规定,船舶_____。
   A. 允许穿越双向航路,但必须小角度穿越
   B. 允许穿越双向航路,但必须大角度穿越
   C. 不允许穿越双向航路
   D. 允许以任意角度穿越双向航路

27. 在船舶汇聚区域航行的船舶,_____。
   A. 应实行完全的通航隔离
   B. 应十分谨慎地驾驶
   C. 拥有特殊船舶优先权
   D. 必须驶离该区域

28. 在IMO采纳的分道通航制水域,对于使用分道通航制的船舶,下列哪种说法是正确的?
   A. 只需遵守分道通航制条款
   B. 按总流向行驶的船舶与他船不存在避让关系
   C. 并不解除任何船舶遵守《国际海上避碰规则》其他各条规定的责任
   D. 船舶可以不遵守分道通航制条款

29. 在某国领海内制定的IMO未采纳的分道通航制水域内_____。
   A. 仅适用有关"分道通航制"的地方规定
   B. 《国际海上避碰规则》所有条款仍然适用于该水域
   C. 《国际海上避碰规则》不适用于该水域
   D. 除"分道通航制条款"外,《国际海上避碰规则》其他条款仍然适用于该水域

30. 船舶在IMO采纳的定线制水域内航行,下列说法正确的是_____。
   A. 船舶只需遵守定线制相关规定,《国际海上避碰规则》不适用
   B. 在船舶汇集区域可实现完全的通航分隔,与他船间不存在避让关系
   C. 在双向航路上,船舶应尽可能靠右行驶
   D. 指定航路中的交通流方向箭矢表示船舶航行的推荐真航向

31. 船舶在 IMO 采纳的定线制水域内航行,下列说法正确的是_____。
   A. 除定线制相关规定外,船舶还应遵守《国际海上避碰规则》
   B. 在船舶汇集区域可实现完全的通航分隔,与他船间不存在避让关系
   C. 在深水航路上,吃水受限船舶应尽可能靠左行驶
   D. 船舶必须按照推荐的航路/航线行驶,以避免船舶发生碰撞或搁浅的危险

32. 关于船舶定线制的使用,下列说法错误的是_____。
   A. 除定线制相关规定外,船舶还应遵守《国际海上避碰规则》
   B. 深水航路仅供吃水受限船舶选择,其他任何船舶任何时候不得采用
   C. 在双向航路上,船舶应尽可能靠右行驶
   D. 在船舶汇集区域一般难以实现完全的通航分隔,船舶应谨慎驾驶

33. 下列属于船舶定线制的是_____。
   ①过境航行;②双向航路;③推荐航路;④避航区;⑤分道通航制;⑥渔区航路
   A. ①②③④⑤   B. ②③④⑤
   C. ②③④⑤⑥   D. ①②③④⑤⑥

34. 船舶定线制包含_____。
   ①过境航行;②渔区航路;③推荐航路;④避航区;⑤分道通航制;⑥双向航路;⑦沿岸通航带
   A. ①②③④⑤⑥⑦   B. ②③④⑤⑥⑦
   C. ③④⑤⑥⑦   D. ①②③④⑤⑥

35. 船舶定线是由任何一条或多条航路系统或航路指定方式构成的航路体系,常见的航路指定方式包括_____。
   ①分道通航制;②双向航路;③推荐航线;④沿岸通航区;⑤避航区、禁锚区
   A. ①②③⑤   B. ①②③④⑤
   C. ①②③④   D. ②③⑤

参考答案

第一节 气象航线与气候航线

1. A 2. A 3. B 4. C 5. C 6. B

第二节 船舶定线制

1. A 2. B 3. C 4. A 5. C 6. B 7. D 8. D 9. D 10. D
11. B 12. B 13. D 14. B 15. A 16. A 17. A 18. C 19. D 20. A
21. C 22. D 23. B 24. A 25. C 26. B 27. C 28. C 29. D 30. C
31. A 32. B 33. B 34. C 35. B

第一节　气象航线与气候航线

1. A。气候航线(Climate routes)是以气候资料为基础，结合航海经验而制定的航线，又称习惯航线。当今航海界广泛使用的《世界大洋航路图》《航路指南》等资料都有气候航线的信息。"世界大洋航路"中所推荐的航线均属气候航线。
2. A。气象航线(Weather routing，又称天气航线)是根据较准确的短、中期及有效的长期天气和海洋预报，结合船舶性能、装载特点、技术条件、航行任务等，为横渡大洋的船舶选择的最佳天气航线。气象导航是根据较准确的短、中期及有效的长期天气和海洋预报，结合船舶性能、装载特点、技术条件、航行任务等，为横渡大洋的船舶选择最佳天气航线。
4. C。船舶气象导航又称船舶气象定线，是根据船舶性能和装载特点，把短、中、长期天气和海况预报应用在优选航线和监视航行过程中，以达到在最短时间内和损失最小的情况下，安全完成航行任务的一种航海技术。
6. B。正常情况，被导船舶在航行途中，若推荐航线上的天气、海况无大变化时，气象导航机构每天会将航线前方的天气、海况情况电告给船长。若发现情况变化较大时，则将考虑是否提出修改或变更航线的建议。目前较先进的气象导航机构，对已确定的推荐航线，开航后仍有 10%~12% 需要进行修正或变更。

第二节　船舶定线制

1. A。任何船舶定线制的确切目的将取决于想要改善的特定危险环境，但可能部分或全部包括下列各项：(1)分隔相反方向的交通流以减少对遇事件的发生；(2)减少穿越船与在已建立的通航分道内航行的船舶之间的碰撞危险；(3)简化船舶汇聚水域的交通流模式；(4)在近海勘探或开发活动集中的区域内，组织安全的交通流；(5)在对所有船舶或特定类型船舶的航行有危险的或不理想的区域或其附近，组织交通流；(6)在环境敏感区域内，或其附近，或距该区域一定安全距离的地方，组织安全的交通流；(7)为在水深不确定或水深较危险的水域内的船舶提供特殊指导，以降低搁浅的危险；(8)指导船舶让清渔区或组织船舶通过渔区。
4. A。船舶定线的目的是增进船舶汇聚区域和交通密集区域或因水域空间有限、存在航行障碍物、水深受限、气象条件不宜等而使船舶的行动自由受到限制的区域的航行安全。船舶定线还可用于防止或减少由于船舶在环境敏感区域或附近发生碰撞、搁浅或锚泊而对海洋环境造成污染或其他损害的危险。
8. D。船舶定线的目的是增进船舶汇聚区域和交通密集区域或因水域空间有限、存在航行障碍物、水深受限、气象条件不宜等而使船舶的行动自由受到限制的区域的航行安全。
9. D。定线制(Routeing System)以减少海难事故为目的，由一条或多条航路构成的任何制度或定线措施,包括:分道通航制、双向航路、推荐航路、推荐航线、避航区、禁锚区、沿岸通航带、环行道、警戒区和深水航路。

12. B。设计航线时,深吃水船或限于吃水的船舶应选择深水航路。一般吃水的船不应把航线画在深水航路上,但实际航行中未发现在深水航路有深吃水船或限于吃水的船航行或不会妨碍其行动时,其他船舶也可随时驶入。在双向航路(包括深水双向航路)上,船舶应尽可能地靠右行驶。

13. D。如从一侧驶入或驶出,应与通航分道的交通总流向成尽可能小的交角;避免计划航线在通航分道的端部或中部与交通流总流向成直角。

14. B。避碰规则允许船舶从通航分道的任何一侧驶入或驶出。

15. A。在双向航路(包括深水双向航路)上,船舶应尽可能地靠右行驶。

17. A。环行道(Roundabout)由一个分隔点或圆形分隔带与一个规定了界限的环形通航分道组成的一种定线措施。环行道内的交通流按逆时针方向围绕分隔点或分隔带环行实行分隔。在交通汇聚区域,可设置环行航道,使不同方向来的船舶绕环行航道按逆时针方向航行。

19. D。警戒区(Precautionary Area)由一个具有规定界限的区域所组成的定线措施,在该区域内,船舶必须谨慎地驾驶,在警戒区内还可能推荐交通流方向。

21. C。避航区(Area to be avoided)由一个具有规定界限的区域组成;该区域对船舶航行特别危险或者对于避免海难事故特别重要;因而,要求所有船舶或特定种类的船舶避免进入该区域。

22. D。警戒区(Precautionary Area)由一个具有规定界限的区域所组成的定线措施,在该区域内,船舶必须谨慎地驾驶,在警戒区内还可能推荐交通流方向。

23. B。航道完全分隔是不可能的,在船舶汇聚处应特别谨慎驾驶。设计航线时,深吃水船或限于吃水的船舶应选择深水航路。一般吃水的船不应把航线画在深水航路上,但实际航行中未发现在深水航路有深吃水船或限于吃水的船航行或不会妨碍其行动时,其他船舶也可随时驶入。

25. B。禁锚区(No Anchoring Area)由一个具有规定界限的区域组成;在该区域内锚泊是危险的,或者可能对海洋环境造成无法接受的损害。除非是在对船舶或船上人员面临紧迫危险的情况下,否则所有船舶或特定类型船舶应避免在该区域内锚泊。

27. B。航道完全分隔是不可能的,在船舶汇聚处应特别谨慎驾驶。

28. C。在 IMO 采纳的分道通航区或其附近航行时的船舶应严格遵守《1972年国际海上避碰规则》第10条规定。

30. C。无论船舶在何种定线制或其附近航行,在避碰中都不享有任何特权,船舶仍有责任和义务遵守《1972年国际海上避碰规则》的各项规定。在双向航路(包括深水双向航路)上,船舶应尽可能地靠右行驶。海图上标示与定线制有关的箭矢仅标明为确定的或推荐的交通流的总体流向,船舶无须严格按箭头所指的方向航行。

35. B。

第五章

船舶报告制

第一节 船舶报告系统

1. 根据 IMO 船舶报告系统文件,目前的船舶报告系统主要有_____。
   A. 以船舶救助和以船舶交通管理为主要目的的报告系统
   B. 船位报告系统
   C. 船舶动态报告系统
   D. 船舶危险货物报告系统

2. 船舶要加入以船舶搜索救助为目的的报告系统,只需向该系统中心_____。
   A. 连续报告船位　　　　　　　　B. 提交航行计划报告
   C. 每天三次报告船舶动态　　　　D. 每天提交中午报告

3. 以下属于船舶报告种类中特殊报告的是_____。
   ①危险货物报告;②有害物品报告;③海洋污染报告;④航行计划报告
   A. ①②③　　　　　　　　　　　B. ①②④
   C. ②③④　　　　　　　　　　　D. ①②③④

4. 根据 IMO 船舶报告系统文件,最终报告(FR,Final Report)是_____。
   A. 离开报告系统覆盖区域时做出的报告
   B. 在离开报告系统覆盖区域内某一港口之前做出的报告
   C. 在报告系统覆盖区域内的船位报告
   D. 加入报告系统做出的确认报告

5. 根据 IMO 船舶报告系统文件,危险货物报告(DG,Dangerous Goods Report)是_____。
   ①船舶载有危险货物时所做出的报告;②当船载危险货物在距岸 200 n mile 范围内散失时所做出的报告;③当船载危险货物在大洋上散失时所做出的报告
   A. ①　　　　　　　　　　　　　B. ②
   C. ③　　　　　　　　　　　　　D. ②③

6. 船舶要退出以船舶搜索救助为目的的报告系统,只需向该系统中心_____。
   A. 停止报告船位　　　　　　　　B. 提交航行计划报告
   C. 提交最终报告　　　　　　　　D. 终止报告中午船位

7. 根据 IMO 船舶报告系统文件,参加_____。

A. 船舶报告系统是自愿的
B. 船舶报告系统是强制的
C. 船舶交通管理的报告系统是强制的
D. 船舶搜索救助的报告系统是强制的

8. 关于"船舶报告系统",说法正确的是_____。
   A. 根据《进港指南》等规定,船舶驶入某国港口时必须加入该港口的船舶报告系统
   B. 在以船舶救助为目的的报告系统中,船舶加入该系统是强制的
   C. 一般而言,以船舶交通管理为目的的报告对某些船是强制的;以船舶救助为目的的报告是自愿的
   D. 在以船舶交通管理为目的报告系统中,船舶加入该系统是自愿的

9. 关于"船舶报告系统",说法正确的是_____。
   A. 在以船舶救助为目的的报告系统中,船舶向报告系统提交了航行计划报告就被视为加入该系统
   B. 在以船舶救助为目的的报告系统中,船舶向报告系统提交了最终报告就被视为加入该系统
   C. 一般而言,以船舶交通管理为目的的报告对某些船是自愿的;以船舶救助为目的的报告是强制的
   D. 在以船舶救助为目的的报告系统中,船舶向报告系统提交了航行计划报告就被视为退出该系统

10. 关于对船舶报告系统中的变更报告的正确理解是_____。
    A. 变更报告是在实际船位与已报告的预计船位有误差是发出的报告
    B. 变更报告是在实际船位与已报告的预计船位相差很大,改变航行计划时发出的报告
    C. 船长或驾驶员可随时随地发出船位变更报告
    D. 变更报告的内容是航行计划中改变的项目和船位差

11. 下列关于中国船舶报告系统(CHISREP)中报告的有关规定,说法不正确的是_____。
    A. CHISREP 的报告共有 7 种类型,报告以 CHISREP 加报告类型识别字母开头,以报告项 Z 结尾
    B. 航行计划报告是在进入 CHISREP 区域的划定界限前 24 h 至进入后 2 h 之内发出
    C. 船舶改变其计划航线时或船舶的实际船位偏离计划航线超过 2 h 的航程时应发送变更报告(DR)
    D. 当船舶抵达中国沿海港口后或驶离 CHISREP 区域界线前 1 h 内应发送最终报告

第二节　船舶交通管理系统

1. 下列不属于船舶交通管理系统主要功能的有_____。
   A. 信息服务　　　　　　　　　B. 交通组织
   C. 数据评估　　　　　　　　　D. 救捞服务
2. 下列不属于船舶交通管理系统主要功能的有_____。
   A. 数据评估　　　　　　　　　B. 海上救助

C. 数据收集　　　　　　　　　　D. 信息服务

3. 建立船舶交通管理系统（VTS 系统）的目的是_____。
①保障船舶交通安全；②提高交通效率；③保护水域环境
   A. ①③　　　　　　　　　　　B. ②③
   C. ①②　　　　　　　　　　　D. ①②③

4. 下列不属于船舶交通管理系统主要功能的有_____。
①数据收集；②数据评估；③安全检查
   A. ①②　　　　　　　　　　　B. ②③
   C. ③　　　　　　　　　　　　D. ①②③

5. 下列关于船舶交通管理主要目的的阐述哪一个不正确？
   A. 维护国家主权　　　　　　　B. 增进水域交通安全
   C. 提高通航效率　　　　　　　D. 保护海洋环境

6. 船舶交通管理的功能包括_____。
①数据收集；②数据评估；③信息服务；④航行协助服务；⑤交通组织服务；⑥支持联合行动
   A. ①②③④⑥　　　　　　　　B. ②③④⑤⑥
   C. ①②③④⑤　　　　　　　　D. ①②③④⑤⑥

7. 船舶交通管理是海事主管部门通过某些措施，监控通航水域中的船舶交通状况以达到_____。
   A. 交通法规的全面实施
   B. 提高海事主管部门的管理水平
   C. 对通航环境的长效久治
   D. 整顿船舶交通秩序，协助船舶航行，减少海难事故

8. 船舶交通管理系统对监管水域所收集的动态信息包括_____。
   A. 船舶的航向、航速、船位和载货数据
   B. 通航监管水域的气温、气压、能见度和航道设施信息
   C. 船舶的航向、航速、船位等有关船舶运动数据和水文气象方面数据
   D. 船舶的航向、航速、船位和船体、人员等数据

9. 船舶交通管理系统实施船舶交通管理的主要形式是_____。
   A. 收集 VTS 监管水域各种动态和静态信息
   B. 发布船舶动态、能见度和他船意图信息；与船舶交换安全信息等信息服务
   C. 在船舶请求的情况下提供有偿服务
   D. 与船舶引航管理部门密切配合，支持联合行动

10. 下列关于船舶交通管理常用方法的表述正确的是_____。
    A. 向船舶提供航线设计服务
    B. 遥控航行船舶，发布操船指令
    C. 对通航水域采用船舶报告系统管理制来实现船舶动态管理
    D. 不间断地发布监管水域船舶动态、能见度和他船意图

11. 关于船舶交通管理系统所提供的服务，以下叙述错误的是_____。

A. 信息服务　　　　　　　　　　B. 航行协助服务
C. 交通组织服务　　　　　　　　D. 船舶检修服务

12. 船舶交通管理系统向船舶提供服务信息,以下叙述错误的是_____。
   A. 播送有关船舶动态、能见度的情报
   B. 与船舶交换助航设施状态的信息
   C. 与船舶交换有关被追越船舶的动态和意图的信息
   D. 预先规划船舶的动态

13. VTS 中心为船舶提供的服务内容有_____。
   ①他船动态、助航标志、水文气象、航行警(通)告和其他有关信息服务;②航行困难或气象恶劣环境下,或船舶出现了故障或损坏时,提供助航服务;③传递打捞或清除污染等信息和协调救助行动
   A. ②③　　　　　　　　　　　B. ①③
   C. ①②　　　　　　　　　　　D. ①②③

14. 信息服务是船舶交通管理系统实施船舶交通管理的主要形式,所提供的服务内容包括_____。
   ①发布区域内通航环境实时信息如船舶动态、能见度和他船意图以协助船舶;②与船舶交换有关安全的所有信息;③向船舶发布通航水域中诸如特殊作业的航海警告;④与船舶交换有关船舶公司安全管理信息
   A. ①②③④　　　　　　　　　B. ①②③
   C. ②③④　　　　　　　　　　D. ①②

15. 关于船舶交通管理系统中心提供信息服务时机的叙述正确的是_____。
   ①不间断地以如广播形式发布;②在固定时间段以如广播形式发布;③VTS 中心认为有必要时;④应该区域内船舶要求时
   A. ①②③④　　　　　　　　　B. ①②③
   C. ②③④　　　　　　　　　　D. ①②

16. 应船舶请求,VTS 中心可向其提供_____有关信息服务。
   ①他船动态;②助航标志;③航行警(通)告;④水文气象
   A. ①③④　　　　　　　　　　B. ②③④
   C. ②③　　　　　　　　　　　D. ①②③④

17. 在 VTS 监管水域内的船舶,当发现下列_____情况时应迅速向 VTS 中心提供该信息。
   ①追越他船;②助航标志异常;③有碍航行安全的漂流物;④污染事故地点和污染源(如事故船)
   A. ①②③④　　　　　　　　　B. ①②③
   C. ②③④　　　　　　　　　　D. ①③④

18. 要了解有关某 VTS 区域的报告程序和内容,可以查阅_____。
   A. 《无线电信号表》第一卷　　　B. 《无线电信号表》第二卷
   C. 《无线电信号表》第五卷　　　D. 《无线电信号表》第六卷

19. 船舶在进入某国外港口 VTS 区域前,二副或船长应查阅下列哪些资料获取 VTS 中心有关管

理规定?
A.《船舶体系文件》
B.《航海员手册》
C.《无线电信号表》《进港指南》
D.《VTS 用户指南》《航次计划指南》

20. 二副在设计计划航线时,如果使用分道通航制,则计划航线应该_____。
①顺着分道的交通流流向;②尽可能让开分隔带或分隔线;③驶进或驶出分道的船位应在分道的端部;④尽可能将计划航线设计在沿岸通航带内
A.①②③   B.①②④
C.②③④   D.①②③④

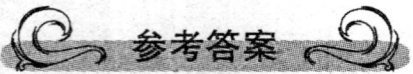

第一节　船舶报告系统

1. A   2. B   3. A   4. A   5. B   6. C   7. C   8. C   9. A   10. B
11. D

第二节　船舶交通管理系统

1. D   2. B   3. D   4. C   5. A   6. D   7. D   8. C   9. B   10. C
11. D   12. D   13. D   14. B   15. C   16. D   17. D   18. D   19. C   20. A

第一节　船舶报告系统

1. A。目前,船舶报告系统主要有两种:一是以船舶救助为主要目的的船舶报告系统;二是以船舶交通管理为主要目的的船舶报告系统。

2. B。船舶是否要加入船舶报告系统,是由船舶来确定的。系统的加入和退出都比较简单,向船舶报告系统提交了航行计划即被视为加入;提交最终报告即被视为退出。

3. A。特殊报告:(1)危险货物报告(DG—Dangerous Goods Report);(2)有害物质报告(HS—Harmful Substances Report);(3)海洋污染物质报告(MP—Marine Pollutants Report);(4)其他报告(Any Other Report)

4. A。最终报告是船舶参加船舶报告系统发送的最后一份报告。它表示船舶已经驶离报告区域或终止参加该报告系统。船舶报告中心收到该报文后,将停止对该船舶的跟踪与标绘。

5. B。危险货物报告是当发生包装危险货物自离领海基线不超过 200 n mile 的海域中灭失或可能灭失的事件时,应及时做出的报告。

6. C。船舶是否要加入船舶报告系统,是由船舶来确定的。系统的加入和退出都比较简单,向船舶报告系统提交了航行计划即被视为加入;提交最终报告即被视为退出。

7. C。以船舶交通管理为主要目的的报告系统一般隶属于船舶交通管理系统。这种船舶报告系统中的船舶报告对某些船舶是强制的,应该进行报告的船舶要严格按规定进行报告。

9. A。以船舶救助为主要目的船舶报告系统,系统的加入和退出都比较简单,向船舶报告系统提交了航行计划即被视为加入;提交最终报告即被视为退出。

10. B。变更报告是当船舶严重偏离了根据以前的报告所能推算的船位或由于其他原因使新的航行计划与原航行计划有较大变更时所发送的报告。船舶报告中心根据变更项目重新跟踪该船,以达到尽量减少误差的目的。影响船位误差的主要原因是航向和航速,当航向或航速有变化或船位有"严重偏离"时,应及时发送变更报告。

11. D。CHISREP 共有 7 种类型,每一种报告类型由若干个按规定次序排列的报告构成。报告以 CHISREP 加报告类型的识别字母开头,以报告项 Z 结尾。这 7 种报告又可分为一般报告(航行计划报告、船位报告、变更报告、最终报告)和特殊报告(危险货物报告、有害物质报告、海洋污染物质报告)两大类。(1)航行计划报告(SP)船舶在离开中国沿海港口或从国外进入 CHISREP 区域时,应向中国船舶报告中心发送航行计划报告,并应遵循以下规定:①在进入 CHISREP 区域的划定界限前 24 h 至进入后 2 h 之内发送;②在离开任何中国沿海港口前 2 h 之内发送。(2)船位报告(PR)CHISREP 使船舶报告中心掌握足够的船舶信息,船舶应按照规定的时间或约定的报告时间向 CHISREP 发送船位报告。第 1 份船位报告要求在最新航行计划报告后 24 h 内发出,以后每隔 24 h 或在每天约定的时间发送,但两个报告之间的时间间隔不应超过 24 h,直到抵达中国沿海港口或驶离 CHISREP 区域界线。船位报告中的信息将被 CHISREP 用来更新该船的船舶动态。如在船位报告发送前 2 h 发送变更报告(DR),那么下一份船位报告的发送时间应改为变更报告后 24 h。预计抵达目的港或 CHISREP 分界线的时间应当在最后一次的船位报告中得到确认。船舶改变 ETA,可在任何一份船位报告中更正。如船舶的航行时间小于 24 h,可不发船位报告,只要在开航时发航行计划报告并在抵港时发一份最终报告即可。(3)变更报告(DR)船舶发生下列情况时必须发送变更报告:船舶改变其计划航线时;船舶的实际船位偏离计划航线超过 2 h 的航程时。(4)最终报告(FR)当船舶抵达中国沿海港口或驶离 CHISREP 区域界线前后 2 h 内,应发送最终报告。

第二节　船舶交通管理系统

1. D。VTS 中心负责交通管理和船舶服务,各 VTS 中心根据其功能为船舶提供相应服务。(1)信息服务(Information Service);(2)航行协助服务(Navigational Assistance Service);(3)交通组织服务(Traffic Organization Service);(4)支持联合行动(Support Allied Activities)。此外,VTS 还能够进行数据收集,包括船舶的动态数据和静态数据,以及数据评估,对已搜集到的数据和信息进行分析、评估、处理。

3. D。为加强船舶交通管理,保障船舶交通安全,提高船舶交通效率,保护水域环境,世界上许多港口、狭水道等水域都已建立了船舶交通管理系统(Vessel Traffic Services,VTS)。

8. C。VTS 中心可向其提供他船动态、助航标志、水文气象、航行警(通)告和其他有关信息服务。

9. B。信息服务是船舶交通管理系统实施船舶交通管理的主要形式,主要包括播送有关船舶动态、能见度条件或他船意图的信息以协助所有船舶;与船舶交换有关安全的所有信息;与船舶交换有关所处交通条件与情况的信息;向船舶发布诸如操纵能力受限制的船舶、密集渔船群、其他特殊作业的船舶等航行障碍的警告,并提供可供选择航线的信息等。

13. D。应船舶请求,VTS 中心可向其提供他船动态、助航标志、水文气象、航行警(通)告和其他有关信息服务。应船舶请求,VTS 中心可为船舶在航行困难或气象恶劣环境下,或船舶一旦出现了故障或损坏时,提供助航服务。VTS 中心认为必要的时候或应船舶或其所有人、经营人、代理人的请求,可为其传递打捞或清除污染等信息和协调救助行动。支持联合行动并不是直接对船舶实施交通管理,而是与其他海上交通管理部门密切配合,特别是在通信联系、传达信息和现场指挥等方面。

18. D。英版《无线电信号表》第六卷(Admiralty List of Radio Signals,NP 286)中给出 VTS 所能提供的服务种类。

第六章 电子定位和导航

第一节 国际公约对船舶电子定位设备的配备要求

1. 根据 SOLAS 公约的要求，所有船舶至少必须安装_____台全球卫星导航系统或陆基无线电导航或其他装置。
   A. 1　　　　　　　　　　　　　　B. 2
   C. 3　　　　　　　　　　　　　　D. 无要求

2. 根据 SOLAS 公约的要求，_____船舶至少必须安装 1 台全球卫星导航系统或陆基无线电导航系统或其他装置，在整个预定航程内随时确定和更新船位。
   A. 所有　　　　　　　　　　　　B. 总吨位 150 及以上
   C. 总吨位 300 及以上　　　　　　D. 总吨位 500 及以上

第二节　陆基导航系统

1. 下列关于陆基无线电导航系统的说法正确的是_____。
   A. 接收机只能在陆地上使用　　　B. 基站在陆地上
   C. 基站和接收机都只能在陆地上　D. 基站在卫星上，接收机在陆地上

第三节　卫星导航系统

1. 下列卫星导航系统中，不属于全球导航系统的是_____。
   A. 格洛纳斯系统　　　　　　　　B. 北斗二号系统
   C. 伽利略系统　　　　　　　　　D. GPS

2. 下列卫星导航系统中，属于三轨道系统的是_____。
   A. GPS　　　　　　　　　　　　B. 格洛纳斯
   C. 北斗一号系统　　　　　　　　D. 北斗二号系统

3. 全球卫星导航系统不能提供的导航信息是_____。
   A. 船位　　　　　　　　　　　　B. 航迹向
   C. 航速　　　　　　　　　　　　D. 船首向

4. 卫星导航系统提供的元数据信息是_____。
   A. 时间
   B. 航迹向
   C. 航迹速
   D. 横向偏移距离

5. 卫星导航系统的下列信息,不属于元数据的是_____。
   A. 卫星状态
   B. 时间
   C. 位置
   D. UTC 时钟修正量

6. 下面哪个叙述不属于卫星导航系统的优点?
   A. 抗干扰性好
   B. 保密性强
   C. 可以为水下定位
   D. 少数几颗卫星即可覆盖全球

7. 目前北斗卫星导航系统的功能和 GPS 相比,最大的不同在于_____。
   A. 可以提供短报文服务
   B. 可以提供授时服务
   C. 可以提供连续近于实时的定位服务
   D. 可以提供全天候定位服务

8. 目前使用 GPS 的 P 码定位,其精度可以达到_____。
   A. 100 m
   B. 20~30 m
   C. 10 m
   D. 1 m

9. 美国的 GPS 曾经使用了哪些政策使其定位精度下降?
   A. 标准定位和特别定位
   B. 选择性接收和反电子欺骗
   C. 有源和无源
   D. 区域性干扰接收

10. 下面哪些叙述属于卫星导航系统的不足?
    ①卫星寿命有限;②不能为水下定位;③受少数国家控制;④保密性难以保证
    A. ①②③
    B. ①②③④
    C. ②③④
    D. ①②

11. 中国二代北斗使用了如下哪些轨道的卫星?
    ①中轨卫星;②静止轨道卫星;③倾斜轨道卫星;④低轨道卫星
    A. ①②③
    B. ①②③④
    C. ②③④
    D. ①②

第四节　GPS 卫星导航系统

1. 船用 GPS 卫星导航仪的导航电文是采用_____码解调获得的。
   A. C/A
   B. P
   C. C/A+P
   D. W

2. 在美国的 GPS 地面站中,注入站的作用是_____。
   A. 将测定的卫星信息传给主控站
   B. 将导航信息传给卫星
   C. 将导航结果传给用户
   D. 收集环境数据传给主控站

3. 在美国的 GPS 地面站中,跟踪站的作用是_____。

A. 将测定的卫星信息传给主控站　　B. 将导航信息传给卫星
C. 将导航结果传给用户　　　　　　D. 将导航信息传给主控站

4. 下列哪项不属于 GPS 接收机误差？
   A. 接收机同步误差　　　　　　　B. 接收机通道间偏差
   C. 接收机噪声　　　　　　　　　D. 接收机量化误差

5. 美国的 GPS 地面站由下列哪些构成？
   ①主控站；②测量站；③跟踪站；④注入站
   A. ①②③　　　　　　　　　　　B. ①②③④
   C. ②③④　　　　　　　　　　　D. ①③④

6. GPS 信号传播误差包括下列哪些？
   ①电离层折射误差；②对流层折射误差；③多径效应；④接收机噪声
   A. ①②③　　　　　　　　　　　B. ①②③④
   C. ②③④　　　　　　　　　　　D. ①③④

7. L1 波段调制的卫星信号是_____。
   A. C/A 码调制的导航电文
   B. P 码调制的导航电文
   C. C/A 和 P 码正交调制的导航电文
   D. W 码调制的导航电文

8. L2 波段调制的卫星信号是_____。
   A. C/A 码调制的导航电文
   B. P 码调制的导航电文
   C. C/A 和 P 码正交调制的导航电文
   D. W 码调制的导航电文

9. 下列信息，不属于 GPS 卫星发射的导航电文的是_____。
   A. 系统时间　　　　　　　　　　B. 卫星星历
   C. 系统的工作状态　　　　　　　D. 接收机的工作状态

10. 下列信息，属于 GPS 卫星发射的导航电文的是_____。
    A. 系统时间　　　　　　　　　　B. 位置
    C. 航迹向　　　　　　　　　　　D. 航迹速

11. GPS 卫星导航仪可为_____。
    A. 水下定位　　　　　　　　　　B. 水面定位
    C. 水面、空中定位　　　　　　　D. 水下、水面、空中定位

12. GPS 卫星导航仪可为_____定位。
    A. 水上、水下　　　　　　　　　B. 水下、空中
    C. 水面、海底　　　　　　　　　D. 水面、空中

13. GPS 卫星导航仪在_____时，需要初始化输入。
    A. 日常启动　　　　　　　　　　B. 紧急启动
    C. 热启动　　　　　　　　　　　D. 冷启动

14. GPS 卫星导航可提供全球、全天候、高精度、_____。
    A. 连续、不实时定位与导航   B. 连续、近于实时定位与导航
    C. 间断、不实时定位与导航   D. 间断、近于实时定位与导航
15. GPS 卫星导航系统可提供全球全天候高精度_____导航。
    A. 不实时   B. 连续近于实时
    C. 间断不实时   D. 间断近于实时
16. 卫星信号的覆盖面积主要取决于_____。
    A. 发射功率   B. 卫星天线的高度
    C. 轨道高度   D. 地面接收站的高度
17. GPS 卫星导航系统各颗卫星发射的_____不同。
    A. 频率   B. 伪码
    C. 时间   D. 幅度
18. GPS 卫星信号波的调制信号是_____。
    A. CA 码   B. P 码
    C. P 码和 CA 码   D. H 码
19. 海洋船舶利用 GPS 卫星导航仪进行二维定位时,至少选择_____颗 GPS 卫星。
    A. 3   B. 4
    C. 6   D. 11
20. 在进行三维定位中,至少需_____颗 GPS 卫星。
    A. 2   B. 3
    C. 4   D. 5
21. 船用 GPS 接收机的航速是通过_____。
    A. 伪距差分计算获得   B. 位置差分计算获得
    C. 原始多普勒频移观测值计算获得   D. 载波相位中心差分计算获得
22. 下列关于船用 GPS 接收机的说法错误的是_____。
    A. 通过多普勒频移计算航迹速   B. 通过多普勒频移计算航迹向
    C. 通过迭代运算计算位置   D. 通过位置差分计算船首向
23. GPS 卫星导航仪定位误差的大小与下列哪些因素有关?
    ①卫星几何图形;②测距误差的大小;③操作者的熟练程度
    A. ①②   B. ①③
    C. ②③   D. ①②③
24. 在 GPS 卫星导航系统中,卫导仪噪声属于_____。
    A. 卫星误差   B. 信号传播误差
    C. 卫星导航仪误差   D. 几何误差
25. 在 GPS 卫星导航系统中,电离层折射误差属于_____。
    A. 信号传播误差   B. 几何误差
    C. 卫星误差   D. 卫星导航仪误差
26. 在 GPS 卫星导航系统中,对流层折射误差属于_____。

A. 卫星导航仪误差 B. 卫星误差
C. 几何误差 D. 信号传播误差

27. 在 GPS 卫星导航系统中,多径效应属于_____。
A. 几何误差 B. 信号传播误差
C. 卫星误差 D. 卫星导航仪误差

28. 在 GPS 卫星导航系统中,星历表误差属于_____。
A. 卫星导航仪误差 B. 卫星误差
C. 信号传播误差 D. 几何误差

29. 表征 GPS 船用接收机船位精度的因子是_____。
A. GDOP B. TDOP
C. HDOP D. VDOP

30. 可以通过双频接收机较精确消除的误差是_____。
A. 星历表误差 B. 卫星钟剩余误差
C. 电离层折射误差 D. 导航仪通道间偏差

第五节　DGPS 卫星导航系统

1. 静态相对定位精度达到厘米级的差分 GPS 是_____。
A. 位置差分 GPS B. 伪距差分 GPS
C. 载波相位差分 GPS D. 广域增强差分 GPS

2. 下列关于差分 GPS 定位误差的说法错误的是_____。
A. 与所选的卫星几何图形有关
B. 用户离差分 GPS 基准台近,定位精度高
C. 可由精度几何因子和用户等效测距误差之乘积表示
D. 可以消除差分 GPS 导航仪误差

3. 差分 GPS 可以消除或减小的误差是_____。
A. 多径效应 B. 导航仪通道间偏差
C. 卫星钟剩余误差 D. 导航仪噪声与量化误差

4. 差分 GPS 不能消除或减小_____。
A. 多径效应 B. 星历表误差
C. 卫星钟剩余误差 D. 电离层折射误差

5. 差分 GPS 不能消除或减小_____。
A. 卫星钟剩余误差 B. 星历表误差
C. 导航仪误差 D. 电离层折射误差

6. 当用户与差分 GPS 基准台间的距离增大时,仍然可以完全消除的是_____。
A. 卫星钟剩余误差 B. 星历表误差
C. 对流层折射误差 D. 电离层折射误差

7. 当用户与差分 GPS 基准台间的距离增大时,观测卫星的角度发生变化,_____变大。

A. 卫星钟剩余误差　　　　　　　　B. 电离层折射误差
C. 多径效应　　　　　　　　　　　D. 导航仪误差

8. 经过一系列的研究实验表明,差分校正在_____n mile 区域内有效,数据更新率在 30 s 内有效。
   A. 300　　　　　　　　　　　　B. 500
   C. 800　　　　　　　　　　　　D. 1000

9. 我国沿海 DGPS 系统服务信号作用距离 300 km 内,定位精度优于_____(2 drms,置信度 95%)。
   A. 1 m　　　　　　　　　　　　B. 5 m
   C. 10 m　　　　　　　　　　　 D. 15 m

第六节　GPS 接收机的操作和使用注意事项

1. 关于船用 GPS 接收的启动,下列说法正确的是_____。
   A. 冷启动是指温度较低环境下的启动
   B. 热启动时,需要初始化操作
   C. 温启动时,只需按下电源键,接收机即能自动定位
   D. 冷启动时,不需要初始化操作

2. 船用 GPS 接收机的导航信息,下列说法错误的是_____。
   A. SOG 精度不受船舶速度影响
   B. 船舶速度越大,COG 精度越高
   C. SOG 和 COG 的测量都是基于多普勒频移原理
   D. COG 就是船舶的有效航向

3. 船用 GPS 接收机通常可以选择 2D/3D(二维/三维)定位或者 2D(二维)定位,下列说法不正确的是_____。
   A. 航海上只需要二维位置信息,应选用 2D 定位
   B. 2D 定位仅使用于可视卫星数目少且 GPS 天线高度不变的情况下
   C. 2D 定位是强制使用二维定位模式
   D. 2D/3D 定位模式是根据可视卫星数目自动选择定位模式

4. 下列哪项不属于 GPS 导航仪的功能?
   A. 显示定位和导航数据　　　　　B. 显示卫星的状态信息
   C. 偏航报警　　　　　　　　　　D. 碰撞报警

5. 设置 GPS 导航仪锚更警时,需要输入的参数是_____。
   A. 抛锚的位置　　　　　　　　　B. 抛锚的时间
   C. 锚更半径　　　　　　　　　　D. 锚更时长

6. GPS 导航仪偏航警的英文缩写是_____。
   A. ANC　　　　　　　　　　　　B. XTE
   C. ARV　　　　　　　　　　　　D. CAL

7. 设置 GPS 导航仪到达警时,需要输入的参数是_____。
   A. 到达的位置　　　　　　　　　　B. 到达的时间
   C. 离到达位置的距离　　　　　　　D. 离到达位置的航行时间
8. 按下 GPS 导航仪人落水(MOB)按键时,输入的其实是_____。
   A. 落水的位置　　　　　　　　　　B. 落水的时间
   C. 离落水位置的距离　　　　　　　D. 离落水位置的航行时间
9. GPS 导航仪选择 2D 定位时必须输入_____。
   A. HDOP 值　　　　　　　　　　　B. 不可用卫星代码
   C. GPS 天线高度　　　　　　　　　D. GPS 位置平滑误差
10. 驾驶员使用 GPS 导航仪选择坐标系时_____。
    A. 只选择 WGS-84 坐标系　　　　　B. 只选择 WGS-72 坐标系
    C. 选择和所使用海图一致的坐标系　D. 坐标系选择不会影响定位结果
11. 某船 GPS 导航仪显示"DOP1.5",其含义是_____。
    A. 表示几何误差大小,越小越好　　B. 表示几何误差大小,越大越好
    C. 表示接收信号强度,越大越好　　D. 表示接收信号强度,越小越好
12. 某船 GPS 导航仪显示"COG15°",其含义是_____。
    A. 航迹角度 15°　　　　　　　　　B. 罗经航向 15°
    C. 航迹向 15°　　　　　　　　　　D. 偏航 15°
13. 某船 GPS 导航仪显示"SOG15 kn",SOG 的含义是_____。
    A. 对地航速　　　　　　　　　　　B. 超速报警
    C. 对水航速　　　　　　　　　　　D. 低速报警
14. 根据船用 GPS 性能标准的要求,船用 GPS 接收机内没有卫星星历数据时,开机后至少要在_____内获得满足其精度要求的船位信息。
    A. 5 min　　　　　　　　　　　　B. 10 min
    C. 15 min　　　　　　　　　　　 D. 30 min
15. 根据船用 GPS 性能标准的要求,船用 GPS 接收机内具有有效卫星星历数据时,开机后至少要在_____内获得满足其精度要求的船位信息。
    A. 5 min　　　　　　　　　　　　B. 10 min
    C. 15 min　　　　　　　　　　　 D. 30 min
16. 根据船用 GPS 性能标准的要求,船用 GPS 接收机在开机情况下,GPS 信号丢失超过 24 h,GPS 信号恢复后,至少要在_____内获得满足其精度要求的船位信息。
    A. 5 min　　　　　　　　　　　　B. 10 min
    C. 15 min　　　　　　　　　　　 D. 30 min
17. 根据船用 GPS 性能标准的要求,船用 GPS 接收机必须提供的导航信号是_____。
    A. COG　　　　　　　　　　　　　B. XTD
    C. TTG　　　　　　　　　　　　　D. ETA
18. 根据船用 GPS 性能标准的要求,船用 GPS 接收机必须提供的导航信号不包括_____。
    A. COG　　　　　　　　　　　　　B. SOG

C. UTC   D. XTD

第七节　北斗卫星导航系统

1. 北斗二号卫星系统已经对东南亚实现全覆盖。可以提供区域定位、导航和授时服务,定位精度为_____ m。
   A. 5   B. 10
   C. 15   D. 100

2. 北斗二号卫星系统已经对东南亚实现全覆盖。可以提供区域定位、导航和授时服务,授时精度为_____ ns。
   A. 20   B. 50
   C. 80   D. 100

3. 北斗二号卫星系统已经对东南亚实现全覆盖。可以提供区域定位、导航和授时服务,测速精度为_____ m/s。
   A. 0.1   B. 0.2
   C. 0.3   D. 0.5

4. 关于北斗卫星导航系统,下列说法错误的是_____。
   A. 北斗一号系统是被动有源定位系统
   B. 北斗二号系统是区域定位系统
   C. 北斗一号是双星定位系统
   D. 北斗二号不具备短报文通信功能

参考答案

第一节　国际公约对船舶电子定位设备的配备要求

1. A   2. A

第二节　陆基导航系统

1. B

第三节　卫星导航系统

1. B   2. B   3. D   4. A   5. C   6. C   7. A   8. D   9. B   10. A
11. A

第四节　GPS 卫星导航系统

1. A 2. B 3. A 4. A 5. D 6. A 7. C 8. B 9. D 10. A
11. C 12. D 13. D 14. B 15. B 16. C 17. B 18. C 19. A 20. C
21. C 22. D 23. A 24. C 25. A 26. D 27. B 28. B 29. C 30. C

第五节　DGPS 卫星导航系统

1. C 2. D 3. C 4. A 5. C 6. A 7. B 8. A 9. B

第六节　GPS 接收机的操作和使用注意事项

1. C 2. D 3. A 4. D 5. C 6. B 7. C 8. A 9. C 10. C
11. A 12. C 13. A 14. D 15. A 16. A 17. A 18. D

第七节　北斗卫星导航系统

1. B 2. B 3. B 4. D

第七章
回声测深仪

第一节　国际公约对船舶回声测深仪的配备要求

1. IMO 规定,回声测深仪的显示装置必须具有_____。
   A. 记录式　　　　　　　　　　B. 数字式
   C. 闪光式　　　　　　　　　　D. 指针式

2. 根据 SOLAS 公约的要求,_____需安装 1 台回声测深仪,或其他装置,用于测量和显示可用水深。
   A. 所有船舶
   B. 总吨位 150 及以上非国际航行货船和所有客船
   C. 总吨位 300 及以上非国际航行货船和所有客船
   D. 总吨位 500 及以上非国际航行货船和所有客船

3. 根据 SOLAS 公约的要求,_____总吨及以上的国际航行船舶和所有客船均需安装_____台回声测深仪,或其他装置,用于测量和显示可用水深。
   A. 150;1　　　　　　　　　　B. 300;1
   C. 150;2　　　　　　　　　　D. 300;2

第二节　声波在水中传播的基本特性

1. 船用回声测深仪采用超声波进行测深,但超声波在海水中的传播速度受下列因素影响而引起测深误差,这些因素包括_____。
   ①温度;②含盐量;③静水压力;④水体噪声;⑤声源的振动频率
   A. ①④　　　　　　　　　　　B. ②④
   C. ②③⑤　　　　　　　　　　D. ①②③

2. 利用船用回声测深仪分别在海水和淡水中测量相同底质相同深度的水体深度,则测深仪显示的水深值_____
   A. 在淡水中的水深值大　　　　B. 在海水中的水深值大
   C. 在淡水和海水中的水深值一样大　　D. 不能确定

3. 下列关于船用回声测深仪所用声波性质的描述,哪项是不正确的?

A. 船用回声测深仪采用超声波

B. 船用回声测深仪采用连续声波

C. 声波传输速度受介质条件影响会产生速度误差

D. 声波传输过程中会产生衰减

第三节　回声测深仪的工作原理

1. 回声测深仪发射的是_____。
   A. 音频声波脉冲　　　　　　B. 音频声波连续波
   C. 连续超声波　　　　　　　D. 超声波脉冲

2. 船用回声测深仪采用超声波进行测深,其主要优点是_____。
   A. 传播速度高　　　　　　　B. 能量损耗小
   C. 抗可闻声干扰性好　　　　D. 绕射性强

3. 下列哪种海底底质对超声波反射能力最差?
   A. 淤泥　　　　　　　　　　B. 岩石
   C. 碎石　　　　　　　　　　D. 沙

4. 回声测深仪实际上是测定超声波往返海底的_____。
   A. 速度　　　　　　　　　　B. 深度
   C. 时间　　　　　　　　　　D. 距离

5. 回声测深仪所测得的水深是自_____至海底的水深。
   A. 测深仪推动器　　　　　　B. 换能器发射面
   C. 船舶吃水线　　　　　　　D. 海面

6. 在回声测深仪中,向海底发射超声波脉冲的设备是_____。
   A. 发射振荡器　　　　　　　B. 脉冲宽度发生器
   C. 发射换能器　　　　　　　D. 显示器

7. 回声测深仪的最大测量深度值与下列哪些因素有关?
   ①发射功率;②脉冲重复频率;③声波传播速度
   A. ②③　　　　　　　　　　B. ①③
   C. ①②　　　　　　　　　　D. ①②③

8. 船用回声测深仪的最大测量深度,取决于_____。
   A. 发射脉冲重复周期　　　　B. 发射脉冲宽度
   C. 换能器安装位置　　　　　D. 发射触发方式

9. 回声测深仪的最小测量深度取决于_____。
   A. 脉冲周期　　　　　　　　B. 发射频率
   C. 声波传播速度　　　　　　D. 发射脉冲宽度

10. 船用回声测深仪是利用测量_____自发射至被反射接收的时间间隔来确定水深的。
    A. 超声波　　　　　　　　　B. 微波
    C. 短波　　　　　　　　　　D. 可闻声波

11. 根据回声测深仪的工作原理,其本质是测量_____。
   A. 超声波的传播速度　　　　　　B. 电磁波的传播速度
   C. 超声波来回传播的时间　　　　D. 电磁波来回传播的时间
12. 回声测深仪向海底发射_____。
   A. 连续的超声波　　　　　　　　B. 连续的电磁波
   C. 超声波脉冲　　　　　　　　　D. 电磁波脉冲

第四节　回声测深仪的组成和工作时序

1. 回声测深仪向海底发射超声波的部件是_____。
   A. 发射机　　　　　　　　　　　B. 接收机
   C. 换能器　　　　　　　　　　　D. 显示器
2. 下列不属于回声测深仪组成部件的是_____。
   A. 显示器　　　　　　　　　　　B. 电磁传感器
   C. 发射换能器　　　　　　　　　D. 接收换能器
3. 下列关于船用回声测深仪组成和工作过程的描述中,哪项是不正确的?
   A. 显示器需要与发射系统、接收系统在同一时间基准上工作
   B. 发射换能器产生的声波为连续波
   C. 显示器内的发射触发器产生的触发脉冲通常由测量量程决定其时间间隔
   D. 显示器产生与发射脉冲同步的零点信号
4. 下列关于船用回声测深仪工作过程的描述中,哪项是不正确的?
   A. 显示器内的发射触发器按一定时间间隔产生触发脉冲
   B. 触发脉冲触发发射系统产生电振荡发射脉冲
   C. 发射换能器将发射脉冲转变为声波脉冲向海底发射
   D. 触发脉冲控制发射系统和接收系统,与显示器中零点信号无关

第五节　换能器

1. 换能器的安装适当与否直接关系到测深仪工作精度的好坏,下列说法错误的是_____。
   A. 换能器一般装于离船首 1/2~1/3 船长处
   B. 应避开排水口、海底阀及其他有碍水流平顺的凸出物
   C. 不能安装在球鼻艏下方
   D. 安装不能降低船体结构强度和水密性能
2. 测深仪换能器的波束宽度应保证船舶在横摇_____和纵摇_____时不漏失海底反射的回波。
   A. ±10°;±5°　　　　　　　　　B. ±15°;±5°
   C. ±20°;±10°　　　　　　　　　D. ±25°;±10°
3. 船用回声测深仪的工作换能器安装位置一般在船底距离船首 1/2~1/3 船长处的主要原因是

_____。
   A. 降低对船体强度的影响　　　　　B. 安装和维护方便
   C. 该安装位置周围杂声干扰最小　　D. 与发射和接收系统距离最近
4. 关于船用回声测深仪的换能器的工作原理,下列描述不正确的是_____。
   A. 发射换能器是将电振荡信号转变为机械振荡信号
   B. 接收换能器是将机械振荡信号转换为电振荡信号
   C. 换能器表面的附着物对测深仪的工作无影响
   D. 换能器的安装应确保其工作面与船底水平面平行

第六节　回声测深仪的主要性能指标

1. 根据性能标准的要求,船用回声测深仪的最大测深不小于_____。
   A. 100 m
   B. 150 m
   C. 200 m
   D. 500 m
2. 根据性能标准的要求,船用回声测深仪的最小测深不小于_____。
   A. 0.5 m
   B. 1.0 m
   C. 2.0 m
   D. 2.5 m
3. 根据性能标准的要求,船用回声测深仪的量程至少必须包括一个浅水_____挡和一个深水_____挡。
   A. 10 m;200 m
   B. 10 m;500 m
   C. 20 m;200 m
   D. 20 m;500 m
4. 根据性能标准的要求,船用回声测深仪的主显示器必须是_____。
   A. 记录式
   B. 图形显示式
   C. 数字式
   D. 指示式

第七节　回声测深仪误差分析和控制

1. 利用回声测深仪测量水深时,若超声波实际传播的速度大于设计声速,则测深仪显示的水深与实际水深相比_____。
   A. 变小
   B. 变大
   C. 相等
   D. 变大变小不一定
2. 有关回声测深仪的说法,下列错误的是_____。
   A. 回声测深仪的设计声速是取标准声速 1 500 m/s
   B. 回声测深仪的声速误差是可以避免的
   C. 实际声速随着海水温度、含盐量和静压力的变化而变化
   D. 船舶从海洋驶入内河航行时,因含盐量变化引起实际声速小于标准声速而导致显示水深大于实际水深
3. 在船舶倒车时,不宜使用回声测深仪的原因是_____。

A. 船舶摇摆角太大　　　　　　　B. 换能器表面附有杂物
C. 海底反射变弱　　　　　　　　D. 水中产生气泡影响

4. 下列哪种情况不宜使用回声测深仪测深？
   A. 船舶进车时　　　　　　　　B. 船舶倒车时
   C. 船舶锚泊中　　　　　　　　D. 船舶停车淌航时

5. 回声测深仪换能器的安装位置，一般应选择在_____。
   A. 靠近机舱处　　　　　　　　B. 船中向后(1/2~1/3)船长处
   C. 距船首(1/2~1/3)船长处　　　D. 靠近船首处

6. 回声测深仪换能器的工作面不能涂油漆，是因为油漆_____，会影响测深仪正常工作。
   A. 腐蚀换能器的测深工作面
   B. 对换能器工作面起隔离作用
   C. 使换能器工作面及其周围形成气泡
   D. 对声能的吸收很大

7. 下列关于海底底质和坡度对船用回声测深仪工作的影响的描述错误的是_____。
   A. 不同的海底底质对声波的反射能力差异较大，岩石最强，砂底次之，淤泥最差
   B. 为了达到显示器的最佳显示效果，应根据不同的海底底质调整测深仪的灵敏度大小
   C. 不平坦的海底底质和海底坡度将使反射回波先后抵达接收换能器，从而在显示器上出现较弯曲和窄的信号带
   D. 为了保证船舶航行安全，应以回声测声仪信号带前沿读取水深为宜

8. 根据性能标准的要求，船用回声测深仪的误差在浅水量程(20 m)不小于_____。
   A. ±0.5 m 和显示水深值的±1.0%之大者
   B. ±0.5 m 和显示水深值的±2.5%之大者
   C. ±2.5 m 和显示水深值的±1.0%之大者
   D. ±2.5 m 和显示水深值的±2.5%之大者

9. 不同的海底底质对声波的反射能力差异较大，_____。
   A. 淤泥最强，砂底次之，岩石最差　　B. 淤泥最强，岩石次之，砂底最差
   C. 岩石最强，砂底次之，淤泥最差　　D. 岩石最强，淤泥次之，砂底最差

参考答案

第一节　国际公约对船舶回声测深仪的配备要求

1. A　　2. C　　3. B

第二节　声波在水中传播的基本特性

1. D　　2. A　　3. B

第三节 回声测深仪的工作原理

1. D   2. C   3. A   4. C   5. B   6. C   7. C   8. A   9. D   10. A
11. C   12. C

第四节 回声测深仪的组成和工作时序

1. C   2. B   3. B   4. D

第五节 换能器

1. C   2. A   3. C   4. C

第六节 回声测深仪的主要性能指标

1. C   2. C   3. C   4. B

第七节 回声测深仪误差分析和控制

1. A   2. B   3. D   4. B   5. C   6. D   7. C   8. B   9. C

答案解析

第一节 国际公约对船舶回声测深仪的配备要求

1. A。IMO 性能标准规定,记录式图像显示方式为测深仪必须具备的显示方式,不仅应能即时显示测量水深值,而且还应能显示至少 15 min 的记录水深。

第二节 声波在水中传播的基本特性

1. D。海水的温度、含盐量和静压力的增加,会引起声波在水中的传播速度增大。

2. A。在淡水中实际的声速 C_A 较小,根据公式: $D_A = \dfrac{C_A}{C} \times D_I$,$D_A$ 为实际水深,C_A 为实际声速,C 为标准声速,即 1 500 m/s,D_I 为显示水深

3. B。发射换能器将电振荡发射脉冲转变为频率为超声波脉冲向海底发射。

第三节 回声测深仪的工作原理

1. D。发射换能器将电振荡发射脉冲转变为频率为超声波脉冲向海底发射。
3. A。不同的海底底质对声波的反射能力差异较大,岩石最强,砂底次之,淤泥最差。
4. C。显示器检测回波信号和零点信号间的时间间隔,并按深度公式转换为深度显示。
5. B。换能器发射面安装在船底。
6. C。发射换能器将电振荡发射脉冲转变为频率为超声波脉冲向海底发射。
7. C。最大测量深度与发射功率、换能器效率和工作频率等因素有关。发射功率越大,测量深度越深;换能器效率越高,能量损耗小,测量深度越深;工作频率低,传播损耗小,测量深度越深,所以在一定的发射功率条件下,应选用较低的工作频率。脉冲重复周期 T 与最大测量深度 h_{max} 的关系为:$T = \dfrac{2h_{max}}{C}$(C 为声波传播速度)。
8. A。脉冲重复周期 T 与最大测量深度 h_{max} 的关系为:$T = \dfrac{2h_{max}}{C}$(C 为声波传播速度)。
9. D。实际能测出的最小深度应大于发射脉冲宽度 τ 所对应的深度:$h_{min} > \dfrac{C \cdot \tau}{2}$。
10. A。基本原理。
11. C。测量超声波自发射至被反射接收的时间间隔来确定水深。
12. C。发射换能器将电振荡发射脉冲转变为频率为超声波脉冲向海底发射。

第四节 回声测深仪的组成和工作时序

1. C。回声测深仪的发射换能器将电振荡发射脉冲转变为频率为超声波脉冲向海底发射。
2. B。回声测深仪通常由显示器、发射系统、发射换能器、接收系统、接收换能器和电源设备等部分组成。
3. B。回声测深仪的发射换能器将电振荡发射脉冲转变为频率为超声波脉冲向海底发射。
4. D。零点信号超前,显示水深将小于实际水深;零点信号滞后,则显示水深将大于实际水深。

第五节 换能器

1. C。通常,回声测深仪换能器安装于离船首 1/3 船长处之前的位置或安装于球鼻首下是比较理想的。
2. A。IMO 性能标准规定,回声测深仪应能在船速不大于 30 kn 和横摇±10°和/或纵摇±5°的情况下正常工作。
3. C。航行过程中产生的船首波在海面上形成,并含有大量的空气。船首波大约在距船首船舶总长 1/3 处重新进入水中,在离船首 1/3 船长处之后的位置产生大量的气泡。因此,

第七章 回声测深仪

若换能器安装在离船首 1/3 船长处之后的位置,将会受到大量气泡的影响。通常,回声测深仪换能器安装于离船首 1/3 船长处之前的位置或安装于球鼻首下是比较理想的。
4. C。换能器表面的附着物对声能有着较强的吸收作用,尤其是长期不用的换能器表面会有大量海生物生长,对换能器工作影响较大。所以,应及时清洁换能器工作面,注意换能器的工作面不能涂敷油漆。

第六节 回声测深仪的主要性能指标

1. C。IMO 性能标准规定,回声测深仪应至少具有 20 m 和 200 m 两个量程。
2. C。IMO 建议,船舶测深仪的最小测量深度至少为 2 m。
3. C。IMO 性能标准规定,回声测深仪应至少具有 20 m 和 200 m 两个量程。
4. B。IMO 性能标准规定,记录式图像显示方式为测深仪必须具备的显示方式。

第七节 回声测深仪误差分析和控制

1. A。声速误差的修正公式如下表示:$D_A = \dfrac{C_A}{C} \times D_I$,$D_A$ 为实际水深,C_A 为实际声速,C 为标准声速,即 1 500 m/s,D_I 为显示水深。
2. B。实际声速并非恒定值,它随着海水温度、含盐量和静压力的变化而变化。
3. D。海水中气泡会对声能有削弱作用,同时会引起声波的混响,从而严重干扰测深仪正常工作。
4. B。海水中气泡会对声能有削弱作用,同时会引起声波的混响,从而严重干扰测深仪正常工作。
5. C。通常,回声测深仪换能器安装于离船首 1/3 船长处之前的位置或安装于球鼻首下是比较理想的。
6. D。油漆对声能吸收很大,将使回波信号显著减弱,甚至测深仪不能工作。
7. C。在显示器上出现较宽的信号带。
8. B。IMO 性能标准规定,测深仪的误差在分别为浅水范围内(20 m)允许误差为±0.5 m 和深水范围(200 m)内允许误差为±5 m 与显示水深值的±2.5%相比较,取大者。
9. C。不同的海底底质对声波的反射能力差异较大,岩石最强,砂底次之,淤泥最差。

第八章 雷达

第一节 雷达工作原理

1. 在雷达相对运动显示方式中,小岛在显示器上的移动规律是_____。
   A. 以与本船反向等速移动
   B. 随本船前移
   C. 固定不动
   D. 以与本船反向加速移动

2. 船载航海雷达通过发射_____探测目标和测量目标参数。
   A. 触发脉冲
   B. 高压脉冲
   C. 微波脉冲
   D. 调制脉冲

3. 航海雷达探测目标的距离是测量_____。
   A. 微波脉冲的多普勒频移
   B. 微波脉冲的频率
   C. 微波脉冲来回传播的时间
   D. 微波脉冲发射的时间

4. 航海雷达探测目标的方位是测量_____。
   A. 微波脉冲发射时的船首线方位
   B. 微波脉冲发射时的天线方位
   C. 微波脉冲来回传播的时间
   D. 微波脉冲发射的时间

5. 雷达探测到的回波图像与真实目标相比,可能会有很大的变形,表现为_____。
   A. 雷达不能探测到非金属物体
   B. 雷达只能探测目标的前沿,后沿被遮挡的部分无法探测和显示
   C. 雷达能探测到浅水中的礁石
   D. 雷达探测不到远距离高大目标的顶部

6. 影响目标雷达最大探测距离的因素不包括_____。
   A. 目标的材质
   B. 雷达天线垂直波束宽度
   C. 雷达天线长度
   D. 雷达设备收发转换时间

7. 雷达目标的最小探测距离最好_____。
   A. 通过理论计算确定
   B. 在雷达出厂时由精密仪器测定
   C. 在雷达天线处通过目测情况确定
   D. 通过理论计算和雷达实测结合确定

8. 雷达发射脉冲宽度宽一些,_____。

A. 可获得较小的最小作用距离　　　　B. 可提高距离分辨力
C. 可提高探测远距目标能力　　　　　D. 可提高测方位精度

9. 影响雷达探测近距某目标能力的因素有_____。
①脉冲宽度；②天线垂直波束宽度；③天线高度；④目标高度
A. ①②　　　　　　　　　　　　　　B. ①②③
C. ①③　　　　　　　　　　　　　　D. ①②③④

10. 当目标高度较高，始终处在雷达垂直波束之内时，雷达探测该目标的最近距离由_____决定。
A. 发射功率　　　　　　　　　　　　B. 天线高度和天线垂直波速宽度
C. 显示器像素时间和发射脉冲宽度　　D. 发射脉冲宽度和收发转换时间

11. 雷达发射脉冲宽度与最小作用距离的关系为_____。
A. 发射脉冲宽度越小，最小作用距离越大
B. 发射脉冲宽度越小，最小作用距离越小
C. 最小作用距离与发射脉冲宽度无关
D. 发射脉冲宽度和水平波束宽度共同决定了雷达的最小作用距离

12. 雷达在近量程工作时，驾驶员更关心以下哪个性能指标？
A. 雷达的目标分辨能力　　　　　　　B. 雷达的平均发射功率
C. 雷达的峰值发射功率　　　　　　　D. 雷达的信噪比

13. 关于雷达的距离分辨力，以下哪个说法是正确的？
A. 发射脉冲宽度使回波向本船方向扩展，引起距离分辨力下降
B. 脉冲重复频率使回波扩展，引起距离分辨力下降
C. 发射脉冲宽度使回波向远离本船方向扩展，引起距离分辨力下降
D. 天线水平波束宽度使回波扩展，引起距离分辨力下降

14. 关于雷达的方位分辨力，以下哪个说法是正确的？
A. 发射脉冲宽度使回波扩展，引起方位分辨力下降
B. 脉冲重复频率使回波扩展，引起方位分辨力下降
C. 接收机通频带失真，引起方位分辨力下降
D. 天线水平波束宽度使回波扩展，引起方位分辨力下降

15. 雷达距离分辨力取决于_____。
①脉冲宽度、接收机通频带；②像素大小、显示器尺寸；③量程大小
A. ①②　　　　　　　　　　　　　　B. ②③
C. ①③　　　　　　　　　　　　　　D. ①②③

16. 雷达区分同一方位上相邻两目标的能力称为_____。
A. 抗干扰能力　　　　　　　　　　　B. 方位分辨力
C. 测距精度　　　　　　　　　　　　D. 距离分辨力

17. 雷达区分等距离上相邻两目标的能力称为_____。
A. 距离分辨力　　　　　　　　　　　B. 方位分辨力
C. 测距精度　　　　　　　　　　　　D. 抗干扰能力

18. 与 X 波段雷达相比,S 波段雷达的作用距离_____,方位分辨力_____。
    A. 较远;较高   B. 较远;较差
    C. 较近;较差   D. 较近;较高
19. 为了提高船用导航雷达的距离分辨力,可以_____。
    A. 使用回波增强功能   B. 适当使用 GAIN
    C. 使用更小的量程   D. 增强海浪干扰抑制
20. 为了提高目标的距离分辨力,正确的做法是_____。
    A. 适当提高增益   B. 让调谐轻微失谐
    C. 适当使用雨雪抑制   D. 适当使用海浪抑制
21. 下列形状对雷达波反射性能最强的是_____。
    A. 平板状物体   B. 角反射器
    C. 球状物体   D. 圆柱状物体
22. 造成雷达荧光屏边缘附近雷达回波方位扩展的主要因素是_____。
    A. 水平波束宽度   B. 垂直波束宽度
    C. 脉冲宽度   D. 像素扩展
23. 减小雷达物标回波方位扩展影响的方法是_____。
    ①适当减小增益;②采用小量程;③采用 X 波段雷达
    A. ②③   B. ①②
    C. ①③   D. ①②③
24. 造成雷达物标回波径向扩展的主要因素是_____。
    A. 脉冲宽度   B. 像素大小
    C. 目标闪烁   D. 水平波束宽度
25. 下列哪些物标不容易被雷达发现?
    ①大型拖船;②小渔船;③玻璃钢游艇
    A. ①②   B. ①③
    C. ①②③   D. ②③
26. 下列形状对雷达波反射性能最强的是_____。
    A. 锥体   B. 角反射器
    C. 球状物体   D. 圆柱状物体
27. 用雷达观测两个等距离上相邻方位的物标时,为在雷达荧光屏上分离它们的回波,应_____。
    A. 使用短脉冲工作   B. 使用长脉冲
    C. 使用 FTC 电路   D. 尽可能用小量程
28. 物标反射雷达电磁波的能力与_____有关。
    ①雷达波的入射角;②物标的深度;③物标的大小;④物标的形状;⑤物标的表面结构;⑥物标的材料
    A. ①②③④⑤⑥   B. ②④⑤⑥
    C. ①③④⑤⑥   D. ③④⑤

29. 下列形状的物体反射雷达波的能力最差的是_____。
    A. 三个相互垂直的平面构成的"角反射器"
    B. 锥形物体
    C. 圆柱形物体
    D. 球形物体
30. 采用下列不同材料的物体,其反射雷达波能力最强的是_____。
    A. 海水				B. 石头
    C. 金属				D. 木质
31. 脉冲宽度造成的回波径向扩展主要指的是雷达回波向_____扩展。
    A. 内				B. 外
    C. 左				D. 右
32. 造成雷达目标图形角向肥大的主要因素是_____。
    A. 通频带宽度			B. 脉冲宽度
    C. 水平波束宽度			D. 垂直波束宽度
33. 航海雷达用短脉冲时能_____。
    A. 提高测方位精度			B. 提高方位分辨力
    C. 提高距离分辨力			D. 增大作用距离
34. 对雷达波反射性能较好的物标形状为_____。
    A. 平板组成的角反射体		B. 圆柱形物体
    C. 球形物体			D. 锥形物体
35. 下列对雷达波反射性能最差的物标是_____。
    A. 岛屿				B. 漂浮的货船
    C. 冰山				D. 岬角
36. 下列浮标中,反射雷达波较好的是_____。
    A. 球形浮标			B. 锥形浮标
    C. 细桅形浮标			D. 柱形浮标
37. 从雷达荧光屏上出现的海浪干扰回波中识别物标回波的主要依据是_____。
    A. 海浪回波强,物标回波弱		B. 海浪回波弱,物标回波弱
    C. 海浪回波小,物标回波大		D. 物标回波稳定,少变化
38. 在雷达荧光屏中心附近出现的鱼鳞状亮斑回波,是_____。
    A. 海浪干扰			B. 雨雪干扰
    C. 某种假回波			D. 二次反射回波
39. 在雷达荧光屏中心附近出现的圆盘状亮斑回波,越往外越弱,它是_____。
    A. 强海浪干扰			B. 雨雪干扰
    C. 某种假回波			D. 二次反射回波
40. 雷达荧光屏上海浪干扰强弱与风向的关系为_____。
    A. 上风舷弱			B. 上风舷强
    C. 下风舷强			D. 与风向无关

41. 本船航向正北,东风八级,雷达荧光屏上海浪干扰最强,伸展得较远的位置在_____。
    A. 船首方向 B. 右舷
    C. 左舷 D. 船尾

42. 海浪干扰强弱与雷达工作波长的关系为_____。
    A. 波长越长,强度越弱 B. 波长越短,强度越弱
    C. 强弱与波长无关 D. 波长越长,强度越强

43. 雷达的"海浪抑制"钮的作用是通过_____达到抑制海浪干扰回波影响之目的。
    A. 降低回波信号的大小 B. 降低发射功率的大小
    C. 降低本机振荡功率的大小 D. 降低近程增益

44. 在雷达荧光屏局部区域上出现的疏松的棉絮状一片的干扰波是_____。
    A. 雨雪干扰 B. 噪声干扰
    C. 海浪干扰 D. 同频干扰

45. 雷达荧光屏上的雨雪干扰图像特征是_____。
    A. 辐射状点线 B. 满屏幕的散乱光点
    C. 密集点状回波群,如棉絮团一样 D. 屏中心附近的辉亮圆盘

46. 抑制雷达的雨雪干扰的方法是_____。
    ①适当减小增益;②使用 10 cm 波段雷达;③选用窄脉冲
    A. ②③ B. ①②
    C. ①③ D. ①②③

47. 用雷达探测雨雪区域中的物标,FTC(雨雪抑制钮)及增益钮的正确用法是_____。
    A. 使用 FTC,适当减小增益 B. 使用 FTC,适当增大增益
    C. 关掉 FTC,适当减小增益 D. 关掉 FTC,适当增大增益

48. 初夏季节,在刚刚从烟台港驶离的船舶上,驾驶员偶然在雷达上发现了大连港附近的船舶回波。这种现象合理的解释是_____。
    A. 次折射影响了雷达地平
    B. 二次扫描假回波,影响雷达观测
    C. 超视距,有助于雷达观测
    D. 超折射或大气波导现象,影响了雷达地平

49. 发生超折射时,雷达探测地平增加,能够及早探测到远距离目标。以下说法正确的是_____。
    A. 超折射可能引起假回波,尤其在能见度恶劣的航行环境,驾驶员应特别注意
    B. 超折射对雷达观测是有利的,驾驶员应积极利用这种现象
    C. 超折射对雷达正常观测没有影响,驾驶员不必理会
    D. 超折射容易造成雷达超负荷发射,驾驶员应密切注意雷达工作状态

50. 在标准大气传播条件下,雷达能够探测到某目标的极限距离取决于_____。
    A. 雷达发射功率 B. 接收机灵敏度
    C. 天气条件 D. 雷达天线高度和目标高度

51. 雷达出现间接反射回波的必要条件是_____。

A. 附近存在强反射体 B. 天线有足够大的增益
C. 发射功率要足够大 D. 天线旁瓣要大

52. 雷达荧光屏上的间接反射回波通常出现在_____。
    A. 阴影扇形内 B. 船首标志线上
    C. 船尾线方向上 D. 盲区内

53. 雷达荧光屏上间接反射回波的距离等于_____。
    ①物标的实际距离;②物标到间接反射体的距离;③间接反射体到天线的距离
    A. ①+②+③ B. ①+③
    C. ①+② D. ②+③

54. 雷达荧光屏上可能出现多次反射回波的条件是_____。
    ①物标距离较近;②物标反射强度较强;③不需要特殊要求
    A. ②③ B. ①③
    C. ①②③ D. ①②

55. 雷达荧光屏上多次反射回波的特点是_____。
    ①在同一方向上;②距离间隔均等于真回波距离;③越往外面,回波越弱
    A. ②③ B. ①③
    C. ①② D. ①②③

56. 雷达抑制多次反射回波的方法是_____。
    ①使用 STC 钮(海浪抑制);②适当减小增益;③使用 FTC 钮(雨雪抑制)
    A. ①② B. ①②③
    C. ①③ D. ②③

57. 在雷达荧光屏上的阴影扇形内出现的回波有可能是_____。
    A. 雨雪干扰 B. 多次反射回波
    C. 间接反射回波 D. 不可能出现任何回波

58. 雷达产生间接反射回波的原因是_____。
    A. 雷达波存在较强的旁瓣 B. 超折射现象非常强烈
    C. 天线附近存在强反射体 D. 脉冲重复周期过小

59. 关于雷达荧光屏上间接反射假回波的说法中,错误的是_____。
    A. 间接回波的距离与真回波不同 B. 间接回波的方位与真回波不同
    C. 间接回波的亮度与真回波不同 D. 间接回波形状与真回波相同

60. 由本船大桅(或烟囱)造成的雷达间接回波常常出现在_____。
    A. 明暗扇形区 B. 扇形阴影区
    C. 船舶正横方向 D. 雷达盲区

61. 当雷达采用首向上相对运动显示方式,本船改向时_____。
    A. 真回波、间接回波的方位均变化
    B. 真回波、间接回波的方位均不变化
    C. 真回波的方位发生变化,间接回波方位不变或消失
    D. 真回波的方位发生不变化,间接回波方位改变或消失

62. 关于雷达上多次反射回波的说法中,错误的是_____。
    A. 真回波位于假回波的外侧
    B. 真回波与假回波方位一致
    C. 相邻的真回波与假回波之间的距离间隔近似相等
    D. 真回波与假回波的强度不同

63. 当雷达采用北向上相对运动显示方式,本船改向时_____。
    A. 真回波、间接回波的方位均变化
    B. 真回波、间接回波的方位均不变化
    C. 真回波的方位发生变化,间接回波方位不变或消失
    D. 真回波的方位不发生变化,间接回波方位改变或消失

64. 雷达荧光屏上间接反射回波的距离_____物标的实际距离。
    A. 等于   B. 大于
    C. 小于   D. 小于或等于

65. 当本船改向时,雷达间接反射回波将_____。
    A. 仍出现在扇形阴影区里或消失
    B. 沿本船转向方向相反的方向慢慢转动
    C. 方位始终保持不变
    D. 从扇形阴影区里慢慢移到外面

66. 雷达多次反射回波与真回波相比_____。
    A. 方位相同,距离不同   B. 方位不同,距离相同
    C. 方位、距离均不同   D. 方位、距离均相同

67. 雷达多次反射回波的消除和抑制方法是_____。
    A. 降低增益   B. 降低 STC
    C. 临时改向   D. 改变量程

68. 雷达荧光屏上多次反射回波的特点是_____。
    A. 距离等于真回波距离   B. 对称分布于真回波两侧
    C. 越向外侧强度越强   D. 等间隔分布于真回波外侧

69. 在雷达荧光屏上,在一个强回波两侧等距圆弧上对称分布的若干回波点,它们是_____。
    A. 二次扫描回波   B. 多次反射回波
    C. 间接反射回波   D. 旁瓣回波

70. 在雷达荧光屏上判断是否是二次扫描回波的方法是_____。
    A. 改变航向   B. 改变量程
    C. 进一步调谐   D. 适当改变增益

71. 改变量程段时,雷达荧光屏上二次扫描回波_____。
    ①方位不变;②距离改变;③消失
    A. ①②③   B. ①③
    C. ①②   D. ②③

72. 雷达荧光屏上可能出现旁瓣回波的条件是_____。

A. 近距离 B. 中距离
C. 远距离 D. 无法确定

73. 雷达荧光屏上旁瓣回波的特点是_____。
①距离等于真回波距离；②对称分布于真回波两侧；③越向两侧强度越弱
A. ①② B. ①③
C. ②③ D. ①②③

74. 雷达荧光屏上可能出现二次扫描假回波的大气传播条件是_____。
A. 欠折射 B. 超折射
C. 气压较低的天气 D. 存在较低的雨层云

75. 雷达荧光屏上二次扫描回波的特点是_____。
①方位是物标的实际方位；②距离等于实际距离减去 $CT/2$（注：T 为脉冲重复周期）；③回波形状严重失真
A. ①② B. ②③
C. ①③ D. ①②③

76. 雷达抑制旁瓣回波的方法是_____。
①适当使用 STC（海浪抑制）；②适当减小增益；③适当使用 FTC（雨雪抑制）
A. ①② B. ①③
C. ②③ D. ①②③

77. 远处直岸线在雷达荧光屏上变成向扫描中心凸出的回波，它是_____。
①二次扫描假回波；②雷达存在测距误差；③雷达存在方位误差
A. ① B. ②
C. ③ D. ②③

78. 雷达上的旁瓣回波位于真回波的_____。
A. 内侧 B. 外侧
C. 左右两侧的圆弧上 D. 反方向

79. 关于雷达上旁瓣回波的说法中正确的是_____。
A. 无法判定旁瓣回波与真回波的距离远近
B. 旁瓣回波的距离小于真回波的距离
C. 旁瓣回波的距离大于真回波的距离
D. 旁瓣回波与真回波的距离相同

80. 在雷达上，二次扫描回波的方位与物标的真实方位_____。
A. 相差 90° B. 相差 270°
C. 相同 D. 相反

81. 改变雷达量程时，二次扫描回波不变的是_____。
A. 方位 B. 距离
C. 大小 D. 形状

82. 在真回波两侧圆弧上对称分布的回波是一个物标的_____回波。
A. 间接反射 B. 多次反射

C. 旁瓣 D. 二次扫描

83. 雷达荧光屏上可能出现旁瓣回波的条件是_____。
 A. 物标距离本船较近 B. 物标距离尺寸较大
 C. 物标处于本船正横位置 D. 物标处于本船首尾位置

84. 在雷达荧光屏上的阴影扇形内出现的回波有可能是_____。
 A. 雨雪干扰 B. 多次反射回波
 C. 间接反射回波 D. 不可能出现任何回波

85. 雷达荧光屏上可能出现多次反射回波的条件是_____。
 ①物标距离较近;②物标反射强度较强;③不需要特殊要求
 A. ②③ B. ①③
 C. ①②③ D. ①②

86. 在雷达屏幕中心附近出现的鱼鳞状亮斑,是_____。
 A. 雨雪干扰 B. 海浪干扰
 C. 假回波 D. 同频干扰

87. 根据 IMO 最新雷达性能标准规定,雷达的测距精度不低于_____。
 A. "30 m"或"量程的±1%"中的大者
 B. "30 m"或"量程的±1.5%"中的大者
 C. "50 m"或"量程的±1%"中的大者
 D. "50 m"或"量程的±1.5%"中的大者

88. 根据 IMO 最新雷达性能标准规定,雷达的测方位精度不低于_____。
 A. 0.5° B. 1.0°
 C. 1.5° D. 2.0°

89. 根据 IMO 最新雷达性能标准规定,雷达从冷态开机到发射的时间不应超过_____。
 A. 10 min B. 5 min
 C. 4 min D. 3 min

90. 根据 IMO 最新雷达性能标准规定,雷达从预备状态到发射的时间不应超过_____。
 A. 5 s B. 3 s
 C. 4 min D. 3 min

91. 雷达应提供偏心显示功能,偏心距离至少_____半径,但不超过_____半径。
 A. 1/3;2/3 B. 1/2;2/3
 C. 1/3;3/4 D. 1/2;3/4

92. 根据 IMO 最新雷达性能标准规定,雷达至少应在_____量程上具有目标跟踪(TT)功能。
 A. 3 n mile 和 6 n mile B. 3、6 n mile 和 12 n mile
 C. 6 n mile 和 12 n mile D. 6、12 n mile 和 24 n mile

第二节 雷达操作

1. 雷达调谐控钮用于控制图像回波质量,下列可以作为调谐最佳效果的参照物是_____。

A. 固定距标圈最亮　　　　　　　　B. 活动距标圈最亮
C. 电子方位线最亮　　　　　　　　D. 海杂波最饱满

2. 雷达增益控钮用于改变中频放大器的放大量,增益的最佳调整位置应使_____。
   A. 海杂波似见非见　　　　　　　B. 背景噪声似见非见
   C. 弱小目标似见非见　　　　　　D. 扫描线似见非见

3. 在雷达操作面板上,一般海浪干扰抑制旋钮的标识是_____。
   A. GAIN　　　　　　　　　　　　B. TUNE
   C. A/C SEA　　　　　　　　　　D. A/C RAIN

4. 当怀疑有二次扫描假回波时,还可以通过变换_____加以识别。
   A. 脉冲宽度　　　　　　　　　　B. 增益
   C. 量程　　　　　　　　　　　　D. 海浪干扰抑制

5. 使用雨雪干扰抑制时,下列说法错误的是_____。
   A. 所有回波都被削弱,突显目标前沿,回波后沿减弱或消退
   B. 大面积连续的陆地回波被分割,显示出陆地突起的前沿
   C. 降低了目标的距离分辨力
   D. 可能丢失弱小目标

6. 如果观测的目标处于雨雪区域之后附近,正确的操作是_____。
   A. 使用雨雪抑制并适当降低增益
   B. 使用雨雪抑制并适当提高增益
   C. 不使用雨雪抑制直接提高增益
   D. 使用雨雪抑制并适当使用海浪抑制

7. 相对运动船首向上显示方式是一种方位不稳定显示方式,下列说法不正确的是_____。
   A. 船首线指示屏幕正上方000刻度固定不动
   B. 船首在风浪中偏荡时,目标回波闪烁
   C. 观测直观,雷达图像与视觉瞭望一致
   D. 适用于狭水道导航、定位

8. 相对运动北向上是一种方位稳定显示方式,需要接入罗经信息。关于相对运动北向上,下列说法不正确的是_____。
   A. 屏幕正上方代表罗经北
   B. 船首在风浪中偏荡或本船转向时,船首线随艏向转动
   C. 观测直观,雷达图像与视觉瞭望一致
   D. 适合于定位、导航和航向频繁机动的环境

9. 下列关于相对运动航向向上显示方式的说法,错误的是_____。
   A. 船首在风浪中偏荡或本船转向时,具有船首向上的显示特点
   B. 船首在风浪中偏荡或本船转向时,具有真北向上的显示特点
   C. 观测直观,雷达图像与视觉瞭望一致
   D. 适合于避碰及定位、导航和航向频繁机动的环境

10. 采用对水真运动显示方式时,_____。

A. 小岛等固定目标在屏幕上稳定不动
B. 适用于狭水道导航、定位
C. 水面上漂浮的目标在屏幕上稳定不动
D. 同向同速船在屏幕上稳定不动

11. 采用对地真运动显示方式时，_____。
    A. 小岛等固定目标在屏幕上稳定不动
    B. 适用于船舶避碰
    C. 水面上漂浮的目标在屏幕上稳定不动
    D. 同向同速船在屏幕上稳定不动

12. 减小雷达目标回波方位扩展影响的方法有_____。
    ①减小增益；②采用小量程；③增大扫描亮度；④采用X波段雷达
    A. ①②③   B. ①③④
    C. ②③④   D. ①②④

13. 抑制或削弱雷达同频干扰的方法是_____。
    ①使用同频干扰抑制器；②改用小量程；③改用另一频段的雷达；④适当调大增益
    A. ①②③   B. ①③④
    C. ②③④   D. ①②④

14. 在雷达近量程档观测，发现两侧笔直岸线在荧光屏上呈向扫描中心凸出的曲线，说明_____。
    A. 是岸线的二次扫描假回波   B. 雷达测距误差为"+"
    C. 雷达测距误差为"-"   D. 多次反射回波

15. 本船雷达天线海面以上高度为16 m，前方小岛岸线与在小岛中央高25 m的山峰的水平距离为4 n mile，当本船离小岛岸线的距离为12 n mile时，欲用小岛距离定位，应用VRM测量该岛回波_____部位。
    A. 内缘(最近处)   B. 外缘(最远处)
    C. 中央   D. 距内缘三分之一处

16. 为减小雷达测距误差，下述说法错误的是_____。
    A. 适当调节各控钮，使回波清晰、饱满
    B. 应经常检查距标的精度，掌握其误差
    C. 应将VRM与回波的中心精确重合
    D. 应选择陡峭、回波清晰稳定的物标

17. 当本船对准远处小物标航行，而在雷达荧光屏上该物标回波不落在船首线上说明_____。
    A. 船首线未对准固定方位0°   B. 雷达有方位误差
    C. 雷达有测距误差   D. 雷达有故障

18. 影响雷达测方位误差的设备因素中，下述说法正确的是_____。
    A. 天线水平波束宽度越窄，方位误差越小
    B. 脉冲宽度越窄，方位误差越小
    C. 屏幕分辨率越高，方位误差越大

D. 隙缝波导天线主波束轴向偏移角是稳定的,不影响方位误差

19. 使用雷达测量物标的舷角时,该舷角的基准是_____。
   A. 固定方位盘的 0°　　　　　　　B. 船首线
   C. 真北线　　　　　　　　　　　D. EBL

20. 雷达测量固定点状物标方位时,应该将方位标尺线压住回波_____位置。
   A. 左边沿　　　　　　　　　　　B. 右边沿
   C. 中心　　　　　　　　　　　　D. 内侧边

21. 造成雷达目标回波方位扩展的主要因素是_____。
   A. 垂直波束宽度　　　　　　　　B. 水平波束宽度
   C. 脉冲宽度　　　　　　　　　　D. 脉冲重复频率

22. 3 cm 雷达测方位精度与 10 cm 雷达测方位精度相比_____。
   A. 前者高　　　　　　　　　　　B. 后者高
   C. 两者相同　　　　　　　　　　D. 不能确定

23. 在航海实际中,通常通过观测近距离(0.5 n mile 之内)一平直岸线来确定测距误差。若发现笔直岸线在荧光屏上呈向扫描中心凸出的曲线,说明_____。
   A. 雷达测量距离大于实际距离　　B. 雷达测量距离小于实际距离
   C. 正常显示,无测距误差　　　　D. 雷达显示器故障

24. 下列定位模式中,精度最高的是_____。
   A. 雷达距离和雷达方位　　　　　B. 雷达距离和罗经方位
   C. 2 个雷达距离　　　　　　　　D. 2 个雷达方位

第三节　雷达图像识别和应用

1. 试题中的雷达图像是_____杂波,应该调整_____控钮进行抑制。

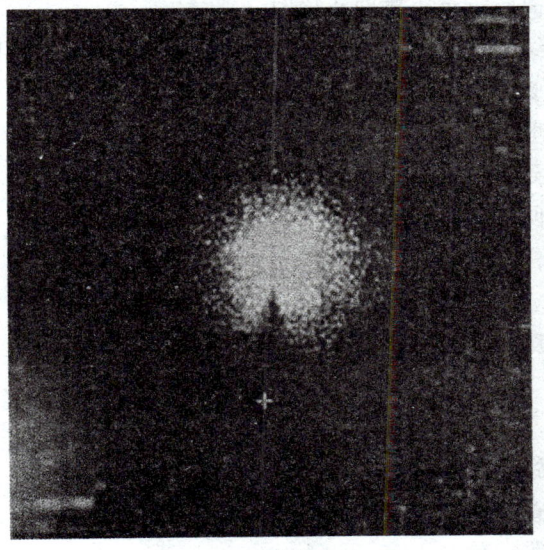

A. 雨雪杂波;Rain　　　　　　　　B. 海浪杂波;Sea

C. 同频干扰；IR   D. 陆地回波；Gain

2. 试题中的雷达图像是_____杂波，应该调整_____控钮进行抑制。

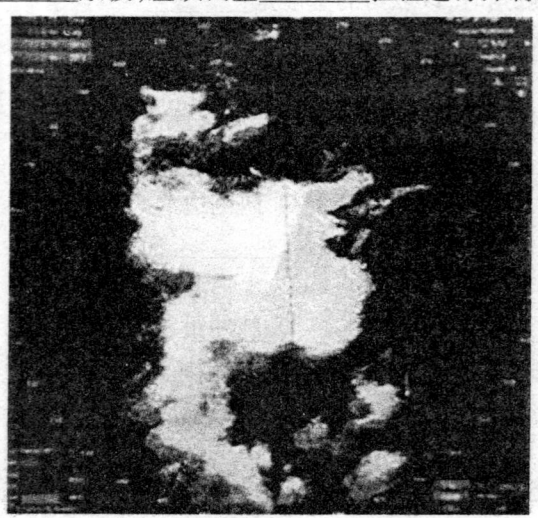

A. 雨雪杂波；Rain   B. 海浪杂波；Sea

C. 同频干扰；IR   D. 陆地回波；Gain

3. 关于海浪杂波的叙述，哪项是正确的？

   A. 有海浪杂波干扰，即需要调整海浪杂波干扰抑制，直至海浪杂波在雷达屏幕上完全消失

   B. 自动海浪杂波抑制功能可以有效地抑制海浪杂波，因此适合所有的航行环境

   C. 通过海浪杂波图像，可以大致判断出本船的阴影扇形区域

   D. 海浪杂波图像对雷达观测造成干扰，因此，海面像镜子一样平时，对船舶雷达观测最为有利

4. 关于多次反射假回波的叙述，哪项是不正确的？

   A. 是由雷达波在本船与目标之间来回多次反射均被接收引起的

   B. 只能发生在两船距离较近且正横对正横时

   C. 在真回波的外面连续出现等间隔的几个回波，间隔大小均等于真回波的距离

   D. 在屏幕上假回波与真回波的移动协调一致

5. 关于旁瓣假回波的叙述，哪项是不正确的？

   A. 天线波束的旁瓣扫到近处强反射目标所产生的回波

   B. 严格对称分布在真回波两侧的圆弧上

   C. 距离与真回波相等，强度比真回波弱很多

   D. 可以通过降低增益、使用STC抑制

6. 以下哪个假回波或杂波不能使用STC进行抑制？

   A. 海浪杂波   B. 旁瓣回波

   C. 多次反射假回波   D. 间接反射假回波

7. 现代雷达不包括下列哪个功能？

   A. 磁控管工作时间的查看及修改

   B. 磁控管工作状态参数查看

C. 校准距离和方位误差
D. 识别目标的名字及属性等详细信息

8. 雷达中以下哪个功能不能得到目标的距离信息？
   A. VRM   B. ERBL
   C. Cursor   D. EBL

9. 在以下雷达图像中，方框内处于一段圆弧上的一系列回波是_____。

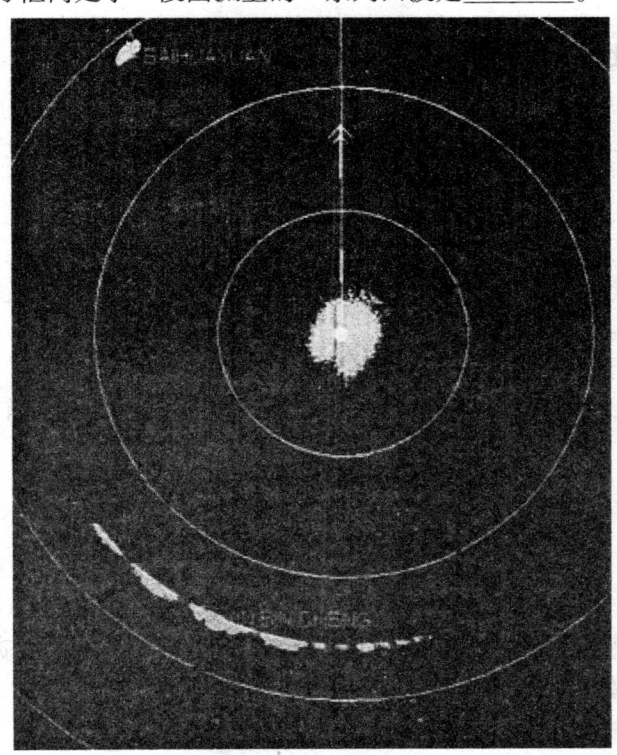

   A. 雨杂波   B. 旁瓣假回波
   C. 风浪作用下形成的大浪   D. 多艘船舶回波

10. 雷达图像调整的过程是_____。
    A. 量程-调谐-增益-抗干扰控钮和其他辅助控钮（需要时）
    B. 亮度-增益-调谐-抗干扰控钮和其他辅助控钮（需要时）
    C. 显示方式-增益-调谐-抗干扰控钮和其他辅助控钮（需要时）
    D. 调谐-量程-增益-抗干扰控钮和其他辅助控钮（需要时）

11. 以下不属于雷达图像抗杂波处理的控件是_____。
    A. STC   B. FTC
    C. IR   D. GAIN

12. " 18 " 此图标标识是_____。

A. 雷达跟踪目标和 AIS 报告目标的关联目标
B. 雷达目标 PADs
C. 被选雷达目标
D. 丢失雷达目标

13. " "此图标标识中的三角形表示_____。
    A. AIS 休眠目标　　　　　　　　B. 雷达目标 PADs
    C. 被选雷达目标　　　　　　　　D. 丢失雷达目标

14. " 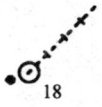 "此图标中目标尾部的四个连续小点的作用是_____。
    A. 目标事件标记点　　　　　　　B. 人员落水位置点
    C. 雷达目标航迹预测轨迹　　　　D. 显示雷达目标运动轨迹

15. 观察雷达图像时,发现回波边缘不清晰、回波图像稀疏不饱满时,应首先调节_____。
    A. 调谐　　　　　　　　　　　　B. 亮度
    C. 脉冲宽度　　　　　　　　　　D. 回波扩展

第四节　雷达定位与导航

1. 驾驶员应能够根据海图选择适合雷达定位的目标,选择目标的基本原则是_____。
   A. 清晰稳定且连续的岸线
   B. 远距离高大山峰的顶峰
   C. 近距离孤立的小岛等容易确认的目标
   D. 码头、岸堤等直线型容易辨认的目标

2. 关于多目标定位,下列说法正确的是_____。
   A. 雷达三方位定位精度优于雷达两距离定位
   B. 位置线交角越小,定位精度越高
   C. 两距离定位时,先测正横目标,后测首尾目标
   D. 两方位定位时,先测正横目标,后测首尾目标

3. 有关雷达应答器,下列说法正确的是_____。
   A. 按应答器自己的规律定时发射脉冲信号
   B. 在雷达脉冲激发后再发射
   C. 至少有两部雷达同时激发后才发射
   D. 由雷达应答器控制人员操纵工作

4. 有关雷达应答器的信息可以查阅_____。
   A.《无线电信号表》第一卷　　　　B.《无线电信号表》第二卷

C.《无线电信号表》第五卷　　　　　D.《无线电信号表》第六卷

5. 雷达应答器的回波图像是_____。
   A. 在应答器所在方位上呈 1°～3° 的扇形点线
   B. 在应答器方位上的一条虚线
   C. 在应答器台架回波后的编码回波
   D. 在应答器台架回波后的扇形弧线

6. 搜救雷达应答器的信号在雷达荧光屏上是_____。
   A. 在应答器位置后一串（至少 12 个）等间隔短划信号，总长度约 8 n mile
   B. 在应答器位置后一串（6 个）等间隔短划信号，总长度 6 km
   C. 在应答器位置后一串编码脉冲信号
   D. 在应答器方向上呈一串等间隔短划信号，布满整个扫描线

7. 在雷达荧光屏上雷达应答器的图像显示特点是_____。
   A. 只要雷达工作，每次天线扫描均可见到它
   B. 随天线的旋转连续显示几次后会消失几次
   C. 一旦显示后，不会再消失，除非关掉雷达后
   D. 显不显示，可以按需要选择

8. 搜救雷达应答器装在_____。
   A. 航行在国际航线上的船舶上
   B. 重要的导航标志上
   C. 重要的小岛、岬角上
   D. 专门用于搜救遇难船舶人员的救援船和飞机上

9. 搜救雷达应答器满足哪些条件时能响应雷达脉冲信号？
   ①应答器内有足够的电源；②由人工启动或自动启动后；③雷达天线与应答器天线之间无阻挡，且在有效距离内
   A. ①②　　　　　　　　　　　B. ①③
   C. ②③　　　　　　　　　　　D. ①②③

10. 在英版无线电信号表中查得某雷达航标的资料为：Souter Lt Racon 54°58′.23N 1°21′.80W 5135(3 and 10 cm) 135°–350° 10 n miles T；说明该标是_____。
    A. 适用于 3 cm 和 10 cm 波段雷达的雷达信标（指向标）
    B. 仅适用于 10 cm 波段雷达的雷达信标
    C. 既适用于 3 cm 波段雷达，也适用于 10 cm 波段雷达的雷达应答标
    D. 仅适用于 3 cm 波段雷达的雷达应答标

11. _____的雷达可以激发和接收搜救雷达应答器的信号。
    ①S 波段；②X 波段；③C 波段
    A. ①　　　　　　　　　　　　B. ②
    C. ③　　　　　　　　　　　　D. ①②③

12. 雷达应答器是一种_____的雷达航标。
    ①有源主动；②有源被动；③无源

A. ① B. ②
C. ③ D. ①或②

13. 雷达应答器的工作波段大多数是_____。
    A. S 波段 B. X 波段
    C. C 波段 D. L 波段

14. 雷达应答器发射_____编码脉冲。
    A. ASC 码 B. ASCⅡ 码
    C. 莫尔斯码 D. 格雷码

15. 能在雷达荧光屏上显示出编码脉冲的是_____。
    A. 角反射器 B. 雷达指向标
    C. 雷达 D. 雷达应答器

16. 下列不属于雷达航标的是_____。
    A. 角反射器 B. 雷达指向标
    C. 雷达应答器 D. 搜救雷达应答器

17. 在搜救行动中,遇到恶劣海况气象条件下,为了在干扰杂波和复杂的回波中确认 SART 信号,驾驶员操作雷达的最佳方法是_____。
    A. 使用 STC 抑制海浪 B. 使用 FTC 抑制杂波
    C. 将雷达调谐控制偏离调谐位置 D. 增大增益

18. 狭水道航行,采用平行线导航,应调整雷达到_____相对运动显示方式,并且调整平行线与_____相平行。
    A. 北向上;船首线 B. 北向上;计划航线
    C. 首向上;船首线 D. 首向上;计划航线

19. 关于船舶在狭水道航行中采用平行线导航法,不正确的是_____。
    A. 与平行线转向法的原理基本类似,但要求船舶周围无风无流
    B. 雷达的显示方式最好是北向上相对运动
    C. 航行中,使物标回波始终沿着与计划航线平行的电子方位线向后移动即可
    D. 使用平行方位标尺导航时,应将最长的那个平行线段,即直径部分,与本船航迹向保持一致

20. 关于船舶在狭水道航行中采用平行线导航法,下列说法正确的是_____。
    A. 适用于航线前后方向无合适的导航物标,而在航线两侧附近有合适的导航物标的情形
    B. 导航物标可以是浅滩
    C. 导航物标的方位值是最重要的数据
    D. 应选取距离大于 5 n mile 外的导航物标

21. 关于船舶在狭水道航行中采用平行线导航法,"平行"指的是_____。
    A. 我船和他船的运动方向平行
    B. 导航物标回波沿着平行于计划航线的电子方位线移动
    C. 几个导航物标的运动方向相互平行
    D. 导航物标的尾迹线和本船船首线平行

22. 根据在雷达上设置平行线导航的操作示意图(图中虚直线为EBL,虚线圆半径为D),针对航海实践中利用雷达导航设置操作,以下说法正确的是_____。

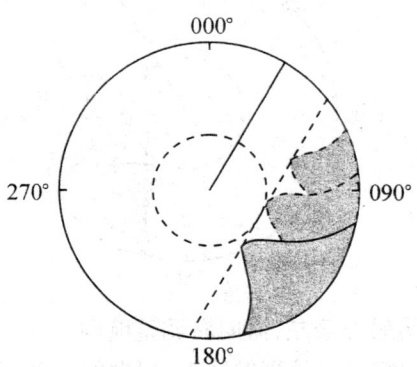

A. 必须事先在海图上选择离航线较近、显著、固定的物标,量取它到CA的最近距离D,设置如图中的距离圈(图中虚线圆)
B. 雷达设置为航向向上的相对运动显示方式
C. 设置与避险物标真方位线相平行的直线且与距离为D的圆相切(图中虚直线EBL)
D. 观察雷达中选中的物标回波与EBL之间位置关系保持相离

23. 根据在雷达上设置平行线导航的操作示意图(图中虚直线为EBL,虚线圆半径为D),针对航海实践中利用雷达导航设置操作,以下说法正确的是_____。

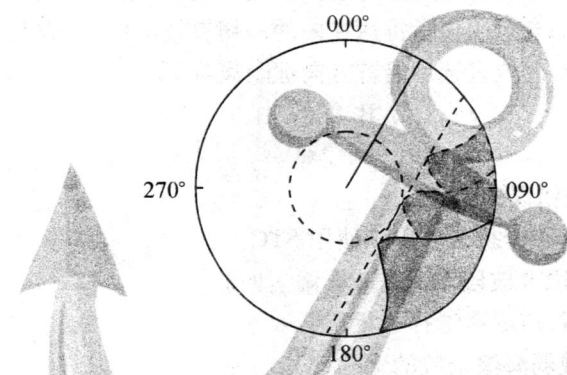

A. 必须事先设置如图中半径为D的距离圈(图中虚线圆),D为船到避险物标的距离
B. 雷达设置为艏向上的相对运动显示方式
C. 设置与计划航线(CA)相平行的直线且与距离圈相切(图中虚直线EBL)
D. 观察雷达中选中的物标回波与EBL之间位置关系保持相离

24. 根据在雷达上设置平行线导航的操作示意图(图中虚直线为EBL,虚线圆半径为D),针对航海实践中利用雷达导航设置,以下关于操作与判定正确的是_____。

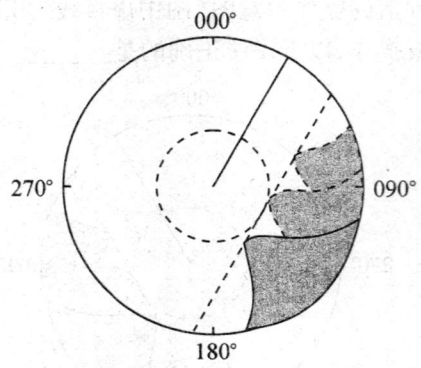

A. 当回波与 EBL 相割,表明船位偏左,需向右调整航向
B. 当回波与 EBL 相切,表明船位在计划航线上,保向航行并保持相切
C. 当回波与 EBL 相离,表明船位偏右,需向左调整航向
D. 当回波与 EBL 相离,表明船位偏右,需向右调整航向

25. 狭水道航行并遭遇能见度不良,利用雷达协助导航时,船长提醒驾驶台团队采取的下列措施中,错误的是_____。
①警惕雷达可能探测不到他船或障碍物;②应及时根据航道宽度、航速、船舶密度、视距等因素切换雷达量程;③应集中全部精力关注两部雷达,以便及时发现障碍物或他船;④利用雷达显著物标,实施平行指示线导航和避险是有效方法之一;⑤利用雷达与 ECDIS 信息叠加协助导航是有效方法之一;⑥综合运用包括雷达在内的一切有效信息、资源和手段核实船位;⑦当航道较窄时,雷达测距核实船位宜选用船首方向远距离物标
A. ①⑥ B. ③⑤
C. ③⑦ D. ②④

26. 以下关于杂波抑制的说法错误的是_____。
A. 对影响雷达观测的强海浪干扰杂波应该使用 STC
B. 在雨雪天气时,可以选用 S 波段雷达来减弱雨雪回波
C. 在同频干扰严重的区域,应尽量选择小量程
D. 宽脉冲比窄脉冲更能减弱海浪杂波的干扰

27. 以下不属于雷达设备导航的优势的是_____。
A. 雷达观测距离远,不受夜间视距的影响
B. 雷达有多种传感器信息输入,导航方法丰富
C. 雷达的测距、测方位精度高,不会引起图像失真
D. 雷达能够探测到周围船只的分布及航道情况,协助驾驶员实现安全导航

第五节　雷达手动标绘

1. 为了保证在观测时间内的船舶运动是匀速直线运动,必须进行连续观测。实际标绘过程中,通常至少要等时间间隔的观测_____点。

A. 2 个 B. 3 个
C. 4 个 D. 5 个

2. 本船与目标船速度相等,目标船保向保速,本船保速转向,转向角为 α,则目标船相对航向线变化角的大小为_____。
   A. α B. α/2
   C. 2α D. 2α/3

3. 习惯上,常将 DCPA 简称为 CPA,表示预测的目标船最接近本船时的_____。
   A. 时间 B. 距离
   C. 方位 D. 速度

4. 利用雷达连续观测目标船,进行人工标绘的条件是:在标绘期间_____。
   A. 目标船保向保速,本船保速 B. 目标船保向保速,本船保向
   C. 目标船和本船都需保向保速 D. 目标船和本船都不需保向保速

5. 在雷达标绘中,PAD 形成的前提条件是_____。
   A. 本船和目标均保速保向 B. 本船保向,目标船保速
   C. 本船保速保向,目标船保向 D. 本船保速,目标船保速保向

6. 本船雾中航行,航向 000°,航速 14 kn,雷达测得回波数据如图所示,通过雷达标绘,判断哪些目标存在碰撞危险?

	时间	真方位	距离
A目标	0600	000°	8′
	0606	000°	6′.6
B目标	0600	060°	8′
	0606	060°	6′.6
C目标	0600	030°	8′
	0606	025°	7′

   A. A 目标和 B 目标 B. A 目标和 C 目标
   C. B 目标和 C 目标 D. A 目标、B 目标和 C 目标

7. 本船雾中航行,航向 020°,航速 10 kn,雷达测得回波数据如图所示,根据雷达标绘,判断哪个目标最危险?

	时间	真方位	距离
A目标	1800	040°	9′
	1806	040°	7′.5
B目标	1800	070°	8′
	1806	070°	7′
C目标	1800	330°	8′
	1806	330°	8′

   A. A 目标 B. B 目标
   C. C 目标 D. 同等危险

8. 雾航中,与本船存在碰撞危险的两目标船,分别来自首尾方向和正横方向,其 CPA 大小接近,

本船采取变速避让,则_____。

A. 首尾方位的目标船用变速避让的效果较好

B. 正横附近的目标船用变速避让的效果较好

C. 对于两目标船的避让效果相同

D. 无法确定哪一目标船的避让效果好

9. 与本船存在碰撞危险的两目标船,分别来自首尾方向和正横方向,其CPA大小接近,本船采取转向避让,则_____。

A. 首尾方位的目标船用转向避让的效果较好

B. 正横附近的目标船用转向避让的效果较好

C. 对于两目标船的避让效果相同

D. 无法确定哪一目标船的避让效果好

10. 本船雾中航行,连续观测目标船距离、方位进行人工标绘,如图所示,其中 TC 为本船真航向,本船向右转向 $α°$,在转向的过程中,目标船 DCPA 的变化为_____。

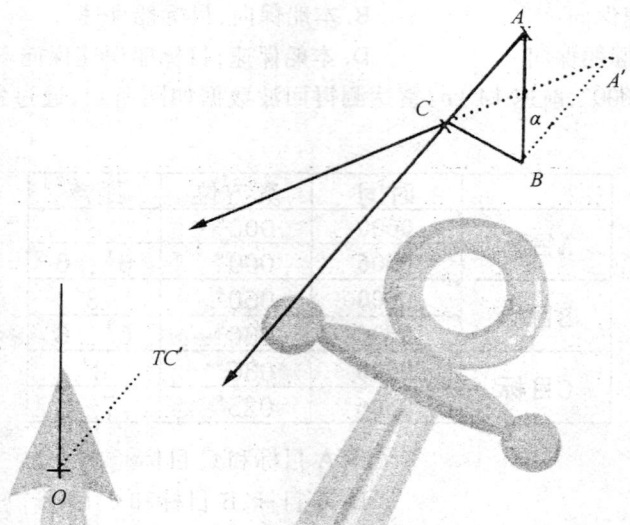

A. 先增大后减少

B. 先减小后增加

C. 始终增大

D. 始终减少

11. 本船雾中航行,对于右前方来船,其最近会遇点在本船左侧,则该目标船与本船的会遇态势为_____。

A. 过本船船首

B. 过本船船尾

C. 无法确定过本船船首还是船尾

D. 与本船存在碰撞危险

12. 本船雾中航行,连续观测目标船距离、方位,进行人工标绘,如图所示,其中 TC 为本船真航向,圆形的半径为 2 n mile,本船在 0112 向右转向,AC 长度为 1.7 n mile,CP 长度为 6.3 n mile,$A'C$ 长度为 2.1 n mile,CE 长度为 4.3 n mile,则本船转向前目标船的 TCPA 为_____。

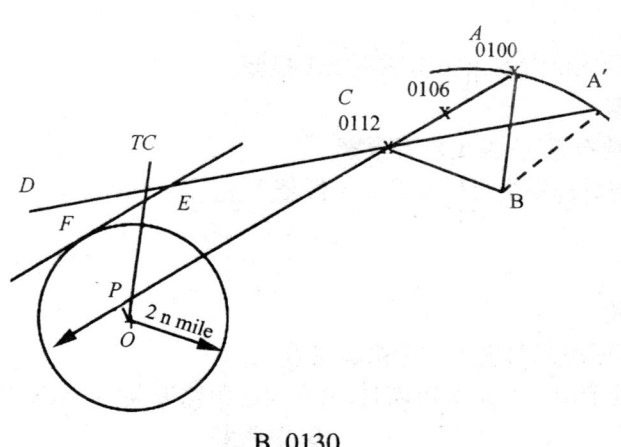

A. 0124 B. 0130
C. 0136 D. 0142

第六节　雷达自动目标跟踪与 AIS 目标报告

1. 关于雷达屏幕上所显示的真矢量和相对矢量的叙述,哪项错误?
   A. 相对矢量用于判断本船与目标船是否存在碰撞危险
   B. 真矢量用于判断本船与目标船的会遇态势,因此不能用来判断碰撞危险
   C. 应根据实际需要,真矢量和相对矢量切换交替使用
   D. 真矢量和相对矢量的显示时间应根据屏幕物标的实际情况适时调整
2. 以下哪种情况发生,会破坏雷达对所有被跟踪目标的稳定跟踪?
   A. 目标捕获后 3 min 以内　　　　B. 某目标船机动
   C. 本船机动　　　　　　　　　　D. 雷达发出目标丢失报警
3. 目标被雷达跟踪约_____后,应显示其稳定的矢量和可靠的数据。
   A. 30 s　　　　　　　　　　　　B. 1 min
   C. 3 min　　　　　　　　　　　 D. 5 min
4. 将雷达增益降低后,被跟踪目标_____。
   A. 可能发生目标丢失　　　　　　B. 可能发生目标交换
   C. 不受影响　　　　　　　　　　D. 容易出现假回波
5. 在雷达稳定跟踪目标的过程中,驾驶员改变了雷达杂波抑制状态,被跟踪目标_____。
   A. 可能发生目标交换　　　　　　B. 可能发生目标丢失
   C. 发生"角向肥大"现象　　　　 D. 出现假回波
6. AIS 协助雷达避碰时也存在局限性,下列说法错误的是_____。
   A. AIS 图标标识会遮住弱小目标,影响观测
   B. AIS 信息量大,界面复杂,增加了操作难度
   C. AIS 也存在漏失目标的情况
   D. AIS 目标没有试操船功能
7. 发生雷达跟踪目标交换时,_____。

A. 雷达发出报警

B. 雷达根据驾驶员的设置发出报警或不发出报警

C. 雷达不发出报警

D. 雷达只发出视觉报警,不发出声音报警

8. 两个被雷达跟踪的目标发生目标交换的条件是_____。

A. 两目标交会

B. 两目标对遇

C. 两目标同向行驶

D. 两目标靠近,其回波同时进入一个跟踪窗内

9. 当两个雷达目标处于同一个跟踪窗内时,常会引起跟踪失误,这种现象称为_____。

A. 目标丢失
B. 漏跟踪
C. 目标交换
D. 拒绝跟踪

10. 雷达稳定跟踪目标时,一旦目标机动,_____。

A. 雷达能够准确跟踪并显示出目标机动过程的动态数据

B. 雷达通常在目标机动完成 3 min 后,才能再被稳定跟踪

C. 雷达能够继续稳定跟踪此目标

D. 对于不同型号的雷达,情况不一样,无法判断

11. 在雷达上观察目标的_____,可了解目标船在一段时间内的机动情况。

A. 试操船情况
B. 相对矢量
C. 真矢量
D. 历史位置

12. 雷达跟踪目标的历史位置一般是用来_____。

A. 判断目标是否有碰撞危险

B. 复核避让的目标是否让请

C. 判断被跟踪目标是否有过机动

D. 核查本船采取的避让措施是否有效

13. 导致雷达试操船失效的主要原因是_____。

A. 处理延时
B. 目标船机动
C. 未考虑海上避碰规则的合理使用
D. 假回波

14. 关于雷达目标跟踪,以下说法正确的是_____。

A. 本船大幅度机动对跟踪目标数据精度有影响

B. 本船大幅度机动对跟踪目标数据精度无影响

C. 只有本船航向机动才对跟踪目标数据精度有影响

D. 只有本船航速机动才对跟踪目标数据精度有影响

15. 本船和目标船在狭水道机动频繁,则_____。

A. 雷达目标跟踪功能不可用

B. 目标跟踪准则被破坏,雷达报警频繁

C. 目标跟踪数据精度降低

D. 目标跟踪功能不受影响

16. 根据 MSC192(79)决议,雷达对目标的跟踪距离应_____。
    A. 不少于 12 n mile   B. 不多于 12 n mile
    C. 不少于 24 n mile   D. 不多于 24 n mile
17. 当两个雷达目标处于同一个跟踪窗内时,常会引起跟踪失误,这种现象称为_____。
    A. 目标丢失   B. 漏跟踪
    C. 目标交换   D. 拒绝跟踪
18. 在雷达显示器上,如果休眠 AIS 目标的 CPA 和 TCPA 均小于设置的 CPA/TCPA 安全界限,则该目标_____。
    A. 休眠,显示为危险目标,发出报警
    B. 激活,显示为危险目标,发出报警
    C. 休眠,显示为危险目标,不发出报警
    D. 激活,显示为危险目标,不发出报警
19. 在雷达显示器上,哪类 AIS 报告目标能够发出报警?
    A. 休眠目标和丢失目标   B. 危险目标和丢失目标
    C. 危险目标和激活目标   D. 被选目标和休眠目标
20. 雷达屏幕上呈现了如下符号,请问该符号代表了以下何种目标?

Sarah J

    A. 普通雷达跟踪目标   B. 被选雷达跟踪目标
    C. 休眠 AIS 报告目标   D. 被选 AIS 报告目标
21. 雷达屏幕上呈现了如下符号,请问该符号代表了以下何种目标?

Sarah J

    A. 休眠 AIS 报告目标   B. 激活 AIS 报告目标
    C. 被选 AIS 报告目标   D. 危险 AIS 报告目标
22. 雷达屏幕上呈现了如下符号,请问该符号中小三角前方的实线段指示了目标船的哪个参数?

Sarah J

    A. HDG   B. COG

C. SOG   D. ROT

23. 雷达屏幕上呈现了如下符号,请问该符号中小三角前方的实线段顶部的折线指示了目标船的哪个参数?

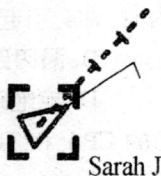
Sarah J

A. HDG   B. COG
C. SOG   D. ROT

24. 雷达屏幕上呈现了如下符号,请问该符号中小三角前方的虚线方向指示了目标船的哪个参数?

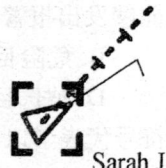
Sarah J

A. HDG   B. COG
C. SOG   D. ROT

25. 雷达屏幕上呈现了如下符号,请问该符号中小三角前方的虚线长度指示了目标船的哪个参数?

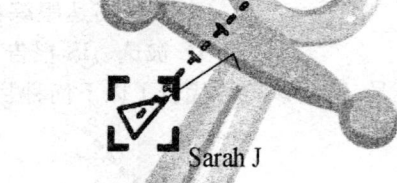
Sarah J

A. HDG   B. COG
C. SOG   D. ROT

26. 雷达屏幕上呈现了如下符号,请问该符号中小三角前方的虚线代表的目标船参数来源于哪里?

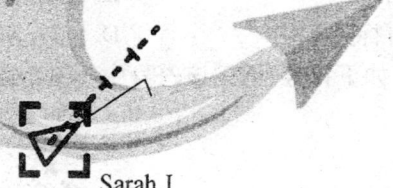
Sarah J

A. 目标船的雷达   B. 目标船的陀螺罗经
C. 目标船的计程仪   D. 目标船的GPS

27. 雷达屏幕上呈现了如下符号,请问该符号中小三角前方的实线代表的目标船参数来源于哪里？

Sarah J

A. 目标船的雷达　　　　　　　　B. 目标船的陀螺罗经
C. 目标船的计程仪　　　　　　　D. 目标船的 GPS

28. 雷达屏幕上呈现了如下符号，请问当前目标船的运动趋势如何？

Sarah J

A. 目标船保向保速　　　　　　　B. 目标船保向变速
C. 目标船静止不动　　　　　　　D. 目标船向右转向

29. 对于同一个目标船，雷达跟踪数据与 AIS 报告数据偏差较大时，驾驶员应_____。

　A. 以 AIS 报告数据为准
　B. 以雷达跟踪数据为准
　C. 重新启动 AIS 设备
　D. 仔细分析原因，确认哪个传感器的信息更可靠

30. 雷达屏幕上呈现了如下符号，请问该符号代表了以下何种目标？

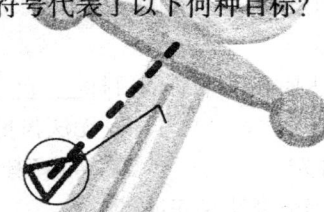

A. 普通雷达跟踪目标　　　　　　B. 休眠 AIS 报告目标
C. 被选 AIS 报告目标　　　　　　D. 雷达与 AIS 关联目标

31. 雷达屏幕上呈现了如下符号，针对该目标下列哪个表述正确？

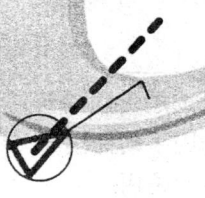

　A. 该目标符号只能提供 AIS 报告数据
　B. 该目标符号只能提供雷达跟踪数据
　C. 该目标符号雷达跟踪与 AIS 报告数据均可提供

D. 该目标符号雷达跟踪与 AIS 报告数据均不可提供

32. 雷达屏幕上呈现了如下符号,针对该目标下列哪个表述正确?

A. 该目标雷达跟踪数据与 AIS 报告数据不存在误差
B. 该目标雷达跟踪数据与 AIS 报告数据存在很大误差,误差超出关联门限
C. 该目标雷达跟踪数据与 AIS 报告数据误差大小未知
D. 该目标雷达跟踪数据与 AIS 报告数据存在一定误差,误差小于关联门限

33. _____雷达可以探测到雷达 SART 信号。
A. X 波段或 S 波段　　　　　　B. X 波段
C. S 波段　　　　　　　　　　　D. X 波段和 S 波段

34. 雷达自动捕获目标主要适用于哪种航行环境?
A. 渔区航行　　　　　　　　　B. 狭水道航行
C. 船舶较少的开阔水域　　　　D. 能见度较差的暴雨天

35. 雷达人工捕获目标的原则通常是_____。
A. 优先捕获回波强的目标
B. 优先捕获速度快的目标
C. 优先捕获船首方向特别是右舷的近距离目标
D. 优先捕获回波弱的目标

36. 手动捕获目标时,超过雷达捕获容量后的目标_____。
A. 可用自动捕获方式捕获　　　　B. 无法再捕获
C. 转换到近量程后可以捕获　　　D. 转换到远量程后可以捕获

37. 关于雷达目标捕获,下列哪个说法是正确的?
A. 目标捕获可采用自动捕获,也可采用手动捕获
B. 具有自动捕获功能的雷达,可不具备手动捕获功能
C. 一旦捕获操作完毕,该目标立刻即被稳定跟踪
D. 雷达能够提供自动避碰决策

38. 利用雷达捕获目标功能时应注意_____。
A. 自动捕获方便快速,因此应尽量选用自动捕获
B. 手动捕获可按需进行,应尽量选用手动捕获
C. 自动捕获目的性差,因此一般不宜采用
D. 应根据航行环境态势,酌情选用捕获模式

39. 雷达自动捕获目标的优点是_____。
A. 先捕获船首方向,特别是右舷近距离目标

B. 自动清除不需要的目标
C. 捕获目标速度快
D. 能够捕获弱小目标

40. 雷达设定限制区的主要目的是_____。
    A. 提高自动捕获的目的性　　B. 提高自动捕获的速度
    C. 提高手动捕获的目的性　　D. 提高手动捕获的速度

41. 能被雷达自动捕获的目标是_____的目标。
    A. 对本船有危险
    B. 闯入或已经在捕获区内
    C. 位于捕获区边界上和已经在捕获区内
    D. 在捕获区外

42. 为提高雷达自动捕获的目的性,驾驶员可_____。
    A. 设置限制区(线)或警戒区(范围)
    B. 设置较小的 CPA 和 TCPA
    C. 设置导航线
    D. 使用雷达图像与电子海图叠加操作

43. 影响雷达目标跟踪精度的主要因素不包括_____。
    A. 传感器误差　　　　　　B. 跟踪误差和操作不良
    C. 海图标绘误差　　　　　D. 雷达目标跟踪设备误差

44. 雷达目标跟踪的局限性最主要的是_____。
    A. 跟踪精度差　　　　　　B. 误跟踪和目标丢失
    C. 跟踪数量有限　　　　　D. 跟踪距离有限

45. 雷达跟踪器存在处理延时,使用雷达时要特别注意下列说法错误的是_____。
    A. 注意提前捕获目标
    B. 试操船时要估计到处理延时
    C. 重新捕获目标时要估计到处理延时
    D. 磁控管预热需要 3~5 min,是影响处理延时的主要因素

46. 雷达跟踪目标的精度与_____无关。
    A. 目标舷角　　　　　　　B. 目标距离
    C. 目标速度　　　　　　　D. 本船排水量

47. 雷达目标稳定跟踪的处理延时通常需要_____。
    A. 1 min　　　　　　　　B. 2 min
    C. 3 min　　　　　　　　D. 5 min

48. 雷达捕获目标后处理延时一般需要 3 min,在前 1 min 内_____。
    A. 输出的目标数据基本没有误差
    B. 输出的目标数据存在较大误差
    C. 输出数据只有相对矢量存在误差
    D. 输出的数据只有真矢量存在误差

49. 关于雷达目标跟踪,说法错误的是_____。
    A. 雷达仅在其最大跟踪距离范围内正常跟踪目标
    B. 雷达捕获目标有数量限制
    C. 雷达能捕获和跟踪所有在显示器显示的真实回波
    D. 雷达仅在设定的区域内自动捕获目标

50. 以下说法不正确的是_____。
    A. 海浪干扰可能会中断雷达对此目标的跟踪
    B. 目标机动可能会中断雷达对此目标的跟踪
    C. 信噪比下降可能会中断雷达对此目标的跟踪
    D. 目标闪烁可能会中断雷达对此目标的跟踪

51. 雷达目标跟踪产生漏警的主要原因是_____。
    A. 目标回波太弱   B. 目标回波太强
    C. 安全界限数值过大   D. 雷达有误差

52. 雷达跟踪目标(TT)显示有延时,其原因是_____。
    A. 计算机的运算能力有限
    B. 计算机到显示器有传输延时
    C. 建立稳定跟踪需要足够的观测次数
    D. 雷达录取目标的速度慢

53. 如果跟踪目标处于机动航行中,下列说法错误的是_____。
    A. 目标机动性越强,目标数据的误差就越大
    B. 目标机动结束后 3 min,目标才能稳定跟踪
    C. 机动中的目标数据是稳定可靠的
    D. 机动中目标需要跟踪滤波处理,与实际航行状态有误差

54. 根据雷达性能标准 IMO MSC 192(79)要求,雷达跟踪目标需要多长时间才能给出目标的运动趋势?
    A. 1 min   B. 3 min
    C. 5 min   D. 10 min

55. 根据雷达性能标准 IMO MSC 192(79)要求,雷达跟踪目标需要多长时间才能给出目标的预测运动?
    A. 1 min   B. 3 min
    C. 5 min   D. 10 min

56. 根据雷达性能标准 IMO MSC 192(79)要求,雷达跟踪目标 3 min 后参数 CPA 的精度必须要达到多少?
    A. 0.1 n mile   B. 0.2 n mile
    C. 0.3 n mile   D. 0.4 n mile

57. 关于雷达发生跟踪目标交换和丢失,说法错误的是_____。
    A. 雷达发生目标丢失时,会发出报警
    B. 目标回波变弱有可能导致雷达跟踪目标丢失

C. 两目标逐渐靠近有可能导致雷达跟踪目标交换

D. 雷达发生目标交换时,会发出报警

58. 下列旋钮的调整不会直接影响目标跟踪(TT)的是_____。

A. 调谐　　　　　　　　　　　B. 增益

C. 屏幕亮度　　　　　　　　　D. 海浪干扰抑制

59. 关于雷达 TT 功能,下列说法正确的是_____。

A. 雷达可以稳定跟踪屏幕显示的所有目标

B. 雷达启动 TT 功能,就可以跟踪目标

C. 需要人工/自动录取目标后,雷达启动 TT 功能

D. 雷达 TT 可以读取目标的静态信息

60. 根据雷达性能标准 IMO MSC 192(79)要求,下列哪个量程挡上有可能无法进行目标跟踪?

A. 3 n mile　　　　　　　　　B. 6 n mile

C. 12 n mile　　　　　　　　 D. 24 n mile

61. 下列哪种接入雷达的传感器发生故障会导致目标跟踪无法进行?

A. 陀螺罗经　　　　　　　　　B. 测深仪

C. GPS　　　　　　　　　　　D. AIS

62. 下列哪种接入雷达的传感器发生故障会导致目标跟踪无法进行?

A. ECDIS　　　　　　　　　　B. 测深仪

C. 计程仪　　　　　　　　　　D. AIS

63. 图中的显示模式为_____。

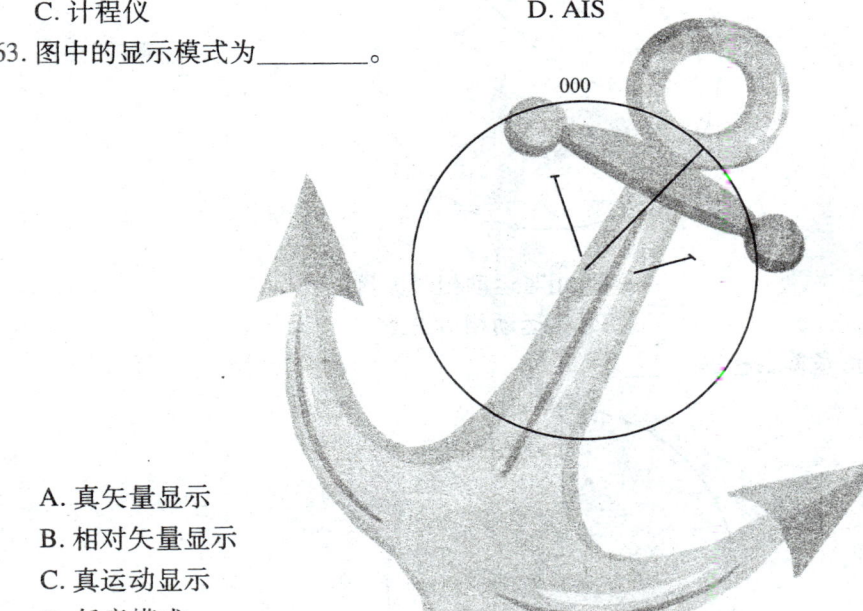

A. 真矢量显示

B. 相对矢量显示

C. 真运动显示

D. 任意模式

64. 图中的显示模式为_____。

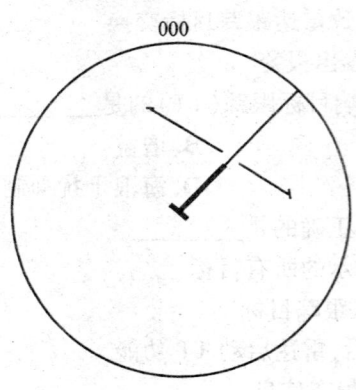

A. 真运动
B. 相对矢量
C. 相对运动真矢量
D. 真运动真矢量

65. 图中的显示模式是_____。

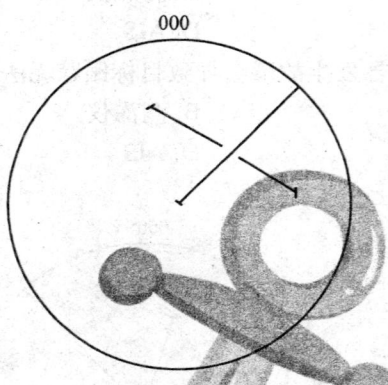

A. 相对运动真矢量　　　　　　B. 相对运动相对矢量
C. 真运动真矢量　　　　　　　D. 真运动相对矢量

66. 图中显示的跟踪目标,危险目标是_____。

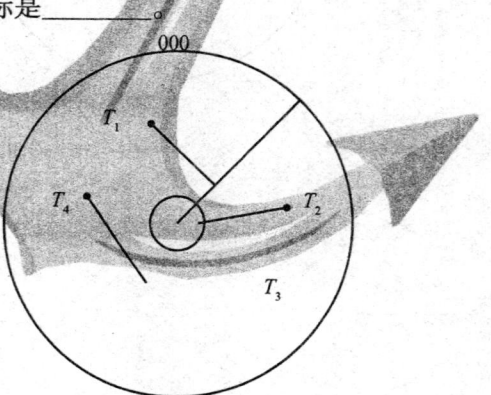

A. T_1　　　　　　　　　　　　B. T_2
C. T_3　　　　　　　　　　　　D. T_4

67. 图中显示的跟踪目标,下列错误的是_____。

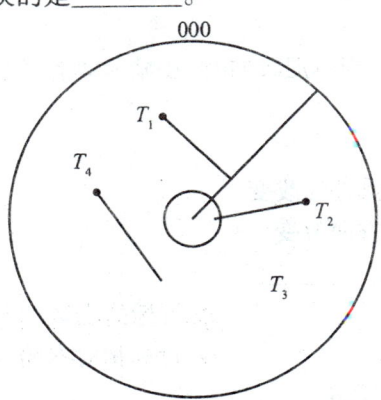

A. T_1 过我船头　　　　　　　　B. T_2 是危险目标
C. T_3 是固定目标　　　　　　　D. T_4 过我船尾

68. 在雷达捕获目标的最初 3 min 内,对所捕获目标的跟踪时间越长,_____。
  A. 本船与目标的碰撞危险就越小
  B. 雷达误跟踪的可能性越小
  C. 雷达输出的航行和避碰数据精度越高
  D. 雷达丢失目标的可能性越小

69. 雷达跟踪器在对目标进行跟踪时,目标数据精度是_____。
  A. 近距离目标数据的精度比远距离高
  B. 远距离目标数据的精度比近距离高
  C. 近距离目标数据的精度和远距离的一样
  D. 只有在真运动显示方式时目标数据的精度才与距离有关

70. 相对矢量显示方式适用于哪种场合?
  A. 迅速做出正确的避让决策时
  B. 快速判断本船与所有目标船有否碰撞危险时
  C. 需在显示器上看清目标船真航向、真速度时
  D. 狭水道及进港时

71. 雷达显示目标历史位置的功能可用于_____。
  A. 查验目标是否有过机动航行　　B. 识别目标
  C. 判断假回波　　　　　　　　　D. 提高跟踪精度

72. 雷达采用 RM/RV 显示模式,发现仅某一目标的历史位置与矢量线的方向不一致,说明_____。
  A. 本船转向或变速了　　　　　　B. 目标船转向或变速了
  C. 目标船和本船都转向了　　　　D. 海域有风流影响

73. 雷达采用 RM/RV 显示模式,若本船改向或变速,则在显示器上可见到_____。

241

A. 仅某一目标的尾迹与矢量线方向不一致
B. 所有目标的尾迹与矢量线方向不一致
C. 所有目标尾迹与矢量不变化
D. 本船相对矢量发生变化

74. 雷达选用 TM/TV 显示模式,当本船改向时,在显示器上可看到_____。
A. 所有矢量均改变
B. 所有矢量均不变
C. 目标船矢量不变,本船矢量方向改变
D. 目标船矢量长度不变,但方向改变

75. 雷达目标相对矢量方向指示_____。
A. 本船的真运动方向　　　　　　B. 目标的真运动方向
C. 目标间的相对运动方向　　　　D. 目标相对本船的运动方向

76. 船首向传感器的误差会影响下列_____。
A. AIS 报告目标的相对矢量　　　B. AIS 报告目标的真矢量
C. TT 的真矢量　　　　　　　　D. TT 的相对矢量

77. 下列不会影响雷达 TT 的真矢量精度的是_____。
A. 速度传感器的误差　　　　　　B. 船首向传感器的误差
C. 船位传感器的误差　　　　　　D. 目标或本船机动航行

78. AIS 报告目标数据误差的原因,不包括下列_____。
A. AIS 系统 GNSS 传感器的误差
B. AIS 信息没有完善性显示
C. AIS 目标的动态更新率受原理和通信链路限制
D. AIS 和雷达天线位置不同

79. 雷达在跟踪目标后,发现仅有某一目标雷达跟踪目标和 AIS 报告目标数据不一致,跟踪目标得到的航向为 021°,该目标提供的 AIS 数据中 HDG 为 189°,COG 为 022°,则下列表述正确的是_____。
A. 有可能本船雷达跟踪功能异常　　B. 有可能目标船雷达跟踪功能异常
C. 有可能目标船陀螺罗经工作异常　D. 有可能目标船 GPS 工作异常

80. 雷达在跟踪目标后,发现仅有某一目标雷达跟踪目标和 AIS 报告目标数据不一致,跟踪目标得到的航向为 187°,该目标提供的 AIS 数据中 HDG 为 189°,COG 为 022°,则下列表述正确的是_____。
A. 有可能本船雷达跟踪功能异常　　B. 有可能目标船雷达跟踪功能异常
C. 有可能目标船陀螺罗经工作异常　D. 有可能目标船 GPS 工作异常

81. 雷达在跟踪目标后,发现仅有某一目标雷达跟踪目标和 AIS 报告目标数据不一致,跟踪目标得到的航向为 021°,该目标提供的 AIS 数据中 HDG 为 189°,COG 为 187°,则下列表述正确的是_____。
A. 有可能本船雷达跟踪功能异常　　B. 有可能目标船雷达跟踪功能异常
C. 有可能目标船陀螺罗经工作异常　D. 有可能目标船 GPS 工作异常

82. 下列方法,不能用来验证雷达目标跟踪性能的是_____。
    A. TT 真矢量和 AIS 真矢量比较
    B. TT 相对矢量和 AIS 相对矢量比较
    C. 目标或本船机动时,对比 TT 和 AIS 数据
    D. 手动标绘计算目标运动要素进行对比

83. 当雷达 TT 和 AIS 报告目标数据精度不能满足性能标准要求,驾驶员采取的措施不包括_____。
    A. 检查雷达船首向传感器的误差
    B. 检查雷达速度传感器的误差
    C. 检查雷达船位传感器的误差
    D. 检查雷达测深仪传感器的误差

84. 雷达目标跟踪存在局限性,但不包括_____。
    A. 目标容量的限制
    B. 目标距离和航速的限制
    C. 雷达测距和测方位的误差
    D. 目标高度的限制

85. 关于雷达目标跟踪距离的局限性,下列说法错误的是_____。
    A. 应至少在 3 n mile、6 n mile 和 12 n mile 量程上有效
    B. 跟踪距离应至少延伸至 12 n mile
    C. 跟踪的目标不在使用量程内时,依然保持跟踪
    D. 跟踪目标进入 3 n mile 后,雷达自动放弃对目标的跟踪

第七节 使用雷达时国际海上避碰规则的运用

1. 影响雷达最大观测距离的因素包括哪些?
   ①天线高度;②物标高度;③水平波束宽度;④接收机最小可辨功率;⑤发射功率;⑥收发开关转换时间
   A. ①②③④   B. ③④⑤⑥
   C. ①④⑤⑥   D. ①②④⑤

2. 本船航向 000°,速度 10 kn,采用真运动对水稳定的显示方式,水流方向 270°,速度 2 kn,以下哪个物标在雷达屏幕上固定不动?
   A. 浮标   B. 在水上漂航的船舶
   C. 本船   D. 航向 270°,速度 2 kn 的船舶

3. 本船航向 000°,速度 10 kn,采用真运动对地稳定的显示方式,水流方向 270°,速度 2 kn,以下哪个物标在雷达屏幕上固定不动?
   A. 浮标   B. 在水上漂航的船舶
   C. 本船   D. 航向 270°,速度 2 kn 的船舶

4. 以下哪个功能不能抑制海浪杂波干扰?

A. Auto-sea B. IR
C. 回波平均 D. 回波扩展

5. 根据 MSC192(79)雷达性能标准规定,艏向信息失效后_____,雷达自动切换到艏向不稳定的显示模式,目标跟踪功能停止。
   A. 3 min B. 5 s
   C. 1 min D. 30 s

第八节 雷达局限性

1. 下列哪一种说法是明显错误的?
   A. 雷达可以自动捕获目标
   B. 雷达跟踪器误差与所接传感器误差无关
   C. 雷达能够自动跟踪目标
   D. 雷达能为驾驶员提供避碰决策参考

2. 陀螺罗经及计程仪误差,会影响雷达被跟踪目标_____的精度。
   A. CPA B. 相对方位
   C. 真矢量 D. 相对矢量

3. 陀螺罗经和计程仪的误差不影响_____的精度。
   A. 目标真矢量 B. 目标相对矢量
   C. PAD D. 目标航速和航向

4. 雷达误差不会影响跟踪器_____。
   A. 目标的方位、距离、CPA 和 TCPA 的精度
   B. 目标相对矢量的精度
   C. PAD 的精度
   D. 处理延时

5. 本船陀螺罗经故障时,则_____。
   A. 雷达跟踪器继续工作,但是计算目标速度发生误差
   B. 雷达跟踪器继续工作,但是计算目标航向发生误差
   C. 雷达正常使用,但目标跟踪功能失效
   D. 人工输入本船航向后,雷达跟踪器才能继续工作

6. _____传感器数据误差对雷达跟踪目标真矢量精度没有影响。
   A. 雷达 B. 计程仪
   C. 陀螺罗经(俗称"电罗经") D. AIS

7. 以下对于雷达目标捕获功能的说法中错误的是_____。
   A. 人工捕获需要逐个捕获目标,可能遗漏相关目标,造成漏警
   B. 自动捕获可能会误将干扰杂波当作有用目标捕获,造成虚警
   C. 目标被捕获后必须经历一个信息处理过程,称之为目标跟踪处理延时
   D. 自动捕获适合各种海域和会遇局面,是辅助驾驶员判断会遇局面必须使用的功能

8. 艏向传感器的误差将会导致雷达目标的_____数据产生误差。
   A. True Course   B. Relative Course
   C. Relative Speed   D. Range

第一节　雷达工作原理

1. A	2. C	3. C	4. B	5. B	6. D	7. D	8. C	9. D	10. D
11. B	12. A	13. C	14. D	15. D	16. D	17. B	18. B	19. C	20. C
21. B	22. A	23. D	24. A	25. D	26. B	27. D	28. C	29. B	30. C
31. B	32. C	33. C	34. A	35. C	36. D	37. D	38. A	39. A	40. B
41. B	42. A	43. D	44. B	45. C	46. D	47. A	48. D	49. A	50. D
51. A	52. A	53. D	54. D	55. D	56. D	57. C	58. C	59. D	60. B
61. C	62. A	63. D	64. B	65. A	66. A	67. D	68. D	69. D	70. B
71. A	72. A	73. D	74. B	75. D	76. D	77. A	78. C	79. D	80. C
81. A	82. C	83. A	84. C	85. D	86. B	87. A	88. B	89. C	90. A
91. D	92. B								

第二节　雷达操作

1. D	2. B	3. C	4. C	5. C	6. B	7. D	8. C	9. A	10. C
11. A	12. D	13. A	14. B	15. B	16. C	17. B	18. A	19. B	20. C
21. B	22. A	23. B	24. C						

第三节　雷达图像识别和应用

| 1. B | 2. A | 3. C | 4. B | 5. B | 6. C | 7. D | 8. D | 9. B | 10. B |
| 11. D | 12. A | 13. A | 14. D | 15. A | | | | | |

第四节　雷达定位与导航

1. C	2. C	3. B	4. B	5. C	6. A	7. B	8. A	9. D	10. C
11. B	12. B	13. B	14. C	15. D	16. D	17. C	18. B	19. A	20. A
21. B	22. A	23. C	24. B	25. C	26. D	27. C			

第五节 雷达手动标绘

1. B 2. B 3. B 4. C 5. D 6. A 7. A 8. B 9. A 10. B
11. A 12. D

第六节 雷达自动目标跟踪与 AIS 目标报告

1. B 2. C 3. C 4. A 5. B 6. D 7. C 8. D 9. C 10. B
11. D 12. C 13. B 14. A 15. C 16. A 17. C 18. B 19. C 20. D
21. C 22. A 23. D 24. B 25. C 26. D 27. B 28. C 29. D 30. D
31. C 32. D 33. B 34. C 35. C 36. B 37. A 38. D 39. C 40. A
41. B 42. A 43. C 44. B 45. D 46. D 47. C 48. B 49. C 50. D
51. A 52. C 53. C 54. A 55. B 56. C 57. C 58. C 59. C 60. D
61. D 62. C 63. B 64. C 65. B 66. D 67. C 68. C 69. A 70. D
71. A 72. B 73. C 74. C 75. D 76. C 77. C 78. C 79. C 80. D
81. A 82. C 83. D 84. D 85. D

第七节 使用雷达时国际海上避碰规则的运用

1. D 2. B 3. A 4. D 5. C

第八节 雷达局限性

1. B 2. C 3. B 4. D 5. C 6. D 7. D 8. A

答案解析

第一节 雷达工作原理

2. C。雷达通过发射微波脉冲探测目标和测量目标参数,习惯上称雷达发射的电磁波为雷达波。

10. D。最小探测距离 R_{min1},在此距离之内是雷达的探测盲区。雷达发射脉冲宽度 τ 和天线收发转换时间 τ' $R_{min1}=c(\tau+\tau')/2$,式中,τ' 通常为 0.1~0.3 μs;c 为雷达波传播速度,视为常数。

13. C。发射脉冲宽度是影响雷达距离分辨力的主要因素。宽度为 1 μs 的脉冲使目标在径向上拖尾 150 m。在近量程,即使采用 0.05 μs 的脉冲宽度,回波也会有 7.5 m 的拖尾。

14. D。水平波束宽度是影响雷达方位分辨力的主要因素之一。

15. D。雷达距离分辨力与发射脉冲宽度、屏幕像素尺寸、接收通道信号处理失真等设备因素有关,此外气象海况及雷达操作技术等因素也影响了目标的距离分辨力。

48. D。如果海面湿度很大,随着高度增高,湿度锐减,或者大气温度随着高度的增加而增加,如大陆地区的热空气流向海洋上空,这会导致电磁波传播速度随高度增加而急剧增加,电磁波传播轨迹严重向海面弯曲。即当气温随高度升高而降低的速率比正常情况下变慢;或相对湿度随高度升高而减小时,会发生雷达波束沿地表弯曲比正常大的现象,此现象称为超折射。

58. C。在狭水道航行或在锚区,本船附近的其他大船、桥梁以及岸上反射性能好的大型建筑物都有可能产生这种间接假回波。

59. D。目标间接假回波与其真回波比较,回波的强度弱,显示的形状常有明显的畸变。

60. B。目标间接假回波的特点:目标间接假回波出现在阴影扇形区内。

65. A。对应本船和真回波的移动,假回波在显示器上的移动不合理。例如,当本船改向时,显示器上目标真回波方位发生变化,而目标的间接假回波仍在阴影扇形区内或者突然消失。

79. D。目标旁瓣假回波的距离与其真回波距离相等,方位相邻。

86. B。海浪干扰在扫描起始点周围形成鱼鳞状闪亮随机回波斑点。

87. A。最新IMO雷达性能标准规定,用固定距标或活动距标测量目标距离,误差应该不超过所用量程的1%或30 m中的较大值(此前的标准为不超过所用量程的1.5%或70 m中的较大值)。

第二节 雷达操作

5. C。使用FTC后,在屏幕上会看到的图像特点:①所有回波都被削弱,突显目标前沿,回波后沿减弱或消退;②大面积连续的陆地回波被"微分"分割,显示出陆地突起的前沿;③由于回波仅保留前沿,因而提高了目标的距离分辨力。

7. D。其显示特点如下:(1)相对运动显示的特点。在雷达屏幕上,代表本船参考位置的扫描中心固定不动,所有目标都做相对本船的运动,即目标在屏幕上的运动是其各自的真速度矢量与本船真速度矢量之差。特别地,与本船同向同速的船是固定不动的,海上的固定目标则与本船等速反向运动。(2)源自CCRP的船首线指向屏幕正上方固定不动,雷达回波在屏幕上的分布与驾驶员视觉瞭望目标的实际情况一致,方位测量仅能够得到目标的相对方位。(3)船首在风浪中偏荡时,目标回波左右摇摆,余晖使回波模糊,甚至容易造成目标转向的假象。本船转向时,船首线不动,目标回波反向转动,尤其本船大幅度快速转向时,回波会出现目标拖尾现象,影响观测。(4)观测效果直观,适合宽阔水域平静海况时船舶避碰。(5)不利于定位、导航和航向频繁机动的环境,比如船舶进港、狭水道以及大多数情况的沿岸航行。

第三节　雷达图像识别和应用

3. C。海浪杂波抑制存在抑制真物标的可能。
4. B。雷达波多次折返形成的回波存在各种可能。
5. B。旁瓣辐射不够稳定,所以假回波杂散对称分布。
6. C。可能抑制弱小目标。
8. D。EBL(Electronic Bearing Line)称为电子方位线,可以通过面板操作,控制其在屏幕上的指向,借助数据读出窗口的指示或屏幕边缘显示的方位刻度,测量目标的方位。
9. B。圆弧上回波杂散对称。

第四节　雷达定位与导航

22. A。平行线导航应设置为真北向上。
24. B。当回波与 EBL 相切,表明船位在计划航线上,保向航行并保持相切。
26. D。应该经常变换脉冲宽度和雷达量程。

第五节　雷达手动标绘

6. A。方位不变,距离越来越近,存在碰撞危险。
9. A。首尾方位的目标船用转向避让的效果较好。

第六节　雷达自动目标跟踪与 AIS 目标报告

2. C。本船机动时会破坏雷达对所有被跟踪目标的稳定跟踪。
3. C。3 min 后应显示其稳定的矢量和可靠的数据。
4. A。增益降低后,被跟踪目标可能发生目标丢失。
8. D。两目标靠近时,其回波同时进入一个跟踪窗口就可能发生目标交换。
10. B。雷达通常在目标机动完成 3 min 后,才能再被稳定跟踪。
13. B。试操船只适用于目标船保速保向的环境。
15. C。两船机动频繁时,目标跟踪数据精度降低。
18. B。应显示为危险目标。
22. A。实线段表示船首向。
23. D。转向速率。
24. B。实际航迹向。
29. D。出现偏差较大时,驾驶员仔细分析原因,确认哪个传感器的信息更可靠。
30. D。雷达与 AIS 关联目标。
33. B。X 波段雷达可探测到雷达 SART 信号。

34. C。自动捕获目标主要适用于船舶较少的开阔水域。
35. C。优先捕获船首方向特别是右舷的近距离目标。
36. B。超过捕获容量后目标将无法再捕获。
39. C。自动捕获要比手动捕获速度要快。
44. B。雷达目标跟踪的局限性最主要是误跟踪和目标丢失。
46. D。雷达跟踪目标的精度与本船排水量无关。
50. D。目标闪烁不会中断雷达对此目标的跟踪。
51. A。目标太弱很容易造成漏警。
53. C。目标机动后很短时间内数据是不可靠的。
57. D。目标交换时不会发出报警。
60. D。自动跟踪设备至少应在3、6和12 n mile量程上有效,雷达量程切换至不具备目标跟踪功能的量程时,雷达回波图像区域不再显示雷达跟踪符号,但是对目标的跟踪仍在雷达后台程序中继续。
69. A。近距离目标数据的精度比远距离高。

第八节　雷达局限性

2. C。影响真矢量方位与航程(矢量大小)。
3. B。无关联。
4. D。无关联。
5. C。缺少关联信号。
6. D。互不相关。
8. A。数据关联真航向。

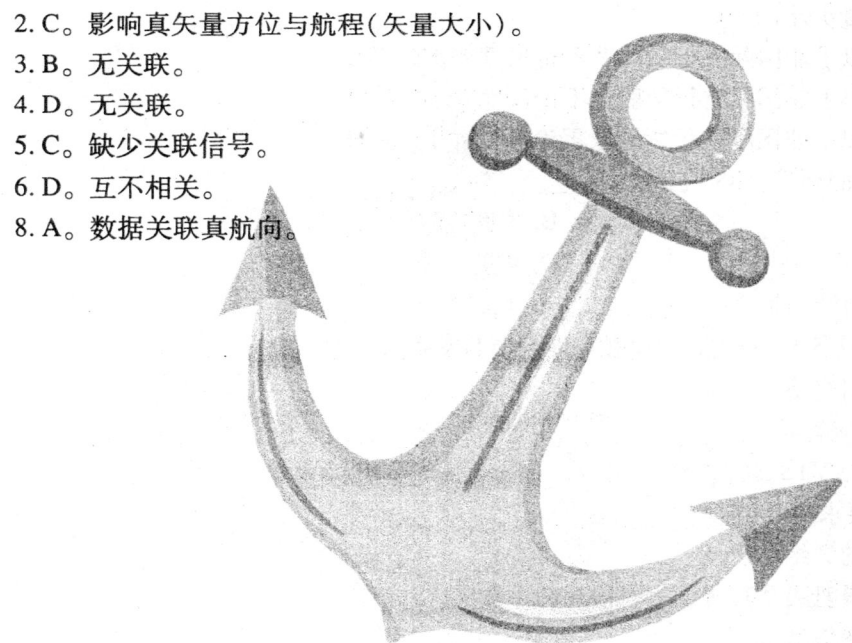

第九章

计程仪、AIS、VDR

第一节 AIS

1. 根据 SOLAS 公约的要求，所有_____，应按要求配备 1 台 AIS。
   A. 船舶及不论尺度大小的客船
   B. 总吨位 150 及以上国际航行船舶及不论尺度大小的客船
   C. 总吨位 300 及以上国际航行船舶及不论尺度大小的客船
   D. 总吨位 500 及以上国际航行船舶及不论尺度大小的客船

2. 根据 SOLAS 公约的要求，所有_____，应按要求配备 1 台 AIS。
   A. 船舶及不论尺度大小的客船
   B. 总吨位 150 及以上非国际航行货船及不论尺度大小的客船
   C. 总吨位 300 及以上非国际航行货船及不论尺度大小的客船
   D. 总吨位 500 及以上非国际航行货船及不论尺度大小的客船

3. 根据 SOLAS 公约的要求，AIS 应进行_____。
   A. 季度性能试验   B. 季度检测
   C. 年度性能试验   D. 年度检测

4. 下列不属于 AIS 功能的是_____。
   A. 向已装备 AIS 设备的基站、其他船舶和航空器自动播发本船信息
   B. 与基站进行数据交换
   C. 作为 VTS 雷达应答器
   D. 船对岸模式作为 VTS 的工具

5. 根据性能标准的要求，AIS 应_____。
   A. 提供所载货物的详细信息
   B. 作为港口国获得船舶及其所载货物信息的手段
   C. 提供船员的详细信息
   D. 提供详细的航次计划信息

6. 船载 AIS 的输入传感器包括艏向传感器、速度传感器、GNSS 传感器和_____等。
   A. CCTV 传感器
   B. 自动舵传感器

C. 雷达传感器
D. ROT 传感器

7. 船载 AIS 的内置 GNSS 接收机的主要作用是_____。
   A. 提供船舶的航向　　　　　　　B. 提供船舶的速度
   C. 提供时间基准　　　　　　　　D. 提供 XTD

8. 船载 AIS 的 VHF 收发机包括_____。
   A. 1 台 VHF 发射机、1 台 VHF 接收机
   B. 1 台 VHF 发射机、2 台 VHF 接收机
   C. 1 台 VHF 发射机、1 台 VHF 接收机和 1 台 VHF DSC 接收机
   D. 1 台 VHF 发射机、2 台 VHF 接收机和 1 台 VHF DSC 接收机

9. 船载 AIS 设备中,_____可提供船位信息,_____可提供航向信息。
   A. 雷达;GPS　　　　　　　　　B. 计程仪;罗经
   C. GPS;罗经　　　　　　　　　D. 测深仪;计程仪

10. 船舶 AIS 信息可分为静态信息、动态信息、_____和安全相关短消息等四类。
    A. 航行信息　　　　　　　　　　B. 航次相关信息
    C. 主机遥控信息　　　　　　　　D. 驾驶台综合信息

11. 船舶 AIS 的静态信息不包括_____。
    A. MMSI　　　　　　　　　　　B. IMO 编号
    C. 船员数量　　　　　　　　　　D. 船舶类型

12. 船舶 AIS 静态信息包括 MMSI、呼号和船名、IMO 编号、_____、船舶类型、定位天线的位置等。
    A. 船长和船宽　　　　　　　　　B. 船首向
    C. 航迹向和航迹速　　　　　　　D. 船舶吃水

13. 船载 AIS 动态信息包括船位信息,UTC 时间,对地航速/航向,_____,人工输入航行状态如失控(NUC)、在航、锚泊等。
    A. MMSI　　　　　　　　　　　B. 呼号和船名
    C. 船首向　　　　　　　　　　　D. 船舶类型

14. 船载 AIS 航次相关信息是指驾驶员输入的,随航次而更新的船舶货运信息,包括船舶_____、危险品货物、目的港/ETA、航线计划、开航前最大吃水等项目。
    A. MMSI　　　　　　　　　　　B. 吃水
    C. 船首向　　　　　　　　　　　D. 船舶类型

15. 下列显示的图标,表示 AIS 休眠目标的是_____。

    A. ◁　　　　　　　　　　　　　B. ⟦◁⟧

16. 下列显示的图标,表示危险目标的是_____。

17. 下列显示的图标,表示被选目标的是_____。

18. AIS 用于船舶避碰,可以克服雷达/ARPA _____方面的缺陷。
    A. 盲区　　　　　　　　　　　B. 量程
    C. 显示方式　　　　　　　　　D. 运动模式

19. AIS 用于船舶避碰,可以克服雷达/ARPA _____方面的缺陷。
    A. 量程　　　　　　　　　　　B. 物标遮挡
    C. 显示方式　　　　　　　　　D. 运动模式

20. 与雷达/ARPA 相比,船载 AIS 的优点是_____。
    A. 可以设置自动报警区域　　　B. 可以接收 SART 信号
    C. 没有近距离盲区　　　　　　D. 具有多种显示方式

21. AIS 用于船舶避碰,可以克服雷达/ARPA _____方面的缺陷。
    A. 量程　　　　　　　　　　　B. 显示方式
    C. 运动模式　　　　　　　　　D. 天气与海况影响

22. AIS 用于船舶避碰,可以克服雷达/ARPA _____方面的缺陷。
    A. 错误跟踪　　　　　　　　　B. 量程
    C. 显示方式　　　　　　　　　D. 运动模式

23. 关于 AIS 船载系统,下列说法正确的是_____。
   A. AIS 能自动显示周围的所有船舶的信息
   B. AIS 信息不一定全部可靠
   C. AIS 内部存储的船舶 IMO 编号,可能被驾驶员任意修改
   D. AIS 发布信息的时间间隔可以由船长指定

24. AIS 系统中的信息,需要根据要求人工输入的信息是_____。
   A. 船位   B. 吃水
   C. 航速   D. 航向

25. 新航次开始前,必须人工改变的信息是_____。
   A. 静态信息   B. 动态信息
   C. 航次信息   D. AIS 使用的频道信息

26. 观察 ECDIS 显示,设备显示的 AIS 目标④为_____。

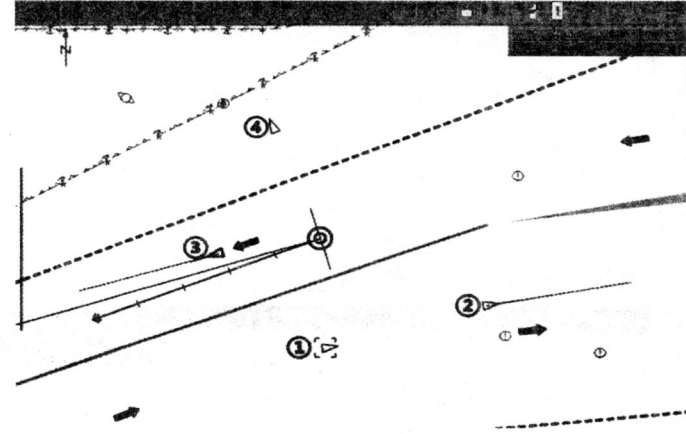

   A. 休眠目标   B. 激活目标
   C. 被选目标   D. 危险目标

27. 观察 ECDIS 显示,设备显示的 AIS 目标②为_____。

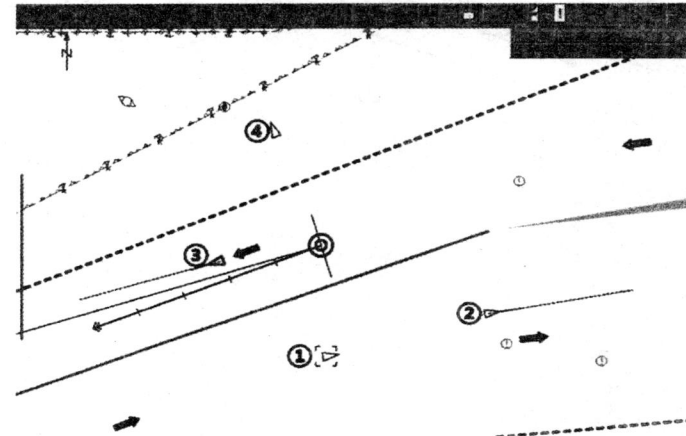

   A. 休眠目标

B. 激活目标
C. 被选目标
D. 危险目标

28. 观察 ECDIS 显示,设备显示的 AIS 目标①为_____。

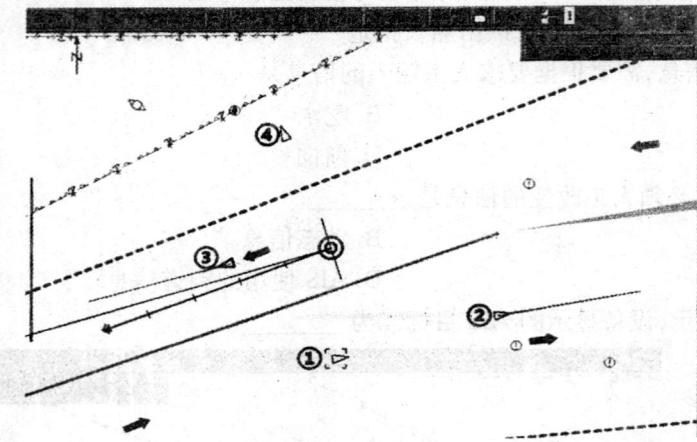

A. 休眠目标
B. 激活目标
C. 被选目标
D. 危险目标

29. 观察 ECDIS 显示,设备显示的 AIS 目标③为_____。

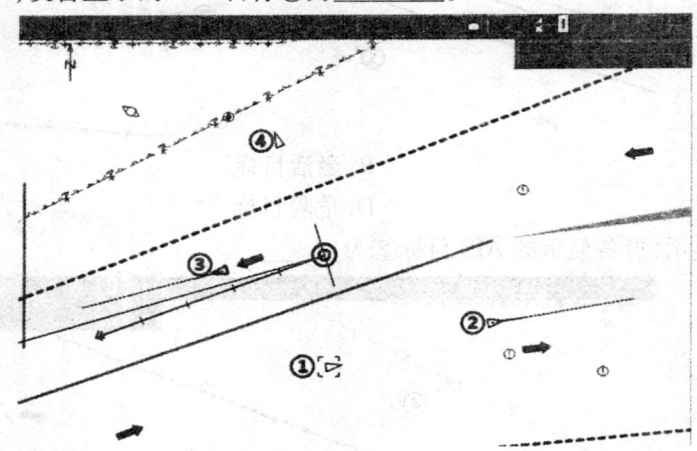

A. 休眠目标
B. 激活目标
C. 被选目标
D. 危险目标

30. 观察 ECDIS 显示,设备显示的物标②为_____。

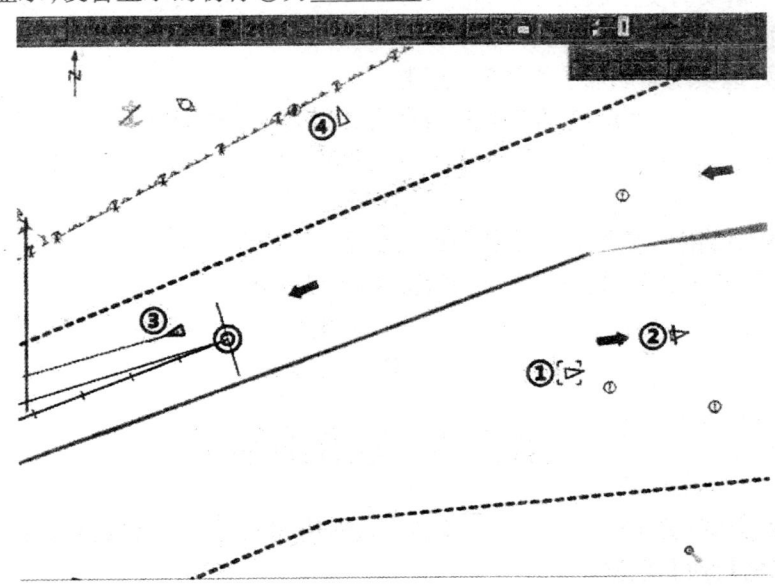

  A. 休眠物标   B. 激活物标

  C. 被选物标   D. 丢失物标

31. AIS 系统具有精度高、传输速度快、自动化程度高、显示界面友好、具有较好的扩展性和兼容性。但不能实现_____。

  A. 船-船及船-岸关键识别信息   B. 提高搜救行动的效率

  C. 主动探测船舶信息   D. VTS 船舶识别

32. 下列关于 AIS 信息的局限性,不正确的是_____。

  A. AIS 静态信息需要人工设定,有可能被修改

  B. AIS 基站服务和航标设施不依赖人工,不会带来误差或错误

  C. 动态信息的精度依赖传感器

  D. 航次信息需要驾驶员人工修正

33. AIS 和雷达相比的优势,不包括_____。

  A. 精度高

  B. 不受气象海况影响,不会因杂波影响丢失弱小目标

  C. 都属于主动探测型

  D. 具有绕射性,无盲区

34. AIS 和雷达相比,不足的是_____。

  A. 目标跟踪有处理延时

  B. 有跟踪盲区

  C. 不能直接识别目标,及时沟通和协调

  D. AIS 是被动接收,不能主动探测如岛屿、岸线等目标

35. 利用 ECDIS 显示 AIS 的优势,不包括_____。

  A. 能实时地以图标化、数字化的方式显示

B. 能直观了解实时交通状况
C. 应用航次信息进行航线设计
D. 全面更好地实现对船舶航行的安全监控

36. 利用 AIS 与_____相配合进行船舶避碰时,可起到互补作用。
   A. 计程仪   B. 罗经
   C. VHF   D. 雷达

37. 与雷达/ARPA 相比,使用 AIS 设备进行船舶避碰,具有可克服_____等优点。
   ①假回波;②目标丢失;③恶劣天气与海况影响;④盲区
   A. ①②③   B. ①③④
   C. ②③④   D. ①②③④

第二节　船用计程仪

1. 根据 SOLAS 公约的要求,_____应安装 1 台航速和航程测量装置,或其他装置,用于指示船舶相对于水的航速和航程。
   A. 所有船舶
   B. 总吨位 150 及以上船舶和不论尺度大小的客船
   C. 总吨位 300 及以上船舶和不论尺度大小的客船
   D. 总吨位 500 及以上船舶和不论尺度大小的客船

2. 根据 SOLAS 公约的要求,总吨位 300 及以上船舶和不论尺度大小的客船应安装 1 台_____。
   A. 绝对计程仪   B. 相对计程仪
   C. 多普勒计程仪   D. 声相关计程仪

3. 电磁计程仪用于测速的器件是_____。
   A. 换能器   B. 电磁传感器
   C. 皮托管   D. 光电传感器

4. 电磁计程仪传感器的作用是检测船相对水流速度,并输出_____。
   A. 一个与速度成正比关系的电信号
   B. 一个与速度成反比关系的电信号
   C. 一个与速度成正比或反比的电信号
   D. 一个与速度成正弦关系的电信号

5. 电磁式计程仪的传感器把船舶相对于水的速度转变成电信号,它的原理是_____。
   A. 利用水流切割磁力线产生电动势,作为船速信号
   B. 利用传感器发射超声波的多普勒频移,作为船速信号
   C. 利用传感器发射电磁波的多普勒频移,作为船速信号
   D. 利用换能器检测船速信号的延时

6. 电磁计程仪的传感器所输出的电信号与船舶相对于水的速度成_____。
   A. 指数关系   B. 对数关系

C. 正比关系 D. 反比关系
7. 电磁计程仪所测定的航速和航程是船舶相对于_____的速度和航速。
   ①风和流；②水；③海底
   A. ① B. ②
   C. ③ D. ②或③
8. 只能反映出风对船舶速度的影响而无法反映水流对船速的影响的计程仪为_____。
   A. 电磁计程仪 B. 绝对计程仪
   C. 声相关计程仪 D. 多普勒计程仪
9. 超大型船舶的多普勒计程仪采用六波束，它可提供速度指示项目是_____。
   A. 船首横移、船尾横移、前进后退 B. 船首向左、船尾向左、前进后退
   C. 船尾向左、船尾向右、前进后退 D. 船首向前、船尾向后、船舶纵向
10. 在多普勒计程仪中，不使超声波发射方向与航速方向相垂直(即发射波束俯角≠90°)的原因是_____。
    A. 减少纵向摇摆误差 B. 减少上下颠簸误差
    C. 便于接收反射回波 D. 垂直时不产生多普勒效应
11. 多普勒计程仪在船底安装有_____。
    A. 电磁传感器 B. 声电换能器
    C. 电磁波辐射器 D. 水压管
12. 多普勒计程仪换能器的作用是_____。
    A. 实现电能与电磁波能量的相互转换
    B. 实现电能与声能的相互转换
    C. 实现声波的收发转换
    D. 实现电能与化学能量的相互转换
13. 目前多普勒计程仪采用双波束系统的目的是_____的影响。
    A. 消除海底的性质不同给反射带来
    B. 抑制海洋噪声
    C. 克服声能被吸收的现象
    D. 消除风浪所引起的船舶垂直运动和船舶摇摆
14. 下列关于二元多普勒计程仪(四波束多普勒计程仪)的描述，正确的是_____。
    A. 只能测量船舶的纵向速度并累计其航程
    B. 能反映船舶运动全貌，通常用于大型或超大型船舶的进出港、靠离泊等作业
    C. 换能器向船体前后左右四个方向发射波束，可测量船舶的纵向和横向速度
    D. 能够测量船舶首尾的横向速度和船舶纵向速度
15. 已知某型号多普勒计程仪设计跟踪深度为：海底跟踪：船底下水深1~200 m，若航行区域的水深大于200 m，则该计程仪所测得的速度为_____。
    A. 对地速度 B. 对水速度
    C. 无法界定 D. 停止工作
16. 应用下列哪个原理的计程仪叫声相关计程仪？

A. 测量感应电动势　　　　　　　B. 测量水压力
C. 测量多普勒频移　　　　　　　D. 测量相关延时

17. 声相关计程仪发射超声波的传播方向是_____。
A. 水平向前和向后　　　　　　　B. 向前下方和后下方
C. 垂直向下　　　　　　　　　　D. 水平向左和向右

18. 能够测定船舶前进、后退速度又能测定船舶横移速度的计程仪是_____。
A. 声相关计程仪　　　　　　　　B. 电磁计程仪
C. 多普勒计程仪　　　　　　　　D. 多普勒计程仪和声相关计程仪

19. 电磁计程仪是利用电磁感应原理来测量船舶航速和累计航程的一种相对计程仪，_____。
A. 只能测量船舶前进速度
B. 可以测量船舶前进和后退速度
C. 可以测量船舶前进和横移速度
D. 可以测量船舶前进、横移和后退速度

20. 多普勒计程仪是根据多普勒效应进行测速和累计航程的水声导航设备，_____。
A. 只能测量船舶前进速度
B. 不能测量船舶横移速度
C. 不能测量船舶后退速度
D. 可以测量船舶前进、横移和后退速度

21. 声相关计程仪是应用相关技术处理水声信息测量船舶航速并累计航程的计程仪，_____。
A. 是一种相对计程仪
B. 是一种绝对计程仪
C. 既可测对地的速度，又可测对水的速度
D. 测速精度受超声波声速影响较大

22. 下列计程仪中，其测量精度不受超声波声速影响的是_____。
A. 电磁计程仪和声相关计程仪　　B. 多普勒计程仪和声相关计程仪
C. 多普勒计程仪　　　　　　　　D. 电磁计程仪和多普勒计程仪

23. 下列计程仪中，其测量精度受超声波声速影响的是_____。
A. 电磁计程仪　　　　　　　　　B. 声相关计程仪
C. 多普勒计程仪　　　　　　　　D. 电磁计程仪和声相关计程仪

24. 能够提供首尾横移、前进后退速度信息的船舶，计程仪采用_____。
A. 2 波束　　　　　　　　　　　B. 4 波束
C. 6 波束　　　　　　　　　　　D. 8 波束

25. 下列计程仪中，不使用换能器的是_____。
A. 电磁计程仪　　　　　　　　　B. 声相关计程仪
C. 多普勒计程仪　　　　　　　　D. 多普勒和声相关计程仪

第三节　VDR

1. 根据性能标准的要求,船载航行数据记录仪应连续记录,所有存贮的数据项目应至少保留_____。
   A. 6 h　　　　　　　　　　　　B. 12 h
   C. 18 h　　　　　　　　　　　　D. 24 h

2. VDR 固定式保护舱带有一个在 25～50 kHz 频段的水下声响信标,信标所用电池至少可以工作_____天。
   A. 10　　　　　　　　　　　　　B. 30
   C. 45　　　　　　　　　　　　　D. 60

3. VDR 自由浮离舱在船体沉没时能够自动脱离船体上浮,并能够在海水浸泡至少_____保持数据完好性。
   A. 12 h　　　　　　　　　　　　B. 24 h
   C. 7 天　　　　　　　　　　　　D. 30 天

4. 当船舶主电源和应急电源都断电时,VDR 备用电源可以保证系统再连续记录_____的驾驶台语音数据。
   A. 2 h　　　　　　　　　　　　 B. 6 h
   C. 12 h　　　　　　　　　　　　D. 24 h

5. 船舶黑匣子最终存储介质及保护装置要求_____。
   ①事故后可访问不可篡改;②正常营运时数据可直接访问;③若要恢复存储数据,必须打开保护装置;④S-VDR 的保护装置不需满足穿刺要求;⑤应设计成安装于外部甲板
   A. ①②③④⑤　　　　　　　　　B. ①②③④
   C. ①④⑤　　　　　　　　　　　D. ②③④⑤

6. 如果 VDR 或 S-VDR 的船舶主电源和应急电源失电,由系统专用(备用)电源供电,仅继续记录驾驶台音频数据_____。
   A. 1 h　　　　　　　　　　　　 B. 6 h
   C. 12 h　　　　　　　　　　　　D. 2 h

7. 船载航行数据记录仪记录目标的信息是通过连接_____实现的。
   A. 摄像机和 AIS　　　　　　　　B. 雷达或 AIS
   C. GPS 和计程仪　　　　　　　　D. LRIT、罗经和计程仪

8. 使用船载航行数据记录仪的存储按键可将最近_____记录的运行数据存储在可移动存储单元中。
   A. 3 h　　　　　　　　　　　　 B. 6 h
   C. 12 h　　　　　　　　　　　　D. 24 h

9. 船载航行数据记录仪可采集的数据不包括_____。
   A. 回声测深仪　　　　　　　　　B. 船体开口状态
   C. 船舶货物状态　　　　　　　　D. VHF 通信

10. 船载航行数据记录仪自浮式保护容器指示灯和无线电发射机应能工作_____。
   A. 24 h
   B. 12 天
   C. 7 天
   D. 30 天

11. 船载航行数据记录仪主、应急电源中断，备用电源再连续记录驾驶室声音_____后自动锁闭存储器，停止工作。
   A. 1 h
   B. 3 h
   C. 2 h
   D. 5 h

12. S-VDR（船载简型航行数据记录仪）记录数据中，不需要连接的传感器是_____。
   A. 测深仪
   B. 计程仪
   C. 罗经
   D. GPS

13. 船载航行数据记录仪通过_____记录他船的艏向和速度信息。
   A. 雷达或 AIS
   B. GPS 和计程仪
   C. 雷达和计程仪
   D. 陀螺罗经和计程仪

14. 关于 VDR 报警处理说法正确的是_____。
   A. 只要 VDR 报警，必须立即报告主管机关
   B. 只要 VDR 报警，必须立即记入航海日志
   C. 只要 VDR 报警不能由船员处理消除，必须立即报告主管机关并停航
   D. 只要 VDR 报警不能由船员处理消除，必须立即报告主管机关并记入航海日志

15. 船舶安装航行数据记录仪后，如发现船上无法处理的异常情况，应立即向所在或就近港口的海事主管机关报告，报告内容应包括_____，并应及时将情况记入航海日志。
   ①发现设备异常工作的时间、地点；②可能原因；③海况、天气情况等
   A. ②③
   B. ①②
   C. ①③
   D. ①②③

16. 除非_____，否则 VDR/S-VDR 的电源需保持连续供电，以保证设备连续不间断的工作。
   ①船舶在港对设备进行重要的维护；②或船舶长期停航限制；③或船舶涉及海上事故，在主管机关要求下；④或船舶涉及海上事故，在船东要求下
   A. ①③④
   B. ①②④
   C. ①②③
   D. ②③④

17. 船载航行数据记录仪的保护最终记录介质（固定式）在停止记录之后保存记录数据至少_____。
   A. 1 年
   B. 2 年
   C. 5 年
   D. 3 年

18. 船载航行数据记录仪记录数据_____。
   A. 当班驾驶员可以修改
   B. 不能干扰数据记录、进行数据篡改
   C. 不可再现
   D. 船长可以修改

19. 当船舶发生一般性事故后，船长或指定人员对船载航行数据记录仪的操作，正确的是

_____。
A. 将数据备份至移动存储介质,并关闭设备电源
B. 将数据备份至移动存储介质,并复制至计算机,检查数据的有效性
C. 将数据备份至移动存储介质并带走
D. 无须任何操作

20. 当船舶因事故需要弃船时,船长或指定人员对船载航行数据记录仪正确的操作是_____。
A. 将数据备份至移动存储介质,并关闭设备电源
B. 将数据备份至移动存储介质,并复制至计算机,检查数据的有效性
C. 若情况允许,将数据备份至移动存储介质并带走
D. 任何情况下,无须任何操作

21. 在任何时候,船载航行数据记录仪数据所有权归_____。
A. 船舶所有人   B. 船旗国海事部门
C. 主管机关   D. IMO

22. 在发生海事事故时,船长则应负责及时保护 VDR 记录的数据,并上交_____。
A. 船舶所有人   B. 船旗国海事部门
C. 主管机关   D. IMO

23. 如果 VDR 可获得雷达图像数据,不需要连接的传感器是_____。
A. 测深仪   B. 计程仪
C. AIS   D. GPS

24. 当发生一般性事故时,事故结束后,应_____。
A. 按存储键,确认数据已经有效存储到存储单元
B. 按存储键,确认数据已经有效存储到存储单元后,取出移动存储卡
C. 按记录终止键,完成数据备份,然后关闭系统电源
D. VDR 会自己记录,无须任何操作

25. 当发生重大事故时,事故结束后,应_____。
A. 按存储键,确认数据已经有效存储到存储单元
B. 按存储键,确认数据已经有效存储到存储单元后,取出移动存储卡
C. 按记录终止键,完成数据备份,然后关闭系统电源
D. VDR 会自己记录,无须任何操作

26. 当发生危及船员生命的恶性事故准备弃船时,_____。
A. 按存储键,确认数据已经有效存储到存储单元
B. 按存储键,确认数据已经有效存储到存储单元后,取出移动存储卡
C. 按记录终止键,完成数据备份,然后关闭系统电源
D. 无须任何操作,船舶失电 2 h 后,系统自动停止记录数据

第四节 LRIT

1. 按照 SOLAS 公约的要求,下列不需要装备 LRIT 设备的是_____。

A. 国际航行的客船 B. 总吨位 300 及以上的货船
C. 国内航行的客船 D. 移动式海上钻井平台

2. 按照 SOLAS 公约的要求，LRIT 应自动传送的信息必须包括_____。
   A. MMSI B. 呼号和船名
   C. 航向和航速 D. 船舶类型

3. 按照 SOLAS 公约的要求，LRIT 应自动传送的信息必须包括_____。
   A. 对地航向航速 B. 船舶位置
   C. 船舶呼号 D. 船舶类型

4. 按照 SOLAS 公约的要求，LRIT 应自动传送的信息必须包括_____。
   A. 航向和航速 B. 呼号和船名
   C. GNSS 位置的日期和时间 D. 船舶类型

5. 为满足保安或其他需要，我国海事局有权决定是否向其他_____政府提供中国籍船舶的 LRIT 信息，并向 IMO 通报。
   A. 船旗国 B. 港口国
   C. 沿岸国 D. 缔约国

6. 下列关于 LRIT 信息获取的描述，正确的是_____。
   A. 当班驾驶员在特殊情况下可以关闭 LRIT 设备或不提供 LRIT 信息
   B. 船舶在其登记国领海内必须向公约中指的沿岸国提供 LRIT 信息
   C. 船长在特殊情况下可以关闭 LRIT 设备或不提供 LRIT 信息
   D. 任何时候船旗国无权拒绝向沿岸国提供本国船舶的 LRIT 信息

7. LRIT 系统要求船载设备正常情况下每隔_____自动发送一次船舶 IMO 编号、MMSI、经度、纬度、UTC 的 LRIT 报文。
   A. 0.25 h B. 1 h
   C. 3 h D. 6 h

8. LRIT 船舶识别跟踪信息包括_____。
   ①船舶识别码；②船舶航向；③船舶速度；④船舶位置和所提供位置的日期和时间(UTC)
   A. ①② B. ①③
   C. ②③ D. ①④

9. 船载 LRIT 设备_____每隔 6 h 或不同时间间隔向 LRIT 数据中心发送 LRIT 信息。
   A. 通过船长操作 B. 通过电子员操作
   C. 通过大副操作 D. 在无须任何人工干预情况下自动

10. 基于船载海事卫星 C 站的较为典型的 LRIT 船载设备为_____。
    ①VHF DSC 设备；②INMARSAT-C 船站；③AIS 数据收发器；④SSAS-C 终端设备
    A. ①② B. ②③
    C. ②④ D. ③④

11. 船舶因为设备故障不能发送 LRIT 信息时，船舶应及时通知_____，并将故障情况、暂停时间等记入航海日志船舶和船公司有责任尽快安排并完成设备的维修。
    A. 船旗国 LRIT 国家数据中心

第九章 计程仪、AIS、VDR

B. 船旗国 LRIT 应用服务提供商（ASP）

C. 沿岸国 LRIT 国家数据中心

D. 沿岸国 LRIT 应用服务提供商（ASP）

12. 按照性能标准的要求，在无须船上操作员协助的情况下，可每隔_____自动向 LRIT 数据中心发送船舶 LRIT 信息。

A. 3 h　　　　　　　　　　B. 6 h

C. 12 h　　　　　　　　　 D. 24 h

13. LRIT 系统没有明确使用哪种船载设备。目前 LRIT 船载设备的实现方式是_____。

A. VHF 设备　　　　　　　B. 中高频设备

C. INMARSAT-C 终端设备　D. INMARSAT-F 终端设备

14. LRIT 系统没有明确使用哪种船载设备。目前 LRIT 船载设备的实现方式是_____。

A. VHF 设备　　　　　　　B. 中高频设备

C. 船舶 SSAS 终端设备　　D. INMARSAT-F 终端设备

15. 船舶因为设备故障不能发送 LRIT 信息时，船舶应及时通知_____，并将故障情况、暂停时间等记入航海日志，船舶和船公司有责任尽快安排并完成设备的维修。

A. 船旗国 LRIT 国家数据中心

B. 船旗国 LRIT 应用服务提供商（ASP）

C. 沿岸国 LRIT 国家数据中心

D. 沿岸国 LRIT 应用服务提供商（ASP）

参考答案

第一节　AIS

1. C	2. D	3. D	4. C	5. B	6. D	7. C	8. D	9. C	10. B
11. C	12. A	13. C	14. B	15. A	16. D	17. B	18. A	19. B	20. C
21. D	22. A	23. B	24. B	25. C	26. A	27. C	28. C	29. D	30. D
31. C	32. B	33. C	34. D	35. C	36. D	37. D			

第二节　船用计程仪

1. C	2. B	3. B	4. A	5. A	6. C	7. B	8. A	9. A	10. D
11. B	12. B	13. D	14. B	15. B	16. D	17. C	18. D	19. B	20. D
21. C	22. A	23. C	24. C	25. A					

第三节 VDR

1. B 2. B 3. C 4. A 5. C 6. D 7. B 8. C 9. C 10. C
11. C 12. A 13. A 14. D 15. D 16. C 17. B 18. B 19. B 20. C
21. A 22. C 23. C 24. B 25. C 26. D

第四节 LRIT

1. C 2. A 3. B 4. C 5. D 6. C 7. D 8. D 9. D 10. C
11. A 12. B 13. C 14. C 15. A

答案解析

第一节 AIS

1. C。公约的要求。
2. D。公约的要求。
4. C。AIS 功能，船舶位置动态信息，自动发送。
6. D。动态信息包括船位信息，UTC 时间，对地航速/航向，船首向，人工输入航行状态如失控（NUC）、在航、锚泊等，船舶旋回速率（ROT，如果有），吃水差（如果有）等，纵倾与横摇（如果有）。通过这些信息，能够掌握船舶的实时航行状态。
8. D。AIS 设备主机由通信处理器、内置（差分）卫星定位（GNSS）接收机、VHF 数据通信机（1 台 VHF TDMA 发射机、2 台 VHF TDMA 接收机和 1 台 VHF DSC 接收机）、内置完善性测试（Built-in Integrity Test-BIIT 或 Built-in Test Equipment-BITE）模块、船舶运动参数传感器输入接口、数据输出接口，以及简易键盘与显示（Minimum Keyboard Display-MKD）单元等组成。
9. C。AIS 设备，船舶运动参数传感器有艏向传感器，一般为陀螺罗经；船舶对地速度传感器，一般为 GPS 接收机或计程仪；
10. B。AIS 船载设备自动发送和接收本船和他船的静态、动态、航次相关信息和安全相关短消息，并以国际统一标准的信息或图标方式全面地反映本船附近的交通态势，为驾驶员进行船舶避碰操作提供了较为详尽可靠的信息参考。
11. C。静态信息包括 MMSI、呼号和船名、IMO 编号、船长和船宽、船舶类型、定位天线的位置等，在 AIS 设备安装的时候设定，在船舶买卖移交时需要重新设定。
12. A。静态信息包括 MMSI、呼号和船名、IMO 编号、船长和船宽、船舶类型、定位天线的位置等，在 AIS 设备安装的时候设定，在船舶买卖移交时需要重新设定。
13. C。动态信息是指能够通过传感器自动更新的船舶运动参数，主要包括船位信息，UTC

时间,对地航速/航向,艏向,人工输入航行状态如失控(NUC)、在航、锚泊等,船舶旋回速率(ROT,如果有)、吃水差(如果有)等,纵倾与横摇(如果有),通过这些信息,能够掌握船舶的实时航行状态。

14. B。航次相关信息亦称航行相关信息,是指驾驶员输入的,随航次而更新的船舶货运信息,包括船舶吃水、危险品货物、目的港/ETA、航线计划、开航前最大吃水等项目。

15. A。用锐角等腰三角形标明目标存在,指向为船首向或对地航向(艏向信息缺失时)。报告位置在三角形高度一半的中心。符号小于激活目标。

16. D。CPA/TCPA 小于设置安全门限的目标,用红颜色粗线条显示速度矢量的闪烁实体(或粗体)三角形,确认后停止闪烁。

17. B。以图标和字母数字方式显示目标详细数据,在激活目标符号周围用四角方框指示。

18. A。AIS 不是自主的安全检测设施,对目标的监测依赖他船设备的正常工作。AIS 不存在近距离盲区,目标的分辨能力决定于 GNSS 的精度,高于雷达,且不因目标距离和方位的变化而变化。设备不存在处理延时,当目标发生航向机动时,能够在 $2 \sim 3\frac{1}{3}$ s 内近于实时地反映目标的机动状况,能够更有效地应对多船相遇、快速逼近及机动频繁等场合。

19. B。AIS 不存在近距离盲区,目标的分辨能力决定于 GNSS 的精度,高于雷达,且不因目标距离和方位的变化而变化。设备不存在处理延时,当目标发生航向机动时,能够在 $2 \sim 3\frac{1}{3}$ 内近于实时地反映目标的机动状况,能够更有效地应对多船相遇、快速逼近及机动频繁等场合。

20. C。AIS 不存在近距离盲区,目标的分辨能力决定于 GNSS 的精度,高于雷达,且不因目标距离和方位的变化而变化。设备不存在处理延时,当目标发生航向机动时,能够在 $2 \sim 3\frac{1}{3}$ s 内近于实时地反映目标的机动状况,能够更有效地应对多船相遇、快速逼近及机动频繁等场合。

21. D。AIS 不存在近距离盲区。

22. A。AIS 通信链路可靠,不受气象海况影响,不会因杂波干扰发生丢失弱小目标的现象。

23. B。AIS 可能无法提供本船周围航行水域完整或正确的交通信息和态势。

24. B。航次相关信息亦称航行相关信息,是指驾驶员输入的,随航次而更新的船舶货运信息,包括船舶吃水、危险品货物、目的港/ETA、航线计划、开航前最大吃水等项目。

25. C。航次相关信息亦称航行相关信息,是指驾驶员输入的,随航次而更新的船舶货运信息,包括船舶吃水、危险品货物、目的港/ETA、航线计划、开航前最大吃水等项目。

26. A。用锐角等腰三角形标明目标存在,指向为船首向或对地航向(艏向信息缺失时)。报告位置在三角形高度一半的中心。符号小于激活目标。

27. B。以图标方式显示目标数据,间隔为线宽两倍的短虚线表示目标 COG/SOG 矢量,沿矢量可标注时间增量。起点在顶点比速度矢量细的实线表示目标的船首线,其长度为三角形长度的两倍。在船首线末端固定长度的折线指示船舶转向。可用曲线矢量指示路径预测。

28. C。以图标和字母数字方式显示目标详细数据,在激活目标符号周围用四角方框指示。
29. D。CPA/TCPA 小于设置安全门限的目标,用红颜色粗线条显示速度矢量的闪烁实体(或粗体)三角形,确认后停止闪烁。
30. D。不能继续收到信号的目标,在最后已知位置显示带十字交叉线(或被一直线交叉)的三角形,指向最后已知方位,不显示矢量、船首向和旋回速率。符号闪烁,直到确认后停止。
31. C。AIS 不是自主的安全检测设施,对目标的监测依赖他船设备的正常工作。
34. D。AIS 不是自主的安全检测设施,对目标的监测依赖他船设备的正常工作。
35. C。雷达或 ECDIS 能够在一定的航行背景下,以图标和字母数字方式直观地显示 AIS 丰富的信息内容,有助于驾驶员掌握全面交通态势,进行船舶避碰决策。
36. D。利用 AIS 可避免雷达盲区和海况的干扰。
37. D。AIS 信息传输具有一定的绕越障碍能力,不会因杂波干扰发生丢失弱小目标的现象,不受气象海况影响,不存在近距离盲区。

第二节　船用计程仪

1. C。公约的要求
2. B。公约的要求
3. B。电磁传感器根据法拉第电磁感应原理,产生一个与船舶速度成正比的电信号。
4. A。电磁传感器根据法拉第电磁感应原理,产生一个与船舶速度成正比的电信号。
5. A。电磁传感器根据法拉第电磁感应原理,产生一个与船舶速度成正比的电信号。
7. B。传感器工作原理
8. A。电磁计程仪反映船对水的相对速度。
9. A。六波束多普勒计程仪,称为三元多普勒计程仪,即除了在船首装置四波束换能器外,还在船尾部安装一对向船尾左右方向发射波束的换能器,既可测量船舶纵向速度(前进后退),又能测量船首部和船尾部的横向速度(船首横移、船尾横移),能反映船舶运动的全貌,通常用于大型或超大型船舶的进出港、靠离码头和锚泊等作业中,可确保航行的安全。
10. D。$\Delta f = \Delta f_1 - \Delta f_2 = \dfrac{4f_0 v\cos\theta}{C}$,发射俯角 $\theta = 90°$ 时,测得的多普勒频移 $\Delta f = 0$。
12. B。声电换能器。
13. D。采用双波束系统可减少测量误差。
14. C。四波束多普勒计程仪,又称二元多普勒计程仪,即换能器向船体的前后左右四个方向发射波束,除可测量船舶纵向速度外,还能测量横向速度,可作为船位推算导航使用。
16. D。利用发射换能器垂直向海底发射超声波以及相互有一定间隔的两个或多个接收换能器接收到的回波信号来测量船舶速度的。
17. C。利用发射换能器垂直向海底发射超声波以及相互有一定间隔的两个或多个接收换能器接收到的回波信号来测量船舶速度的。

19. B。电磁传感器根据法拉第电磁感应原理,产生一个与船舶速度成正比的电信号。
20. D。根据多普勒效应进行测速和累计航程的水声导航设备,可以测量船舶前进、后退及船首尾横移速度。
21. C。有海底跟踪与水层跟踪两种方式,既可测对地的速度,又可测对水的速度。
22. A。电磁计程仪 $emf = HLv \times 10^{-8}$(V),式中,H 为交流磁感应强度(G_s),L 为两电极间距(cm),v 为航速(cm/s)。因此,只要测得感应电动势 emf,由上式即可求出船舶航速 v,即航速与感应电动势 emf 成正比,与交变磁场强度 H 和两极间距离 L 成反比。在求得航速 v 后,则可根据式 $s = \int_0^t v dt$,求得累计航程 s 声相关计程仪测速,由于相关延时 τ 是两换能器接收到相同海底回波信号的时间间隔,而不是换能器自发射信号到接收到回波信号的时间间隔,因此,温度、含盐量、水深和水压力等影响声波在海水中传播速度的因素,不会影响声相关计程仪的测量精度。
23. C。双波束多普勒计程仪,测量的频移与声速关联,$\Delta f = \Delta f_1 - \Delta f_2 = \dfrac{4 f_0 v \cos\theta}{C}$,测速 v 只与声源频率 f_0、发射俯角 θ、多普勒频移 Δf 和声源传播速度 C 有关。
24. C。六波束多普勒计程仪,称为三元多普勒计程仪,即除了在船首装置四波束换能器外,还在船尾部安装一对向船尾左右方向发射波束的换能器,既可测量船舶纵向速度,又能测量船首部和船尾部的横向速度,能反映船舶运动的全貌。
25. A。电磁计程仪使用电磁传感器。

第三节 VDR

1. B。所有存贮的数据项目应至少保留 12 h。超过 12 h 的数据项目可以由新的数据覆盖。
2. B。保护容器可以设置为固定式或自浮式,但应设有一个工作在 25~50 kHz 频段的水下声响信标,信标所用电池至少可以工作 30 天。
3. C。保护存储单元就是"黑匣子",包含保护容器(protective capsule)和安装于其内的保护最终记录介质(Final Recording Medium,FRM)。应设计成在经受冲击(50 g 半正弦脉冲 11 ms)、穿刺(250 kg 100 mm 直径尖头物体 3 m 坠落)、耐火(260 ℃ 10 h 及 1 100 ℃ 1 h)、深海压力和潜水(6 000 m 深 24 h 及 3 m 深 30 天)情况后能保护存贮的数据;自浮式保护容器指示灯和无线电发射机应具有 7 天的工作能力。
4. A。当外部的主电源和应急电源都失电时,专用备用电源可自动为系统供电,并保证系统连续记录驾驶室声音达 2 h。
5. C。存储介质的内容只有在再现系统的硬件和软件的条件下才能被正确读出和再现,具有数据再现、声音再现和图形再现的功能,但该设备不能改写存储介质中的数据。S-VDR 若采用固定式保护容器与 VDR 要求一致,但无须满足穿刺要求。自浮式的保护容器只需满足示位标的要求。
6. D。船载航向数据记录仪的电源系统包括主电源、应急电源和专用备用电源。主电源可将交流 220 V 船电转换为 24 V 直流电。应急电源为 24 V 直流电。当外部的主电源和应急电源都失电时,专用备用电源可自动为系统供电,并保证系统连续记录驾驶室声音达2 h。

8. C。船载航行数据记录仪应连续记录,所有存贮的数据项目应至少保留12 h。超过12 h的数据项目可以由新的数据覆盖。

10. C。自浮式保护容器指示灯和无线电发射机应具有7天的工作能力。

11. C。当外部的主电源和应急电源都失电时,专用备用电源可自动为系统供电,并保证系统连续记录驾驶室声音达2 h。

12. A。IMO在2004年5月,颁布了《船载简型航行数据记录仪(S-VDR)性能标准》。

17. B。最终记录介质应能在设备制造商规定的操作和存储条件下,在停止记录之后保存记录数据至少两年。

18. B。规定

19. B。在船舶发生一般性事故后,船长或指定人员应将按设备操作说明书,将数据备份至移动存储介质,并复制至计算机,检查数据的有效性。

20. C。当船舶因事故需要弃船时,若情况允许,船长或指定人员应尽量将数据备份至移动存储介质并带走。

21. A。船东在任何时候都拥有航行数据记录仪记录数据的所有权。

22. C。在发生海事事故时,船长则应负责及时保护记录的数据,并上交主管机关。

25. C。在船舶发生重大事故后,若无须继续记录数据,则船长或指定人员应将按设备操作说明书,将数据备份至移动存储介质,并关闭设备电源。

26. D。若情况紧急,则可无须任何操作,设备在断电2 h后,将自动停止数据记录,记录的数据将随保护存储单元回收后得到恢复。

第四节 LRIT

1. C。SOLAS公约第五章,规定从事国际航行的客轮、300总吨及以上的货船和海上移动平台,都必须强制实施船舶的远程识别和跟踪,并将于2008年1月1日生效。

2. A。ASP传输LRIT信息的附加数据,IMO船舶识别号和船舶的海上移动业务识别码。

3. B。在无须船上操作员协助的情况下,设备应当可以传输(基于WGS-84数据的)GNSS位置(经纬度)。

4. C。在无须船上操作员协助的情况下,设备应当可以传输GNSS位置的日期和时间。

5. D。为满足保安或其他需要,我国海事局有权决定是否向其他缔约国政府提供中国籍船舶的LRIT信息,并向IMO通报。

6. C。船长认为发送LRIT信息有损船舶安全或保安时。需要关闭或停止发送LRIT信息时,船长应及时通知船旗国LRIT国家数据中心,并将设备关闭的理由及时间记录在航海日志中。

7. D。船上设备设置为每隔6 h自动向船旗国主管机关指定的LRIT数据中心发送一次LRIT信息,除非LRIT数据用户要求以更高的频率报送更为详尽的LRIT信息。

9. D。船上设备设置为每隔6 h自动向船旗国主管机关指定的LRIT数据中心发送一次

LRIT 信息。

10. C。目前基于船载海事卫星 C 的终端设备基本上有两种,一种是 INMARSAT-C 终端设备,另一种是船舶 SSAS(船舶安全报警系统)终端设备。

11. A。船舶因为设备故障不能发送 LRIT 信息时,船舶应及时通知船旗国 LRIT 国家数据中心,并将故障情况、暂停时间等记入航海日志,船舶和船公司有责任尽快安排并完成设备的维修。

12. B。船上设备设置为每隔 6 h 自动向船旗国主管机关指定的 LRIT 数据中心发送一次 LRIT 信息。

13. C。LRIT 系统没有明确使用哪种船载设备。按照 IMO 相关技术规范的要求,船舶安装的 INMARSAT-C 设备满足 LRIT 船载终端要求的条件,但必须经过应用服务提供商(ASP)的测试通过,并签发认可证书。

14. C。按照 IMO 相关技术规范的要求,船舶安装的 INMARSAT-C 设备满足 LRIT 船载终端要求的条件。目前基于船载海事卫星 C 的终端设备基本上有两种,一种是 INMARSAT-C 终端设备,另一种是船舶 SSAS(船舶安全报警系统)终端设备。

15. A。船舶因为设备故障不能发送 LRIT 信息时,船舶应及时通知船旗国 LRIT 国家数据中心,并将故障情况、暂停时间等记入航海日志,船舶和船公司有责任尽快安排并完成设备的维修。

第十章

磁罗经和陀螺罗经

第一节 国际公约对船舶配备磁罗经的要求

1. 根据 SOLAS 公约的要求，_____均应安装 1 台经过适当校正的标准磁罗经或其他装置，独立于任何电源，用于确定船首向并在主操舵位置显示其读数。
   A. 所有船舶
   B. 总吨位 150 及以上船舶和不论尺度大小的客船
   C. 总吨位 300 及以上船舶和不论尺度大小的客船
   D. 总吨位 500 及以上船舶和不论尺度大小的客船

2. 根据 SOLAS 公约的要求，_____均应安装 1 台罗经方位装置或其他装置，独立于任何电源，用于在水平 360°弧度范围内量取方位。
   A. 所有船舶
   B. 总吨位 150 及以上船舶和不论尺度大小的客船
   C. 总吨位 300 及以上船舶和不论尺度大小的客船
   D. 总吨位 500 及以上船舶和不论尺度大小的客船

3. 根据 SOLAS 公约的要求，_____均应有用于随时按真实值校正船首向和方位的装置。
   A. 所有船舶
   B. 总吨位 150 及以上船舶和不论尺度大小的客船
   C. 总吨位 300 及以上船舶和不论尺度大小的客船
   D. 总吨位 500 及以上船舶和不论尺度大小的客船

第二节 磁罗经结构与维护

1. 当安装有反射式或投影式的标准磁罗经时，可以免装_____。
   A. 陀螺罗经   B. 操舵罗经
   C. 救生艇罗经   D. 应急罗经

2. 根据《国际海上人命安全公约》的规定，所有船舶，不论其尺度大小，均应设有 1 台经过适当校正的_____或其他设置，独立于任何电源，用于确定船舶首向。
   A. 标准磁罗经   B. 操舵罗经

C. 救生艇罗经　　　　　　　　　　D. 应急罗经
3. 安装在罗经柜内的自差校正器是_____。
   A. 佛氏铁
   B. 象限自差校正器
   C. 软半圆自差校正器
   D. 半圆自差校正器和倾斜自差校正器
4. 磁罗经中的_____是磁罗经指示方向的灵敏部件。
   A. 纵横磁棒　　　　　　　　　　　B. 罗经柜
   C. 方位仪　　　　　　　　　　　　D. 罗盘
5. 某磁罗经的罗经液是酒精和蒸馏水的混合液,在某次更换罗经液时,仅向罗盆中注入了蒸馏水,产生的后果是_____。
   A. 罗经指向精度提升　　　　　　　B. 罗经摆动周期变大
   C. 罗经在高纬地区结冰　　　　　　D. 罗经液浑浊
6. 标准罗经安装在罗经甲板中线上,并且离甲板保持一定的高度,主要原因是_____。
   A. 减少船磁对罗经的影响　　　　　B. 减少地磁对罗经的影响
   C. 增加船磁对罗经的影响　　　　　D. 增加地磁对罗经的影响
7. 关于磁罗经的安装,下列说法错误的是_____。
   A. 标准罗经应安装在罗经甲板　　　B. 应安装在船舶的首尾面上
   C. 应安装在大桅的正后方　　　　　D. 周围应没有铁磁体构件
8. 检查轴帽和轴针之间的磨损状况是检查磁罗经_____。
   A. 罗盘灵敏度　　　　　　　　　　B. 罗盘磁力
   C. 指向精度　　　　　　　　　　　D. 剩余自差
9. 检查磁罗经磁力是通过测量磁罗经_____来体现的。
   A. 罗盘灵敏度　　　　　　　　　　B. 罗盘摆动半周期
   C. 指向精度　　　　　　　　　　　D. 剩余自差
10. 应定期检查磁罗经首尾基线与船舶首尾基线的精度,一般不能大于_____。
    A. 0.5°　　　　　　　　　　　　　B. 1.0°
    C. 3.0°　　　　　　　　　　　　　D. 5.0°
11. 航行过程中需要_____测定罗经自差一次。
    A. 每天　　　　　　　　　　　　　B. 每周
    C. 每两天　　　　　　　　　　　　D. 每个航行班
12. 罗经应安装在船首尾基线上,基线误差不应_____。
    A. 大于0.5°　　　　　　　　　　　B. 小于0.5°
    C. 大于1°　　　　　　　　　　　　D. 小于1°
13. 备用的软铁校正器不应靠近_____,避免产生_____。
    A. 永久磁铁;感应磁性　　　　　　B. 永久磁铁;永久磁性
    C. 感应磁铁;感应磁性　　　　　　D. 感应磁铁;永久磁性
14. 为了满足磁罗经最小安全距离的要求,任何磁性物体与罗经的最小距离不得小于_____。

A. 1 m   B. 1.5 m
C. 2 m   D. 2.5 m

15. 为了使罗经基线处于船首尾面内,可以利用_____来校准罗经首尾基线。
①大桅;②灯塔;③烟囱;④太阳
A. ①③   B. ②④
C. ②③④   D. ①③④

第三节　磁和地磁场

1. 地磁三要素指的是_____。
   A. 指北力 H、地磁倾角 θ 和磁差 Var
   B. 指北力 H、地磁倾角 θ 和自差 δ
   C. 垂直力 Z、地磁倾角 θ 和磁差 Var
   D. 垂直力 Z、地磁倾角 θ 和自差 δ

2. 为了减少磁性干扰,磁罗经的罗经柜、罗盆均由_____材料制成。
   A. 硬铁   B. 软铁
   C. 非磁性   D. 硬铁和软铁

3. 磁差资料通常刊印在海图标题栏内的海图是_____。
   A. 大比例尺港泊图   B. 小比例尺大洋海图
   C. 常用航用图   D. 大圆海图

4. 某船 2019 年 9 月在海上航行,在远洋航行图上查得如下的磁差资料 1°E (3′W),数据为 1999 年测量,该船当时的 Var 应为_____。
   A. 30′E   B. 30′W
   C. 1°30′E   D. 0

5. 下列关于地磁场的说法,错误的是_____。
   A. 地磁南极附近集中的是正磁量
   B. 地磁北极附近集中的是负磁量
   C. 地磁极的地理位置是固定的
   D. 地磁极的地理位置每年都在缓慢地变化

6. 地理子午面与_____之间的夹角,称为磁差。
   A. 磁南极   B. 磁北极
   C. 磁赤道   D. 磁子午面

第四节　磁罗经自差

1. 磁罗经半圆自差是由_____引起的。
   A. 地磁力   B. 永久船磁力
   C. 感应船磁力   D. 船磁力

2. 纵向硬铁 P 力引起的自差叫_____。
   A. 恒定自差　　　　　　　　B. 半圆自差
   C. 软半圆自差　　　　　　　D. 象限自差
3. 纵向硬铁 Q 力引起的自差叫_____。
   A. 恒定自差　　　　　　　　B. 半圆自差
   C. 软半圆自差　　　　　　　D. 象限自差
4. 垂直软铁（$-c$ 杆）产生的自差叫_____，一般用佛氏软铁柱来消除。
   A. 恒定自差　　　　　　　　B. 半圆自差
   C. 软半圆自差　　　　　　　D. 象限自差
5. 由纵向、横向软铁产生的自差叫_____。
   A. 非恒定自差　　　　　　　B. 半圆自差
   C. 软半圆自差　　　　　　　D. 象限自差

第五节　校正磁罗经自差

1. 下列需要进行自差校正的情况是_____。
   A. 标准磁罗经剩余自差超过±2°　　B. 打开罗经柜检查纵横向硬铁后
   C. 打开罗经柜检查垂直硬铁后　　　D. 磁罗经位置移动后
2. 下列不需要进行自差校正的情况是_____。
   A. 修船以后，不论大、中、小修
   B. 装运大量磁性货物后
   C. 更换罗盆后
   D. 驾驶台或磁罗经附近的建筑物改建后
3. 校正磁罗经的是通过使用校正器来抵消_____对罗经的影响。
   A. 地磁　　　　　　　　　　B. 船磁
   C. 地磁和船磁　　　　　　　D. 地磁差
4. 下列不属于磁罗经自差校正原则的是_____。
   A. 方向相反　　　　　　　　B. 大小相等
   C. 性质相同　　　　　　　　D. 非铁磁校正器
5. 用叠标法测定自差，一般船舶与近标的距离控制在_____倍前后标的距离范围内。
   A. 1~2　　　　　　　　　　B. 3~5
   C. 5~8　　　　　　　　　　D. 8~10
6. 下列自差测定方法中，最简便的是_____。
   A. 利用叠标测定自差　　　　B. 利用太阳测定自差
   C. 利用灯塔测定自差　　　　D. 利用陀螺罗经航向比对
7. 自差表判断罗经校正质量时，首先要求标准罗经的剩余自差不得大于_____。
   A. ±1°　　　　　　　　　　B. ±2°
   C. ±3°　　　　　　　　　　D. ±5°

8. 自差表判断罗经校正质量时,算出的 5 个自差系数就不应大于_____。
   A. ±1° B. ±2°
   C. ±3° D. ±5°

第六节　国际公约对船舶配备陀螺罗经的要求

1. 根据 SOLAS 公约的要求,_____应设有 1 台陀螺罗经,或其他装置,用于通过船载非磁性装置确定和显示船舶首向。
   A. 所有船舶 B. 总吨位 150 及以上的船舶
   C. 总吨位 300 及以上的船舶 D. 所有总吨位 500 及以上的船舶
2. 根据 SOLAS 公约的要求,_____应设有 1 台陀螺罗经首向复示器,或其他装置,用于在操舵位置显示船舶首向。
   A. 所有船舶 B. 总吨位 150 及以上的船舶
   C. 总吨位 300 及以上的船舶 D. 所有总吨位 500 及以上的船舶

第七节　陀螺罗经的工作原理

1. 一个自由陀螺仪要成为实用的陀螺罗经,必须对其施加_____。
   A. 进动力矩和稳定力矩 B. 控制力矩和稳定力矩
   C. 进动力矩和阻尼力矩 D. 控制力矩和阻尼力矩
2. 满足下列哪些条件时,陀螺仪才具有定轴性?
   ①陀螺转子高速旋转;②陀螺仪中心与其重心重合;③不受任何外力矩
   A. ②③ B. ①②
   C. ①③ D. ①②③
3. 根据《海船航行设备规范》的要求,一般要在开航前 4~6 h 起动陀螺罗经,这是因为_____。
   A. 罗经约经 3 个周期的阻尼摆动才能达到其正常工作温度
   B. 罗经约经 3 个周期的阻尼摆动才能达到其正常工作电流
   C. 罗经约经 3 个周期的阻尼摆动才能达到稳定指北
   D. 罗经约经 3 个周期的阻尼摆动才能转速稳定、误差消除
4. 根据《海船航行设备规范》的要求,陀螺罗经自起动至稳定指北的时间不应大于_____h。
   A. 3 B. 6
   C. 1.5 D. 8
5. 在地球上,自由陀螺仪不能稳定指向的原因是_____。
   A. 陀螺仪的进动性 B. 地球自转的影响
   C. 地球公转的影响 D. 陀螺仪的定轴性
6. 自由陀螺仪施加控制力矩后,_____。
   A. 具有自动找北功能 B. 具有稳定指北功能
   C. 具有自动指向功能 D. 具有自动找北、指北功能

7. 自由陀螺仪施加控制力矩和阻尼力矩后，_____。
   A. 可以立即稳定指北
   B. 具有自动找北功能，但不能稳定
   C. 经过减幅摆动后，稳定指北
   D. 主轴偏离稳定位置，主轴将做椭圆运动
8. 罗经主轴在方位上减幅摆动过程的快慢程度叫_____。
   A. 罗经稳定时间　　　　　　　　B. 阻尼周期
   C. 阻尼因素　　　　　　　　　　D. 指数衰减因子

第八节　陀螺罗经的误差

1. 陀螺罗经的纬度误差是采用_____阻尼法造成的，且随纬度的增大而_____。
   A. 垂直轴、增大　　　　　　　　B. 水平轴、增大
   C. 垂直轴、减小　　　　　　　　D. 水平轴、减小
2. 陀螺罗经的基线误差是指罗经基线_____。
   A. 偏离船首线的误差　　　　　　B. 偏离真北的误差
   C. 偏离罗北的误差　　　　　　　D. 偏离水平面的误差
3. 船舶恒向恒速运动时，陀螺罗经将产生_____。
   A. 速度误差　　　　　　　　　　B. 摇摆误差
   C. 冲击误差　　　　　　　　　　D. 纬度误差
4. 下列哪些因素会影响陀螺罗经的速度误差？
   ①航向；②船速；③纬度
   A. ②③　　　　　　　　　　　　B. ①②
   C. ①③　　　　　　　　　　　　D. ①②③
5. 若陀螺罗经不产生冲击误差，船舶应处在_____运动状态。
   A. 变速变向　　　　　　　　　　B. 恒速变向
   C. 变速恒向　　　　　　　　　　D. 恒速恒向
6. 陀螺罗经的速度误差随船舶航向变化，在_____航向上速度误差最大。
   A. 045°和225°　　　　　　　　 B. 090°和270°
   C. 000°和180°　　　　　　　　 D. 135°和315°
7. 陀螺罗经的速度误差随船舶航向变化，在_____航向上速度误差为零。
   A. 045°和225°　　　　　　　　 B. 090°和270°
   C. 000°和180°　　　　　　　　 D. 135°和315°
8. 下列哪些因素与陀螺罗经的速度误差无关？
   A. 航速　　　　　　　　　　　　B. 航向
   C. 船舶所在纬度　　　　　　　　D. 罗经结构参数
9. 陀螺罗经速度误差的大小与纬度_____，而与纬度的符号_____。
   A. 有关；有关　　　　　　　　　B. 有关；无关

C. 无关;无关 D. 无关;有关

10. 如图所示,某船舶纵向平行正平地靠泊在某码头上,若此时在相应海图上量的该码头岸线的方向为045°,而船上正常运行的安许茨22型陀螺罗经显示的船首向为046°,则该陀螺罗经存在_____。

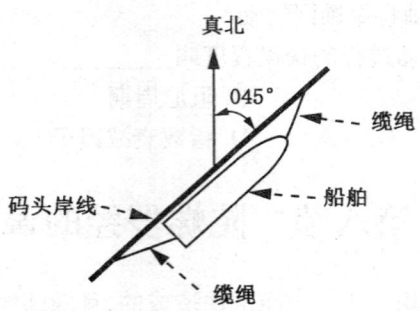

A. 纬度误差 B. 速度误差
C. 冲击误差 D. 基线误差

11. 速度误差随船舶航向C而变,在_____航向上,速度误差最大;在_____航向上,速度误差为零。

A. 基点;隅点 B. 隅点;基点
C. 000 和 180;090 和 270 D. 090 和 270;000 和 180

12. 基线误差的大小及符号不随时间变化,是一种固定误差,通常两个方位分罗经的基线误差大于_____时,应予以校正。

A. ±0.5° B. ±1°
C. ±3° D. ±5°

13. 同纬度地区,船舶匀速航行相对于靠码头时陀螺罗经误差的增加,主要来源于_____。

A. 纬度误差 B. 速度误差
C. 冲击误差 D. 基线误差

14. 船舶变向航行过程中陀螺罗经误差增加,主要来源于_____。

A. 纬度误差 B. 速度误差
C. 冲击误差 D. 基线误差

15. 基线误差的特点是_____。

A. 随着纬度的增大而减小 B. 随着纬度的增大而增大
C. 随着速度的变化而变化 D. 固定误差

第九节 陀螺罗经结构

1. 下列图片中,哪一个是主罗经?

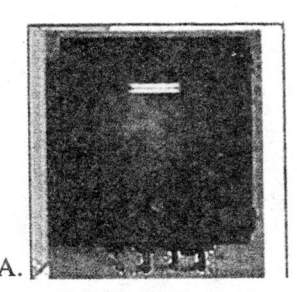
A.

B.

C.

D.

2. 在拆装陀螺罗经时，取出的陀螺球应_____放在专用座垫上。
   A. 倒置   B. 倾斜
   C. 随便   D. 正

3. 在船舶纬度和速度变化时，有关重新调整陀螺罗经的纬度误差和速度误差旋钮的说法正确的是_____。
   A. 根据船舶的瞬时纬度和航速进行调整
   B. 每当纬度变化 1°，航速变化 1 kn 调整一次
   C. 每当纬度至多变化 5°，航速至多变化 5 kn 调整一次
   D. 对纬度和航速的变化无具体要求

第十节　光纤罗经

1. 光纤陀螺的工作原理是基于_____。
   A. 萨格奈克效应   B. 光电耦合效应
   C. 偏振光效应   D. 拉曼散射效应

2. 船用光纤陀螺罗经的技术基于捷联式惯导系统，采用_____。
   A. 1 个光纤陀螺仪   B. 2 个互相垂直的光纤陀螺仪
   C. 3 个互相垂直的光纤陀螺仪 D. 1 个光纤陀螺仪和 1 个加速度计

3. 光纤陀螺罗经除了提供船首向信息外，还能提供船舶_____和船舶回转角速度等船舶姿态信息。
   A. 纵向加速度   B. 横向加速度
   C. 横摇、纵摇速度   D. 垂向加速度

参考答案

第一节 国际公约对船舶配备磁罗经的要求

1. A   2. A   3. A

第二节 磁罗经结构与维护

1. B   2. A   3. D   4. D   5. C   6. A   7. C   8. A   9. B   10. A
11. D   12. A   13. B   14. A   15. A

第三节 磁和地磁场

1. A   2. C   3. A   4. D   5. C   6. D

第四节 磁罗经自差

1. B   2. B   3. B   4. C   5. D

第五节 校正磁罗经自差

1. D   2. C   3. B   4. B   5. B   6. D   7. C   8. A

第六节 国际公约对船舶配备陀螺罗经的要求

1. D   2. D

第七节 陀螺罗经的工作原理

1. D   2. D   3. C   4. B   5. B   6. A   7. C   8. B

第八节 陀螺罗经误差

1. A   2. A   3. A   4. D   5. D   6. C   7. B   8. A   9. B   10. D
11. C   12. A   13. B   14. C   15. D

第十章 磁罗经和陀螺罗经

第九节 陀螺罗经结构

1. D   2. D   3. C

第十节 光纤罗经

1. A   2. C   3. C

第三节 磁和地磁场

1. A。航海上把指北力 H、地磁倾角 θ 和磁差 Var 统称为地磁三要素。

4. D。3′W 是年差,20 年后 1°W。

5. C。地磁极的地理位置不是固定的,而是每年都在缓慢地变化。

第五节 校正磁罗经自差

2. C。罗盆没有磁性。

第十一章 罗经差测定

第一节 罗经差测定原理

1. 罗北偏离真北的角度是_____。
   A. 罗经差　　　　　　　　B. 陀罗差
   C. 磁差　　　　　　　　　D. 自差

2. 陀罗北偏离真北的角度是_____。
   A. 罗经差　　　　　　　　B. 陀罗差
   C. 磁差　　　　　　　　　D. 自差

3. 船舶航行中,每个值班驾驶员都要对比磁罗经和陀螺罗经航向,其主要目的是_____。
   A. 及时检查陀螺罗经工作是否正常　　B. 及时检查磁罗经工作是否正常
   C. 求自差　　　　　　　　　　　　D. 填写航海日志

4. 测定罗经差精度较高的方法是_____。
   A. 利用叠标测定　　　　　B. 利用天体测定
   C. 利用比对航向测定　　　D. 利用远距离单物标测定

5. 测定磁罗经自差的方法有_____。
   ①利用比对航向测定;②利用叠标测定;③利用天体测定;④利用远距离单物标测定
   A. ①②③④　　　　　　　B. ①②③
   C. ①②④　　　　　　　　D. ②③④

6. 测定陀罗差的方法有_____。
   ①利用比对航向测定;②利用叠标测定;③利用天体测定;④利用远距离单物标测定
   A. ①②③④　　　　　　　B. ①②③
   C. ①②④　　　　　　　　D. ②③④

7. 能够用于测定罗经差的陆标有_____。
   ①浮标;②叠标;③远距离单物标
   A. ①②　　　　　　　　　B. ①③
   C. ②③　　　　　　　　　D. ①②③

8. 利用比对航向求磁罗经自差时,为提高精度,原则上_____。
   A. 同时读取陀螺罗经和磁罗经的航向

B. 先读陀螺罗经航向,后读磁罗经航向
C. 先读磁罗经航向,后读陀螺罗经航向
D. 可不考虑两种罗经航向的读取的先后顺序

9. 船舶航行中,应经常测定罗经差和自差,应该_____。
①每天尽可能测定一次;②每天尽可能早晚各测一次;③长航线改向后尽可能测定一次
   A. ②③　　　　　　　　　　　　B. ①②
   C. ①③　　　　　　　　　　　　D. ①②③

第二节　观测陆标测定罗经差

1. 海图上两叠标线上标注的方位为168°,当船舶发现两叠标前后重合时,用陀螺罗经观测前标的方位是167°,那么陀罗差为_____。
   A. +1°　　　　　　　　　　　　B. -1°
   C. +2°　　　　　　　　　　　　D. -2°

2. 海图上两叠标线上标注的方位为168°,当船舶发现两叠标前后重合时,用陀螺罗经观测前标的方位是169°,那么陀罗差为_____。
   A. +1°　　　　　　　　　　　　B. -1°
   C. +2°　　　　　　　　　　　　D. -2°

3. 海图上两叠标线上标注的方位为168°,当船舶发现两叠标前后重合时,用标准罗经观测前标的方位是166°,那么罗经差为_____。
   A. +1°　　　　　　　　　　　　B. -1°
   C. +2°　　　　　　　　　　　　D. -2°

4. 我船航向 GC 182°,利用叠标法测定陀螺罗经差,当船位在如图2位置时,叠标刚好串视,测得叠标的方位 GB 269°,则我船的陀螺罗经差是_____。

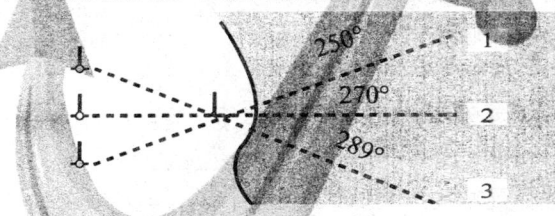

   A. $\Delta G = 1°W$　　　　　　　　B. $\Delta G = 1°E$
   C. $\Delta G = 2°W$　　　　　　　　D. $\Delta G = 2°E$

5. 利用船舶某一侧叠标测定罗经差,对其海上实践操作中各要素,说法错误的是_____。
   A. 前后标重合时读取观测值　　　　B. 在海图上量取叠标真方位 TB
   C. 必须记录观测值和观测船位　　　D. 及时把握前后标重合时机

6. 利用叠标测定罗经差时,获取罗方位 CB 的方法是_____。
   A. 在海图上直接读取或量取
   B. 根据推算船位经纬度利用公式求取
   C. 用罗经和方位圈直接观测

D. 在航海表册查得

7. 利用叠标测定罗经差时，获取真方位 TB 最常用的方法是_____。
   A. 在海图上直接读取或量取
   B. 根据推算船位经纬度利用公式求取
   C. 用罗经和方位圈直接观测
   D. 在航海表册查得

8. 船舶航行中利用叠标测定罗经差时，从罗经上读取观测值的时机是_____。
   A. 当叠标串视时
   B. 当叠标开视时
   C. 当获得准确船位时
   D. 当叠标线与航线垂直时

9. 利用叠标测定罗经差，即将串视前，应观测_____标，串视时立刻读取数值。
   A. 前
   B. 后
   C. 左
   D. 右

10. 利用远距离单物标测定罗经差时，获取罗方位 CB 的方法是_____。
    A. 在海图上直接读取或量取
    B. 根据推算船位经纬度利用公式求取
    C. 用罗经和方位圈直接观测
    D. 在航海表册查得

11. 利用远距离单物标测定罗经差时，获取真方位 TB 最常用的方法是_____。
    A. 在海图上标绘出准确船位后，再量取
    B. 根据推算船位经纬度利用公式求取
    C. 用罗经和方位圈直接观测
    D. 根据观测时间和经纬度在航海表册查得

12. 利用叠标测定罗经差，船不能过于靠近前标的原因是_____。
    A. 叠标相对移动太快，叠标灵敏度太高，难于观测
    B. 叠标相对移动太快，叠标灵敏度太低，难于观测
    C. 叠标相对移动迟缓，叠标灵敏度太高，难于观测
    D. 叠标相对移动迟缓，叠标灵敏度太低，难于观测

13. 利用叠标测定罗经差，船不能太远离前标的原因是_____。
    A. 叠标相对移动太快，叠标灵敏度太高，难于观测
    B. 叠标相对移动太快，叠标灵敏度太低，难于观测
    C. 叠标相对移动迟缓，叠标灵敏度太高，难于观测
    D. 叠标相对移动迟缓，叠标灵敏度太低，难于观测

14. 利用远距离单物标测定磁罗经自差时，可以近似代替磁方位 MB 的是_____。
    A. 等距 4 个基点罗经航向的磁方位的算术平均值
    B. 等距 4 个隅点罗经航向的磁方位的算术平均值
    C. 等距 4 个基点和 4 个隅点罗经航向的磁方位的算术平均值
    D. 等距 32 个罗经点罗经航向的磁方位的算术平均值

15. 已知陀螺罗经航向 100°，陀罗差 −1°，此时磁罗经航向 103°，通过航向比对，可得磁罗经差为

_____。

A. +4° B. -4°
C. +2° D. -2°

16. 用磁罗经测得远处某灯塔的罗方位095°,在海图上根据船位量得该灯塔的真方位为098°,当地磁差5°E,该航向自差为_____。

A. 2°W B. 2°E
C. 8°W D. 8°E

17. 利用叠标测定罗经自差时,为提高观测方位的准确性,一般船与前标的距离控制在前后标间距的_____倍。

A. 3~5 B. 1~2
C. 10~15 D. 10倍以上

18. 当叠标串视时,用陀螺罗经观测前标的方位为067°,海图叠标线上标注的方位为068°,则陀罗差为_____。

A. +1° B. -1°
C. +2° D. -2°

19. 当叠标串视时,用陀螺罗经观测前标的方位为067°,海图叠标线上标注的方位为069°,则陀罗差为_____。

A. +1° B. -1°
C. +2° D. -2°

20. 当叠标串视时,用陀螺罗经观测前标的方位为067°,海图叠标线上标注的方位为065°,则陀罗差为_____。

A. +1° B. -1°
C. +2° D. -2°

21. 叠标串视时,测得该叠标的罗方位为287°,从海图上量得该叠标的真方位为290°,磁差+1°,则该罗经的自差为_____。

A. +2° B. -2°
C. +4° D. -4°

第三节 使用GPS测定罗经差

1. 观测单物标GPS船位法测定罗经差,以下说法不正确的是_____。
   A. 驾驶员在海图上确定GPS船位的目的是通过海图作业确定真方位
   B. 因陀螺罗经一般误差较小,测得的物标陀罗方位可以近似地看成是真方位
   C. 先在海图上利用磁差资料算出本地磁差,再求取磁罗经自差
   D. 将GPS船位看成是精确的本船船位

2. 使用GPS测定罗经差与天测罗经差比较,其优势有_____。
①减少了多次查表及多次内插产生的误差;②简化了天测罗经差的求取方法;③得到的计算方位精度更高;④无须求天体地理位置

A. ①②③ B. ②③④
C. ①②④ D. ①②③④

3. 关于使用 GPS 测定罗经差,下列说法错误的是_____。
   A. 可以应用于沿岸航行,利用陆标测定罗经差
   B. 使用海图的坐标系应与 GPS 坐标系一致
   C. 应尽量观测中天天体
   D. 应尽量选用大比例尺海图

4. 使用 GPS 测定罗经差的实质是_____。
   A. 根据 GPS 高精度的船位,利用导航仪的计算功能求计算方位
   B. 根据 GPS 高精度的船位,利用导航仪的计算功能求罗方位
   C. 根据 GPS 高精度的船位,利用导航仪的计算功能求磁方位
   D. 根据 GPS 高精度的船位,利用导航仪的计算功能求陀罗方位

5. 使用 GPS 测定罗经差时,需要手动输入的是_____。
   A. 船位经纬度 B. 天体地理位置
   C. 真方位 D. 罗方位

6. 使用 GPS 测定罗经差时,手动输入天体地理位置作为_____。
   A. 转向点,自动算出观测当时船位点到该转向点的大圆航向就是计算方位
   B. 转向点,自动算出观测当时船位点到该转向点的大圆航向就是罗方位
   C. 观测当时的实际船位
   D. 观测当时的推算船位

7. 使用 GPS 测定罗经差的优点是_____。
   A. 方位误差可忽略不计
   B. 倾斜误差可忽略不计
   C. 观测误差可忽略不计
   D. 方位误差和倾斜误差都可忽略不计

8. 测罗经差,用 GPS 求出的方位是_____。
   A. 圆周法计算方位 B. 半圆法计算方位
   C. 圆周法罗方位 D. 半圆法罗方位

第四节　利用天体测定罗经差的基础知识

1. 连续观测三次天体的罗方位取平均值后再求罗经差的目的是_____。
   ①减小随机误差的影响;②抵消系统误差;③避免粗差
   A. ①② B. ②③
   C. ①②③ D. ①③

2. 观测_____方位求罗经差的计算方法最简单。
   A. 太阳低高度 B. 太阳视出没
   C. 恒星低高度 D. 太阳真出没

第十一章 罗经差测定

3. 在天测罗经差中,当罗经面的倾斜角一定时,所测天体的高度越_____,观测天体罗方位的误差越_____。
   ①高,小;②低,大;③低,小
   A. ①   B. ②
   C. ③   D. ①或②

4. 观测北极星罗方位求罗经差,一般情况下要求北极星的高度不大于_____。
   A. 15°   B. 35°
   C. 55°   D. 75°

5. 天测罗经差,选择天体时,应该选用的天体是_____。
   A. 低高度的航用天体   B. 高高度的航用天体
   C. 正东方的天体   D. 正西方的天体

6. 天测罗经差,当罗经面的倾斜角一定时,所测天体的高度与观测天体罗方位的误差的关系是_____。
   A. 高度越高误差越大   B. 高度越高误差越小
   C. 高度越低误差越大   D. 天体高度与误差无关

7. 当天体的赤纬趋近90°、天体方位趋近0°时,由推算船位的误差而引起的天体方位误差将_____。
   A. 趋于0   B. 较大
   C. 等于0   D. 无关

8. 在中国沿海航行的船舶,傍晚测得西天一星体罗方位,求得其半圆方位的名称是_____。
   A. NE   B. NW
   C. SE   D. SW

9. 在中国沿海航行的船舶,傍晚测得东天一星体罗方位,求得其半圆方位的名称是_____。
   A. NE   B. NW
   C. SE   D. SW

10. 在中国沿海航行的船舶,黎明测得西天一星体罗方位,求得其半圆方位的名称是_____。
    A. NE   B. NW
    C. SE   D. SW

11. 在中国沿海航行的船舶,黎明测得东天一星体罗方位,求得其半圆方位的名称是_____。
    A. NE   B. NW
    C. SE   D. SW

第五节 观测太阳低高度方位测定罗经差

1. 观测低高度太阳方位求罗经差的原因是_____。
   ①减小由于罗经面的倾斜而产生的观测太阳罗方位的误差;②减小由于推算船位的误差而产生的太阳真方位的误差;③此时太阳方位变化较慢,观测误差较小
   A. ①③   B. ②③

C. ①②
D. ①②③

2. 利用《太阳方位表》求罗经差,当_____测者_____进行观测时,从表中查得的太阳方位命名是 NW。

   A. 北纬;上午
   B. 北纬;下午
   C. 南纬;上午
   D. 南纬;下午

3. 船舶在中国沿海航行,下午利用《太阳方位表》求得的半圆方位的名称是_____。

   A. NE
   B. NW
   C. SE
   D. SW

4. 观测低高度太阳方位求罗经差时,应先把查表求得的太阳方位由半圆周法换算为_____。
   ①圆周法;②倍角法;③象限法

   A. ①
   B. ②
   C. ③
   D. ①或②

5. 观测低高度太阳方位求罗经差时,通过查表或计算求得的太阳方位是_____。

   A. 圆周法
   B. 半圆周法
   C. 象限法
   D. 罗经点法

第六节　观测太阳真出没测定罗经差

1. 太阳视出没是指太阳_____的瞬间。

   A. 中心通过水天线
   B. 上边沿与水天线相切
   C. 下边沿与水天线相切
   D. 中心通过测者地心真地平

2. 太阳真出没是指_____。

   A. 太阳上边沿与水天线相切时
   B. 太阳上边沿与测者地心真地平相切时
   C. 太阳中心恰好通过测者地心真地平时
   D. 太阳下边沿恰好与测者地心真地平相切时

3. 观测太阳真出没方位求罗经差时,太阳真出没的时刻是指当太阳下边沿视高度约为_____。

   A. 2/3 太阳直径
   B. 1/3 太阳直径
   C. 3/2 太阳直径
   D. 1/2 太阳直径

4. 太阳真出没时,太阳真高度为 0°,此时太阳下边沿视高度约为_____太阳视直径。

   A. 1/3
   B. 4/3
   C. 3/5
   D. 2/3

5. 测者纬度 $\varphi = 30°N$,9 月 23 日,太阳真出时的半圆方位等于_____。

   A. 30°NE
   B. 60°NE
   C. 90°NE
   D. 60°SE

6. 测者纬度 $\varphi = 0°$,6 月 22 日,太阳真出时的半圆方位等于_____。

   A. 23°27′NE
   B. 66°33′NE
   C. 90°NE
   D. 90°SE

7. 测者纬度 $\varphi=0°$，6月22日，太阳真没时的半圆方位等于_____。
   A. 23°27′NW
   B. 66°33′NW
   C. 90°NW
   D. 90°SE

8. 测者纬度 $\varphi=0°$，12月22日，太阳真出时的半圆方位等于_____。
   A. 23°27′SE
   B. 66°33′SE
   C. 90°SE
   D. 23°27′SW

9. 测者纬度 $\varphi=0°$，12月22日，太阳真没时的半圆方位等于_____。
   A. 23°27′SW
   B. 66°33′SW
   C. 90°SW
   D. 23°27′NW

10. 已知测者纬度等于30°N，3月21日测得太阳真没方位等于268°，则罗经差为_____。
    A. +2°
    B. -2°
    C. +1°
    D. -1°

11. 已知测者纬度等于30°N，3月21日测得太阳真出方位等于092°，则罗经差为_____。
    A. +2°
    B. -2°
    C. +1°
    D. -1°

12. 已知测者纬度等于30°N，9月23日测得太阳真没方位等于268°，则罗经差为_____。
    A. +2°
    B. -2°
    C. +1°
    D. -1°

13. 已知测者纬度等于30°N，9月23日测得太阳真出方位等于092°，则罗经差为_____。
    A. +2°
    B. -2°
    C. +1°
    D. -1°

14. 已知测者纬度等于0°，6月22日测得太阳真出方位等于068.5°，则罗经差为_____。
    A. +2°
    B. -2°
    C. +1°
    D. -1°

15. 已知测者纬度等于0°，12月22日测得太阳真出方位等于111.5°，则罗经差为_____。
    A. +2°
    B. -2°
    C. +1°
    D. -1°

16. 利用《太阳方位表》可以查算出太阳的_____出没方位，查表引数为_____。
    A. 视；纬度和赤纬
    B. 真；纬度和赤纬
    C. 真；地方平时
    D. 真；区时

17. 天测罗经差时必须可见水天线的方法是_____。
    A. 观测低高度太阳方位求罗经差
    B. 观测北极星方位求罗经差
    C. 观测真出没太阳方位求罗经差
    D. 观测低高度恒星方位求罗经差

18. 以下各图中，表示太阳真出没的是_____。

C. 水天线 D. 水天线

19. 利用天体测罗经差时,观测时间不需要记录的方法是_____。
    A. 观测太阳真出没方位求罗经差   B. 观测太阳低高度方位求罗经差
    C. 观测恒星低高度方位求罗经差   D. 观测北极星方位求罗经差

20. 查表或利用公式求取太阳真出没计算方位时,必须已知的是_____。
    ①推算纬度;②太阳赤纬;③太阳地方时角
    A. ①②   B. ①③
    C. ②③   D. ①②③

21. 太阳真出没时,太阳真高度为_____,此时太阳下边沿视高度约为太阳视直径的_____倍。
    A. 0°;2/3   B. -55′;2/3
    C. 0°;1/3   D. -55′;1/3

22. 观测太阳真出没方位求罗经差的时机是其视高度约为2/3太阳视直径,前提条件是测者眼高约为_____。
    A. 16 m   B. 10 m
    C. 26 m   D. 20 m

第七节 《太阳方位表》及太阳方位的查取

1. 《太阳方位表》根据_____划分为两册。
   A. 纬度   B. 赤纬
   C. 视时   D. 世界时

2. 《太阳方位表》主表分为两个半册,前半册适用于_____。
   A. 赤纬与纬度同名   B. 赤纬与纬度异名
   C. 北纬测者   D. 南纬测者

3. 《太阳方位表》附表的查表引数是_____。
   A. 年月日   B. 世界时
   C. 地方平时   D. 地方视时

4. 利用《太阳方位表》查取方位时,如果是上午观测,应该使用_____。
   A. 左列地方视时   B. 右列地方视时
   C. 左列地方平时   D. 右列地方平时

5. 利用《太阳方位表》查取方位时,如果是下午观测,应该使用_____。
   A. 左列地方视时   B. 右列地方视时
   C. 左列地方平时   D. 右列地方平时

6. 与其他的表册相比,利用《太阳方位表》求罗经差的优点是_____。
   A. 不用配备《航海天文历》   B. 不必内插
   C. 计算简便   D. 精度高
7. 英文版《太阳方位表》是_____。
   ①Davis's Tables;②Burdwood's Tables;③Azimuth Tables
   A. ①②   B. ①③
   C. ②③   D. ①②③

第八节 观测北极星方位求罗经差

1. 观测北极星罗方位求罗经差时,查取北极星真方位的表册是_____。
   A.《天体方位表》   B.《航海天文历》
   C.《太阳方位表》   D.《天体高度方位表》
2. 使用英版《航海天文历》查得的北极星方位是_____。
   A. 圆周法   B. 半圆周法
   C. 倍角法   D. 罗经点法
3. 使用中版《航海天文历》查得的北极星方位是半圆法,命名正确的说法是_____。
   A. 用左侧春分点地方时角时,名称是NW
   B. 用右侧春分点地方时角时,名称是NW
   C. 用左侧春分点地方时角时,名称是SW
   D. 用右侧春分点地方时角时,名称是SW
4. 实际工作中,观测北极星方位求罗经差时,北极星真方位的获取方式是_____。
   A. 查《航海天文历》   B. 公式计算
   C. 海图上量取   D. 直接观测

参考答案

第一节 罗经差测定原理

1. A   2. B   3. A   4. A   5. A   6. D   7. C   8. A   9. A

第二节 观测陆标测定罗经差

1. A   2. B   3. C   4. B   5. C   6. C   7. A   8. A   9. B   10. C
11. A   12. A   13. D   14. C   15. B   16. A   17. A   18. A   19. C   20. D
21. A

第三节 使用 GPS 测定罗经差

1. B 2. A 3. C 4. A 5. B 6. A 7. A 8. A

第四节 利用天体测定罗经差的基础知识

1. D 2. D 3. C 4. B 5. A 6. A 7. A 8. B 9. A 10. B
11. A

第五节 观测太阳低高度方位测定罗经差

1. D 2. B 3. B 4. A 5. B

第六节 观测太阳真出没测定罗经差

1. B 2. C 3. A 4. D 5. C 6. B 7. B 8. B 9. B 10. A
11. B 12. A 13. B 14. B 15. A 16. B 17. C 18. B 19. B 20. A
21. A 22. A

第七节 《太阳方位表》及太阳方位的查取

1. A 2. A 3. A 4. A 5. B 6. A 7. A

第八节 观测北极星方位求罗经差

1. B 2. A 3. A 4. A

答案解析

第五节 观测太阳低高度方位测定罗经差

1. D。由天体视运动中天体高度和方位的变化可知,低高度天体的方位变化率较慢,一般容易观测其方位。另外,观测低高度天体方位,不仅可以减小罗经的可能倾斜而产生的观测误差,还可以减小推算船位误差引起的天体计算方位的误差。

第六节　观测太阳真出没测定罗经差

4. D。太阳下边缘在水天线之上约为 2/3 太阳直径。当真高度为零时,根据求太阳真高度公式,则 $h_t^\odot = h_o^{\odot\underline{}} - \rho - d - SD + p_o = 0°$。若取高度为 0 时的平均蒙气差 $\rho = -30'.0$,按一般情况取眼高为 16 m,眼高差 $d = -7'.0$,平均半径差 $SD = 16'$,而地平视差较小可忽略不计,代入上式得: $h_t^\odot = h_o^{\odot\underline{}} - \rho - d - SD + p_o = 0°, 0° = h_o^{\odot\underline{}} - 30'.0 - 7'.0 + 16'$, $h_o^{\odot\underline{}} = +30'.0 + 7'.0 - 16' \approx 21' \approx \dfrac{2D}{3}$。

22. A。根据太阳下边缘的视高度 $h_o^\odot$ 来判断太阳的真出没。当真高度为零时,根据求太阳真高度公式,则 $h_t^\odot = h_o^{\odot\underline{}} - \rho - d - SD + p_o = 0°$。若取高度为 0 时的平均蒙气差 $\rho = -30'.0$,按一般情况取眼高为 16 m,眼高差 $d = -7'.0$,平均半径差 $SD = 16'$,而地平视差较小可忽略不计,代入上式得: $h_t^\odot = h_o^{\odot\underline{}} - \rho - d - SD + p_o = 0°, 0° = h_o^{\odot\underline{}} - 30'.0 - 7'.0 + 16'$, $h_o^{\odot\underline{}} = +30'.0 + 7'.0 - 16' \approx 21' \approx \dfrac{2D}{3}$。

第十二章 ECDIS

第一节 电子海图系统

1. 关于 RNC,下列说法错误的是_____。
   A. RNC 为有边界海图
   B. RNC 基于 WGS-84 坐标系
   C. RNC 可以适当调整显示比例尺
   D. RNC 不能设置安全水深进行强调性显示

2. 10.根据 ECDIS 性能标准,ECDIS 应可以实现的计算功能为_____。
   ①计算两点间的恒向线航向和航程;②计算两点间的大圆始航向和航程;③量取船与物标之间的距离和方位;④测定罗经差
   A. ①②③   B. ①②
   C. ①③   D. ②④

第二节 矢量海图与光栅海图

1. 电子海图数据是指描写海域地理信息和航海信息的数字化产品,是数字海图的一种。从电子海图数据属性而言,下列说法正确的是_____。
   A. 光栅海图是以空间数据和属性数据所组成的矢量数据描述海图及相关信息,光栅海图不可以被改正
   B. 矢量海图以空间数据和属性数据所组成的矢量数据描述海图及相关信息。矢量数据可有多种文件格式按一定的方式保存信息
   C. 光栅海图是指以栅格形式(图像方式如 TIF、JPG 等格式文件)表示的数字海图,属非标准电子海图
   D. 矢量海图是指以栅格形式(图像方式如 TIF、JPG 等格式文件)表示的数字海图,属标准电子海图

2. 下列关于光栅海图和矢量海图正确的说法是_____。
   A. 光栅海图不是数字海图,因其是基于纸质海图的"扫描海图",不可能具有纸海图的同等精

第十二章 ECDIS

度
- B. 光栅海图可以通过与定位传感器（如 GPS）等接口来加以改正，使用者可以对光栅海图做询问式操作
- C. 矢量海图所用的海图矢量数据不可能通过纸海图或其他纸质航海出版物获得，只能直接从官方水道测量部门的电子海图数据库（ECDB）中获得
- D. 矢量海图因为图标数据的各种信息分层次存放，这意味着航海者可以手动查询不同图标的性质，也可指令系统自动完成这种查询

3. 关于矢量化海图和光栅扫描海图，下列说法错误的是_____。
   - A. 光栅扫描海图可看作是纸质海图的复制品
   - B. 光栅扫描海图可以进行选择性查询、显示和使用数据
   - C. 矢量化海图是将数字化的海图信息分类存储的数据库
   - D. 矢量化海图可以进行选择性查询、显示和使用数据

4. 关于光栅扫描海图的特点，下列说法错误的是_____。
   - A. 光栅扫描海图能够反映出纸质海图上的所有信息
   - B. 光栅扫描海图是通过对纸质海图的光学扫描形成的数据信息文件
   - C. 光栅扫描海图具有纸质海图同样的精度
   - D. 光栅扫描海图的显示方向可以任意旋转

5. 关于光栅海图与矢量海图相比，正确的说法是_____。
   - A. 对于相同水域范围而言，光栅海图数据占有储存量小，矢量海图数据占有储存量大
   - B. 光栅海图可以做询问式操作，矢量海图不可以做询问式操作
   - C. 光栅海图既不能做询问式操作，也不能任意缩放其比例尺
   - D. 光栅海图和矢量海图因存在图形变换后的失真，所以均不能任意缩放其比例尺

6. 按照制作方式与显示特点，目前使用的电子海图可分为_____两大类。
   - A. 扫描图和印刷图
   - B. 数码图与打印图
   - C. 光栅图和矢量图
   - D. 光栅图和数码图

7. _____是符合 IHO 相关标准《数字化水道测量数据传输标准》（S-57）的标准电子海图数据。
   - A. C-Map 公司的 CM93 数据
   - B. Transas 公司的 TX97 数据
   - C. 各国官方水道测量机构制作并发行的 ENC 数据
   - D. 光栅航海图 RNC

8. 下列关于 ENC 属性的描述正确的是_____。
   ①根据国际标准进行编码和编制；②根据数字化分发的官方改正数据进行定期改正；③基于不同的坐标系；④内容的保证由各国海事局负责
   - A. ①②
   - B. ①③
   - C. ②③④
   - D. ①③④

9. 下列关于 ENC 和 RNC 的说法正确的是_____。
   ①两者均由官方发行；②两者均由官方改正数据进行定期改正；③两者均具有替代纸海图的条件

A. ①②③ B. ①②
C. ② D. ①

10. ECDIS 使用 RNC 时,下列说法正确的是_____。
   A. 为保证海图资料的读取,必须使用正北向上显示
   B. 基于安全等深线设置的防搁浅报警功能仍然有效
   C. RNC 是官方发行海图,ECDIS 不会发出海图报警或警示
   D. 可以任意调整海图的比例尺而不会影响海图信息的读取

第三节　ECDIS 数据主要特性

1. ECDIS 对于电子海图数据及其更新,应满足以下基本要求_____。
   ①所使用的数据必须是经政府或政府授权的主管机关发行的符合 IHO 最新版本标准的数据;②ENC 数据的内容必须无法被更改;③ENC 数据不必与其更新数据分别存储;④ECDIS 应该自动保存 ENC 更新的记录,包括自动更新 SENC 数据的时间
   A. ①②③ B. ①②④
   C. ①②③④ D. ②③④

2. 下面关于 ECDIS 数据的描述不正确的是_____。
   A. ENC 数据的内容必须无法被更改
   B. ENC 数据必须与其更新数据分别存储
   C. ECDIS 所使用的数据必须是经政府或政府授权的主管机关发行的符合 IHO 最新版本标准的数据
   D. ECDIS 不允许人工输入系统数据更新信息

3. 关于 ECDIS 数据更新,下列说法错误的是_____。
   A. 通过光盘等介质读取更新数据
   B. 通过网络自动获取更新数据
   C. 通过手工输入改正信息更新
   D. 通过手工修改或替换海图数据文件进行更新

4. ENC 数据必须为_____坐标系。
   A. BJ54 B. WGS-84
   C. Pulkovo 1942 D. Krassovsky

5. 关于 ENC 属性,下列说法错误的是_____。
   A. 内容基于主管水道测量局的原始数据或官方海图
   B. 根据国际标准进行编码和编制
   C. 基于 WGS-84 坐标系
   D. 航标数据由 ECDIS 设备生产商数字化得到

6. 下列关于 ENC 描述错误的是_____。
   A. ENC 是指在内容、结构和格式均已标准化,由经政府授权的水道测量机构发布
   B. ENC 是专为 ECDIS 使用的电子海图数据库

C. ENC 必须包含有安全航行需要的全部海图信息

D. ENC 必须包含纸海图上没有但对航行安全认为是需要的补充信息(如《航路指南》)

第四节　定位参考系统

1. ECDIS 中显示的本船位置是_____。
   A. GPS 天线位置
   B. 船头
   C. 船中
   D. 设定的公共参考点 CCRP 的位置

2. 关于 ECDIS 中本船的船位说法正确的是_____。
   ①ECDIS 中的船位来源于传感器,可能存在误差或错误;②在合适的时机,应利用雷达、罗经等观测定位物标的方位、距离等,然后在 ECDIS 中利用 Manually Fix Position 等类似功能交叉核验 GPS 船位;③若船上有雷达 Overlay 功能,则可以利用雷达图像与物标是否匹配,快速判断船位的准确性;④若船位不准确,可以利用 OFFSET 功能进行修正
   A. ①②③
   B. ①②④
   C. ②③④
   D. ①②③④

3. 测量方位、距离以及速度等信息时都会用到一个公共参考位置(CCRP),此位置不准,测得的参数将会有误差,ECDIS 中一般是以下哪个位置为准?
   A. 船舶的船中位置(坐标轴中心)
   B. 船舶操纵位置
   C. 船舶驾驶室正中心
   D. RADAR 天线位置

第五节　ECDIS 显示特征

1. 关于 ECDIS 信息显示,以下说法正确的是_____。
   A. 本船符号显示为椭圆形
   B. APRA 目标显示为菱形
   C. 本船符号是双色黑圆圈或比例船形
   D. 航标显示为红色

2. 关于本船位置和电子海图上位置所用的坐标系,以下说法正确的是_____。
   A. 本船位置使用的坐标系与电子海图坐标系是两个相互独立的坐标系,二者可能不同,此时要注意船位修正
   B. 显示的船位与电子海图的位置所用的坐标系肯定是一样的,不用修正
   C. ECDIS 自动根据位置传感器信号并校正后显示在电子海图上,可以不考虑坐标系不同的影响
   D. 在 ECDIS 中修正本船的经纬度后,在以后的航行中不得更改此修正

3. 在电子海图显示与信息系统(ECDIS)中,关于海图显示,下列说法错误的是_____。
   A. 可以在给定的投影方式下 zoom in/zoom out

B. 不能隐去本船在特定航行条件下不需要的信息
C. 可以按比例尺显示
D. 可以分层次显示海图信息

4. ECDIS 的海图显示可以根据本船设置的_____参数进行强调显示。
   A. 安全水深和浅水等深线 B. 安全水深和安全等深线
   C. 船舶净高 D. 船舶吃水

5. 在 ECDIS 系统中,安全水深是可以通过不同颜色来显示的。从显示图片上可得到,当前本船设置的安全水深为_____。

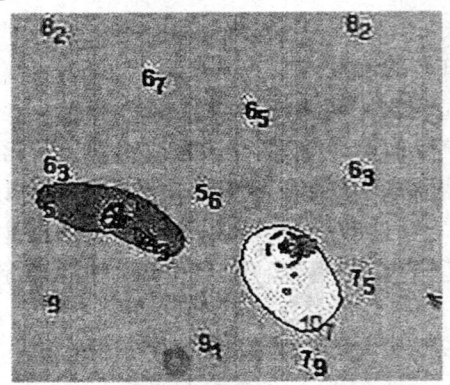

   A. 5 m B. 8 m
   C. 10 m D. 3 m

6. ECDIS 的显示背景主要有_____的调整变化,以适合驾驶台光线。
   A. 白天、夜晚 B. 上午、下午
   C. 白天、晨昏、夜晚 D. 白天、下午

7. ECDIS 可以根据本船设置的_____参数进行4阴影显示海图的水深区域。
   A. 安全水深
   B. 安全水深和浅水等深线
   C. 安全水深和安全等深线
   D. 安全等深线、深水等深线和浅水等深线

8. ECDIS 中 SENC 信息显示类别中,应能通过单次操作而显示的是_____。
   A. 基础显示 B. 标准显示
   C. 所有其他信息 D. 黄昏背景显示

9. 在 ECDIS 系统中,安全水深是可以通过不同颜色来显示的。从显示图片上可得到,当前本船设置的安全水深为_____。

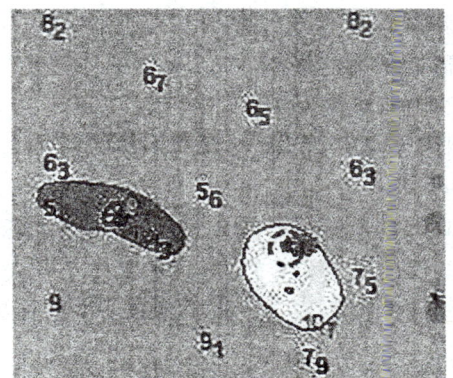

A. 5 m B. 8 m
C. 10 m D. 3 m

10. 关于纸海图和电子海图的区别,以下说法错误的是_____。
    A. 电子海图的符号与纸海图的符号是完全一致的
    B. 受屏幕尺寸的限制,电子海图难以达到像纸海图一样整幅海图的显示效果
    C. 除海图信息外,电子海图还可包含纸海图没有的补充信息
    D. 电子海图可根据需要显示海图信息和补充信息

11. 关于正确使用 ECDIS,下列说法错误的是_____。
    A. 根据驾驶台的光线条件,调整 ECDIS 的显示背景
    B. 根据系统默认设置,使用 30 m 等深线作为安全等深线
    C. 根据航行水域,选择海图显示的信息
    D. 根据航行水域,适当调整 ECDIS 的安全参数

12. 关于 ECDIS 使用传统符号显示时,下列说法正确的是_____。
    ①显示速度快,符号简洁清晰;②在夜晚显示背景下显示时,符号清晰度差;③符合航海习惯,符号代表的物标明确且易于识别
    A. ①②③ B. ①③
    C. ②③ D. ③

13. 通过光标查询功能,航海人员可以获取海图的_____信息。
    ①ENC 单元名称;②ENC 自动更新记录;③ENC 发行日期;④手动改正记录
    A. ①②③④ B. ①②③
    C. ①③ D. ②③

14. 当航海人员用光标点击海图某一位置时,ECDIS 应按照要求显示与该位置相关的_____信息。
    ①点物标;②线物标;③区域物标;④文字
    A. ①②③④ B. ①②③
    C. ①③④ D. ②③

15. 关于电子海图与雷达图像叠加显示,下列说法正确的是_____。
    A. 两者的比例尺自动匹配

B. 需将雷达和电子海图调整为正北向上显示

C. 需将电子海图调整为最佳比例尺显示

D. 需将雷达的量程调整为 6 n mile

16. 船舶航行在狭水道内,利用 ECDIS 导航,海图显示航道两侧有多个浮标,将电子海图与雷达图像叠加显示,下列说法错误的是_____。

A. 一个浮标的雷达回波与海图位置相差较大,可能是由于浮标移位引起的

B. 所有浮标的雷达回波与海图位置相差较大,可能是由于较大的船位误差引起的

C. 所有浮标的雷达回波与海图位置均有一定的偏差,可能是由于较大的海流偏离导致浮标偏离设定位置引起的

D. 所有浮标的雷达回波与海图位置均无法对应,可能是由于电子海图的坐标系问题引起的

第六节 海图数据显示

1. ECDIS 信息显示中,本船符号永远显示为一个固定大小的符号并带有航向航速矢量线,这种说法正确吗?

A. 正确,本船符号为双色黑圆圈,易于区别确认

B. 不正确,本船符号在海图比例尺改变时会放大或缩小符号的尺寸

C. 正确,ECDIS 中所有移动目标都以固定符号和矢量线显示

D. 不正确,ECDIS 中规定,驾驶员可以选择始终显示固定符号或在比例尺达到一定值时将本船显示为比例船型

2. ECDIS 默认深等深线为_____,实际应用中为判别本船船位是否处于搁浅风险区域,应根据实际要求预先设置。

A. 30 m   B. 10 m

C. 5 m   D. 0 m

3. ECDIS 关于本船符号和矢量的说法正确的是_____。

A. 本船矢量符号双箭头表示对水   B. 本船矢量符号单箭头表示对地

C. 本船符号是菱形   D. 本船符号是双圆圈或者比例船型

4. 根据 ECDIS 最新性能标准,关于对 ECDIS 数据显示层次表述正确的是_____。

A. 信息显示可以分为基本显示和根据需要显示共两个层次

B. 信息显示可以分为基本显示、标准显示和根据需要显示共三个层次

C. 信息显示可以分为标准显示和根据需要显示共两个层次

D. 信息显示可以分为基本显示、标准显示、固定显示和根据需要显示共四个层次

5. 根据 ECDIS 最新性能标准,关于对 ECDIS 数据显示层次表述不正确的是_____。

A. 永久保留在 ECDIS 显示器上的显示是基本显示,如海岸线(高水位)、本船的安全轮廓线

B. 根据需要显示是指所有其他信息可单独显示,包括任意测深、水下电缆和管道

C. 标准显示包括基本显示、航道、海峡等边界等

D. ENC 版本日期属基本显示而不属于标准显示

6. ECDIS 显示的信息中,优先显示的是_____。

A. ENC 警告　　　　　　　　B. 雷达信息
C. ECDIS 视觉警告/警示　　　D. 手动输入的航海通告

7. 在 ECDIS 中,下图代表的区域为_____。

A. 检疫锚地　　　　　　　　B. 禁航区
C. 该区域无法被准确描述　　D. 警戒区

第七节　ECDIS 安全参数

1. ECDIS 可根据本船船位与移动目标的位置关系,设置_____进行防碰撞报警。
   A. 偏航报警距离值　　　　B. 报警方位值
   C. 速度限制值　　　　　　D. CPA 和 TCPA 值

2. ECDIS 能够预先设置_____,实现防搁浅报警。
   A. 偏航报警距离值　　　　B. 穿越安全等深线的时间提前量值
   C. 距离下一转向点时间间隔　D. 预计抵达时间

3. 在电子海图显示与信息系统中,若驾驶员指定的安全等深线不存在于 SENC 中,则应_____。
   A. 以 30 m 为安全等深线
   B. 以系统中设置的深等深线为安全等深线
   C. 以比指定的安全等深线深的下一等深线为安全等深线
   D. 以比指定的安全等深线浅的上一等深线为安全等深线

4. 在电子海图显示与信息系统中,若 SENC 数据源改变而使所确定的安全等深线无法使用,则应_____。
   A. 以 30 m 为安全等深线
   B. 以系统中设置的深等深线为安全等深线
   C. 以比指定的安全等深线深的下一等深线为安全等深线
   D. 以比所确定的安全等深线浅的上一等深线为安全等深线

5. 在水深点信息显示的情况下,对于水深值小于或等于安全水深的水深点,应_____。
   A. 不显示　　　　　　　　B. 突出显示
   C. 显示为红色　　　　　　D. 根据船位决定是否显示

6. 若期望在 ECDIS 的海图界面中观察海底电缆与管道情况,应置于什么图层显示?
   A. BASE　　　　　　　　　B. STANDARD
   C. CUSTOMS　　　　　　　D. ALL

7. ECDIS 中的航线监视功能不能提供_____。
   A. 偏航报警、转向点提醒

B. 无海图提示

C. 油耗计算

D. 偏航报警、转向点提醒、转向点 ETA、STG 查询

8. 在设置 ECDIS 安全水深时，需要考虑的因素包括_____。

①船舶吃水；②船体下沉量；③富余水深；④潮高

A. ①② B. ①③

C. ①②③ D. ①②③④

9. 下列说法中关于深水等深线理解正确的是_____。

A. 深水等深线对船舶的航行安全非常重要，必须合理设置

B. 深水等深线对于船舶的航行安全不重要，无须设置

C. 合理设置深水等深线对于需在海上进行诸如压载水置换等作业的船舶非常方便

D. 只有 VLCC 才需设置深水等深线

10. 关于 ECDIS 图示，理解错误的是_____。

A. 此处有 1 个孤立危险物

B. 该处的水深小于 ECDIS 设定的安全等深线

C. 船舶应避开该处航行

D. 该处的水深小于 30 m

第八节　ECDIS 自动与手动功能

1. ENC 数据与其更新数据应_____。

A. 分别存储 B. 混合存储

C. 由主管机关决定存储方式 D. 由 ECDIS 生产商决定存储方式

2. 自动删除 ECDIS 中手动更新信息的正确方法是_____。

A. 自动接收与手动更新信息相同的更新文件

B. 利用含有与手动更新信息相同的更新文件的存储介质

C. 无法自动删除，只能通过手动方式

D. 安装新版 ENC 数据

3. 某船收到一条 NAVTEX 信息，在某海域新增一艘沉船。该船二副在 ECDIS 上利用手动更新功能标注了该沉船。船靠码头，收到更新光盘后，二副利用自动更新功能将光盘正确安装。此时，该处沉船将_____。

①仅显示光盘官方改正的沉船；②仅显示手动改正的沉船；③光盘官方改正的沉船和手动改正的沉船都将显示；④手动改正的沉船被官方改正的沉船自动替代

A. ① B. ②

C. ③ D. ①④

4. 关于电子海图手动更新方法的表述正确的是_____。
①即使自动更新的信息与手动更新的信息存在重复部分,手动更新的信息只能通过手动方式进行删除;②只有当安装新版 ENC 数据时,与旧版 ENC 相关的所有手动更新的信息才会被自动删除;③手动更新的信息一经删除就会永久删除
   A. ①③ B. ②③
   C. ①② D. ①②③

5. ENC 更新方式不包括_____。
   A. 全自动更新 B. 半自动更新
   C. 预约更新 D. 手动改正

6. 下列关于 ENC 更新数据在显示方面的说法正确的是_____。
   A. 自动更新的数据与原始 ENC 数据没有任何区别
   B. 手动改正的数据应与原始 ENC 数据有明显区别
   C. 自动更新与手动改正的数据均与原始 ENC 数据没有任何区别
   D. 自动更新与手动改正的数据均应与原始 ENC 数据明显区别

7. 下列关于 ENC 更新信息的说法正确的是_____。
   A. 更新信息与 ENC 原始数据分别存储
   B. 更新信息直接替换 ENC 原始数据
   C. 可由船员设定更新信息是否替换 ENC 原始数据
   D. 可由 ENC 生产机构设定更新信息是否替换 ENC 原始数据

8. 当某一个 ENC 更新数据的顺序出现错误时,ECDIS 应该_____。
   A. 忽略该项错误,继续完成更新操作
   B. 终止更新作业,将 SENC 恢复到开始更新之前的文件状态
   C. 终止更新作业,将 SENC 保持在当前更新状态
   D. 向用户报警,并由用户决定下一步操作

第九节　各种传感器

1. 关节于目前 ECDIS 提供的导航功能,以下说法正确的是_____。
   A. 船位偏离计划航线时,系统会报警并自动调整航向使船位恢复到计划航线上
   B. 系统提供了转向提醒,系统能自动根据设置的转向半径转向
   C. 系统能根据计划航向和计划航线,提供偏航和偏向报警
   D. 系统可自动检测航行水域内的危险物标,并自动操纵船舶避碰

2. ECDIS 中,雷达图像 RADAR OVERLAY 与海岸线不吻合的原因有_____。
①ECDIS 显示的船位不正确;②雷达增益、调谐、干扰抑制等调节不适当;③由于潮汐涨落,导致岸线淹没或露出;④罗经差有误差
   A. ①②③ B. ②③④
   C. ①③④ D. ①②③④

3. 不能单独使用 ECDIS 避碰的原因有_____。
①ECDIS 中的目标数据存在较大延时,不能及时反应避碰态势;②就避碰而言,ECDIS 的资料比雷达观测资料还要充分;③有部分目标如渔船、军舰等,不配或者不开启 AIS,会导致该目标不显示在 ECDIS 上
   A. ①③   B. ①②
   C. ②③   D. ①②③

4. ECDIS 通常都与 GPS 设备连接使用,因而使航行自动化的水平得到提高。下列关于自动航迹绘算的说法正确的是_____。
①当 GPS 被连接后,采用航迹自动显示功能,GPS 船位可自动显示在电子海图上;②当 GPS 被连接后,它是通过每隔一定时间(如 2 min),或每隔一定航行距离(如 1 n mile),自动在电子海图上标注一个船位点形成船舶航迹;③自动航迹标绘可以直接在电子海图上看到船舶偏离计划航线的情况
   A. ①②   B. ①③
   C. ②③   D. ①②③

5. ECDIS 通常都与 RADAR 等设备连接使用,因而使海图外的其他信息得以使用。下列关于信息叠加的说法正确的是_____。
   A. 雷达信息可以叠加后显示在 ECDIS 上,气象信息也能自动叠加显示
   B. 可选择性地实时接收雷达等信息,使其与海图信息叠加后显示在 ECDIS 上
   C. 信息叠加后显示在 ECDIS 上后不可复原显示
   D. 所有信息均可以实时叠加到 ECDIS 上,与 ECDIS 软件功能开发无关

6. 关于 ECDIS 上显示 RADAR 信息的下列说法正确的是_____。
   A. 在 ECDIS 面板或功能菜单上可以完成 RADAR 的所有操作
   B. 可通过多层菜单消除 RADAR 信息,包括回波图像、跟踪的目标
   C. 为了与 SENC 信息有明显的区别,可提供调整回波颜色、透明度等功能
   D. 所有信息均可以实时叠加到 ECDIS 上,与 ECDIS 软件功能开发无关

7. 除_____外,其余设备均应与 ECDIS 连接。
   A. 船舶定位系统   B. 罗经
   C. 计程仪   D. AIS

8. 下列设备中,必须与 ECDIS 相连接的是_____。
   A. 雷达   B. AIS
   C. 计程仪   D. 自动舵

9. 下列设备中,必须与 ECDIS 相连接的是_____。
   A. 测深仪   B. 罗经
   C. VDR   D. AIS

10. 目前 ECDIS 提供的以下导航功能,以下说法正确是_____。
   A. 船位偏离计划航线时,系统会报警并自动调整航向使船位恢复到计划航线上
   B. 系统提供了转向提醒,系统能自动根据设置的转向半径转向
   C. 系统能根据计划航向和计划航线,提供偏航和偏向报警

D. 系统可自动检测航行水域内的危险物标,并自动操纵船舶避碰

第十节 ECDIS 更新

1. 关于 ECDIS 正确使用,下列做法正确的是_____。
   ①应定期进行更新;②应参照航海通告和无线电航海警告进行手动改正;③对于作为备用配置的 ECS,也应进行定期更新;④对于作为备用配置的纸海图,无须进行改正
   A. ①②③④   B. ①②
   C. ①③④   D. ①②③

2. 关于 ECDIS 自动更新,下列说法正确的是_____。
   ①包括全自动更新和半自动更新两种方式;②半自动更新的数据与 ENC 信息区别显示;③全自动更新数据改变 ENC;④半自动更新不改变 ENC
   A. ①②③④   B. ①④
   C. ①③④   D. ②③

第十一节 航线设计

1. ECDIS 航线设计中,大洋航线的处理,最贴合航行实践的做法是_____。
   A. 全程每段航线分段均切换为 GC
   B. 部分航线分段采用 RL,跨洋航线中,若干部分切换为 GC
   C. 部分航线分段采用 RL,大圆航线段先切换为 GC,等分经度插入转向点后将每一分段再次调为 RL
   D. 全程每段航线分段均切换为 RL,若分段较长,将此分段切换为 GC

2. 以下哪些是在 ECDIS 上设计航线的不正确做法?
   ①如纸质海图上设计航线一样,要逐段逐点检查;②设计完航线后一定要更新海图;③必须采用系统默认名字对航线进行命名;④ECDIS 可自动航线检测,检测通过则可交付使用;⑤设计航线时用的本船安全参数一定要是离港时的安全参数
   A. ①②③   B. ②③④
   C. ①②③④⑤   D. ②③④⑤

3. 在进行航线检验时,ECDIS 会给出报警或警示的情形是_____。
   ①航线穿越了 RNC;②航线穿越了非官方海图;③航线穿越了安全等深线;④航线穿越了深水等深线
   A. ①②③④   B. ①②③
   C. ②③④   D. ②③

4. 在进行航线检验时,ECDIS 会给出报警或警示的情形是_____。
   ①航线与碍航物的距离小于设定的安全距离;②航线穿越了非官方海图;③航线穿越了避航区;④航线经过了定线制水域
   A. ①②③④   B. ①②③

C.②③④   D.②③

5. 关于 ECDIS 航线检验说法正确的是_____。
①需合理设定报警参数；②航线检验结果不能可以盲目信赖；③如果部分海图为 RNC，需进行视觉检查；④如果部分航线没有海图数据，则需要根据纸质海图进行检查
A.①②③④   B.①②
C.①②④   D.①④

6. 关于 ECDIS 航线设计，下列做法正确的是_____。
A. 如果以 ECS 作为备用配置，应将设计好的航线同步至 ECS
B. 如果以纸海图作为备用配置，则只需在 ECDIS 上设计航线
C. 整条航线的偏航报警距离(XTE)应统一
D. 如果保存了以前用过的航线，则可以直接使用

7. 关于 ECDIS 航线设计，下列做法正确的是_____。
①如果以另外一台 ECDIS 作为备用配置，应将设计好的航线同步至备用配置；②如果以纸海图作为备用配置，则应在纸海图上画出整条航线；③如果使用以前保存的航线，必须重新进行航线检验
A.①   B.①②
C.①③   D.①②③

8. 在进行港口国监督检查(PSC)时，_____应熟练掌握 ECDIS 的操作和应用。
A. 船长   B. 大副
C. 二副   D. 值班驾驶员

第十二节　航路监控

1. 关于 ECDIS 航行监控说法正确的是_____。
①可显示本船所在海域信息；②可显示其他海域信息；③能够显示足够数量的航行安全标记；④能够自动记录海图作业的操作过程
A.①②③④   B.①②③
C.②③④   D.②④

2. ECDIS 航线监控中，_____在航线未被加载至监控状态，也能给出报警。
A. 航迹偏差报警   B. 进入非安全水深区
C. 转向点到达报警   D. 计划超前或迟后报警

3. ECDIS 航线监控中，将会在_____船位符号上显示_____运动矢量，且时间可调。
A. 主船位源；真   B. 主船位源；相对
C. 辅助船位源；真   D. 辅助船位源；相对

4. ECDIS 航线监控中，当前调出并应用于实质性监控的航线_____。
A. 可以是本次航行计划的关键分段
B. 应该是覆盖全程的几个分段，分批次调用
C. 应该是覆盖全程的港到港完整航线

D. 是否覆盖全程取决船长决定
5. 被监视的航线通常应突出显示,以明显区别于海图上的其他物标,航线一般以何种颜色为基调?
   A. 红色
   B. 黄色
   C. 绿色
   D. 蓝色
6. 关于 ECDIS 航行监控,下列说法错误的是_____。
   A. 监控航线用颜色、线型等特殊显示
   B. 监控航线的下一转向点与其他转向点区别显示
   C. 以偏航报警距离为宽度在航线两侧标绘出船舶可航范围
   D. 航行监控使用的显示模式为基本显示

第十三节　ECDIS 导航中的特定功能

1. 关于 ECDIS 使用,下列做法正确的是_____。
   ①主要使用 GPS 船位;②沿岸航行时定期用陆标定位的方式获取观测船位;③在狭水道航行时与雷达图像叠加有助于发现船位误差
   A. ①
   B. ①②
   C. ①③
   D. ①②③
2. 根据性能标准,ECDIS 应具备_____功能。
   ①与 GPS 连接获取本船船位;②观测船位线进行陆标定位;③以给定的准确船位为起点进行航迹积算
   A. ①
   B. ①②
   C. ①③
   D. ①②③

第十四节　状态指示、指示器与报警

1. 以下哪一项不属于 ECDIS 产生的海图显示警示?
   A. 海图显示背景未设置正确,当前光线条件下看不清楚
   B. 当前位置处还有大比例尺海图可以使用
   C. 显示的比例尺比当前图的原始比例尺超大或超小
   D. 该位置处无海图数据或非官方海图
2. ECDIS 计划航线设计过程中,不能更改或调整的对象是_____。
   A. 转向点位置
   B. 左右允许的偏航安全距离
   C. 转向半径
   D. 船位报告点
3. 当 ECDIS 给出"DANGER SCALE"报警,表明_____。
   A. 未调出适用于当前海域的大比例尺海图
   B. 当前操作比例尺过大,观测范围受限,不能保证航行安全
   C. 没有官方的矢量数据

D. 官方的矢量数据未能得到及时更新

4. 下列哪项报警不在 ECDIS 人机交互界面处理，只需操纵船舶控制船舶运动即可？

   A. NON OFFICIAL CHART

   B. NON WGS-84

   C. OUT OF XTD

   D. NOT RECOM. SCAL

5. ECDIS 弹出的警告"OVER SCALE"，一般是什么原因？

   A. 显示比例尺比当前海图的原始比例尺小，航行危险

   B. 比例尺比当前海图的原始比例尺大，航行危险

   C. 使用光栅海图和矢量海图时的含义不同，前者表示大于原光栅海图的分辨率，后者表示大于当前最合适的比例尺（视显示水域包括海图的比例尺而定）

   D. 用户使用的比例尺超过了海图的原始比例尺

6. 在船舶进出港期间，下列关于 ECDIS 报警处置正确的是_____。

   A. 报警过多，对驾驶人员的瞭望和操纵会产生干扰，可关闭声音报警

   B. 报警很多，但大多为进港过程中船舶近距离通过引起，直接消声即可

   C. 报警很多，但大多为进港过程中水深变浅引起，直接消声即可

   D. 应先消音，并仔细核实报警，必要时采取措施

7. 关于 ECDIS 防搁浅报警设置，下列说法正确的是_____。

   A. 防护区应设置为最大，以能够尽早发出搁浅报警

   B. 防护区应设置为最小，以避免出现过多的报警

   C. 在航道内航行时，应根据航道宽度设置大小合适的防护区

   D. 防护区的大小应根据船舶吃水进行设置

第十五节 航次记录、操作与回放航迹

1. ECDIS 航行记录应能够保存_____的可以再现航行过程的数据。

   A. 4 h   B. 8 h

   C. 12 h   D. 24 h

2. ECDIS 航行记录保存了存储时刻的运行信息，这些信息在需要时能够重现当时的航行状态，记录的具体内容主要包括以下除_____外的所有信息。

   A. 记录时刻、本船船位

   B. AIS、雷达是否开启

   C. 海图数据来源、版本、海图单元、改正情况

   D. 本船航向、航速

3. 下面的描述中，_____不符合 ECDIS 航行记录功能要求。

   A. 应能够至少保存一个航次的航迹信息并进行船位标绘（时间标签）

   B. 航迹信息的保存时间间隔可以设置

   C. 驾驶员可以修改记录内容

D. 航行记录信息能够再现 12 h 前的航行过程
4. 下列属于 ECDIS 必须每分钟记录的信息的是_____。
   A. 航向   B. AIS 信息
   C. 主机 RPM   D. ETA
5. ECDIS 以 1 min 的时间间隔记录_____数据,具有黑匣子的功能。
   ①时间;②船首向;③航速;④船位;⑤水深
   A. ①②③④⑤   B. ①②③④
   C. ①②③   D. ①②④
6. 关于 ECDIS 航行记录功能说法错误的是_____。
   A. 以 1 min 的时间间隔记录过去 12 h 的本船航迹
   B. 以 1 min 的时间间隔记录过去 12 h 所使用的 ENC 信息
   C. 以不超过 4 h 的时间间隔记录整个航次的全部航迹
   D. 以不超过 1 h 的时间间隔记录整个航次的报警/警示
7. 利用 ECDIS 的航行回放功能可以再现过去 12 h 船舶的_____数据。
   ①时间与船位;②船首向与航速;③使用过的 ENC 信息;④水深和潮高
   A. ①   B. ①②
   C. ①②③   D. ①②③④
8. 由于 ECDIS 使用不当可能导致的航行风险,以下属于系统使用不当的有_____。
   ①忽视海图超比例尺显示;②使用首向上显示方式;③安全参数设置不合理;④缺乏分析的接受显示的船位
   A. ①③④   B. ①②
   C. ①②③   D. ①②③④

第十六节　过度依赖 ECDIS 的风险

1. 为保证 ECDIS 数据的完整、精确和一致性,IMO 性能标准要求,ENC 数据一定不能_____,否则将会导致海图数据的误差。
   A. 使用 S-57 标准进行编码和传输
   B. 使用 WGS-84 坐标系进行航海通告的手工更新
   C. 使用 BJ54 坐标系进行航海通告的手工更新
   D. 使用权威机构发行的 ENC 海图数据并及时进行数据的更新
2. 在没有海图数据的区域,ECDIS 针对海图数据进行的一切航行监控中,哪项报警无法给出?
   A. OUT OF XTD   B. WPT APPROACH
   C. OFF LEG COURSE   D. SAFTY CONTOUR
3. 以下哪项因素不会引起电子海图数据误差?
   A. 大地坐标系误差   B. 数字化过程中制图错误
   C. 比例尺使用不当   D. 海图误差
4. 对 ECDIS 的主船位源,一般选择 GPS/DGPS,如已知本船定位设备的定位与真实位置的误差,则可以通过直接输入经纬度的偏移量进行调整,以下说法正确的是_____。
A. 偏移量调整后系统给出报警,一旦定位结果与真实位置吻合,系统自动取消偏移修正
B. 偏移量调整后系统给出报警,系统不能自动取消偏移修正,后续需通过观测验证,人工取消偏移修正
C. 不给出报警,一旦定位结果与真实位置吻合,系统自动取消偏移修正
D. 不给出报警,需人工取消偏移修正

5. ECDIS 运用中,海图所采用的测地坐标系 WGS-84 与 GPS 选择的测地系不统一,有效而正确的处理方法包括_____。
①运用 DGPS 模式;②在 GPS 设备上切换至 WGS-84;③将非 WGS-84 的 GPS 船位运用 ECDIS 的修订功能修订;④不需做任何处理
A. ①②③ B. ②③
C. ①②③④ D. ③④

6. ECDIS 连接的定位设备源有主、辅之分,二者给出的位置的偏差明显超过正常情况,此时表明 ECDIS 可能存在_____。
A. 主定位源出现位置错误
B. 辅定位源出现位置错误
C. 主、辅定位源有一个出现位置错误或二者都出现位置错误
D. 主、辅定位源都运行正常,属于正常定位波动

7. ECDIS 出现电源无法接通时,应做哪些检查?
①检查电源到电子海图各端口连接是否正常;②检查船舶电源是否正常供电;③更换电子海图设备上的电源保险丝
A. ①②③ B. ①②
C. ②③ D. ①③

8. ECDIS 找不到船位,应做何检查?
①检查位置源设置是否正确;②检查位置源到 ECDIS 的信号连接线的连接是否正常;③检查位置源天线;④检查位置源电源
A. ①②③④ B. ①②③
C. ①② D. ②③④

9. 从 ECDIS 的可靠性而言,航行值班不能只依靠单一的 ECDIS,应采取_____等手段保障航行的安全性。
①保持正规的瞭望;②随时比对 ECDIS 与雷达的信息;③每隔一段时间更换 ECDIS 软件;④随时确认所有信息采用共同的坐标系统;⑤确认其他传感器是否正常工作
A. ①②③④⑤ B. ②③④⑤
C. ①②④⑤ D. ②④⑤

10. 从 ECDIS 的可靠性而言,航行值班不能只依靠单一的 ECDIS,应采取_____等手段保障航行的安全性。
①保持正规的瞭望;②随时比对 ECDIS 与雷达的信息;③每隔一段时间采用其他手段核对船位;④随时确认所有信息采用共同的坐标系统;⑤选择合适的显示比例尺

A. ②③④⑤ B. ②③④
C. ①②③④ D. ①②③④⑤

11. 以下哪些是 ECDIS 系统设备良好保养的表现？
①配备双套电子海图系统的船舶,定期转换使用；②长时间不使用电子海图系统时,定期通电除潮；③定期手动或自动对 ECDIS 进行主要功能在船测试；④定期对外部设备进行性能检测,及时掌握设备的运行情况以及可能存在的误差,保证传递的数据达到要求
A. ①② B. ①②③
C. ①②③④ D. ①②④

12. 若 ECDIS 的海图界面上,采用雷达图像叠加时,仅有一浮筒图标与雷达回波不重合,则说明_____。
A. 这是虚拟 AIS 航标 B. 浮筒移位
C. 雷达故障 D. 本船船位错误

13. ECDIS 进行航向监控时,可以设置航向偏差 CDI 报警值,合理的设置应该是_____。
A. 应该设为零,一旦航向与计划航向偏离立即报警
B. 应该越大越好,以便减轻驾驶员压力
C. 应该考虑是否存在较大的风流压,设置值略小于当前航向与 GPS 给出的 COG 差值
D. 应该考虑是否存在较大的风流压,设置值略大于当前航向与 GPS 给出的 COG 差值

14. 关于 ECDIS 安全等深线,以下叙述错误的是_____。
A. 安全等深线上的水深应根据本航次的吃水进行设置
B. 安全等深线上的水深值就是安全水深值,二者没有区别
C. 设置安全等深线是为了突出显示本船的可航水域
D. 同一航次安全等深线要求可能不同

15. ECDIS 航行监控过程中本船已明显偏航但系统没有报警,可能是由于以下哪些错误操作或理解引起的？
①没有开启偏航报警；②当前没有加载航线进行监控；③海图上显示的航线可能是正在编辑的航线；④偏航报警值设置过大；⑤这种报警应该理解成误报警
A. ①② B. ①④⑤
C. ①②③④ D. ③④⑤

16. 关于 ECDIS 监控范围和监控物标的设置,以下说法正确的是_____。
A. 设置的监控范围应该前后、左右距离一样
B. 左右监控距离在各水域设置一样,不易造成错觉
C. 应该根据本船的速度、航行水域等因素设置不同的监控范围及监控物标
D. 监控范围应该设置合理,但监控物标应该越详细越好,以免漏掉对物标监控

17. 在 ECDIS 实际应用中,备份配置最关键的作用是_____,保障航行安全。
A. 保障设备运行安全
B. 能够减轻驾驶员维修工作量
C. 在主设备出现故障时可以接替其继续工作
D. 取代纸海图

18. 为保证船舶航行安全,ECDIS 备份配置应该在开航前_____。
    A. 进行自检
    B. 与主设备的本航次监控配置进行同步,如计划航线、报警设置等
    C. 将上一航次的航行记录传递到主设备中
    D. 开启,准备接替主设备

19. ECDIS 航行监视过程中,当主设备发生故障时,正确的操作是_____。
    A. 立即切换(连接)到备份配置上,并启动运行
    B. 查看故障维修手册进行检修
    C. 报告船长请求操作指令
    D. 关闭主设备电源

20. 关于 ECDIS 的备用装置说法,正确的是_____。
    A. 独立电源、独立海图数据、独立的基础传感器
    B. 共用电源、独立海图数据、独立的基础传感器
    C. 独立电源、共用海图数据、独立的基础传感器
    D. 独立电源、独立海图数据、共用的基础传感器

21. 关于对 ECDIS 的备用装置的使用操作,说法正确的是_____。
    A. 必须对海图数据同步更新改正,必须同步设计航线
    B. 必须对海图数据同步更新改正,不必同步设计航线
    C. 不必对海图数据同步更新改正,不必同步设计航线
    D. 临时替代,仅在主系统故障时停车滞航时参考使用

22. 从驾驶员的工作实际出发,驾驶员最易适应的且不会增加额外工作量的 ECDIS 备用装置是_____。
    A. 一部使用独立电源、独立传感器连接的、独立完成更新操作与航线设计的 ECDIS
    B. 符合 IMO MSC.192(79)航海雷达设备性能标准,具有显示 ENC 海图信息的雷达
    C. 满足整个航次所需的改正到最新的最新版纸质海图
    D. 独立电源、独立传感器连接的、主、辅系统能同步导入导出更新数据与航线数据的 ECDIS

23. ECDIS 运用中,海图所采用的测地坐标系 WGS-84 与 GPS 选择的测地系不统一,有效而正确的处理方法包括_____。
    ①运用 DGPS 模式;②在 GPS 设备上切换至 WGS-84;③将非 WGS-84 的 GPS 船位运用 ECDIS 的修订功能修订;④不需做任何处理
    A. ①②③   B. ②③
    C. ①②③④   D. ③④

参考答案

第一节 电子海图系统

1. B   2. A

第二节 矢量海图与光栅海图

1. B   2. D   3. B   4. D   5. C   6. C   7. C   8. A   9. B   10. A

第三节 ECDIS 数据主要特性

1. B   2. D   3. D   4. B   5. D   6. D

第四节 定位参考系统

1. D   2. D   3. B

第五节 ECDIS 显示特征

1. C   2. A   3. B   4. B   5. B   6. C   7. D   8. B   9. B   10. A
11. B   12. C   13. B   14. A   15. A   16. D

第六节 海图数据显示

1. D   2. A   3. D   4. B   5. D   6. C   7. C

第七节 ECDIS 安全参数

1. D   2. B   3. C   4. C   5. B   6. D   7. C   8. C   9. C   10. D

第八节 ECDIS 自动与手动功能

1. A   2. D   3. C   4. D   5. C   6. D   7. A   8. B

第九节　各种传感器

1. C　　2. D　　3. A　　4. D　　5. B　　6. C　　7. D　　8. C　　9. B　　10. C

第十节　ECDIS 更新

1. D　　2. B

第十一节　航线设计

1. C　　2. B　　3. B　　4. B　　5. A　　6. A　　7. D　　8. D

第十二节　航路监控

1. A　　2. B　　3. A　　4. C　　5. A　　6. D

第十三节　ECDIS 导航中的特定功能

1. D　　2. D

第十四节　状态指示、指示器与报警

1. A　　2. D　　3. B　　4. C　　5. D　　6. D　　7. C

第十五节　航次记录、操作与回放航迹

1. C　　2. B　　3. C　　4. A　　5. B　　6. D　　7. C　　8. A

第十六节　过度依赖 ECDIS 的风险

1. C　　2. D　　3. C　　4. B　　5. B　　6. C　　7. A　　8. A　　9. C　　10. D
11. C　　12. B　　13. D　　14. B　　15. C　　16. C　　17. C　　18. B　　19. A　　20. A
21. A　　22. D　　23. B

第十二章 ECDIS

第二节 矢量海图与光栅海图

9. B。ECDIS 显示的数据表象和内容与相同或相似的纸海图格式的数据有本质的区别。目前的 ENCs 并不包含满足 SOLAS 要求的所有这些信息,因此,使用 ENCs 的航海者必须继续使用相关的官方航海出版物。

第三节 ECDIS 数据主要特性

2. D。按信息输入方式可分为手动和自动两种更新方法。
4. B。电子海图是采用 WGS-84 坐标系。

第五节 ECDIS 显示特征

7. D。ECDIS 不仅能提供海图信息(水深数据、海底危险物情况、离岸距离等)和航行信息(本船位置、航向、航速等),而且还能适时提供海上海运目标的动态信息(目标的航向、航速、方位、距离、CPA、TCPA 等)。

第六节 海图数据显示

4. B。ECDIS 的海图内容、图标、颜色和显示必须符合 IHO S-52 规范。根据 ECDIS 最新性能标准,信息显示可以分为三个层次:(1)基本显示永久保留在 ECDIS 显示器上的显示,包括:①海岸线(高水位);②本船的安全轮廓线;③安全轮廓线所定的安全水域里的单独危险物,其水下深度小于安全轮廓线的水下深度;④安全轮廓线所定的安全水域里的单独危险物,例如固定结构、船舶上方的电线等;⑤比例、范围和指北针;⑥深度和高度单位;⑦显示模式。(2)标准显示标准显示包括:①基本显示;②干燥线;③浮标、灯标、其他助航设备和固定结构;④航道、海峡等边界;⑤可视图项和雷达上的显著图项;⑥禁航区和限航区;⑦海图比例边界⑧注意事项的显示;⑨船舶航线划定系统和渡船航线;⑩群岛海上航路。(3)根据需要显示根据需要,所有其他信息可单独显示包括:①任意测深;②水下电缆和管道;③所有单独危险物的详细情况;④助航设备的详细情况;⑤注意事项的内容;⑥ENC 版本日期;⑦最近海图更新号;⑧磁偏角;⑨经纬线;⑩地名。

第八节 ECDIS 自动与手动功能

1. A。(1)ENC 数据的内容必须无法被更改。(2)ENC 数据必须与其更新数据分别存储。

第九节 各种传感器

5. B。可选择性地实时接收雷达和气象信息,并使其与海图信息叠加后显示在 ECDIS 上,以协助船舶避碰,或指导船舶避离恶劣天气和海况,确保船舶航行安全。

第十三章 航海气象基础知识

第一节 大气概况

1. 影响天气及气候变化的主要大气成分包括_____。
   A. 二氧化碳、臭氧和惰性气体　　B. 氮气、二氧化碳和惰性气体
   C. 二氧化碳、臭氧和水汽　　　　D. 氧气、臭氧和惰性气体

2. 在大气成分中,主要吸收太阳紫外线的气体成分为_____。
   A. 臭氧　　　　　　　　　　　　B. 二氧化碳
   C. 氧气　　　　　　　　　　　　D. 氮气

3. 对大气温度有较大影响的大气成分包括_____。
   ①氮气;②臭氧;③二氧化碳;④氧气;⑤水汽;⑥氢气
   A. ①②③④⑤⑥　　　　　　　　B. ①②③④⑤
   C. ②③⑤　　　　　　　　　　　D. ②④⑤

4. 下列哪些大气成分能够强烈吸收和放射长波辐射,对地面和大气的温度有较大的影响?
   ①氧气;②氮气;③臭氧;④二氧化碳;⑤氢气;⑥水汽
   A. ①③④⑥　　　　　　　　　　B. ④⑥
   C. ②③⑤⑥　　　　　　　　　　D. ②④⑤

5. 天气是指某一特定区域,_____。
   A. 在较短时间内各种气象要素的综合表现
   B. 在较长时间内各种气象要素的综合表现
   C. 气象要素的多年平均特征(其中包括极值)
   D. 气象要素的一年平均特征(其中包括极值)

6. 气候是指某一特定区域,_____。
   A. 在较短时间内各种气象要素的综合表现
   B. 气象要素的多年平均特征(其中包括极值)
   C. 气象要素的一年平均特征(其中包括极值)
   D. 天气形势

7. 下列哪些气体对大气温度及其天气变化有重要影响?
   ①二氧化碳;②氧气;③臭氧;④水汽;⑤氮;⑥氩

315

A. ①②③ B. ①③④
C. ①③⑥ D. ④~⑥

8. 大气中的臭氧主要集中于_____。
   A. 热层 B. 中间层
   C. 平流层 D. 对流层

9. 在水汽相变过程中,大气中的固体杂质可以充当_____。
   A. 凝结核,不利于相变过程发生 B. 催化剂,不利于水汽凝结
   C. 凝结核,有利于相变过程发生 D. 催化剂,有利于水汽凝结

10. 从地面向上随着高度的增加,空气密度_____。
    A. 缓慢递减 B. 迅速递减
    C. 缓慢递增 D. 迅速递增

11. 在气压相同的情况下,密度较小的空气是_____。
    A. 暖湿空气 B. 冷湿空气
    C. 干热空气 D. 干冷空气

12. 在气压相同的情况下,密度较大的空气是_____。
    A. 暖湿空气 B. 冷湿空气
    C. 干热空气 D. 干冷空气

13. 在气压不变的情况下,下列哪些条件可使空气密度变小?
    ①气温升高;②湿度增加;③气温降低;④湿度减小
    A. ①④ B. ②③
    C. ③④ D. ①②

14. 大气的垂直分层自下而上依次为_____。
    A. 对流层、等温层、中间层、热层、散逸层
    B. 对流层、平流层、中间层、热层、散逸层
    C. 对流层、平流层、中间层、散逸层、热层
    D. 散逸层、热层、中间层、平流层、对流层

15. 对流层的高度随纬度有较大的变化,最高出现在_____。
    A. 赤道低纬地区 B. 中纬度地区
    C. 高纬度地区 D. 极地地区

16. 对流层的高度随纬度有较大的变化,最低出现在_____。
    A. 赤道低纬地区 B. 中纬度地区
    C. 高纬度地区 D. 极地地区

17. 对流层的厚度随季节变化,最厚出现在_____。
    A. 春季 B. 夏季
    C. 秋季 D. 冬季

18. 对流层的厚度随季节变化,最薄出现在_____。
    A. 春季 B. 夏季
    C. 秋季 D. 冬季

19. 对流层具有的特点之一是_____。
    A. 空气不易产生对流运动   B. 气象要素水平分布均匀
    C. 气温随高度增加   D. 气象要素水平分布不均匀

20. 大气中主要的天气现象发生在_____。
    A. 热层   B. 平流层
    C. 对流层   D. 中间层

21. 云、雾、雨、雪等大气中的主要天气现象都发生在_____。
    A. 对流层   B. 平流层
    C. 热层   D. 中间层

22. 在对流层中通常气温随着高度的升高而_____。
    A. 降低   B. 升高
    C. 先升后降   D. 先降后升

23. 自由大气的起始高度大约为_____。
    A. 7～8 km   B. 5～6 km
    C. 3～4 km   D. 1～1.5 km

24. 根据对流层中_____的不同特征,可将其分为摩擦层和自由大气两个层次。
    A. 气温   B. 气压
    C. 湿度   D. 大气运动

25. 对流层可分为摩擦层和自由大气两层,摩擦层的平均厚度为_____。
    A. 7～8 km   B. 1～1.5 km
    C. 3～4 km   D. 5～6 km

26. 对流层的主要特征是_____。
    ①气温随高度的升高而降低;②具有强烈的对流和湍流运动;③没有明显的平流运动;④气象要素在水平方向分布不均匀;⑤大气处于高度电离状态
    A. ①②④   B. ①②③④
    C. ②③④   D. ①④⑤

27. 下列哪个等压面最能代表对流层大气的一般运动状况?
    A. 850 hPa   B. 300 hPa
    C. 500 hPa   D. 700 hPa

第二节　气温

1. 绝对温标和华氏温标的沸点温度分别为_____。
   A. 273 K、212 ℉   B. 373 K、212 ℉
   C. 273 K、32 ℉   D. 373 K、100 ℃

2. 5 ℃换算成华氏温度和绝对温度分别为_____。
   A. 41 ℉、278 K   B. 37 ℉、273 K
   C. 41 ℉、273 K   D. 37 ℉、278 K

3. 华氏温度77度换算成摄氏温度和绝对温度分别为_____。
   A. 28 ℃、302 K
   B. 25 ℃、298 K
   C. 25 ℃、248 K
   D. 30 ℃、303 K

4. 用摄氏温标、华氏温标和绝对温标分别表示水的沸点为_____。
   A. 100 ℃、32 ℉、273 K
   B. 100 ℃、212 ℉、273 K
   C. 100 ℃、32 ℉、373 K
   D. 100 ℃、212 ℉、373 K

5. 水的冰点温度在绝对温标和华氏温标下分别为_____。
   A. 273.15 K、212 ℉
   B. 373.15 K、212 ℉
   C. 273.15 K、32 ℉
   D. 273.15 K、0 ℉

6. 暖空气北上、冷空气南下的热量交换方式称为_____。
   A. 湍流
   B. 平流
   C. 辐射
   D. 对流

7. 暖空气上升、冷空气下沉的热量交换方式称为_____。
   A. 湍流
   B. 平流
   C. 辐射
   D. 对流

8. 湍流是大气受热和冷却的方式之一，但主要作用在_____。
   A. 大气上层
   B. 大气中层
   C. 摩擦层
   D. 自由大气层

9. 北半球的"南风送暖，北风送寒"热量交换方式称为_____。
   A. 湍流
   B. 平流
   C. 辐射
   D. 对流

10. 蒸发、凝结等过程的热量交换方式属于_____。
    A. 湍流
    B. 水相变化
    C. 辐射
    D. 对流

11. 形成海雾的主要冷却过程是_____。
    A. 绝热上升
    B. 辐射冷却
    C. 平流冷却
    D. 接触冷却

12. 形成较厚云层的主要冷却过程是_____。
    A. 平流冷却
    B. 辐射冷却
    C. 乱流冷却
    D. 绝热上升

13. 通常，各地空气之间热量交换的主要方式为_____。
    A. 平流
    B. 对流
    C. 辐射
    D. 乱流

14. 当只考虑纬度对气温日变化的影响时，气温日较差较大的地区是_____。
    A. 极地附近
    B. 热带地区
    C. 温带地区
    D. 副极地地区

15. 当只考虑地表性质对气温日变化的影响时，最小的气温日较差出现在_____。
    A. 沙漠
    B. 草地

C. 海洋　　　　　　　　　　　D. 裸地

16. 气温的日变化与天气状况有密切关系,在不同天气状况下,日较差_____。
    A. 晴天大于阴天　　　　　　B. 阴天大于晴天
    C. 阴天等于晴天　　　　　　D. 多云大于晴天

17. 当只考虑纬度对气温日变化的影响时,气温日较差较小的地区是_____。
    A. 极地附近　　　　　　　　B. 副极地地区
    C. 温带地区　　　　　　　　D. 热带地区

18. 中纬度地区气温日较差最大的季节为_____。
    A. 春季　　　　　　　　　　B. 夏季
    C. 秋季　　　　　　　　　　D. 冬季

19. 中纬度地区气温日较差最小的季节为_____。
    A. 春季　　　　　　　　　　B. 夏季
    C. 秋季　　　　　　　　　　D. 冬季

20. 天空状况对气温日较差的影响为_____。
    A. 晴天最大　　　　　　　　B. 少云最大
    C. 多云最大　　　　　　　　D. 阴天最大

21. 当纬度相同时气温日较差最大的地方为_____。
    A. 大洋　　　　　　　　　　B. 沿岸
    C. 内陆　　　　　　　　　　D. 沙漠

22. 气温的日较差具有_____。
    ①低纬大于高纬;②海洋大于陆地;③低海拔大于高海拔;④阴天大于晴天;⑤草原大于沙漠;
    ⑥陆地大于海洋
    A. ①②③④⑤　　　　　　　B. ①④⑥
    C. ①③⑥　　　　　　　　　D. ②④⑤

23. 日最低气温出现的时间通常_____。
    A. 在洋面上为清晨日出前,在陆面上为半夜前后
    B. 在洋面上为半夜前后,在陆面上为清晨日出前
    C. 在洋面和陆面上都为清晨日出前
    D. 在洋面和陆面上都为半夜前后

24. 下列各因子中与气温日较差大小无关的是_____。
    A. 纬度　　　　　　　　　　B. 经度
    C. 地表性质　　　　　　　　D. 季节

25. 与内陆地区相比,沿海地区的早晚温差_____。
    A. 更大
    B. 更小
    C. 纬度、季节、海拔高度和天气情况相同时,则更大
    D. 纬度、季节、海拔高度和天气情况相同时,则更小

26. 气温的年变化幅度称为年较差。它是指一年中_____的最高值与最低值之差。

A. 日平均气温 B. 月平均气温
C. 季平均气温 D. 年平均气温

27. 气温年较差的大小主要受什么因素影响?
A. 地表性质和季节 B. 纬度和天气状况
C. 纬度和季节 D. 地表性质和纬度

28. 气温年较差与纬度有关,最小年较差出现在_____。
A. 赤道地区 B. 中纬地区
C. 高纬地区 D. 极地地区

29. 在我国沿海气温年较差最小的地区是_____。
A. 渤海 B. 黄海
C. 东海 D. 南海

30. 在我国沿海气温年较差最大的地区是_____。
A. 渤海 B. 黄海
C. 东海 D. 南海

31. 北半球气温最高的月份在大陆和海洋上分别为_____。
A. 1月、2月 B. 7月、7月
C. 7月、8月 D. 1月、7月

32. 北半球气温最低的月份在大陆和海洋上分别为_____。
A. 7月、8月 B. 1月、2月
C. 7月、1月 D. 1月、12月

33. 南半球气温最高的月份在大陆和海洋上分别为_____。
A. 1月、2月 B. 7月、8月
C. 7月、1月 D. 1月、12月

34. 南半球气温最低的月份在大陆和海洋上分别为_____。
A. 1月、2月 B. 7月、8月
C. 7月、1月 D. 1月、7月

35. 气温年较差的大小与什么有关?
①纬度;②经度;③下垫面性质;④季节;⑤海拔高度;⑥天气状况
A. ①③④⑤ B. ①②④⑤⑥
C. ①③⑤ D. ②⑤⑥

36. 下列各地区中,气温年较差最大的是_____。
A. 雅加达 B. 广州
C. 上海 D. 北京

37. 下列各因子中与气温年较差大小无关的是_____。
A. 纬度 B. 地表性质
C. 海拔高度 D. 季节

38. 当纬度相同时,气温的日较差_____。
A. 海洋上大于内陆 B. 海洋上小于内陆

C. 海洋上大于近岸　　　　　　　D. 海陆相同

39. 海面和陆面是两种热属性很不相同的下垫面,如果吸收同样的热量,则温度的变化为_____。
   A. 海洋上大于内陆　　　　　　B. 海洋上大于近岸
   C. 海洋上小于内陆　　　　　　D. 海陆相同

40. 海面和陆面是两种热属性很不相同的下垫面,如果夜间散失同样的热量,则温度的变化为_____。
   A. 海洋上大于内陆　　　　　　B. 海洋上大于近岸
   C. 海洋上小于内陆　　　　　　D. 海陆相同

41. 由于海陆热力性质的差异,使得海洋_____。
   A. 夏季为热源　　　　　　　　B. 冬季为热源
   C. 冬季为冷源　　　　　　　　D. 由海水温度所决定

42. 由于海陆热力性质的差异,使得大陆_____。
   A. 夏季为冷源　　　　　　　　B. 冬季为冷源
   C. 冬季为热源　　　　　　　　D. 由地表温度所决定

43. 在全球海平面平均气温分布图上,冬季北大西洋的等温线向北突出,主要是受哪支海流的影响?
   A. 东格陵兰海流　　　　　　　B. 黑潮
   C. 墨西哥湾流　　　　　　　　D. 拉布拉多海流

44. 南半球海洋上的等温线大致_____。
   A. 与纬圈平行　　　　　　　　B. 凸向赤道
   C. 凸向极地　　　　　　　　　D. 凹向极地

第三节　湿度

1. 在大气层中,通常绝对湿度随高度的增加而_____。
   A. 迅速减小　　　　　　　　　B. 基本不变
   C. 迅速增加　　　　　　　　　D. 缓慢增加

2. 当空气中水汽含量不变且气压一定时,降低温度使其空气达到饱和时的温度称为露点,它表明_____。
   A. 露点越低,水汽含量越少
   B. 露点高低不能反映水汽含量的多少
   C. 露点越低,水汽含量越多
   D. 露点温度越高,水汽越不容易凝结

3. 饱和水汽压表示空气容纳水汽的能力,其能力的大小取决于_____。
   A. 气压高低　　　　　　　　　B. 温度高低
   C. 风速大小　　　　　　　　　D. 云量多少

4. 下列哪个湿度的物理量表示空气距离饱和的程度?

A. 绝对湿度 B. 水汽压
C. 相对湿度 D. 露点

5. 当空气到达饱和时,气温(T)与露点(T_d)的近似关系是_____。
   A. $T_d<T$ B. $T-T_d=1$
   C. $T_d>T$ D. $T_d=T$

6. 一块饱和水汽压为 20 hPa 的空气团,其相对湿度 75%,问实际水汽压是多少?
   A. 12 hPa B. 15 hPa
   C. 10 hPa D. 20 hPa

7. 露点温度是用来表示空气中什么气象要素的物理量?
   A. 温度 B. 密度
   C. 气压 D. 湿度

8. 在同一气块中,相对湿度与气温露点差的关系是_____。
   A. 前者大,后者也大 B. 两者等量变化
   C. 前者大,后者则小 D. 两者并不相关

9. 一块水汽压为 12 hPa 的空气团,其相对湿度 60%,问饱和水汽压是多少?
   A. 12 hPa B. 20 hPa
   C. 10 hPa D. 15 hPa

10. 相对湿度的大小说明_____。
    A. 空气中水汽含量的多少 B. 空气距离饱和状态的程度
    C. 气温的高低 D. 空气所容纳水汽的能力

11. 饱和水汽压的大小说明_____。
    A. 空气中水汽含量的多少 B. 气压的高低
    C. 空气容纳水汽的能力 D. 空气距离饱和状态的程度

12. 在大气中,若水汽含量和气压不变时,气温上升时空气湿度将怎样变化?
    A. 相对湿度下降 B. 相对湿度上升
    C. 绝对湿度上升 D. 露点温度下降

13. 直接表示空气中水汽含量多少的物理量有_____。
    ①绝对湿度;②相对湿度;③水汽压;④饱和水汽压;⑤露点;⑥温度露点差
    A. ②③④⑤ B. ①②④⑤⑥
    C. ①③⑤ D. ①③⑤⑥

14. 若干球温度为 18 ℃,湿球温度为 15 ℃,则可断定相对湿度_____。
    A. $f=0\%$ B. $f<100\%$
    C. $f=100\%$ D. $f>100\%$

15. 下列哪个关系式表示空气未饱和?(其中 e 表示实际水汽压,E 表示同温度下的饱和水汽压)
    A. $e/E<1$ B. $e/E=1$
    C. $e/E>1$ D. $e/E=0$

16. 下列正确的说法是_____。
    A. 露点越低,表明空气的水汽含量越多

B. 露点越低,表明空气越容易凝结

C. 露点越高,表明空气的水汽含量越多

D. 露点本身的高低不能表明空气水汽含量的多少

17. 若 A、B 两处海面的相对湿度分别为 70% 和 20%,则说明_____。

   A. A 处比 B 处更接近饱和   B. B 处比 A 处更接近饱和

   C. A 处比 B 处的水温高   D. 无法比较哪一处更接近饱和

18. 若 A、B 两处海面的露点温度分别为 20 ℃ 和 10 ℃,则说明_____。

   A. A 处比 B 处的水汽含量高   B. B 处比 A 处的水汽含量高

   C. A 处比 B 处的温度高   D. 无法比较两处的水汽含量高低

19. 若 A、B 两处海面的空气温度分别为 35 ℃ 和 20 ℃,则说明_____。

   A. A 处比 B 处的饱和水汽压高

   B. B 处比 A 处的饱和水汽压高

   C. A 处比 B 处的水汽压高

   D. 无法比较哪一处的饱和水汽压更高

20. 船舶雾航时,船位附近的相对湿度为_____。

   A. 50%   B. 10%

   C. 接近 100%   D. 70%

21. 一般而言,空气中的水汽含量随着高度的增加_____。

   A. 基本不变   B. 迅速减少

   C. 迅速增加   D. 缓慢减少

22. 使未饱和空气达到饱和凝结的途径之一是_____。

   A. 风速增大   B. 升高温度

   C. 增加水汽   D. 风速减小

23. 使未饱和空气达到饱和凝结的途径之一是_____。

   A. 风速减小   B. 降低温度

   C. 气压升高   D. 气压下降

24. 大气中水汽饱和凝结的主要条件之一是_____。

   A. 绝热上升   B. 绝热下沉

   C. 层结稳定   D. 逆温

25. 大气中水汽饱和凝结的条件之一是冷却,空气的冷却方式主要有_____。

   A. 绝热冷却、辐射冷却、传导冷却   B. 辐射冷却、传导冷却、平流冷却

   C. 绝热冷却、辐射冷却、平流冷却   D. 绝热冷却、传导冷却、平流冷却

26. 大气中水汽凝结的途径为_____。

   ①增大湿度;②降低温度;③升高温度;④绝热上升;⑤绝热下沉;⑥增加凝结核

   A. ①③④⑥   B. ①②④⑥

   C. ②④⑤⑥   D. ①②④⑤

27. 饱和空气绝热上升时,将发生的变化是_____。

   A. 露点温度变大   B. 水汽凝结

C. 变成未饱和空气　　　　　　D. 绝对湿度变大

28. 大气中的水汽主要来自_____。
   A. 水相变化　　　　　　　　　B. 降水过程
   C. 下垫面的蒸发　　　　　　　D. 海水蒸发

29. 通常情况下,北半球绝对湿度数值最大的季节出现在_____。
   A. 春季　　　　　　　　　　　B. 夏季
   C. 秋季　　　　　　　　　　　D. 冬季

30. 北半球,绝对湿度的高值出现在_____月,低值出现在_____月。
   A. 1—2;7—8　　　　　　　　B. 3—4;7—8
   C. 5—6;1—2　　　　　　　　D. 7—8;1—2

31. 在沿海航行时,一天中绝对湿度的最低值一般出现在_____。
   A. 日出前　　　　　　　　　　B. 午夜
   C. 中午　　　　　　　　　　　D. 午后

32. 澳大利亚东部海面一年中绝对湿度的最高值一般出现在_____。
   A. 1—2 月　　　　　　　　　 B. 4—5 月
   C. 7—8 月　　　　　　　　　 D. 11—12 月

33. 通常在季风气候地区相对湿度的变化规律与气温的比较_____。
   A. 日变化相同,年变化相反　　 B. 日变化相反,年变化相同
   C. 日变化相同,年变化相同　　 D. 日变化相反,年变化相反

第四节　气压

1. 在纬度 45°的海平面上,温度为 0 ℃时的大气压称为标准大气压,其数值为_____。
   A. 1 000 hPa、750 mmHg
   B. 1 013.25 hPa、760 mmHg
   C. 1 000 hPa、760 mmHg
   D. 1 013.25 hPa、750 mmHg

2. 利用不同气压单位之间的换算关系,780 mmHg、1 000 hPa 分别为_____。
   A. 1 040 hPa、750 mmHg
   B. 1 020 hPa、760 mmHg
   C. 1 040 hPa、760 mmHg
   D. 1 020 hPa、750 mmHg

3. 气压的单位 hPa 与 mmHg 两者的关系为_____。
   A. 1 hPa = 1 mmHg　　　　　 B. 1 hPa ≈ 1 mmHg
   C. 1 hPa = 3/4 mmHg　　　　 D. 1 hPa = 4/3 mmHg

4. 1 013.25 hPa 换算成 mmHg 单位,大约相当于_____。
   A. 760 mmHg　　　　　　　　 B. 960 mmHg
   C. 1 351.1 mmHg　　　　　　 D. 560 mmHg

5. 下列正确的说法是_____。
   A. 气压随高度的增加而减小,在地面最大,在大气上界等于零
   B. 气压随高度的增加而增大,在地面最小,在大气上界最大
   C. 气压在下垫面和大气上界最小,中空最大
   D. 气压在下垫面和大气上界最大,中空最小

6. 500 hPa 等压面的平均海拔高度约为_____。
   A. 5 000 m   B. 5 500 m
   C. 6 000 m   D. 6 500 m

7. 在高空与地面大气中,每升高 100 m 的气压变化量相比较_____。
   A. 高空大于近地面   B. 高空小于近地面
   C. 高空等于近地面   D. 变化与高度无关

8. 哪个高度上的气压约为地面气压的一半?
   A. 1 500 m   B. 3 000 m
   C. 5 500 m   D. 8 000～10 000 m

9. 海拔高度 1 500 m 的平均气压值约为_____。
   A. 300 hPa   B. 500 hPa
   C. 700 hPa   D. 850 hPa

10. 气压的日变化有两个高值和两个低值,它们分别出现在_____。
    A. 10 时最高、16 时最低和 22 时次高、04 时次低
    B. 10 时最高、22 时最低和 16 时次高、04 时次低
    C. 22 时最高、16 时最低和 10 时次高、04 时次低
    D. 04 时最高、16 时最低和 22 时次高、10 时次低

11. 在气压日变化中,最高值和最低值分别出现在_____。
    A. 16 时和 10 时   B. 10 时和 04 时
    C. 22 时和 04 时   D. 10 时和 16 时

12. 地面气压日变化两次谷值出现的时刻大约为_____。
    A. 02 时、16 时   B. 04 时、16 时
    C. 08 时、20 时   D. 04 时、22 时

13. 气压日较差随纬度的增加而_____。
    A. 增大   B. 不变
    C. 减小   D. 与纬度无关

14. 气压的日较差最大的地区出现在_____。
    A. 低纬地区   B. 中纬地区
    C. 高纬地区   D. 极地地区

15. 下列气压日较差最大的海域是_____。
    A. 渤海   B. 黄海
    C. 东海   D. 南海

16. 下列气压日较差最小的海域是_____。

A. 渤海 B. 黄海
C. 东海 D. 南海

17. 下列气压日较差最小的海域是_____。
    A. 日本海 B. 黄海
    C. 东海 D. 南海

18. 气压的日变化在_____地区表现明显。
    A. 热带 B. 副热带
    C. 温带 D. 极地

19. 如没有其他天气系统的影响,每天 0800 至 1200 气压的变化趋势是_____。
    A. 上升 B. 下降
    C. 先升后降 D. 先降后升

20. 在气压的年变化中,在北半球大陆和海洋上最低气压分别出现在_____。
    A. 2 月份和 8 月份 B. 10 月份和 4 月份
    C. 7 月份和 2 月份 D. 1 月份和 8 月份

21. 在气压的年变化中,在北半球大陆和海洋上最高气压分别出现在_____。
    A. 4 月份和 10 月份 B. 8 月份和 1 月份
    C. 7 月份和 2 月份 D. 1 月份和 7 月份

22. 南半球气压最高的月份在大陆和海洋上分别为_____。
    A. 1 月、2 月 B. 7 月、8 月
    C. 7 月、2 月 D. 1 月、7 月

23. 在南半球大陆和海洋上气压最低的月份分别为_____。
    A. 1 月、2 月 B. 7 月、8 月
    C. 7 月、1 月 D. 1 月、8 月

24. 高气压的空间等压面形状类似于_____。
    A. 盆地 B. 高山
    C. 山沟 D. 山脊

25. 低压槽的空间等压面形状类似于_____。
    A. 盆地 B. 高山
    C. 山沟 D. 山脊

26. 通常将两个高压之间狭长的区域称为_____。
    A. 低压带 B. 低压槽
    C. 高压带 D. 高压脊

27. 通常将由低压向外延伸的狭长区域称为_____。
    A. 低压带 B. 高压带
    C. 低压槽 D. 高压脊

28. 下图中 A 点气压场的名称为_____。

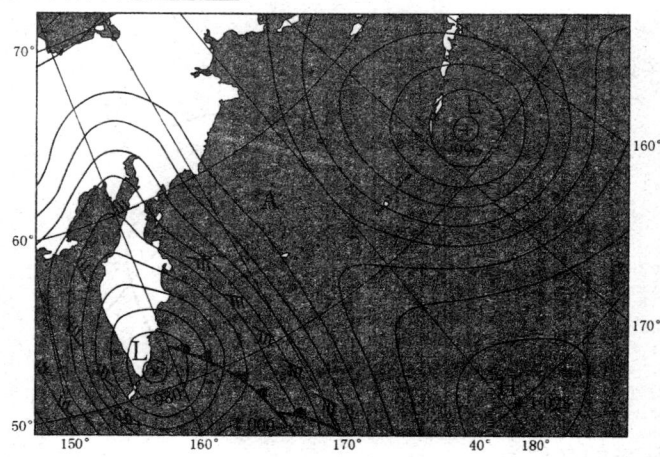

A. 低压槽　　　　　　　　　　B. 高压槽
C. 高压带　　　　　　　　　　D. 低压带

29. 下图中 A 点气压场的名称为_____。

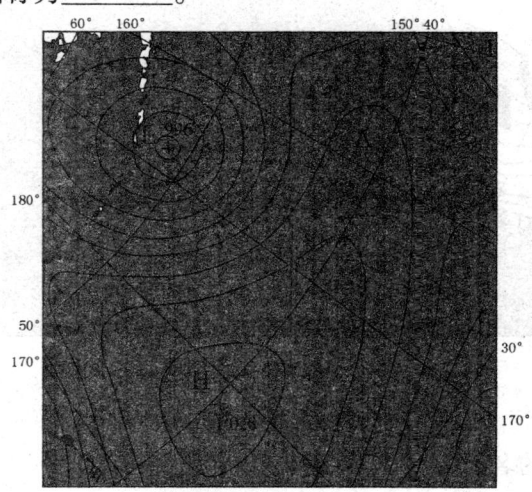

A. 低压槽　　　　　　　　　　B. 高压脊
C. 高压　　　　　　　　　　　D. 低压

30. 下图中 A 点气压场的名称为_____。

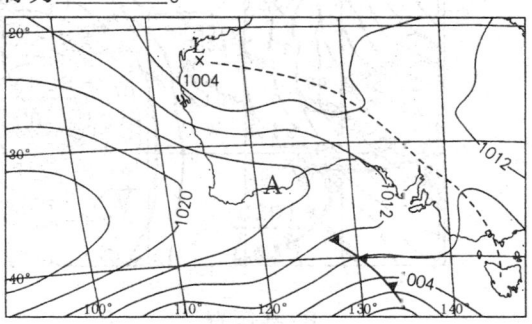

327

A. 低压槽 B. 高压脊
C. 高压带 D. 低压带

31. 下图中 A 点气压场的名称为_____。

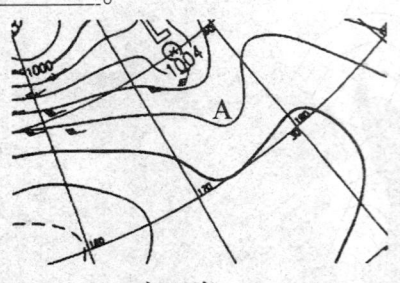

A. 低压槽 B. 高压脊
C. 低压 D. 鞍形场

32. 下图中 A 点气压场的名称为_____。

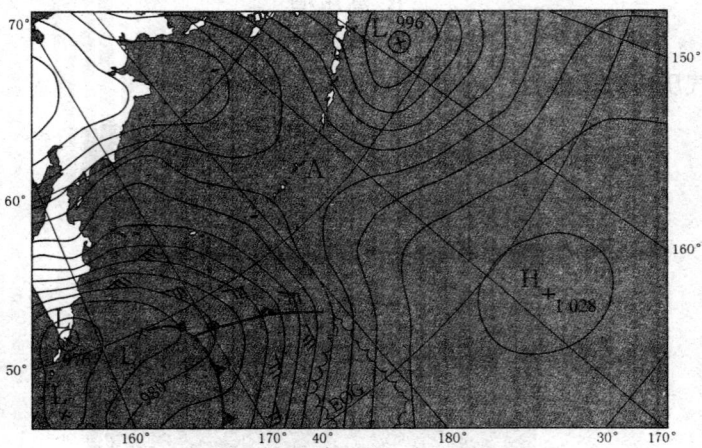

A. 低压槽 B. 高压脊
C. 低压 D. 鞍形场

33. 下图中 A 点气压场的名称为_____。

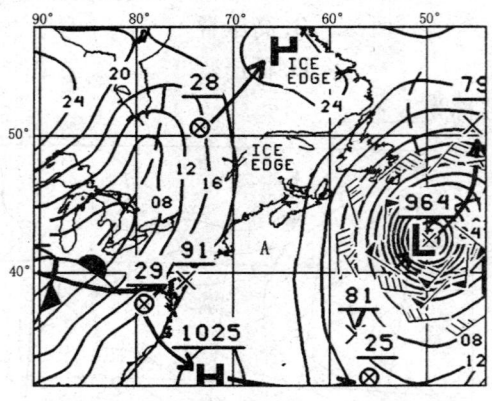

A. 低压槽 B. 高压脊

C. 低压 D. 鞍形场

34. 下图中 A 点的气压场名称是_____。

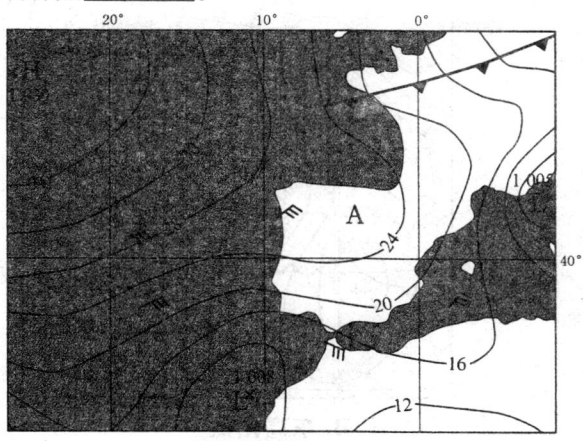

A. 低压槽 B. 高压槽
C. 低压脊 D. 高压脊

35. 下图中 A 点的气压场名称是_____。

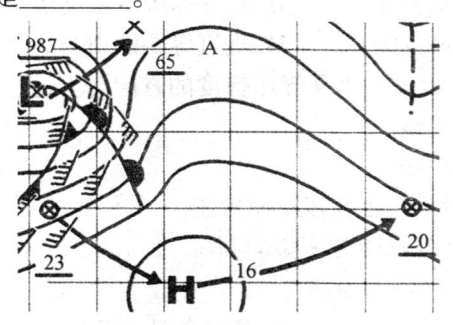

A. 鞍形场 B. 低压槽
C. 高压带 D. 高压脊

36. 下图中 A 点的气压场名称是_____。

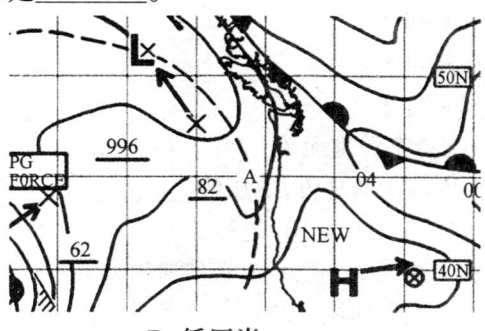

A. 低压槽 B. 低压脊
C. 高压脊 D. 鞍形场

37. 如图,中国东部沿海气压场分布特点为_____。

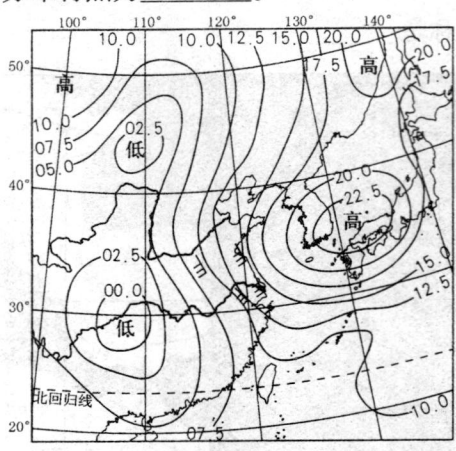

   A. 北高南低　　　　　　　　　B. 东高西低
   C. 南高北低　　　　　　　　　D. 西高东低

38. 水平气压梯度是个矢量,在平直等压线分布的气压场中其方向为_____。
   A. 垂直等压线由低压指向高压　　B. 斜穿等压线由高压指向低压
   C. 斜穿等压线由低压指向高压　　D. 垂直等压线由高压指向低压

39. 在弯曲等压线分布的气压场中,水平气压梯度的方向为_____。
   A. 平行于弯曲等压线的切线
   B. 垂直于弯曲等压线的法线
   C. 垂直于弯曲等压线的切线,由高压指向低压
   D. 垂直于弯曲等压线的切线,由低压指向高压

40. 在天气图上,等压线密集的地方说明_____。
   A. 水平气压梯度小　　　　　　B. 垂直气压梯度大
   C. 水平气压梯度大　　　　　　D. 垂直气压梯度小

41. 在地面图上,水平气压梯度与等压线疏密程度的关系是_____。
   A. 等压线稀疏,水平气压梯度小
   B. 等压线稀疏,水平气压梯度大
   C. 等压线密集,水平气压梯度小
   D. 水平气压梯度与等压线疏密程度无关

42. 在地面图上,水平气压梯度越大的地方,等压线_____。
   A. 越密集　　　　　　　　　　B. 越稀疏
   C. 有的地方密集,有的地方稀疏　D. 疏密与梯度无关

43. 在地面天气图上,等压线的疏密和风力的大小关系是_____。
   A. 等压线疏、风力大　　　　　B. 等压线密、风力小
   C. 等压线密、风力大　　　　　D. 无等压线、风力大

44. 水平气压梯度的方向是_____。
   A. 垂直于等压线,指向气压增大的方向

B. 垂直于等压线,指向气压减小的方向
C. 平行于等压线,指向气压增大的方向
D. 平行于等压线,指向气压减小的方向

45. 气压系统随高度而变化,冷高压随高度升高其强度_____。
    A. 越来越强   B. 越来越弱
    C. 趋于稳定   D. 保持不变

46. 根据单位气压高度差分析,暖低压随高度的升高,其强度_____。
    A. 减弱   B. 增强
    C. 少变   D. 不变

47. 下列哪个系统属于深厚系统?
    A. 热低压   B. 副热带高压
    C. 冷高压   D. 大陆移动性反气旋

48. 蒙古高压属于_____。
    A. 浅薄系统,冷中心   B. 浅薄系统,暖中心
    C. 深厚系统,冷中心   D. 深厚系统,暖中心

49. 冬季常位于西伯利亚及蒙古一带的气压系统为_____。
    A. 冷低压   B. 冷高压
    C. 暖高压   D. 热低压

50. 下列哪些系统属于深厚系统?
    ①北美高压;②蒙古高压;③太平洋副高;④大西洋副高;⑤热低压;⑥极地高压
    A. ③④   B. ①②③④⑥
    C. ②③④⑤⑥   D. ②④⑤

51. 下列哪些系统属于浅薄系统?
    ①西伯利亚高压;②亚速尔高压;③阻塞高压;④北美高压;⑤印度低压;⑥热低压
    A. ①②③④⑤⑥   B. ①②④⑤
    C. ②③④⑤⑥   D. ①④⑤⑥

52. 从结构上说,冬季影响我国的冷高压属于_____。
    A. 移动性的深厚系统   B. 移动性的浅薄系统
    C. 准静止的深厚系统   D. 准静止的浅薄系统

53. 从结构上说,热带气旋属于_____。
    A. 移动性的深厚系统   B. 移动性的浅薄系统
    C. 准静止的深厚系统   D. 准静止的浅薄系统

54. 冷高压的强度随高度的上升而_____。
    A. 增强   B. 不变
    C. 减弱   D. 变化不定

55. 冷高压和副热带高压的温压场结构特点是_____。
    A. 前者是暖性深厚系统,后者是冷性浅薄系统
    B. 两者均为冷性浅薄系统

C. 前者是冷性浅薄系统,后者是暖性深厚系统
D. 两者均为暖性深厚系统

56. 热带气旋的温压场结构属于_____。
A. 冷性深厚系统　　　　　　　B. 暖性深厚系统
C. 冷性浅薄系统　　　　　　　D. 暖性浅薄系统

第五节　空气水平运动——风

1. 测得真风向为203°,用16个方位法表示的风向为_____。
   A. WSW　　　　　　　　　　B. SW
   C. SSW　　　　　　　　　　D. SWS

2. 测得真风向为23°,用16个方位法表示的风向为_____。
   A. ENE　　　　　　　　　　B. NNE
   C. NE　　　　　　　　　　　D. NEN

3. 两种常用风速单位之间的关系是_____。
   A. 1 kn ≈ 2 m/s　　　　　　B. 1 m/s ≈ 2 kn
   C. 1 kn ≈ 1.852 m/s　　　　D. 1 m/s ≈ 1.852 kn

4. 在航海实际应用时,风向的表示方法通常采用_____。
   A. 8 方位　　　　　　　　　B. 16 方位
   C. 360°圆周法　　　　　　　D. 32 方位

5. 空气相对于下垫面的_____运动称为风。
   A. 水平　　　　　　　　　　B. 垂直
   C. 水平或垂直　　　　　　　D. 乱流

6. 风产生的直接原动力是_____。
   A. 气压在水平方向上分布不均匀　　B. 气压在垂直方向分布不均匀
   C. 惯性离心力　　　　　　　D. 地转偏向力

7. 下列哪个力是空气产生运动的原动力?
   A. 地转偏向力　　　　　　　B. 惯性离心力
   C. 水平摩擦力　　　　　　　D. 水平气压梯度力

8. 水平气压梯度力的大小与水平气压梯度成正比,与空气密度成反比,其方向为_____。
   A. 平行等压线并与风向一致　　B. 垂直等压线由高压指向低压
   C. 斜穿等压线由高压指向低压　D. 垂直等压线由低压指向高压

9. 在摩擦层中,水平气压梯度力的方向是_____。
   A. 垂直等压线由高压指向低压　B. 垂直等压线由低压指向高压
   C. 斜穿等压线由高压指向低压　D. 斜穿等压线由低压指向高压

10. 在水平气压梯度不变的情况下,低层和高层大气水平气压梯度力的大小为_____。
    A. 低层大于高层　　　　　　B. 低层小于高层
    C. 低层等于高层　　　　　　D. 与高度无关

11. 在地面天气图中,等压线稀疏的地方,则说明_____。
    A. 地转偏向力小　　　　　　　　B. 惯性离心力小
    C. 摩擦力小　　　　　　　　　　D. 水平气压梯度力小

12. 由于地球自转而产生的影响运动物体的力称为地转偏向力,其方向为_____。
    A. 北半球指向运动物体左侧 90°,南半球右侧 90°
    B. 南、北半球均指向运动物体右侧 90°
    C. 北半球指向运动物体右侧 90°,南半球左侧 90°
    D. 南、北半球均指向运动物体左侧 90°

13. 关于水平地转偏向力,下列正确说法是_____。
    A. 风速越大,纬度越高,水平地转偏向力就越大
    B. 风速越大,纬度越低,水平地转偏向力就越小
    C. 风速越小,纬度越高,水平地转偏向力就越小
    D. 风速越小,纬度越低,水平地转偏向力就越大

14. 当风速一定时,水平地转偏向力的大小为_____。
    A. 低纬大于高纬　　　　　　　　B. 低纬小于高纬
    C. 低纬等于高纬　　　　　　　　D. 与纬度无关

15. 水平地转偏向力对运动空气的作用是_____。
    A. 只改变风向,不改变风速　　　B. 只改变风速,不改变风向
    C. 既改变风向亦改变风速　　　　D. 纬度越低,作用力越大

16. 在东北低西南高的水平气压场中,地转风向为_____。
    A. 在北半球,NW;在南半球,SE
    B. 在北半球,SW;在南半球,NE
    C. 在北半球,NE;在南半球,SW
    D. 在北半球,SE;在南半球,NW

17. 下图为自由大气层中地转风关系示意图,试指出图中矢量 OA 为_____。

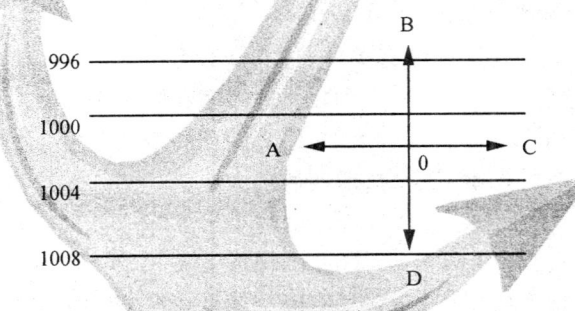

    A. 气压梯度力　　　　　　　　　B. 南半球地转风
    C. 北半球地转风　　　　　　　　D. 地转偏向力

18. 下图为自由大气层中地转风关系示意图,试指出图中矢量 OB 为_____。

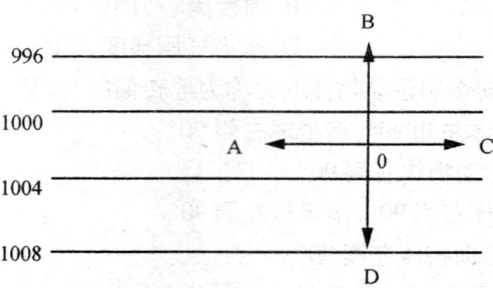

　　A. 气压梯度力　　　　　　　　B. 惯性离心力
　　C. 北半球地转风　　　　　　　D. 地转偏向力

19. 下图为自由大气层中地转风关系示意图,试指出图中矢量 OC 为_____。

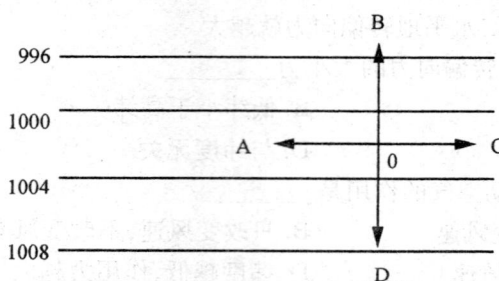

　　A. 气压梯度力　　　　　　　　B. 南半球地转风
　　C. 北半球地转风　　　　　　　D. 地转偏向力

20. 地转风是哪两种力平衡时空气的等速直线运动?
　　A. 水平气压梯度力和惯性离心力
　　B. 水平气压梯度力和水平地转偏向力
　　C. 水平地转偏向力和摩擦力
　　D. 水平地转偏向力和惯性离心力

21. 地转风的大小除与水平气压梯度有关外,还与什么有关?
　　A. 摩擦力和空气密度　　　　　B. 地理纬度和摩擦力
　　C. 地理纬度和地表性质　　　　D. 地理纬度和空气密度

22. 当水平气压梯度和空气密度一定时,地转风的大小为_____。
　　A. 低纬大于高纬　　　　　　　B. 低纬小于高纬
　　C. 低纬等于高纬　　　　　　　D. 与纬度无关

23. 地转风与水平气压梯度成正比,与空气密度和纬度正弦成反比,其方向_____。
　　A. 垂直于等压线　　　　　　　B. 平行于等压线
　　C. 斜穿等压线　　　　　　　　D. 与等压线无关

24. 当低层和高层的水平气压梯度相等时,地转风速_____。
　　A. 低层大于高层　　　　　　　B. 低层小于高层
　　C. 低层等于高层　　　　　　　D. 风速与高度无关

25. 当低纬和高纬的水平气压梯度相等时,地转风速_____。
    A. 低纬大于高纬 B. 低纬等于高纬
    C. 低纬小于高纬 D. 风速与纬度无关
26. 当水平气压梯度相同时,地转风的大小是_____。
    A. 高空大,近地面小 B. 高空小,近地面大
    C. 高空和近地面相等 D. 与高度无关
27. 地转风的大小主要取决于下列哪些要素?
    ①水平气压梯度;②等压线疏密程度;③等压线弯曲程度;④纬度高低;⑤空气密度大小;⑥摩擦力大小
    A. ①②③④⑤⑥ B. ①②④⑤
    C. ②③⑤⑥ D. ①②⑤⑥
28. 地转风关系不适用的地区为_____。
    A. 赤道地区 B. 副热带地区
    C. 温带地区 D. 寒带地区
29. 在自由大气中,若气压场不随高度变化,则风随高度的变化是_____。
    A. 风向随高度右偏,风速随高度增大
    B. 风向随高度左偏,风速随高度增大
    C. 风向随高度不变,风速随高度增大
    D. 风向随高度不变,风速随高度减小
30. 在南半球自由大气层中,测者背风而立,高压应在测者的_____。
    A. 左前方 B. 右方
    C. 左方 D. 右前方
31. 在自由大气中风沿等压线吹,背风而立,低压位于_____。
    A. 北半球,正右侧;南半球,正左侧
    B. 南、北半球正左侧
    C. 北半球,正左侧;南半球,正右侧
    D. 南、北半球正右侧
32. 在东高西低的水平气压场中,地转风向为_____。
    A. 在北半球,E风;在南半球,W风
    B. 在北半球,S风;在南半球,N风
    C. 在北半球,W风;在南半球,E风
    D. 在北半球,N风;在南半球,S风
33. 在东北高西南低的水平气压场中,地转风向为_____。
    A. 在北半球,NW;在南半球,SE
    B. 在北半球,SW;在南半球,NE
    C. 在北半球,NE;在南半球,SW
    D. 在北半球,SE;在南半球,NW

34. 在北高南低的水平气压场中,地转风向为_____。
    A. 在北半球,E 风;在南半球,W 风
    B. 在北半球,S 风;在南半球,N 风
    C. 在北半球,W 风;在南半球,E 风
    D. 在北半球,N 风;在南半球,S 风

35. 在西北高东南低的水平气压场中,地转风向为_____。
    A. 在北半球,NW;在南半球,SE
    B. 在北半球,SW;在南半球,NE
    C. 在北半球,NE;在南半球,SW
    D. 在北半球,SE;在南半球,NW

36. 澳大利亚附近海域处在东南高、西北低的气压场中,根据风压定律该处地转风向为_____。
    A. NW 风
    B. SW 风
    C. NE 风
    D. SE 风

37. 在西北低东南高的水平气压场中,地转风向为_____。
    A. 在北半球,NW;在南半球,SE
    B. 在北半球,SW;在南半球,NE
    C. 在北半球,NE;在南半球,SW
    D. 在北半球,SE;在南半球,NW

38. 梯度风是哪三个力达到平衡时的空气水平运动?
    A. 水平气压梯度力、水平地转偏向力、摩擦力
    B. 水平气压梯度力、水平地转偏向力、惯性离心力
    C. 水平气压梯度力、惯性离心力、摩擦力
    D. 水平地转偏向力、惯性离心力、摩擦力

39. 根据高、低压中梯度风的关系,最大的水平气压梯度和风速应出现在_____。
    A. 高、低压中心附近
    B. 高压中心附近,低压四周边缘
    C. 高、低压四周边缘
    D. 低压中心附近,高压四周边缘

40. 根据梯度风的关系,在自由大气层中闭合高压系统的风向应为_____。
    A. 南、北半球均逆时针旋转
    B. 北半球逆时针旋转,南半球顺时针旋转
    C. 南、北半球均顺时针旋转
    D. 北半球顺时针旋转,南半球逆时针旋转

41. 下图为自由大气层中梯度风关系示意图,试指出北半球低压各力的平衡关系为_____。

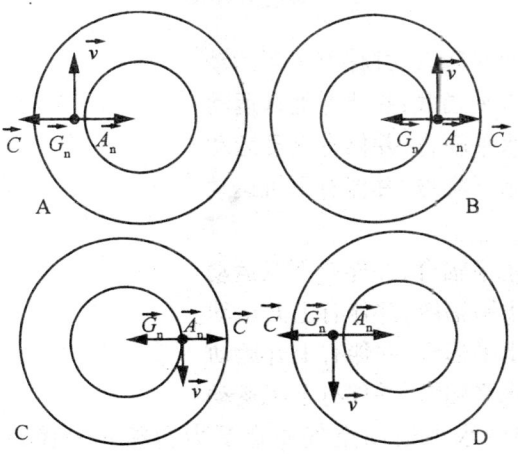

A. B 图
C. D 图
B. C 图
D. A 图

42. 下图为自由大气层中梯度风关系示意图,试指出南半球高压各力的平衡关系为_____。

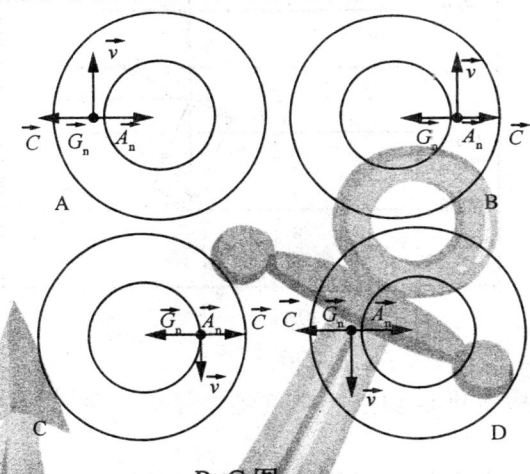

A. B 图
C. D 图
B. C 图
D. A 图

43. 由于地面摩擦力的影响,实际风速与地转风速相比有所减小,在海上实际风速约为地转风速的_____。
A. 80%~90%
B. 60%~70%
C. 70%~80%
D. 50%~60%

44. 在海面上实际风速约为地转风风速的_____。
A. 1/2
B. 1/3
C. 1/4
D. 2/3

45. 在摩擦层,从天气图上看到的风向是_____。
A. 斜穿等压线从高压偏向低压
B. 斜穿等压线从低压偏向高压

C. 沿着等压线吹   D. 顺时针方向吹向高压中心

46. 在高压区,气流为_____。
   A. 低层水平辐散高层水平辐合,并伴有下沉运动
   B. 低层水平辐合高层水平辐散,并伴有上升运动
   C. 低层水平辐散高层水平辐合,并伴有上升运动
   D. 低层水平辐合高层水平辐散,并伴有下沉运动

47. 在低压区,气流为_____。
   A. 低层水平辐散高层水平辐合,并伴有下沉运动
   B. 低层水平辐合高层水平辐散,并伴有上升运动
   C. 低层水平辐散高层水平辐合,并伴有上升运动
   D. 低层水平辐合高层水平辐散,并伴有下沉运动

48. 下图为北半球摩擦层中水平运动空气质点受力分析示意图,试指出图中气压梯度力为_____。

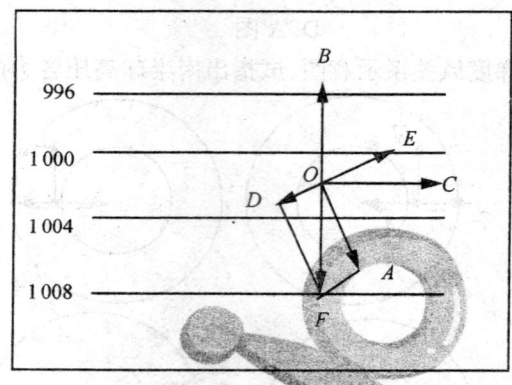

   A. OC   B. OA
   C. OD   D. OB

49. 下图为北半球摩擦层中水平运动空气质点受力分析示意图,试指出图中地转偏向力为_____。

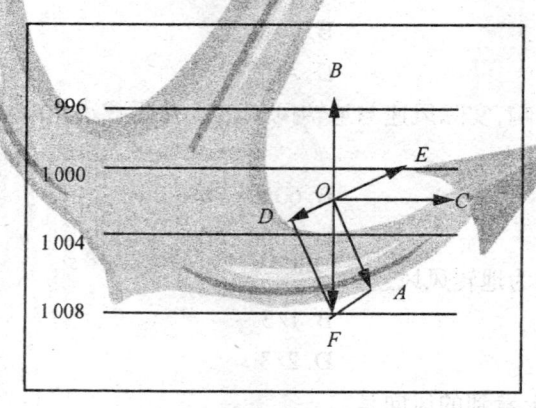

   A. OC   B. OA
   C. OD   D. OB

50. 下图为北半球摩擦层中水平运动空气质点受力分析示意图,试指出图中矢量 *OF* 为_____。

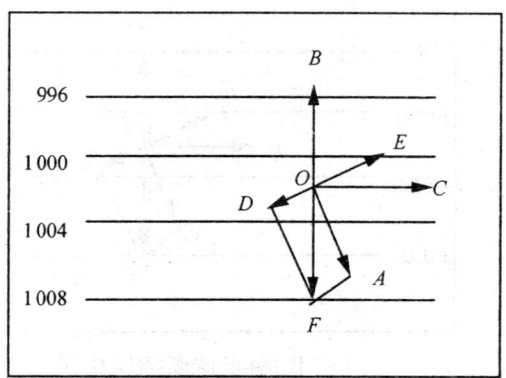

A. 水平气压梯度力 B. 摩擦力和水平气压梯度力的合力
C. 摩擦力和水平地转偏向力的合力 D. 地转偏向力

51. 下图为摩擦层中风压关系示意图,试指出图中矢量 *OA* 为_____。

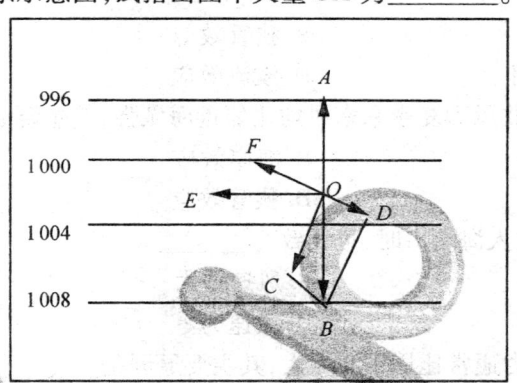

A. 水平地转偏向力 B. 南半球地转风
C. 北半球地转风 D. 水平气压梯度力

52. 下图为摩擦层中风压关系示意图,试指出图中矢量 *OC* 为_____。

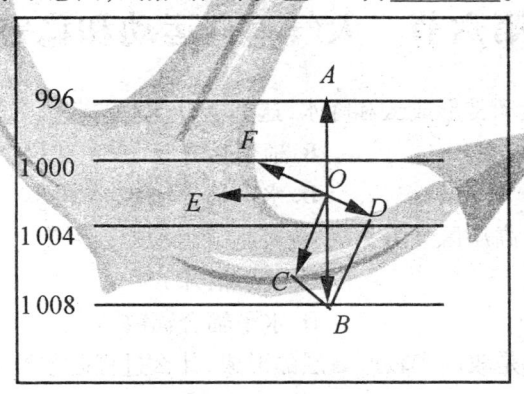

A. 水平气压梯度力 B. 水平地转偏向力
C. 北半球地转风 D. 南半球地转风

53. 下图为摩擦层中风压关系示意图,试指出图中矢量 **OD** 为_____。

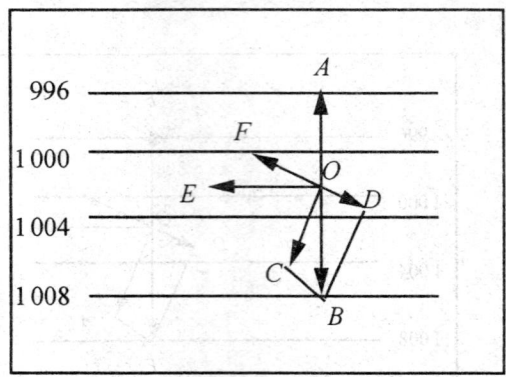

A. 惯性离心力　　　　　　　B. 南半球摩擦层中风
C. 摩擦力　　　　　　　　　D. 北半球摩擦层中风

54. 我国山东半岛的成山角附近海域,偏北风通常比周围海域大 1~2 级,其主要原因是_____。
A. 岬角效应　　　　　　　　B. 狭管效应
C. 海陆热力差异作用　　　　D. 波流效应

55. 在渤海海峡,冬季西北风和夏季东南风均比邻近海域强,其主要原因是_____。
A. 岬角效应　　　　　　　　B. 海岸效应
C. 波流效应　　　　　　　　D. 狭管效应

56. 当风从开阔的海面吹入海峡口时,可导致_____。
A. 风速减小　　　　　　　　B. 风速增大
C. 风速不变　　　　　　　　D. 风速为零

57. 好望角附近海域,风力通常比周围海域大,其主要原因是_____。
A. 岬角效应　　　　　　　　B. 海陆热力差异作用
C. 流波效应　　　　　　　　D. 狭管效应

第六节　大气垂直运动和稳定度

1. 在山的迎风坡,上升运动常形成云和降水,这类上升运动的起因为_____。
A. 锋面抬升　　　　　　　　B. 地形抬升
C. 热力对流　　　　　　　　D. 水平辐合辐散

2. 地面低压区气流上升,高压区气流下沉,这类垂直运动的起因为_____。
A. 锋面抬升　　　　　　　　B. 地形抬升
C. 热力对流　　　　　　　　D. 水平辐合辐散

3. 在大多数情况下,特别是较高和较厚云层的形成,什么过程起主要作用?
A. 辐射冷却　　　　　　　　B. 绝热下沉
C. 绝热上升　　　　　　　　D. 乱流交换

4. 引起空气上升运动的主要原因是_____。
   ①不稳定层结；②稳定层结；③低层辐合；④低层辐散；⑤锋面抬升；⑥地形抬升
   A. ②③⑤⑥   B. ①②④⑤⑥
   C. ①③⑤⑥   D. ②④⑤⑥

5. 热力作用下引起的对流，其特点是_____。
   ①水平范围小；②持续时间短；③垂直速度小；④水平范围大；⑤持续时间长；⑥垂直速度大
   A. ①⑤⑥   B. ①②⑥
   C. ①③⑤   D. ②③④

6. 大气中上升运动的成因有_____。
   ①绝热冷却；②锋面抬升；③水平辐合辐散；④地形抬升；⑤冰晶效应；⑥热力对流
   A. ①②③④   B. ①②④⑥
   C. ②③④⑥   D. ②④⑤⑥

7. 有局部强烈上升运动的地方时常会出现_____。
   A. 微风、少云天气   B. 浓雾天气
   C. 晴好天气   D. 雷雨、阵性大风等恶劣天气

8. 通常上升运动出现在地面_____。
   A. 低气压控制区   B. 高气压控制区
   C. 高压脊控制区   D. 鞍形气压场内

9. 通常下沉运动出现在地面_____。
   A. 鞍形气压场内   B. 高气压控制区
   C. 低气压控制区   D. 低压槽控制区

10. 发展旺盛的积雨云顶部呈砧状，这是由于_____造成的。
    A. 高空风切变   B. 高空气温过低
    C. 对流层顶存在逆温层   D. 高空气压过低

11. 通常在气旋控制区，地面水平气流_____，有_____运动。
    A. 辐合；下沉   B. 辐合；上升
    C. 辐散；下沉   D. 辐散；上升

12. 通常在反气旋控制区，地面水平气流_____，有_____运动。
    A. 辐合；下沉   B. 辐合；上升
    C. 辐散；下沉   D. 辐散；上升

13. 当大气处于稳定状态时，容易出现的天气是_____。
    A. 阵雨、雷阵雨   B. 层云、雾、毛毛雨
    C. 冰雹、龙卷   D. 阵性大风

14. 大气处于不稳定状态时，容易出现的天气是_____。
    A. 层云、雾   B. 毛毛雨、霾
    C. 冰雹、龙卷、阵雨、阵型大风   D. 连续性降水

第七节 云和降水

1. 云消散的主要条件是_____。
   A. 上升运动   B. 下沉运动
   C. 水平运动+水汽   D. 上升运动+水汽
2. 孤立、分散、垂直发展的云块,具有底部水平、顶部明显隆起呈圆弧或菜花状结构的云为_____。
   A. 层状云   B. 积状云
   C. 波状云   D. 卷状云
3. 下列哪组云完全属于低云?
   A. Ci、Cu、St   B. As、St、Cs
   C. St、Cu、Ns   D. Ac、Cc、Cb
4. 伴随雷暴、阵雨、大风等剧烈天气现象的云是_____。
   A. Cs   B. Cb
   C. Ns   D. Fn
5. 连续性降水主要来自_____。
   A. Ns 或 As   B. Sc 或厚薄不均匀的 As
   C. Cb、Cu 或不稳定的 Sc   D. Fn 或 Ac
6. 阵性降水主要来自_____。
   A. Ns 或 As
   B. Sc 或厚薄不均匀的 As
   C. Cb、强烈发展的 Cu 或不稳定的 Sc
   D. Ci 或不稳定的 St
7. 下列属于高云的是_____。
   A. Ci、Cs、Cc   B. As、Ns、Cs
   C. Fn、Cu、Cb   D. Ac、Cc、Sc
8. 下列属于中云的是_____。
   A. Ci、Cc   B. Sc、Cs
   C. St、Sc   D. Ac、As
9. 下列哪种云往往造成较长时间的连续性降水?
   A. Ci   B. Ac
   C. Ns   D. Cs
10. 通常产生雷暴、阵雨,有时伴有阵性大风、偶有降冰雹的云为_____。
    A. Ns   B. Cb
    C. As   D. St
11. 水平范围广、云顶较为平坦、形如海面起伏、均匀成层的云为_____。
    A. 卷状云   B. 波状云

C. 积状云 D. 层状云

12. 通常能够产生连续性降水的云是_____。
    A. Ns、As B. Fn、St
    C. Cs、Ac D. Cu、Cb

13. 在大气层结稳定或逆温条件下,由乱流和大气波动形成的云为_____。
    A. 层状云 B. 波状云
    C. 积状云 D. 乳状云

14. 水平范围广、云顶常有逆温、云体呈波浪起伏状的碎云块和云片或云层、且排列整齐的云为_____。
    A. 乳状云 B. 波状云
    C. 积状云 D. 层状云

15. 下列哪组云完全属于层状云?
    A. Ci、Cu、St B. As、St、Cs
    C. St、Cu、Ns D. Cu、Cb

16. 下列哪组云完全属于波状云?
    A. Cc、Ac、Sc B. As、St、Cs
    C. St、Cu、Ns D. Cu、Cb

17. 下图中的云属于哪个云属?

A. As B. Ac
C. Sc D. Cu

18. 下图中的云属于哪个云属?

A. Cs B. Ac
C. St D. Cu

19. 下图中的云属于哪个云属？

A. Cb B. Ac
C. Ns D. Cu

20. 下图中的云属于哪个云属？

A. Cc   B. Ac
C. Ns   D. Ci

21. 下图中的云属于哪个云属？

A. Ci   B. Ac
C. As   D. Cu

22. 下图中的云属于哪个云属？

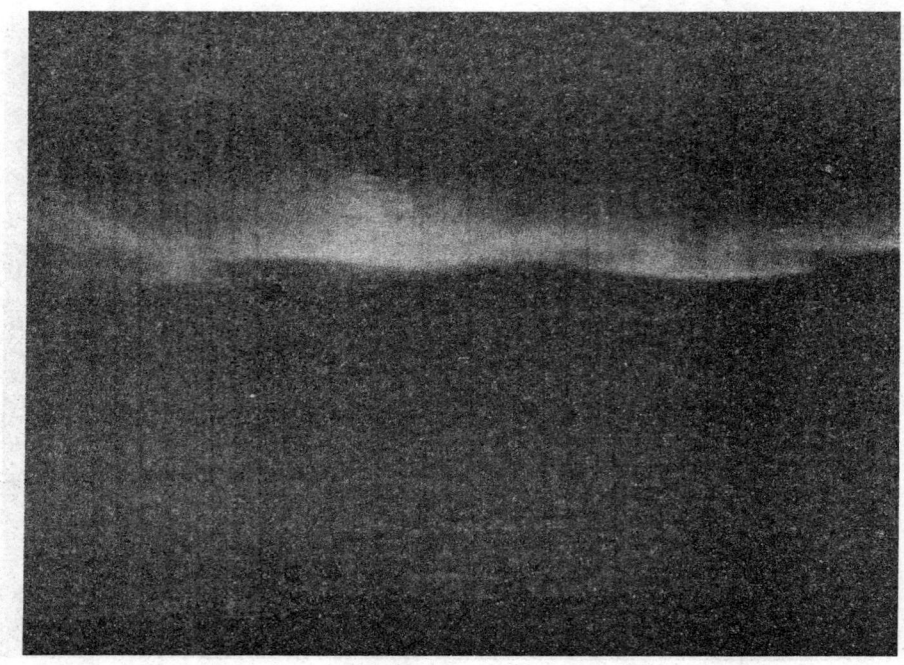

A. Ci B. Cc
C. Ac D. Cu

23. 下图中的云属于哪个云属？

A. Cs B. Cc
C. Ci D. Cu

24. 下图中的云属于哪个云属？

A. Ci B. Ac
C. Sc D. Cu

25. 下图中的云属于哪个云属？

A. Ci B. Cb
C. Cs D. Ac

26. 下面图中的两个云系分别属于何种天气系统？

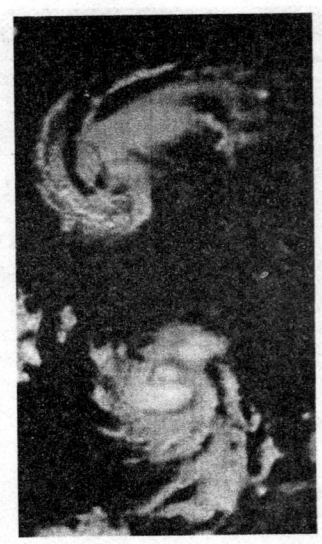

A. 上面的是热带气旋,下面的是温带气旋
B. 两个都是温带气旋
C. 下面的是热带气旋,上面的是温带气旋
D. 两个都是热带气旋

27. 下面云图中可以看到几个热带气旋?

A. 5个　　　　　　　　　　B. 4个

C. 3个   D. 2个

28. 下面图中的云系属于何种天气系统?

A. 热带气旋   B. 温带气旋
C. 副热带高压   D. 热带扰动

29. 下面图中的云系属于何种天气系统?

A. 热带气旋　　　　　　　　B. 温带气旋
C. 副热带高压　　　　　　　D. 热带扰动

30. 下面图中的云系属于何种天气系统？

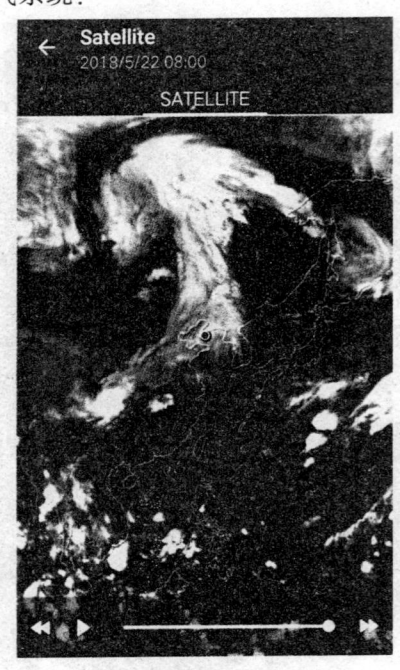

A. 热带气旋　　　　　　　　B. 温带气旋
C. 副热带高压　　　　　　　D. 热带扰动

31. 下面图中的云系属于何种天气系统？

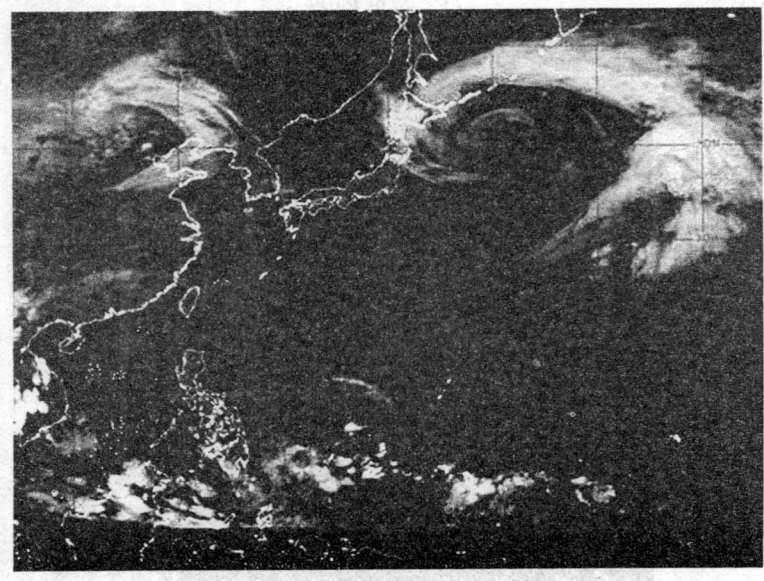

A. 热带气旋　　　　　　　　B. 温带气旋
C. 副热带高压　　　　　　　D. 热带扰动

32. 下面图的中部的大片的黑色区域对应的是何种天气系统？

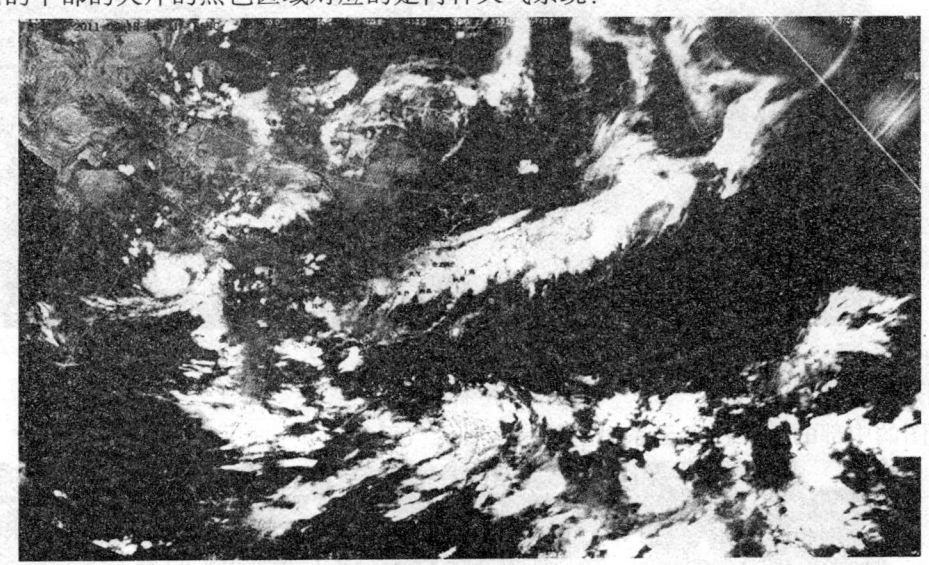

    A. 冷锋   B. 温带气旋
    C. 副热带高压   D. 热带气旋

33. 下面图的中右部的大片的黑色区域对应的是何种天气系统？

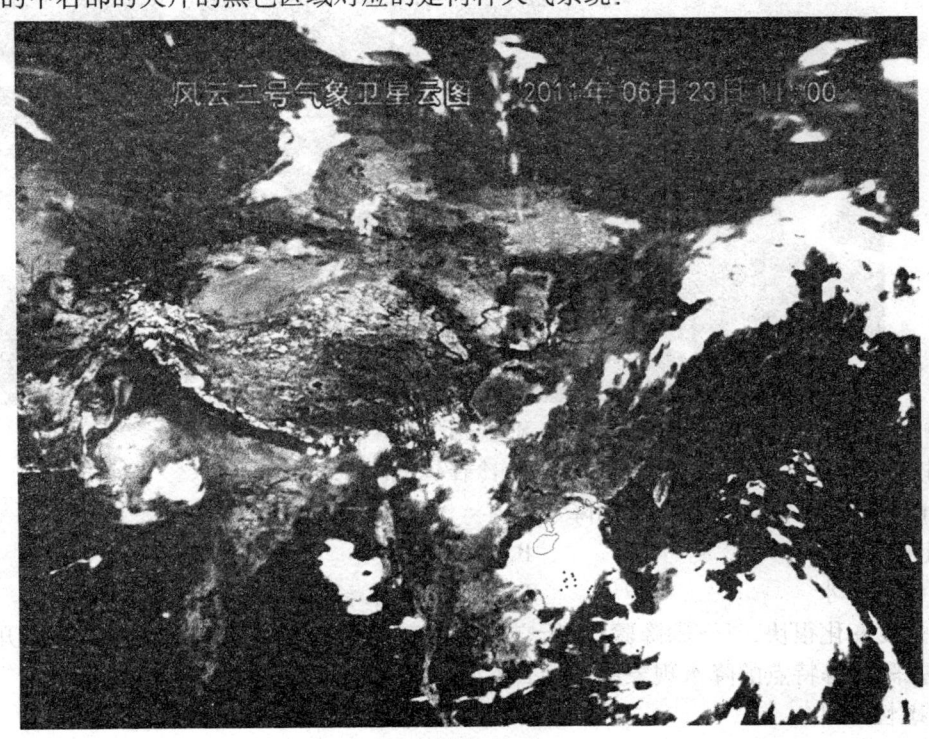

    A. 热带气旋   B. 温带气旋
    C. 副热带高压   D. 冷锋锋面

34. 下面图的中部的大片的黑色区域对应的是何种天气系统？

351

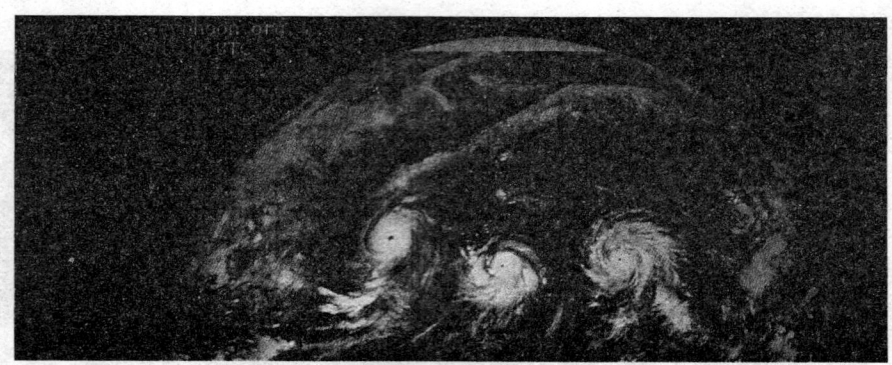

A. 热带气旋 B. 温带气旋
C. 副热带高压 D. 冷锋锋面

35. 下面图的中部的长条白色云系对应的是何种天气系统？

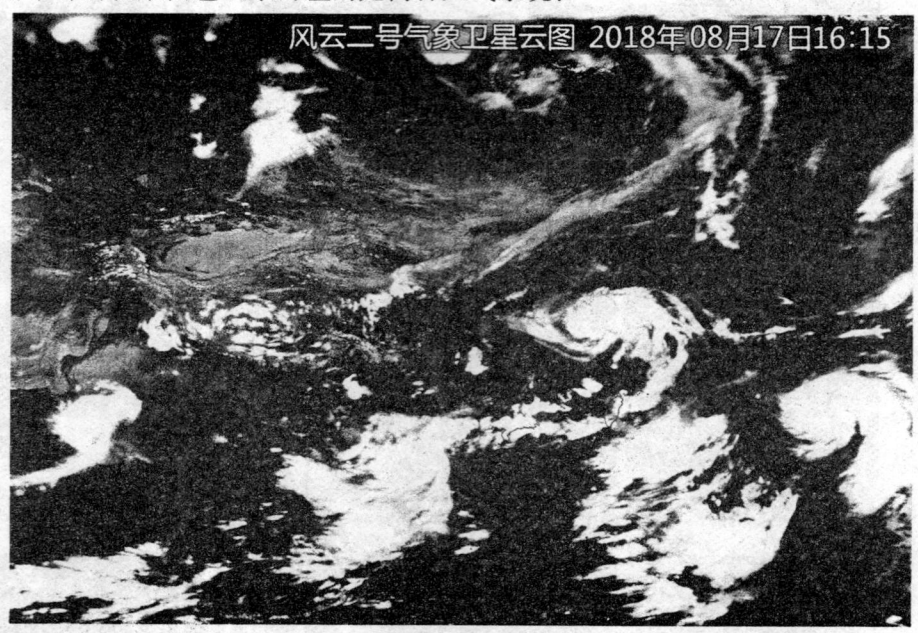

A. 热带气旋 B. 温带气旋
C. 副热带高压 D. 冷锋锋面

36. 典型的暖锋降水属于什么类型的降水？
   A. 间歇性降水 B. 阵性降水
   C. 连续性降水 D. 积雨云降水

37. 降水强度变化很快，具有骤降骤止，天空时暗时亮，持续时间短（通常为几分钟到几小时）并伴有强阵风等特点的降水现象属于什么类型的降水？
   A. 间歇性降水 B. 阵性降水
   C. 连续性降水 D. 毛毛雨

38. 在各种性质的降水过程中，一般为_____。
   A. 累计降水量多的降水强度大

B. 降水持续时间长的降水强度大
C. 连阴雨降水强度小、阵性降水强度大
D. 连阴雨降水强度大、阵性降水强度小

第八节　雾和海面能见度

1. 雾和云的形成机理一样,主要区别在于_____。
   A. 云由冰晶组成,雾由水滴组成　　B. 云悬挂在空中,雾贴近地表
   C. 云可见,雾不可见　　　　　　　D. 云稳定,雾不稳定
2. 哪种大气层结最有利于形成雾?
   A. 中性　　　　　　　　　　　　　B. 稳定
   C. 绝对不稳定　　　　　　　　　　D. 条件不稳定
3. 一般对船舶航行影响较大较常见的雾是_____。
   A. 辐射雾　　　　　　　　　　　　B. 锋面雾
   C. 平流雾　　　　　　　　　　　　D. 蒸汽雾
4. 据统计,引起船舶海上碰撞事故最多的海洋气象环境因素是_____。
   A. 风　　　　　　　　　　　　　　B. 浪
   C. 流　　　　　　　　　　　　　　D. 雾
5. 在暖湿空气流经较冷的下垫面时,气温下降,达到饱和凝结形成的雾是_____。
   A. 锋面雾　　　　　　　　　　　　B. 蒸汽雾
   C. 平流雾　　　　　　　　　　　　D. 辐射雾
6. 平流雾的形成原因是_____。
   A. 暖湿空气流经较冷的水面　　　　B. 海面辐射冷却
   C. 冷空气流经较暖的水面　　　　　D. 暖海流覆盖在冷海流之上
7. 平流雾常产生在冷暖海流交汇海域的_____。
   A. 暖水面一侧　　　　　　　　　　B. 冷水面一侧
   C. 冷暖水面的混合区　　　　　　　D. 混合区两侧
8. 在中国沿海,通常最适宜于平流雾形成的风力条件是_____。
   A. 无风　　　　　　　　　　　　　B. 7~8 级
   C. 2~4 级　　　　　　　　　　　　D. 5~6 级
9. 在海面上当相对湿度达到 80% 左右时常能观测到海雾出现,这是因为_____。
   A. 相对湿度的测算存在一定误差　　B. 空气过于潮湿
   C. 空气含有大量的盐分　　　　　　D. 低层大气有较强逆温
10. 通常适宜于平流雾形成的海气温差是_____。
    A. 高于 8 ℃　　　　　　　　　　　B. 0~6 ℃
    C. 6~8 ℃　　　　　　　　　　　　D. 低于 0 ℃
11. 形成平流雾的冷却条件是_____。
    A. 暖水面对流经冷湿空气降温　　　B. 冷水面对流经冷湿空气降温

C. 暖水面对流经暖湿空气降温　　　　D. 冷水面对流经暖湿空气降温

12. 黄海南部在怎样的风情下最易形成平流雾?
    A. 东南风(SE)6~7级　　　　B. 东北风(NE)2~3级
    C. 东南风(SE)2~4级　　　　D. 西北风(NW)2~3级

13. 平流雾的形成需要满足哪些条件?
    ①环流条件;②水汽条件;③气压条件;④冷却条件;⑤云状条件;⑥稳定度条件
    A. ①②③④⑥　　　　B. ①②④⑤⑥
    C. ①②④⑥　　　　D. ②④⑤⑥

14. 下列哪些情况有利于我国沿海平流雾的形成?
    ①暖的海面;②低层逆温层结;③海气温差0~6℃;④充沛的水汽;⑤风力2~4级;⑥风向范围 S-SE-E
    A. ②③④⑤⑥　　　　B. ①②③④⑤⑥
    C. ②③④⑥　　　　D. ②④⑤⑥

15. 在各种雾中,水平范围最广、持续时间最长的雾是_____。
    A. 辐射雾　　　　B. 蒸发雾
    C. 平流雾　　　　D. 锋面雾

16. 在各种雾中,哪种雾对航海威胁最大,并常被称为海雾?
    A. 平流雾　　　　B. 蒸发雾
    C. 辐射雾　　　　D. 锋面雾

17. 平流雾的出现有明显的季节变化,其特点是_____。
    A. 春秋多,冬夏少　　　　B. 春冬多,秋夏少
    C. 春夏多,秋冬少　　　　D. 秋冬多,春夏少

18. 在海上一种浓度大、厚度厚、范围广、持续时间长的雾通常是_____。
    A. 辐射雾　　　　B. 锋面雾
    C. 蒸汽雾　　　　D. 平流雾

19. 当海上出现平流雾时,通常_____。
    A. 低层大气有逆温　　　　B. 高层大气有逆温
    C. 中层大气有逆温　　　　D. 低层大气没有逆温

20. 陆地表面夜间降温,低层空气受其影响冷却而形成的雾,属于_____。
    A. 平流雾　　　　B. 蒸发雾
    C. 辐射雾　　　　D. 锋面雾

21. 辐射雾形成的主要条件是_____。
    A. 晴夜、微风和近地面层水汽充沛　　B. 晴夜、微风和近地面层水汽稀少
    C. 晴夜、大风和近地面层水汽稀少　　D. 白天、大风和近地面层水汽充沛

22. 晴夜、微风和近地面层水汽比较充沛,是形成什么雾的三个主要条件?
    A. 平流雾　　　　B. 蒸发雾
    C. 辐射雾　　　　D. 锋面雾

23. 辐射雾发生最频繁的季节在_____。

  A. 春夏   B. 夏秋
  C. 冬春   D. 秋冬

24. 在变性冷高压中部控制的港湾内,夜间和清晨有时会出现_____。
  A. 平流雾   B. 锋面雾
  C. 地形雾   D. 辐射雾

25. 辐射雾一年四季都能产生,哪个季节频率最高?
  A. 初春   B. 初夏
  C. 夏末初秋   D. 秋冬

26. 辐射雾在一天中最浓的时间在_____。
  A. 日出前   B. 中午
  C. 日落前后   D. 夜间

27. 冬季辐射雾较易产生(或最浓)的时间和地点是_____。
  A. 傍晚,远海   B. 日出前,远海
  C. 傍晚,港口或沿岸   D. 日出前,港口或沿岸

28. 辐射雾常出现在_____。
  A. 陆上冷高压中部   B. 海上副热带高压中部
  C. 陆上副热带高压中部   D. 海上冷高压中部

29. 在冷高压中部控制的港湾和沿海地区,后半夜至清晨易出现_____。
  A. 平流雾   B. 锋面雾
  C. 蒸汽雾   D. 辐射雾

30. 锋面移动伴随的雾通常是_____。
  A. 辐射雾   B. 蒸汽雾
  C. 平流雾   D. 锋面雾

31. 产生锋面雾的蒸发过程是_____。
  A. 水汽凝结物在暖气团中蒸发   B. 水汽凝结物在冷气团中蒸发
  C. 暖水面在冷空气中蒸发   D. 冷水面在暖空气中蒸发

32. 下列锋面天气中,哪个部位较易形成锋面雾?
  A. Ⅱ型冷锋前   B. Ⅰ型冷锋前
  C. 暖锋后   D. 暖锋前

33. 锋面雾产生的典型部位是_____。
  A. 暖锋前、锢囚锋两侧   B. 第一型冷锋前、后
  C. 第二型冷锋前、后   D. 暖锋后、锢囚锋两侧

34. 下面各条中属于锋面雾特点的是_____。
  A. 受气温日变化的影响   B. 夜间形成,浓度最大,白天消散
  C. 不受气温日变化的影响   D. 在沿海或岛屿有一定的日变化

35. 试判断下列说法正确的是_____。
  A. 锋面雾和蒸汽雾都有明显日变化
  B. 蒸汽雾和辐射雾日变化不明显

C. 海上平流雾和锋面雾没有明显日变化
D. 辐射雾和锋面雾有明显日变化

36. 寒冷空气覆盖在较暖水面上形成的雾称为_____。
    A. 平流雾   B. 辐射雾
    C. 锋面雾   D. 蒸汽雾

37. 在什么情况下,易发生蒸汽雾?
    A. 水面温度远高于气温   B. 水面温度远低于气温
    C. 水面温度与气温相等   D. 水面温度稍低于气温

38. 冬季中高纬大陆东部海面易发生蒸汽雾的条件是_____。
    A. 水面温度稍低于气温   B. 水面温度远低于气温
    C. 水面温度略高于气温   D. 水面温度远高于气温

39. 下列哪些雾具有明显的日变化特征?
    A. 锋面雾、蒸汽雾   B. 蒸汽雾、辐射雾
    C. 蒸汽雾、平流雾   D. 平流雾、辐射雾

40. 在风速 5~40 m/s 都能观测到的雾是_____。
    A. 平流雾   B. 辐射雾
    C. 锋面雾   D. 海上蒸汽雾

41. 北太平洋上的主要雾区位于_____。
    A. 菲律宾以东洋面
    B. 20°~30°N 之间大洋中部洋面
    C. 台湾以东洋面
    D. 日本北海道至阿留申群岛附近海面

42. 在全球海洋上,雾最多的海区之一是_____。
    A. 澳大利亚附近海面   B. 秘鲁和智利沿海
    C. 圣劳伦斯湾、纽芬兰岛附近   D. 阿拉伯海西部和北部海面

43. 世界海洋上最著名的雾区之一是_____。
    A. 日本北海道以东至阿留申群岛一带洋面
    B. 秘鲁和智利沿海
    C. 我国台湾地区、菲律宾以东洋面
    D. 北欧沿岸

44. 日本北海道至阿留申群岛附近的海雾,主要出现在哪个季节?
    A. 冬季   B. 初春
    C. 夏季   D. 秋季

45. 西欧沿岸至冰岛一带洋面的平流雾主要出现在_____。
    A. 春季   B. 夏季
    C. 秋季   D. 冬季

46. 在挪威和冰岛之间的洋面,哪个季节平流雾最频繁?
    A. 春季   B. 夏季

C. 秋季　　　　　　　　　　D. 冬季
47. 世界海洋上雾的高发区集中出现在_____。
   A. 大洋中心区域　　　　　　B. 赤道附近热带洋面上
   C. 中高纬大洋东部　　　　　D. 中高纬大洋西部
48. 世界海洋上海雾主要出现在哪个季节？
   A. 春夏　　　　　　　　　　B. 夏秋
   C. 冬春　　　　　　　　　　D. 秋冬
49. 我国海域的雾北起渤海南至北部湾，大致呈带状分布。雾区分布特点是_____。
   A. 南窄北宽、南多北少　　　B. 南窄北宽、南少北多
   C. 南宽北窄、南多北少　　　D. 南宽北窄、南少北多
50. 我国近海出现雾的时间、分布特点是_____。
   A. 南晚北早、南多北少　　　B. 南晚北早、南少北多
   C. 南早北晚、南多北少　　　D. 南早北晚、南少北多
51. 中国近海雾频最高的海域是_____。
   A. 长江口附近海域　　　　　B. 珠江口附近海域
   C. 闽江口附近海域　　　　　D. 成山角附近海域
52. 我国成山角附近海域出现雾的概率最大的月份在_____。
   A. 2—3 月　　　　　　　　　B. 4—5 月
   C. 6—7 月　　　　　　　　　D. 12—次年 1 月
53. 广东沿海雾的最盛期在_____。
   A. 2—3 月　　　　　　　　　B. 4—5 月
   C. 6—7 月　　　　　　　　　D. 1—2 月
54. 中国近海雾的地理分布表现为三个相对的多雾中心，其中有_____。
   A. 黄海北部、闽浙沿岸、成山角海域
   B. 渤海、闽浙沿岸、北部湾海域
   C. 北部湾、台湾海峡、成山角海域
   D. 成山角、闽浙沿岸、北部湾海域
55. 在中国沿海年雾日最多的海域是_____。
   A. 长江口附近海域　　　　　B. 珠江口附近海域
   C. 闽江口附近海域　　　　　D. 成山角附近海域
56. 我国东部海域形成海雾的有利风场条件是_____。
   A. 西南风 2~4 级　　　　　　B. 东北风 6~8 级
   C. 西北风 2~4 级　　　　　　D. 东南风 2~4 级
57. 我国近海雾区从春到夏如何变化？
   A. 雾区由北向南推移　　　　B. 雾区由南向北推移
   C. 雾区由东向西推移　　　　D. 雾区由西向东推移
58. 我国沿海平流雾相对较少的海域在_____。
   A. 南海中部　　　　　　　　B. 黄海中南部

C. 长江口至舟山群岛　　　　　　D. 南海北部

59. 我国东部沿海海域的平流雾在什么情况下可以消散？
    A. 风向由 NW 转为 SE　　　　　B. 风向由 SE 转为 SW
    C. 风向由 SE 转为 NW　　　　　D. 水温低于气温

60. 台湾海峡雾的分布特点是_____。
    A. 东部多，西部少　　　　　　　B. 东部少，西部多
    C. 东西部都较少　　　　　　　　D. 东西部都较多

61. 一般来说，我国沿海哪些海区属于多雾区？
    ①南海中部；②南海南部；③台湾海峡西部；④北部湾；⑤成山角至石岛；⑥闽浙沿岸至长江口
    A. ②③④⑤⑥　　　　　　　　　B. ①④⑤⑥
    C. ③④⑤⑥　　　　　　　　　　D. ②④⑤⑥

62. 当干、湿球温度表的读数差逐渐增大时，则表明_____。
    A. 生成雾　　　　　　　　　　　B. 成雾的可能性增大
    C. 成雾的可能性减小　　　　　　D. 读数差与成雾无关

63. 海上航行船舶遇到浓雾时，测得的干球温度和湿球温度的差值会出现_____。
    A. 正的大值　　　　　　　　　　B. 负的大值
    C. 接近零　　　　　　　　　　　D. 负的小值

64. 影响海面能见度的因子除雾外，还有_____。
    A. 风、霾、雨、雪和低云等　　　B. 沙尘暴、霾、雨、雪和高云等
    C. 沙尘暴、霾、雨、雪和低云等　D. 沙尘暴、霾、雨、雪和中云等

65. 在天气现象的观测中，轻雾的水平能见距离约为_____。
    A. 小于 0.5 n mile　　　　　　 B. 小于 1 n mile
    C. 0.5~5 n mile　　　　　　　　D. 大于 5 n mile

66. 影响海面能见度的最主要的天气现象是_____。
    A. 低云　　　　　　　　　　　　B. 雨
    C. 雾　　　　　　　　　　　　　D. 雷暴

第九节　大气环流和局地环流

1. 关于大气环流，下列正确的说法是_____。
    A. 通常是指全球性大范围的大气运行现象，它只包括平均状况而不包括瞬时状况
    B. 反映了大气运动的基本状态和基本特性，但不是各种天气系统活动的基础
    C. 各种特定的天气过程是以某种大气环流状态为背景的
    D. 仅决定各地的天气类型，而不决定各地气候的形成和特点

2. 关于大气环流，下列正确的说法是_____。
    A. 通常是指全球性大范围的大气运行现象，它只包括平均状况而不包括瞬时状况
    B. 反映了大气运动的基本状态和基本特性，但不是各种天气系统活动的基础
    C. 某种大气环流状态是以各种特定的天气过程为背景的

D. 不仅决定各地的天气类型,而且决定各地气候的形成和特点

3. 形成大气"单圈环流"的基本因素是_____。
   A. 海陆分布
   B. 地形差异
   C. 地球自转
   D. 太阳辐射随纬度分布不均匀

4. 形成大气"三圈环流"的主要因素是_____。
   A. 太阳辐射随纬度分布不均匀和海陆分布
   B. 太阳辐射随纬度分布不均匀和地形影响
   C. 太阳辐射随纬度分布不均匀和地球自转
   D. 地球自转和海陆分布

5. 在整个北半球范围内,从南到北构成了大气的"三圈环流",即:①低纬环流;②中纬环流;③高纬环流,其中_____。
   A. ①和②是正环流,③是反环流
   B. ②和③是正环流,①是反环流
   C. ①和③是正环流,②是反环流
   D. ①②③都是正环流

6. 下图所示三圈环流中,属于"正环流"的是_____。
   ① 0°～30°;② 30°～60°;③ 60°～90°

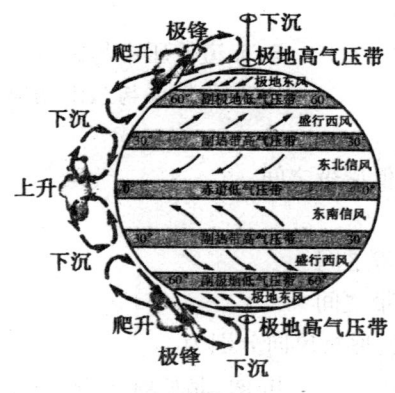

   A. ①②　　　　　　　　　　　　B. ①③
   C. ②③　　　　　　　　　　　　D. ①②③

7. 在三圈环流模型中,形成的气压带主要有_____。
   ①赤道低压带;②副热带高压带;③极地高压;④极地低压;⑤副热带低压带;⑥副极地低压带
   A. ①③⑤⑥　　　　　　　　　　B. ①②⑤⑥
   C. ②④⑥　　　　　　　　　　　D. ①②③⑥

8. 下图是全球气压带和风带的分布示意图,图中的 D 带为_____。

A. 赤道低压带　　　　　　　　B. 南半球副热带高压带
C. 北半球副极地低压带　　　　D. 北半球副热带高压带

9. 副热带高压带与赤道低压带之间的风带属于_____。
A. 盛行西风带　　　　　　　　B. 信风带
C. 极地东风带　　　　　　　　D. 赤道无风带

10. "咆哮"西风带位于哪两个气压带之间?
A. 北半球副高与北半球副极地低压带
B. 赤道低压与北半球副高
C. 南半球副高与南半球副极地低压带
D. 赤道低压与南半球副高

11. 盛行西风带位于_____。
A. 副高与副极地低压带之间　　B. 赤道低压带与副高之间
C. 极高与副极地低压带之间　　D. 东北信风与东南信风之间

12. 极地东风带位于_____。
A. 北半球极地高压与副极地低压带之间
B. 极地高压与副高之间
C. 南半球副高与副极地低压带之间
D. 北半球副高与副极地低压带之间

13. 南、北半球的信风带稳定少变,盛行风向分别为_____
A. 北半球东南风、南半球东北风　　B. 南、北半球均为东北风
C. 北半球东北风、南半球东南风　　D. 南、北半球均为东南风

14. 北半球副热带高压带下沉气流,向南、北分流形成_____。
A. 东风带,东南信风　　　　　　B. 盛行西风带,东南信风
C. 东风带,东北信风　　　　　　D. 东北信风带,盛行西风

15. 在北半球副热带高压带中,低层向南辐散的气流形成_____。
A. 东北信风带　　　　　　　　B. 东南信风带
C. 盛行西风带　　　　　　　　D. 南半球西风带

16. 在南半球副热带高压带中,低层向南的气流形成_____。
A. 东北信风带　　　　　　　　B. 东南信风带

C. 盛行西风带　　　　　　　　D. 东风带

17. 南半球副热带高压带下沉气流,向南、北分流形成_____。
    A. 东风带,东南信风带
    B. 盛行西风带,东南信风带
    C. 东风带,东北信风带
    D. 盛行西风带,东北信风带

18. 赤道无风带的天气特征是_____。
    A. 无对流、云量少、有雷雨　　　B. 下沉增温、闷热少雨
    C. 对流旺盛、云量多、有雷雨　　D. 多阴雨天气,能见度差

19. 副热带无风带的天气特征是_____。
    A. 气流下沉增温、闷热少雨　　　B. 对流旺盛、云量多、有雷雨
    C. 气流上升增温、闷热少雨　　　D. 多阴雨天气,能见度差

20. 平均位置在赤道南、北纬10°以内的区域称为_____。
    A. 赤道无风带　　　　　　　　B. 东北信风带
    C. 东南信风带　　　　　　　　D. 盛行西风带

21. 南、北半球的信风特点是_____。
    A. 风速较大,风向稳定
    B. 风速不大,风向不稳定
    C. 风速不大,风向稳定
    D. 风速较大,风向不稳定

22. 地面的行星风带应包括_____。
    ①信风带;②副热带无风带;③极地东风带;④赤道无风带;⑤盛行西风带;⑥赤道东风带
    A. ①②③⑤⑥　　　　　　　　B. ①②③④⑤
    C. ①③⑤　　　　　　　　　　D. ①④⑤⑥

23. 下图是全球气压带和风带的分布示意图,图中的A带为_____。

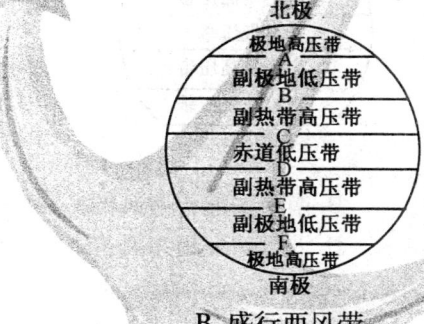

    A. 东北信风带　　　　　　　　B. 盛行西风带
    C. 东南信风带　　　　　　　　D. 极地东风带

24. 下图是全球气压带和风带的分布示意图,图中的 B 带为_____。

A. 东北信风带 B. 北半球盛行西风带
C. 东南信风带 D. 北半球极地东风带

25. 下图是全球气压带和风带的分布示意图,图中的 C 带为_____。

A. 东北信风带 B. 南半球盛行西风带
C. 东南信风带 D. 北半球极地东风带

26. 下图是全球气压带和风带的分布示意图,图中的 D 带为_____。

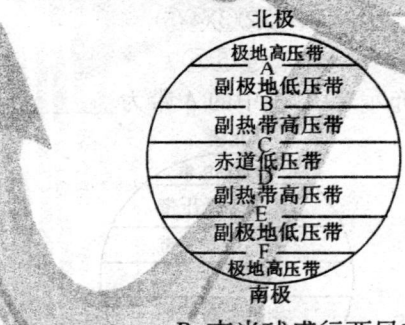

A. 东北信风带 B. 南半球盛行西风带
C. 东南信风带 D. 北半球极地东风带

27. 下图是全球气压带和风带的分布示意图,图中的 E 带为_____。

    A. 东北信风带   B. 盛行西风带
    C. 东南信风带   D. 极地东风带

28. 下图是全球气压带和风带的分布示意图,图中的 F 带为_____。

    A. 北半球极地东风带   B. 南半球盛行西风带
    C. 东南信风带   D. 南半球极地东风带

29. 海陆热力差异直接影响气压系统的年变化,下列哪种情况有利于高压系统发展?
    A. 冬季海洋、夏季大陆   B. 夏季大陆、夏季海洋
    C. 冬季海洋、冬季大陆   D. 冬季大陆、夏季海洋

30. 海陆热力差异直接影响气压系统的年变化,下列哪种情况有利于低压系统发展?
    A. 冬季海洋、夏季大陆   B. 冬季大陆、夏季海洋
    C. 冬季海洋、冬季大陆   D. 夏季大陆、夏季海洋

31. 冬季,由海陆热力差异而产生的气压梯度方向是_____。
    A. 由海洋指向陆地
    B. 由陆地指向海洋
    C. 平行于海岸线
    D. 与海岸线成 10°~20°交角指向海洋

32. 冰岛低压发展最强盛的季节出现在_____。
    A. 春季   B. 夏季
    C. 秋季   D. 冬季

33. 通过分析海平面平均气压场,可以得到_____的结论。
    A. 冬季海洋和夏季大陆上有利于高压系统发展
    B. 冬季大陆和夏季大陆上有利于高压系统发展

C. 冬季海洋和夏季海洋上有利于高压系统发展
D. 冬季大陆和夏季海洋上有利于高压系统发展

34. 通过分析海平面平均气压场,可以得到_____的结论。
    A. 冬季海洋和夏季大陆上有利于低压系统发展
    B. 冬季大陆和夏季大陆上有利于低压系统发展
    C. 冬季海洋和夏季海洋上有利于低压系统发展
    D. 冬季大陆和夏季海洋上有利于低压系统发展

35. 在1月份海平面平均气压场上,下列哪些典型高压系统存在?
    A. 蒙古高压、北美高压
    B. 澳大利亚高压、非洲高压、南美高压
    C. 蒙古高压、澳大利亚高压
    D. 北美高压、南美高压

36. 在7月份海平面平均气压场上,下列哪些典型高压系统存在?
    A. 蒙古高压、北美高压
    B. 澳大利亚高压、非洲高压、南美高压
    C. 蒙古高压、澳大利亚高压
    D. 北美高压、南美高压

37. 阿留申低压发展最盛的季节是_____。
    A. 春季   B. 夏季
    C. 秋季   D. 冬季

38. 亚速尔高压发展最盛的季节是_____。
    A. 春季   B. 夏季
    C. 秋季   D. 冬季

39. 通常,将大范围风向随季节而有规律转变的盛行风称为_____。
    A. 季风   B. 海陆风
    C. 山谷风   D. 焚风

40. 季风容易在下列哪种区域形成?
    A. 广阔的洋面上   B. 多岛屿地区
    C. 海陆交界地区   D. 大陆内部

41. 夏季,主要由季风引起大风浪的海域是_____。
    A. 北太平洋   B. 北大西洋
    C. 北印度洋   D. 比斯开湾

42. 产生季风环流的基本因素是_____。
    A. 气象要素水平分布不均匀和地转偏向力作用
    B. 行星风带的季节性位移、海陆分布或大地形作用
    C. 稳定的气压带和气象要素水平分布不均匀或大地形作用
    D. 稳定的气压带和海陆分布

43. 下列不是产生季风环流的基本因素是_____。

A. 行星风带的季节性位移　　　　B. 海陆分布
C. 大地形作用　　　　　　　　　D. 气象要素水平分布不均匀

44. 东亚季风形成的主要成因是_____。
A. 行星风带的季节性位移　　　　B. 海陆热力差异
C. 地形动力作用　　　　　　　　D. 太阳辐射随纬度不均匀变化

45. 季风形成的主要原因是_____。
①海陆热力差异；②地面摩擦作用；③大地形作用；④行星风带移动；⑤太阳辐射均匀；⑥大气层结稳定
A. ①②③④⑤⑥　　　　　　　　B. ①②④⑤
C. ②③⑤　　　　　　　　　　　D. ①③④

46. 我国黄渤海季风风向_____。
A. 冬季西北风,夏季西南风　　　B. 冬季西北风,夏季东南风
C. 冬季东北风,夏季东南风　　　D. 冬季东北风,夏季西南风

47. 我国西沙群岛及海南岛季风风向_____。
A. 冬季西北风,夏季西南风　　　B. 冬季西北风,夏季东南风
C. 冬季东北风,夏季东南风　　　D. 冬季东北风,夏季西南风

48. 东亚季风的特点是_____。
A. 冬季风强于夏季风,来临慢　　B. 冬季风弱于夏季风,来临慢
C. 冬季风强于夏季风,来临快　　D. 冬季风弱于夏季风,来临快

49. 东亚夏季风的气候特征是_____。
A. 高温、潮湿和多雨　　　　　　B. 低温、潮湿和多雨
C. 高温、干燥和少雨　　　　　　D. 低温、潮湿和少雨

50. 东亚冬季风的气候特征是_____。
A. 高温、潮湿和多雨　　　　　　B. 低温、潮湿和多雨
C. 低温、干燥和少雨　　　　　　D. 低温、潮湿和少雨

51. 下列正确的说法是_____。
A. 东亚的冬季风小于夏季风　　　B. 东亚的冬季风大于夏季风
C. 东亚的冬季风小于南亚的冬季风　D. 东亚的夏季风大于南亚的夏季风

52. 东亚冬季风风向由南向北依次为_____。
A. NW、NE、N　　　　　　　　　B. NW、N、NE
C. NE、NW、N　　　　　　　　　D. NE、N、NW

53. 东亚夏季风风向由南向北依次为_____。
A. SW、SE、S　　　　　　　　　B. SW、S、SE
C. SE、S、SW　　　　　　　　　D. SE、SW、S

54. 成山角冬季季风的主要风向为_____。
A. 西北风　　　　　　　　　　　B. 东北风
C. 东南风　　　　　　　　　　　D. 西南风

55. 台湾海峡冬季季风风向为_____。

A. 东南 B. 西北
C. 东北 D. 西南

56. 南亚季风形成的最主要原因是_____。
    A. 海陆热力差异 B. 行星风带的季节性位移
    C. 地形动力作用 D. 冷暖海流交汇

57. 南亚夏季风的盛行风向是_____。
    A. S 风 B. SE 风
    C. SW 风 D. NE 风

58. 南亚冬季风的盛行风向是_____。
    A. SW 风 B. N 风
    C. NW 风 D. NE 风

59. 北印度洋的 NE 季风转变为 SW 季风的转换期大约在_____。
    A. 5 月 B. 8 月
    C. 11 月 D. 1 月

60. 北印度洋 SW 季风转变为 NE 季风的转换期大约在_____。
    A. 5 月 B. 8 月
    C. 10 月 D. 12 月

61. 南亚季风的特点是_____。
    A. 夏季风强于冬季风,来临慢 B. 夏季风弱于冬季风,来临慢
    C. 夏季风强于冬季风,来临快 D. 夏季风弱于冬季风,来临快

62. 夏季形成北印度洋强劲季风的原因是_____。
    ①南半球信风带北移;②大地形作用;③印度半岛的岬角效应;④北半球信风带南下;⑤强的印度低压;⑥澳大利亚高压发展
    A. ①②③⑤⑥ B. ①②⑤
    C. ②③④⑤⑥ D. ②⑤⑥

63. 形成北印度洋夏季强劲 SW 季风最主要的原因是_____。
    A. 海陆热力差异 B. 行星风带季节性位移
    C. 青藏高原大地形作用 D. 地转偏向力

64. 澳大利亚北部夏季盛行_____。
    A. 西北风 B. 西南风
    C. 东南风 D. 东北风

65. 澳大利亚北部冬季盛行_____。
    A. 西北风 B. 西南风
    C. 东南风 D. 东北风

66. 北澳、印尼和新几内亚岛(伊里安岛)一带夏季盛行_____,冬季盛行_____。
    A. SW;NE B. NW;SE
    C. SE;NW D. NE;SW

67. 海陆风中的海风是指_____。

A. 白天由陆地吹向海面的风　　　　B. 白天由海面吹向陆地的风
C. 夜间由陆地吹向海面的风　　　　D. 夜间由海面吹向陆地的风

68. 海陆风中的陆风是指_____。
A. 白天由海洋吹向陆地的风　　　　B. 夜间由陆地吹向海洋的风
C. 白天由陆地吹向海洋的风　　　　D. 夜间由海洋吹向陆地的风

69. 山谷风中的山风是指_____。
A. 白天自谷底沿山坡吹向山顶的风　B. 白天自山顶沿山坡吹向谷底的风
C. 夜间自谷底沿山坡吹向山顶的风　D. 夜间自山顶沿山坡吹向谷底的风

70. 山谷风中的谷风是指_____。
A. 白天自谷底沿山坡吹向山顶的风　B. 夜间自山顶沿山坡吹向谷底的风
C. 白天自山顶沿山坡吹向谷底的风　D. 夜间自谷底沿山坡吹向山顶的风

71. 具有海陆风和山谷风的地区,夜间地面上吹_____。
A. 海风和谷风　　　　　　　　　　B. 陆风和山风
C. 海风和山风　　　　　　　　　　D. 陆风和谷风

72. 具有海陆风和山谷风的地区,白天地面上吹_____。
A. 陆风和谷风　　　　　　　　　　B. 陆风和山风
C. 海风和山风　　　　　　　　　　D. 海风和谷风

73. 在受海陆风和山谷风的共同影响的港口,离岸风发生的时间和构成是_____。
A. 白天,海风+谷风　　　　　　　　B. 白天,陆风+山风
C. 夜间,海风+谷风　　　　　　　　D. 夜间,陆风+山风

74. 在受海陆风和山谷风的共同影响的港口,向岸风发生的时间和构成是_____。
A. 夜间,海风+谷风　　　　　　　　B. 白天,陆风+山风
C. 白天,海风+谷风　　　　　　　　D. 夜间,陆风+山风

75. 我国沿海哪个港口受海陆风和山谷风的影响较明显?
A. 上海港　　　　　　　　　　　　B. 黄埔港
C. 连云港　　　　　　　　　　　　D. 大连港

76. 中国近海由于狭管效应造成的大风区包括_____。
A. 渤海海峡、台湾海峡　　　　　　B. 黄海、台湾海峡
C. 东海、台湾海峡　　　　　　　　D. 南海、琼州海峡

77. 造成中国近海夏季出现大风区的主要天气系统是_____。
A. 温带气旋　　　　　　　　　　　B. 热带气旋
C. 冷高压　　　　　　　　　　　　D. 静止锋

78. 冬季,大洋上大风分布范围广、出现频率高的海域是_____。
A. 北太平洋和北大西洋　　　　　　B. 比斯开湾和北印度洋
C. 中国沿海　　　　　　　　　　　D. 好望角和北印度洋

79. 在北太平洋和北大西洋大洋上,大风分布范围广、出现频率高的季节是_____。
A. 春季　　　　　　　　　　　　　B. 夏季
C. 秋季　　　　　　　　　　　　　D. 冬季

第十节 海浪

1. 对于特定的船舶,其实际航速主要受制于_____。
   A. 浪高和浪向　　　　　　　　B. 浪高和周期
   C. 周期和浪向　　　　　　　　D. 波长和浪高
2. 在海洋上,当波陡接近何值时,波浪开始破碎?
   A. 1/9　　　　　　　　　　　　B. 1/7
   C. 1/5　　　　　　　　　　　　D. 1/3
3. "海浪"通常是指_____。
   A. 风浪、涌浪、近岸浪　　　　B. 风浪、涌浪、海啸
   C. 涌浪、海啸、潮波　　　　　D. 海啸、潮波、内波
4. 风浪离开风区传至远处的波浪或风区里风停息后遗留下来的波浪,称为_____。
   A. 涌浪　　　　　　　　　　　B. 风浪
   C. 内波　　　　　　　　　　　D. 驻波
5. 通常"海浪"不包括_____。
   A. 海啸　　　　　　　　　　　B. 风浪
   C. 涌浪　　　　　　　　　　　D. 近岸浪
6. "无风不起浪"是指_____。
   A. 风浪　　　　　　　　　　　B. 涌浪
   C. 近岸浪　　　　　　　　　　D. 内波
7. 风浪是指_____。
   A. 风区内的风直接吹刮海面引起的海面波动
   B. 风浪离开风区传至远处的波浪或风区里风停息后遗留下来的波浪
   C. 风浪或涌浪传至浅水或近岸区域后,因受地形影响将发生一系列变化的波浪
   D. 因强热带风暴、台风、寒潮等强风暴影响引起的海面异常升高的现象
8. 风浪在成长过程中,风浪充分成长的要素取决于_____。
   ①风速;②风时;③风区
   A. ①　　　　　　　　　　　　B. ②
   C. ③　　　　　　　　　　　　D. ①②③
9. 在大洋上当风速一定时,风浪的充分成长取决于_____。
   A. 风区、风时　　　　　　　　B. 纬度、季节
   C. 水深、季节　　　　　　　　D. 风时、纬度
10. "无风三尺浪"是指_____。
    A. 海啸　　　　　　　　　　　B. 风浪
    C. 涌浪　　　　　　　　　　　D. 风暴潮
11. 波长较长,波面较平坦和光滑的海浪是_____。
    A. 风浪　　　　　　　　　　　B. 涌浪

C. 近岸浪　　　　　　　　　　D. 风暴潮
12. 涌浪在其传播过程中的重要特点是_____。
    A. 周期不变,波长和波高增大
    B. 波高增加的同时,周期和波长变小
    C. 波高不变,波长和周期变大
    D. 波高衰减的同时,周期和波长变大
13. 对于风浪与涌浪,下列叙述中,有关两者的波向与风向关系正确的是_____。
    A. 风浪波向与风向一致,涌浪波向与风向常不一致
    B. 风浪波向与风向常不一致,涌浪波向与风向一致
    C. 风浪波向与风向一致,涌浪波向与风向一致
    D. 风浪波向与风向常不一致,涌浪波向与风向常不一致
14. 当波浪由深水区传至浅水或近岸区域,其变化为_____。
    A. 波向不变　　　　　　　　B. 波高减小
    C. 波面变陡,卷倒和破碎　　D. 波长增大
15. 当波浪由深水区传至浅水或近岸区时,其变化为_____。
    A. 波长变长　　　　　　　　B. 周期变长
    C. 波高增大　　　　　　　　D. 波陡变缓,移速加快
16. 近岸浪的特点之一是,当它接近海岸时_____。
    A. 波峰线不易与等深线平行　　B. 通常波峰线不总是与海岸平行
    C. 波峰线可能与等深线垂直　　D. 通常波峰线总是与海岸平行
17. 海啸在外海引起的波浪特征是_____。
    ①波速大;②波高很高;③波长很长;④波速小;⑤波高不明显;⑥波长短
    A. ①②③　　　　　　　　　　B. ①③⑤
    C. ④⑤⑥　　　　　　　　　　D. ②④⑥
18. 海啸主要是由_____。
    A. 海底浅源地震引起的　　　　B. 强风暴引起的
    C. 寒潮引起的　　　　　　　　D. 台风或飓风引起的
19. 下列很少受海啸袭击的国家和地区是_____。
    A. 日本沿海　　　　　　　　　B. 中国沿岸
    C. 墨西哥沿海　　　　　　　　D. 地中海
20. 由于气象原因,如台风、风暴等引起的海面异常上升现象,称为_____。
    A. 潮波　　　　　　　　　　　B. 内波
    C. 风暴潮　　　　　　　　　　D. 涌浪
21. 不能引起风暴潮的天气系统有_____。
    A. 热带气旋　　　　　　　　　B. 寒潮冷高压
    C. 副高　　　　　　　　　　　D. 强锋面气旋
22. 我国风暴潮的严重多发区有_____。
    A. 汕头至珠江口、北部湾　　　B. 汕头至珠江口、莱州湾

C. 长江口至舟山群岛　　　　　　D. 闽江口至汕头

23. 渤海风暴潮多出现在_____。
    A. 渤海湾和渤海海峡　　　　　B. 莱州湾和辽东湾
    C. 渤海湾和莱州湾　　　　　　D. 渤海湾和辽东湾

24. 在波浪预报图上,通常下列哪个符号表示有效波高?
    A. $H_{1/3}$　　　　　　　　　B. $H_{1/10}$
    C. $H_{1/100}$　　　　　　　　D. $H_{1/5}$

25. 有效波高的实际意义是_____。
    A. 就是实际波高值
    B. 相当于平均波高值
    C. 相当于一个有经验的观测者目测得到的显著波高
    D. 相当于最大波高的平均值

26. 除受热带气旋影响外,中国近海风浪特点为_____。
    A. 夏季风浪大,秋季风浪小　　　B. 冬季风浪大,秋季风浪小
    C. 冬季风浪大,夏季风浪小　　　D. 春季风浪大,夏季风浪小

27. 渤海的风浪分布特点为_____。
    A. 冬季多南浪,夏季多东北浪　　B. 冬季多西北浪,夏季多东南浪
    C. 夏季多西北浪,冬季多东南浪　D. 夏季多北向浪,冬季多南浪

28. 南海的风浪分布特点为_____。
    A. 冬季多南向浪,夏季多西北浪　B. 冬季多西北浪,夏季多东向浪
    C. 夏季多南向浪,冬季多东北浪　D. 夏季多东北浪,冬季多南向浪

29. 冬季中国近海主要浪向分布为_____。
    A. 渤海、黄海、东海、南海均多东北浪
    B. 渤海、黄海多西北浪,东海、南海多东北浪
    C. 渤海、黄海、东海、南海均多西北浪
    D. 渤海、黄海多北浪,东海、南海多东浪

30. 冬季中国近海大浪频率最高出现在_____。
    A. 渤海海峡　　　　　　　　　B. 北部湾
    C. 长江口　　　　　　　　　　D. 台湾海峡

31. 下列海区冬季大浪出现频率相对更高的是_____。
    A. 台湾海峡、长江口附近　　　B. 台湾海峡、北部湾
    C. 台湾海峡、成山角附近　　　D. 长江口附近和北部湾海域

32. 中国近海风浪的季节分布通常为_____。
    A. 冬、夏季风浪大,春、秋季风浪小
    B. 秋、冬季风浪大,春、夏季风浪小
    C. 冬、春季风浪大,夏、秋季风浪小
    D. 春、秋季风浪大,冬、夏季风浪小

33. 冬季,船舶在由上海前往秦皇岛的航行过程中,对船舶航行影响最大的大浪区为_____。

A. 成山角附近 B. 长江口
C. 黄海南部 D. 黄海中部

34. 好望角航线终年盛行大风,其风向多为_____。
A. 偏西风 B. 偏东风
C. 偏北风 D. 偏南风

35. 在冬季世界大洋中主要狂风恶浪海域有_____。
①北太平洋中高纬;②北印度洋;③百慕大海域;④北大西洋中高纬;⑤好望角;⑥合恩角
A. ①②③④⑤⑥ B. ①④⑤⑥
C. ②③④⑤⑥ D. ②④⑤⑥

36. 大风频率冬季最高的海区是_____。
A. 北大西洋中高纬 B. 北印度洋
C. 北大西洋低纬 D. 北太平洋低纬

37. 大风频率夏季最高的海区是_____。
A. 北印度洋 B. 北太平洋中高纬
C. 北大西洋低纬 D. 北太平洋低纬

38. 北太平洋和北大西洋的中高纬洋面大风频率和范围较高的季节在_____。
A. 春季 B. 夏季
C. 秋季 D. 冬季

39. 太平洋波浪的基本状况之一是_____。
A. 北太平洋南部夏季波浪最大 B. 北太平洋北部2月份波浪最大
C. 南太平洋北部2月份波浪最大 D. 南太平洋南部夏季波浪较大

40. 夏季哪个海区多狂风恶浪?
A. 北太平洋 B. 北大西洋
C. 北印度洋 D. 北半球的西风带

41. 冬半年比斯开湾航线海况十分恶劣,这是因为_____。
A. 冬半年北大西洋低纬海域为狂风恶浪区
B. 因狭管效应,从北岸流入南岸流出的海流又进一步使波高增大
C. 湾口对着大西洋,当波浪传入后,水深变浅,波高剧增
D. 湾口对着大西洋,当波浪传入后,水深变深,波高剧增

第十一节 船舶水文气象观测

1. 按照船舶水文气象观测规范,地面气温是指离地面约_____高处的空气温度。
A. 1 m B. 1.5 m
C. 2 m D. 2.5 m

2. 在百叶箱中,当观测到湿球温度接近干球温度时,则表明空气_____。
A. 接近饱和 B. 未饱和
C. 过饱和 D. 已经饱和

3. 观测干、湿球温度表时,视线应与温度表水银柱顶端保持_____。
   A. 水平　　　　　　　　　　　　B. 垂直
   C. 仰视 30°　　　　　　　　　　D. 俯视 30°
4. 观测干、湿球温度表时,读数读到_____。
   A. 整数　　　　　　　　　　　　B. 小数一位
   C. 小数两位　　　　　　　　　　D. 小数三位
5. 观测干、湿球温度表时,当湿球纱布冻结,则_____。
   A. 湿球读数取干球读数　　　　　B. 停止湿球温度的观测
   C. 读数为干球读数的一半　　　　D. 读数为干球读数的四分之一
6. 若干球温度为 20 ℃,湿球温度为 20 ℃,则相对湿度 f = _____。
   A. 0%　　　　　　　　　　　　　B. 12%
   C. 88%　　　　　　　　　　　　 D. 100%
7. 干湿球温度差值可以表征天气状态的哪个物理量?
   A. 气压　　　　　　　　　　　　B. 空气湿度
   C. 空气密度　　　　　　　　　　D. 能见度
8. 若测得干、湿球温度均为 12 ℃,则相对湿度 f 和露点温度 T_d 分别为_____。
   A. $f = 0$, $T_d = 12$ ℃　　　　　B. $f = 100\%$, $T_d = 0$ ℃
   C. $f = 0$, $T_d = 0$ ℃　　　　　　D. $f = 100\%$, $T_d = 12$ ℃
9. 在实际工作中,反映空气是否饱和的气象要素是_____。
   A. 干湿球温差和水汽压　　　　　B. 干湿球温差和相对湿度
   C. 干湿球温差和绝对温度　　　　D. 干湿球温度和露点
10. 干湿球温度表应安装在百叶箱内,要求球部距甲板_____。
    A. 0.5 m　　　　　　　　　　　 B. 1 m
    C. 1.5 m　　　　　　　　　　　 D. 2 m
11. 在空盒气压表上读数后,除温度订正外,还需进行什么订正才能得到本站气压?
    A. 刻度订正和纬度订正　　　　　B. 高度订正和刻度订正
    C. 刻度订正和补充订正　　　　　D. 高度订正和补充订正
12. 本站气压经过什么订正可以得到海平面气压?
    A. 刻度订正　　　　　　　　　　B. 补充订正
    C. 温度订正　　　　　　　　　　D. 高度订正
13. 在船上用空盒气压表观测气压时,将观测到的气压表读数经过哪些订正后,才得到本站的气压?
    ①刻度订正;②纬度订正;③温度订正;④高度订正;⑤补充订正;⑥空气密度订正
    A. ①②④⑤　　　　　　　　　　B. ①③⑤
    C. ②③④⑥　　　　　　　　　　D. ①③④
14. 在进行气压观测时,将观测到的气压读数经过哪些订正后,可得到海平面气压值?
    ①刻度订正;②温度订正;③纬度订正;④补充订正;⑤高度订正;⑥湿度订正
    A. ①②④⑤　　　　　　　　　　B. ①②⑤⑥

C.②③④⑤   D.②④⑤⑥

15. 通常观测气压使用的标准仪器是_____。
   A. 船上和气象站均使用水银气压表
   B. 船上使用空盒气压表,气象站使用水银气压表
   C. 船上使用水银气压表,气象站使用空盒气压表
   D. 船上通常使用的标准仪器是水银气压表

16. 按照世界气象组织的规定,平均风速是风在多长时间内的平均值?
   A. 1 min   B. 3 min
   C. 5 min   D. 10 min

17. 风的传感器_____。
   A. 应安装于船舶大桅顶部,四周无障碍、不挡风的地方
   B. 应安装于驾驶台两侧,便于驾驶员调试
   C. 安装时应调整风向传感器的0°与船尾方向一致
   D. 安装时应调整风向传感器的180°与船首方向一致

18. 当船上所有的测风仪器均失灵时,必须根据海面状况进行目力测风_____。
   A. 风的观测项目可以缺测
   B. 在离岸较远的海面上,风向与主波向一致,可用罗经测定主波向作为风向
   C. 在离岸较远的海面上,风向与涌浪来向一致,可用罗经测定涌浪来向作为风向
   D. 在离岸较远的海面上,风向与风浪来向一致,可用罗经测定风浪来向作为风向

19. 云按云高分为高云、中云和低云三组。云高是指_____。
   A. 云顶距云底的高度   B. 云底距海面的垂直高度
   C. 云顶距海面的垂直高度   D. 海面距云体中部的垂直高度

20. 云量的记录为8/5,其含义_____。
   A. 总云量8、中云量5
   B. 总云量10、中云量8、低云量5
   C. 总云量10、低云量5/8
   D. 总云量8、低云量5

21. 在夜间观测云时,可见到星光有的地方模糊,有的地方明亮,说明云的种类为_____。
   A. As   B. Ci
   C. Ac   D. Cs

22. 云高的观测对象主要是_____。
   A. 低云   B. 中云
   C. 高云   D. 所有云系

23. 观测云时,"云高"是指_____。
   A. 云层厚度   B. 云顶高度
   C. 云底高度   D. 高云高度

24. 夜间云的观测通常为_____。
   A. 站在有灯光或灯光较亮的地方进行观测

B. 不需进行观测

C. 根据白天的情况估计判断

D. 根据星光的有无和模糊程度来判断

25. 大量极细微的尘粒、烟粒、盐粒等均匀的飘浮在空中,使水平能见度小于 5 n mile 的空气混浊(呈微黄色)现象,称为_____。
   A. 雾　　　　　　　　　　　B. 轻雾
   C. 霾　　　　　　　　　　　D. 毛毛雨

26. 船舶沿岸航行时发现能见度不良,且岸上原白色目标变成了浊黄色,说明此时出现了_____。
   A. 雾　　　　　　　　　　　B. 冰雾
   C. 毛毛雨　　　　　　　　　D. 霾

27. 大量微小水滴或冰晶悬浮在近地面大气层中,使水平能见度小于 0.5 n mile 的天气现象,称为_____。
   A. 雾　　　　　　　　　　　B. 毛毛雨
   C. 霾　　　　　　　　　　　D. 轻雾

28. "海面有效能见度"是指视力正常的人_____。
   A. 在一半以上的视野范围内所能见到的最大水平距离
   B. 在 360°的视野范围内所能见到的最大水平距离
   C. 在四分之一以上的视野范围内所能见到的最大水平距离
   D. 在一半以下的视野范围内所能见到的最垂直距离

29. 观测海面能见度时,_____。
   A. 根据当前天气现象确定
   B. 应选择船上较低的地方
   C. 白天观测应根据天空的清晰程度判定海面有效能见度
   D. 白天观测应根据水天线的清晰程度判定海面有效能见度

30. 下列正确的说法是_____。
   A. 现在天气"Current weather"是指在定时观测时或观测前 1 h 内出现的天气现象
   B. 现在天气"Current weather"是指在观测前 6 h 内出现的天气现象
   C. 过去天气"Past weather"是指在定时观测之前 24 h 内出现的天气现象
   D. 过去天气"Past weather"是指在观测前 1 h 内出现的天气现象

31. 下列正确的说法是_____。
   A. 现在天气"Current weather"是指在观测前 6 h 内出现的天气现象
   B. 现在天气"Current weather"是指在观测前 24 h 内出现的天气现象
   C. 过去天气"Past weather"是指在定时观测之前 6 h 内出现的天气现象
   D. 过去天气"Past weather"是指在定时观测之前 3 h 内出现的天气现象

32. 风、浪、流的方向规定如下_____。
   A. 风、浪向指来向,流向指去向　　B. 风、浪、流的方向都指来向
   C. 风、浪、流的方向都指去向　　　D. 风向指来向,浪和流向都指去向

33. 观测波高时首先根据浪的特征,区分出风浪和涌浪,各挑选较远处_____个显著大波分别估计它们的波高,取平均值作为风浪和涌浪的波高值。
   A. 1~2   B. 3~5
   C. 8~10   D. 12~15
34. 风和海流的方向_____。
   A. 都是指来向   B. 风是指来向,流是指去向
   C. 都是指去向   D. 风是指去向,流是指来向
35. 海浪和海流的方向_____。
   A. 都是指来向   B. 浪是指来向,流是指去向
   C. 都是指去向   D. 浪是指去向,流是指来向

参考答案

第一节　大气概况

1. C	2. A	3. C	4. B	5. A	6. B	7. B	8. C	9. C	10. B
11. A	12. D	13. D	14. B	15. A	16. D	17. B	18. D	19. D	20. C
21. A	22. A	23. D	24. D	25. D	26. A	27. C			

第二节　气温

1. B	2. A	3. B	4. D	5. C	6. B	7. D	8. C	9. B	10. B
11. C	12. D	13. A	14. B	15. C	16. A	17. A	18. B	19. D	20. A
21. D	22. C	23. C	24. B	25. D	26. B	27. C	28. A	29. D	30. A
31. C	32. B	33. A	34. B	35. D	36. D	37. D	38. B	39. C	40. C
41. B	42. B	43. C	44. A						

第三节　湿度

1. A	2. A	3. B	4. C	5. D	6. B	7. D	8. C	9. B	10. B
11. C	12. A	13. C	14. B	15. A	16. C	17. A	18. A	19. A	20. C
21. B	22. C	23. B	24. A	25. C	26. B	27. B	28. C	29. B	30. D
31. A	32. A	33. B							

第四节　气压

| 1. B | 2. A | 3. C | 4. A | 5. A | 6. B | 7. B | 8. C | 9. D | 10. A |

11. D	12. B	13. C	14. A	15. D	16. A	17. A	18. A	19. C	20. C
21. D	22. C	23. D	24. B	25. C	26. A	27. C	28. C	29. B	30. B
31. A	32. D	33. D	34. D	35. D	36. A	37. B	38. D	39. C	40. C
41. A	42. A	43. C	44. B	45. B	46. A	47. B	48. A	49. B	50. A
51. D	52. B	53. A	54. C	55. C	56. B				

第五节 空气水平运动——风

1. C	2. B	3. B	4. B	5. A	6. A	7. D	8. B	9. A	10. B
11. D	12. C	13. A	14. B	15. A	16. A	17. B	18. A	19. C	20. B
21. D	22. A	23. B	24. B	25. C	26. A	27. B	28. A	29. C	30. C
31. C	32. B	33. D	34. A	35. C	36. C	37. B	38. B	39. D	40. D
41. A	42. C	43. B	44. D	45. D	46. A	47. B	48. D	49. B	50. C
51. D	52. B	53. C	54. A	55. D	56. B	57. A			

第六节 大气垂直运动和稳定度

| 1. B | 2. D | 3. C | 4. C | 5. B | 6. C | 7. D | 8. A | 9. B | 10. C |
| 11. B | 12. C | 13. B | 14. C | | | | | | |

第七节 云和降水

1. B	2. B	3. C	4. B	5. A	6. C	7. A	8. D	9. C	10. B
11. D	12. A	13. B	14. B	15. B	16. A	17. D	18. B	19. D	20. D
21. A	22. A	23. C	24. C	25. C	26. D	27. C	28. A	29. A	30. B
31. B	32. C	33. C	34. C	35. D	36. C	37. B	38. C		

第八节 雾和海面能见度

1. B	2. B	3. C	4. D	5. C	6. A	7. B	8. C	9. C	10. B
11. D	12. C	13. C	14. A	15. D	16. A	17. C	18. D	19. A	20. C
21. A	22. C	23. D	24. D	25. D	26. A	27. D	28. A	29. C	30. D
31. B	32. D	33. A	34. C	35. D	36. D	37. A	38. D	39. B	40. D
41. D	42. B	43. A	44. D	45. B	46. B	47. D	48. A	49. C	50. D
51. D	52. C	53. A	54. C	55. D	56. D	57. B	58. 风	59. C	60. B
61. C	62. C	63. C	64. C	65. C	66. C				

第九节　大气环流和局地环流

1. C	2. D	3. D	4. C	5. C	6. B	7. D	8. B	9. B	10. C
11. A	12. A	13. C	14. D	15. A	16. C	17. B	18. C	19. A	20. A
21. C	22. B	23. D	24. B	25. A	26. C	27. C	28. B	29. D	30. C
31. B	32. D	33. D	34. A	35. B	36. B	37. D	38. C	39. A	40. C
41. C	42. B	43. D	44. B	45. D	46. B	47. D	48. C	49. A	50. C
51. B	52. C	53. B	54. A	55. C	56. C	57. C	58. D	59. B	60. C
61. C	62. A	63. B	64. A	65. C	66. B	67. C	68. B	69. B	70. C
71. B	72. C	73. D	74. C	75. C	76. A	77. C	78. A	79. D	

第十节　海浪

1. A	2. B	3. A	4. A	5. A	6. A	7. A	8. D	9. A	10. C
11. B	12. D	13. C	14. C	15. C	16. D	17. B	18. A	19. B	20. C
21. C	22. B	23. C	24. C	25. C	26. C	27. C	28. C	29. C	30. D
31. C	32. B	33. A	34. A	35. B	36. A	37. A	38. D	39. B	40. C
41. C									

第十一节　船舶水文气象观测

1. B	2. A	3. A	4. B	5. B	6. D	7. A	8. D	9. A	10. C
11. C	12. D	13. B	14. A	15. B	16. B	17. A	18. D	19. B	20. D
21. B	22. A	23. C	24. D	25. C	26. D	27. A	28. A	29. D	30. A
31. C	32. A	33. B	34. B	35. B					

答案解析

第一节　大气概况

1. C。水汽与二氧化碳和臭氧都是影响天气及气候变化的重要成分。
2. A。臭氧能强烈吸收太阳紫外线,使臭氧层增暖,影响大气温度的垂直分布,从而对地球大气环流和气候的形成起着重要的作用。
3. C。水汽与二氧化碳和臭氧都是影响天气及气候变化的重要成分。
4. B。水汽与二氧化碳一样,能强烈地吸收和放射长波辐射,对地面和大气的温度有较大的影响。

5. A。天气是某一区域短时间内气象要素(温、压、湿、风、云、能、天等)综合表征,也是大气状态(如冷暖、风雨、干湿、阴晴等)及其变化的总称。

6. B。各种气象要素的多年(30年及以上)天气的统计特征(平均值及其极值),能够反映出一种特定的状况,称为气候。

8. C。通常把臭氧集中的20~40 km气层称为臭氧层。从对流层顶向上到大约距地面55 km的高度范围内,称为平流层。

9. C。大气中的微尘,是水汽凝结的核心,对于成云致雾和降水等天气现象的形成起着重要作用。

10. B。对流层的厚度不到整个大气厚度的1%,但是这一层集中了大气质量的3/4。

11. A。水汽密度比干空气小,水汽的存在使实际大气的密度变得小些。

12. D。水汽密度比干空气小,水汽的存在使实际大气的密度变得小些。

13. D。温度越高,空气密度越小;水汽密度比干空气小。

14. B。

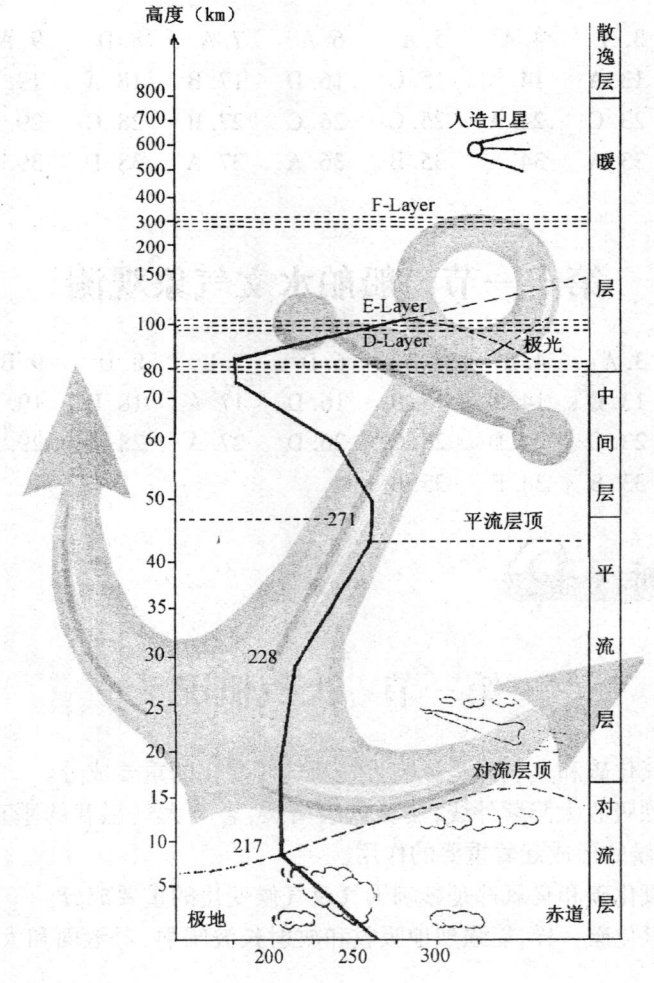

15. A。对流层(Troposphere)是紧挨着地面的一层,厚度随纬度和季节而变化。在赤道大约 17~18 km;中纬大约 10~12 km;高纬大约 8~9 km。
17. B。夏季比冬季厚些。
19. D。对流层有三个重要的特征:(1)气温随高度的升高而降低;(2)具有强烈的对流和湍流运动;(3)气象要素水平分布不均匀。
21. A。大气中几乎所有的水汽、云、雾、雨、雪等天气现象都发生在对流层。
23. D。下层又可以称为摩擦层,厚度大约距地面 1~1.5 km。中层和上层几乎不受摩擦作用的干扰,称为自由大气。
24. D。根据对流层中大气的运动状态、温度的垂直变化特点和天气现象的变化特征,将对流层分为三层。
25. B。摩擦层,厚度大约距地面 1~1.5 km。
26. A。对流层的中层由于摩擦作用的减弱,湍流运动减少,平流运动增强;热层温度随高度的增加而迅速升高,空气处于高度电离状态。
27. C。500 hPa 等压面高度大约 5 500 m,相当于对流层的中层,反映对流层中高层大气的状况。

第二节 气温

1. B。$K=C+273$;$C=5/9(F-32)$;$F=9/5C+32$。
2. A。$K=C+273$;$C=5/9(F-32)$;$F=9/5C+32$。
3. B。$K=C+273$;$C=5/9(F-32)$;$F=9/5C+32$。
4. D。$K=C+273$;$C=5/9(F-32)$;$F=9/5C+32$。
5. C。$K=C+273$;$C=5/9(F-32)$;$F=9/5C+32$。
6. B。通常将空气微团的垂直运动称为对流,水平运动称为平流,无规则运动称为湍流(或乱流)。
9. B。"南风送暖,北风送寒",平流是大气中最重要的热量传递方式。
10. B。在大气常温状态下,水有液态、气态和固态之间的变化,当水在蒸发(或冰在升华)时要吸收热量;相反,水汽在凝结(或凝华)时,又会放出潜热。
12. D。大气中的云是绝热上升、乱流交换、辐射冷却三种冷却过程单独或共同作用的结果,在大多数情况下,特别是较高和较厚的云层,绝热上升运动起着主要作用。
13. A。从整个地球来看,平流是大气中最重要的热量传递方式。
14. B。气温日较差随纬度的增高而减小。
15. C。海洋比内陆小,且自沿海向内陆逐渐增大,沙漠最大。
16. A。晴天比阴天大。
18. B。中纬度的气温日较差有明显的季节变化,夏季大,冬季小。这与太阳照射的高度角和昼夜长短有关。
22. C。海洋小于陆地;晴天大于阴天;草原小于沙漠。
23. C。最低气温出现在日出前,日出后气温逐渐上升,陆地上夏季 14~15 时,冬季 13~14

时达到最高值,以后逐渐下降直到日出前为止。

24. B。气温日较差大小与以下五个因素有关:(1)纬度;(2)季节;(3)下垫面性质;(4)海拔高度;(5)天气状况。

25. D。海洋比内陆小,且自沿海向内陆逐渐增大,沙漠最大。

26. B。一年中月平均气温的最高值与最低值的差,称为气温的年较差。

27. D。(1)纬度:随纬度增高而变大,赤道附近最小,两极地方最大。(2)下垫面性质:海洋上气温年较差小,陆地上则较大。(3)海拔高度:高度越高,气温年较差越小。

28. A。在赤道地区,气温年较差很小,但一年中却出现两个高值,分别出现在春分和秋分。

29. D。随纬度增高而变大。

31. C。在北半球,最高值陆上出现在7月份,海上出现在8月份。

32. B。最低值陆上出现在1月份,海上出现在2月份。

33. A。在南半球,最高值陆上出现在1月份,海上出现在2月份;最低值陆上出现在7月份,海上出现在8月份。

35. C。气温的年较差大小与以下三个因素有关:(1)纬度;(2)下垫面性质;(3)海拔高度。

36. D。随纬度增高而变大,赤道附近最小,两极地方最大。北京纬度最高。

40. C。海面变化缓和,陆面变化剧烈。

41. B。①海水的容积热容量(1 cm³ 海水升温 1 ℃所需的热量)较大;②水具有流动性;③太阳辐射穿透陆地只限于表面一个薄层,在海洋却可达几十米。

43. C。冬季北大西洋由于受到墨西哥湾暖流的影响,等温线向北突出十分显著。

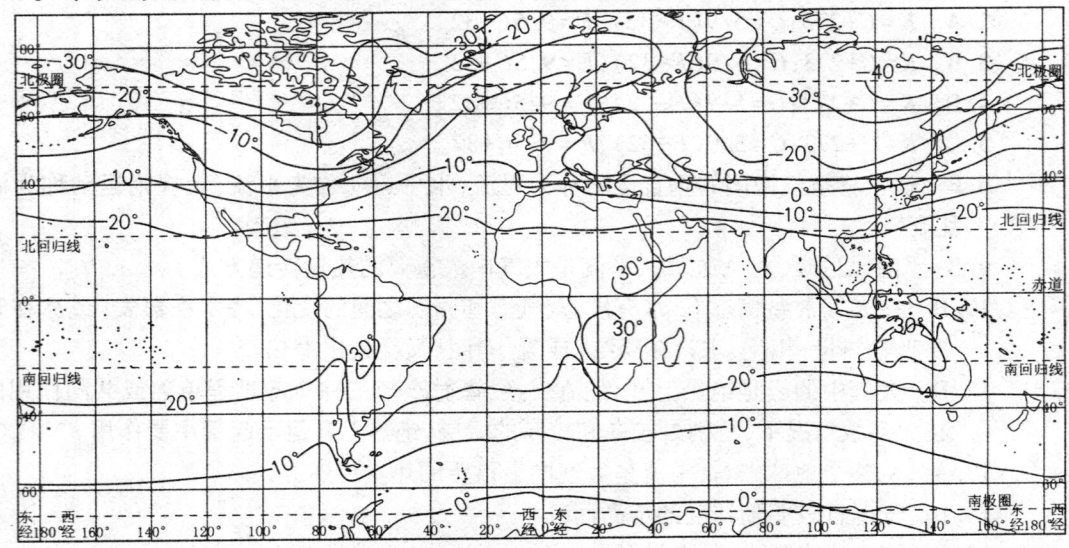

44. A。

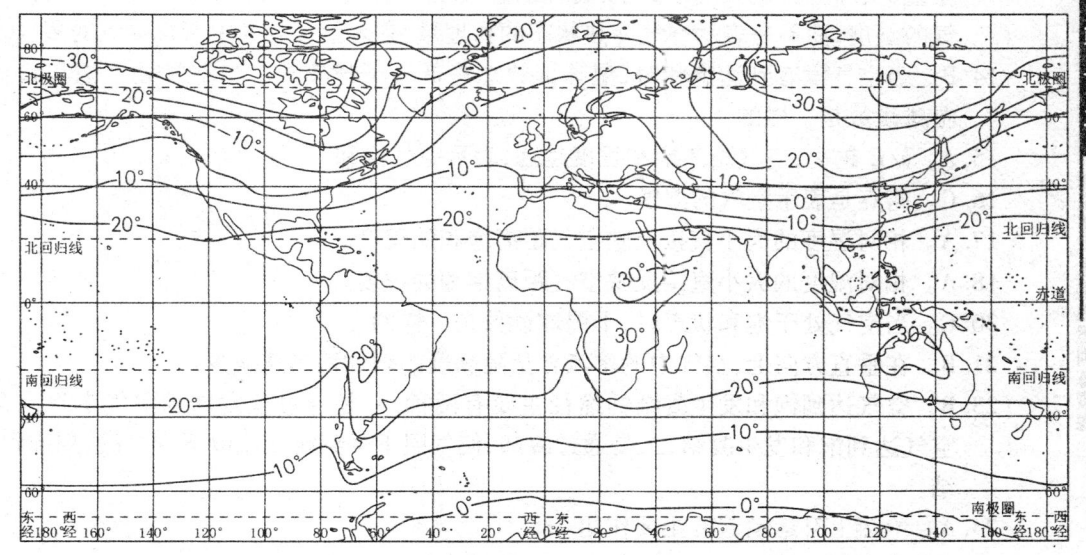

第三节 湿度

1. A。绝对湿度实际上就是大气中的水汽密度。
2. A。露点是表示空气的湿度,而不是表示空气冷热状态的物理量,它表示了空气中所含水汽的多少。
3. B。对于一定的蒸发表面,它的饱和水汽压唯一决定于温度。温度越高,所对应的饱和水汽压越大。对于不同的蒸发表面,当温度相同时,饱和水汽压不一定相同。
4. C。同温度下,空气中的实际水汽压与饱和水汽压的百分比,称为相对湿度。
5. D。当 $t - t_d > 0$ 时,空气未饱和,且差值越大空气越干燥;当 $t - t_d = 0$ 时,空气饱和;当 $t - t_d < 0$ 时,空气过饱和。
6. B。$f = \dfrac{e}{E} \times 100\%$,水汽压用符号 e 表示,常用单位是百帕(hPa)、毫巴(mbar)、毫米汞柱高(mmHg)。饱和水汽压用符号 E 表示。相对湿度用符号 r 或 f 表示。
7. D。露点是表示空气的湿度,而不是表示空气冷热状态的物理量,它表示了空气中所含水汽的多少。
8. C。露点时的空气,$e = E$,且 $f = 100\%$。
9. B。$f = \dfrac{e}{E} \times 100\%$。
10. B。相对湿度的大小直接反映空气距离饱和的程度。
11. C。湿空气依据所含水汽的多少可分为未饱和湿空气、饱和湿空气和过饱和湿空气,饱和湿空气的水汽压称为饱和水汽压,用符号 E 表示。
12. A。相对湿度的大小直接反映空气距离饱和的程度。
13. C。水汽压:直接反映了空气中水汽含量的多少;绝对湿度:单位体积空气中所含水汽的质量,实际上就是大气中的水汽密度,直接表示空气中水汽含量的多少;露点:是表示空气的湿度,而不是表示空气冷热状态的物理量,它表示了空气中所含水汽的多少。

14. B。当空气没有到达饱和时,湿球读数总是低于干球读数。当空气处于饱和状态时,干湿球读数是一样的。

15. A。e/E 越小,空气距离饱和程度越远,表示空气饱和。

16. C。露点是表示空气的湿度。

17. A。相对湿度的大小直接反映空气距离饱和的程度。

18. A。相对湿度的大小直接反映空气距离饱和的程度。

20. C。当空气处于饱和状态时,干湿球读数是一样的。

21. B。在垂直方向上,空气中的水汽含量随高度的增加而迅速减少。

23. B。空气达到饱和发生凝结的途径主要有两种,一是通过蒸发增加空气中水汽含量,使空气达到饱和发生凝结;二是通过冷却,使气温下降到露点或以下,空气达到饱和发生凝结。

24. A。绝热上升运动起着主要作用。

25. C。(1)绝热冷却;(2)辐射冷却;(3)平流冷却。

26. B。一是要有充足的水汽;二是要有大量的凝结核;三是要有使空气中水汽凝结的冷却过程。绝热上升运动起着主要作用。

28. C。大气中的水汽主要来自下垫面的蒸发。

29. B。北半球,绝对湿度高值出现在蒸发强的7—8月份,低值出现在蒸发弱的1—2月份。

30. D。北半球,高值出现在蒸发强的7—8月份,低值出现在蒸发弱的1—2月份。南半球,高值出现在蒸发强的1—2月份,低值出现在蒸发弱的7—8月份。

31. A。一天中有一个高值和一个低值,高值出现在午后气温最高的时候,低值出现在近日出前。

32. A。南半球,高值出现在蒸发强的1—2月份,低值出现在蒸发弱的7—8月份。

33. B。相对湿度变化与温度变化呈反位相,高值出现在日出前,低值出现午后。相对湿度的年变化,在季风区,相对湿度年变化与温度年变化一致。

第四节　气压

1. B。当气温为 0 ℃,在纬度 45°的海平面上,760 mm 汞柱高时的大气压称为标准大气压,相当于 1 013.25 hPa。

2. A。1 hPa=1 mbar;1 hPa=$\frac{3}{4}$ mmHg。

3. C。1 hPa=$\frac{3}{4}$ mmHg。

4. A。1 hPa=$\frac{3}{4}$ mmHg。

5. A。对任何地点,气压总是随着高度的增加而迅速递减,在地面最大,在大气上界等于零。

第十三章 航海气象基础知识

6. B。500 hPa 等压面高度大约 5 500 m，相当于对流层的中层。
7. B。近似认为高度每增加 8 m，气压下降 1 hPa。
8. C。500 hPa 等压面高度大约 5 500 m。
9. D。850 hPa 的高度大约 1 500 m，相当于摩擦层的上界，代表了高空大气低层的状况。700 hPa 等压面高度大约 3 000 m，反映了对流层中下层情况。500 hPa 等压面高度大约 5 500 m，相当于对流层的中层，反映对流层中高层大气的状况。
10. A。在正常天气情况下，一天中气压有两个峰值出现在 10 时和 22 时前后，两个谷值出现在 4 时和 16 时前后。
11. D。在正常天气情况下，一天中气压有两个峰值出现在 10 时和 22 时前后，两个谷值出现在 4 时和 16 时前后。
13. C。气压日较差随纬度的增高而减小，低纬气压日较差可达 3~5 hPa，中纬地区则小于 1 hPa。
14. A。气压日较差随纬度的增高而减小。
15. D。南海纬度最低。
16. A。渤海纬度最高。
17. A。南海纬度最低。
18. A。热带纬度最低。
19. C。在正常天气情况下，一天中气压有两个峰值出现在 10 时和 22 时前后，两个谷值出现在 4 时和 16 时前后。
20. C。一年中，月平均气压有一个最高值和一个最低值。在大陆上，最高值出现在冬季，最低值出现在夏季；在海洋上，最高值出现在夏季，最低值出现在冬季。
21. D。一年中，月平均气压有一个最高值和一个最低值。在大陆上，最高值出现在冬季，最低值出现在夏季；在海洋上，最高值出现在夏季，最低值出现在冬季。
24. B。其空间等压面向上凸起，形如山丘。
25. C。槽附近的空间等压面类似山谷。
26. A。脊附近的空间等压面类似山脊。
27. C。由低压向外延伸出来的狭长区域，或一组未闭合的等压线向气压较高一方凸出的部分称为低压槽。
38. D。水平气压梯度方向是垂直于等压线由高压指向低压，大小等于垂直等压线方向上单位距离内的气压差。
39. C。水平气压梯度方向是垂直于等压线由高压指向低压。
40. C。水平气压梯度方向是垂直于等压线由高压指向低压，大小等于垂直等压线方向上单位距离内的气压差。
45. B。冷高压和暖低压都是浅薄系统，随高度增加而强度减弱。
47. B。暖高压和冷低压都是深厚系统。
48. A。一般情况下，冷高压和暖低压都是浅薄系统。例如夏季大陆上的热低压和冬季较高纬度地区的某些寒潮冷高压就属于这类系统。
50. A。暖高压和冷低压都是深厚系；冷高压和暖低压都是浅薄系统。

54. C。随高度增加而强度减弱。

第五节 空气水平运动——风

1. C。

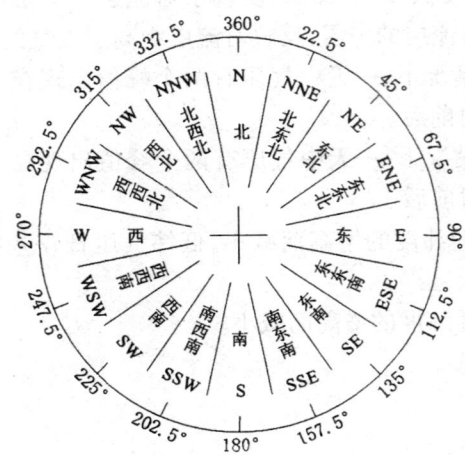

2. B。
3. B。1 m/s=3.6 km/h;1 km/h=0.28m/s;1 kn≈0.5 m/s;1 kn=1.852 km/h。
4. B。航海上描述风向常用16个方位或方位度数(0°~360°)表示。
7. D。水平气压梯度力是空气产生水平运动的原动力。
8. B。水平气压梯度力的大小有以下两个特点:(1)水平气压梯度力的大小与水平气压梯度数值成正比,空气密度一定时,水平气压梯度越大,即等压线越密集,则水平气压梯度力越大;反之,水平气压梯度越小,即等压线越稀疏,则水平气压梯度力越小。(2)水平气压梯度力的大小与空气密度成反比,若水平气压梯度数值一定,随高度升高,由于空气密度减小,水平气压梯度力增大。在同一高度上,空气密度随时间和地点的变化都不明显,因此,水平气压梯度力的大小主要取决于水平气压梯度的大小。
9. A。水平气压梯度力与水平气压梯度方向一致,垂直于等压线,由高压指向低压。
10. B。随高度升高,由于空气密度减小,水平气压梯度力增大。
12. C。在北半球,水平地转偏向力的方向垂直指向空气运动方向的右方,使空气向右偏转。在南半球,水平地转偏向力垂直指向空气运动方向的左方,使空气向左偏转。它只改变空气运动的方向,不改变空气运动的速度。
13. A。(1)水平地转偏向力的大小与风速成正比,纬度相同时,风速越大,力越大。空气静止时不受其作用。(2)水平地转偏向力的大小与所在纬度的正弦成正比。在风速相同的情况下,力随纬度的增大而增大。在赤道上水平地转偏向力为零,两极最大。
14. B。水平地转偏向力的大小与风速成正比,纬度相同时,风速越大,力越大。空气静止时不受其作用。
15. A。只改变空气运动的方向,不改变空气运动的速度。
16. A。在北半球,水平地转偏向力的方向垂直指向空气运动方向的右方,使空气向右偏转。

20. B。在自由大气中,忽略摩擦力的作用,水平气压梯度力与水平地转偏向力平衡时产生的空气水平等速直线运动称为地转风。

21. D。(1)地转风速与水平气压梯度成正比,即等压线越密集的地方,风速越大;等压线越稀疏的地方风速越小。(2)地转风速与空气密度成反比,即气压梯度相同的情况下,越往高空空气密度越小风速越大。(3)地转风速与纬度的正弦成反比,当气压梯度相同时,低纬地区的地转风速比高纬地区大。在赤道上不存在地转风。

22. A。地转风速与纬度的正弦成反比,当气压梯度相同时,低纬地区的地转风速比高纬地区大。

27. B。(1)地转风速与水平气压梯度成正比,即等压线越密集的地方,风速越大;等压线越稀疏的地方风速越小。(2)地转风速与空气密度成反比,即气压梯度相同的情况下,越往高空空气密度越小风速越大。(3)地转风速与纬度的正弦成反比,当气压梯度相同时,低纬地区的地转风速比高纬地区大。在赤道上不存在地转风。

28. A。在赤道上水平气压梯度力与水平地转偏向力始终无法达到平衡,所以不存在地转风。

29. C。气压梯度相同的情况下,越往高空空气密度越小风速越大。

30. C。白贝罗定律(风压定律):背风而立:在北半球,低压在左,高压在右;在南半球,低压在右,高压在左。

35. C。在南半球,低压在右,高压在左。

38. B。在自由大气中,当空气质点做曲线运动时,除受气压梯度力和地转偏向力作用外,还受惯性离心力的作用,当这三个力达到平衡时所吹的风称为梯度风。

39. D。在低压区内,特别是在台风中心附近,等压线非常密集,水平气压梯度非常大,从而风速很大;在高压区边缘风速较大,越向中心部分风速越小。

40. D。低压中的梯度风 $\vec{v_c}$ 在北半球沿着等压线按逆时针方向吹,在南半球沿着等压线按顺时针方向吹;高压中的梯度风 $\vec{v_a}$ 在北半球沿着等压线按顺时针方向吹,在南半球沿着等压线按逆时针方向吹。

41. A。要使 $\vec{G_n}$、$\vec{A_n}$ 和 $\vec{C}$ 这三个力达到平衡,$\vec{A_n}$ 的方向必须与 $\vec{G_n}$ 和 $\vec{C}$ 相反,三个力的大小关系为:$|\vec{A_n}| = |\vec{G_n}| + |\vec{C}|$。

43. B。通常陆面上的风速(取 10~12 m 高度的风速)约为相应地转风速的 $\frac{1}{3} \sim \frac{1}{2}$,海面上风速约为相应地转风速的 $\frac{3}{5} \sim \frac{2}{3}$。

44. D。海面上风速约为相应地转风速的 $\frac{3}{5} \sim \frac{2}{3}$。

45. A。在摩擦层中,因受摩擦力作用,风不再完全沿着等压线吹,而是斜穿等压线从高压吹向低压。

46. A。高压中的气流绕中心顺时针方向向外辐散。

48. D。气压梯度力为 OB;地转偏向力为 OA;OD 为地面摩擦力。

49. B。气压梯度力为 OB；地转偏向力为 OA；OD 为地面摩擦力。
50. C。气压梯度力为 OB；地转偏向力为 OA；OD 为地面摩擦力。
51. D。气压梯度力为 OA；地转偏向力为 OC；OD 为地面摩擦力。
54. A。因陆地（如山脉尽头或半岛附近）向海中凸出造成气流辐合，流线密集，使风力大为增强，称为岬角效应。
55. D。气流从开阔地区进入嗽叭口式地形时，因气流辐合，风速明显加大，风向被迫改变为沿峡谷走向，称为狭管效应。

第六节　大气垂直运动和稳定度

2. D。在地面低气压控制区，水平气流辐合，有上升运动；在地面高气压控制区，水平气流辐散，有下沉运动。
4. C。(1)热对流；(2)水平辐散、辐合引起的垂直运动；(3)锋面上的垂直运动；(4)地形引起的垂直运动；(5)乱流引起的垂直运动。
5. B。热对流是热力作用下引起的垂直运动。这类垂直运动的水平范围较小，只有几千米到几十千米，持续时间较短，只有几十分钟到几小时，但垂直速度大，可达 1~10 m/s，甚至几十米每秒。它可造成雷暴云，产生阵性降水、雷雨大风或冰雹等不稳定性天气。
8. A。在地面低气压控制区，水平气流辐合，有上升运动；在地面高气压控制区，水平气流辐散，有下沉运动。
10. C。发展旺盛的积雨云顶部呈砧状，这是由于对流层顶存在逆温层造成的。
13. B。当大气处于稳定状态时，能有效地抑制对流的发展，产生稳定性天气现象，如层云、雾、毛毛雨等。夏季气温高、湿度大容易形成条件性不稳定的大气层结，因此，经常出现局部雷雨大风天气。当大气处于不稳定状态时，有利于对流发展，产生积状云，出现不稳定性天气，如阵雨、雷阵雨、阵性大风，甚至产生冰雹、龙卷等。
14. C。

第七节　云和降水

1. B。云的形成和消散可以简单归纳为：上升运动+水汽→云形成；下沉运动→云消散。
2. B。按照大气中上升运动的不同特点，云系划分为积状云、层状云和波状云：积状云的特点是孤立分散、垂直发展，有水平的底和明显隆起呈圆弧或菜花状结构。层状云是大气层结稳定的标志，其特点是水平范围广，云顶较为平坦，形如海面起伏、均匀成层。波状云的出现也是大气层结稳定的标志，其特点是水平范围广，云顶常有逆温，云体由许多呈波浪形的碎云块、云片或云层组成，排列整齐。
3. C。

云族	云底高度	云属		云类	
		学名	国际简写（全称）	学名	国际简写
高云	>5 000 m	卷云	Ci （Cirrus）	毛卷云	Ci fil
				密卷云	Ci dens
				伪卷云	Ci not
				钩卷云	Ci unc
		卷层云	Cs （Cirro-stratus）	薄幕卷层云	Cs nebu
				毛卷层云	Cs fil
		卷积云	Cc （Cumulo-cirrus）	卷积云	Cc
中云	2 500~5 000 m	高层云	As （Alto-stratus）	透光高层云	As tra
				蔽光高层云	As op
		高积云	Ac （Alto-cumulus）	透光高积云	Ac tra
				蔽光高积云	Ac op
				荚状高积云	Ac lent
				积云性高积云	Ac cug
				絮状高积云	Ac flo
				堡状高积云	Ac cast
低云	<2 500 m	层积云	Sc （Cumulo-stratus）	透光层积云	Sc tra
				蔽光层积云	Sc op
				积云性层积云	Sc cug
				堡状层积云	Sc cast
				荚状层积云	Sc lent
		层云	St （Stratus）	层云	St
				碎层云	Fs
		雨层云	Ns （Nimbus）	雨层云	Ns
				碎雨云	Fn
		积云	Cu （Cumulus）	淡积云	Cu hum
				碎积云	Fc
				浓积云	Cu cong
		积雨云	Cb （Cumulo-nimbus）	秃积雨云	Cb calv
				鬃积雨云	Cb cap

10. B。积雨云(Cb)常有较强的阵性降水,并伴有大风、雷电等现象,有时还会有冰雹,偶尔有龙卷风产生。

17. D。积状云(Cu)的特点是孤立分散、垂直发展,有水平的底和明显隆起呈圆弧或菜花状结构。

18. D。积状云(Cu)的特点是孤立分散、垂直发展,有水平的底和明显隆起呈圆弧或菜花状结构。

19. D。积状云(Cu)的特点是孤立分散、垂直发展,有水平的底和明显隆起呈圆弧或菜花状结构。

20. D。卷云(Ci)具有丝缕状结构、柔丝般光泽的分离散乱的云,云体通常白色无暗影,呈丝条状、羽毛状、马尾状、钩状、团簇状、片状、砧状等。

21. A。卷云(Ci)具有丝缕状结构、柔丝般光泽的分离散乱的云,云体通常白色无暗影,呈丝条状、羽毛状、马尾状、钩状、团簇状、片状、砧状等。

22. A。卷云(Ci)具有丝缕状结构、柔丝般光泽的分离散乱的云,云体通常白色无暗影,呈丝条状、羽毛状、马尾状、钩状、团簇状、片状、砧状等。

23. B。卷积云(Cc):云块很小,呈白色细鳞片状,无暗影,有柔丝般光泽。常成行、成群排列整齐,很像微风吹拂水面所引起的小波纹。

24. B。高积云(Ac):云块较小,轮廓分明,在厚薄、形状上有很大差异,薄的云块呈白色,能见日月轮廓,厚的云块呈暗灰色,日月轮廓分辨不清。常呈扁圆形、瓦块状、鱼鳞片或水波状的密集云条。常成群、成行、成波状排列。在地平线30°以上,大多数云块的视角宽度为1°~5°。有时可出现在两个或几个高度上。

25. D。高积云(Ac):云块较小,轮廓分明,在厚薄、形状上有很大差异,薄的云块呈白色,能见日月轮廓,厚的云块呈暗灰色,日月轮廓分辨不清。常呈扁圆形、瓦块状、鱼鳞片或水波状的密集云条。常成群、成行、成波状排列。在地平线30°以上,大多数云块的视角宽度为1°~5°。有时可出现在两个或几个高度上。

36. C。连续性降水来自雨层云和厚的高层云。通常连续性降水历时长,持续10 h 以上是常见的,强度没有多大变化。当暖锋通过时,这类降水最典型。

37. B。阵性降水通常来自积雨云、浓积云和不稳定的层积云。降水强度变化很快,具有骤降骤止,天空时暗时亮,持续时间较短,并常伴有强阵风等特点。

38. C。连续性降水来自雨层云和厚的高层云。通常连续性降水历时长,持续10 h 以上是常见的,强度没有多大变化。

第八节 雾和海面能见度

1. B。雾与云在本质上是一样的,都是发生在大气中的水汽凝结现象,只不过存在的高度不同而已,云悬浮在空中,雾贴近地面,因此可以把雾看成地面上的云。

2. B。雾是在稳定的大气层结中生成和维持的。

3. C。平流雾是海上出现最多、对航海影响最大的一种雾,故又称为海雾。

5. C。暖湿空气流经较冷的下垫面(水面或陆面)时,受冷面的影响,近地面层空气冷却降温,水汽凝结成雾,这种雾称为平流雾。
7. B。冷的海面是形成平流雾的基本条件,水面温度梯度很大的水域是平流雾最易产生的区域。
8. C。有平流雾时,风力多在2~4级之间。
9. C。实验证明,海上大气中含有盐粒子,盐粒子是吸湿性凝结核,当相对湿度在80%~90%就有可能出现海雾。
10. B。海雾主要集中发生在海-气温差为0~6 ℃的范围内,其中2~3 ℃时雾出现的概率最大。当海-气温差大于8 ℃时,一般不能形成海雾。
12. C。我国近海产生平流雾的有利风向范围通常为S~SE~E,在黄海北部还包括NE风,而在英吉利海峡则为SW风。
13. C。冷的海面和适当的海气温差;适宜的风场;充沛的水汽;低层逆温层结。
15. C。海雾。其基本特点是:(1)浓度和厚度大;(2)水平范围广;(3)持续时间长;(4)日变化;(5)年变化;(6)随风飘移,常伴有较多的层云。
17. C。平流雾出现的频率有明显的年变化,春夏多,秋冬少。
19. A。在平流雾的生成和维持过程中,通常在大气低层要有逆温层存在。
20. C。在晴朗微风而又比较潮湿的夜间,地面以长波辐射的形式损失热量,地表温度下降,贴近地面的空气冷却降温形成的雾,称为辐射雾。
21. A。晴夜、微风、近地面气层中水汽充沛和大气层结稳定是形成辐射雾的四个主要条件。
23. D。辐射雾一年四季都能产生,尤以秋季和冬季为最频。
24. D。辐射雾有明显的日变化,其通常形成于夜间,日出前最浓,日出后随气温的增高而减弱消散。除冬季阴天外,辐射雾午后仍不消散的只是少数。
25. D。辐射雾一年四季都能产生,尤以秋季和冬季为最频。
26. A。形成于夜间,日出前最浓,日出后随气温的增高而减弱消散。
28. A。进入冷高压中心区域,等压线变稀疏,风速明显减小。由于气团干冷,盛行下沉气流,天气以晴朗、低温、微风、少云天气为主。在内陆、港口附近和沿海容易出现辐射雾、烟、霾等天气现象。
29. D。辐射雾有明显的日变化,其通常形成于夜间,日出前最浓。
30. D。锋面雾随锋面和降水区的移动而移动,出现的时刻和强度变化均不受气温日变化的影响。
31. B。锋面上的暖气团里产生的降水,在穿过冷气团之时,水滴不断蒸发使冷气团中水汽含量增加,空气达到饱和而形成雾,称为锋面雾。
32. D。浓度较大、范围较广的锋面雾多出现于锢囚锋两侧和暖锋前。
33. A。浓度较大、范围较广的锋面雾多出现于锢囚锋两侧和暖锋前。
34. C。锋面雾随锋面和降水区的移动而移动,出现的时刻和强度变化均不受气温日变化的影响。
35. C。锋面雾随锋面和降水区的移动而移动,出现的时刻和强度变化均不受气温日变化的影响;平流雾在一天中任何时刻都能产生,在大洋中无明显的日变化。
36. D。寒冷而稳定的空气覆盖在暖水面上,水面蒸发出来的水汽进入近地面冷空气,空气中水汽含量增加达到饱和而形成的雾,称为蒸汽雾。
37. A。寒冷而稳定的空气覆盖在暖水面上。
38. D。寒冷而稳定的空气覆盖在暖水面上。
39. B。蒸汽雾浓度不大、范围不广,多产生于深秋和冬季的清晨,日出后随气温上升而慢慢消散;辐射雾有明显的日变化,其通常形成于夜间,日出前最浓,日出后随气温的增高而减弱消散。
40. D。蒸汽雾的发生与风速无关,在5~40 m/s的风速中均可观测到蒸汽雾的发生,风向改变可使蒸汽雾消散。
41. D。日本北海道东部至阿留申群岛一带洋面区域常年多雾,是世界上最著名的雾区之一。
42. C。北美圣劳伦斯湾至纽芬兰附近海面终年多雾,也是世界上最著名的雾区之一。
44. C。日本北海道东部至阿留申群岛一带洋面,平流雾多出现于夏季6—8月份,7月最盛。冬季这一区域锋面气旋活动十分频繁,多锋面雾。远东和北美间的大圆航线正经过这个雾区,因终年多雾,冬季又多大风浪,对航行极为不利。
45. B。挪威、西欧沿岸与冰岛之间海面常年有雾。这里是北大西洋暖流与冰岛冷流的交汇处,夏季平流雾很频繁。冬季,挪威和西欧沿海的锋面雾也特别多。挪威沿岸多峡谷和港湾,秋冬季节多辐射雾和蒸汽雾。
47. D。雾的高发区集中在高纬靠近大陆东岸的海洋上,大洋中央和赤道附近的热带海面上几乎没有雾。
49. B。(1)南窄北宽;(2)南少北多;(3)南早北晚。
51. D。山东半岛南部成山头和石岛一带海面雾最频,年雾日可达80多天,有"雾窟"之称。
52. C。雾从春至夏由南向北推延,南海北部沿岸出现最早,始于1月,2—3月最盛;东海4—6月最盛;黄海6—7月最盛。8月,除黄海北部外,我国整个沿海的雾骤然减少。
58. A。海南岛以南和台湾以东洋面终年受暖流控制,水温较高,雾极少出现。
62. C。当干、湿球温度表的读数差逐渐增大时,表明成雾的可能性减小。
65. C。

能见度特征	等级	能见距离		海面可能出现的天气现象
		n mile	km	
能见度恶劣	0	<0.03	<0.05	浓雾
	1	0.03~0.10	0.05~0.20	浓雾或雪暴
	2	0.10~0.25	0.2~0.5	大雾或大雪
能见度不良	3	0.25~0.50	0.5~1.0	雾或中雪
	4	0.5~1	1~2	轻雾或暴雨
能见度中等	5	1~2	2~4	小雪、大雨、轻雾
	6	2~5	4~10	中雨、小雪、轻雾
能见度良好	7	5~11	10~20	小雨、毛毛雨
能见度很好	8	11~27	20~50	无降水
能见度极好	9	≥27	≥50	空气澄明

第九节 大气环流和局地环流

1. C。大气环流反映了大气运动的基本状态和基本特征,是各种不同尺度大气运动的基础,各种特定的天气过程都是以某种大气环流状态为背景的。大气环流既存在平均状况也存在瞬时状况,因此,它不仅决定各地区气候的形成及特点,同时还决定各地的天气类型。

3. D。太阳辐射随纬度的分布不均匀,是影响大气环流形成和维持的最基本的因子,是大气环流产生的原动力。

4. C。在太阳辐射随纬度不均匀和地球自转(地转偏向力)两个因子的共同作用下,产生三圈环流。

5. C。低纬和高纬的两个环流圈,由于气流流动情况与单圈环流类似,同为暖处上升、冷处下沉,因此一般称之为"正环流"。而中纬的环流圈,气流流动情况与单圈环流不同,为冷处上升,暖处下沉,因此一般称之为"反环流"。

7. D。

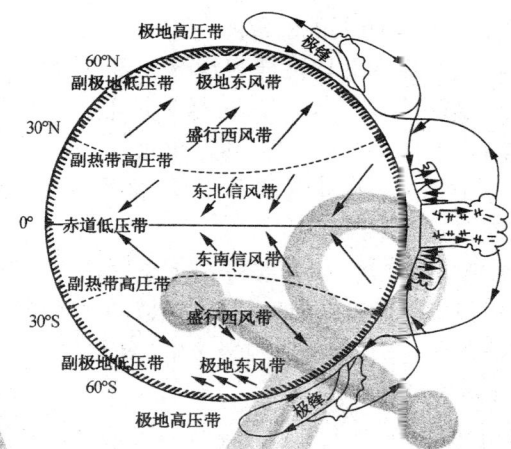

18. C。赤道地区附近,地转偏向力非常小,地面风力微弱、对流旺盛、云量多、常有雷雨。

19. A。在纬度30°~35°副热带高压东西向脊线两侧,地面时常微风或无风,气流下沉运动强,闷热少雨。

21. C。信风带气候特征是:风向常年稳定少变,风力一般3~4级,天气晴朗干燥,能见度好。

29. D。在海陆热力性质差异的影响下,冬季陆上气温低,海上气温高,大陆高压发展,而海洋则为低压控制。夏季,则相反,大陆低压发展,海洋为高压控制。

32. D。北半球冬季阿留申低压和冰岛低压发展强盛。

33. D。在海陆热力性质差异的影响下,冬季陆上气温低,海上气温高,大陆高压发展,而海洋则为低压控制。夏季,则相反,大陆低压发展,海洋为高压控制。

35. A。一月份半永久性大气活动中心主要有亚洲高压(又称西伯利亚高压或蒙古高压)、北美高压(又称加拿大高压)、澳大利亚低压、南美低压和南非低压。

36. B。七月份半永久性大气活动中心主要有亚洲低压、北美低压、澳大利亚高压、南美高压和南非高压。

37. D。半球冬季阿留申低压和冰岛低压发展强盛。
38. B。北大西洋副热带高压(又称亚速尔高压)。
39. A。大范围地区风向随季节有规律转变的盛行风称为季风。
40. C。某一地区的季风往往是由特定的海陆分布、行星风带的季节性位移和地形起伏等多种因素共同作用的结果。
42. B。季风的形成及分布主要与海陆分布、行星风带的季节性位移和大地形的影响等因素有关。
44. B。东亚季风主要是因为海陆热力差异形成的,是世界上最强盛的海陆季风。
46. B。冬季季风期间盛行偏北风,各地冬季风风向由北向南依次为 NW、N、NE 风。例如,渤海、黄海、东海北部和日本海附近海面多为 NW 风;东海南部和南海多为 NE 风。风力一般 5~6 级,寒潮南下时,最大风力可达 8~12 级。夏季季风期间盛行偏南风,在中国东部和日本附近洋面吹 SE 风,在华南沿海、南海和菲律宾附近多为 SW 风。夏季风强度比冬季风弱,海上一般 3~4 级。
56. B。南亚季风形成的最主要原因是行星风带的季节性位移,此外海陆热力差异和青藏高原大地形的作用也是两个重要的因素。
57. C。南亚季风以印度半岛和北印度洋表现最显著,因此,又称印度季风。夏季季风期一般从 5 月份开始,盛行西南风,从 7 月初至 8 月末,风力达到最强,9—10 月风力逐渐减小。冬季季风期自 11 月至次年 4 月,盛行东北风。
61. C。南亚季风和东亚季风一样也是冬季干燥,夏季潮湿,但是它和东亚季风有一个明显差别,即它的夏季风比冬季风强。
64. A。北澳、印尼和新几内亚岛(伊里安岛)一带的季风,远比亚洲季风弱,夏季季风期间盛行西北风,冬季季风期间盛行东南风,季风形成的主要原因是行星风带的季节性位移和海陆热力差异的影响。西北季风期潮湿多雨,澳大利亚西北沿岸常出现雷暴天气,可以观测到短时 5~8 级大风和阵雨。
67. B。在沿海地区近地面层,白天风由海洋吹向陆地,夜间风从陆地吹向海洋,这种随着昼夜交替而有规律变化的风,称为海陆风。由海洋吹向陆地的风,称为海风;由陆地吹向海洋的风,称为陆风。
70. A。在山区,白天,风自谷底沿山坡吹向山顶,夜间,风自山顶沿山坡吹向谷底,这种随着昼夜交替而有规律变化的风,称为山谷风。
72. D。两者叠加作用的结果白天的向岸风(海风+谷风)和夜间的离岸风(陆风+山风)都相当显著。
75. C。秦皇岛和连云港受海陆风和山谷风的影响。
76. A。我国台湾海峡就是一个狭管效应显著的地区。
78. A。冬季,在北太平洋和北大西洋的中高纬洋面上,由于阿留申低压和冰岛低压强烈发展,加上锋面气旋活动频繁,大风的分布范围广、出现频率高。在 30°N 以北海域风力≥7 级的大风频率高达 10%~20%。北大西洋上的大风频率相对北太平洋要高。夏季,在印度洋北部,由于盛行强劲的西南季风,风力经常达 8~9 级。在南半球 30°S 以南的中高纬度洋面上,全年各月风速都较大,且冬季大风频率和范围比夏季还大。处于咆哮西风带中的好望角附近海域,因地形影响风速特别大。

第十节 海浪

2. B。当波陡接近1/7时,波浪开始破碎,波高停止发展。

4. A。当风已平息、减弱或改变方向后所遗留下来的波浪,或者从观测海区外传播到当地的波浪,称为涌浪。

6. A。俗语说的"无风不起浪"指的就是风浪。

7. A。风直接作用于水面引起,而且直到观测时还处在风力作用下的波浪。

9. A。风浪的大小主要取决于风力、风区和风时,此外,还受到海水深度及海域特征等因素的影响。

11. B。涌浪特点是波形圆滑、波峰线较长、波向明显、波长较长、波速较大、波向与风向常不一致。

12. D。涌浪在传播过程中,能量不断衰减,波高不断减小。通常情况下,波长短的衰减快,波长长的衰减慢。涌浪在波高减小的同时,周期和波长都在逐渐加大。

16. D。外海传来的波浪,当它接近海岸时,通常波峰线总是与海岸平行。

18. A。由海底地震、火山爆发或水下塌陷和滑坡等所激起的海面巨浪。

19. B。世界上最常遭受海啸袭击的国家和地区包括日本、菲律宾、印尼、加勒比海、墨西哥沿岸和地中海。

20. C。由于热带气旋、温带气旋、寒潮冷高压的强风作用和气压骤变等引起的海面异常升降现象,称为风暴潮,亦称气象海啸。

21. C。热带气旋、温带气旋、寒潮冷高压。

22. B。风暴潮最严重的地区是日本沿岸、美国东海岸、墨西哥湾沿岸、太平洋赤道以北的一些群岛和中国沿岸。我国风暴潮多发区有莱州湾、渤海湾、长江口至闽江口、汕头至珠江口、雷州湾和海南岛东北角一带。其中汕头至珠江口和莱州湾是严重多发区。

24. A。研究表明,一个有经验的观测者目测得到的显著波高与有效波高两者基本一致,因此,$H_{1/3}$成为最常用的一种统计波高。

25. C。研究表明,一个有经验的观测者目测得到的显著波高与有效波高两者基本一致。

26. C。冬季,长江口以北海域盛行偏北季风,渤海和黄海多为西北浪和北向浪。东海和南海盛行东北季风,以东北浪居多,台湾海峡东北浪占优势。夏季,盛行偏南季风,渤海、黄海和东海以东南浪为主,南海以南向浪为主。冬季中国近海大浪区多出现在台湾海峡、成山头附近和台湾以东海域,大浪频率最高出现在台湾海峡。夏季除热带气旋影响情况下,通常风浪比冬季要小。

30. D。我国近海的浪主要受季风制约。

34. A。南半球30°S以南中高纬海域为咆哮西风带,终年盛行强劲的西风,为狂风恶浪区。其中处于世界重要航道上的好望角和合恩角附近海域风浪特别大,海面有时会出现狂浪怒涛,严重影响船舶航行安全。

35. B。冬季北大西洋和北太平洋中高纬度海域,尤其是大洋的西部;夏季北印度洋多狂风恶浪;南半球的咆哮西风带全年多狂风恶浪;比斯开湾冬季多狂风恶浪。

36. A。冬季,在北大西洋和北太平洋中高纬洋面上,大浪的分布范围广、出现频率高,是两个著名的狂风恶浪海区。

37. A。夏季,北印度洋由于盛行强劲的西南风,7—8月最盛,风力常达8—9级或以上,风浪特别大。

41. C。著名的比斯开湾是通往北欧的重要航道,每年10月至次年3月海况十分恶劣,经常大风怒吼,狂涛汹涌,极不平静。这是因为比斯开湾地处法国西部45°N附近盛行西风带中,湾口对着大西洋。冬季北大西洋中高纬度为狂风恶浪区,当外海的波浪传入比斯开湾时,因水深变浅和沿岸地形的影响,使波高剧增。此外,北大西洋海流一分支沿比斯开湾北岸流入,顺南岸流出,这样当波浪遇到出湾的海流时,因流波效应使波高进一步增大。由于以上因素,造成了比斯开湾冬季经常有10 m的狂涛。

第十一节　船舶水文气象观测

1. B。球部距甲板1.5 m高。

3. A。应使视线与温度表水银柱顶端保持同一高度。

4. B。先读干球温度,后读湿球温度,先读小数,后读整数,精确到0.1 ℃。

5. B。当湿球纱布冻结时,停止湿球温度的观测。

10. C。干湿球温度表应安装在百叶箱内,干球在左,湿球在右,球部距甲板1.5 m高。

11. C。刻度订正;温度订正;补充订正。

12. D。刻度订正;温度订正;补充订正;高度订正。

16. D。世界气象组织规定,在有阵风的海面观测记录风时,要采用10 min的平均风速及相应的最多风向。

17. A。风向风速传感器应选择安装在船舶气流畅通、周围无障碍物、便于维修和保养的大桅顶部,安装时应调整风向传感器的0°与船首方向一致。连接电缆应该牢固地固定在桅杆和所经过的地方。显示器应选择安装在离驾驶室较近、适合观测的位置,并用螺钉固紧。

18. D。(1)风向判定:在离岸较远的海洋上,风浪的来向与风向一致,可用罗经测定风浪的来向作为真风向。(2)风力判定:参照风力等级表中海面征象进行判定,将判定的风力等级所对应的风速中数值记录在真风速栏内。

19. B。云高是指云底距离海面的垂直高度,在船上一般只用目力估计低云云底云高。

21. B。高云一般都可见星光,卷层云使星光模糊而均匀,卷云使星光有的地方明亮,有的地方模糊。

24. D。夜间应站在没有灯光或灯光比较暗的地方进行观测,根据星光的有无和模糊程度来判断是否有云或有什么云。

25. C。大量极细微的尘粒、烟粒、盐粒等均匀地浮游在空中,使海面能见度小于10 km的空气普遍混浊现象。霾使远处光亮物体微带黄、红色,使黑暗物体微带蓝色。

27. A。大量微小水滴或冰晶浮游空中,常呈乳白色,使水平能见度小于1 km。

28. A。气象观测中的能见度一般指水平能见度,即水平方向上的有效能见度。所谓有效能见度是指四周视野中一半以上范围都能看到的最大水平距离。

29. D。夜间观测时,应先在黑暗处停留至少 5 min,待眼睛适应后,观测远处有一定强度的灯光的能见距离,或根据月光、天黑以前能见度的变化趋势以及当时天气现象和气象要素的变化情况,结合实践经验进行估计。

30. A。现在天气(Current weather)是指在定时观测时出现的天气现象。过去天气(Past weather)是指在定时观测之前 6 h 内出现的天气现象。

31. C。现在天气(Current weather)是指在定时观测时出现的天气现象。过去天气(Past weather)是指在定时观测之前 6 h 内出现的天气现象。

32. A。观测点应选择在视野开阔处,测报规定观测项目包括风浪高、涌浪高和涌浪向。

33. B。观测浪高时首先根据浪的特性,区分出风浪和涌浪,各挑选较远处 3~5 个显著大波,分别取平均值作为风浪和涌浪的波高值,精确到 0.1 m,记入风浪和涌浪栏中。

第十四章 海上天气系统及其特征

第一节 气团和锋

1. 在水平方向上物理属性比较均匀的大块空气称为气团,此物理属性一般指_____。
   A. 湿度、气压、能见度　　　　B. 湿度、温度、风
   C. 温度、湿度、大气稳定度　　D. 湿度、气压、云

2. 一般气团的尺度_____。
   A. 水平范围为几百至几千千米　　B. 垂直范围为几十千米至几百千米
   C. 水平范围为几千米至十几千米　D. 垂直范围为 1 km

3. 气团的形成必须具备的条件为_____。
   A. 大范围物理性质比较均匀的下垫面和不稳定的环流条件
   B. 大范围比较平坦的下垫面和适当的环流条件
   C. 大范围物理性质不均匀下垫面和适当的环流条件
   D. 大范围物理性质比较均匀的下垫面和适当的环流条件

4. 气团形成的必要条件是_____。
   ①适宜的环流条件;②相同的纬度带;③大范围物理性质均匀的下垫面;④较大的气压梯度;
   ⑤平坦的下垫面;⑥一定的地转偏向力
   A. ①②④　　　　　　　　　　B. ①③
   C. ②③⑤⑥　　　　　　　　　D. ①⑤⑥

5. 气团内部_____。
   A. 垂直温度差异小　　　　　　B. 垂直温度差异大
   C. 水平温度差异小　　　　　　D. 水平温度差异大

6. 气团内部_____。
   A. 垂直方向上湿度差异小　　　B. 垂直方向上湿度差异大
   C. 水平方向上湿度差异小　　　D. 水平方向上湿度差异大

7. 冰洋气团的天气特点是_____。
   A. 干燥、寒冷、气层不稳定、多晴天
   B. 寒冷、潮湿、多阴天
   C. 干燥、寒冷、气层稳定、多晴天

D. 干燥、寒冷、常阴天、有大风
8. 冬季极地大陆气团具有如下哪些天气特征？
   A. 干燥、低温、气层稳定、多晴天
   B. 寒冷、潮湿、多阴天
   C. 干燥、低温、气层不稳定、多晴天
   D. 干燥、低温、常阴天、有大风
9. 夏季极地海洋气团的天气特征是_____。
   A. 干燥、低温、气层稳定、多晴天
   B. 低温、潮湿、多云、阴天
   C. 干燥、低温、气层不稳定、多晴天
   D. 干燥、低温、常阴天、有大风
10. 热带海洋气团具有_____的特征。
    A. 潮湿、温暖、气层稳定
    B. 潮湿、温暖、整层气层不稳定
    C. 干燥、温暖、气层稳定
    D. 潮湿、温暖、低层不稳定、中层常有逆温层
11. 热带大陆气团具有_____的特征。
    A. 干燥、炎热、气层不稳定
    B. 潮湿、闷热、整层气层不稳定
    C. 干燥、炎热、气层稳定
    D. 热湿、低层不稳定、中层常有逆温层
12. 赤道气团具有_____的特征。
    A. 干热稳定、少有降雨天气
    B. 高温、潮湿、不稳定、多雷阵雨天气
    C. 湿热稳定、多狂风暴雨天气
    D. 高温、潮湿、稳定、无大风天气
13. 地理分类方法分类的气团名称有_____。
    ①赤道气团；②冷气团；③极地气团；④热带气团；⑤暖气团；⑥冰洋气团
    A. ①②③④⑤⑥   B. ①③④⑥
    C. ④⑤   D. ②④⑤⑥
14. 赤道气团盛夏会影响到我国华南一带,常带来_____天气。
    A. 湿热,稳定性天气   B. 湿热,不稳定性天气
    C. 干热,稳定性天气   D. 干热,不稳定性天气
15. 按气团的热力分类,将气团分为_____。
    A. 干冷气团和暖湿气团   B. 稳定气团和不稳定气团
    C. 大陆气团和海洋气团   D. 冷气团和暖气团
16. 移向暖的下垫面的气团常出现_____。
    A. 不稳定性天气,变性快   B. 稳定性天气,变性快

C. 不稳定性天气,变性慢   D. 稳定性天气,变性慢

17. 下列关于冷暖气团定义的说法哪种正确?
    ①移向冷的下垫面的气团称为暖气团;②移向暖的下垫面的气团称为冷气团;③温度低的气团称为冷气团;④温度高的气团称为暖气团
    A. ③④   B. ①②③④
    C. ①②   D. ②③

18. 暖气团在移动过程中的层结特征和能见度是_____。
    A. 层结稳定、能见度好   B. 层结稳定、能见度差
    C. 层结不稳定、能见度好   D. 层结不稳定、能见度差

19. 冷气团在移动过程中的层结特征和能见度是_____。
    A. 层结不稳定、能见度好   B. 层结稳定、能见度好
    C. 层结不稳定、能见度差   D. 层结稳定、能见度差

20. 冷、暖气团在移动过程中的变性特征是_____。
    A. 暖气团变性快,冷气团变性慢   B. 冷、暖气团均变性慢
    C. 暖气团变性慢,冷气团变性快   D. 冷、暖气团均变性快

21. 冷、暖气团常伴随的云系特征为_____。
    A. 冷、暖气团均伴随层状云
    B. 冷气团伴随积状云,暖气团伴随层状云
    C. 冷、暖气团均伴随积状云
    D. 冷气团伴随层状云,暖气团伴随积状云

22. 冷、暖气团分别伴随的天气特征为_____。
    A. 冷气团出现不稳定性天气,暖气团出现稳定性天气
    B. 冷气团出现稳定性天气,暖气团出现不稳定性天气
    C. 冷、暖气团都出现不稳定天气
    D. 冷、暖气团都出现稳定性天气

23. 冷、暖气团出现的天气特征为_____。
    A. 冷、暖气团均多平流雾或层云
    B. 冷气团多平流雾或层云,暖气团多阵性大风和阵性降水
    C. 暖气团多平流雾或层云,冷气团多阵性大风和阵性降水
    D. 冷、暖气团均多阵性大风和阵性降水

24. 冷、暖气团控制时,气温的日变化特征为_____。
    A. 冷、暖气团中的日变化均大
    B. 冷气团日变化大,暖气团日变化小
    C. 暖气团日变化大,冷气团日变化小
    D. 冷、暖气团中的日变化均小

25. 冷气团具有的天气特征_____。
    ①干燥;②阵性降水;③连续性降水;④多积状云;⑤多层状云;⑥气层不稳定
    A. ①②④⑥   B. ①③⑤⑥

C. ②⑤⑥   D. ②④⑥

26. 暖气团具有的天气特征_____。
①潮湿;②阵性降水;③连续性降水;④多积状云;⑤多层状云;⑥气层稳定;⑦气层不稳定
A. ①②④⑦   B. ①③⑤⑥
C. ①②⑤⑥   D. ①③④⑦

27. 移向暖的下垫面气团具有的天气特征_____。
①能见度好;②阵性降水;③连续性降水;④多积状云;⑤多层状云;⑥能见度差
A. ①③⑤   B. ②④⑥
C. ③⑤⑥   D. ①②④

28. 冬季偏南风将海洋空气吹入中国大陆后,中国大陆将受哪种气团及天气控制?
A. 冷气团、不稳定、晴朗   B. 冷气团、稳定、多雾或层云
C. 暖气团、不稳定、晴朗   D. 暖气团、稳定、多雾或层云

29. 冬季影响我国东部海域的主要气团是_____。
A. 变性极地海洋气团
B. 变性极地大陆气团
C. 变性热带大陆气团
D. 变性热带海洋气团

30. 夏季影响我国的主要气团是_____。
A. 变性极地海洋气团和热带海洋气团
B. 变性极地大陆气团和热带大陆气团
C. 变性极地大陆气团和热带海洋气团
D. 变性热带海洋气团和热带大陆气团

31. 冬季影响我国的主要气团是变性极地大陆气团,在气压场上表现为_____。
A. 副热带高压和大陆高压控制   B. 冷高压北上和高压脊南伸
C. 冷高压南下或高压脊南伸   D. 冷高压南下和副热带高压北上

32. 影响我国的气团主要包括_____。
A. 极地大陆气团和热带海洋气团
B. 变性的极地大陆气团和变性的热带海洋气团
C. 极地海洋气团和热带大陆气团
D. 极地大陆气团和赤道气团

33. 我国冬季在变性的极地大陆气团影响下,地面流场特征为_____。
A. 强的冷性反气旋   B. 强的温带气旋
C. 强的热带气旋   D. 强的暖性反气旋

34. 冬季,当变性的极地大陆气团与热带海洋气团相遇时,在交界处形成的主要天气是_____。
A. 晴朗、干燥   B. 阴雨
C. 炎热、潮湿   D. 短时雷雨大风

35. 锋形成于_____。
A. 冷气团内部   B. 暖气团内部
C. 冷暖气团交汇处   D. 任何地方

36. 锋是三度空间结构的天气系统,它在空间呈现出_____。

A. 水平带状结构 B. 垂直带状结构
C. 螺旋带状结构 D. 倾斜带状结构

37. 使锋面向冷空气一侧倾斜的主要原因是_____。
   A. 气压梯度力的作用 B. 地球自转运动的作用
   C. 水平方向的空气流动 D. 冷暖气团相互抬挤

38. 一般锋的水平宽度_____。
   A. 在近地面层大于中高层 B. 在近地面层等于中高层
   C. 在近地面层小于中高层 D. 中层大,近地面、高层小

39. 锋的水平宽度_____。
   A. 随高度增加而减小 B. 随高度增加而增大
   C. 中层大,近地面、高层小 D. 不随高度变化

40. 地面锋线通常出现在_____。
   A. 高压脊中 B. 低压槽中
   C. 鞍形区中 D. 高压带中

41. 锋面在空间呈倾斜状态,并且_____。
   A. 冷空气在上,暖空气在下
   B. 冷空气在下,暖空气在上
   C. 冷空气在前,暖空气在后
   D. 冷空气在后,暖空气在前

42. 暖气团势力强,推动冷气团后退,并使锋面向冷气团一侧移动的锋,称为_____。
   A. 冷锋 B. 暖锋
   C. 静止锋 D. 锢囚锋

43. 冷气团势力强,推动暖气团后退,并使锋面向暖气团一侧移动的锋,称为_____。
   A. 冷锋 B. 暖锋
   C. 静止锋 D. 锢囚锋

44. 冷、暖气团势均力敌,锋基本不动或只在某个位置附近作小摆动时称为_____。
   A. 冷锋 B. 暖锋
   C. 静止锋 D. 锢囚锋

45. 冷锋移速比暖锋快,当冷锋追上暖锋时形成_____。
   A. 副冷锋 B. 极锋
   C. 准静止锋 D. 锢囚锋

46. 形成锢囚锋时_____。
   A. 冷气团被抬离地面
   B. 暖气团被抬离地面
   C. 冷气团和暖气团均不被抬离地面
   D. 冷气团和暖气团同时被抬离地面

47. 下图中的锋面属于哪种类型？

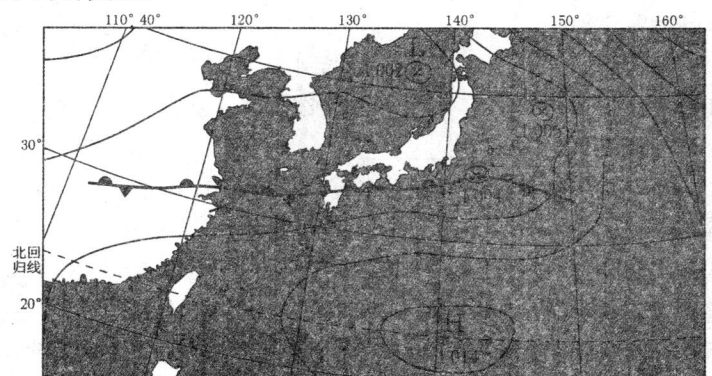

   A. 冷锋 B. 暖锋
   C. 准静止锋 D. 锢囚锋

48. 在锋面附近，温度场特征是_____。
   A. 水平温度梯度大、垂直温度梯度小 B. 水平和垂直温度梯度均小
   C. 水平温度梯度小、垂直温度梯度大 D. 水平和垂直温度梯度均大

49. 通常锋面坡度_____。
   A. 暖锋最大，冷锋次之，静止锋最小 B. 静止锋最大，暖锋次之，冷锋最小
   C. 冷锋最大，暖锋次之，静止锋最小 D. 冷锋最大，静止锋次之，暖锋最小

50. 高空锋区的位置偏于地面锋线的_____。
   A. 冷空气一侧 B. 暖空气一侧
   C. 南侧 D. 北侧

51. 典型暖锋过境时依次出现的云系为_____。
   A. Ci→Cs→As→Sc B. Ci→Cs→As→Ns
   C. Ci→Cs→As→St D. Ns→As→Cs→Ci

52. 典型第一型冷锋过境时，依次可见到的云系是_____。
   A. Ci→Cs→As→Ns B. Cb→Ns→As→Cu
   C. As→Ns→Cb→Fn D. Ns→As→Cs→Ci

53. 典型静止锋云系在北半球自南向北依次为_____。
   A. Ci→Cs→As→Ns B. Ns→As→Cs→Ci
   C. As→Ns→Cb→Fn D. Cb→Ns→As→Cu

54. 典型冬季第二型冷锋过境前，依次可见到的云系是_____。
   A. Ci→Cs→As→Ns B. Ns→As→Cs→Ci
   C. Ci→Cb→Ac→Ci D. Cu→Cb→Ac→Fn

55. 典型第二型冷锋天气的主要云系是_____。
   A. Cu B. Cb
   C. As D. Ns

56. 船舶受强冷锋过境影响时，可观测到气压变化为_____。
   A. 缓升 B. 缓降

C. 急升　　　　　　　　　　　　D. 急降

57. 冬季Ⅱ型冷锋过境常伴有_____。
   A. 平流雾　　　　　　　　　　B. 毛毛雨
   C. 阵性大风和降温　　　　　　D. 连续性降水

58. 典型第二型冷锋可能出现的天气有_____。
   ①连续性降水；②阵性大风；③毛毛雨；④冰雹；⑤雷阵雨；⑥龙卷
   A. ①②③④⑤⑥　　　　　　　B. ①②④⑤⑥
   C. ②③④⑤⑥　　　　　　　　D. ②④⑤⑥

59. 通常冷锋过境的天气特征为_____。
   ①气温逐渐降低；②气压逐渐升高；③北半球风向顺转；④气压逐渐降低；⑤北半球风向逆转；⑥冬季一般锋后风速大于锋前
   A. ①②⑤⑥　　　　　　　　　B. ①②③⑥
   C. ②③⑥　　　　　　　　　　D. ④⑤⑥

60. 哪种锋面产生的降水强度最大？
   A. 第一型冷锋　　　　　　　　B. 夏季第二型冷锋
   C. 冬季暖锋　　　　　　　　　D. 夏季暖锋

61. 在北半球当冷锋过境时，通常真风向将由_____。
   A. 东~东南风转南~西南风　　　B. 南~西南风转北~西北风
   C. 北~西北风转南~西南风　　　D. 东~东南风转北~西北风

62. 在北太平洋某船自东向西穿越冷锋，通常风向将由_____。
   A. S~SW 转 N~NW　　　　　　B. S~SW 转 E~SE
   C. E~SE 转 S~SW　　　　　　D. N~NW 转 E~SE

63. 典型暖锋天气有_____。
   A. 大片连续性降水　　　　　　B. 阵性降水
   C. 阵性大风　　　　　　　　　D. 平流雾

64. 锋面坡度最小，云和降水区宽度最大，降水强度小，持续时间长的锋是_____。
   A. 第一型冷锋　　　　　　　　B. 第二型冷锋
   C. 暖锋　　　　　　　　　　　D. 准静止锋

65. 准静止锋天气特点是_____。
   ①降水强度小；②阵性降水；③降水范围大、持续时间长；④降水强度大；⑤降水范围小、持续时间短；⑥连续性降水
   A. ①③⑥　　　　　　　　　　B. ①②⑤⑥
   C. ②④⑤　　　　　　　　　　D. ②④⑤⑥

66. 通常造成我国江南连续阴雨天气的锋是_____。
   A. 静止锋　　　　　　　　　　B. 暖锋
   C. 冷锋　　　　　　　　　　　D. 锢囚锋

67. 锢囚锋天气特点是_____。
   ①云层增厚；②云层变薄；③降水范围较大、持续时间较长；④降水减弱；⑤降水范围小、持续

时间短;⑥降水增强

  A. ①③⑥   B. ①②⑤⑥

  C. ②④⑤   D. ②④⑤⑥

68. 下列哪种锋面易形成范围较广、浓度较大的锋面雾?

  A. 第一型冷锋前   B. 暖锋后

  C. 锢囚锋两侧   D. 第二型冷锋后

69. 若形成锢囚锋的暖空气较潮湿,则锋面天气的最显著特点是_____。

  A. 锋前后均有降水,范围扩大   B. 锋前无降水,锋后有降水

  C. 锋前有降水,锋后无降水   D. 锋前后均无降水

第二节 锋面气旋

1. 逆时针旋转的大型空气涡旋是_____。

  A. 北半球反气旋、南半球气旋   B. 南、北半球的反气旋

  C. 北半球气旋、南半球反气旋   D. 南、北半球的气旋

2. 顺时针旋转的大型空气涡旋是_____。

  A. 北半球反气旋、南半球气旋   B. 南、北半球的反气旋

  C. 北半球气旋、南半球反气旋   D. 南、北半球的气旋

3. 从流场角度而言,北半球地面气旋是_____。

  A. 逆时针向内辐合   B. 顺时针向内辐合

  C. 逆时针向外辐散   D. 顺时针向内辐散

4. 通常气旋的强度可以用_____表示。

  A. 中心最高气压   B. 用气旋最里面闭合等压线数值

  C. 用气旋最外面闭合等压线数值   D. 中心最低气压

5. 温带气旋中心气压值一般在_____。

  A. 1 010~970 hPa 之间,发展十分强盛的可能低至 920 hPa 以下

  B. 970 hPa 以下,发展十分强盛的可能低至 920 hPa 以下

  C. 1 030~1 000 hPa 之间,发展十分强盛的可能低至 950 hPa 以下

  D. 1 000 hPa 以上,发展十分强盛的可能低至 950 hPa 以下

6. 通常锋面气旋的水平范围大小用_____表示。

  A. 6 级风圈范围

  B. 10 级风圈范围

  C. 近中心附近最大风速

  D. 最外围一条闭合等压线围成区域直径

7. 海洋上温带气旋强度最大、范围最广的季节为_____。

  A. 春季   B. 夏季

  C. 秋季   D. 冬季

8. 大洋上温带气旋强度最弱的季节为_____。

A. 春季 B. 夏季
C. 秋季 D. 冬季

9. 通常锋面气旋主要活动在哪个气候带？
   A. 热带 B. 温带
   C. 寒带 D. 副热带

10. 下列正确的说法是_____。
    A. 温带气旋和热带气旋是按形成与活动的地理区域命名
    B. 温带气旋和锋面气旋是按形成与活动的地理区域命名
    C. 锋面气旋和无锋面气旋是按形成与活动的地理区域命名
    D. 锋面气旋与热带气旋是按形成与活动的地理区域命名

11. 下列正确的说法是_____。
    A. 温带气旋和热带气旋是按热力结构命名
    B. 温带气旋和锋面气旋是按热力结构命名
    C. 锋面气旋和无锋面气旋是按热力结构命名
    D. 锋面气旋与热带气旋是按热力结构命名

12. 下列哪些气旋是依据形成和活动的地理区域划分的？
    ①锋面气旋；②暖性气旋；③温带气旋；④冷性气旋；⑤热带气旋；⑥无锋面气旋
    A. ③⑤ B. ①④⑤⑥
    C. ②④⑥ D. ②④⑤⑥

13. 根据气旋的热力结构可将气旋分为_____。
    A. 温带气旋和热带气旋 B. 锋面气旋和无锋面气旋
    C. 温带气旋和锋面气旋 D. 锋面气旋和热带气旋

14. 下列正确的说法是_____。
    A. 温带气旋属于冷性反气旋 B. 热带气旋属于暖性反气旋
    C. 温带气旋属于暖性气旋 D. 热带气旋属于暖性气旋

15. 气旋对应的一般天气特征为_____。
    A. 晴朗，微风，少云天气 B. 多云，微风天气
    C. 晴朗，少云，大风天气 D. 阴雨并伴有大风天气

16. 当气旋移到本区时，出现的主要天气特征为_____。
    A. 晴朗 B. 炎热、潮湿
    C. 云量增多，出现阴雨 D. 短时雷雨大风

17. 当气旋发展强盛时，出现的主要天气特征为_____。
    A. 无云、炎热 B. 炎热、干燥
    C. 短时雷雨大风 D. 强风、强降水

18. 在通常情况下，锋面气旋移动速度最快的阶段是_____。
    A. 初生阶段和消亡阶段 B. 发展阶段和初生阶段
    C. 锢囚阶段和消亡阶段 D. 消亡阶段和发展阶段

19. 在锋面气旋生命史中，哪个阶段气旋逐渐与锋脱离？

A. 初生阶段 B. 消亡阶段
C. 锢囚阶段 D. 发展阶段

20. 锋面气旋发展到锢囚阶段的特点是_____。
①云层增厚;②降水强度增大;③冷中心与低压中心趋于重合;④冷暖锋分离;⑤降水范围增大;⑥冷中心远离低压中心
A. ①②④⑤⑥ B. ①②③⑤
C. ②③④⑤ D. ②④⑤⑥

21. 图中气旋处于其生命史中的什么阶段?

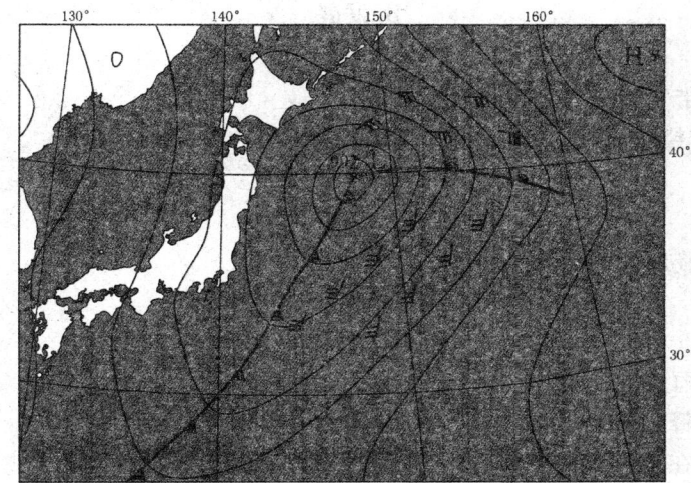

A. 初生 B. 发展
C. 锢囚 D. 消亡

22. 锋面气旋在哪个阶段气压最低,天气最恶劣?
A. 锢囚阶段 B. 发展阶段
C. 初生阶段 D. 消亡阶段

23. 温带气旋冬半年入海常加深的原因是_____。
A. 海面加热作用和海面摩擦力比陆面大
B. 海面加热作用和海面摩擦力比陆面小
C. 海面冷却作用和海面摩擦力比陆面小
D. 海面冷却作用和海面摩擦力比陆面大

24. 下列正确的说法是_____。
A. 冬半年温带气旋入海常加深,反气旋入海常减弱
B. 夏半年温带气旋入海常减弱,反气旋入海也减弱
C. 夏半年温带气旋入海常加深,反气旋入海也加强
D. 冬半年温带气旋入海常减弱,反气旋入海常加强

25. 图中气旋处于其生命史中的什么阶段?

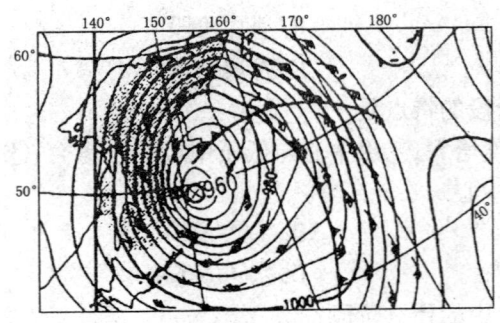

A. 初生 B. 发展
C. 锢囚 D. 消亡

26. 水汽充沛的温带气旋能产生降雨的区域是_____。
①暖锋后；②暖锋前；③中心附近；④冷锋前；⑤暖区；⑥冷锋后
A. ①②③④⑥ B. ①②③④⑤⑥
C. ②③④⑤⑥ D. ②④⑤⑥

27. 强大的锋面气旋地面最大风力可达_____。
A. 9级以上 B. 10级以上
C. 11级以上 D. 12级以上

28. 锋面气旋的阴雨天气一般_____。
A. 对称分布在锋面附近 B. 对称分布在气旋中心区
C. 不对称分布在中心和锋面附近 D. 不对称分布在气旋中心区

29. 在典型锋面气旋中，通常平流雾和毛毛雨天气最有可能出现在_____。
A. 冷锋后 B. 暖锋前
C. 暖区 D. 气旋中心

30. 在典型锋面气旋中，通常降温、大风天气出现在_____。
A. 北半球冷锋后、南半球冷锋前 B. 北半球冷锋前、南半球冷锋后
C. 北半球冷锋前、南半球冷锋前 D. 北半球冷锋后、南半球冷锋后

31. 下图为北半球典型锋面气旋示意图，图中A点的风向为_____。

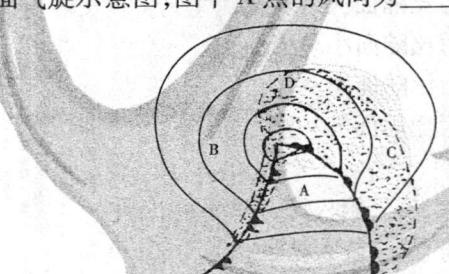

A. 西北风 B. 东南风
C. 西南风 D. 西风

32. 下图为北半球典型锋面气旋示意图，图中B点的风向为_____。

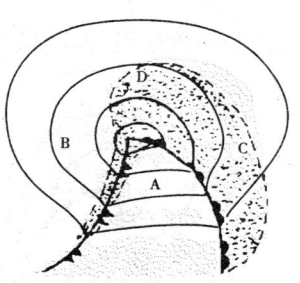

A. 西北风 B. 东南风
C. 西南风 D. 北风

33. 下图为北半球典型锋面气旋示意图,图中 C 点的风向为_____。

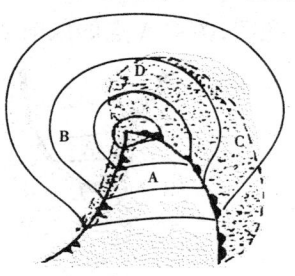

A. 西北风 B. 东南风
C. 西南风 D. 东北风

34. 下图为北半球典型锋面气旋示意图,图中 D 点的风向为_____。

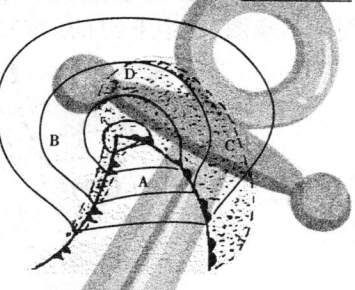

A. 西北风 B. 东南风
C. 西风 D. 东风

35. 下图为北半球典型锋面气旋示意图,一般大风和降温天气出现在_____。

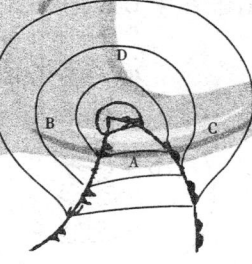

A. B 区 B. C 区
C. D 区 D. A 区

36. 下图为北半球典型锋面气旋示意图,一般温暖、潮湿或平流雾出现在_____。

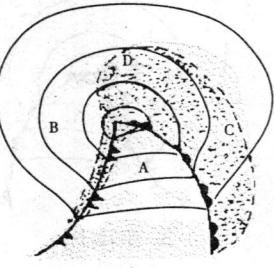

A. B 区 B. C 区
C. D 区 D. A 区

37. 下图为南半球典型锋面气旋示意图,图中 A 点的风向为_____。

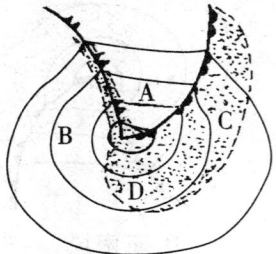

A. NE 风 B. SW 风
C. W 风   D. NW 风

38. 下图为南半球典型锋面气旋示意图,图中 B 点的风向为_____。

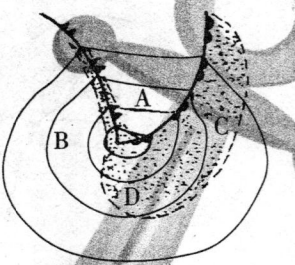

A. SW 风 B. NW 风
C. W 风   D. NE 风

39. 下图为南半球典型锋面气旋示意图,图中 C 点的风向为_____。

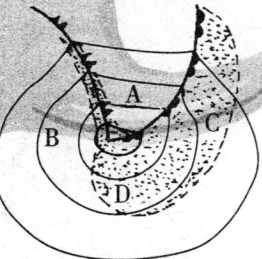

A. NW 风 B. SW 风
C. W 风   D. NE 风

40. 下图为南半球典型锋面气旋示意图,图中 D 点的风向为_____。

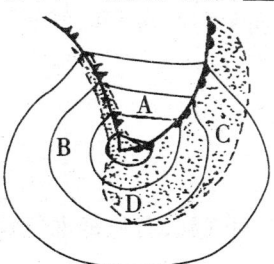

A. NW 风 B. SW 风
C. SE 风 D. NE 风

41. 下图为南半球典型锋面气旋示意图,一般温暖、潮湿或平流雾出现在_____。

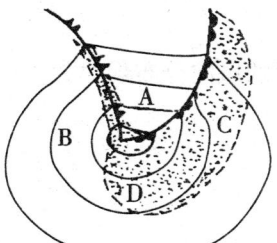

A. B 区   B. C 区
C. D 区   D. A 区

42. 某船自东向西穿越江淮气旋,观察到天气由毛毛雨、西南风3~4级的状况转变为西北风6~7级,表明船舶_____。
   A. 穿越暖锋   B. 处于暖区
   C. 穿越冷锋   D. 处于冷区

43. 船舶在北太平洋遇锋面气旋,测得风向变化为SE-E-NE-N-NW,并有连续性降水,则可断定该船通过的部位是_____。
   A. 气旋中心南侧附近
   B. 气旋中心南侧边缘
   C. 气旋中心北侧附近
   D. 气旋中心北侧边缘

44. 北太平洋西行船舶遇锋面气旋,根据_____可以判定船已进入冷锋后。
   A. 西南风转西北风
   B. 西北风转北风
   C. 东北风转西北风
   D. 东南风转西南风

45. 在北太平洋西行船舶遇锋面气旋,根据_____可以断定船已进入暖区。
   A. 东北风转西北风

B. 北风转东北风

C. 西北风转西南风

D. 东南风转西南风

46. 某船在南半球遇锋面气旋,真风向由 NW 转 SW,气压明显升高,则可断定已进入_____。

A. 暖锋前

B. 暖区

C. 冷锋后

D. 暖锋后

47. 某船在南半球自东向西航行遇锋面气旋,若从锋面气旋中心北侧通过,则根据真风向变化可以断定进入暖区_____。

A. SE 转 SW

B. SW 转 NW

C. NE 转 NW

D. NW 转 SW

48. 通常南半球锋面气旋冷锋前、后的风向分布规律为_____。

A. 锋前 S-SW,锋后 N-NW

B. 锋前 E-NE,锋后 N-NW

C. 锋前 N-NW,锋后 S-SW

D. 锋前 E-NE,锋后 S-SW

49. 某船在南半球由锋面气旋前部进入暖区,通常风向变化为_____。

A. E-SE 转为 S-SW

B. E-NE 转为 N-NW

C. S-SW 转为 N-NW

D. N-NW 转为 S-SW

50. 在南半球遇锋面气旋,当船舶观测到风向由 NW 转为 SW 时,表明船舶通过_____。

A. 暖锋　　　　　　　　　B. 静止锋

C. 冷锋　　　　　　　　　D. 锢囚锋

51. 在北半球,当船舶处在锋面气旋中心附近的高纬一侧时,船舶通常观测到的云系顺序是_____。

A. Ci→Cs→As→Ns→Ac→Ci

B. Ci→Cs→As→Ns→As

C. Ci→Ac→Ns→As→Cs→Ci

D. Ns→As→Cs→Ci

52. 关于锋面气旋中风浪分布的一般规律,以下说法正确的是_____。

A. 锋面气旋中的风、浪对称分布于中心附近

B. 锋面气旋中的大浪中心出现在危险半圆

C. 北半球锋面气旋中的风、浪北侧大于南侧

D. 南半球锋面气旋中的风、浪北侧大于南侧

53. 图中 8 m 以上的大浪中心出现在_____。

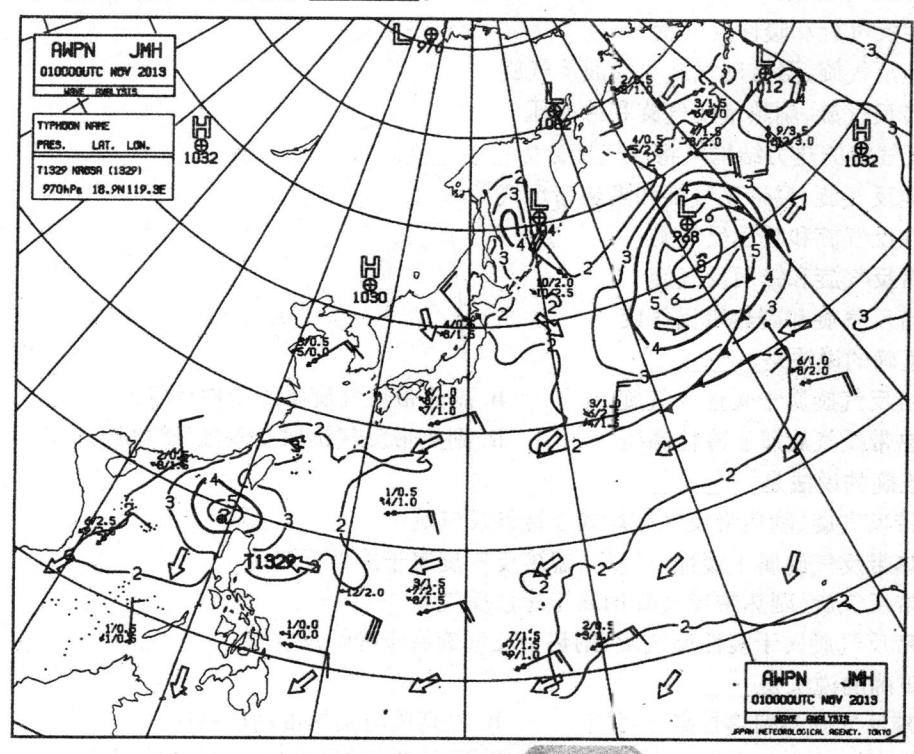

A. 锋面气旋中心南侧　　　　　　B. 锋面气旋中心北侧
C. 锋面气旋中心　　　　　　　　D. 热带气旋中心

第三节　冷高压

1. 反气旋的水平尺度_____。
   A. 一般在 1 000~1 500 km，大的可达 2 000 km 以上，小的也有几百千米
   B. 一般在 1 500~2 000 km，大的可达 5 000 km 以上，小的也有几百千米
   C. 一般在 500~1 000 km，大的可达 1 500 km 以上，小的也有几百千米
   D. 一般在 2 000~3 000 km，大的可达 8 000 km 以上，小的也有几百千米
2. 通常反气旋的水平范围_____。
   A. 用中心最高气压表示
   B. 用最里面闭合等压线围成区域直径表示
   C. 用最外面闭合等压线围成区域表示
   D. 用最外面闭合等压线围成区域直径表示
3. 通常反气旋的强度用_____。
   A. 中心最高气压表示　　　　　　B. 最里面闭合等压线数值表示
   C. 最外面闭合等压线数值表示　　D. 中心最低气压表示
4. 根据反气旋形成与活动的地理区域，将反气旋分为_____。

A. 极地反气旋、温带反气旋和副热带反气旋
B. 冷性反气旋和暖性反气旋
C. 极地反气旋、温带反气旋和锋面反气旋
D. 温带反气旋、副热带反气旋和冷高压

5. 根据反气旋的热力结构可将反气旋分为_____。
   A. 极地反气旋、温带反气旋和副热带反气旋
   B. 冷性反气旋和暖性反气旋
   C. 温带反气旋和锋面反气旋
   D. 温带反气旋和副热带反气旋

6. 下列正确的说法是_____。
   A. 温带反气旋属于暖性反气旋
   B. 副热带反气旋属于冷性反气旋
   C. 副热带反气旋属于冷性高压
   D. 副热带反气旋属于暖性反气旋

7. 下列正确的说法是_____。
   A. 温带反气旋、副热带反气旋均属于冷性反气旋
   B. 副热带反气旋属于暖性反气旋,温带反气旋属于冷性反气旋
   C. 温带反气旋、副热带反气旋均属于暖性反气旋
   D. 温带反气旋属于暖性反气旋,副热带反气旋属于冷性反气旋

8. 下列正确的说法是_____。
   A. 温带反气旋与副热带高压对应
   B. 冷高压与副热带高压对应
   C. 温带反气旋与冷高压对应
   D. 冷性反气旋与副热带反气旋对应

9. 北半球移动性冷高压的大风降温天气一般在_____。
   A. 四周边缘
   B. 前部边缘
   C. 后部边缘
   D. 中心区附近

10. 一般而言,下列正确的说法是_____。
    A. 高压处处是晴好天气
    B. 高压边缘是晴好天气
    C. 高压中心多阴雨天气
    D. 高压中心多晴好天气

11. 海洋上副热带反气旋强度最弱的季节为_____。
    A. 春季
    B. 夏季
    C. 秋季
    D. 冬季

12. 海洋上副热带反气旋强度最大、范围最广的季节为_____。
    A. 春季
    B. 夏季
    C. 秋季
    D. 冬季

13. 冷高压出现频率最高的季节和下垫面为_____。
    A. 夏季海洋上
    B. 冬季海洋上
    C. 冬季大陆上
    D. 夏季大陆上

14. 温带反气旋的移动方向大致是_____。
    A. 在北半球自 NW 向 SE,在南半球自 SW 向 NE
    B. 在北半球自 E 向 W,在南半球自 W 向 E

C. 在北半球和南半球均自 NW 向 SE
D. 在北半球和南半球均自 SW 向 NE

15. 反气旋中心附近的主要天气特征是_____。
   A. 晴朗、干燥　　　　　　　　　　B. 炎热、潮湿
   C. 低温、多雨　　　　　　　　　　D. 雷雨、大风

16. 反气旋是由单一气团组成,下列说法正确的是_____。
   A. 反气旋内天气分布较均匀　　　　B. 反气旋中心多炎热、潮湿天气
   C. 反气旋内会出现锋面　　　　　　D. 反气旋天气与气团特性无关

17. 下列说法正确的是_____。
   A. 冷高压形成于寒冷的中高纬度地区
   B. 冷高压只出现在冬季,其他季节没有
   C. 冷高压属于深厚系统
   D. 冷高压势力弱、影响范围小

18. 当一次东亚强冷空气活动能引起我国各海域普遍出现偏北大风时,通常_____。
   A. 黄渤海、东海和南海均为东北风
   B. 黄渤海、东海东北风,南海西北风
   C. 黄渤海东北风、东海和南海为西北风
   D. 黄渤海西北风,东海北风,南海东北风

19. 东亚强冷空气南侵时,在地面图上表现为庞大的冷高压南下,其前沿表现为哪种锋面天气?
   A. 暖锋　　　　　　　　　　　　　B. 冷锋
   C. 准静止锋　　　　　　　　　　　D. 冷锢囚锋

20. 春季入海变性冷高压后部控制我国沿海时,可能出现_____。
   A. 雷暴　　　　　　　　　　　　　B. 低温干燥,晴朗天气
   C. 连续性大雨　　　　　　　　　　D. 雾或毛毛雨

21. 南半球移动性冷高压出现偏北风的部位是_____。
   A. 前部　　　　　　　　　　　　　B. 后部
   C. 中部　　　　　　　　　　　　　D. 北部

22. 北半球移动性冷高压控制下,其前部的一般天气特征是_____。
   A. 明显降温、偏东大风　　　　　　B. 明显降温、偏北大风
   C. 晴冷、少云、微风　　　　　　　D. 气温回升、偏南风

23. 在冷高压控制的地区,其典型天气模式为_____。
   ①中心晴朗少云;②前部降温;③中心微风;④前部边缘大风;⑤前部增温;⑥中心多云阴雨
   A. ①②③④　　　　　　　　　　　B. ①②③④⑤
   C. ①③④⑤　　　　　　　　　　　D. ①③④⑤⑥

24. 下列正确的说法是_____。
   A. 凡是移动性冷高压控制的区域,处处都是微风晴朗天气
   B. 移动性冷高压前部可能出现大风,最大可达 12 级以上
   C. 强大的移动性冷高压处处都可能产生大风

D. 移动性冷高压中心附近晴朗微风,海面常有平流雾

25. 以下哪个地区不是影响我国冷空气的源地?
   A. 白令海峡 B. 新地岛以东洋面
   C. 冰岛以南洋面 D. 新地岛以西洋面

26. 冬季,移动性反气旋入海后,其强度是_____。
   A. 逐渐加强 B. 减弱变成温带气旋
   C. 逐渐减弱 D. 加强变成温带气旋

27. 冷高压多产生于_____。
   A. 高纬大陆 B. 高纬海洋
   C. 低纬大陆 D. 低纬海洋

28. 冷高压移动时常呈椭圆形,其长轴的走向通常可以表示_____。
   A. 冷空气主力的移动方向 B. 冷空气主力的移动路径
   C. 暖空气主力的移动方向 D. 暖空气主力的移动路径

29. 冬季强冷空气南下影响我国过程中,其强度如何变化?
   A. 逐渐加强 B. 保持不变
   C. 逐渐减弱 D. 先减弱后加强

30. 冬季影响东亚的移动性冷高压的温压场结构是_____。
   A. 不对称的浅薄系统 B. 对称的浅薄系统
   C. 不对称的深厚系统 D. 对称的深厚系统

31. 根据我国中央气象台最新规定日最低气温在 24 h 内降温幅度和日最低气温分别为多少时,发布寒潮警报?
   A. 8 ℃或以上,4 ℃或以下 B. 8 ℃或以下,4 ℃或以上
   C. 10 ℃或以上,5 ℃或以下 D. 10 ℃或以下,5 ℃或以下

32. 冬季寒潮入侵,常在地面图上表现为哪种气压系统南下?
   A. 强大的暖性高压 B. 强大的冷性高压
   C. 强大的暖性低压 D. 强大的冷性低压

33. 冬季造成寒潮的天气系统是_____。
   A. 锋面气旋 B. 温带气旋
   C. 冷性反气旋 D. 暖性反气旋

34. 冬季,寒潮冷锋过境时,我国东部沿海会出现何种天气?
   ①剧烈降温;②偏北大风;③海上大浪;④天气寒冷;⑤气压急升;⑥有时伴有降水
   A. ①②③⑤⑥ B. ①②③⑤
   C. ①②③④⑤ D. ①②③④⑤⑥

35. 寒潮冷锋过境前,通常我国东部沿海的天气特征是_____。
   A. 微弱的偏北风,相对较温暖 B. 多吹偏南风,相对较温暖
   C. 强劲的偏北风,相对较寒冷 D. 多吹偏南风,相对较寒冷

第四节　副热带高压

1. 海上副热带高压属于_____大气活动中心。
   A. 大尺度的永久性　　　　　　B. 中尺度的半永久性
   C. 中尺度的永久性　　　　　　D. 大尺度的半永久性
2. 副热带高压带的形成主要取决于_____。
   A. 太阳辐射和海陆分布　　　　B. 太阳辐射和地形影响
   C. 太阳辐射和地球自转　　　　D. 地球自转和海陆分布
3. 副高脊的哪一侧多锋面和温带气旋活动？
   A. 东侧　　　　　　　　　　　B. 高纬度一侧
   C. 低纬度一侧　　　　　　　　D. 西侧
4. 通常热带气旋形成在副热带高压的哪一侧？
   A. 西侧　　　　　　　　　　　B. 高纬度一侧
   C. 低纬度一侧　　　　　　　　D. 东侧
5. 中国东部地区的主要降水带常位于_____。
   A. 副高的西北侧　　　　　　　B. 副高的西南侧
   C. 副高的东侧　　　　　　　　D. 副高的南侧
6. 在南半球，热带气旋常形成在_____。
   A. 副高的北侧　　　　　　　　B. 副高的西侧
   C. 副高的东侧　　　　　　　　D. 副高的南侧
7. 北半球副热带高压带断裂为太平洋副高和大西洋副高等，其主要原因是_____。
   A. 海陆分布和地形影响　　　　B. 太阳活动和地形影响
   C. 太阳和地磁活动　　　　　　D. 海陆分布和地磁活动
8. 影响东亚地区的主要反气旋天气系统是_____。
   A. 夏季冷高压，冬季副热带高压　　B. 冬、夏季均为冷高压
   C. 冬季冷高压，夏季副热带高压　　D. 冬、夏季均为副热带高压
9. 以下哪项属于副高和冷高压的共同特征？
   A. 北半球、南半球均为带状　　B. 两者均为气旋性系统
   C. 两者均为准静止性系统　　　D. 两者均为反气旋性系统
10. 中国东部地区，在副高西伸脊控制下的天气主要为_____。
    A. 晴朗、无风、炎热　　　　　B. 晴朗、微风、低温
    C. 多云、无风、炎热　　　　　D. 阴雨、微风、炎热
11. 副热带高压高纬一侧的主要天气特点为_____。
    A. 多阴雨和风暴　　　　　　　B. 久旱无雨
    C. 短时雷雨　　　　　　　　　D. 多层云和雾
12. 表示副热带高压位置的变化时常用_____。
    A. 中心位置　　　　　　　　　B. 东西向脊线位置

C. 南北向脊线位置 D. 588 线位置

13. 表示西太平洋副热带高压位置变化的特征指标为_____。
   A. 东西向脊线位置 B. 南北向脊线位置
   C. 中心气压 D. 588 线位置的范围

14. 北半球海上副热带高压强度和脊线位置的年变化规律为_____。
   A. 冬强夏弱,其位置冬南夏北 B. 冬强夏弱,其位置夏南冬北
   C. 冬弱夏强,其位置冬南夏北 D. 冬弱夏强,其位置夏南冬北

15. 在我国海域西太平洋副热带高压脊线位置的活动范围_____。
   A. 盛夏最北可越过 30°N,10 月退至 10°N 以南
   B. 盛夏最北可越过 30°N,10 月退至 20°N 以南
   C. 盛夏最北可越过 40°N,10 月退至 10°N 以南
   D. 盛夏最北可越过 40°N,10 月退至 20°N 以南

16. 西北太平洋副热带高压从初春到盛夏的大体移动规律为_____。
   A. 由西向东 B. 由南向北
   C. 由北向南 D. 由东向西

17. 夏季西北太平洋副热带高压的特点为_____。
   A. 强度弱、位置偏北、范围小 B. 强度强、位置偏北、范围大
   C. 强度弱、位置偏南、范围大 D. 强度弱、位置偏南、范围小

18. 冬季西北太平洋副热带高压的特点为_____。
   A. 强度弱、位置偏北、范围小 B. 强度强、位置偏南、范围大
   C. 强度弱、位置偏北、范围大 D. 强度弱、位置偏南、范围小

19. 我国雨带的季节性位移主要受下列哪个天气系统支配?
   A. 台风 B. 西风槽
   C. 江淮气旋 D. 西北太平洋副热带高压

20. 在西北太平洋副高对我国天气影响特别显著的年份,它的强度和位置表现为_____。
   A. 副高弱、位置偏北、偏西 B. 副高强、位置偏南、偏东
   C. 副高强、位置偏北、偏西 D. 副高弱、位置偏南、偏东

21. 我国东部沿海在何种天气系统的影响下易形成平流雾?
   A. 低气压西部 B. 副高西部
   C. 冷锋前部 D. 热带气旋

22. 春季和夏初,西北太平洋副高脊西伸,我国东部沿海吹 SE 风,常会形成_____。
   A. 台风 B. 辐射雾
   C. 平流雾 D. 梅雨

23. 夏季我国雨带大致与西太平洋副高脊线平行,通常位于_____。
   A. 脊线以北 8~10 个纬距 B. 脊线以北 5~8 个纬距
   C. 脊线以南 8~10 个纬距 D. 脊线以南 5~8 个纬距

24. 当西北太平洋副高加强西伸,而大陆又有低压或低压槽东移发展,构成"东高西低"形势时,副高西部我国沿海一带常出现_____。

A. 东北大风　　　　　　　　　B. 偏东大风
C. 西南大风　　　　　　　　　D. 东南大风

25. 当西北太平洋副高稳定加强,与发展强盛的东北低压构成"南高北低"形势时,副高西北部我国北部沿海一带常出现_____。
A. 东北大风　　　　　　　　　B. 偏东大风
C. 西南大风　　　　　　　　　D. 东南大风

26. 我国的雨带多呈东西向带状,位于西北太平洋副热带高压脊线以北大约_____。
A. 1~4个纬距　　　　　　　　B. 5~8个纬距
C. 9~12个纬距　　　　　　　 D. 10~20个纬距

第五节　热带气旋

1. 热带气旋是发生在_____。
A. 陆地上冷性气旋性涡旋　　　B. 海洋上冷性气旋性涡旋
C. 陆地上暖性气旋性涡旋　　　D. 海洋上暖性气旋性涡旋

2. 热带气旋是发生在热带洋面上强大的_____。
A. 冷性低气压　　　　　　　　B. 暖性低气压
C. 冷性高气压　　　　　　　　D. 暖性高气压

3. 在西北太平洋,近中心附近最大风力为8~9级的热带气旋称为_____。
A. TD　　　　　　　　　　　　B. TS
C. STS　　　　　　　　　　　 D. T

4. 达到台风等级的热带气旋,其近中心附近最大风速为_____。
A. ≥60KT　　　　　　　　　　B. ≥63KT
C. ≥64KT　　　　　　　　　　D. >64KT

5. 我国将中心附近最大风力达到8~9级的热带气旋称为_____。
A. 热带风暴　　　　　　　　　B. 强热带风暴
C. 台风　　　　　　　　　　　D. 热带低压

6. 采用国际标准后,我国将近中心附近最大风力达10~11级的热带气旋,称为_____。
A. 强热带风暴　　　　　　　　B. 强台风
C. 热带风暴　　　　　　　　　D. 台风

7. 在北太平洋东部和北大西洋,将近中心附近最大风力≥12级的热带气旋,称为_____。
A. 台风　　　　　　　　　　　B. 强台风
C. 强热带风暴　　　　　　　　D. 飓风

8. 在我国新颁布的热带气旋等级标准中,强台风的底层近中心最大风力为_____。
A. 12~13级　　　　　　　　　 B. 14~15级
C. 16~17级　　　　　　　　　 D. >17级

9. 当热带气旋中心附近最大风力达到≥12级时,日本传真图发布的警报为_____。
A. 热带风暴警报　　　　　　　B. 强热带风暴警报

C. 台风警报　　　　　　　　　　　D. 大风警报

10. 我国中央气象台发布台风消息时,意味台风将在什么时间内影响我国沿海?
    A. 24 h　　　　　　　　　　　　B. 48 h
    C. 72 h　　　　　　　　　　　　D. 36 h

11. 我国中央气象台发布台风警报时,意味台风将在什么时间内影响我国沿海?
    A. 24 h　　　　　　　　　　　　B. 48 h
    C. 72 h　　　　　　　　　　　　D. 36 h

12. 我国中央气象台发布台风紧急警报时,意味台风将在什么时间内影响我国沿海?
    A. 24 h　　　　　　　　　　　　B. 48 h
    C. 12 h　　　　　　　　　　　　D. 36 h

13. 我国中央气象台发布台风预警信号强度最强的为_____。
    A. 蓝色　　　　　　　　　　　　B. 黄色
    C. 橙色　　　　　　　　　　　　D. 红色

14. 我国中央气象台发布台风预警信号强度最弱的为_____。
    A. 紫色　　　　　　　　　　　　B. 黄色
    C. 橙色　　　　　　　　　　　　D. 蓝色

15. 按照国家气象局最新发布的《气象灾害预警信号发布与传播办法》,将台风预警信号从弱到强依次为_____。
    A. 红、橙、黄、蓝　　　　　　　B. 白、黄、橙、红
    C. 黄、橙、蓝、红　　　　　　　D. 蓝、黄、橙、红

16. 按照国家气象局最新发布的《气象灾害预警信号发布与传播办法》,将台风预警信号从强到弱依次为_____。
    A. 红、橙、黄、蓝　　　　　　　B. 红、橙、黄、白
    C. 红、蓝、橙、黄　　　　　　　D. 蓝、黄、橙、红

17. 最有利于热带气旋形成的纬度约在_____。
    A. 赤道附近　　　　　　　　　　B. 南北纬10°~30°之间
    C. 10°S~10°N　　　　　　　　　D. 南北纬5°~20°之间

18. 热带气旋与温带气旋相比较,在形成源地方面_____。
    A. 两者均在大陆上形成
    B. 两者均在海洋上形成
    C. 两者均在海洋和大陆上形成
    D. 前者在海洋上形成、后者在海洋和大陆上形成

19. 热带气旋发生频率最高的海域是_____。
    A. 西北太平洋　　　　　　　　　B. 东北太平洋
    C. 北大西洋　　　　　　　　　　D. 印度洋

20. 没有热带气旋发生的海域有_____。
    A. 东南太平洋　　　　　　　　　B. 东北太平洋
    C. 东北印度洋　　　　　　　　　D. 东南印度洋

21. 基本上没有热带气旋发生的低纬海域有_____。
    A. 赤道附近、南太平洋和东南大西洋
    B. 南印度洋、南大西洋和南太平洋
    C. 赤道附近、南大西洋和南太平洋
    D. 赤道附近、南大西洋、东南太平洋

22. 北半球(除孟加拉湾和阿拉伯海)热带气旋发生最多的月份是_____。
    A. 6—9 月   B. 7—10 月
    C. 5—9 月   D. 5—10 月

23. 南半球热带气旋发生最多的月份是_____。
    A. 1—3 月   B. 7—10 月
    C. 3—6 月   D. 9—12 月

24. 热带气旋主要集中发生的月份是_____。
    A. 北半球为 7—10 月,南半球为 1—3 月
    B. 南半球为 7—10 月,北半球为 1—3 月
    C. 南北半球均为 1—3 月
    D. 南北半球均为 7—10 月

25. 一个强烈发展的热带气旋,通常根据其天气结构分成哪几个区域?
    ①暖锋前部;②暖区;③冷锋后部;④外围区;⑤涡旋区;⑥眼区
    A. ①②③   B. ②④⑤⑥
    C. ④⑤⑥   D. ①②③④⑤⑥

26. 热带气旋与温带气旋相比较,在结构方面_____。
    A. 两者均由 1 个气团组成
    B. 前者由 1 个气团、后者由 2~3 个气团组成
    C. 两者均由 2~3 个气团组成
    D. 前者由 2~3 个气团、后者由 1 个气团组成

27. 台风涡旋区云系主要由_____构成。
    A. Ac   B. Sc
    C. Cb   D. As

28. 与温带气旋相比较,热带气旋总体来说_____。
    A. 最大风速大于温带气旋,8 级以上大风范围大于温带气旋
    B. 最大风速大于温带气旋,8 级以上大风范围小于温带气旋
    C. 最大风速小于温带气旋,8 级以上大风范围大于温带气旋
    D. 最大风速小于温带气旋,8 级以上大风范围小于温带气旋

29. 热带气旋过境的气压自记曲线呈_____。
    A. 脸盆状
    B. 漏斗状
    C. 抛物线形
    D. 倒抛物线形

30. 热带气旋的主要天气海况特征包括_____。
    A. 浓雾或毛毛雨   B. 降温、大风和风暴潮
    C. 狂风、巨浪、暴雨和风暴潮   D. 炎热、微风和少云

31. 热带气旋与温带气旋相比较,通常从外向内的风力变化特点为_____。
    A. 两者均迅速增大   B. 前者迅速增大,后者缓慢增大
    C. 前者缓慢增大,后者迅速增大   D. 两者均缓慢增大

32. 热带气旋与温带气旋相比较,通常从外围向中心的气压变化为_____。
    A. 两者均迅速降低
    B. 前者迅速降低,后者缓慢降低
    C. 前者缓慢降低,后者迅速降低
    D. 两者均缓慢降低

33. 当船舶逐渐接近台风时,气压和风力变化为_____。
    A. 气压下降,风力减小   B. 气压上升,风力减小
    C. 气压下降,风力增大   D. 气压上升,风力增大

34. 台风眼区的天气及海况特点是_____。
    A. 大风、大浪   B. 暴雨、金字塔浪
    C. 微风少云、金字塔浪   D. 微风少云、轻浪

35. 热带气旋的坏天气一般_____。
    A. 对称分布在涡旋区   B. 对称分布在眼区
    C. 不对称分布在涡旋区   D. 不对称分布在眼区

36. 台风的哪一个区域天气最恶劣?
    A. 外围区   B. 涡旋区
    C. 眼区   D. 任何区域

37. 在卫星云图上,台风的云系表现为_____。
    A. 白色的旋涡状云系   B. 黑色的旋涡状云系
    C. 灰色的旋涡状云系   D. 长条状的白色云带

38. 当船舶逐渐脱离台风时,气压和风力变化为_____。
    A. 气压下降,风力减小   B. 气压上升,风力减小
    C. 气压下降,风力增大   D. 气压上升,风力增大

39. 热带气旋与强温带气旋相比较,一般来说,大风(风力≥8级)范围_____。
    A. 前者大于后者   B. 前者小于后者
    C. 两者基本一致   D. 都比较宽广

40. 台风涡旋区云系主要由_____构成。
    A. Ac   B. Sc
    C. Cb   D. As

第六节 强对流性天气系统

1. 强对流性天气系统的尺度多为_____。
   A. 行星尺度 B. 天气尺度
   C. 中间尺度 D. 中、小尺度

2. 强对流性天气系统的基本特征是_____。
   ①水平尺度小,生命期短,气象要素水平梯度大;②运动属于非地转和非静力平衡的;③运动遵从地转平衡和静力平衡关系;④水平尺度大,生命期长,气象要素水平梯度小;⑤主要天气特征是稳定性天气;⑥主要天气特征是不稳定性天气
   A. ①②⑤ B. ①②⑥
   C. ③④⑤ D. ③④⑥

3. 强对流性天气系统主要发生在_____。
   A. 高纬的冬季 B. 极地的夏季
   C. 低纬和中纬的夏季 D. 低纬和中纬的冬季

4. 强对流天气的基本特征有_____。
   A. 水平尺度大,生命期长 B. 水平尺度大,生命期短
   C. 水平尺度小,生命期长 D. 水平尺度小,生命期短

5. 强对流天气的基本特征有_____。
   A. 大范围稳定性天气 B. 阵风、阵雨、雷暴等天气
   C. 长时间连续性降水 D. 风力不大、间歇性降水

6. 下列不属于强对流天气的有_____。
   A. 锋 B. 雷暴
   C. 飑线 D. 龙卷

7. 雷暴、飑线和龙卷等中小天气系统的共同特点是_____。
   A. 短时间稳定的强对流天气 B. 短时间不稳定的强对流天气
   C. 长时间稳定的强对流天气 D. 长时间不稳定的强对流天气

8. 雷暴、飑线和龙卷等中小天气系统的共同天气特征_____。
   A. 浓雾、阵性大风、阵雨 B. 浓雾、阵雨、冰雹
   C. 阵性大风、阵雨、冰雹 D. 浓雾、阵性大风、冰雹

9. 雷暴是_____云内发生的激烈放电、雷鸣现象。
   A. St(层云) B. Sc(层积云)
   C. As(高层云) D. Cb(积雨云)

10. 海上热雷暴多发生在_____。
    A. 清晨 B. 上午
    C. 午后至傍晚 D. 后半夜至凌晨

11. 雷暴发生最多的季节是_____。
    A. 夏季 B. 秋季

C. 冬季   D. 春季
12. 引起热雷暴的原因是_____。
    A. 地面加热不均匀   B. 锋面抬升
    C. 低层辐合抬升   D. 地形抬升
13. 下列哪个不是强雷暴可能伴随的天气？
    A. 阵性大风   B. 毛毛雨
    C. 冰雹   D. 龙卷
14. 排列成带状的雷暴群或积雨云带构成风向、风速发生突变的狭窄的强对流天气带称为_____。
    A. 飑线   B. 龙卷
    C. 雷暴   D. 热带气旋
15. 飑线过境时伴随的天气变化包括_____。
    ①风向突变,风速急增;②风向缓变,风速减小;③气压猛升,气温骤降;④气压猛降,气温骤升;⑤伴有暴雨,有时出现冰雹和龙卷;⑥伴有毛毛雨,有时出现霜冻和雾凇
    A. ②④⑥   B. ②③⑤
    C. ①③⑥   D. ①③⑤
16. 飑线天气与下列_____天气系统天气类似。
    A. 锢囚锋   B. 第二型冷锋
    C. 静止锋   D. 暖锋
17. 飑线的雷达回波云带一般呈_____。
    A. 团状   B. 带状
    C. 螺旋状   D. 漏斗状
18. 飑线是_____天气系统。
    A. 行星尺度   B. 天气尺度
    C. 中尺度   D. 小尺度
19. 飑线的雷达回波特征是_____。
    ①由许多弱回波单体组成;②由许多强回波单体组成;③每个回波单体结构密实,边缘清晰;④每个回波单体结构疏散,边缘模糊
    A. ②④   B. ①③
    C. ②③   D. ①④
20. 龙卷是_____尺度天气系统。
    A. 行星尺度   B. 天气尺度
    C. 中尺度   D. 小尺度
21. 与强对流云相伴出现、具有垂直轴的小范围强烈涡旋是_____。
    A. 龙卷   B. 飑线
    C. 热带气旋   D. 锋面气旋
22. 龙卷出现在_____云底部。
    A. 淡积云和碎雨云   B. 雨层云和高层云

C. 卷云和层云 D. 积雨云和浓积云

23. 下列说法正确的是_____。
   A. 龙卷只能单独出现
   B. 只有反气旋式的龙卷
   C. 只有气旋式的龙卷
   D. 龙卷有时会成对出现，一个为气旋式的，另一个为反气旋式的

24. 龙卷的移动路径多为_____。
   A. 抛物线 B. 直线
   C. 圆周 D. 螺旋线

25. 龙卷是_____系统。
   A. 高压 B. 低压
   C. 鞍形区 D. 高压带

26. 产生龙卷的一个必要条件是_____。
   A. 大气层结不稳定或极不稳定 B. 大气层结很稳定
   C. 大气层结中性 D. 高层云发展

27. 龙卷的特点主要包括_____。
   ①水平范围小，持续时间短；②水平范围大，持续时间长；③气压甚高，风力甚弱，破坏力小；④气压甚低，风力甚强，破坏力大；⑤移动路径多为抛物线；⑥移动路径多为直线
   A. ①④⑥ B. ②③⑤
   C. ②③⑥ D. ①④⑤

28. 热雷暴产生的地区和时间是_____。
   A. 陆地和海洋上均在半夜至凌晨
   B. 陆地和海洋上均在午后
   C. 陆地上在半夜至凌晨，海洋上在午后
   D. 陆地上在午后，海洋上在半夜至凌晨

29. 海上热雷暴产生形成的主要原因是_____。
   A. 热力对流 B. 锋面抬升
   C. 低层气流辐合抬升 D. 地形抬升

30. 锋面动力抬升所形成雷暴的特征有_____。
   A. 主要产生于盛夏季节，气团内部
   B. 主要产生于盛夏季节，气团边缘
   C. 一般强度不大，历时短暂，很少移动
   D. 一般影响范围大，维持时间长，产生的坏天气比较严重

31. 雷暴的活动与纬度关系密切，一般有_____。
   A. 高纬多于中纬，中纬多于低纬 B. 低纬多于中纬，中纬多于高纬
   C. 低纬多于中纬，中纬少于高纬 D. 低纬少于中纬，中纬多于高纬

32. 常见的强风暴系统有_____。
   ①飑线；②多单体风暴；③超级单体风暴；④冷锋

A. ①②③ B. ①②④
C. ②③④ D. ①②③④

33. 中高纬度地区飑线常出现在锋面气旋的_____。
   A. 暖锋前 B. 冷锋后
   C. 暖区 D. 锢囚锋附近

34. 飑线和Ⅱ型冷锋的天气有许多相似之处,而在形成上具有_____。
   A. 冷锋产生于一个气团内部,飑线产生于两种气团的界面
   B. 飑线产生于一个气团内部,冷锋产生于两种气团的界面
   C. 飑线和冷锋均产生于一个气团内部
   D. 飑线和冷锋均产生于两种气团的界面

35. 飑线和Ⅱ型冷锋的天气有许多相似之处,但是_____。
   A. Ⅱ型冷锋是两种不同性质气团的界面,是中尺度天气系统
   B. 飑线是在气团内部产生和传播的,是大尺度天气系统
   C. Ⅱ型冷锋是两种不同性质气团的界面,是大尺度天气系统
   D. 飑线是两种不同性质气团的界面,是中尺度天气系统

36. 飑线的雷达回波特征_____。
   A. 每个回波单体结构疏散,边缘清晰
   B. 每个回波单体结构疏散,边缘模糊
   C. 每个回波单体结构密实,边缘清晰
   D. 每个回波单体结构密实,边缘模糊

37. 在成熟阶段雷暴云的下方一般都会出现一个中尺度系统,称为_____。
   A. 雷暴低压 B. 雷暴高压
   C. 冷高压 D. 暖低压

38. 雷暴和飑线过境时,伴随的剧烈天气是_____。
   A. 风向不变、风力猛增、气温骤升、气压陡降
   B. 风向不变、风力减小、气温骤升、气压陡降
   C. 风向突变、风力减小、气温陡降、气压骤升
   D. 风向突变、风力猛增、气温陡降、气压骤升

39. 飑线过境时,风向突变、风力猛增并且在地面上伴随一个_____。
   A. 雷暴低压 B. 雷暴高压
   C. 冷高压 D. 暖低压

40. 强风暴常引起地面附近强烈的雷雨大风,这种大风由_____。
   A. 强大的下沉气流到达地面形成
   B. 强大的水平气压梯度形成
   C. 强大的地面水平辐合气流形成压陡降,气温骤升
   D. 强大的地面水平辐散气流形成

41. 水龙卷风多出现在_____。
   A. 清晨至中午 B. 中午至傍晚

C. 傍晚至清晨　　　　　　　　D. 没有日变化规律
42. 下列说法正确的是_____。
   A. 龙卷有时会成对出现,一般都为气旋式
   B. 气旋式的龙卷较为常见
   C. 无反气旋式的龙卷
   D. 龙卷不全成对出现,只能单独出现
43. 下列说法正确的是_____。
   A. 龙卷漏斗云柱上部始终不会倾斜
   B. 龙卷漏斗云柱上部倾斜的方向随机
   C. 龙卷漏斗云柱的倾斜方向通常指示龙卷的移向
   D. 龙卷漏斗云柱的倾斜方向通常指示龙卷的来向
44. 龙卷风的活动特征除了水平范围小、持续时间短、破坏力大外,还包括_____。
   A. 气压甚低、风力甚强、移动路径多为抛物线
   B. 气压甚低、风力甚强、移动路径多为直线
   C. 气压甚高、风力甚强、移动路径多为抛物线
   D. 气压甚高、风力甚强、移动路径多为直线

参考答案

第一节　气团和锋

1. C	2. A	3. D	4. B	5. C	6. C	7. C	8. A	9. B	10. D
11. A	12. B	13. B	14. B	15. D	16. A	17. C	18. B	19. A	20. C
21. B	22. A	23. C	24. B	25. A	26. C	27. D	28. D	29. B	30. D
31. C	32. B	33. A	34. B	35. C	36. D	37. B	38. C	39. B	40. B
41. B	42. B	43. B	44. C	45. D	46. B	47. C	48. C	49. C	50. A
51. B	52. D	53. B	54. A	55. B	56. C	57. C	58. D	59. B	60. B
61. B	62. B	63. B	64. D	65. A	66. B	67. A	68. C	69. A	

第二节　锋面气旋

1. C	2. A	3. A	4. D	5. A	6. D	7. D	8. B	9. B	10. A
11. C	12. A	13. B	14. D	15. D	16. C	17. D	18. B	19. B	20. B
21. B	22. A	23. B	24. A	25. C	26. B	27. D	28. C	29. C	30. D
31. C	32. C	33. B	34. C	35. A	36. C	37. C	38. A	39. D	40. C
41. D	42. C	43. C	44. A	45. C	46. C	47. C	48. C	49. B	50. C
51. B	52. D	53. A							

第三节 冷高压

1. B   2. D   3. A   4. A   5. B   6. D   7. B   8. C   9. B   10. D
11. D   12. B   13. C   14. A   15. A   16. A   17. A   18. C   19. B   20. D
21. B   22. A   23. A   24. B   25. A   26. C   27. A   28. A   29. C   30. A
31. A   32. C   33. C   34. D   35. B

第四节 副热带高压

1. A   2. C   3. B   4. C   5. A   6. A   7. C   8. C   9. D   10. A
11. A   12. C   13. A   14. C   15. B   16. B   17. C   18. D   19. B   20. C
21. B   22. C   23. B   24. D   25. C   26. B

第五节 热带气旋

1. D   2. B   3. B   4. C   5. A   6. A   7. D   8. B   9. C   10. C
11. B   12. A   13. D   14. D   15. D   16. A   17. D   18. C   19. A   20. A
21. D   22. C   23. A   24. A   25. C   26. C   27. C   28. B   29. B   30. C
31. B   32. B   33. C   34. C   35. A   36. B   37. C   38. C   39. B   40. C

第六节 强对流性天气系统

1. D   2. B   3. C   4. D   5. B   6. C   7. B   8. C   9. D   10. D
11. A   12. A   13. B   14. C   15. B   16. C   17. B   18. B   19. C   20. D
21. A   22. D   23. D   24. B   25. B   26. A   27. A   28. D   29. A   30. D
31. C   32. C   33. C   34. B   35. B   36. C   37. C   38. B   39. B   40. A
41. C   42. B   43. C   44. B

答案解析

第一节 气团和锋

1. C。气团是指水平方向上物理属性(主要指温度、湿度和稳定度等)相对比较均匀的大范围的空气团。

2. A。天气分析发现,在地表以上的广大区域,存在着水平方向上物理属性(温度、湿度、稳定度等)相对均匀的大范围的空气团,它的水平范围常可达几百到几千千米,垂直范围可

第十四章 海上天气系统及其特征

达几千米到十几千米,常常从地面伸展到对流层顶。

3. D。气团形成需要具备两个条件:具备大范围性质比较均匀的下垫面;具备适当的流场条件,使大范围空气能较长时间停留在均匀的下垫面上,空气能有充分时间与下垫面进行热量和水汽的交换,取得与下垫面相近的物理特性。

7. C。冰洋大陆气团特点:温度极低、气压高、湿度小、气层稳定,以晴好天气为主。

8. A。极地大陆气团低层温度很低,有强烈逆温现象,空气层稳定,天气与冰洋气团类似。

11. A。热带大陆气团:大致位于10°~40°纬度带的大陆。如中亚、西南亚、北非撒哈拉沙漠等地。特征是炎热、干燥、晴朗少云,低层不稳定。夏季常影响我国西北地区,为最干热的气团。

12. B。赤道气团:大致位于南北纬10°以内的洋面。具有高温、高湿、层结不稳定、多雷暴等的天气特征。盛夏时,它影响我国华南一带,天气湿热,常有雷雨产生。

13. B。根据气团形成源地的地理位置,对气团进行分类,称为气团的地理分类。按这种分类方法,将气团分成冰洋气团、极地气团、热带气团、赤道气团四大类。

15. D。根据气团在移动过程中与所经下垫面的温度对比或两个气团之间的温度差异,可分为冷气团和暖气团两大类。

16. A。冷、暖气团的天气特征在不同季节、不同下垫面可能有所差别。例如夏季的暖气团,水汽含量丰富,如被地形或外力抬升时,可以出现不稳定天气。冬季的冷气团不仅水汽含量少而且气层非常稳定,可能出现稳定性天气。同时,冷暖气团在不同纬度所产生的天气也不完全一样。

17. C。移向暖的下垫面的气团称冷气团;移向冷的下垫面的气团称暖气团。

22. A。夏季的暖气团,水汽含量丰富,如被地形或外力抬升时,可以出现不稳定天气。冬季的冷气团不仅水汽含量少而且气层非常稳定,可能出现稳定性天气。同时,冷暖气团在不同纬度所产生的天气也不完全一样。

28. D。冬半年我国主要受变性的极地大陆气团影响,来自西伯利亚和蒙古的冷空气控制我国大部地区,通常造成干燥、低温、偏北大风天气。这种气团的地面流场多为强的冷性反气旋(冷高压),中低空有下沉逆温,它所控制的地区,天气干冷。此外,来自北太平洋副热带地区的热带海洋气团可影响到华南、华东和云南等地,其他地区除高空外,一般影响不到地面。当变性的极地大陆气团与热带海洋气团相遇时,在交界处则能形成阴雨天气,尤其多见于华南地区。总之,变性的极地大陆气团的气候特点是干燥、晴朗、低温、多偏北风、少雨雪。

29. B。冬半年我国主要受变性的极地大陆气团影响,来自西伯利亚和蒙古的冷空气控制我国大部地区,通常造成干燥、低温、偏北大风天气。这种气团的地面流场多为强的冷性反气旋(冷高压),中低空有下沉逆温,它所控制的地区,天气干冷。

30. D。夏半年,我国沿海主要受变性热带海洋气团影响。

32. B。活动在我国境内的气团,大多属于外来的变性气团,其中最主要的是变性的极地大陆气团和变性的热带海洋气团。

35. C。锋是冷暖气团之间的狭窄、倾斜的过渡带。

37. B。由于冷空气比暖空气重,随着地球自转,这个过渡带(交界面),向冷气团倾斜。

38. C。锋在近地面层中宽数十千米,在高层可达 200~400 km。而这个宽度与其达数百或数千千米的水平长度相比是很小的。
39. B。锋在近地面层中宽数十千米,在高层可达 200~400 km。
42. B。暖锋(Warm Front)是暖气团前沿的锋。在锋面移动过程中,暖气团势力强起主导作用,推动着锋面向冷气团一侧移动的锋称为暖锋。暖锋过境后,原来冷气团被暖气团取代。
43. A。冷锋是冷气团前缘的锋。在锋面移动过程中,冷气团势力强占主导地位,推动着锋面向暖气团一侧移动的锋称为冷锋。
44. C。准静止锋是冷、暖气团势力相当,互有进退,锋面在小范围内来回摆动的锋。
45. D。在锋面活动过程中,冷锋移速快于暖锋,当冷锋追上暖锋,或者两条冷锋迎面相遇,迫使两锋间暖气团被抬离地面,锢囚到高空,近地层由冷锋后部的冷气团和暖锋前的冷气团相接触构成的交界面,称为锢囚锋。
48. A。锋两侧间的水平温度梯度比气团内的温度梯度大得多;在垂直方向上,气团中温度垂直分布是随高度递减的,而锋区内,由于下部是冷气团,上部是暖气团,垂直温度梯度小。
51. B。自前至后的典型云序为:卷云(Ci)、卷层云(Cs)、高层云(As)和雨层云(Ns)。
52. D。云序依次为雨层云(Ns)、高层云(As)、卷层云(Cs)、卷云(Ci),而且云系和雨区主要位于地面锋附近及锋后。
53. B。云系与第一型冷锋相似见下图,依次为雨层云(Ns)、高层云(As)、卷层云(Cs)、卷云(Ci)。

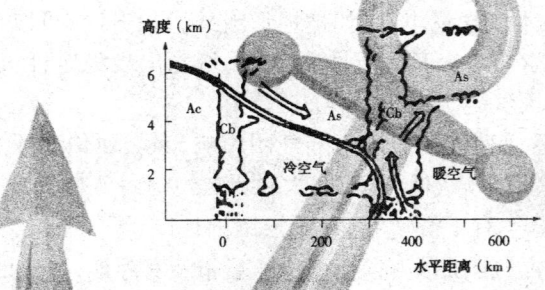

61. B。冷锋在北半球多为东北—西南走向,锋前吹 S~SW 风,锋后吹 N~NW 风。锋过境时,风向随时间作顺时针变化;在南半球,冷锋多为东南—西北走向,锋前吹 N~NW 风,锋后吹 S~SW 风。锋过境时,风向随时间作逆时针变化。
63. A。暖锋降水主要发生在雨层云和高层云内,多出现连续性降水。天气谚语所说的"天上钩钩云,地上雨淋淋"就是典型暖锋云系和降水的生动写照。
64. D。降水强度较小,持续时间长,经常绵绵细雨连日不断,江淮"梅雨"天气持续时间甚至一个月以上。"清明时节雨纷纷"就是江南地区这种天气的写照。如果暖气团湿度大而不稳定,准静止锋上也可能出现积雨云和雷阵雨天气。
68. C。锢囚点两侧伴有锋面雾,形成雨雾共存的天气。

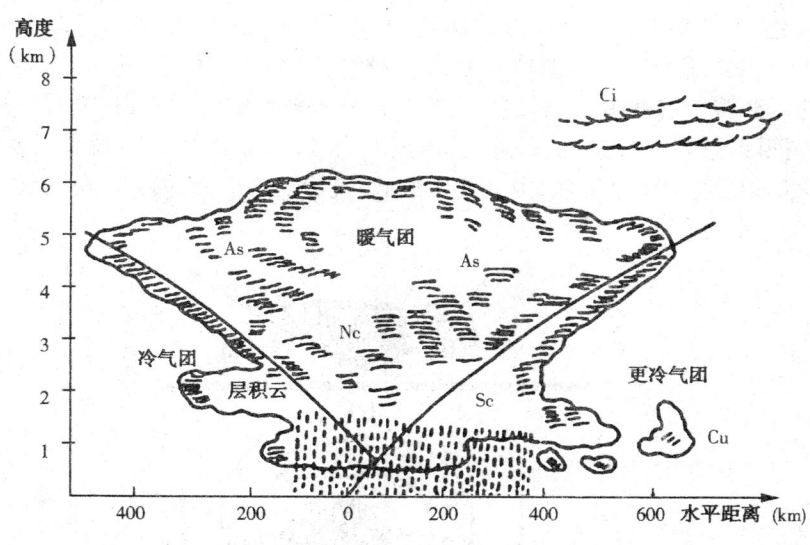

69. A。

第二节 锋面气旋

1. C。在北半球,沿逆时针方向旋转的大型空气涡旋称为气旋,在南半球则相反,沿顺时针方向旋转的大型空气涡旋称为气旋。

4. D。通常气旋的强度以气旋中心气压值来表示。中心气压值越低,表示气旋越强,中心气压值越高,表示气旋越弱。

5. A。一般地面气旋中心气压值在 1 010~970 hPa,发展强大的可低于 935 hPa。

6. D。气旋的水平范围(Horizontal coverage)是以地面天气图上最外围闭合等压线围成的近似圆形区域的直径表示,平均为 1 000 km,大的达 2 000~3 000 km,小的只有 300~500 km。

9. B。锋面气旋(Frontal Cyclone)是由冷暖气团共同组成具有锋面的气旋性涡旋,频繁产生和活动于温带地区(故又称为温带气旋)。

10. A。根据气旋形成和活动的地理区域,将气旋分为热带气旋(Tropical cyclone)和温带气旋(Extratropical cyclone)和极地气旋性涡旋等。根据气旋的热力结构,将气旋分为锋面气旋(Frontal cyclone)和无锋面气旋。温带气旋大多数属锋面气旋,热带气旋和地方性热低压属无锋面气旋。

15. D。气旋的气流在北半球(南半球)呈逆(顺)时针旋转向中心辐合,在北半球强气旋东部出现偏南大风,南部出现偏西大风,西部出现偏北大风,北部出现偏东大风;在南半球强气旋东部出现偏北大风,南部出现偏东大风,西部出现偏南大风,北部出现偏西大风。一般气旋区内,气压梯度大,地面风速增大,辐合上升气流加强,当水汽充足时,总伴随多云和降水天气。

18. B。锋面气旋的演变过程,大致可分为初生阶段、发展阶段、锢囚阶段和消亡阶段。

19. B。消亡阶段:气旋发展的最后阶段,暖空气仅残留在地面东南角,气旋中心被冷空气所占据,低层整个气旋中心辐合加强,地面加压,已变为冷性涡旋,低压中心部位开始填塞。

20. B。锢囚阶段:由于冷气团中的风速较强,冷锋比暖锋移动得快,最后冷锋赶上了暖锋,这时冷锋后和暖锋前的冷气团相合,而冷锋前和暖锋后的暖气团则被抬升到高空。这种过程称为锢囚过程。气旋环流最强,云雨范围最大,风力增大,天气变化最剧烈。

22. A。锢囚阶段的气旋环流最强,中心气压最低,气旋发展至最盛时期,称为锢囚气旋。

43. C。

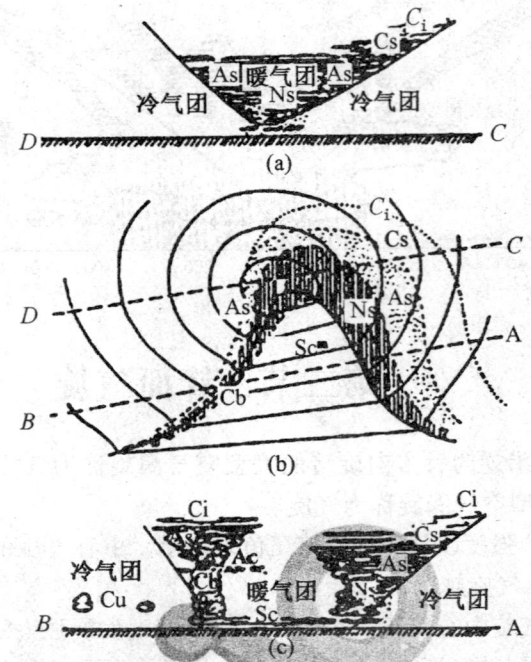

44. A。在北半球观测到风向随时间逆时针方向变化:SE→E→NE→N→NW;在南半球风向随时间顺时针方向变化:NE→E→SE→S→SW。

45. D。在北半球观测到风向随时间逆时针方向变化:SE→E→NE→N→NW;在南半球风向随时间顺时针方向变化:NE→E→SE→S→SW。

第三节 冷高压

1. B。反气旋的水平范围以地面图上最外围闭合等压线围成的近似圆形区域的直径表示。反气旋的水平尺度比气旋大,一般为1 500~2 000 km,发展强盛时可达数千千米,如冬季的蒙古—西伯利亚高压占据亚洲大陆面积1/4。

4. A。根据反气旋形成和活动的地理区域,将反气旋分为极地反气旋、温带反气旋和副热带反气旋。根据反气旋的热力结构,将反气旋分为冷性反气旋和暖性反气旋。

6. D。活动于中、高纬度对流层中下层的温带反气旋属于冷性反气旋,习惯上称为冷高压。副热带高压、阻塞高压是典型的暖性反气旋。

9. B。冷高压侵入时,它所造成的恶劣天气主要出现在冷高压前缘的冷锋附近及锋后。在这里等压线较密集,水平气压梯度大,冷平流较强。主要天气特征是气温明显下降。

14. A。冷高压的移动受高空气流引导,因此,在北半球总体上都是自西向东或自西北向东南方向移动,南半球自西向东或自西南向东北方向移动。

15. A。通常在反气旋的中心附近,下沉气流强,主要出现晴朗、微风天气。冬季多晴冷天气,夏季多晴热高温天气,春秋两季多风和日丽、秋高气爽的天气。

16. A。反气旋内天气分布比较均匀。

25. A。影响我国的冷空气的源地:第一个是在新地岛以西的洋面上,冷空气经巴伦支海、俄罗斯欧洲部分进入我国。它出现的次数最多,达到寒潮强度的也最多;第二个是在新地岛以东的洋面上,冷空气大多数经喀拉海、太梅尔半岛、俄罗斯进入我国。它出现的次数虽少,但是气温低,可达到寒潮强度;第三个是在冰岛以南的洋面上,冷空气经俄罗斯欧洲南部或地中海、黑海、里海进入我国。

26. C。冷高压在东移和南下过程中,由于变性会使高压中心产生分裂。它们在我国消失的不多,多数经我国东移入海,逐渐变性成为暖性高压,最后并入副热带高压中或在海上减弱消失。

31. A。2006年编制了《冷空气等级》的国家标准。该标准将冷空气分为五个等级:弱冷空气、中等强度冷空气、较强冷空气、强冷空气和寒潮。弱冷空气:使某地日最低气温 48 h 内降温幅度小于 6 ℃的冷空气。中等强度冷空气:使某地日最低气温 48 h 内降温幅度大于或等于 6 ℃但小于 8 ℃的冷空气。较强冷空气:使某地日最低气温 48 h 内降温幅度大于或等于 8 ℃,但未能使该地日最低气温下降到 8 ℃或以下的冷空气。强冷空气:使某地日最低气温 48 h 内降温幅度大于或等于 8 ℃,而且使该地日最低气温下降到 8 ℃或以下的冷空气。寒潮:使某地日最低气温 24 h 内降温幅度大于或等于 8 ℃,或 48 h 内降温幅度大于或等于 10 ℃,或 72 h 内降温幅度大于或等于 12 ℃,而且使该地日最低气温下降到 4 ℃或以下的冷空气。

34. D。寒潮是一种大型天气过程,会造成沿途大范围的剧烈降温、大风和雨雪天气。

35. B。寒潮冷锋过境前,多吹偏南风,风力一般较弱,天气相对较温暖。

第四节 副热带高压

1. A。由于副热带地区海陆分布的影响,高压不是沿纬圈连续均匀分布的,而是断裂成若干个具有闭合中心的高压单体分布在海洋上,称为副热带高压。

12. B。特征指数:为了掌握西太平洋副高的活动规律,认识和分析西太平洋副高与西太平洋及东亚地区天气的密切关系,制定一系列描述西太平洋副高的特征指数。强度指数:以副高中心最高气压值表示。位置指数:以 500 hPa 图上副高脊线的位置和走向表示副高的位置和走向,脊线的南北移动表示副高的北进和南退。脊线的确定以 500 hPa 图上高空东西风速的零线为准。范围指数:以 500 hPa 图上 588 位势什米线包含的区域表示。西伸脊点指数:以 500 hPa 图上 588 位势什米线最西端所在的经度来表示西伸脊点位置。

16. B。西太平洋副高的季节性活动具有明显的规律性。冬季位置最南,夏季最北,从冬到夏向北偏西移动,范围扩大,强度增强;自夏至冬则向南偏东移动,范围缩小,强度减弱。

19. D。影响我国天气的是北太平洋副热带高压西部的高压脊或者高压单体,统称为西北太平洋副热带高压,除在盛夏时偶呈南北狭长形状外,一般呈东西向的椭圆形。

第五节 热带气旋

1. D。热带气旋(Tropical Cyclone)是发生在热带或副热带洋面上的一种发展强烈的暖性气旋性涡旋。

3. B。热带低压 TD(Tropical Depression):风速 22~33 kn(风力 6~7 级);热带风暴 TS(Tropical Storm):风速 34~47 kn(风力 8~9 级);强热带风暴 STS(Severe Tropical Storm):风速 48~着 63 kn(风力 10~11 级);台风 T(Typhoon)或飓风 H(Hurricane):风速≥64 kn(风力≥12 级)。

10. C。根据热带气旋未来影响到预报责任区的时间按其等级(如热带风暴、强热带风暴、台风等)发布消息、警报和紧急警报。远离或尚未影响到预报责任区时,根据需要可以发布"消息",报道编号热带气旋的情况,警报解除时也可用"消息"方式发布;预计未来 48 h 内将影响本责任区的沿海地区或登临时发布警报;预计未来 24 h 内将影响本责任区的沿海地区或登临时发布紧急警报。

13. D。台风预警信号分四级,按强度等级由弱到强依次为蓝色、黄色、橙色、红色。

17. D。热带气旋主要分布在南北两个半球的 5°~20°的纬度之间,其中 10°~20°之间占了 65%。在 20°以外较高纬度发生的热带气旋只占 13%,而且都发生在西北太平洋和西北大西洋这两个海域。发生在 5°以内赤道附近的热带气旋极少。

22. B。在北半球,除孟加拉湾和阿拉伯海热带气旋发生在 5—6 月和 10—11 月以外,热带气旋多发生在 7—10 月,其中 8—9 月最多。在南半球热带气旋发生最多的月份是 1—3 月。

25. C。热带气旋的地面流场,按风速大小通常可分为外围区、涡旋区和眼区三个区域。①外围区,自热带气旋边缘向里风速逐渐增大,风力一般在 8 级以下,呈阵性。②涡旋区,风力在 8 级以上。风的径向分布特征是越往中心风力越大。在近中心附近为围绕眼的最大风速区,其宽度较窄,通常与围绕眼的云墙区相重合。③眼区,风速向中心迅速减小到 3~4 级,有时近乎是静风。

27. C。眼区基本上是晴空少云区,只在低层有少量层积云。

29. B。热带气旋过境前后的气压自记曲线呈漏斗状。

33. C。当船舶越接近热带气旋中心附近时,风力越大,气压越低。

第六节 强对流性天气系统

1. D。强对流性天气系统多为中、小尺度天气系统,生命期短,水平影响范围小,运动不遵从地转平衡和静力平衡关系,强对流运动容易发展,可造成比较严重的灾害。

6. A。中尺度系统是指水平范围大约为十几千米至二三百千米,生命周期约为几小时至十几小时的天气系统,主要有雷暴群(多单体雷暴)、飑线等。小尺度系统是指水平范围只有几十米至十几千米,生命期只有几分钟至几小时的天气系统,有雷暴单体、龙卷等。

10. D。在海洋上由于热力条件不同,热雷暴大多发生在后半夜至凌晨前后。

11. A。雷暴活动,夏季出现较多,冬季几乎绝迹。

24. B。龙卷移动路径多为直线,长度一般为 5~10 km,短的只有 300 m,个别长的可达 300 km。平均移速 15 m/s,最快可达 70 m/s。龙卷的漏斗状云柱的倾斜方向,通常指示龙卷移动的方向。

42. B。海上的龙卷一般出现在清晨 6 h 前后。

第十五章 航海气象信息的获取与应用

第一节 天气图的基础知识

1. 经纬线均为平行直线的天气底图哪种投影方式的图？
   A. 墨卡托投影图 B. 兰勃特投影图
   C. 极地平面投影图 D. 正形圆锥投影图

2. 在天气底图上，纬线是以极点为中心的同心圆、经线是以极点向外辐射的直线。这种天气图是采用哪种投影方式？
   A. 墨卡托投影 B. 兰勃特投影
   C. 正形圆锥投影 D. 极地平面投影

3. 通常适合中纬度的天气图底图的投影方式为_____。
   A. 墨卡托投影 B. 兰勃特投影
   C. 极地平面投影 D. 正射投影

4. 通常适合低纬度的天气图底图的投影方式为_____。
   A. 墨卡托投影 B. 兰勃特投影
   C. 极地平面投影 D. 正射投影

5. 通常适合极地或半球的天气图底图的投影方式为_____。
   A. 墨卡托投影 B. 兰勃特投影
   C. 极地平面投影 D. 正射投影

6. 兰勃特投影天气图底图的标准纬线为_____。
   A. 30°、45° B. 30°、60°
   C. 22.5°、45° D. 33°、66°

7. 下图使用的是什么投影?

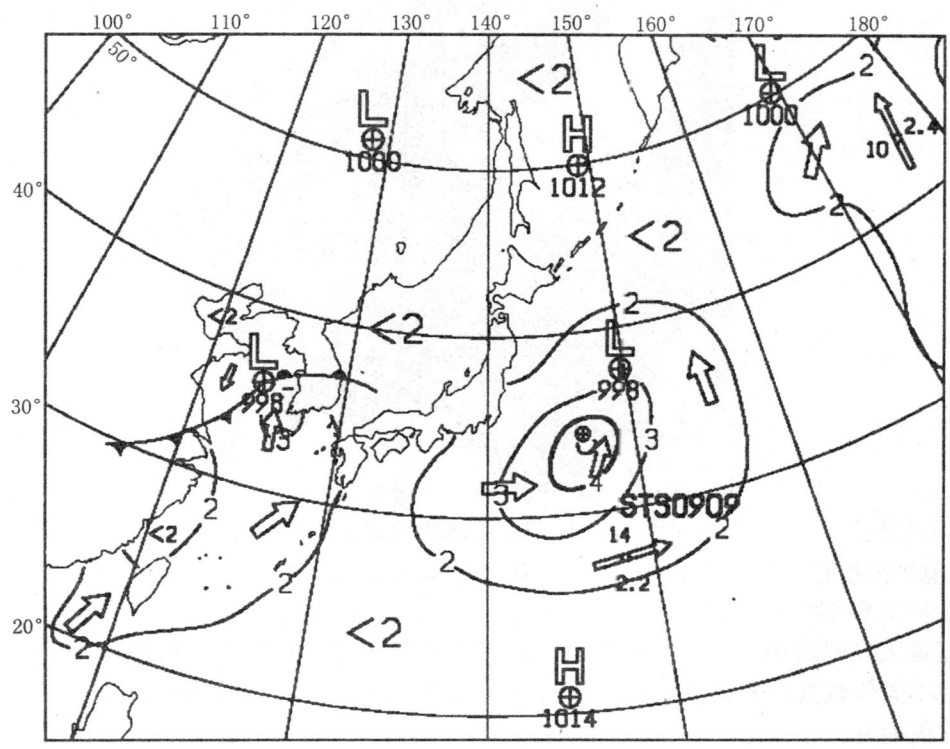

A. 墨卡托投影　　　　　　　　B. 兰勃特投影
C. 极地平面投影　　　　　　　D. 罗宾森投影

8. 下图使用的是什么投影?

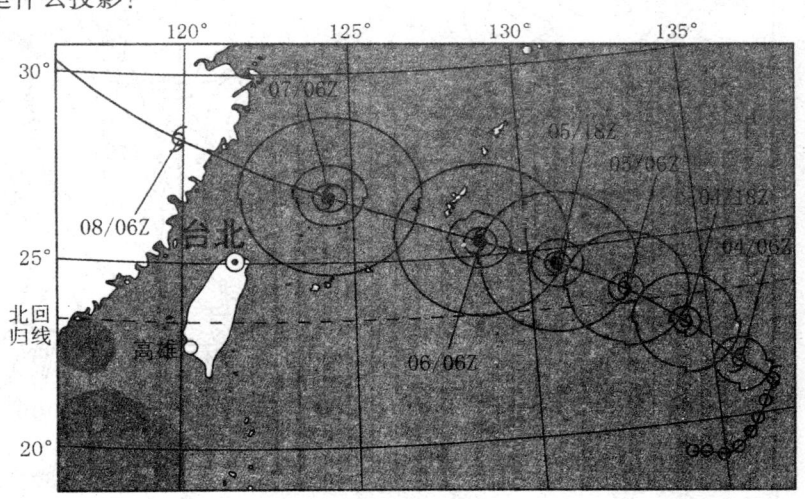

A. 墨卡托投影　　　　　　　　B. 兰勃特投影
C. 极地平面投影　　　　　　　D. 罗宾森投影

9. 下图使用的是什么投影?

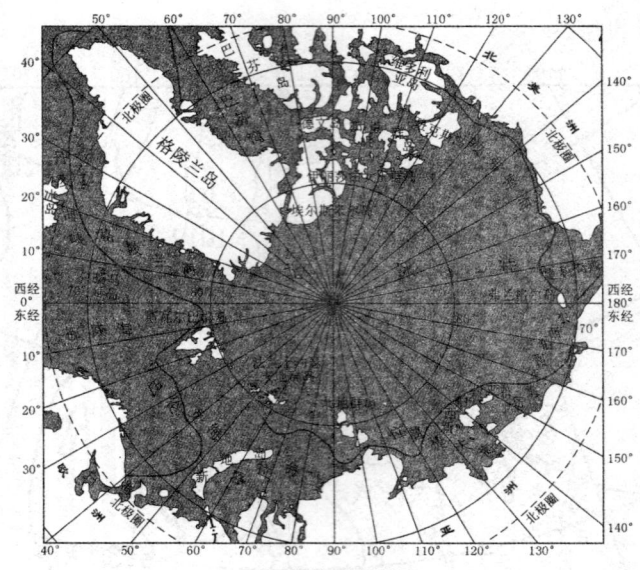

A. 墨卡托投影 B. 兰勃特投影
C. 极地平面投影 D. 罗宾森投影

10. 地面天气图的图时为_____。
   A. 基本天气观测 04Z,10Z,16Z,22Z B. 基本天气观测 02Z,08Z,14Z,20Z
   C. 基本天气观测 00Z,06Z,12Z,18Z D. 基本天气观测 03Z,09Z,15Z,21Z

11. 附图所示为_____。

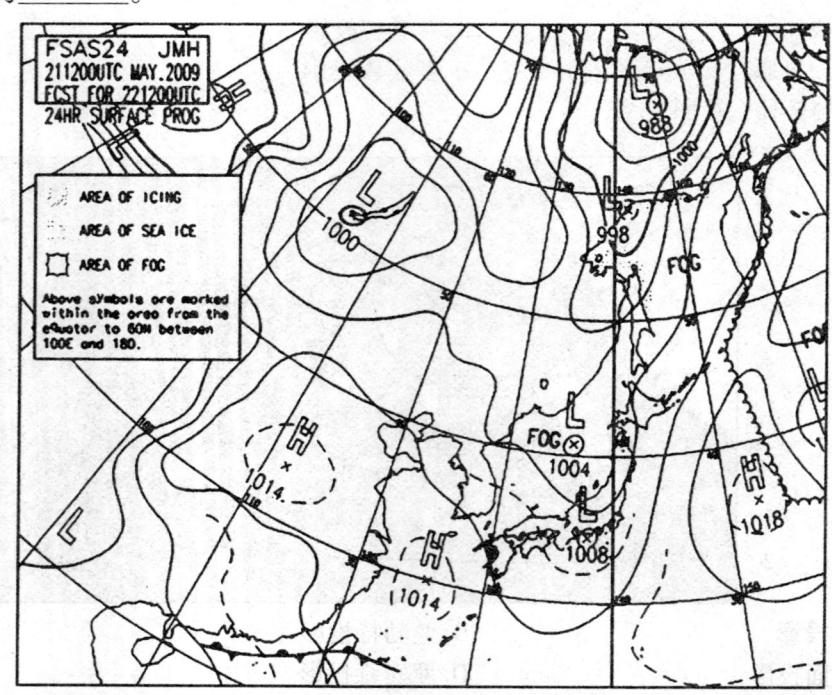

A. 日本发布的地面实况图   B. 日本发布的 24 h 地面预报图

C. 日本发布的 48 h 地面预报图　　D. 美国发布的 24 h 地面预报图

12. 附图所示为_____。

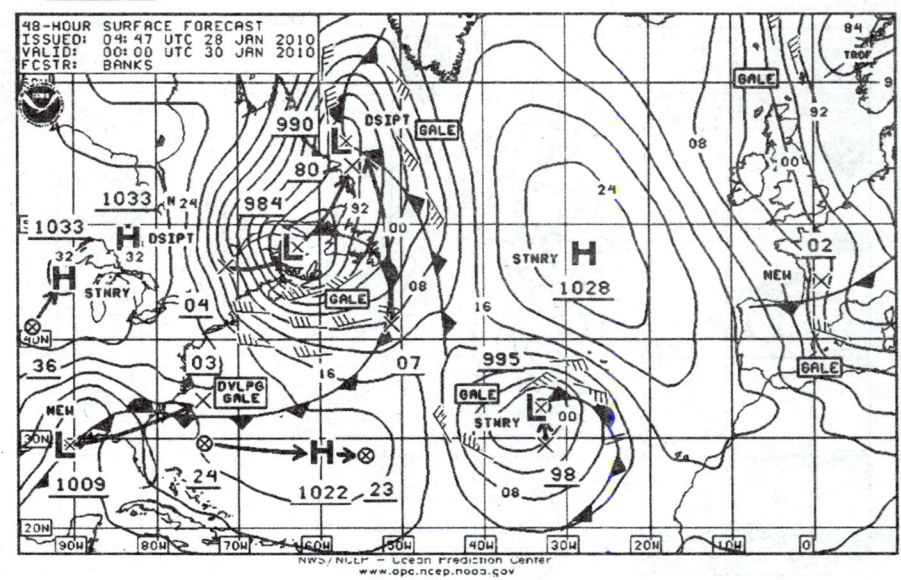

A. 美国发布的地面实况图　　B. 日本发布的 24 h 地面预报图
C. 美国发布的 48 h 地面预报图　　D. 美国发布的 24 h 地面预报图

13. 附图所示为_____。

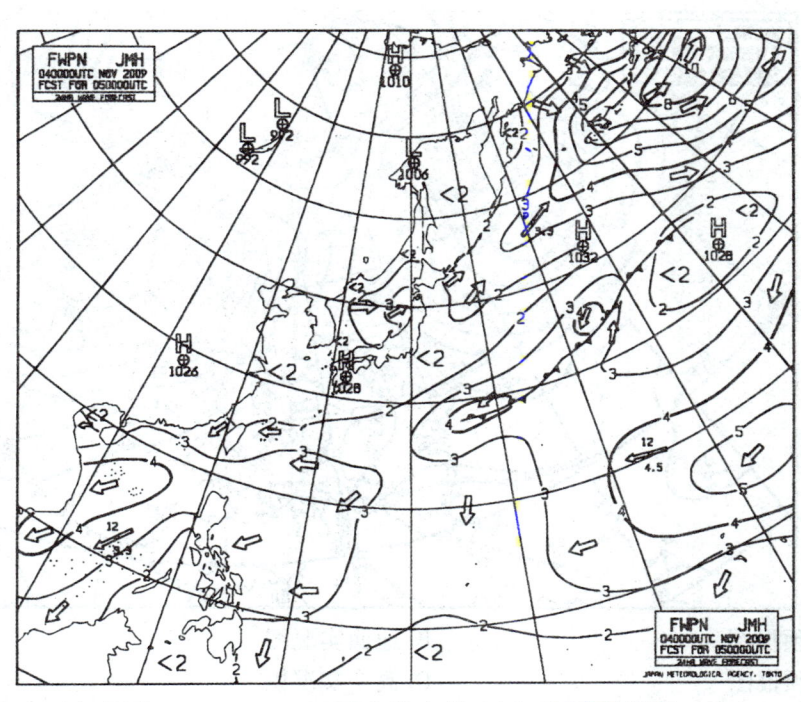

A. 日本发布的地面实况图　　B. 日本发布的 24 h 地面预报图

C. 日本发布的海浪实况图　　　　　D. 日本发布的24 h海浪预报图

14. 附图所示为_____。

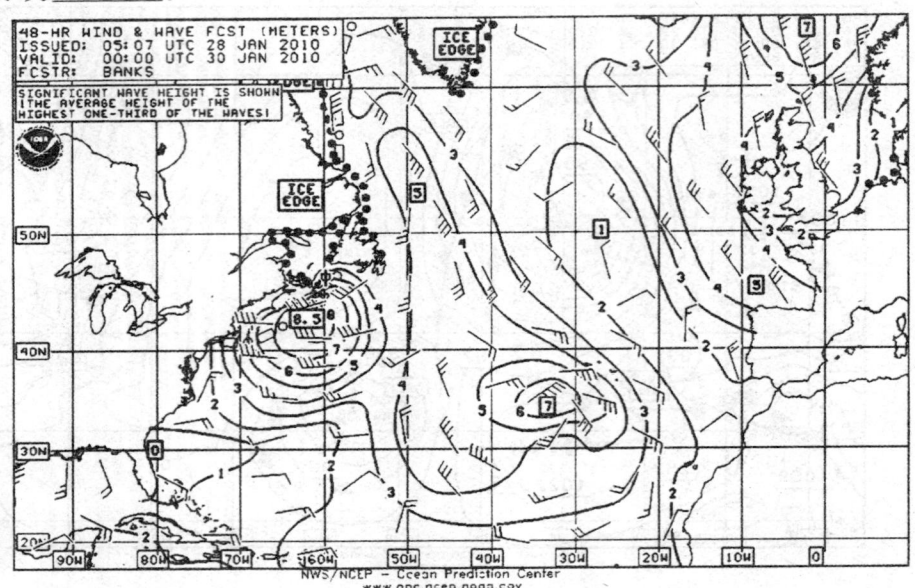

A. 美国发布的海浪实况图　　　　　B. 美国发布的24 h海浪预报图

C. 美国发布的48 h海浪预报图　　　D. 日本发布的48 h海浪预报图

15. 这张天气图的种类是_____。

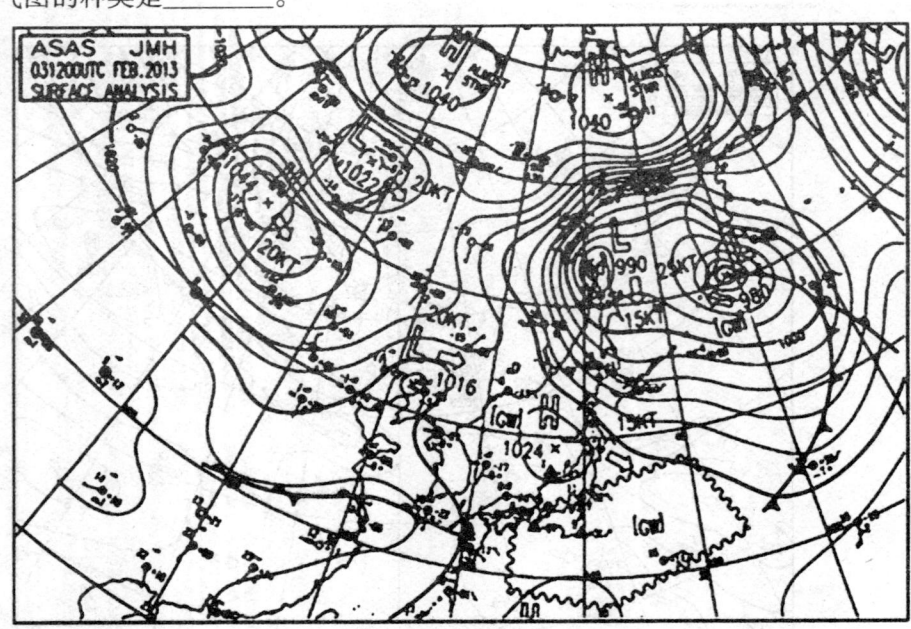

A. 地面预报图　　　　　　　　　　B. 地面实况图

C. 高空预报图　　　　　　　　　　D. 高空实况图

16. 这张天气图的种类是_____。

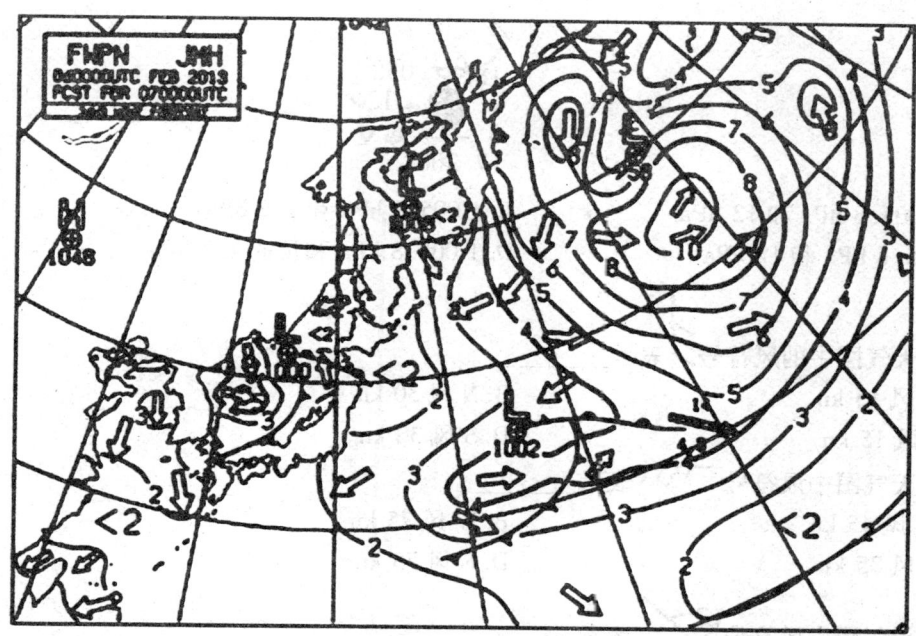

A. 24 h 台风预报图　　　　　　　　B. 48 h 台风预报图
C. 24 h 海浪预报图　　　　　　　　D. 48 h 海浪预报图

17. 这张天气图的种类是_____。

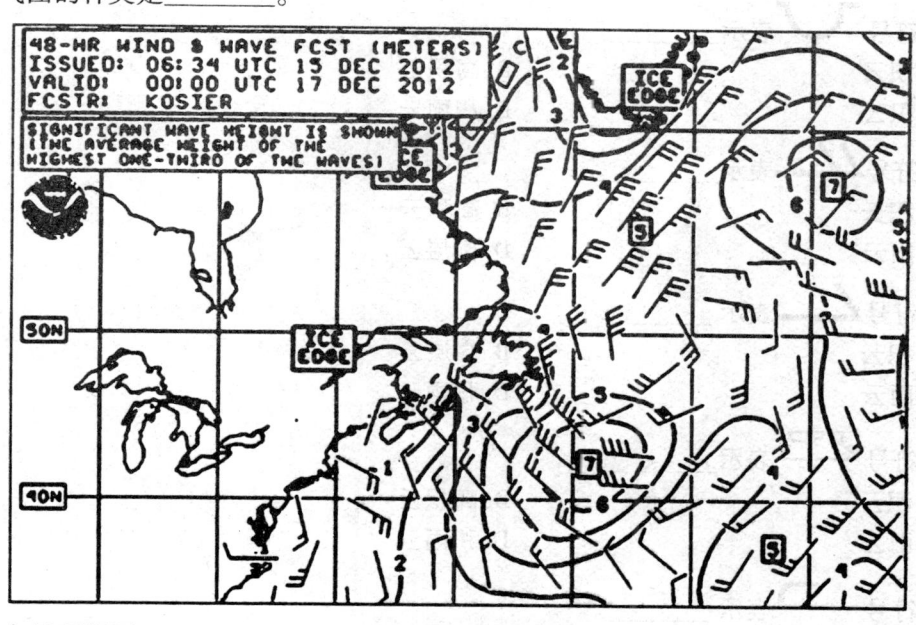

A. 48 h 台风预报图　　　　　　　　B. 48 h 风和浪预报图
C. 48 h 高空预报图　　　　　　　　D. 48 h 地面预报图

18. 图中给出了我国某测站气象要素的填图格式,表明气压和三小时变压分别为_____。

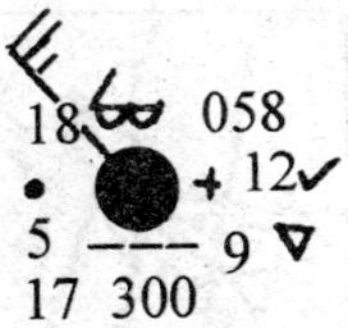

```
              058
    18
    •     + 12 ✓
    5  —— 9  ▽
    17  300
```

A. 1 005.8 hPa 和 12 hPa　　　　B. 1 005.8 hPa 和 1.2 hPa
C. 995.8 hPa 和 12 hPa　　　　　D. 1 005.8 hPa 和负的 1.2 hPa

19. 日本天气图中的风符号  表示_____。
　　A. N 风 15 kn　　　　　　　　B. N 风 30 kn
　　C. S 风 15 kn　　　　　　　　D. S 风 30 kn

20. 日本天气图中风符号 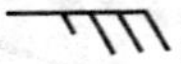 表示_____。
　　A. W 风 45 kn　　　　　　　　B. W 风 75 kn
　　C. E 风 35 kn　　　　　　　　D. E 风 75 kn

21. 日本天气图中风符号  表示_____。
　　A. SW 风 30 kn　　　　　　　B. SW 风 60 kn
　　C. NE 风 30 kn　　　　　　　D. NE 风 60 kn

22. 填图符号 ∪ 表示_____。
　　A. 浓积云　　　　　　　　　　B. 高积云
　　C. 层积云　　　　　　　　　　D. 积雨云

23. 填图符号  表示_____。
　　A. 淡积云　　　　　　　　　　B. 高积云
　　C. 积雨云　　　　　　　　　　D. 雨层云

24. 填图符号  表示_____。
　　A. 淡积云　　　　　　　　　　B. 高层云
　　C. 碎雨云　　　　　　　　　　D. 积雨云

25. 填图符号  表示_____。
　　A. 淡积云　　　　　　　　　　B. 高积云
　　C. 碎雨云　　　　　　　　　　D. 积雨云

26. 填图符号 表示_____。
　　A. 积云　　　　　　　　　　　B. 高积云
　　C. 卷云　　　　　　　　　　　D. 积雨云

27. 填图符号  表示_____。
　　A. 积云　　　　　　　　　　　B. 卷云

C. 高层云 D. 积雨云

28. 地面图上冷锋的符号为_____。
    A.  ▼▼▼   B.  ●●●
    C.  ●●●   D. ▲●▲●

29. 通常在彩色天气图上,_____。
    A. 冷锋为红色   B. 静止锋为红蓝双色
    C. 暖锋为蓝色   D. 锢囚锋为黑色

30. 通常在彩色天气图上,_____。
    A. 冷锋为红色   B. 静止锋为紫色
    C. 暖锋为蓝色   D. 锢囚锋为紫色

31. 地面图上雾的填图符号为_____。
    A. =   B. ≡
    C. ∞   D. ,

32. 地面图上霾的填图符号为_____。
    A. =   B. ≡
    C. ∞   D. ,

33. 地面图上毛毛雨的填图符号为_____。
    A. =   B. ≡
    C. ∞   D. ,

34. 地面图上雷暴的填图符号为_____。
    A. ,   B. .
    C. ▽   D.  ⚡R

35. 地面图上阵雨的填图符号为_____。
    A. ,   B. .
    C. ▽̇   D.  ⚡R

36. 地面图中某测站数据如下所示,其低云状和低云量分别为_____。

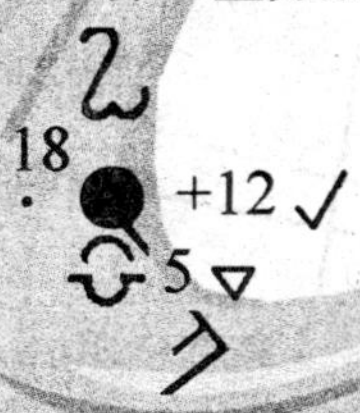

    A. 浓积云、7   B. 层积云、8
    C. 层积云、5   D. 积雨云、10

37. 地面图中某测站数据如下所示,其总云量为_____。

A. ≤1 B. 10
C. 9 D. 8

38. 地面图中某测站数据如下所示，其风速、风向为_____。

A. 15 m/s；SE B. 15 m/s；NW
C. 15KT；SE D. 15KT；NW

39. 地面图中某测站数据如下所示，过去天气现象是_____。

A. 雷暴 B. 阵雨
C. 冰雹 D. 晴

40. 图中测站的风向和风速为_____。

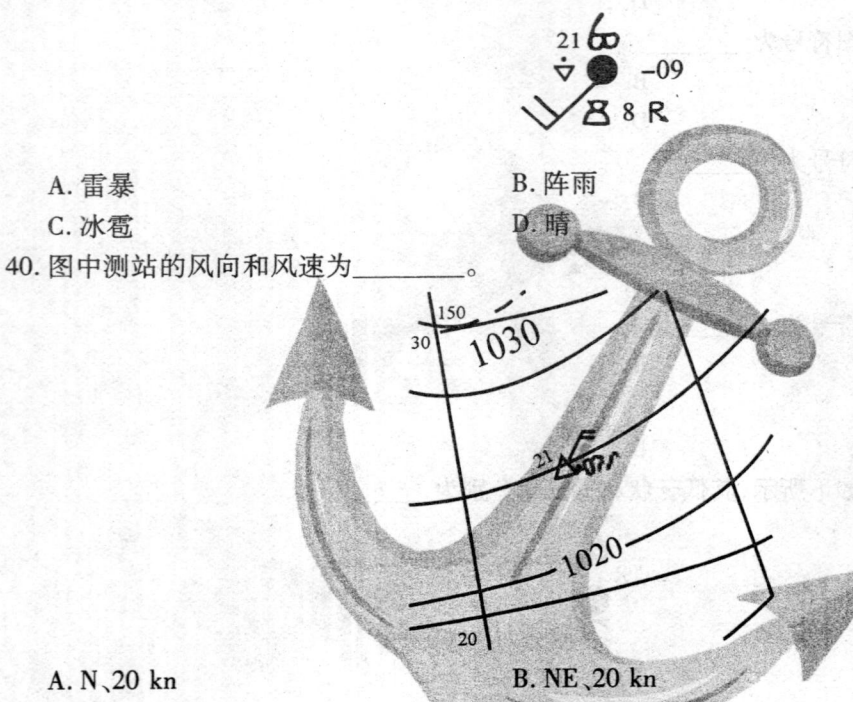

A. N、20 kn B. NE、20 kn
C. S、20 kn D. SW、20 kn

41. 图中所标出的风向为_____。

A. 偏东风 B. 偏西风
C. 偏南风 D. 偏北风

42. 图中所标出的风向为_____。

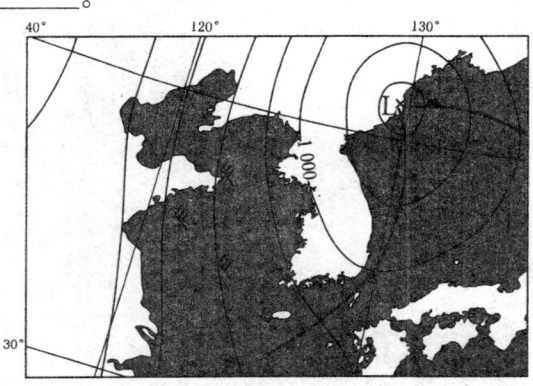

A. N B. NE
C. NW D. W

43. 地面图中某测站数据如下所示,其低云状和低云量分别为_____。

A. 浓积云、7 B. 层积云、8
C. 层积云、5 D. 积雨云、10

44. 通常天气图上表示低压的符号为_____。
A. C B. A
C. L D. H

45. 通常天气图上表示高压的符号为_____。
A. C B. A
C. L D. H

46. 在我国地面分析图上,两条相邻等压线的间隔为_____。
A. 2.5 hPa 或 5 hPa B. 4 hPa
C. 6 hPa D. 2 hPa

47. 图中中国黄海的风向主要为_____。

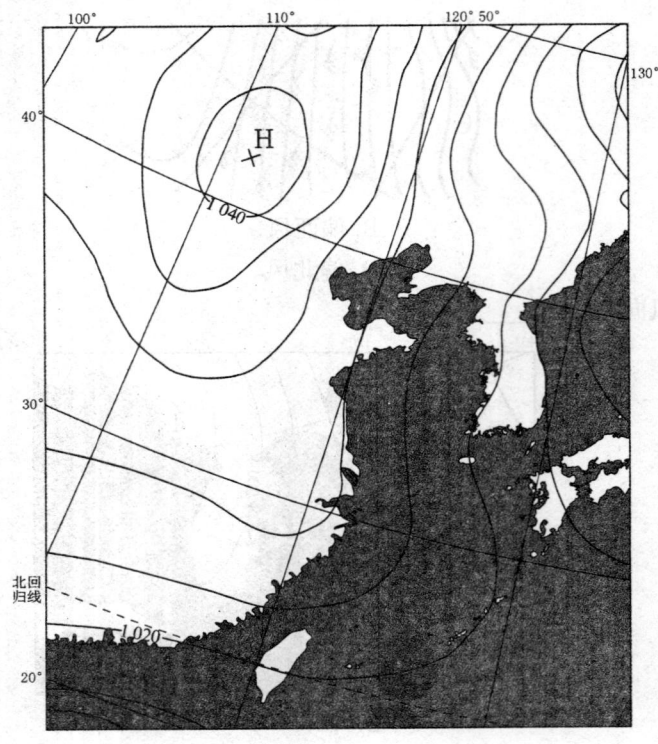

A. NE B. N
C. NW D. 不能确定

48. 图中台湾海峡的风向为_____。

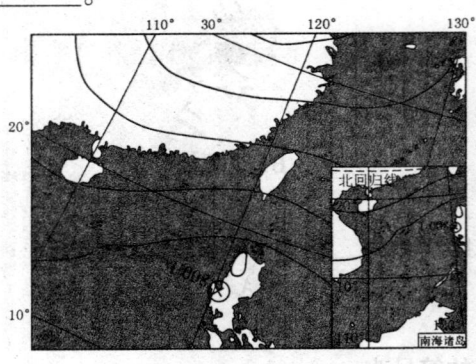

A. NE B. N
C. NW D. S

49. 图中的天气系统是_____。

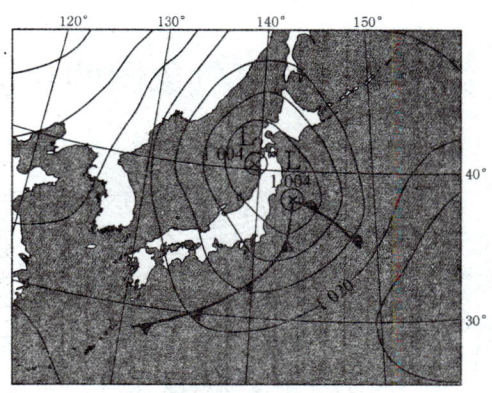

A. 热带气旋 B. 温带气旋
C. 热带反气旋 D. 温带反气旋

50. 图中的天气系统是_____。

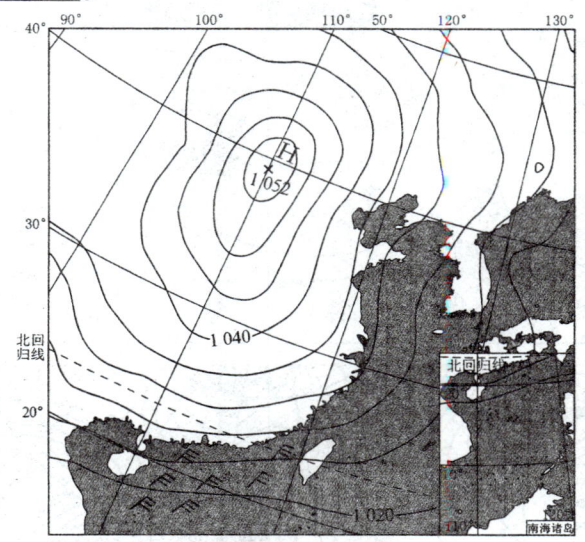

A. 热带气旋 B. 温带气旋
C. 热带反气旋 D. 温带反气旋

第二节 气象信息的获取途径

1. 目前船上获取传真气象图的方式不包括_____。
   A. 电子邮件 B. 查阅图书资料
   C. 传真接收机 D. 网站下载

第三节 传真气象图的识读

1. 请根据附图回答问题。

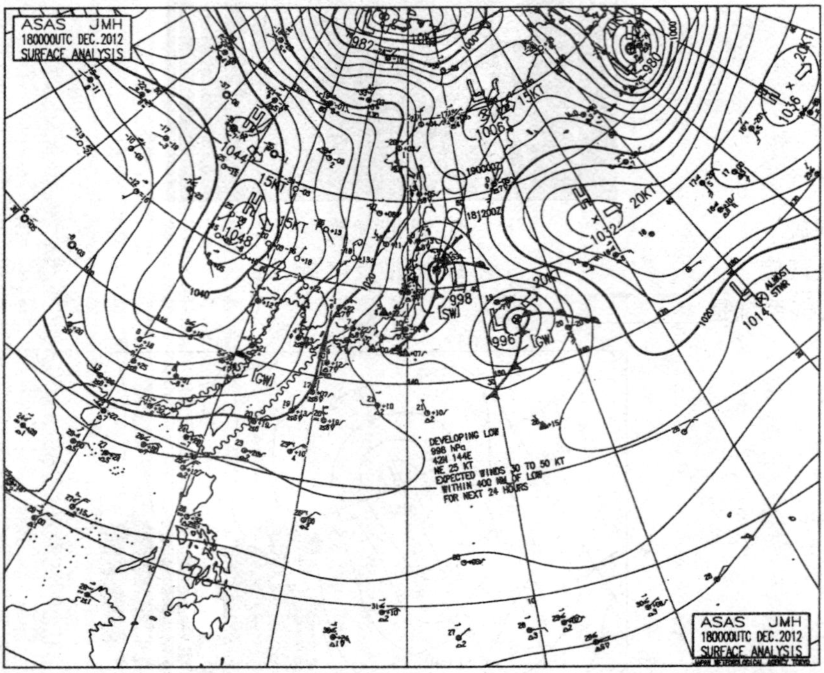

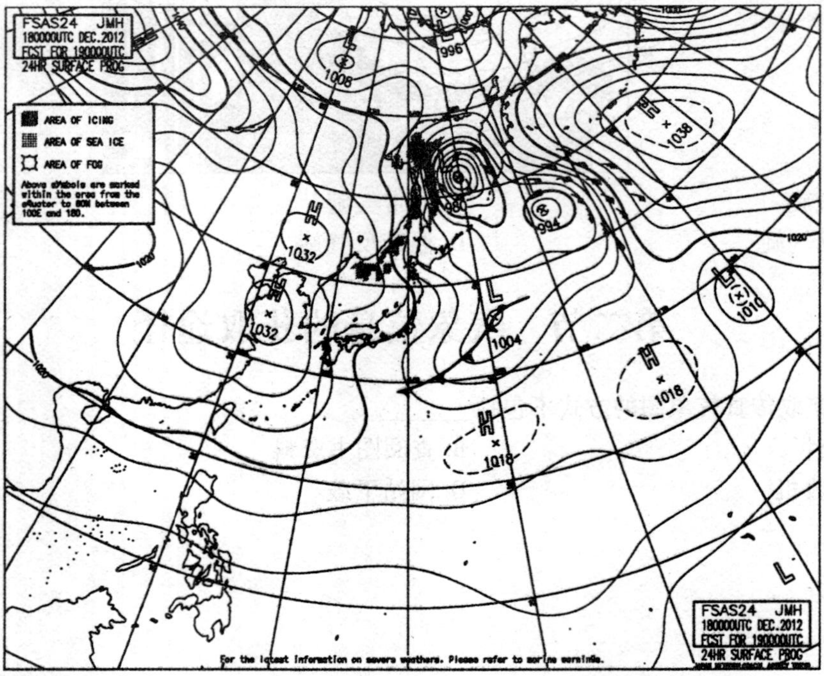

小题1 从地面实况图上看,当时中国沿海的大风警报区为_____。
A. 渤海和黄海北部　　　　　　　　B. 黄海中部、黄海南部、东海大部、台湾海峡及周边
C. 台湾海峡和南海北部　　　　　　D. 南海北部和南海中部

小题2 地面实况图上中国近海的最大风力为_____。
A. 4~6级　　　　　　　　　　　　B. 6~7级
C. 8~9级　　　　　　　　　　　　D. 10~11级

小题3 当时黄海海面大风的风向为_____。
A. 北到西北风　　　　　　　　　　B. 北到东北风
C. 东南风　　　　　　　　　　　　D. 西南风

小题4 造成当时中国沿海大风过程的天气系统是一个_____。
A. 冷性反气旋　　　　　　　　　　B. 冷性气旋
C. 温带气旋　　　　　　　　　　　D. 热带气旋

小题5 预计24 h后中国沿海的大风强度将如何变化?
A. 加强　　　　　　　　　　　　　B. 减弱到8级以下
C. 维持基本不变　　　　　　　　　D. 不能确定

小题6 地面实况图上位于日本北海道东南部的天气系统是一个_____。
A. 冷性气旋　　　　　　　　　　　B. 热带气旋
C. 暖性气旋　　　　　　　　　　　D. 温带气旋

小题7 地面实况图上位于日本北海道东南部的气旋未来24 h的最大风力为_____。
A. ≥12级　　　　　　　　　　　　B. 10~11级
C. 8~9级　　　　　　　　　　　　D. 6~7级

小题8 地面实况图上位于36.5°N,153.5°E附近的天气系统当时的最大风力为_____。
A. ≥12级　　　　　　　　　　　　B. 10~11级
C. 8~9级　　　　　　　　　　　　D. 6~7级

小题9 地面实况图上位于36.5°N,153.5°E附近的天气系统24 h后的中心气压值为_____。
A. 1 004 hPa　　　　　　　　　　B. 994 hPa
C. 980 hPa　　　　　　　　　　　D. 1 010 hPa

小题10 地面实况图上位于36.5°N,153.5°E附近的天气系统24 h后的8级以上大风区将主要位于其什么部位?
A. 前部　　　　　　　　　　　　　B. 后部
C. 南部　　　　　　　　　　　　　D. 无8级以上大风

2. 请根据附图回答问题。

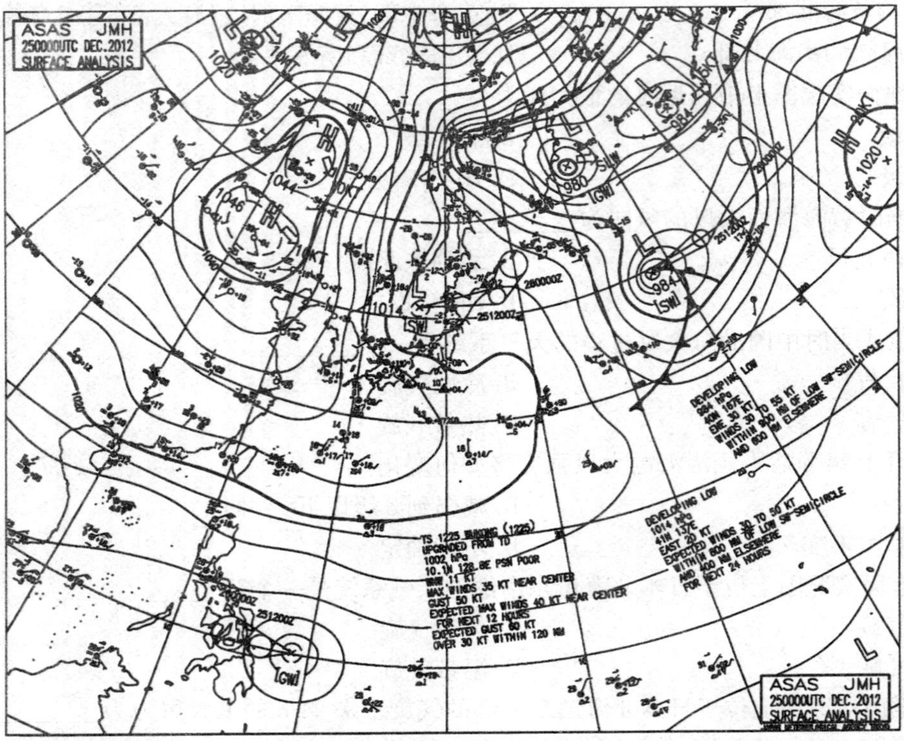
ASAS JMH
250000UTC DEC.2012
SURFACE ANALYSIS
DEVELOPING LOW
984 hPa
40N 167E
ENE 30 KT
WINDS 30 TO 55 KT
WITHIN 900 NM OF LOW SW-SEMICIRCLE
AND 600 NM ELSEWHERE
DEVELOPING LOW
1014 hPa
41N 137E
EAST 20 KT
EXPECTED WINDS 30 TO 50 KT
WITHIN 600 NM OF LOW SW-SEMICIRCLE
AND 400 NM ELSEWHERE
FOR NEXT 24 HOURS
TS 1225 WUKONG (1225)
UPGRADED FROM TD
1002 hPa
10.1N 128.8E PSN POOR
11 KT
MAX WINDS 35 KT NEAR CENTER
GUST 50 KT
EXPECTED MAX WINDS 40 KT NEAR CENTER
FOR NEXT 12 HOURS
EXPECTED GUST 60 KT
OVER 30 KT WITHIN 120 NM
ASAS JMH
250000UTC DEC.2012
SURFACE ANALYSIS

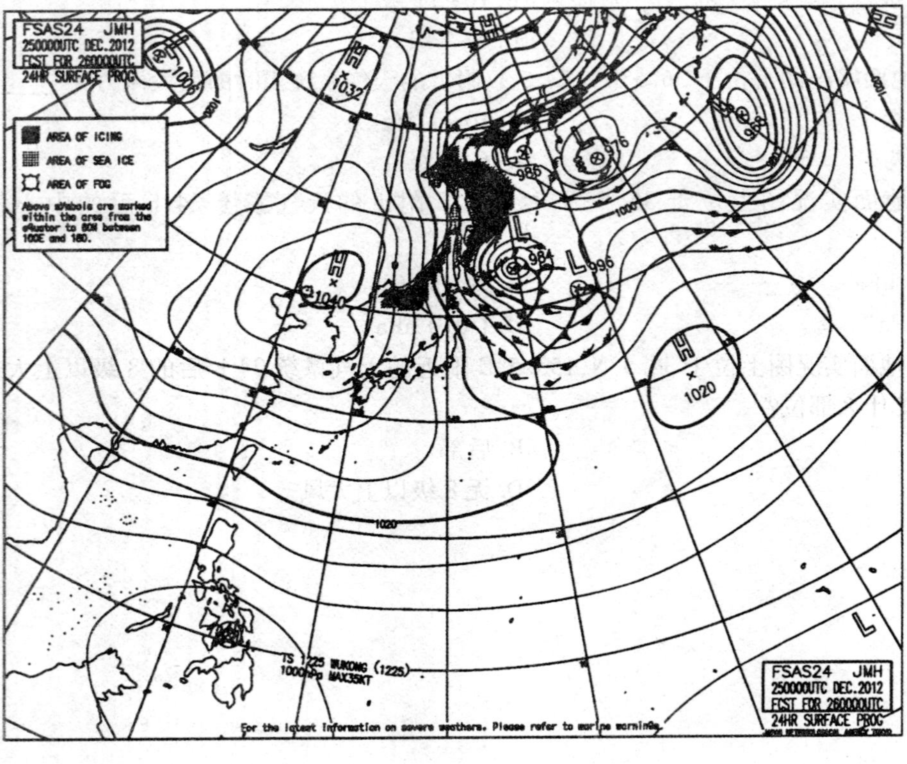
FSAS24 JMH
250000UTC DEC.2012
FCST FOR 260000UTC
24HR SURFACE PROG
AREA OF ICING
AREA OF SEA ICE
AREA OF FOG
Above symbols are marked within the area from the equator to 60N between 100E and 180.
TS 1225 WUKONG (1225)
1000hPa MAX35KT
For the latest information on severe weathers. Please refer to marine warnings.
FSAS24 JMH
250000UTC DEC.2012
FCST FOR 260000UTC
24HR SURFACE PROG

小题1 台风地面实况图上,位于菲律宾东南部的热带气旋强度为_____。
A. 台风 B. 强热带风暴
C. 热带风暴 D. 热带低压

小题2 地面实况图上,位于菲律宾东南部的热带气旋的定位精度为_____。
A. <20 n mile B. 20~40 n mile
C. >40 n mile D. 不能确定

小题3 地面实况图上,位于菲律宾东南部的热带气旋,当时的最大风力为_____。
A. ≥12级 B. 10~11级
C. 8~9级 D. 8级

小题4 地面实况图上,位于菲律宾东南部的热带气旋阵风风力为_____。
A. ≥12级 B. 11级
C. 10级 D. 8~9级

小题5 地面实况图上位于日本海的天气系统是一个_____。
A. 热带气旋 B. 初生的温带气旋
C. 将要消亡的温带气旋 D. 锢囚气旋

小题6 地面实况图上位于日本海的天气系统24 h后其气压降幅将达到_____。
A. 38 hPa B. 30 hPa
C. 28 hPa D. 18 hPa

小题7 地面实况图上位于日本海的天气系统未来24 h的最大风力可达_____。
A. ≥12级 B. 10~11级
C. 8~9级 D. 6~7级

小题8 地面实况图上位于日本海的天气系统24 h后其什么部位8级以上大风区的范围将最大?
A. 前部 B. 北部
C. 东南部 D. 西南部

小题9 地面实况图上位于40°N,167°E的天气系统当时处于其生命史的什么阶段?
A. 初生阶段 B. 发展阶段
C. 锢囚阶段 D. 消亡阶段

小题10 地面实况图上位于40°N,167°E的天气系统当时的最大风力为_____。
A. ≥12级 B. 11级
C. 10级 D. 8~9级

3. 请根据附图回答问题。

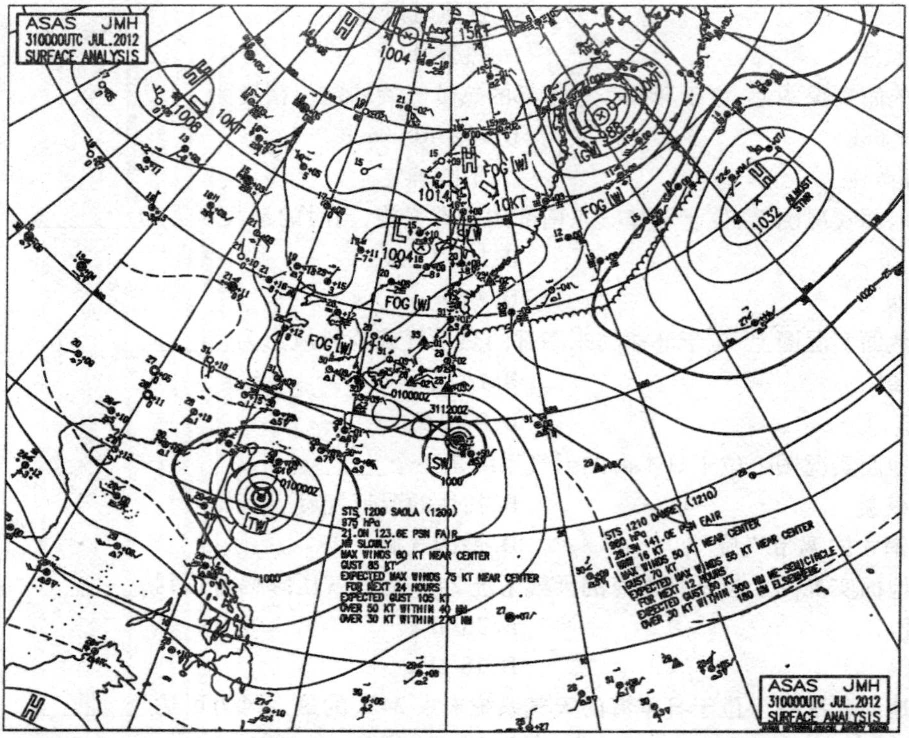
ASAS JMH
310000UTC JUL.2012
SURFACE ANALYSIS
STS 1209 SAOLA (1209)
975 hPa
21.0N 123.6E PSN FAIR
NE SLOWLY
MAX WINDS 60 KT NEAR CENTER
GUST 85 KT
EXPECTED MAX WINDS 75 KT NEAR CENTER
FOR NEXT 24 HOURS
EXPECTED GUST 105 KT
OVER 50 KT WITHIN 40 NM
OVER 30 KT WITHIN 270 NM
STS 1210 DAMREY (1210)
980 hPa
28.3N 141.0E PSN FAIR
NNW 16 KT
MAX WINDS 50 KT NEAR CENTER
GUST 70 KT
EXPECTED MAX WINDS 55 KT NEAR CENTER
FOR NEXT 12 HOURS
EXPECTED GUST 80 KT
OVER 30 KT WITHIN 300 NM NE-SEMICIRCLE
180 NM ELSEWHERE
FOG [W]
1032
ALMOST STNR
ASAS JMH
310000UTC JUL.2012
SURFACE ANALYSIS

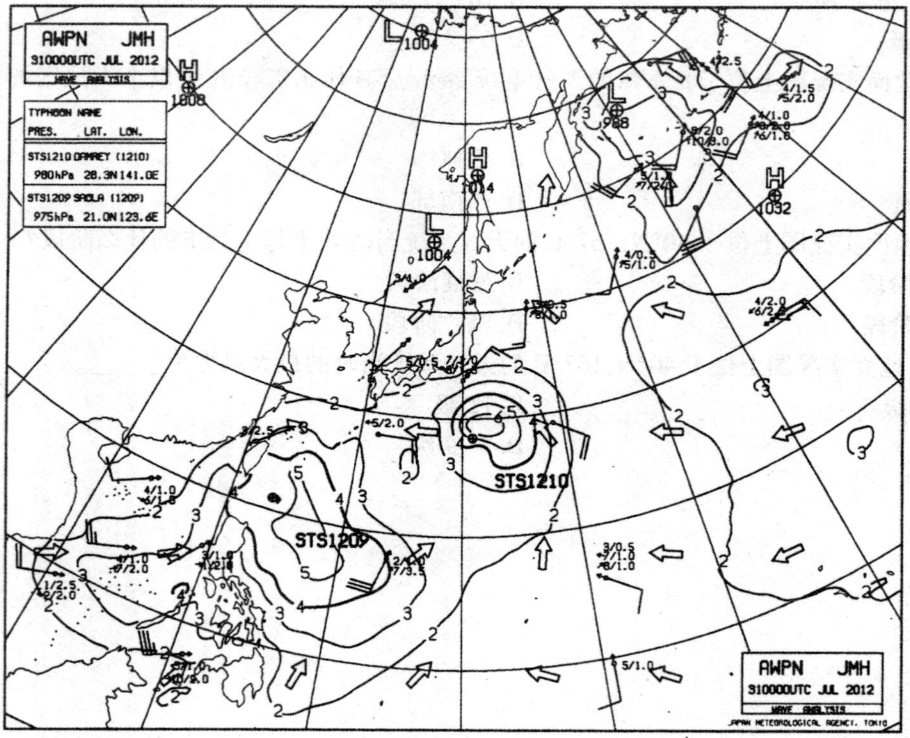
AWPN JMH
310000UTC JUL 2012
WAVE ANALYSIS
TYPHOON NAME
PRES. LAT. LON.
STS1210 DAMREY (1210)
980hPa 28.3N141.0E
STS1209 SAOLA (1209)
975hPa 21.0N123.6E
STS1210
STS1209
AWPN JMH
310000UTC JUL 2012
WAVE ANALYSIS
JAPAN METEOROLOGICAL AGENCY, TOKYO

小题1 地面实况图上位于台湾东南方的天气系统是一个_____。
A. 热带气旋　　　　　　　　　B. 温带气旋
C. 冷性反气旋　　　　　　　　D. 副热带反气旋

小题2 地面实况图上位于台湾东南方的天气系统当时的强度等级为_____。
A. T　　　　　　　　　　　　B. STS
C. TS　　　　　　　　　　　　D. TD

小题3 地面实况图上位于台湾东南方的天气系统当时的最大风力为_____。
A. ≥12 级　　　　　　　　　　B. 11 级
C. 10 级　　　　　　　　　　　D. 8~9 级

小题4 地面实况图上位于台湾东南方的天气系统当时的最大阵风风力为_____。
A. ≥12 级　　　　　　　　　　B. 11 级
C. 10 级　　　　　　　　　　　D. 9 级

小题5 地面实况图上位于台湾东南方的天气系统 24 h 后的最大风力为_____。
A. ≥12 级　　　　　　　　　　B. 11 级
C. 10 级　　　　　　　　　　　D. 9 级

小题6 地面实况图上位于台湾东南方的天气系统当时造成的最大浪高为_____。
A. 3~4 m　　　　　　　　　　B. 4~5 m
C. 5~6 m　　　　　　　　　　D. 6~7 m

小题7 地面实况图上位于台湾东南方的天气系统当时造成的最大浪高区主要位于其什么部位?
A. 左前部　　　　　　　　　　B. 前部
C. 右后部　　　　　　　　　　D. 左后部

小题8 热带气旋 DAMREY 当时的强度等级为_____。
A. 台风　　　　　　　　　　　B. 飓风
C. 强热带风暴　　　　　　　　D. 热带风暴

小题9 热带气旋 DAMREY 当时的定位精度为_____。
A. >40 n mile　　　　　　　　B. 20~40 n mile
C. <20 n mile　　　　　　　　D. <10 n mile

小题10 热带气旋 DAMREY 当时的最大浪高为_____。
A. 6~7 m　　　　　　　　　　B. 6 m
C. 5~6 m　　　　　　　　　　D. 4~5 m

4. 请根据附图回答问题。

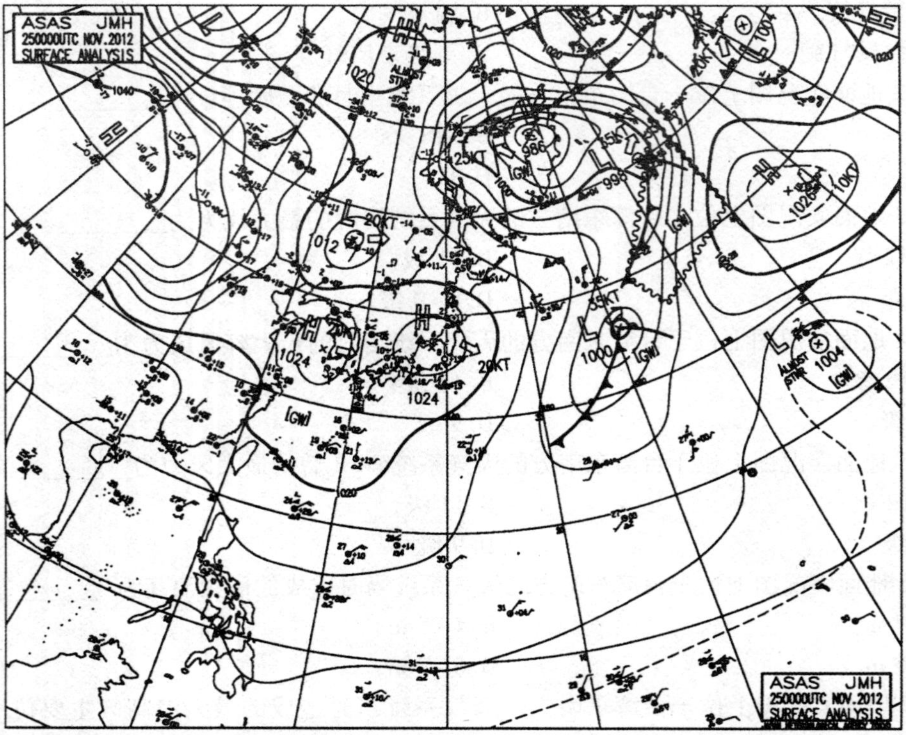

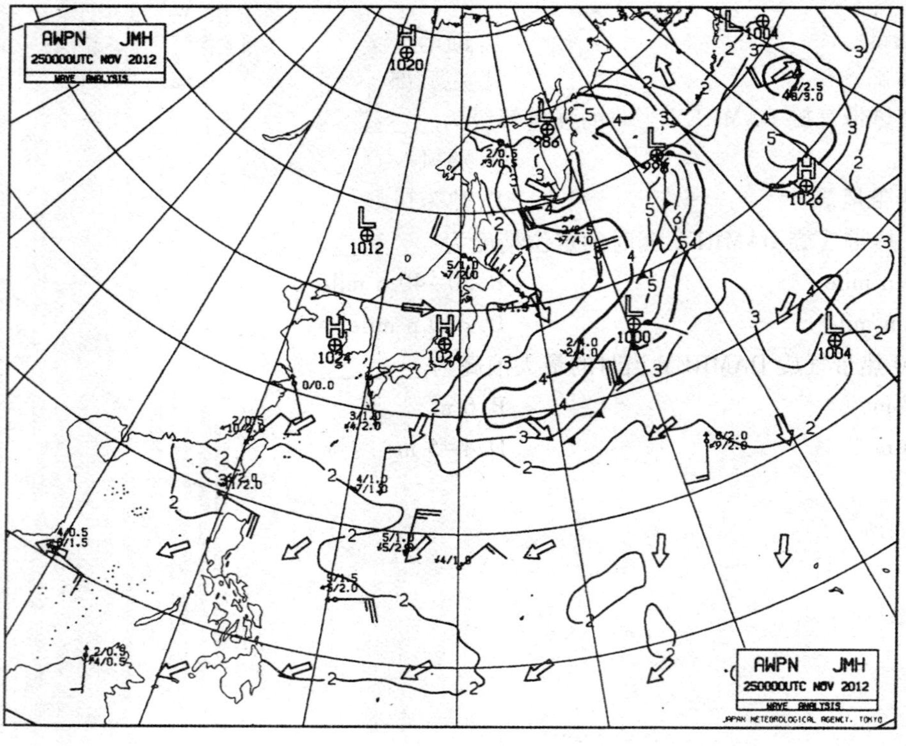

小题 1 当时中国各海区有无 8 级以上大风？在何处？
A. 没有 8 级以上大风区
B. 黄海有 8 级以上大风
C. 东海有 8 级以上大风
D. 东海和台湾海峡有 8 级以上大风

小题 2 位于钱塘江口与琉球群岛之间的[GW]表示该海域_____。
A. 当时有 8~9 级大风
B. 当时有 10~11 级大风
C. 未来 24 h 有 8~9 级大风
D. 未来 24 h 有 10~11 级大风

小题 3 当时中国各海区的最大浪高区出现在何处？浪高情况？
A. 东海；≥4 m
B. 台湾海峡；2~3 m
C. 台湾南方海面；2~3 m
D. 台湾南方海面；3~4 m

小题 4 从海浪实况图上看，当时图面范围的最大浪高为_____。
A. 7~8 m
B. 6~7 m
C. 5~6 m
D. 6 m

小题 5 造成当时图面范围的最大浪高的天气系统是_____。
A. 位于堪察加半岛的低压
B. 位于 50°N，174°E 附近的锋面气旋
C. 位于 36°N，161°E 附近的锋面气旋
D. 位于 38°N，173°E 附近的高压

小题 6 从海浪实况图上看，当时能看到的最大实测风力为_____。
A. 8 级
B. 7 级
C. 6 级
D. 5 级

小题 7 当时日本海的浪高_____。
A. 没有标出
B. ≤1 m
C. 为 1~2 m
D. <2 m

小题 8 造成图面上最大浪高的原因是_____。
A. 强冷空气南下
B. 锋面气旋
C. 热带气旋
D. 锋面气旋与其前部高压之间大的气压梯度

小题 9 位于 36°N，161°E 附近的锋面气旋处于生命史的什么阶段？
A. 初生阶段
B. 发展阶段
C. 锢囚阶段
D. 消亡阶段

小题 10 位于 36°N，161°E 附近锋面气旋当时的移向和移速为_____。
A. SE、20 kn
B. SE、35 kn
C. NE、20 kn
D. NE、35 kn

5. 请根据附图回答问题。

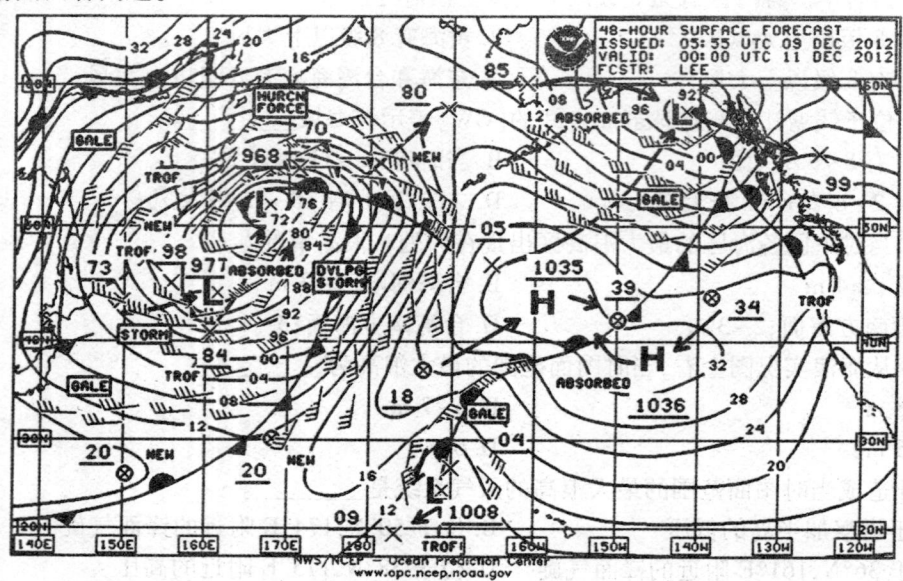

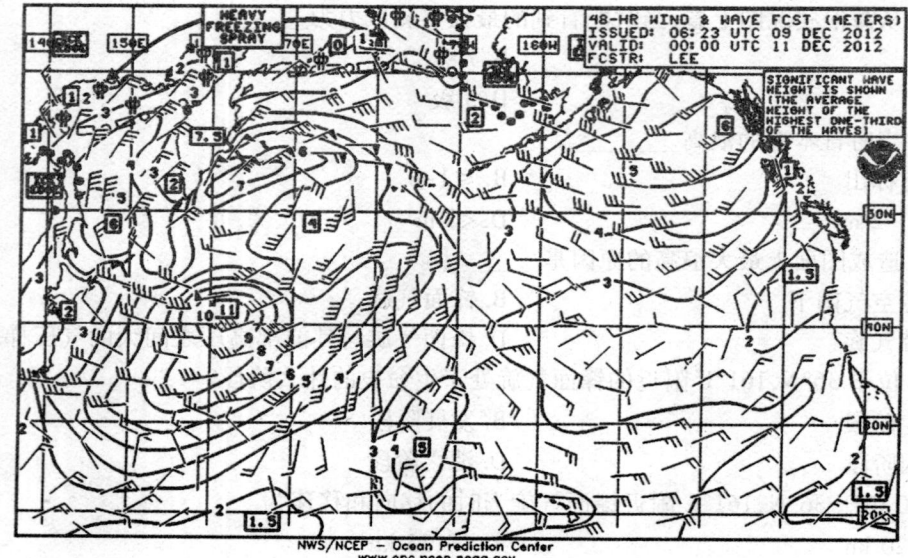

小题 1 地面图上中心位于 51°N, 168°E 附近的天气系统是一个_____。
A. 台风 B. 强热带风暴
C. 热带风暴 D. 温带气旋

小题 2 地面图上中心位于 51°N, 168°E 附近的天气系统的什么部位那时的风力最大？
A. 东部 B. 西南部
C. 西北部 D. 北部

小题 3 地面图上中心位于 51°N, 168°E 附近的天气系统的冷锋区的最大风力那时为多大？
A. 12 级 B. 10~11 级

C. 8~9 级　　　　　　　　　　　D. 6~7 级

小题 4　地面图上中心位于 51°N,168°E 附近的天气系统那时造成的最大浪高位于其什么部位？

A. 中心北侧　　　　　　　　　　B. 中心附近
C. 冷锋前部　　　　　　　　　　D. 中心的 SSW 方向

小题 5　地面图上中心位于 51°N,168°E 附近的天气系统那时造成的最大浪高区的最大风力为_____。

A. 12 级　　　　　　　　　　　B. 11 级
C. 10 级　　　　　　　　　　　D. 8~9 级

小题 6　地面天气图上位于 27°N,150°E 的 ⊗ 及其左侧的 $\frac{20}{\ }$ 表示_____。

A. 此处有一个新生成的低压,中心气压为 920 hPa
B. 此处有一个新生成的高压,中心气压为 1 020 hPa
C. 此处 24 h 后将有一个新生成的低压,中心气压为 920 hP
D. 此处 24 h 后有一个新生成的高压,中心气压为 1 020 hPa

小题 7　地面天气图上 30°N 与 40°N 之间,150°W 与 160°W 之间的 ABSORBED 表示_____。

A. 其旁边的 H 将消失
B. 其旁边的 H 未来 24 h 将被北方的另一个高压吸收
C. 其旁边的 H 将进一步加强
D. 其旁边的 H 将发生变性

小题 8　地面天气图上位于阿拉斯加湾的低压当时的最大风力为_____。

A. 6~7 级　　　　　　　　　　　B. 8~9 级
C. 10~11 级　　　　　　　　　　D. 12 级

小题 9　地面天气图上位于阿拉斯加湾的低压当时造成的最大浪高为_____。

A. 6~7 m　　　　　　　　　　　B. 6 m
C. 5~6 m　　　　　　　　　　　D. 1.5 m

小题 10　海浪图上部的 符号表示该处_____。

A. 可发生轻度船体结冰区　　　　B. 可发生中度船体结冰区
C. 可发生重度船体结冰区　　　　D. 为海冰区

6. 请根据附图回答问题。

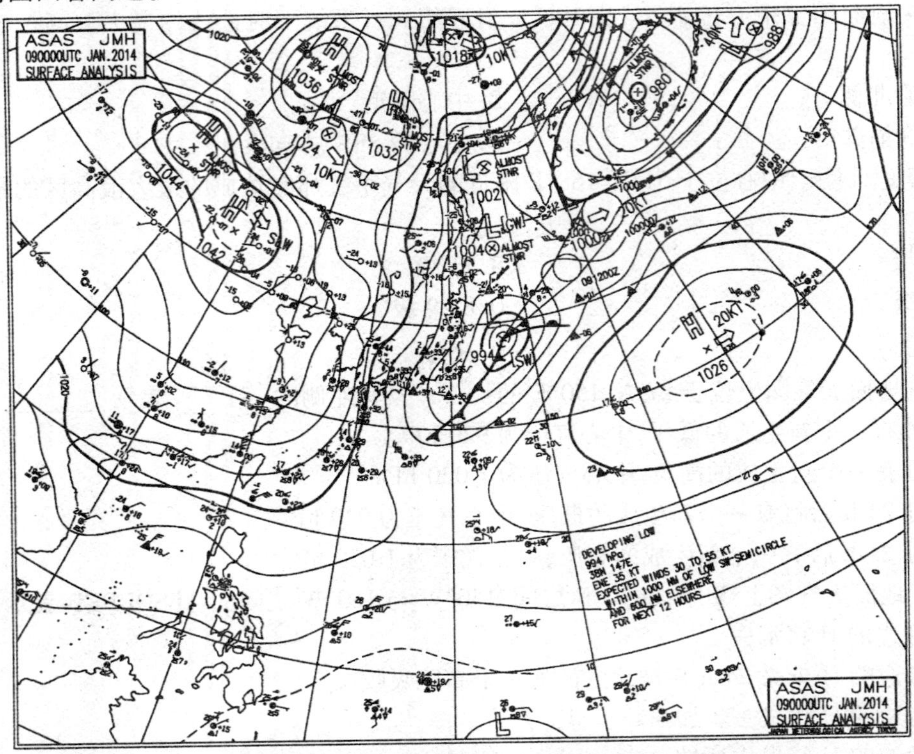

ASAS JMH
090000UTC JAN.2014
SURFACE ANALYSIS
DEVELOPING LOW
994 hPa
38N 147E
ENE 35 KT
EXPECTED WINDS 30 TO 55 KT
WITHIN 1000 NM OF LOW SW-SEMICIRCLE
AND 600 NM ELSEWHERE
FOR NEXT 12 HOURS.
ASAS JMH
090000UTC JAN.2014
SURFACE ANALYSIS

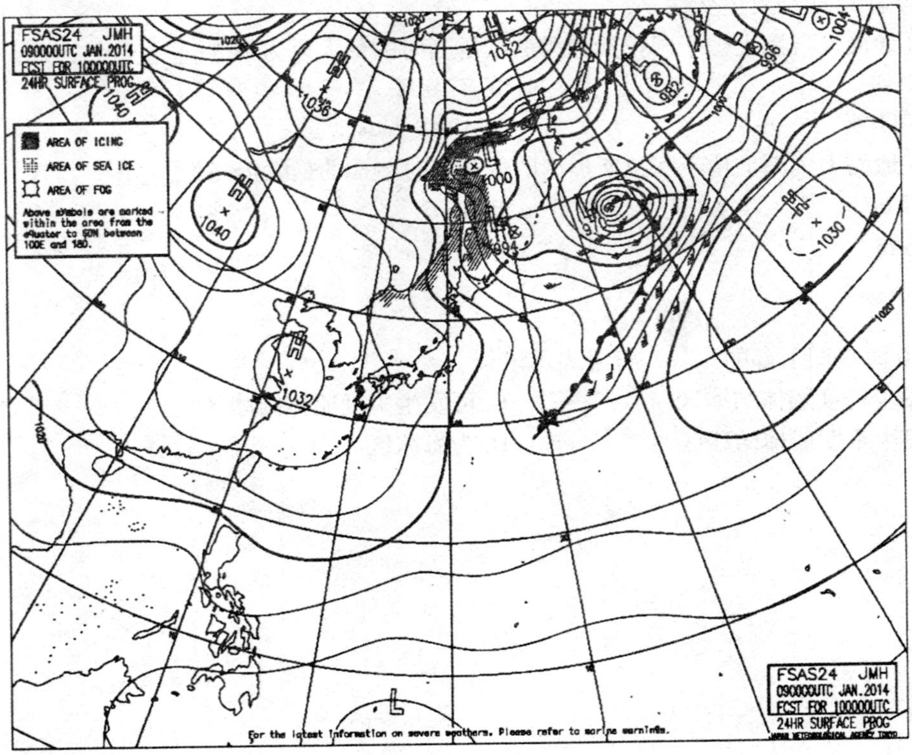

FSAS24 JMH
090000UTC JAN.2014
FCST FOR 100000UTC
24HR SURFACE PROG
AREA OF ICING
AREA OF SEA ICE
AREA OF FOG
Above symbols are marked within the area from the equator to 60N between 100E and 180.
For the latest information on severe weathers. Please refer to marine warnings.
FSAS24 JMH
090000UTC JAN.2014
FCST FOR 100000UTC
24HR SURFACE PROG

小题 1 2014 年 1 月 9 日 0000UTC 地面实况图上位于日本本州东部洋面的天气系统是一个_____。
A. 冷高压　　　　　　　　　　　　B. 温带气旋
C. 热带气旋　　　　　　　　　　　D. 副热带高压

小题 2 地面实况图上位于日本本州东部洋面的天气系统当时的移动方向为_____。
A. E　　　　　　　　　　　　　　B. NE
C. ENE　　　　　　　　　　　　　D. SW

小题 3 地面实况图上位于日本本州东部洋面的天气系统当时的移速为_____。
A. 20 kn　　　　　　　　　　　　B. 15 kn
C. 30 kn　　　　　　　　　　　　D. 35 kn

小题 4 从地面实况图上看，位于日本本州东部洋面的天气系统当时的最大风力为_____。
A. 30 kn　　　　　　　　　　　　B. 50 kn
C. 55 kn　　　　　　　　　　　　D. 不能确定，但肯定小于 55 kn

小题 5 从地面实况图上看，当时黄海的主要风向为_____。
A. N　　　　　　　　　　　　　　B. E
C. S　　　　　　　　　　　　　　D. W

小题 6 从地面实况图上看，当时黄海的最大风力为_____。
A. <7 级　　　　　　　　　　　　B. 7 级
C. 8~9 级　　　　　　　　　　　　D. ≥10 级

小题 7 地面实况图上位于日本本州东部洋面的天气系统未来 24 h 能否达到爆发性气旋的标准？
A. 能够达到　　　　　　　　　　　B. 不能够达到
C. 不能确定　　　　　　　　　　　D. 问题无意义

小题 8 地面实况图上位于日本本州东部洋面的天气系统 24 h 后，7 级以上大风范围最大区域位于_____。
A. 后部　　　　　　　　　　　　　B. 前部
C. 北部　　　　　　　　　　　　　D. 南至西南部

小题 9 地面实况图上位于日本本州东部洋面的天气系统未来 24 h 内可达到的最大风力为_____。
A. 9 级　　　　　　　　　　　　　B. 10 级
C. 11 级　　　　　　　　　　　　　D. ≥12 级

小题 10 地面实况图上位于日本本州东部洋面的天气系统未来 24 h 的最大浪高为_____。
A. 4~5 m　　　　　　　　　　　　B. 5~6 m
C. 6~8 m　　　　　　　　　　　　D. 根据所给天气图，不能确定

7. 请根据附图回答问题。

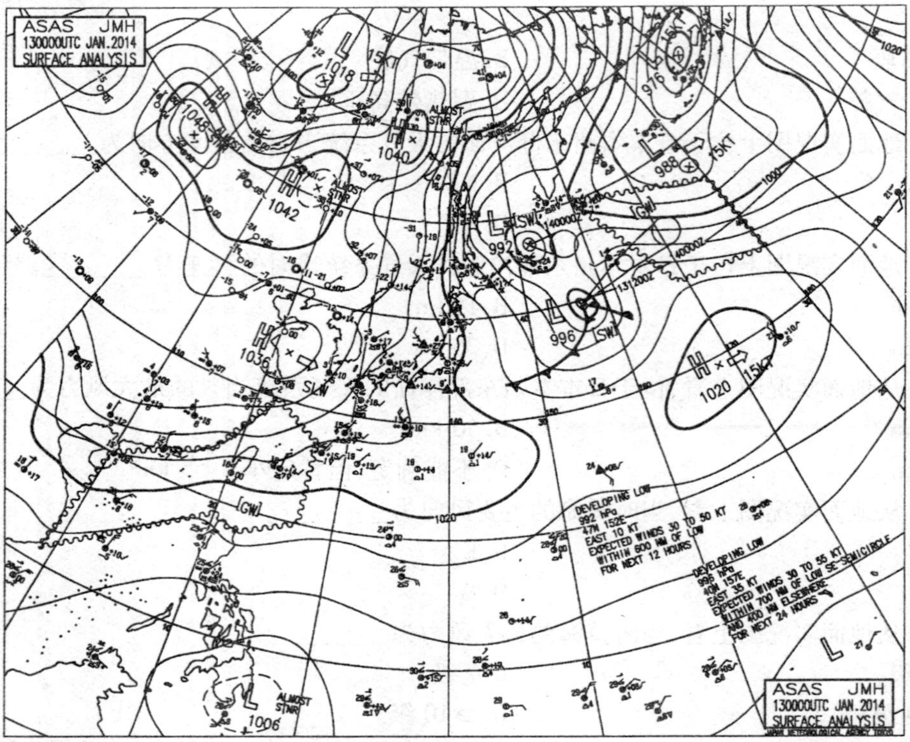
ASAS JMH
130000UTC JAN.2014
SURFACE ANALYSIS
1048
1042
1040
1036
1018
1020
992
996
988
976
1006
ALMOST STNR
DEVELOPING LOW
992 hPa
47N 152E
EAST 10 KT
EXPECTED WINDS 30 TO 50 KT
WITHIN 600 NM OF LOW
FOR NEXT 12 HOURS
DEVELOPING LOW
996 hPa
40N 157E
EAST 35 KT
EXPECTED WINDS 30 TO 55 KT
WITHIN 700 NM OF LOW SE-SEMICIRCLE
AND 400 NM ELSEWHERE
FOR NEXT 24 HOURS
ASAS JMH
130000UTC JAN.2014
SURFACE ANALYSIS

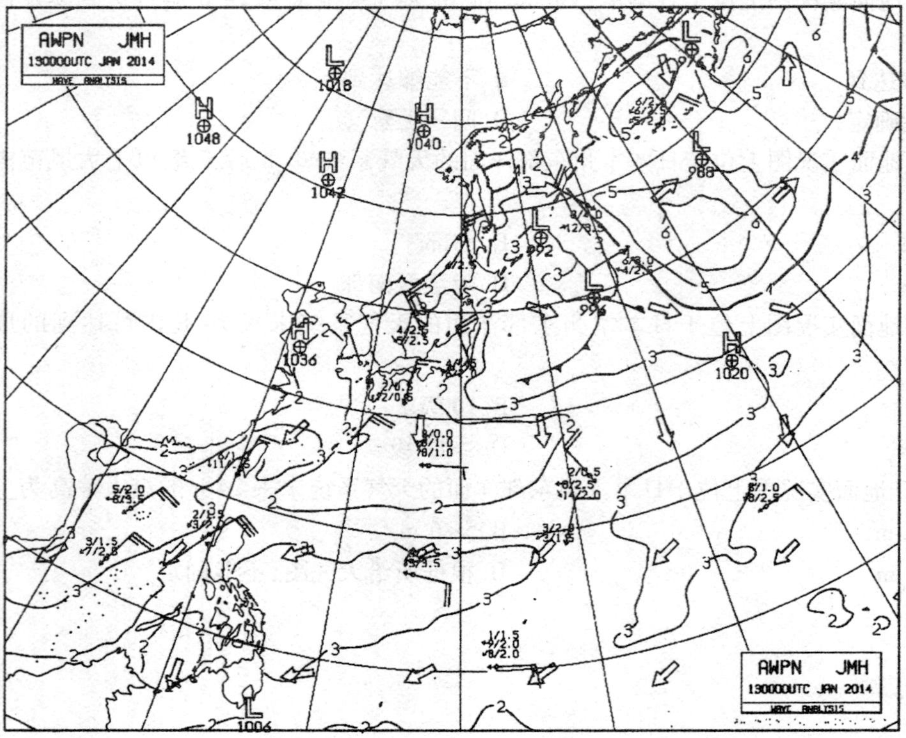
AWPN JMH
130000UTC JAN 2014
WAVE ANALYSIS
1018
1048
1040
1042
1036
992
996
988
1020
1006
AWPN JMH
130000UTC JAN 2014
WAVE ANALYSIS

小题 1 2014 年 1 月 13 日 0000UTC 地面实况图上，中国南海北部大部分海区的主要恶劣天气是_____。

A. 大雾　　　　　　　　　　　B. 台风

C. 10~11 级大风　　　　　　　D. 8~9 级大风

小题 2 造成中国南海北部大部分海区恶劣天气的天气系统是_____。

A. 台风　　　　　　　　　　　B. 热带低压

C. 南下冷高压前部　　　　　　D. 温带气旋

小题 3 当时台湾海峡的风向为_____。

A. NW　　　　　　　　　　　B. NE

C. S　　　　　　　　　　　　D. SW

小题 4 当时位于 47°N,152°E 处天气系统的最大风力为_____。

A. ≤7 级　　　　　　　　　　B. 8~9 级

C. 10~11 级　　　　　　　　　D. ≥10 级

小题 5 当时位于 40°N,157°E 的天气系统是一个_____。

A. 温带气旋　　　　　　　　　B. 副极地气旋

C. 热带气旋　　　　　　　　　D. 台风

小题 6 当时位于 40°N,157°E 的天气系统未来 24 h 的最大风力预计可达_____。

A. 9 级　　　　　　　　　　　B. 10 级

C. 10~11 级　　　　　　　　　D. 11 级

小题 7 当时位于 40°N,157°E 的天气系统造成的最大浪高为_____。

A. >6 m　　　　　　　　　　B. 6 m

C. 5~6 m　　　　　　　　　　D. 3~4 m

小题 8 台湾海峡海区当时的最大浪高为_____。

A. 6 m　　　　　　　　　　　B. 5~6 m

C. 4~5 m　　　　　　　　　　D. 3~4 m

小题 9 渤海海域当时的最大波高为_____。

A. 3~4 m　　　　　　　　　　B. 2~3 m

C. <2 m　　　　　　　　　　D. 不明

小题 10 所给海浪图上所标出的最大浪高是指_____。

A. 实际可能遇到的最大波高

B. 风浪的最大有效波高

C. 涌浪的最大有效波高

D. 风浪和涌浪的最大有效波高的合成波高

8. 请根据附图回答问题。

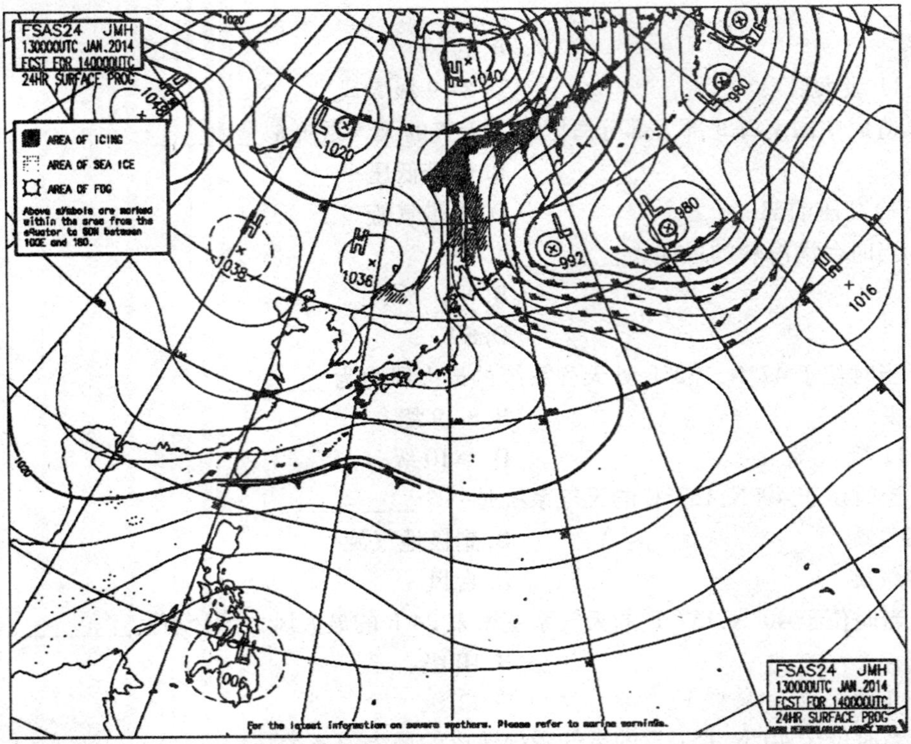
FSAS24 JMH
130000UTC JAN.2014
FCST FOR 140000UTC
24HR SURFACE PROG
AREA OF ICING
AREA OF SEA ICE
AREA OF FOG
Above symbols are marked within the area from the equator to 60N between 100E and 180.
For the latest information on severe weathers. Please refer to marine warnings.

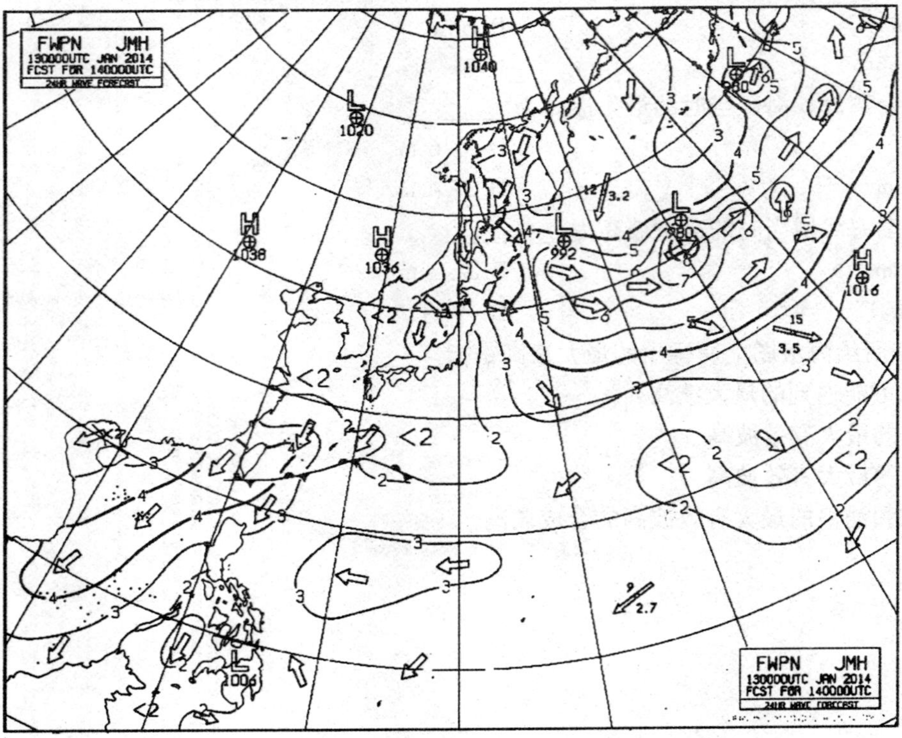
FWPN JMH
130000UTC JAN 2014
FCST FOR 140000UTC
24HR WAVE FORECAST

小题1 从所给地面图上看,当时中国沿海的最大风力区出现在_____。
  A. 长江口   B. 东海
  C. 台湾海峡   D. 北部湾

小题2 从所给地面图上看,当时中国沿海的最大风力为_____。
  A. 6 级   B. 7 级
  C. 8~9 级   D. 10~11 级

小题3 从所给地面图上看,当时中国沿海风力最小的海区是_____。
  A. 渤海   B. 东海
  C. 南海北部   D. 南海中部

小题4 从所给地面图上看,当时位于菲律宾群岛南部的天气系统是一个_____。
  A. 温带气旋   B. 台风
  C. 热带低压   D. 热带低压区

小题5 从所给地面图上看,当时位于菲律宾群岛南部的天气系统最里面一条实线等压线的气压值是_____。
  A. 1 012 hPa   B. 1 008 hPa
  C. 1 004 hPa   D. 1 010 hPa

小题6 从所给海浪图上看,当时中国沿海的最大波高区主要位于_____。
  A. 渤海   B. 东海
  C. 北部湾   D. 台湾海峡至南海中部

小题7 从所给海浪图上看,当时中国近海最大浪高为_____。
  A. 3~4 m   B. 4~5 m
  C. 5~6 m   D. >6 m

小题8 从所给海浪图上看,整个图面范围内的最大浪高为_____。
  A. 6~7 m   B. 7~8 m
  C. 8~9 m   D. >9 m

小题9 从所给图上分析,造成图面范围内最大浪高区的天气系统是一个_____。
  A. 温带气旋   B. 热带气旋
  C. 温带反气旋   D. 副热带反气旋

小题10 所给海浪图上给出的海浪情况是_____。
  A. 2014 年 1 月 13 日 0000UTC 实况
  B. 预计 2014 年 1 月 13 日 0000UTC 的情况
  C. 2014 年 1 月 14 日 0000UTC 实况
  D. 预计 2014 年 1 月 14 日 0000UTC 的情况

9. 请根据附图回答问题。

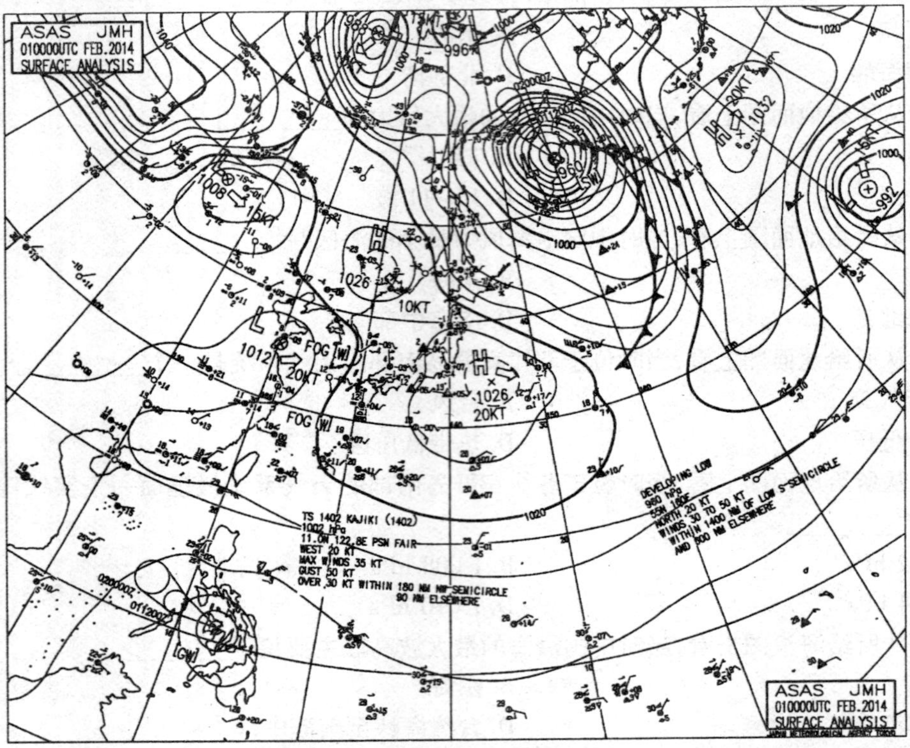
ASAS JMH
010000UTC FEB.2014
SURFACE ANALYSIS
TS 1402 KAJIKI (1402)
1002 hPa
11.0N 122.8E PSN FAIR
WEST 20 KT
MAX WINDS 35 KT
GUST 50 KT
OVER 30 KT WITHIN 180 NM NW-SEMICIRCLE
90 NM ELSEWHERE
DEVELOPING LOW
960 hPa
55N 160E
NORTH 20 KT
WINDS 30 TO 50 KT
WITHIN 1400 NM OF LOW S-SEMICIRCLE
AND 900 NM ELSEWHERE
ASAS JMH
010000UTC FEB.2014
SURFACE ANALYSIS

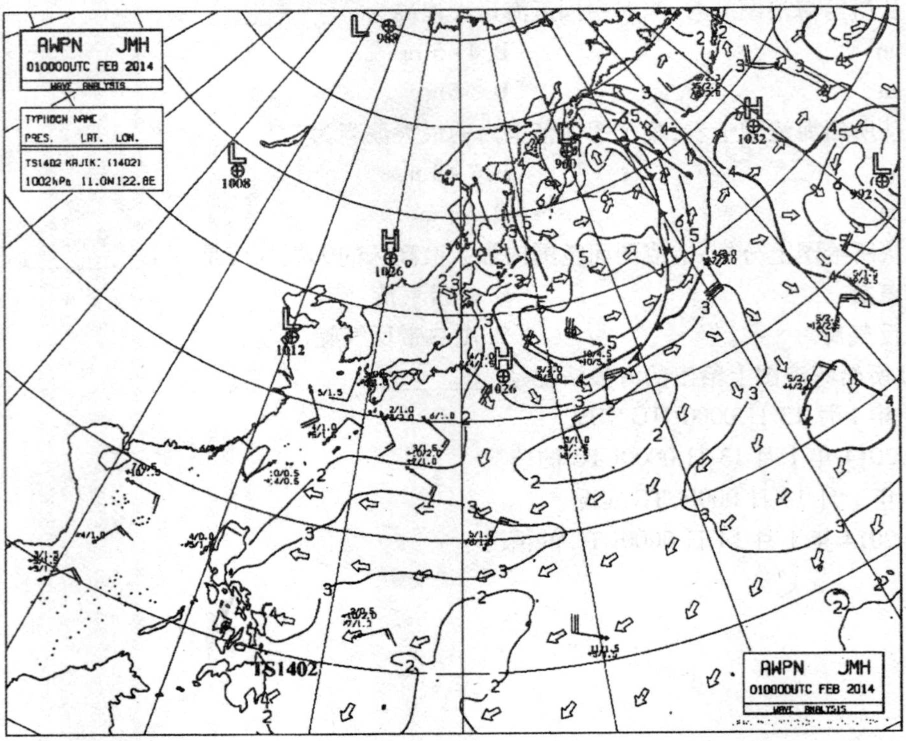
AWPN JMH
010000UTC FEB 2014
WAVE ANALYSIS
TYPHOON NAME
PRES. LAT. LON.
TS1402 KAJIKI (1402)
1002hPa 11.0N122.8E
TS1402
AWPN JMH
010000UTC FEB 2014
WAVE ANALYSIS

小题 1 所给地面实况图上有几个热带气旋？
A. 1 个　　　　　　　　　　　　B. 2 个
C. 3 个　　　　　　　　　　　　D. 4 个

小题 2 所给地面实况图上强度等级最高的热带气旋是一个_____。
A. 热带低压　　　　　　　　　　B. 热带风暴
C. 强热带风暴　　　　　　　　　D. 台风

小题 3 地面实况图上，强度等级最高的热带气旋当时的最大风力为_____。
A. 7 级　　　　　　　　　　　　B. 8 级
C. 9 级　　　　　　　　　　　　D. 10 级

小题 4 地面实况图上，强度等级最高的热带气旋当时的最大阵风风力为_____。
A. 9 级　　　　　　　　　　　　B. 10 级
C. 11 级　　　　　　　　　　　D. ≥12 级

小题 5 地面实况图上，强度等级最高的热带气旋未来 24 h 强度将如何变化？
A. 迅速加强　　　　　　　　　　B. 缓慢加强
C. 略有减弱　　　　　　　　　　D. 根据所给资料不能判断

小题 6 地面实况图上，强度等级最高的热带气旋当时造成的最大波高为_____。
A. 3~4 m　　　　　　　　　　　B. 4~5 m
C. 5~6 m　　　　　　　　　　　D. >6 m

小题 7 台湾海峡海区当时的波高为_____。
A. <2 m　　　　　　　　　　　B. 2~3 m
C. 3~4 m　　　　　　　　　　　D. 不明

小题 8 所给海浪实况图图面范围内的最大波高为_____。
A. 5~6 m　　　　　　　　　　　B. 6~7 m
C. 7~8 m　　　　　　　　　　　D. >8 m

小题 9 造成海浪实况图图面范围内最大波高区的天气系统是一个_____。
A. 台风　　　　　　　　　　　　B. 强热带风暴
C. 强冷高压　　　　　　　　　　D. 温带气旋

小题 10 造成海浪实况图图面范围内最大波高区的天气系统当时的最大风力为_____。
A. 8~9 级　　　　　　　　　　　B. 10~11 级
C. ≥12 级　　　　　　　　　　　D. ≤7 级

10. 请根据附图回答问题。

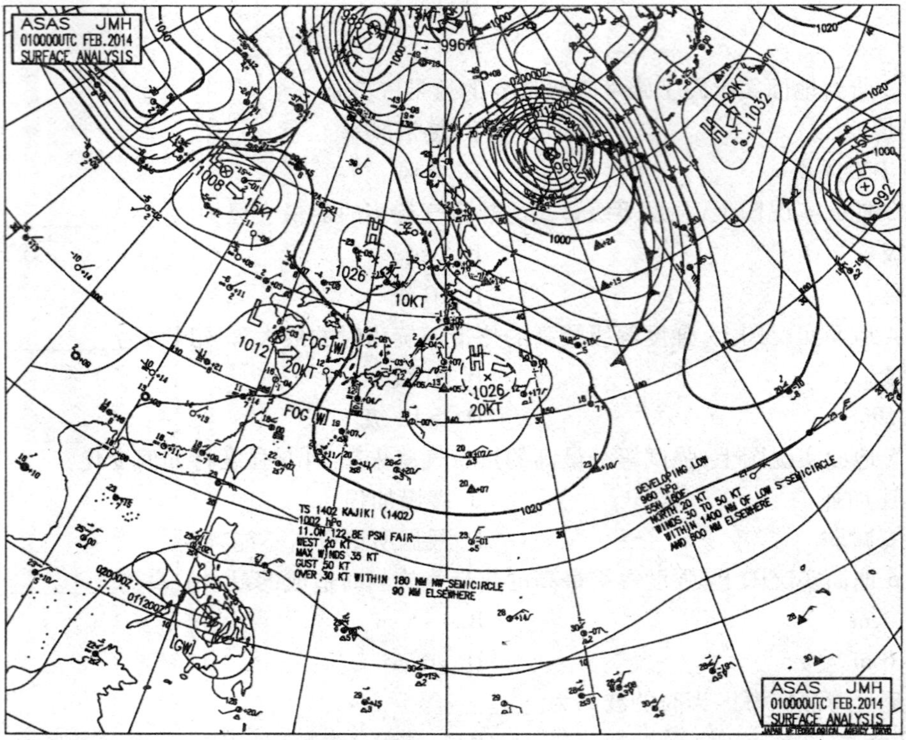

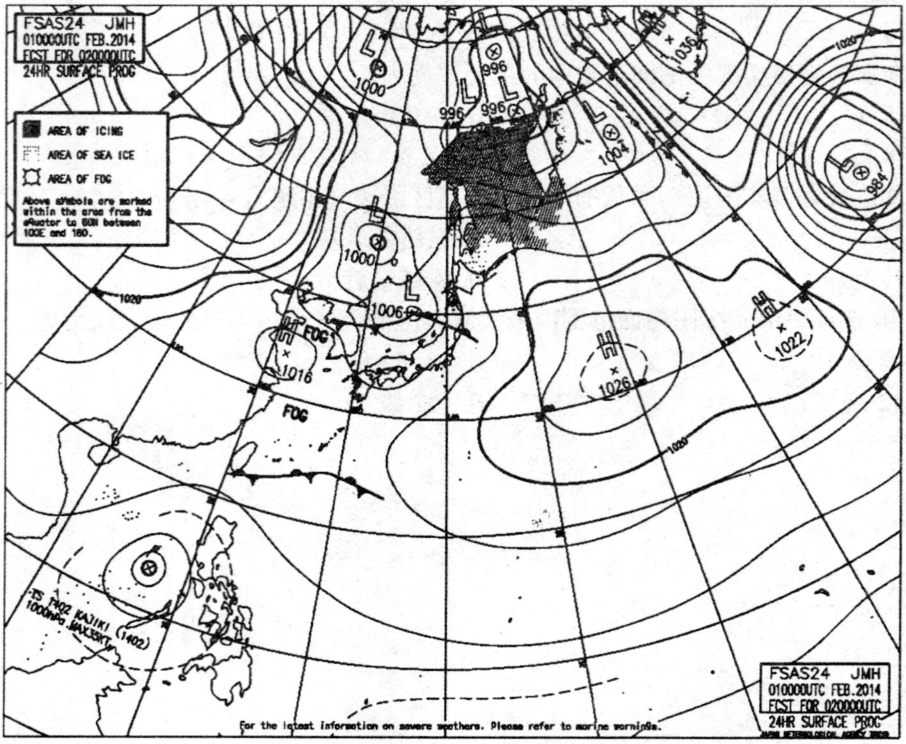

小题1 所给地面实况图上热带气旋的定位误差为_____。

A. <12 nm B. 20~40 nm
C. >40 nm D. 不能确定

小题2 所给地面实况图上热带气旋当时的最大风力为_____。

A. 7级 B. 8级
C. 9级 D. ≥10级

小题3 2014年2月1日0000UTC中国东部沿海的主要恶劣天气是_____。

A. 台风 B. 大风
C. 浓雾 D. 无恶劣天气

小题4 地面实况图上位于55°N,160°E的天气系统是一个_____。

A. 台风 B. 初生阶段的温带气旋
C. 锢囚阶段的温带气旋 D. 消亡阶段的温带气旋

小题5 地面实况图上位于55°N,160°E的天气系统当时的最大风力为_____。

A. 8级 B. 9级
C. 10级 D. >10级

小题6 地面实况图中热带气旋24 h后的强度预计将如何变化?

A. 加强 B. 减弱
C. 基本维持不变 D. 不能判断

小题7 地面预报图上位于中国南海热带气旋外围的那条断开的虚线是_____。

A. 7级大风范围 B. 10级大风范围
C. 70%落入概率圆 D. 内插等压线

小题8 2014年2月2日0000UTC长江口附近有何种恶劣天气?

A. 台风 B. 静止锋降水
C. 冷高压大风 D. 浓雾

小题9 地面预报图上位于长江口附近恶劣天气在何种条件下可能消失或停止?

A. 台风北上后 B. 静止锋北上后
C. 冷高压南下后 D. 不能判断

小题10 地面实况图上位于55°N,160°E的天气系统未来24 h将如何变化?

A. 明显减弱 B. 强度基本不变
C. 明显加强 D. 快速东移并减弱

11. 请根据附图回答问题。

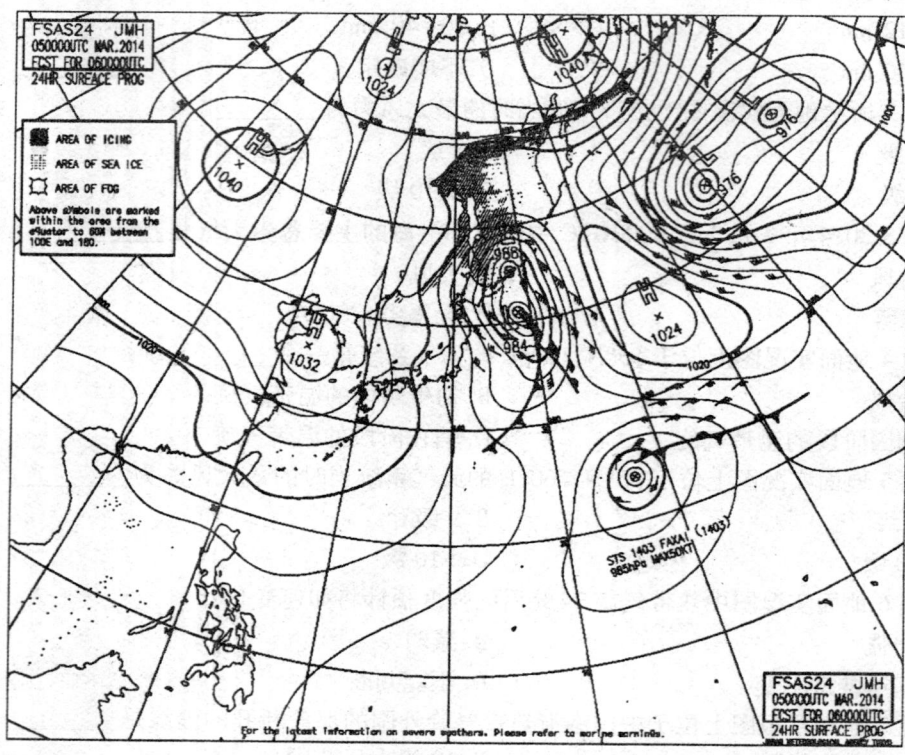

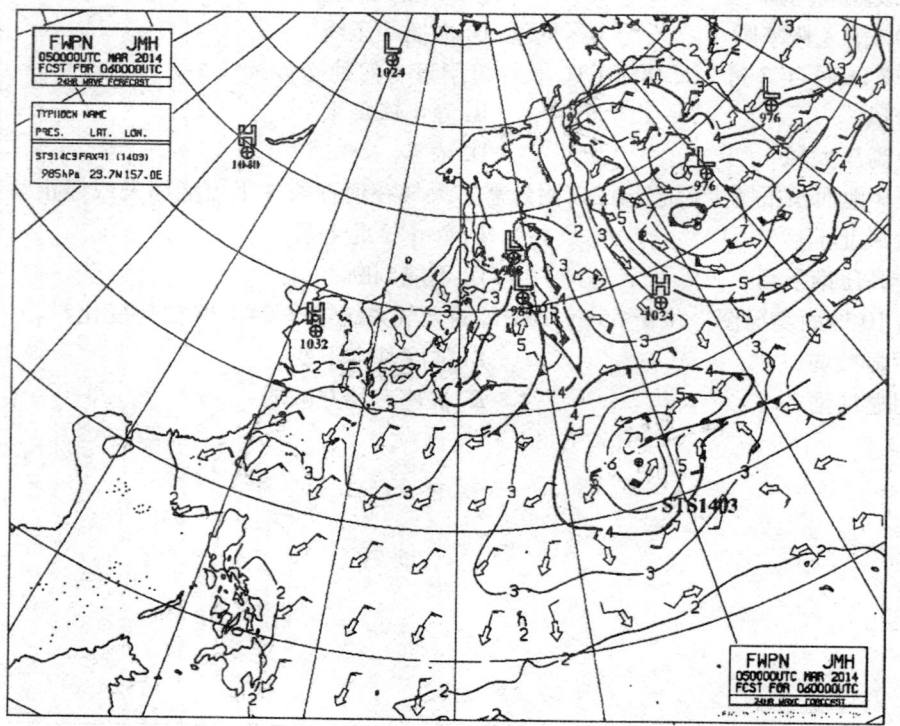

小题1 所给地面图上的气压场和大风情况是_____。

A. 2014年3月5日0000UTC的实况

B. 预报的2014年3月5日0000UTC的状态

C. 2014年3月6日0000UTC的实况

D. 预报的2014年3月6日0000UTC的状态

小题2 地面图上热带气旋的强度为_____。

A. 台风 　　　　　　　　　　　B. 强热带风暴

C. 热带风暴 　　　　　　　　　D. 热带低压

小题3 地面图上热带气旋那时的最大风力为_____。

A. 9级 　　　　　　　　　　　B. 10级

C. 11级 　　　　　　　　　　　D. ≥12级

小题4 那时中国各海区的主要恶劣天气为_____。

A. 浓雾 　　　　　　　　　　　B. 8~9级大风

C. 10~11级大风 　　　　　　　D. 无浓雾或大风恶劣天气

小题5 中国东部各海区的最大浪高区出现在_____。

A. 黄海 　　　　　　　　　　　B. 东海

C. 台湾海峡 　　　　　　　　　D. 南海北部

小题6 图中热带气旋那时造成的最大浪高为_____。

A. 6~7 m 　　　　　　　　　　B. 7~8 m

C. 8~9 m 　　　　　　　　　　D. >9 m

小题7 图中热带气旋那时造成的最大浪高区位于其什么部位?

A. 中心东侧 　　　　　　　　　B. 中心北侧

C. 中心西侧 　　　　　　　　　D. 中心南侧

小题8 造成图面范围内最大浪高的天气系统是_____。

A. 热带气旋

B. 位于日本北海道东部洋面的气旋

C. 热带气旋与其北侧静止锋

D. 中心位于46°N,180°E的气旋

小题9 图面范围内最大浪高为_____。

A. 8~9 m 　　　　　　　　　　B. 9~10 m

C. 10~11 m 　　　　　　　　　D. ≥12 m

小题10 所给海浪图上所标出的浪高表示_____。

A. 风浪的有效波高

B. 涌浪的有效波高

C. 风浪和涌浪的平均波高

D. 风浪的有效波高和涌浪的有效波高的合成波高

12. 请根据附图回答问题。

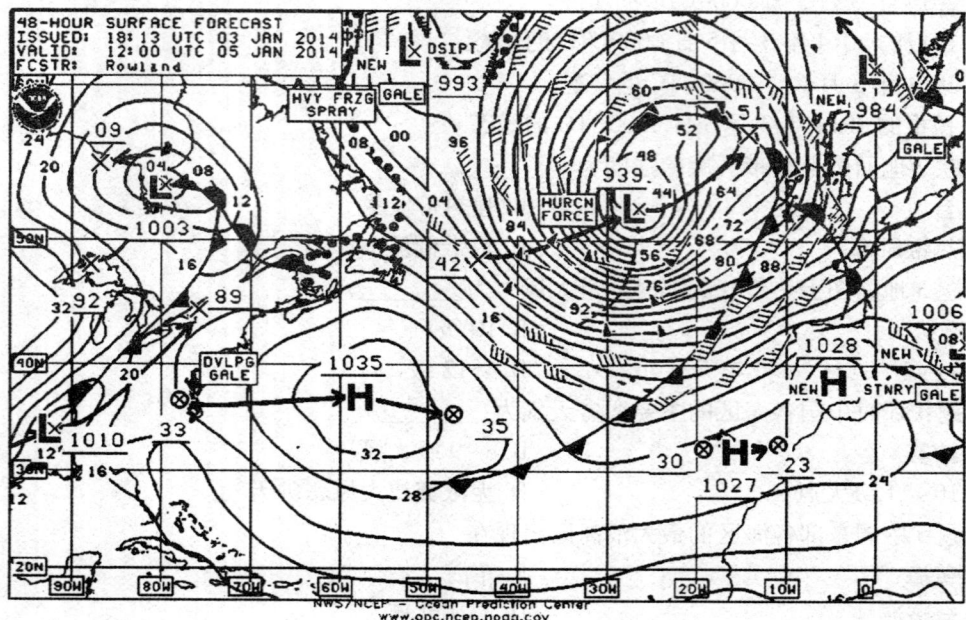

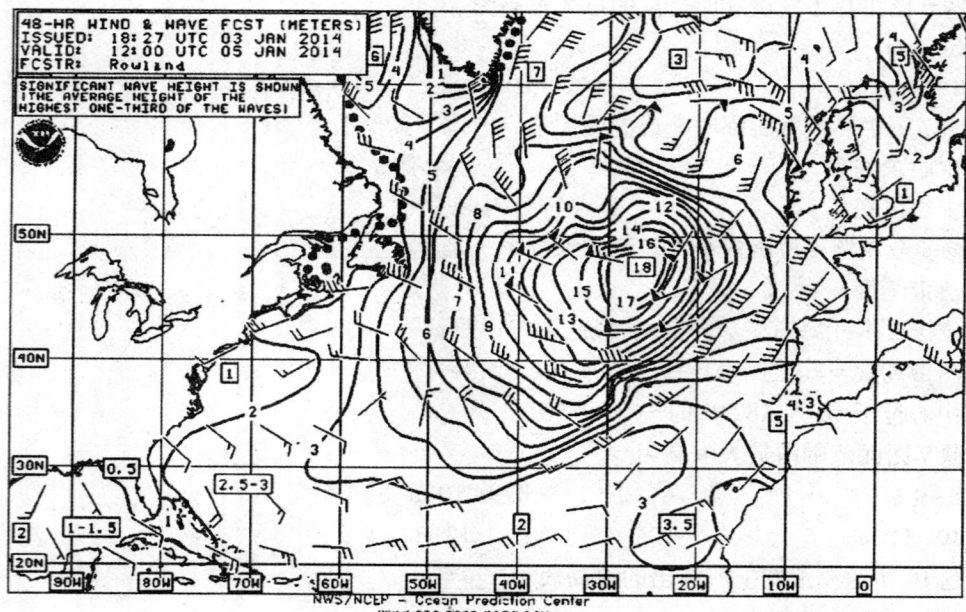

小题 1 所给地面图上的气压场、风场和锋面等信息为_____。

A. 2014 年 1 月 3 日 1813UTC 的实况

B. 2014 年 1 月 5 日 1200UTC 的实况

C. 2014 年 1 月 5 日 1200UTC 预报的 48 h 后的情况

D. 2014 年 1 月 3 日 1200UTC 预报的 48 h 后的情况

小题 2 地面图上位于 54°N,80°W 附近的天气系统是一个_____。

A. 温带气旋   B. 热带风暴

C. 强热带风暴   D. 极地气旋

小题 3 地面图上位于 54°N,80°W 附近的天气系统 24 h 后的气压值为_____。

A. 1 003 hPa   B. 1 004 hPa

C. 1 008 hPa   D. 1 009 hPa

小题 4 美国东部近海那时有何种恶劣天气?

A. 8~9 级大风   B. 10~11 级大风

C. 未来 24 h 将有 8~9 级大风   D. 未来 24 h 将有 10~11 级大风

小题 5 比斯开湾那时的主要风向为_____。

A. S   B. SW

C. SE   D. NE

小题 6 比斯开湾那时的最大风力为_____。

A. 6 级   B. 7 级

C. 8 级   D. 9 级

小题 7 比斯开湾那时的最大浪高为_____。

A. 4~5 m   B. 5~6 m

C. 6~7 m   D. 7~8 m

小题 8 海浪图上当时的最大浪高为_____。

A. 18 m   B. 18 ft

C. 17 m   D. 17 ft

小题 9 造成海浪图上最大浪高区的天气系统是一个_____。

A. 飓风   B. 台风

C. 温带气旋   D. 强热带风暴

小题 10 海浪图上最大浪高区主要位于其影响系统的什么部位?

A. 东部   B. 南部

C. 西部   D. 北部

13. 请根据附图回答问题。

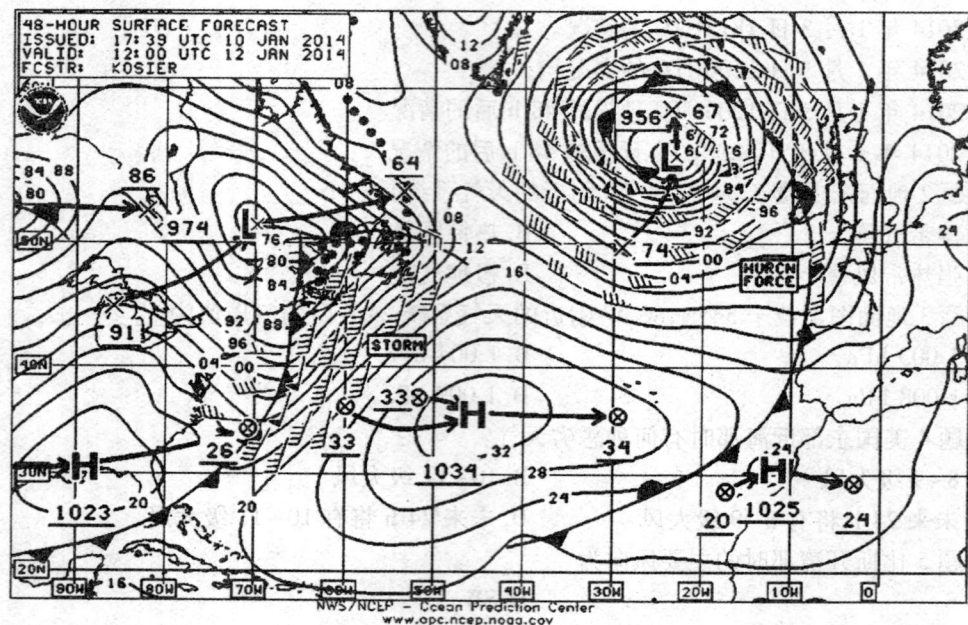

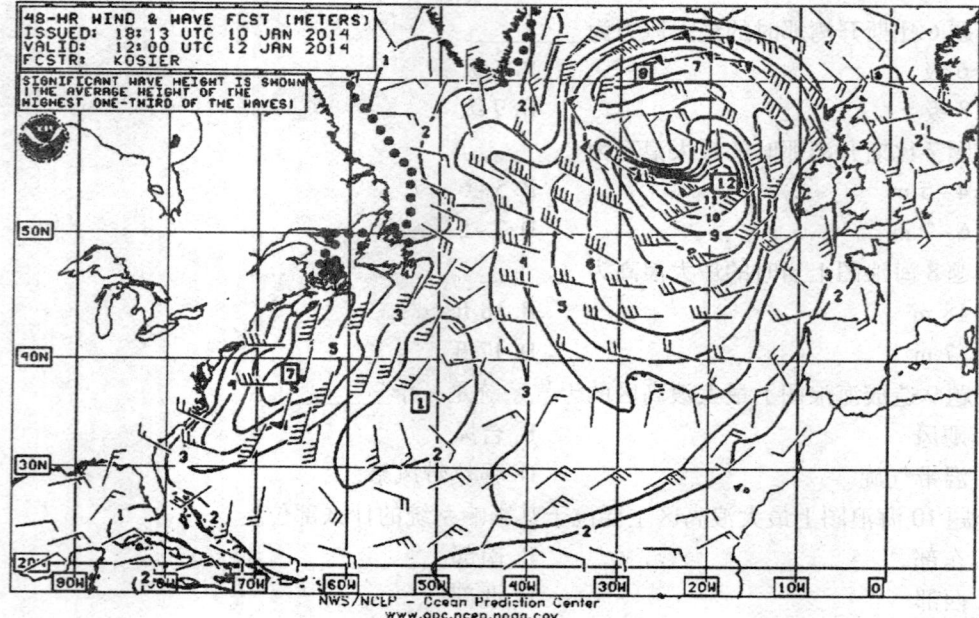

小题 1 所给地面图上的气压场、风场和锋面等信息为_____。

A. 2014 年 1 月 10 日 1739UTC 的实况

B. 2014 年 1 月 12 日 1200UTC 的实况

C. 2014 年 1 月 12 日 1200UTC 预报的 48 h 后的情况

D. 2014 年 1 月 10 日 1200UTC 预报的 48 h 后的情况

小题 2 所给地面图上位于北大西洋西部的低压系统那时的最大风力为_____。

A. 7 级   B. 8~9 级

C. 10~11 级   D. ≥12 级

小题 3 地面图上位于北大西洋西部的低压系统造成的最大风力区主要位于其什么部位？

A. 暖锋前   B. 冷锋前

C. 冷锋后   D. 气旋后部

小题 4 地面图上位于北大西洋西部的低压系统 24 h 前的中心气压值为_____。

A. 991 hPa   B. 974 hPa

C. 976 hPa   D. 964 hPa

小题 5 地面图上位于北大西洋东北部的天气系统是一个_____。

A. 飓风   B. 强热带风暴

C. 温带气旋   D. 极地气旋

小题 6 地面图上位于北大西洋东北部的天气系统当时造成的最大风力为_____。

A. 7 级   B. 8~9 级

C. 10~11 级   D. ≥12 级

小题 7 地面图上位于北大西洋东北部的天气系统造成的最大风力区主要位于其什么部位？

A. 东北方   B. 东南方

C. 西南方   D. 北方

小题 8 地面图上位于北大西洋东北部的天气系统当时造成的最大浪高为_____。

A. 12 m   B. 12 ft

C. 11 m   D. 11 ft

小题 9 地面图上位于北大西洋东北部的天气系统造成的最大浪高区位于其什么部位？

A. 东北方   B. 东南方

C. 西南方   D. 北方

小题 10 地面图上位于北大西洋东北部的天气系统中心附近的浪高为_____。

A. 4~5 m   B. 5~6 m

C. 10~12 m   D. ≥12 m

14. 请根据附图回答问题。

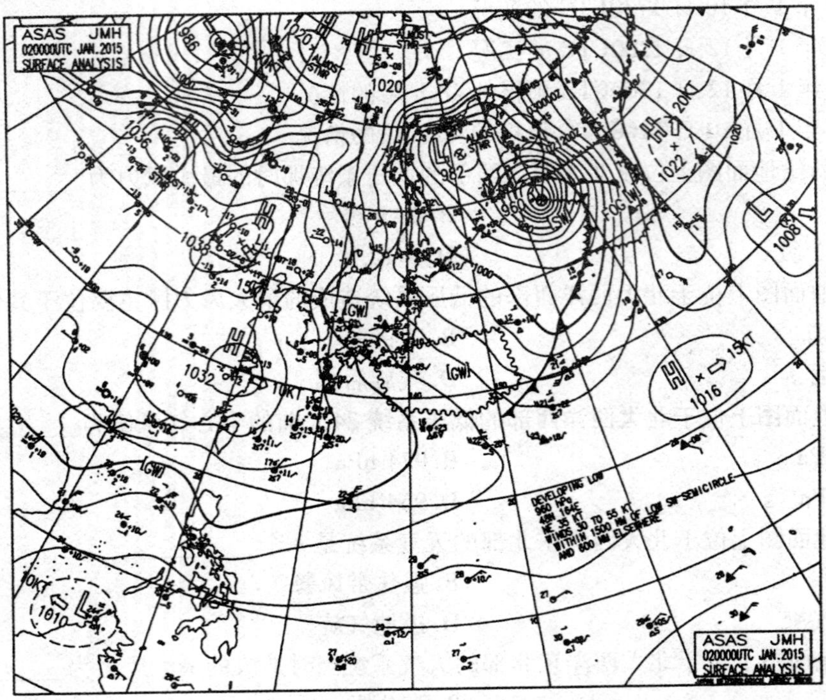

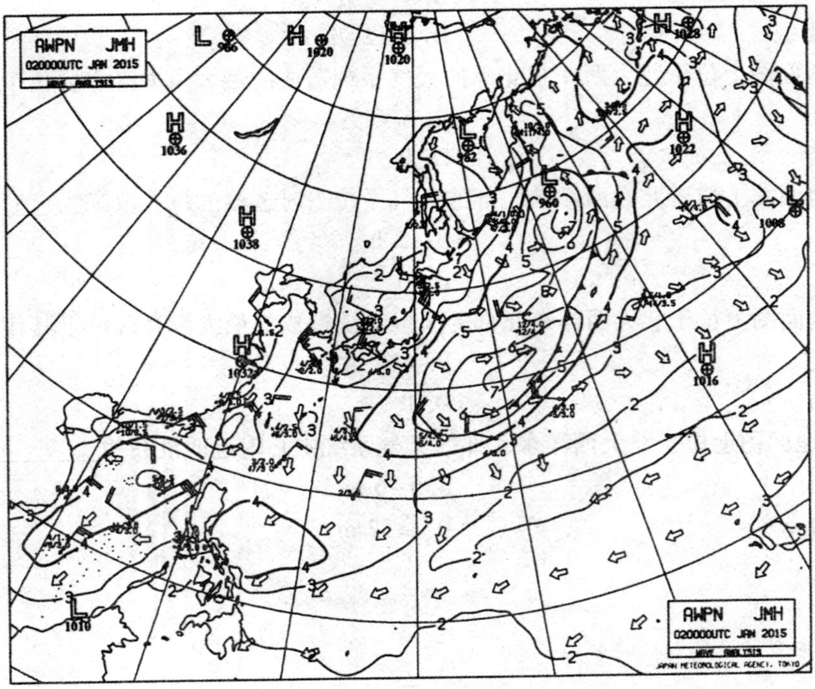

小题1 地面分析图中8~9级大风警报符号共有几处?
A. 1处
B. 2处
C. 3处
D. 4处

小题2 图中造成最大浪高的天气系统是_____。
A. 锋面气旋
B. 热带风暴
C. 冷高压
D. 强热带风暴

小题3 从图中分析我国大部分地区主要受何种天气系统影响?
A. 副热带高压
B. 热带气旋
C. 温带气旋
D. 冷高压

小题4 地面分析图上中心位于50°N,164°E附近海域的天气系统当时造成的最大浪高为_____。
A. >8 m
B. >7 m
C. 5~6 m
D. 4~5 m

小题5 在波浪分析图中位于22°N,127°E处测站的涌浪和风浪高分别为_____。
A. 3.0 m、3.0 m
B. 2.5 m、3.0 m
C. 2.0 m、3.0 m
D. 3.0 m、2.0 m

小题6 在波浪分析图中我国沿海最大浪高为_____,出现在_____。
A. 4~5 m;东海
B. >5 m;渤海
C. 4~5 m;黄海
D. >5 m;南海

小题7 地面分析图上位于48°N,164°E海域的天气系统造成的最大风速为_____,大风区的最大范围位于系统的_____方位。
A. 55 kn;西南
B. 55 kn;东部
C. 50 kn;北部
D. 50 kn;南部

小题8 地面分析图中40°N,150°E处的实际风向为_____。
A. W
B. NNW
C. ESE
D. NW

小题9 地面分析图中我国南海的气压场形势为_____。
A. 北低南高
B. 东低西高
C. 北高南低
D. 东高西低

小题10 由图分析渤海及大连未来24 h天气如何变化?
A. 天气转阴、风力减小、气压升高
B. 天气转晴、风力减小、气压升高
C. 天气转晴、风力减小、气压降低
D. 天气转晴、风力增大、气压升高

15. 请根据附图回答问题。

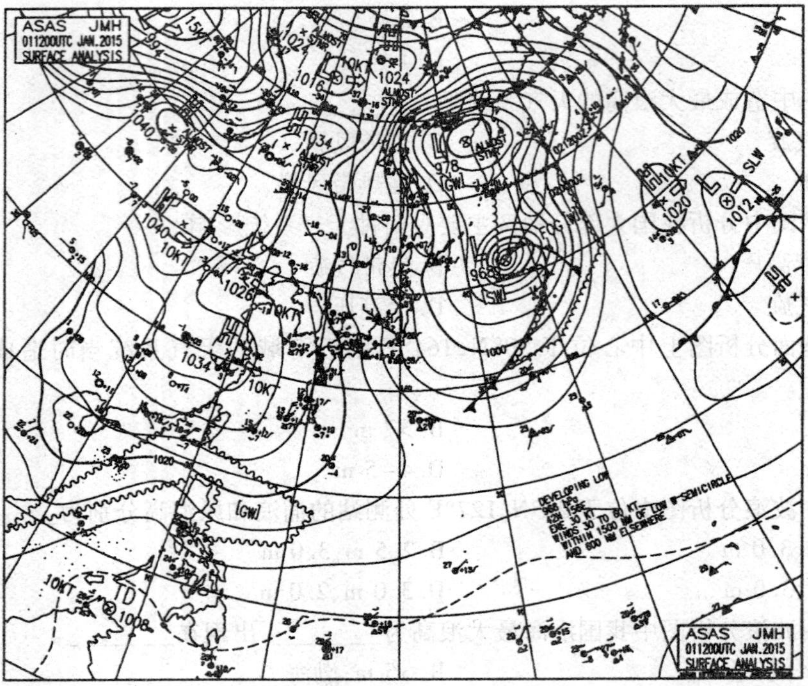

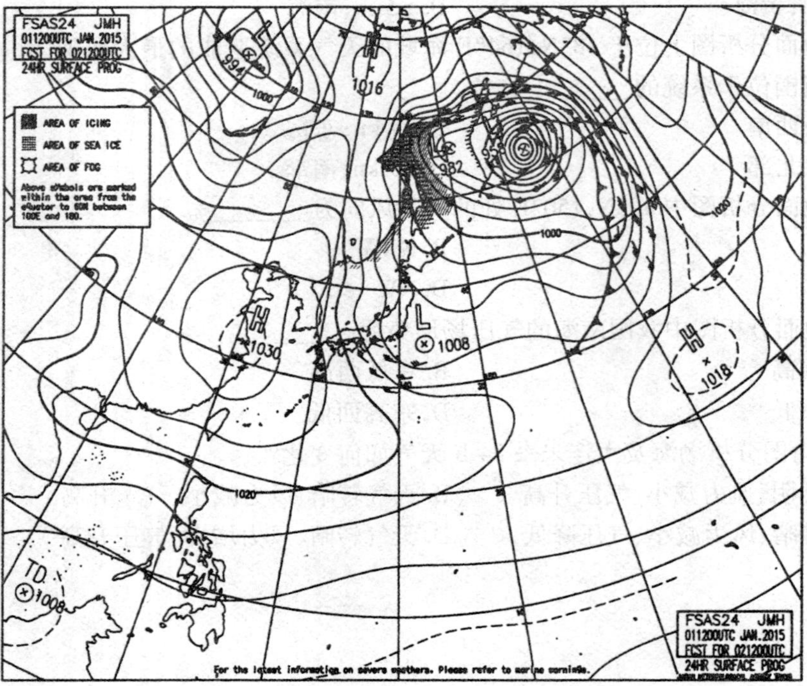

小题 1 地面分析图中造成[SW]警报的天气系统是_____。
A. 冷高压　　　　　　　　　B. 热带风暴
C. 锋面气旋　　　　　　　　D. 热带低压

小题 2 地面分析图中位于 42°N,156°E 处天气系统当时的最大风力为_____。
A. 8 级　　　　　　　　　　B. 9 级
C. 10 级　　　　　　　　　 D. 11 级

小题 3 地面天气图中位于 41°N,107°E 处的天气系统当时的移向和移速分别为_____。
A. E、15 kn　　　　　　　　B. E、10 kn
C. SE、15 kn　　　　　　　 D. SE、10 kn

小题 4 地面分析图中多个气压系统旁标注"ALMOST STNR",表示该系统_____。
A. 移向不定、移速大于 5 kn　　B. 移向不定、移速小于 5 km
C. 移向确定、移速小于 5 kn　　D. 移向不定、移速小于 5 kn

小题 5 在地面分析图中台湾海峡至菲律宾一带用波折线围成的区域属于_____。
A. 大风警报区　　　　　　　B. 浓雾警报区
C. 风暴警报区　　　　　　　D. 大浪警报区

小题 6 在地面分析图中位于 42°N,156°E 处海面的锋面气旋预计未来 24 h 中心气压降低_____。
A. 10 hPa　　　　　　　　　B. 20 hPa
C. 15 hPa　　　　　　　　　D. 8 hPa

小题 7 在地面预报图上中心气压 982 hPa 的低压系统 24 h 前的中心气压值为_____。
A. 968 hPa　　　　　　　　 B. 980 hPa
C. 978 hPa　　　　　　　　 D. 958 hPa

小题 8 在地面预报图中南海北部的实际风向为_____。
A. SE　　　　　　　　　　　B. NE
C. NW　　　　　　　　　　 D. SW

小题 9 从地面图中分析热带低压如何演变?
A. 静止强度不变　　　　　　B. 西移强度减弱
C. 西移强度不变　　　　　　D. 东移强度不变

小题 10 地面分析图中位于 42°N,156°E 处的锋面气旋造成的最大风速为_____。
A. 9 级　　　　　　　　　　B. 10 级
C. ≥12 级　　　　　　　　　D. 11 级

16. 请根据附图回答问题。

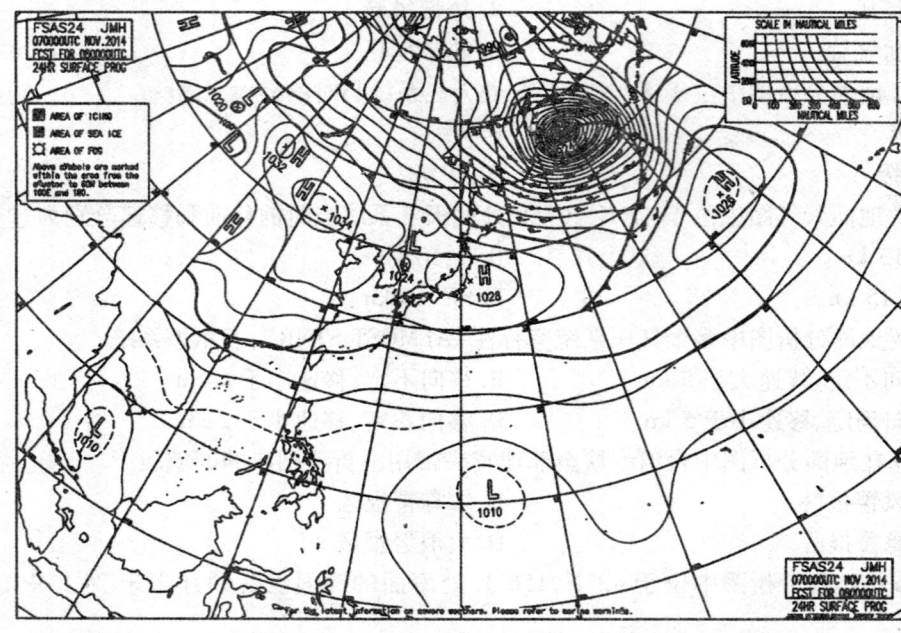

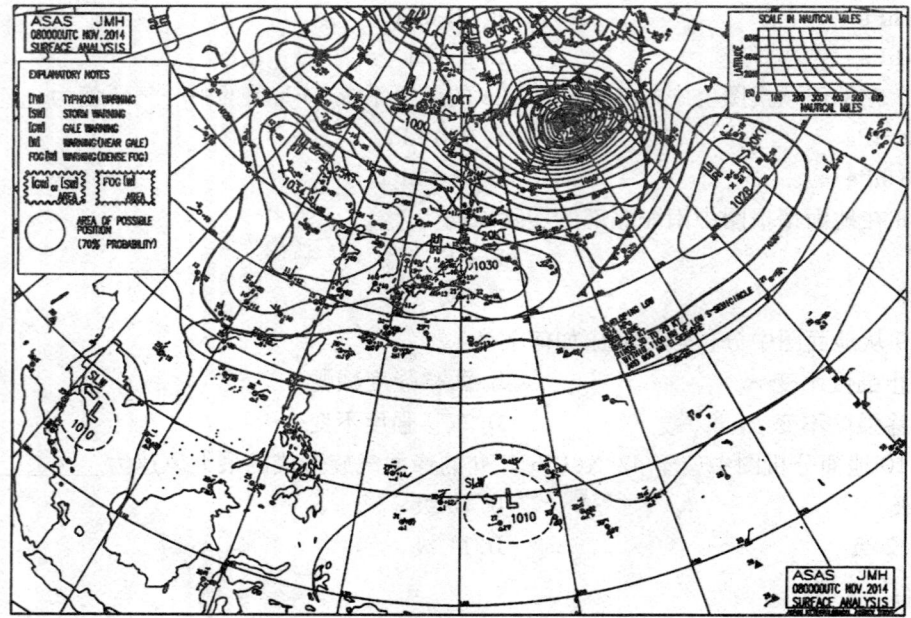

小题1 在地面分析图中造成[SW]警报的天气系统是_____。

A. 副热带高压　　　　　　　　B. 热带气旋

C. 冷高压　　　　　　　　　　D. 锋面气旋

小题2 在地面分析图中[SW]警报表示_____。

A. 锋面气旋中心附近当前最大风力<10级,未来将达到10~11级

B. 目前锋面气旋中心附近最大风力已达到10~11级

C. 目前锋面气旋中心附近最大风力已达到≥10级

D. 锋面气旋中心附近当前最大风力<10级,未来将达到≥10级

小题3 从地面图中分析我国大部分地区主要受何种天气系统影响?

A. 冷高压　　　　　　　　　　B. 副热带高压

C. 温带气旋　　　　　　　　　D. 热带气旋

小题4 在地面预报图上预报的锋面气旋最低气压值为_____。

A. 924 hPa　　　　　　　　　 B. 948 hPa

C. 960 hPa　　　　　　　　　 D. 920 hPa

小题5 比较地面预报图与地面分析图上控制我国的冷高压,在预报图上其强度和位置如何?

A. 强度一致、位置偏西　　　　B. 强度一致、位置偏东

C. 强度略低、位置偏东　　　　D. 强度略高、位置偏东

小题6 比较地面预报图与地面分析图上的锋面气旋,24 h预报的强度和位置如何?

A. 强度完全一致、位置基本吻合　　B. 强度完全一致、位置偏东

C. 强度略低、位置完全吻合　　　　D. 强度略高、位置偏东

小题7 地面分析图中由锋面气旋造成的最大风速为_____。

A. 9级　　　　　　　　　　　 B. 10级

C. ≥12级　　　　　　　　　　D. 11级

小题8 在地面预报图中位于我国东海的实际风向为_____。

A. E　　　　　　　　　　　　 B. NE

C. NW　　　　　　　　　　　 D. SW

小题9 指出地面分析图上由锋面气旋造成的最大风速区范围_____。

A. 西南部1 100 nm、其他900 nm

B. 7级半径1 100 nm、12级半径900 nm

C. 东南部1 100 nm、其他900 nm

D. 南部1 100 nm、其他900 nm

小题10 地面分析图中某船位于35°N,142°E海域,实测的风、浪状况为_____。

A. 风小、海浪小　　　　　　　B. 风大、海浪小

C. 风大、海浪大　　　　　　　D. 风小、海浪大

17. 请根据附图回答问题。

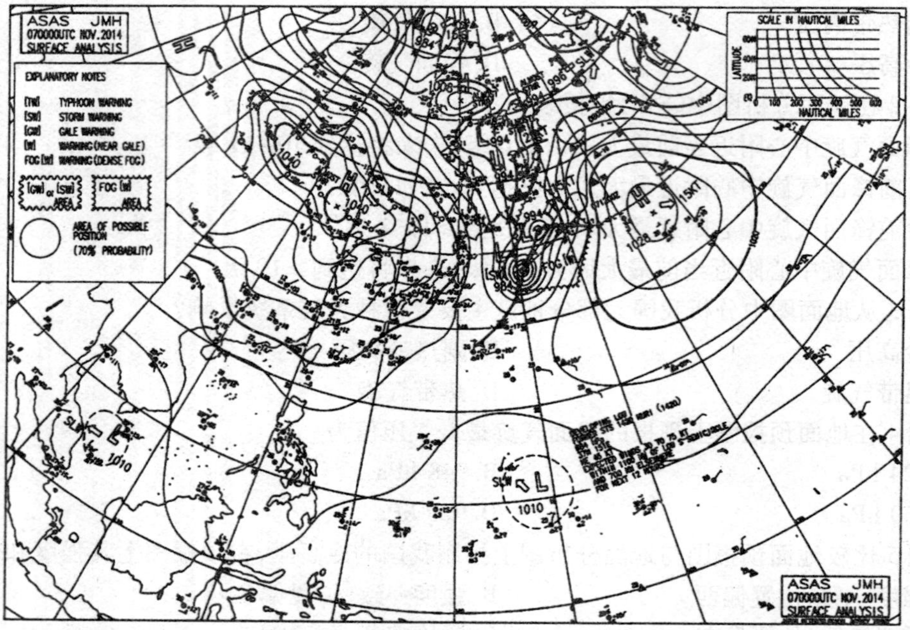

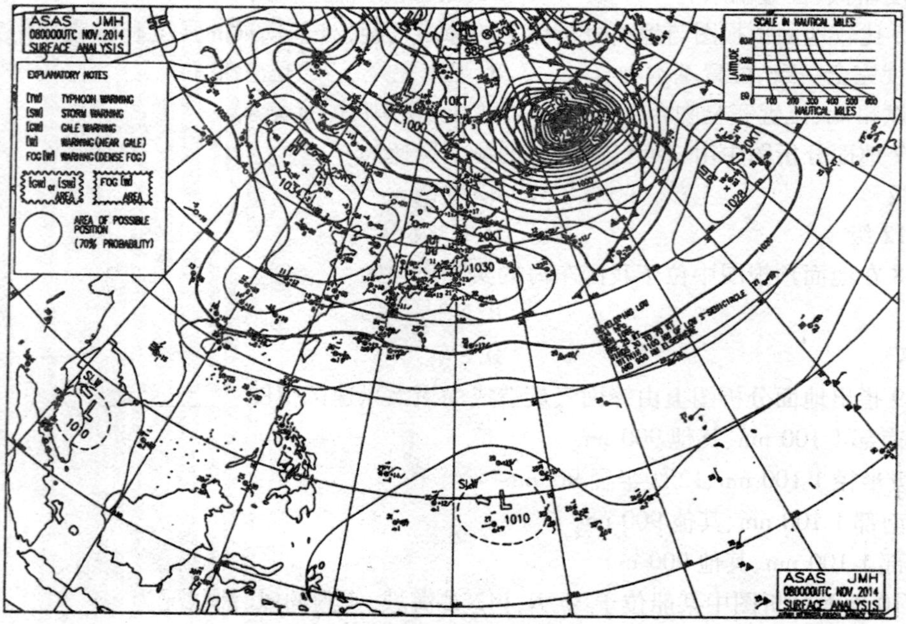

小题 1 在地面分析图中造成[SW]警报的天气系统是_____。
A. 冷高压　　　　　　　　　　B. 锋面气旋
C. 温带气旋　　　　　　　　　D. 热带气旋

小题 2 在地面分析图中[SW]警报表示_____。
A. 未来锋面气旋中心附近最大风力 10~11 级
B. 目前锋面气旋中心附近最大风力可达到 10~11 级
C. 未来锋面气旋中心附近最大风力可达到 ≥10 级
D. 目前锋面气旋中心附近最大风力已达到 ≥10 级

小题 3 在 11 月 7 日地面图分析中，影响我国冷高压的强度和移速分别为_____。
A. 1 040 hPa、静止　　　　　　B. 1 034 hPa、<5 kn
C. 1 034 hPa、25 kn　　　　　　D. 1 040 hPa、<5 kn

小题 4 在 11 月 7 日地面图分析中，锋面气旋的预报圆分别代表_____。
A. 未来 12 h 和 24 h　　　　　　B. 未来 24 h 和 48 h
C. 未来 24 h 和 36 h　　　　　　D. 未来 6 h 和 12 h

小题 5 在 11 月 7 日地面分析图中用波折线围成的区域属于_____。
A. 大风警报区　　　　　　　　B. 大风警报和浓雾警报区
C. 浓雾警报区　　　　　　　　D. 风暴警报区

小题 6 从地面图中分析影响我国的冷高压系统如何演变？
A. 静止少动、强度不变　　　　B. 静止少动、强度略减
C. 快速移动、强度减弱　　　　D. 缓慢移动、强度减弱

小题 7 在 11 月 8 日地面分析图上中心气压 924 hPa 的低压系统 24 h 前的中心气压值为_____。
A. 994 hPa　　　　　　　　　　B. 984 hPa
C. 996 hPa　　　　　　　　　　D. 980 hPa

小题 8 在 11 月 7 日地面图分析中位于渤海海峡的船舶观测到的实际风向为_____。
A. E　　　　　　　　　　　　　B. S
C. N　　　　　　　　　　　　　D. W

小题 9 在 11 月 8 日地面分析图上中心气压 924 hPa 的锋面气旋产生的大风范围不对称，最大范围位于_____。
A. 北部　　　　　　　　　　　B. 西部
C. 南部　　　　　　　　　　　D. 东部

小题 10 从地面图中分析，从 7 日到 8 日位于渤海的船舶观测到_____。
A. 气压上升、风力增大　　　　B. 气压下降、风力增大
C. 气压上升、风力减弱　　　　D. 气压下降、风力减弱

18. 根据所给天气图回答问题。

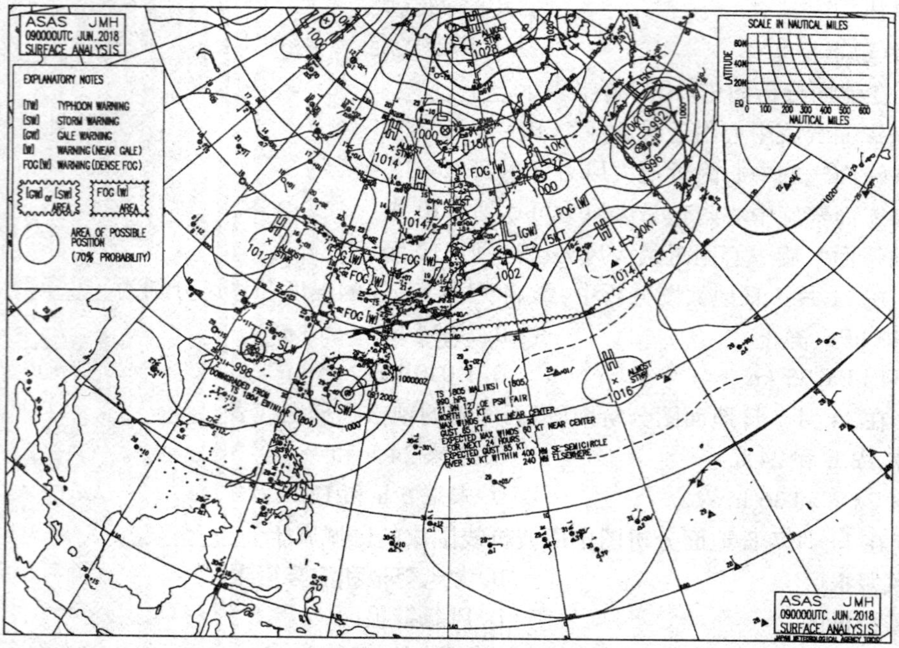

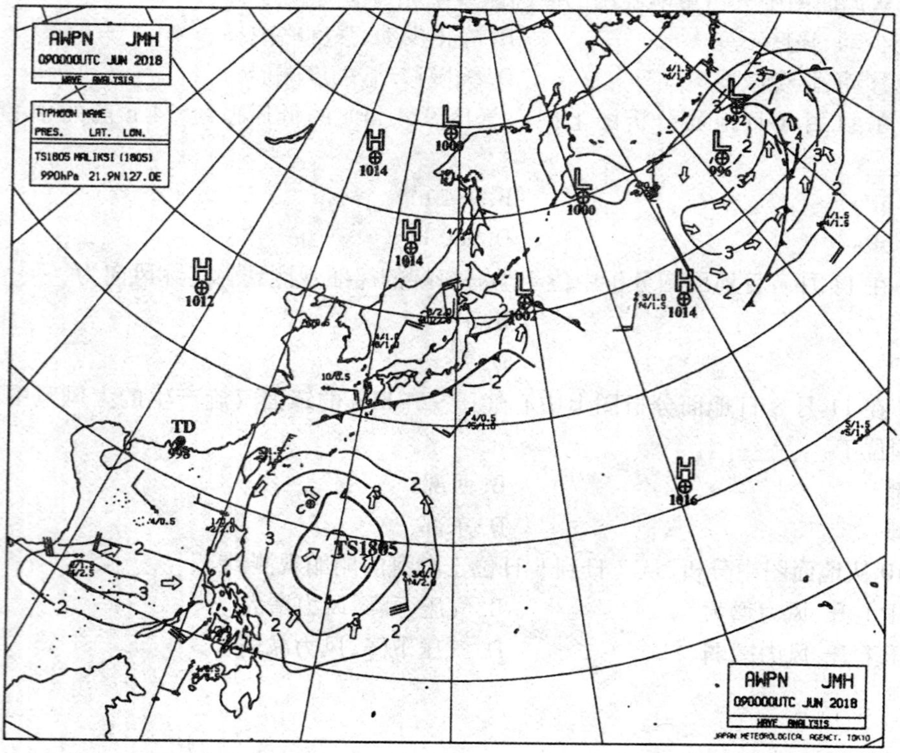

小题1 当时图面范围内的最大浪高为_____。
A. 7~8 m
B. 3~4 m
C. 4~5 m
D. >5 m

小题2 造成当时图面范围内最大浪高区的天气系统是哪一个?
A. 温带气旋
B. 热带风暴级台风
C. 台风级台风
D. 强台风

小题3 造成当时图面范围内最大浪高区的天气系统那时的最大风力为_____。
A. 8级
B. 9级
C. 10~11级
D. ≥12级

小题4 上题中天气系统造成的最大浪高区当时主要位于该系统的什么方位?
A. 西北方向
B. 中心附近
C. 东南方向
D. 东北方向

小题5 造成当时图面范围内最大浪高区的天气系统未来24 h其强度将_____。
A. 增强
B. 减弱
C. 基本维持不变
D. 根据所给天气图无法判断

小题6 长江口附近的中国近海海域当时的主要天气为_____。
A. 阴雨和大风
B. 大风和浓雾
C. 浓雾
D. 晴好

小题7 当时位于珠江口附近的天气系统是一个_____。
A. 热带低压
B. 热带低压区
C. 热带风暴
D. 热带扰动

小题8 当时位于48°N,170°W的天气系统是一个_____。
A. 温带气旋
B. 热带风暴级台风
C. 强热带风暴级台风
D. 台风级台风

小题9 当时位于48°N,170°W的天气系统造成的最大风力为_____。
A. 8~9级
B. 10~11级
C. ≤7级
D. 根据所给天气图无法判断

小题10 当时位于48°N,170°W的天气系统造成的最大浪高为?
A. 2~3 m
B. 3~4 m
C. 4~5 m
D. 6~7 m

19. 根据所给天气图回答问题。

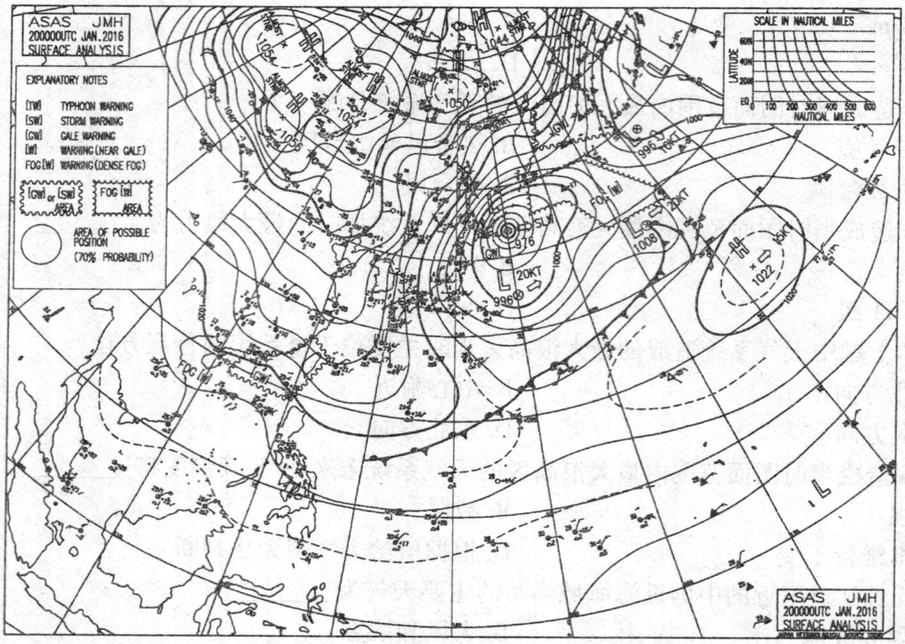

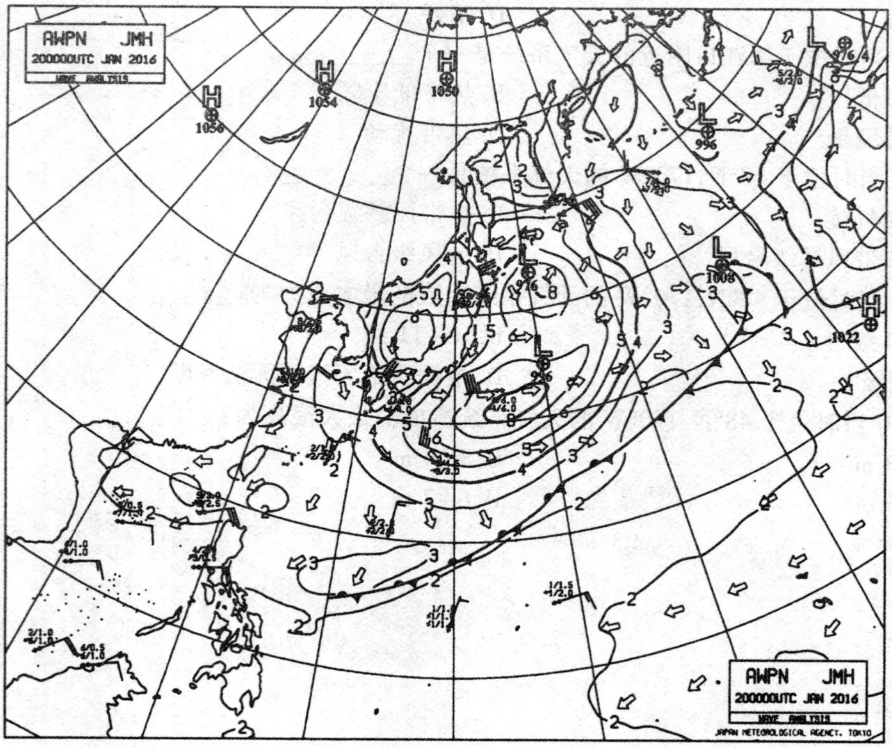

小题1 当时影响中国东部大部地区、以及中国东部和南部各海域的天气系统是一个_____。
A. 较强的冷高压　　　　　　　　B. 温带气旋
C. 热带风暴级台风　　　　　　　D. 副热带高压

小题2 当时中国各海域已经有8级以上大风出现的海区是_____。
A. 渤海海峡　　　　　　　　　　B. 黄海和东海
C. 南海东北部和台湾周边　　　　D. 整个中国东部海域都已出现

小题3 当时中国各海域已经出现的最大风力为_____。
A. 8~9 级　　　　　　　　　　　B. 10 级
C. 11 级　　　　　　　　　　　　D. 12 级

小题4 当时中国各海域已经出现的最大浪高为_____。
A. 大于 8 m　　　　　　　　　　B. 6~7 m
C. 5~6 m　　　　　　　　　　　　D. 3~4 m

小题5 当时中国各海域已经出现的最大浪高主要位于_____。
A. 渤海　　　　　　　　　　　　B. 黄海中部和北部
C. 东海东部　　　　　　　　　　D. 南海东北部

小题6 当时中国近海出现浓雾的海区位于_____。
A. 渤海海峡　　　　　　　　　　B. 成山角附近
C. 长江口附近　　　　　　　　　D. 海南岛南部近海

小题7 当时图面范围内出现的最大浪高为_____。
A. 大于 10 m　　　　　　　　　　B. 大于 8 m
C. 7~8 m　　　　　　　　　　　　D. 6~7 m

小题8 造成当时图面范围内最大浪高区的天气系统是_____。
A. 温带气旋　　　　　　　　　　B. 热带风暴级台风
C. 强热带风暴级台风　　　　　　D. 台风级台风

小题9 造成当时图面范围内最大浪高区的天气系统当时的最大风力为_____。
A. 8~9 级　　　　　　　　　　　B. 10 级
C. 11 级　　　　　　　　　　　　D. ≥12 级

小题10 日本海当时的最大浪高为_____。
A. 4~5 m　　　　　　　　　　　　B. 5~6 m
C. 6~7 m　　　　　　　　　　　　D. >8 m

20. 根据所给天气图回答问题。

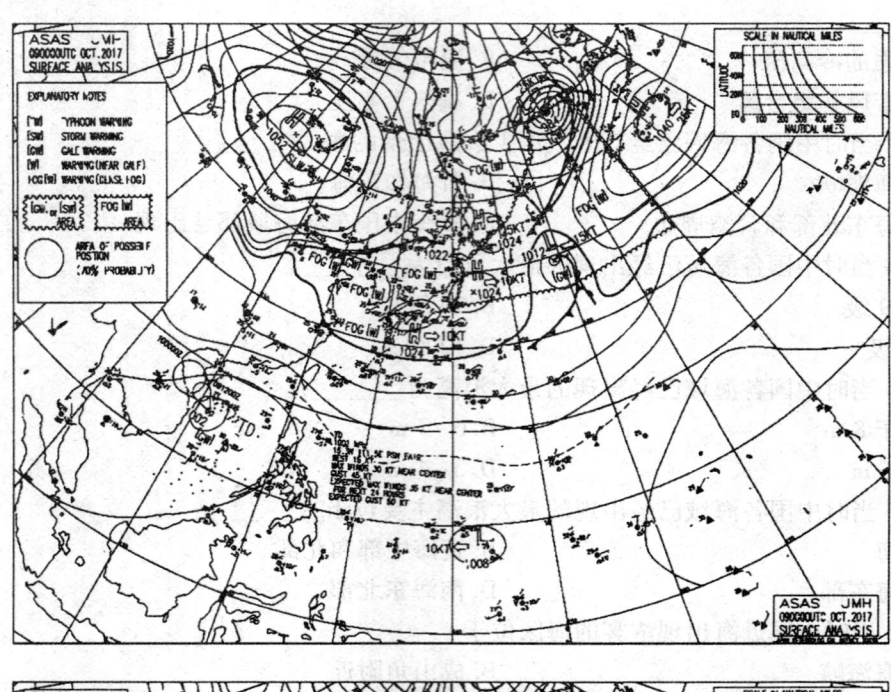

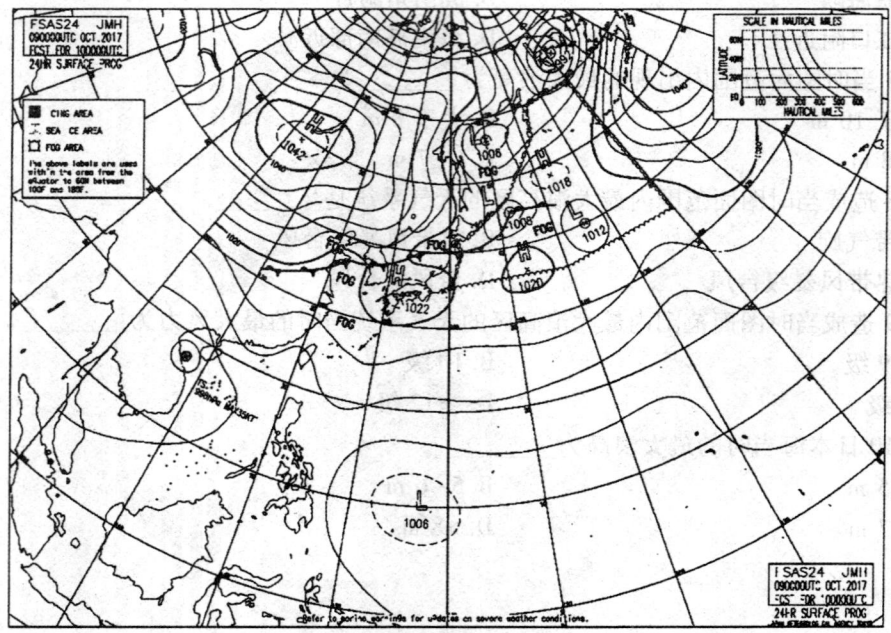

小题 1 中国东部及近海未来 24~48 h 将面临何种天气系统影响?
A. 冷高压 B. 温带气旋
C. 热带气旋 D. 副热带高压

小题 2 上题中所说天气系统当前的移动速度为_____。
A. 15 kn B. 10 kn
C. ≤5 kn D. 没有给出

小题 3 从实况图上看来,渤海和黄海北部当时有何种恶劣天气出现?
A. 7 级大风 B. 浓雾
C. 8~9 级大风和浓雾 D. 10~11 级大风和浓雾

小题 4 按照预报图来看,未来 24 h 长江口附近海域有何种恶劣天气出现?
A. 浓雾 B. 8~9 级大风
C. 8~9 级大风和浓雾 D. 浓雾和暴风雨

小题 5 未来 24 h 日本海的主要恶劣天气是_____。
A. 浓雾 B. 浓雾和 8~9 级大风
C. 浓雾和 10~11 级大风 D. 浓雾和暴风雨

小题 6 当时中心位于 39°N,159°E 的天气系统是一个_____。
A. 温带气旋 B. 热带风暴级台风
C. 强热带风暴级台风 D. 热带低压

小题 7 上题中天气系统当时候未来 24 h 的最大风力为_____。
A. 7 级 B. 8~9 级
C. 10~11 级 D. ≥12 级

小题 8 当时位于海南岛 SSE 方向海域的天气系统是一个_____。
A. 热带低压区 B. 热带低压
C. 热带风暴级台风 D. 强热带风暴级台风

小题 9 上题中天气系统当时的最大风力为_____。
A. 7 级 B. 8 级
C. 9 级 D. 10~11 级

小题 10 上题中天气系统的强度未来 24 h 将如何变化?
A. 加强 B. 减弱
C. 维持不变 D. 根据所给天气图不能做出判断

21. 根据所给天气图回答问题。

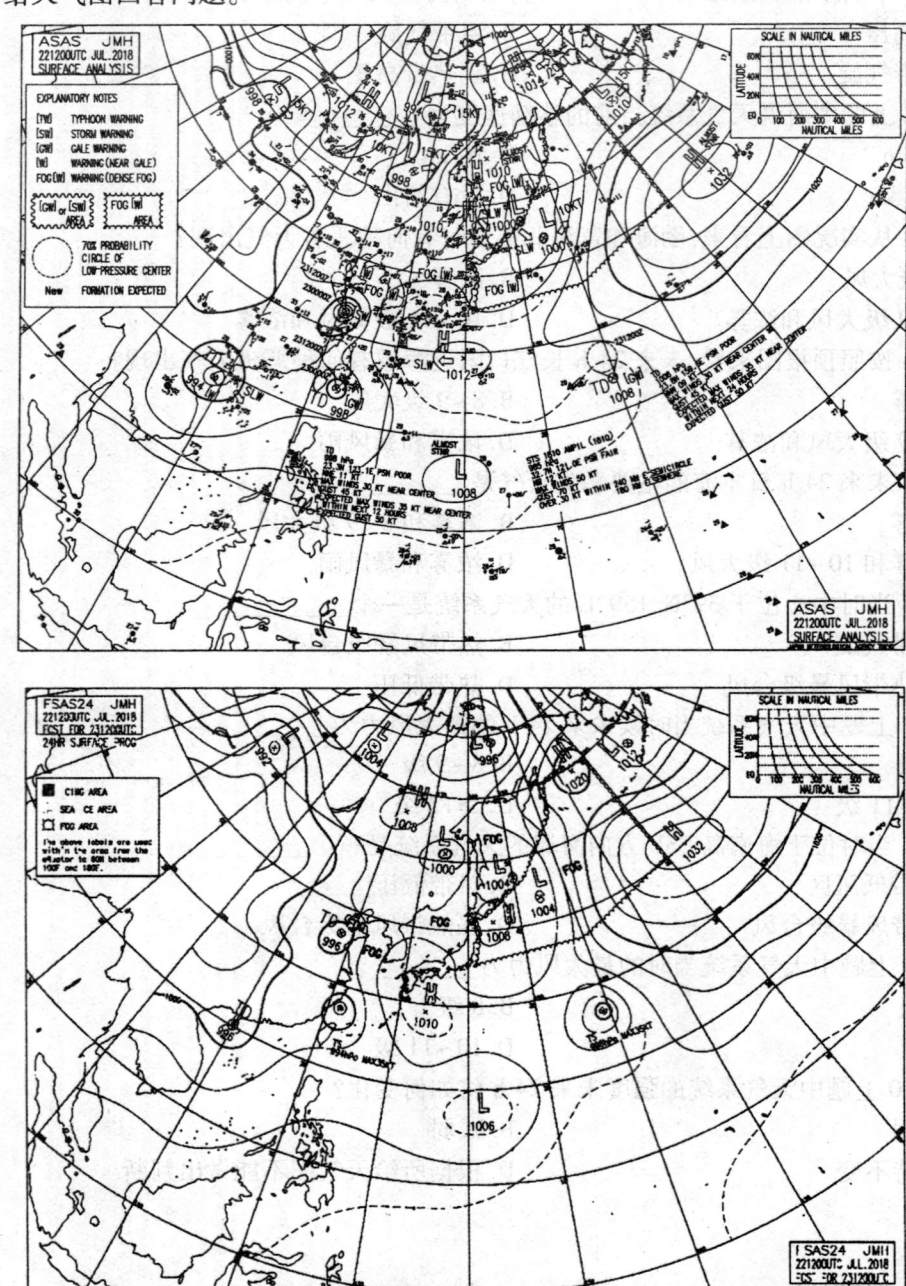

小题1 按照中央气象台现行的标准,当时的实况图上有几个热带气旋?
A. 1 个
B. 3 个
C. 4 个
D. 5 个

小题2 按照中央气象台现行的标准,当时的实况图上有几个台风?
A. 没有
B. 1 个
C. 3 个
D. 4 个

小题3 实况图上当时强度最强的台风是什么等级?
A. 热带风暴级
B. 强热带风暴级
C. 台风级
D. 没有台风

小题4 实况图上位于台湾东部的天气系统预计未来 24 h 强度将如何变化?
A. 加强
B. 减弱
C. 基本不变
D. 不能判断

小题5 预计上题中天气系统未来 12 h 最大风力和最大阵风风力分别将达到_____。
A. 30 kn、45 kn
B. 35 kn、50 kn
C. 50 kn、70 kn
D. 30 kn、50 kn

小题6 上题中天气系统未来的移动方向为_____。
A. 先向北,然后转向西北
B. 北北东
C. 西北
D. 东南

小题7 实况图上位于长江口北部的天气系统当时的最大风力为_____。
A. 7 级
B. 8 级
C. 10 级
D. 12 级

小题8 上题中天气系统未来 24 h 强度将如何变化?
A. 明显减弱
B. 明显加强
C. 维持不变
D. 已经减弱消失

小题9 当时渤海和黄海北部的主要恶劣天气为_____。
A. 浓雾
B. 浓雾和 7 级大风
C. 浓雾和 8~9 级大风
D. 浓雾和 10 级以上大风

小题10 当时海南岛及周边的主要天气为_____。
A. 6~7 级大风和明显降水
B. 6~7 级大风和浓雾
C. 8~9 级大风和明显降水
D. 10~11 级大风和明显降水

22. 根据所给天气图回答问题.

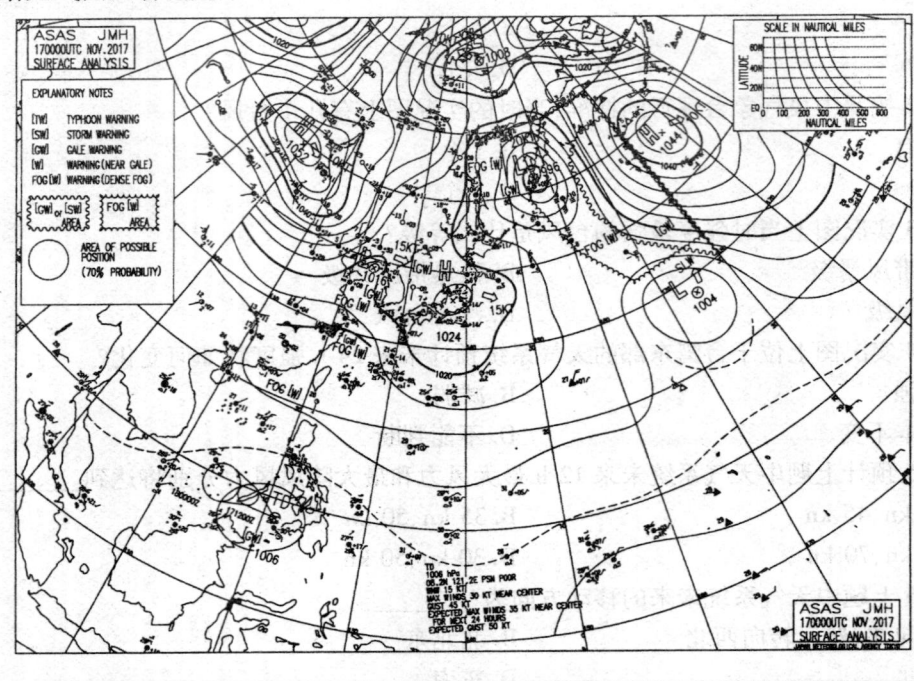

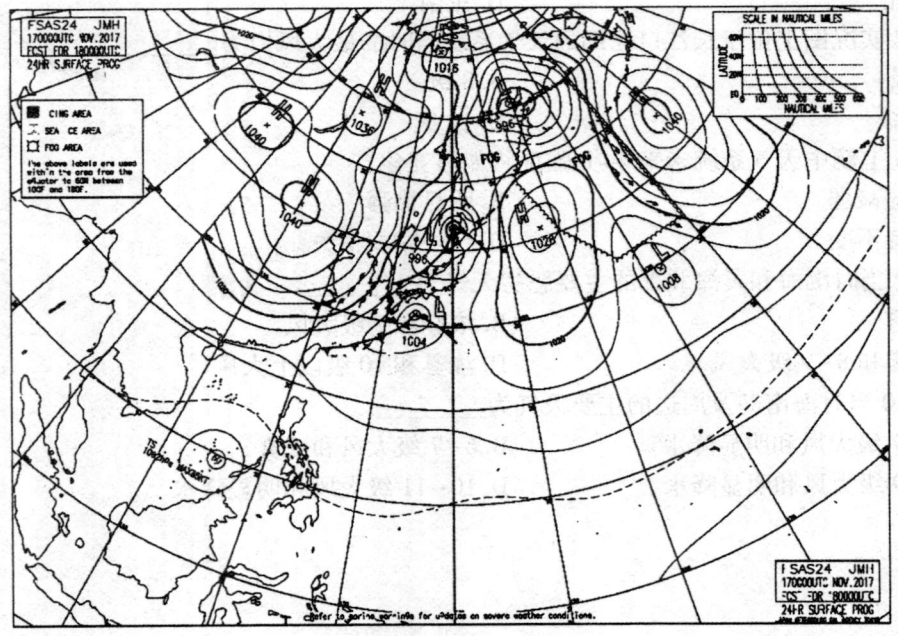

小题1 中国东部各海区将受到何种天气系统影响?
A. 冷高压 B. 副热带高压
C. 温带气旋 D. 热带气旋

小题2 24 h后大风将主要出现在中国东部哪个海区?
A. 渤海和渤海海峡
B. 渤海和黄海北部
C. 黄海南部和东海北部
D. 台湾海峡和南海北部

小题3 24 h后日本海东北部受何天气系统影响?
A. 温带气旋 B. 热带气旋
C. 冷高压 D. 海上副热带高压

小题4 上题中所说天气系统那时的最大风力区位于该系统的什么部位?
A. 东部 B. 南部
C. 西部 D. 北部

小题5 南海北部当时有何种恶劣天气?
A. 浓雾 B. 浓雾和7级大风
C. 浓雾和8~9级大风 D. 浓雾和暴雨

小题6 按照所给天气图上的信息,预计24 h后南海北部的恶劣天气有何变化?
A. 不再有恶劣天气 B. 有浓雾
C. 有浓雾,并伴有7级大风 D. 不能确定

小题7 实况图上位于菲律宾南部的天气系统是一个_____。
A. 热带扰动 B. 热带低压区
C. 热带低压 D. 热带风暴

小题8 上题中天气系统当时的最大风力为_____。
A. 7级 B. 8级
C. 9级 D. ≥10级

小题9 上题中天气系统当时的最大阵风风力为_____。
A. 8级 B. 9级
C. 10级 D. 11级

小题10 按照日本预报,预计上题中天气系统未来24 h将如何变化?
A. 强度不变 B. 减弱消失
C. 加强成为热带风暴级台风 D. 加强成为强热带风暴级台风

23. 根据所给天气图回答问题。

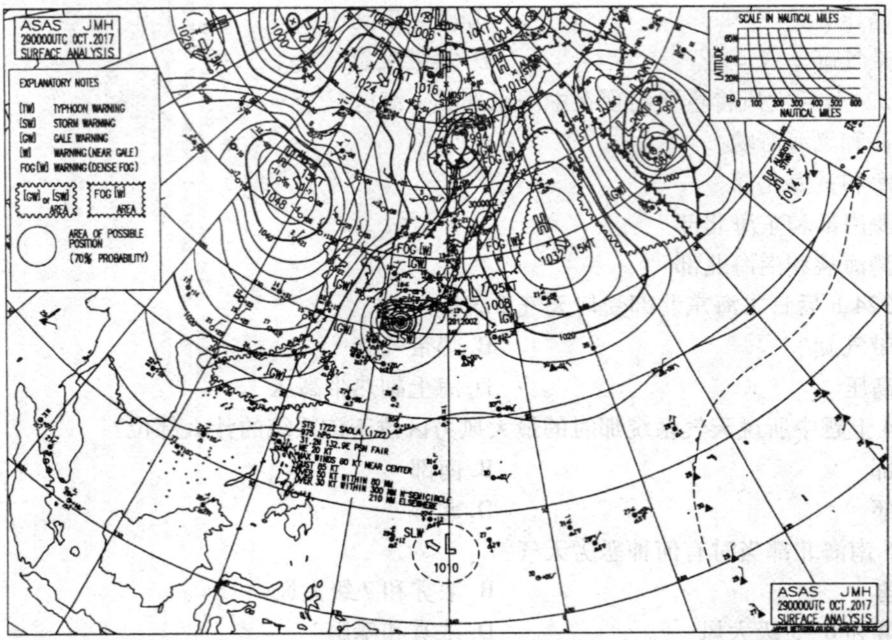

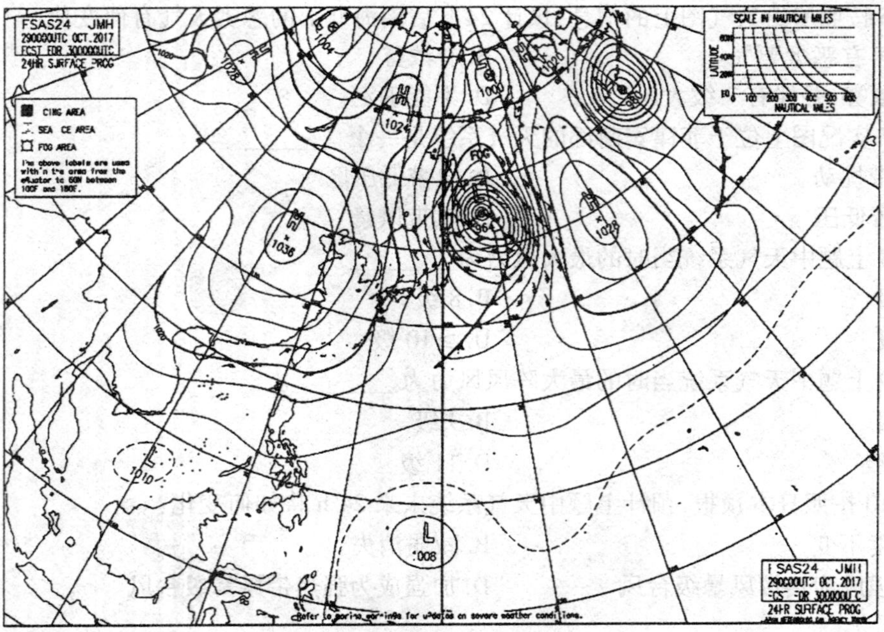

小题1 中国东部及各海区当前受何种天气系统影响？
A. 冷高压 B. 温带气旋
C. 强热台风带风暴 D. 台风

小题2 当时8级以上大风主要出现在中国东部哪个海区？
A. 渤海和黄海 B. 仅在台湾周边和南海北部
C. 黄海、东海、台湾周边和南海北部 D. 北部湾和南海北部

小题3 24 h 后中国东部各海区的大风范围有何变化？
A. 范围基本不变 B. 大风范围仅在台湾周边和南海北部
C. 大风范围仅在黄海和东海海域 D. 大风范围有所扩展

小题4 实况图上位于 17°N, 140°E 的天气系统是一个_____。
A. 热带低压区 B. 热带低压
C. 热带风暴级台风 D. 温带气旋

小题5 上题中天气系统未来 24 h 强度有何变化？
A. 明显加强 B. 明显减弱
C. 基本不变 D. 已经消失

小题6 2017 年 22 号台风当时中心位于_____。
A. 31.2°N, 132.9°E B. 32°N, 139°E
C. 35°N, 129°E D. 定位误差太大，不能确定

小题7 2017 年 22 号强热带风暴级台风当时的最大风力为_____。
A. 8~9 级 B. 10 级
C. 11 级 D. 12 级

小题8 2017 年 22 号台风当时的 10 级大风半径为_____。
A. 风力没有达到 10 级以上 B. 60 n mile
C. 80 n mile D. 300 n mile

小题9 2017 年 22 号台风 24 h 后有何变化？
A. 已经减弱消失 B. 变性为温带气旋
C. 与北面温带气旋合并 D. 加强并再生

小题10 2017 年 22 号台风 24 h 后的最大风力如何？
A. 7 级 B. 8~9 级
C. 10~11 级 D. 12 级

24. 根据所给天气图回答问题。

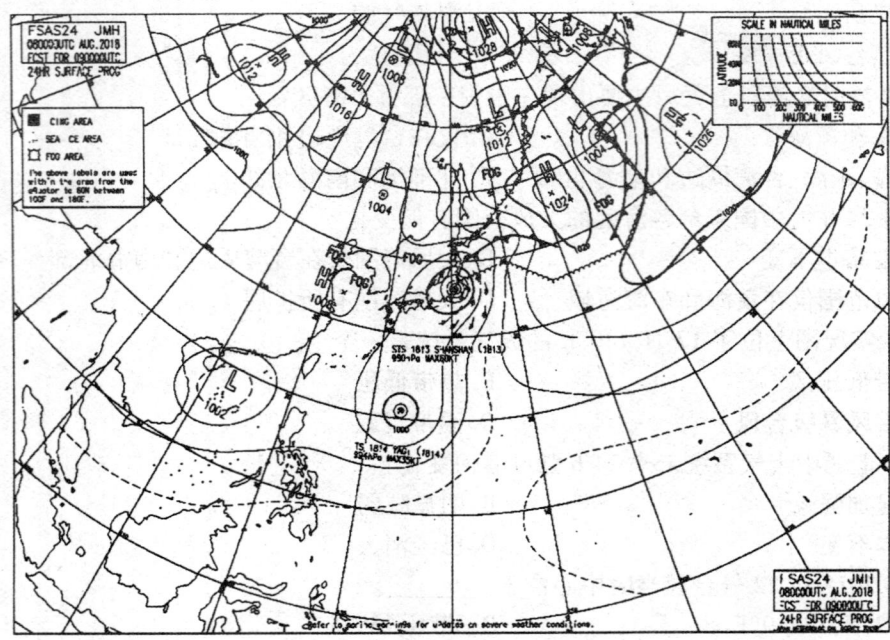

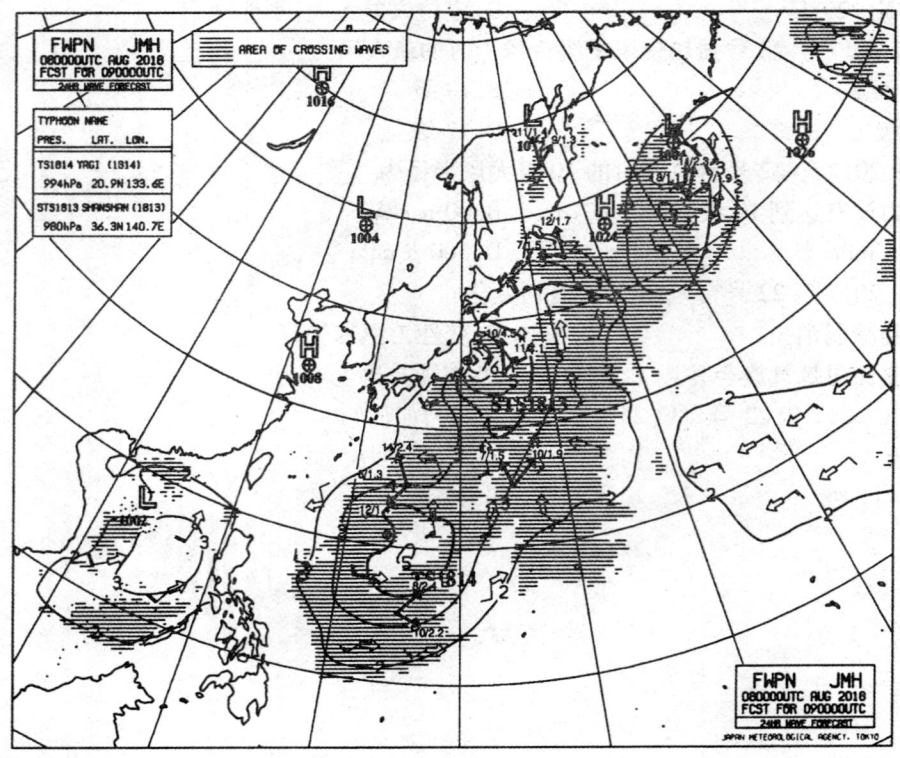

小题1 所给的两张图上面的内容是_____。
A. 2018年8月8日0000UTC的地面实况和海浪实况
B. 2018年8月9日0000UTC的地面实况和海浪实况
C. 2018年8月8日0000UTC的地面预报和海浪预报
D. 2018年8月9日0000UTC的地面预报和海浪预报

小题2 按照所给地面图来看,那时渤海和黄海中部的主要恶劣天气为_____。
A. 浓雾   B. 浓雾和7级大风
C. 浓雾和暴雨   D. 浓雾和雷阵雨

小题3 地面图上位于海南岛东南部的天气系统是一个_____。
A. 热带低压   B. 热带低压区
C. 热带风暴   D. 副热带高压

小题4 那时中国东部各海区的最大浪高为_____。
A. >8 m   B. 6~7 m
C. 5~6 m   D. 3~4 m

小题5 那时中国东部各海区的最大浪高区位于_____。
A. 台湾海峡   B. 巴士海峡
C. 南海北部   D. 南海中部

小题6 那时图面范围内的最大浪高高度为_____。
A. 5~6 m   B. 6~7 m
C. >8 m   D. >10 m

小题7 造成那时图面范围内最大浪高区的天气系统是_____。
A. 一个强冷高压   B. 一个强烈发展的温带气旋
C. 2018年13号台风SHANSHAN   D. 2018年14号台风YAGI

小题8 那时渤海海峡的浪高为_____。
A. <2 m   B. 2~3 m
C. 3~4 m   D. 4~5 m

小题9 那时1813号台风影响最大的海域是_____。
A. 菲律宾以东洋面   B. 南海中北部
C. 日本本州东南部和日本海东南部   D. 日本海大部

小题10 那时1813号台风的最大风力为_____。
A. ≥12级   B. 11级
C. 10级   D. 8~9级

25. 根据所给天气图回答问题。

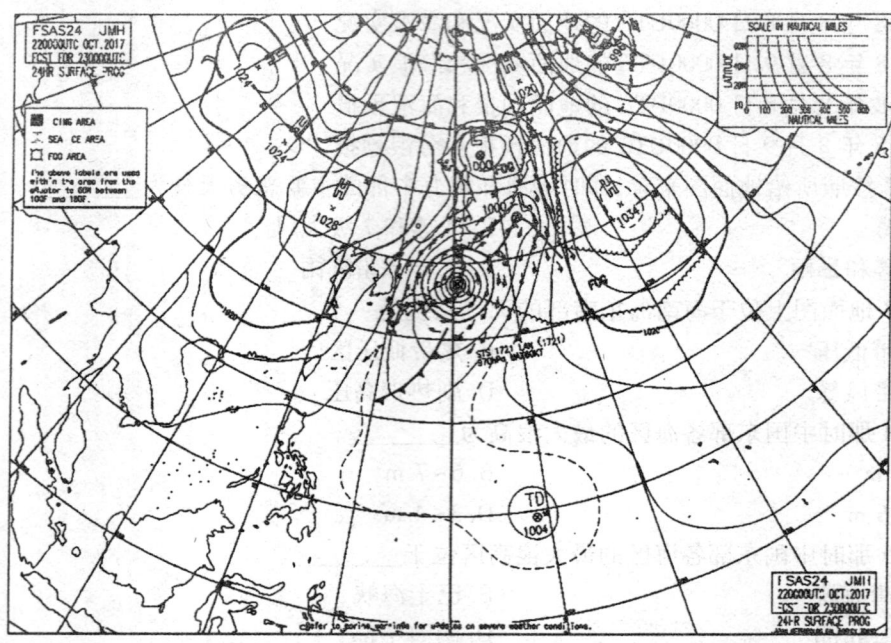

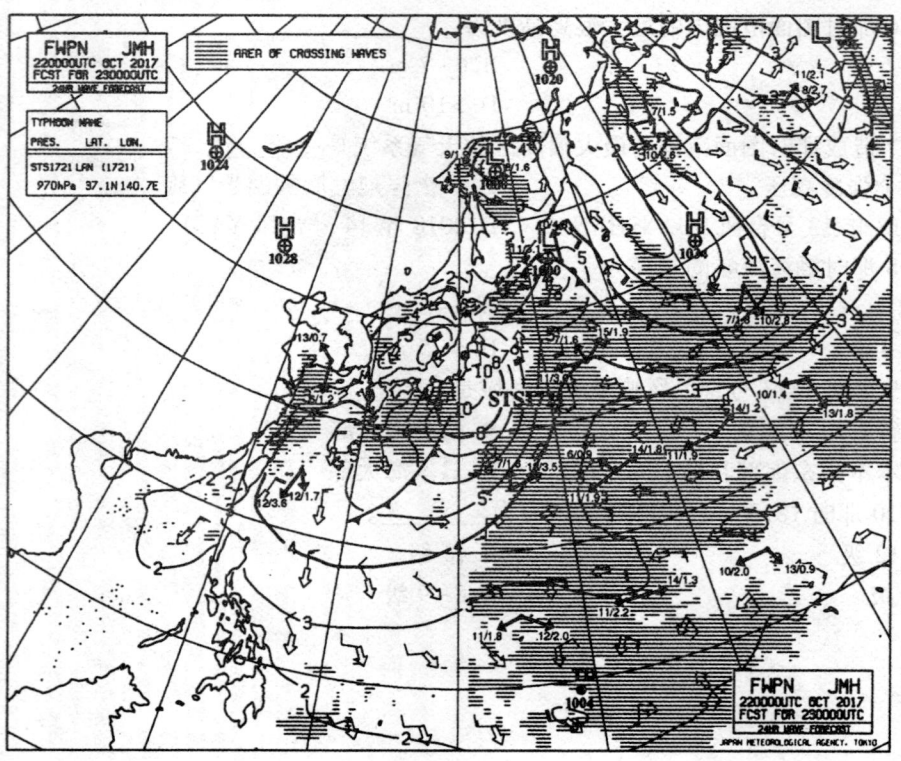

小题 1 所给的两张图上面的内容是_____。

A. 2017 年 10 月 22 日 0000UTC 的地面实况和海浪实况

B. 2017 年 10 月 23 日 0000UTC 的地面实况和海浪实况

C. 2017 年 10 月 22 日 0000UTC 的地面预报和海浪预报

D. 2017 年 10 月 23 日 0000UTC 的地面预报和海浪预报

小题 2 当时中国东部海区受何种天气系统影响？

A. 冷高压

B. 台风

C. 强热带风暴

D. 温带气旋

小题 3 根据所给资料来看，那时中国东部各海区的 8 级以上大风分布情况如何？

A. 主要出现在台湾海峡

B. 主要出现在台湾海峡和南海北部

C. 主要出现在渤海海峡和成山角附近

D. 没有 8 级以上大风

小题 4 那时中国东部各海区最大浪高区位于_____。

A. 渤海和渤海海峡
B. 渤海海峡和成山角附近

C. 台湾海峡和南海北部
D. 东海东部海面

小题 5 那时图面范围内的最大浪高为_____。

A. 7~8 m
B. 8~9 m

C. 8~10 m
D. >10 m

小题 6 造成那时图面范围内最大浪高区的天气系统是_____。

A. 冷高压
B. 热带低压

C. 热带风暴级台风
D. 强热带风暴级台风

小题 7 上题中天气系统那时的最大风力为_____。

A. 8~9 级
B. 10 级

C. 11 级
D. ≥12 级

小题 8 上题中天气系统那时造成的最大浪高位于其哪个部位？

A. 东部
B. 南部

C. 西部
D. 北部

小题 9 那时日本海的最大浪高为_____。

A. 4~5 m
B. 5~6 m

C. 6~7 m
D. 7~8 m

小题 10 那时日本海的主要风向为_____。

A. 偏东
B. 偏南

C. 偏西
D. 偏北

参考答案

第一节　天气图的基础知识

1. A	2. D	3. B	4. A	5. C	6. B	7. B	8. A	9. C	10. C
11. B	12. C	13. D	14. C	15. B	16. C	17. B	18. B	19. D	20. C
21. B	22. C	23. D	24. B	25. D	26. C	27. B	28. A	29. B	30. D
31. B	32. C	33. D	34. D	35. C	36. C	37. D	38. A	39. A	40. B
41. C	42. C	43. C	44. C	45. D	46. A	47. C	48. A	49. B	50. D

第二节　气象信息的获取途径

1. B

第三节　传真气象图的识读

1. B	C	A	A	B	D	B	C	B	A
2. C	C	D	C	B	B	C	B	C	C
3. A	B	B	A	A	C	C	C	B	A
4. A	C	D	B	B	B	D	B	B	D
5. D	D	C	D	C	D	B	B	B	C
6. B	C	D	D	A	A	A	C	B	B
7. D	C	B	A	A	A	D	D	C	B
8. C	B	A	D	B	B	B	C	A	A
9. A	B	B	D	B	A	A	D	D	A
10. B	B	C	C	B	B	D	C	A	A
11. D	B	D	B	B	B	D	A	C	B
12. D	A	C	C	B	C	A	C	B	A
13. D	C	B	A	C	D	C	A	B	B
14. C	A	D	B	D	D	A	D	D	C
15. C	B	B	D	A	A	C	C	B	D
16. D	C	A	A	B	A	C	B	D	A
17. B	D	D	A	C	B	B	C	B	D
18. D	B	B	C	A	A	A	A	C	C
19. A	C	A	A	C	D	B	A	A	A
20. A	C	C	A	A	A	B	B	B	A

21. C	B	B	A	B	A	C	A	A	A
22. A	C	A	C	A	A	C	A	B	C
23. A	C	B	A	C	A	C	C	B	C
24. D	A	B	D	D	C	C	A	C	B
25. D	A	D	D	D	D	C	B	C	D

第一节 天气图的基础知识

1. A。墨卡托投影法又称等角正圆柱投影。用一圆筒套在地球体上,地球赤道表面与圆柱面相切(或相割),光源放在地球中心进行投影。把圆筒展开便制成一张图,其经、纬线都为平行直线。

3. B。兰勃特投影法又称等角正割圆锥投影。将地球体的30°和60°纬圈与圆锥面相割,经纬线及地形投影到圆锥形的图纸上,展开后经线呈放射性直线,纬线是同心圆弧。

10. C。根据世界气象组织(WMO)的规定,通常地面天气图每天制作4次,分别在世界时00时、06时、12时、18时,即北京时08时、14时、20时、次日02时。高空天气图一天制作两次,世界时00时、12时,即北京时08时和20时。

18. B。±PP——3 h气压变量。即观测时与观测前3 h气压的差值,单位为hPa,要求准确到小数一位,但不点小数点。如果气压上升,数字前加"+"号;气压下降,则数字前加"-"号。

19. D。ff——风速。风速以矢羽表示,矢羽与矢杆垂直,绘制在低压一侧。在我国天气图上,矢羽为一长杠代表4 m/s,一短杠代表2 m/s,三角旗代表20 m/s。在国外天气图上,矢羽为一长杠代表10 kn,一短杠代表5 kn,三角旗代表50 kn。

22. C。

电码	总云量	低云状	中云状	高云状	过去天气现象	3 h 气压倾向
0	○ 无云	没有低云	没有中云	没有高云	不填 云量不超过5	升后微降
1	⊕ ≤1	淡积云	透光高层云	毛卷云	不填 云量变化不定	升后平
2	◐ 2~3	浓积云	蔽光高层云或雨层云	密卷云	不填 阴天或多云	稳定上升
3	◐ 4	秃积雨云	透光高积云	伪卷云	沙暴或吹雪	微降后升
4	◐ 5	积云性层积云	荚状高积云	钩卷云	雾	不变
5	◐ 6	普通层积云	系统发展的辐射状高积云	卷层云（云层高度<45°）	毛毛雨	降后微升
6	◐ 7~8	层云或碎层云	积云性高积云	卷层云（云层高度>45°）	雨	降后平
7	◐ 9~10	碎雨云	复高积云或蔽光高积云	卷层云（云层布满全天）	雪	稳定下降
8	● 10	不同高度的积云或层积云	堡状或絮状高积云	卷层云（云量不增加也没布满全天）	阵性降水	微升后降
9	⊗ 不明	积雨云或砧状积雨云	混乱天空的高积云	卷积云	雷暴	不填

36. C。实例表示该站气温为18 ℃;总云量是10;高云为卷积云;低云为层积云、低云量5;东南风,风速15 kn;3 h气压变量上升1.2 hPa;气压倾向为先微降后上升;过去天气现象为阵型降水天气。

44. C。在我国地面天气图上,低压中心标注"D",高压中心标注"G";在国外地面天气图上,低压中心标注"L",高压中心标注"H"。

46. A。在我国地面天气图上,等压线规定每隔2.5 hPa画一条。其具体数值为:1 000 hPa、1 002.5 hPa、1 005 hPa 等,其余类推;在国外地面天气图上,等压线规定每隔4 hPa画一条,具体数值为1 000 hPa、1 004 hPa、1 008 hPa 等。

第二节　气象信息的获取途径

1. B。目前气象传真广播的覆盖范围几乎遍及全球各海区,船舶可以通过船载气象传真机实时接收航区邻近国家气象传真台发布的高质量的各种气象传真图,以便获取航区的天气和海况资料。船舶利用 NAVTEX 或 INMARSAT-C 站接收作业海区邻近台站发布的天气报告或恶劣天气警报。船舶驾驶人员登陆全球互联网可以查阅、下载所需海域更详细的气象和海况信息。另外,船舶通过 GMDSS 的增强群呼(EGC)也可以获取一定的气象信息。船舶在近岸或港口附近作业时,可以收听收看当地广播电视传播的气象信息。